저는 _____ 을(를) 존경합니다.

당신은 바른 깨달음을 얻어 필경에는
존경받는 여래가 될 것이기 때문입니다.

한 권으로 읽는 법화경

한 권으로 읽는 법화경

보경 강설

민족사

머리말

*관세음보살의 신령하고 묘한 힘은
능히 중생의 괴로움을 구제하신다.*

　　최근의 일입니다. 일본에서 들어오는 아는 분이 있어 가능하면 구해달라고 부탁을 하나 했습니다. 그것은 '가와바타 야스나리'가 지은 소설 《이즈의 무희(伊豆の踊り子)》 원작의 영화DVD였습니다. 주인공인 고등학생이 방학 중에 '이즈'라는 섬에 놀러갔다가 유랑하는 일가족을 만나게 되는데, 그중에 여흥을 돋우는 자리에서 춤을 추는 어린 여자아이와 가깝게 지내다 헤어져 돌아오는 아픔을 아름답게 그린 소설입니다. 저는 1990년 중반에 일본문학을 집중적으로 접하였는데, 이 소설을 순천의 한 서점에서 구하여 읽고, 지금까지 아름답게 기억하고 있습니다. 영화는 우리말로 번역이 돼 있지 않아 말뜻은 모르지만 그림만으로도 충분히 그 소설을 음미할 수 있었습니다. 영화에는 한 여인이 이른 아침 방 안의 불단 앞에서 기도하는 장면이 나옵니다. 우리의 목탁처럼 묵직하면서도 관악기에서 울려나오는 것 같은 투명한 울림이 아니라 양손에 각각 들린 나무를 부딪쳐 소리를 내는 것이었습니다. 이 소리는 언뜻 들으면 귀뚜라미 울음처럼 가늘면서도 예리한 느낌을 주었습니다. 제가 여기서 말하고 싶은 것은 그 여인이 외우던 염불입니다. 그 염불이 바로 '남묘호랑게교' 즉 '나

무묘법연화경'이었는데 깊은 감회로 남아 있기 때문입니다.

1970년 무렵의 일인데 제가 나고 자란 남도 땅 끝에도 일본에서 전래된 창가학회의 염불법이 유행했던 것 같습니다. 어느 겨울, 노모님이 밤마다 마을의 어느 집에선가 다른 어른들과 어울려 이 염불수행을 하고 새벽이면 다시 윗목에 무릎을 꿇고 앉아 '남묘호랑게교'를 외우시던 기억이 있습니다.

불교에서는 모든 수행이 마음을 깨닫기 위함입니다. 이를 위해 참선이나 간경(看經), 염불을 합니다. 염불에는 불보살님들의 명호를 부르는 일이 있고, 다라니나 만트라 같은 주문을 외우는 방법이 있습니다. 뿐만 아니라 경전의 제목을 한 번 외우면 경전 전체를 한 번 읽는 공덕이 생긴다는 믿음이 있습니다. 그중 《법화경》이 가장 널리 암송되고 있습니다.

중생은 구하는 바가 많기에 항상 고통스럽고 괴로움이 따릅니다. 이를 극복하기 위해서 절대적인 힘에 의지하는 방법이 가장 보편적인 종교의 틀이기도 합니다. 깨달음을 전제로 하는 불교에서도 스스로의 힘에 믿음을 내는 자력신앙이 있고, 전적으로 매달림으로써 문제를 해결하는 타력신앙이 있는데, 이 타력신앙은 항상 일반 대중의 사랑을 받아 오고 있습니다. 특히 《법화경》은 일체의 모든 만물을 궁극의 부처로 보기 때문에 깊은 사랑과 연민의 마음으로 세상을 보는 경전이라서 쉬우면서도 심오한 뜻을 담고 있습니다.

이제 세상에 얼굴을 내밀게 되는 이 책은 제가 주지로 살고 있는 법련사의 경전강의로 준비했던 노트입니다. 무엇보다 《법화경》을 강의하고 싶은 분들에게 이 책이 하나의 길잡이가 되기를 바라는 마음으로 매주 한

품씩 썼던 것이 오늘에 이르게 되었습니다. 특히 해제에 해당하는 부분은 《법화경》의 특성을 이해하는 데 유용하리라 생각합니다.

경전의 번역본은 월정사 회주이신 현해큰스님께서 번역하신 책(민족사 간)을 의지했습니다. 사용을 허락해주신 현해큰스님께 진심으로 합장배례합니다. 그리고 각 품의 구성 요약은 무비큰스님의 힘을 빌렸음을 밝히고자 합니다. 출간의 기회를 주신 민족사에 감사드리며, 무엇보다 이런 경전강의를 가능하게 한 법련사 신도님들께 이 공덕을 돌립니다.

뭔가 보람 있는 일을 마치고 나면 스스로의 만족감에서 우러나오는 말이 "밥값 했다"는 기분이 아닐까 합니다. 왠지 이 책의 출간에 즈음하여 드는 마음이 그렇습니다. 부처님 전에 비로소 밥값을 한 것 같은 기분이 들어 올봄이 더없이 유쾌합니다.

겨우내 시린 땅을 뚫고 싹을 틔우는 여린 새싹들처럼 이 경전이 모든 분들에게 삶의 구원이 되기를 향축드립니다.

서울 법련사 일로향실에서
보경 합장

차례

머리말 ... 5

제1장 — 서 품(序品) ... 11

제2장 — 방편품(方便品) ... 55

제3장 — 비유품(譬喩品) ... 115

제4장 — 신해품(信解品) ... 179

제5장 — 약초유품(藥草喩品) ... 221

제6장 — 수기품(授記品) ... 265

제7장 — 화성유품(化城喩品) ... 293

제8장 — 오백제자수기품(五百弟子授記品) ... 355

제9장 — 수학무학인기품(授學無學人記品) ... 387

제10장 — 법사품(法師品) ... 407

제11장 — 견보탑품(見寶塔品) ... 433

제12장 — 제바달다품(提婆達多品) ... 463

제13장 — 권지품(勸持品) ... 485

제14장 — 안락행품(安樂行品) ... 503

제15장 — 종지용출품(從地踊出品) ... 539

제16장 — 여래수량품(如來壽量品) ... 571

제17장 — 분별공덕품(分別功德品) ... 595

제18장 — 수희공덕품(隨喜功德品) ... 625

제19장 — 법사공덕품(法師功德品) ... 645

제20장 — 상불경보살품(常不輕菩薩品) ... 677

제21장 — 여래신력품(如來神力品) ... 693

제22장 — 촉루품(囑累品) ... 711

제23장 — 약왕보살본사품(藥王菩薩本事品) ... 719

제24장 — 묘음보살품(妙音菩薩品) ... 743

제25장 — 관세음보살보문품(觀世音菩薩普門品) ... 759

제26장 — 다라니품(陀羅尼品) ... 783

제27장 — 묘장엄왕본사품(妙莊嚴王本事品) ... 795

제28장 — 보현보살권발품(普賢菩薩勸發品) ... 813

해제 ... 833

일러두기

《법화경》의 번역과 주석은 민족사에서 출간한 현해스님 역《묘법연화경》을 저본으로 사용했음을 밝힙니다.

참고로 민족사판《묘법연화경》은 1700년 네팔에서 발견된 산스크리트본(梵本, Saddharmapuṇḍarīka-sūtra)의 일역판을 번역했습니다. 이 산스크리트본은 세계에서 최초로 발견된 묘법연화경 완본으로 학자들은 이 책을 네팔본이라고 부릅니다.

1
서품

1
서품序品

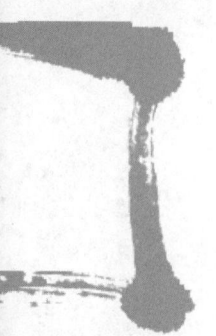

이와 같이 나는 들었다.

어느 때 부처님께서 왕사성(王舍城, 라자그리하)의 기사굴산(그리드라쿠타 산, 영취산)에서 1천2백 명의 비구들과 함께 계셨다. 그 비구들은 모두 아라한으로 더러움과 번뇌를 끊었으며, 모든 속박에서 벗어났으며, 여섯 가지 바라밀을 얻어 지혜롭고 자유자재한 마음을 얻은 이들이었다.

그들의 이름은 아야교진여, 마하가섭, 우루빈나가섭, 가야가섭, 나제가섭, 사리불, 대목건련, 마하가전연, 아니루타, 겁빈나, 교범파제, 이파다, 필릉가바차, 박구라, 마하구치라, 난타, 손타라난타, 부루나미다라니자, 수보리, 아난, 라후라 존자들로서 위대한 아라한이었다.

이 밖에 아직 배울 것이 있는 비구(有學)와 더 배울 것이 없는 비구(無學) 2천 명도 함께 있었다.

또 마하파사파제 비구니를 비롯한 6천 명의 비구니들과 라후라의 어머니인 야쇼다라 비구니도 그 시종들과 함께 있었다.

또 그곳에는 8만 명의 보살들도 함께 있었다. 그들은 모두 최고의 깨달음을 얻기 위해 물러서는 일 없이, 윤회의 세계에 한 번 더 윤회하는 생을 남겨 놓았을 뿐이며〔一生補處〕, 다라니를 얻었고 위대한 웅변력〔辯力〕이 있으며, 퇴전하지 않는 법륜을 굴리며, 수백 수천의 많은 부처님을 섬기며, 그 밑에서 선근을 쌓고 그분들로부터 칭찬받아 몸도 마음도 자애에 넘치며, 여래의 지혜를 이해하는 데 뛰어난 대지혜자였다. 또 그들은 지혜의 완성인 반야바라밀에 숙달하고 수백 수천의 세계에 그 이름이 알려졌으며, 수천만 억 나유타의 많은 생명들을 구제한 이들이었다.

그들의 이름은 문수사리보살, 관세음보살, 득대세보살, 상정진보살, 불휴식보살, 보장보살, 약왕보살, 용시보살, 보월보살, 월광보살, 만월보살, 대력보살, 무량력보살, 월삼계보살, 발타바라보살, 미륵보살, 보적보살, 도사보살 등을 비롯한 8만 명의 보살과 함께 있었다.

또 신들의 왕인 제석천(帝釋天)과 그 시종인 월천자(月天子), 일천자(日天子), 보향천자(普香天子), 보광천자(寶光天子), 광요천자(光耀天子)를 비롯한 2만 명의 천자들도 함께 있었다. 또 사대천왕도 함께 있었으니 그들은 증장(增長)천왕, 광목(廣目)천왕, 지국(持國)천왕, 다문(多聞)천왕이며, 또 자재천자(自在天子)와 대자재천자(大自在天子)와 또 그들의 시종인 3만 명의 천자들도 함께 있었다. 또 사바세계의 주인인 범천(梵天)도 시종인 1만2천 명의 범천들과 함께 있었다.

또 수많은 시종을 거느린 여덟 용왕(龍王)도 함께 있었으니 그들은 난다용왕, 우파난다용왕, 사가라용왕, 바스키용왕, 타크샤카용왕, 마나스빈용왕, 아나바타프타용왕, 우트파라카용왕이었다.

또 수많은 시종을 거느린 긴나라의 네 왕도 함께 있었으니, 그들은 법(法)긴나라왕, 대법(大法)긴나라왕, 묘법(妙法)긴나라왕, 지법(持法)긴나라왕이었다.

또 수백 수천의 많은 건달바를 거느린 네 명의 건달바왕들도 함께 있었으니, 그들은 낙(樂)건달바왕, 낙음(樂音)건달바왕, 미(美)건달바왕, 미음(美音)건달바왕이었다.

또 수많은 시종을 거느린 아수라의 네 왕도 함께 있었으니, 그들은 바치아수라왕, 가라건타아수라왕, 비마질다라아수라왕, 라후아수라왕이었다.

또 수많은 가루다의 시종을 거느린 네 명의 가루다왕도 함께 있었으니, 그들은 대위력(大威力)가루다왕, 대신(大身)가루다왕, 대만(大滿)가루다왕, 득대신력(得大神力)가루다왕이다.

또 바이데히〔韋提希〕 부인의 아들로 마가다국의 국왕인 아자타사투왕〔阿闍世王〕도 함께 있었다.

그때 세존께서는 사부대중에게 둘러싸여 존경과 공양을 받으시는 가운데 광대한 가르침이고 보살에 대한 가르침이며, 모든 부처님들께서 지지하시는 위대한 설법인 '무량의(無量義)'라는 이름의 경전을 설하셨다. 그 뒤 세존께서는 자리에서 결가부좌하시고 무한한 가르침의 기초인 '무량의처(無量義處)'라는 삼매에 드시어,

몸과 마음을 움직이지 않으셨다. 세존께서 삼매에 드시자마자, 천상의 꽃인 만다라바, 대만다라바, 만주샤카, 대만주샤카의 꽃비가 내려, 세존과 사부대중의 위를 덮었다. 그리고 전 불국토가 여섯 가지로 진동했다.

그때 그곳에는 비구, 비구니, 우바새, 우바이, 천신, 용, 야차, 건달바, 아수라, 가루다, 긴나라, 마후라가라고 하는 등의 인간과 인간 이외의 것들도 모여 있었다. 또 지방의 왕후와 군대를 통솔하는 전륜왕, 사주(四洲)를 지배하는 전륜왕들이 모여 권속과 함께 세존을 우러러보면서, 놀라움과 신기함을 감추지 못하고 크게 환희했다.

그때 세존의 미간에서 한줄기 백호 광명이 비쳤다. 그 빛은 동쪽으로 1만8천의 많은 국토를 비추어, 아비지옥으로부터 유정천(有頂天)에 이르기까지 모든 불국토와 육취(六趣)에 있는 모든 중생들이 똑똑히 보였다. 또 그 불국토에는 부처님께서 계시는 것도 보였으며, 부처님의 설법도 전부 들렸다. 그 불국토에는 비구, 비구니, 우바새, 우바이의 수행자가 있어 선정이 견괴를 일은 이도 있으며, 아직 얻지 못한 이도 있었다. 또 위대한 보살들이 있어 여러 가지 절묘한 방편으로 수행하고 있는 것도 보였다. 부처님들께서 완전한 열반(般涅槃)에 드시는 것도 보였으며, 보석으로 된 사리탑도 보였다.

그때 미륵(마이트레야)보살은 이렇게 생각했다.

'아아, 여래께서는 위대하고 상서로운 모습으로 이런 기적을 보이셨다. 도대체 무슨 까닭일까? 세존께서 이런 위대하고 상서로운 모습으로 기적을 행하신 것은 무슨 까닭일까? 세존께서는 삼매에

第一章_序品

들어계시다. 그래서 이와 같이 상상할 수 없는 위대한 기적, 신통력에 의한 위대한 기적이 나타났다. 그 의미를 묻고 싶은데 누구에게 물어야 할까? 누가 가장 좋을까?'

그는 이렇게도 생각했다.

'문수사리보살은 이전에 많은 부처님을 공양하여 선근을 쌓았으며 수많은 부처님을 섬겼다. 바른 깨달음을 얻으신 존경받는 과거의 여래들께서 보이신 상서로운 모습을, 문수사리보살은 이전에도 본 적이 있었을 것이며, 또 위대한 설법을 들은 적이 있었을 것이다. 그러니 그에게 물어보자'

비구, 비구니, 우바새, 우바이의 사부대중과 많은 천신, 용, 야차, 건달바, 아수라, 가루다, 긴나라, 마후라가 그리고 인간과 인간 이외의 것들도, 이와 같은 세존의 상서롭고 위대한 모습을 보고 놀라움과 신기함을 느끼며 이렇게 생각했다.

'세존께서는 위대한 신통력으로 훌륭한 기적을 나타내셨는데, 우리는 그것을 누구에게 물어보아야 할까?'

그때 미륵보살은 바로 그 순간 사부대중이 생각하고 있는 바를 알고, 그 역시 의문을 느껴 문수사리보살에게 말했다.

"문수사리여, 색색으로 아름답고 화려한 1만8천의 불국토에서 여래를 우러러보면서 여래를 지도자로 하고 있는 것이 보이는데, 세존께서 신통력으로써 이와 같이 보기 드문 기적을 보이시는 것은 도대체 어떤 이유와 인연에서인가?"

미륵보살은 문수사리보살에게 다음과 같이 게송으로 물어 말했다.

문수사리여,
인간들의 지도자이신 부처님께서는
어떤 이유로 이 광명을 비추시는가.
이 한줄기 빛은 미간의 백호로부터 나와 빛나고 있다.

천신들은 기쁨에 넘쳐
만다라바의 꽃비를 뿌리고
또 전단의 향기와 함께
상쾌한 천상의 만주샤카 꽃비를 뿌린다.

그 꽃으로 이 대지는 어디든 빛나며
사부대중은 커다란 기쁨에 넘쳐 있다.
또 국토 전체가 두려울 정도로
여섯 가지로 진동하고 있다.

이 빛은 동쪽으로 1만8천 국토에 가득 차서
한순간에 모든 것을 비추며
국토는 황금빛으로 빛나고 있다.

그 국토에 있는 중생들은 모두
아비지옥에서 유정천에 이르기까지
육도 속에서 생사를 되풀이하고 있다.

第一章_序品

육도 속에 있는 그들의 여러 가지 행위와
그 결과로서 안락과 괴로움이 보이며
또 업연이 얕고 수승한 것, 중간 것 모두 보인다.

인왕(人王)의 사자(獅子)이신 부처님들께서
설법하시는 것도 보이며
그분들께서는 수많은 중생들에게
마음속 깊이 울리는 음성으로 가르치신다.

그분들은 각자 자신의 국토에서
일찍이 듣지 못한 깊고 광대한 법을 설하시며
수많은 비유와 인연으로써 가르침을 펴고 계신다.

그분들은 괴로움에 번민하며
생로(生老)에 지친 무지한 중생들에게
'이것이 괴로움의 소멸이다' 라고
적정의 열반을 설하신다.

광대한 힘을 얻은 이들과
또 부처님을 뵙는 복 있는 이들에게는
인연의 이치(緣覺乘)를 설하시어
이 법을 찬탄하신다.

또 위없는 지혜를 구해
언제나 여러 가지 수행을 해온
선서(善逝)의 아들〔菩薩乘〕들에게는
깨달음을 찬탄해서 설하신다.

문수사리여, 나는 여기 있으면서
저쪽이나 이쪽의 일들을 듣고 또 보고 있나니
그 가운데 일부분을 말하리라.

많은 국토에 갠지스 강의 모래알처럼
수많은 보살들이 있어
여러 가지로 정진노력해서
깨달음을 얻으려 한다.

어떤 이는 보시를 하는데
새산과 금, 은, 황금, 진주, 주옥, 나패, 파리, 산호,
또 심부름꾼과 하인, 탈것, 말, 양을 보시한다.

또 보석으로 장식된 가마를 기쁜 마음으로 보시한다.
그리고 그 공덕을 최고의 깨달음을 얻는 데 돌린다
'자신도 깨달음을 얻을 수 있기를' 바라면서……

여래께서 삼계의 가장 훌륭한 탈것으로 칭찬하신
부처님의 탈것을 빨리 얻고 싶어서
그들은 이런 것을 보시한다.

어떤 사람들은 손잡이가 달리고
꽃과 깃발로 장식된 승리의 깃발을 세운
사두마차를 보시하며
어떤 사람들은 귀중한 보물을 보시한다.

어떤 사람들은 자신의 아들과 딸을 보시하며
자신의 소중한 살조차도 보시한다.
최고의 깨달음을 구하는 자는
요구하는 대로 손과 발도 보시한다.

어떤 사람은 머리를, 어떤 사람은 눈을
어떤 사람은 가장 소중한 자신의 몸을 보시하나니
깨끗한 마음으로 이런 보시를 해서
여래의 지혜를 얻으려 한다.

문수사리여,
어떤 이들은 영예로운 왕위와 왕비자리,
전국토, 대신, 친척 등 모든 것을 버리고

세간의 지도자이신 부처님이 계신 곳으로 가
영광을 위해 훌륭한 법을 물으며
갈색 옷을 입고 머리털과 수염을 깎는다.

어떤 보살들은 비구로서 숲에 살며
어떤 사람은 아무것도 없는 황야에 살며
설법과 독송을 즐기고 있다.

또 어떤 보살들은 굳센 의지로 동굴에 살면서
부처님의 지혜를 수행하며
널리 생각하고 관찰한다.

또 다른 여래의 아들인 보살들은
애욕을 남김없이 버리고 자신을 닦아서
그 행위가 깨끗하며
다섯 가지이 신통력을 얻어 황야에 살고 있다.

의지가 굳센 어떤 이들은 단정하게 서서
지도자들을 향해 합장하고
수천이나 되는 게송으로 부처님을 찬탄한다.

어떤 사람은 마음을 바르게 하고

第一章_序品

몸을 닦아서 설법하는 데 두려움이 없으며
미묘하게 행하는 길을 알며
인간의 최고자이신 부처님의 법을 묻고 들은 뒤에
법을 갖고 보호하는 자가 된다.

여기저기서 여래의 아들들인 보살들 중
어떤 보살은 스스로를 닦아서
수많은 중생에게 수많은 비유와 인연으로써
부처님의 법을 설하고 있다.

기쁨에 넘쳐 법을 설하고
많은 보살들을 법으로 이끌며
군대를 거느리고 전차를 타고 오는
저 마왕을 쳐부수려고 법고를 울린다.

어떤 여래의 아들들은
인간, 천신, 야차, 나찰(羅刹)들로부터
숭앙받더라도 기뻐하지 않으며
여래의 가르침 속에서 우쭐대지 않고
조용히 행동하는 것을 나는 본다.

마찬가지로 다른 여래의 아들들은

삼림에 있으면서 몸에서 광명을 놓아
지옥에 있는 중생을 구제해서
깨달음으로 이끈다.

여래의 다른 아들들은 힘써 정진하여
마음이 활발하지 못하고 몸이 무거운
수면(睡眠)도 남김없이 버렸으며
경행을 하며 숲에 산다.
그들은 정진노력하여 최고의 깨달음을 지향한다.

또 어떤 사람은 언제나 청정해서 부족함이 없으며
계율을 보물처럼 지키며 행동도 완전무결하다.
그들은 계율을 지키고 최고의 깨달음을 지향한다.

여래의 아들들 중 어떤 이는 인내력으로
교만한 비구들의 욕이니 험담을 참는다.
그들은 인내를 갖고 최고의 깨달음을 지향한다.

또 어떤 보살들은 모든 오락의 즐거움을 버리고
어리석은 동료들을 피해
성자들과 교제를 즐기며 마음을 안정시키어

산란한 마음을 버리고 숲이나 동굴 속에서
마음을 한곳에 집중해서
수많은 세월 동안 선정에 들어 있다.
그들은 선정으로 최고의 깨달음을 지향한다.

또 어떤 사람은 여래와 그 제자인 성문들에게
여러 가지 음식물과 약을 보시한다.

어떤 사람은 제자들과 함께 계신 여래 앞에서
수많은 의복을 보시한다.
그 의복은 매우 비싼 가격이거나
값을 매길 수 없을 정도이다.

어떤 사람은 보물과 전단과 수많은 침구와
자리로 장식된 정사를 만들게 해서
여래께 보시한다.

어떤 사람은 아름다운 꽃이 피고 과일이 열린
깨끗하고 상쾌한 과수원을 휴식을 위해
제자를 거느린 부처님께 보시한다.

기쁨에 넘친 사람들은

이와 같은 여러 가지 아름다운 것을 보시하며
깨달음을 향해 정진노력한다.
그들은 보시로써 최고의 깨달음을 지향한다.

어떤 이들은 수많은 비유와 인연으로써
수천만 억의 중생에게 적정의 가르침을 설한다.
그들은 지혜로써 깨달음을 지향한다.

마치 하늘을 나는 새처럼
더러움에 물들지 않는 여래의 아들들은
모든 것은 움직이지 않으며
차별되게 나타난다는 것을 깨닫고 있다.
그들은 지혜로써 최고의 깨달음을 지향한다.

문수사리여,
그 밖에도 열반에 드신 여래의 가르침 밑에서
도심(道心)이 굳은 많은 보살들이 나타나
열반에 드신 승리자들의 사리에
존경을 표하고 있는 것을 본다.

또 갠지스 강의 모래알처럼 수많은 탑을 본다.
그 탑들은 수많은 국토를 언제나 장식하고 있으며

여래의 아들들이 만든 것이다.

그 탑들은 칠보(七寶)로 만들어졌으며
높이가 5천 요자나(由旬)*, 둘레가 2천 요자나이며
그 위에는 수많은 일산과 깃발이 서 있다.

그 탑들은 깃발로 장식되어 있어 언제나 빛나며
또 언제나 많은 풍경이 울리고 있다.
인간, 천신, 야차, 나찰들이 꽃과 향으로 공양하거나
악기를 연주하여 공양한다.

여래의 아들들은 탑을 세워 부처님 사리를
봉안하고 이런 공양을 하게 한다.
그 탑 때문에 전 세계는 아름답게 빛나고 있다.
마치 활짝 핀 파리자타나무로 한 면이 빛나는 것처럼.

나와 수많은 사람들은 여기서 이 모든 것을 본다.
여래께서 한줄기 빛을 놓아
천신들의 세계를 포함한 이 세상에 꽃이 피는 것을.

---

*주) 요자나(由旬, yojana)는 거리의 단위. 9마일, 16리, 30리 등 여러 설이 있으며, 소달구지로 가는 하루의 여정 정도라고도 전해진다.

아아, 사람 중의 왕이신 여래의 위력이여
아아, 더러움 없는 광대한 지혜여
빛나는 한줄기 빛이 지금 세간에 퍼져
수천이나 되는 국토를 나투어 빛내고 있다.

우리는 이와 같이 헤아릴 수 없으며
이전에 들은 적도 없는 상서로운 모습을 보고
부사의하게 생각하고 있다.
문수사리여, 그 의미를 말해 주시오.
부처님의 아들이여, 우리의 바람을 들어주시오.

용자여, 사부대중은 마음이 격양되어
지금 그대와 나에게 주목하고 있다.
그들에게 기쁨을 주고 의심을 풀어주시오.
선서의 아들이여, 그들에게 수기(授記)를 주시오.

어떤 목적으로 여래께서
지금과 같은 광명을 놓으시는지
거기에 대한 수기를
아아, 사람 중의 왕이신
부처님께서 지니신 위력의 위대함이여
아아, 그 지혜는 얼마나 광대하며 맑은가.

그 한줄기 빛이 지금 세간에 퍼져
수많은 국토의 모습을 나투고 있으니
이 커다란 광명을 놓는 데는
특별한 의미가 있을 것이다.

사람 가운데 가장 고귀한 여래께서는
이전에 보리수 아래에서
최고의 법을 깨달으셨는데
그것을 설하시는 것인가
아니면 보살들에게 수기하시는 것인가?

수천의 국토에 계신 많은 부처님께서
석존의 빛에 의해 보이며
또 아름다운 보석으로 장식된
무한을 꿰뚫어보는 눈을 가진 부처님께서
우리에게 보이는 데는 특별한 이유가 있을 것이다.

여래의 아들인 문수사리여
인간, 천신, 야차, 나찰은
나 미륵이 물어보기를 바라고 있다.
이 사부대중은 문수사리가
여기서 무엇을 수기하는지 기대하고 있다.

제1장_서품

그래서 법의 왕자인 문수사리는 미륵보살과 다른 많은 보살들을 향하여 말했다.

"선남자들이여, 전 세계에 울려 퍼지는 위대한 법을 설하시려는 생각이 여래께 있는 것이다. 선남자들이여, 이것은 위대한 법의 비를 내리고, 위대한 법의 북을 울리며, 위대한 법의 깃발을 높이 걸고, 위대한 법의 등불을 타오르게 하고, 위대한 법라를 불며, 위대한 법의 심벌즈를 울리고, 위대한 법을 지금 설하려는 생각이 여래께 있는 것이다.

선남자들이여, 번득이는 영감과 이전에 내가 본 징조로 미루어 본다면, 이전의 여래들께서도 마찬가지로 그 빛을 받아 빛났으며, 그로 인해 나는 다음과 같은 것을 알았다.

'여래께서는 지금 위대한 법이 울려 퍼지게 하는 법을 설하려 하시며, 위대한 법이 울려 퍼지는 것을 듣게 하려고 하신다. 그 때문에 이런 징조가 나타나는 것'임을.

왜냐하면 모든 세간의 사람들에게 쉽게 믿을 수 없는 가르침의 문을 여래께서 듣게 하시려 할 때는, 거기에 맞게 이와 같은 대기적이나 광명을 놓아 빛나게 하는 징조를 보이시기 때문이다.

선남자들이여, 다음과 같은 생각이 든다. 헤아릴 수 없고 광대하며 잴 수도 없으며 생각도 미치지 않고 측량도 초월한 무한한 겁의 과거세에, 아니 그보다도 훨씬 오래 전에 있었던 일이다.

'일월등명(日月燈明)'이라는 올바른 깨침을 얻은 여래께서 이 세상에 출현하셨다. 그분은 지혜와 덕행을 갖춘 선서시며, 세간을 잘 아는 위없는 분이시며, 사람들을 잘 이끄시는 분이시며, 천신과 인간의 스승이시며, 불타시며, 세존이셨다.

　그 부처님께서는 처음도 중간도 끝도 좋고, 의미도 좋고, 글귀도 좋은 법을 설하셨으며, 순수하고 완전하고 청정하고 결백하고 순결한 생활(梵行)을 분명히 하셨다. 즉 성문들을 위하여 네 가지 성스러운 진리와 12인연(十二緣起)법을 설하셨다. 그것은 생, 로, 병, 사와 괴로움, 슬픔, 걱정, 혹란을 부수기 위한 것이며, 마침내는 열반에 이르기 위한 것이다. 또 보살들에게 육바라밀을 동반한 위없는 바른 깨달음을 비롯하여 일체지자인 부처님의 지혜에 이르기까지의 법을 설하셨다.

　또 선남자들이여, 올바른 깨침을 얻은 일월등명여래에 이어 같은 이름의 여래께서 이 세상에 나타나셨다. 미륵(아지타)이여, 그 뒤 계속해서 같은 이름, 같은 집안에 속하는 2만 명의 여래들께서 계셨다.

　미륵이여, 그 여래 한 분 한 분이 일월등명이라는 이름으로 존경받고, 바른 깨달음을 얻어 지혜와 덕행을 갖춘 선서시며, 세간을 잘 아는 위없는 분이시며, 사람들을 이끄시는 분이시며, 천신과 인간의 스승이시며, 불타시며, 세존이셨다. 그 한 분 한 분이 처음도 중간도 끝도 좋으며 의미와 글귀도 좋은 법을 설하셨으며, 순수하고 완전하고 청정하고 결백하고 순결한 생활을 분명히 하셨다. 즉 성문들을 위해서 네 가지 성스러운 진리와 12인연법을 설하셨다. 그것은 생, 로, 병, 사, 괴로움, 슬픔, 걱정, 혹란을 부수기 위한 것이며, 마침내는 열반에 이르기 위한 것이다. 또 보살들에게는 육바라밀을 동반한 위없는 바른 깨달음을 비롯하여, 일체지자의 지혜에 이르기까지의 법을 설하셨다.

또 미륵이여, 일월등명여래가 태자로서 아직 출가하지 않고 재가생활을 할 때, 8명의 아들이 있었다. 유의(有意), 선의(善意), 무량의(無量意), 보의(寶意), 증의(增意), 제의의(除疑意), 향의(響意), 법의(法意)라는 이름의 왕자였다. 광대한 위력을 지닌 이 왕자들은 각자가 사대주를 영토로 해서 군림하고 있었다. 그들은 세존께서 재가생활을 버린 것을 알고, 또 위없는 바른 깨달음을 얻으신 것을 듣고 왕위를 버리고 세존을 따라 출가하였다. 그들 모두가 위없는 깨달음을 지향했으며 법을 설하는 자가 되었다. 그들은 언제나 순결한 생활을 하는 자가 되어, 수많은 부처님 밑에서 선근을 쌓았다.

미륵이여, 그때 일월등명여래는 모든 부처님께서 지지하시는 광대한 경전이며 보살들을 위한 가르침인 '무량의(無量意)'라는 법문을 설하셨다. 다 설하신 순간 그 자리에서 결가부좌로 '무량의처(無量義處)' 삼매에 드시어, 몸도 마음도 움직이지 않고 계셨다. 그 세존께서 삼매에 드시자마자, 하늘의 꽃인 만다라바, 대만다라바, 만주샤카, 대만주샤카의 커다란 꽃비가 내려 세존과 주위에 있는 분들을 덮었다. 그리고 전불국토가 6종으로 진동하였다.

미륵이여, 그때 그곳에는 비구, 비구니, 우바새, 우바이, 천신, 용, 야차, 건달바, 아수라, 가루다, 긴나라, 마후라가 등의 인간과 인간 이외의 것들이 모여 있었다. 또 지방의 왕후와 군대를 통솔하는 전륜왕, 사주를 지배하는 전륜왕들이 앉아 있었다. 그들은 모두 시종과 함께 세존께 예배하고 놀라움과 신기함을 느끼며 일찍이 맛보지 못했던 기쁨을 얻었다.

그때 일월등명여래의 미간 백호로부터 한줄기 광명이 비쳤다. 그 광명은 동방에 있는 1만8천의 부처님 국토에 퍼졌다. 그리고 그 부처님들의 국토 모두가 그 광명 때문에 똑똑히 보였다. 미륵이여, 그것은 바로 지금 이 부처님들의 국토가 보이는 것과 같다.

미륵이여, 또 그때 그 세존을 따르는 2억의 보살들이 있었는데, 이곳에서 법을 들은 그들은 거대한 광명에 의해 세계가 빛나는 것을 보고 놀라서 지금까지 해본 적이 없는 생각을 하며 기뻐하셨다.

미륵이여, 또 그때 그 세존의 가르침의 자리에 '묘광(妙光)'이라는 보살이 있었는데 그에게는 8백 명의 제자가 있었다. 세존께서는 삼매로부터 깨어나시어 묘광보살을 위하여 '바른 가르침의 백련〔妙法蓮華經〕'이라는 법문을 설하셨다. 60중겁 동안 같은 자리에서 몸과 마음을 움직이지 않으시고 설하셨다. 모든 청중도 같은 자리에 앉은 채 60중겁 동안 세존으로부터 법을 들었는데, 그곳에 모인 중생은 어느 누구도 몸과 마음이 피곤한 사람이 없었다.

일월등명여래께서는 '바른 가르침의 백련'이라는 법문을 설하시어 60중겁이 지난 그 순간 완전한 열반에 들 것이라고 선언하셨다. 즉 천신, 마왕, 범천을 포함한 이 세간을 향하여, 또 사문, 바라문을 포함해서 천신, 인간, 아수라를 포함한 생명 있는 것들 앞에서, '비구들이여, 오늘 한밤중에 나는 무여의열반(無餘依涅槃)에

들 것이다' 라고.

　미륵이여, 일월등명여래께서는 '길상태(吉祥胎)' 보살이 위없는 바른 깨달음을 얻을 것이라고 그곳에 모인 모든 사람들에게 수기하셨다. '비구들이여, 이 길상태보살은 바로 내 뒤를 이어 위없는 깨달음을 얻어 이구안(離垢眼)이라는 존경받는 여래가 될 것이다' 라고.

　또 미륵이여, 일월등명여래께서는 그날 밤중에 무여의열반에 드셨다. 그리고 그 '바른 가르침의 백련' 의 법문은 묘광보살이 간직하였다. 80중겁 동안 묘광보살은 완전한 열반에 드신 세존의 가르침을 간직해서 설하였다. 미륵이여, 그때 지혜를 위시한 세존의 8명의 아들들은 이 묘광보살의 제자가 되었다. 묘광보살에 의해 그들은 위없는 깨달음을 향하여 점차 성숙되었는데, 그 뒤 수많은 부처님들을 뵙고 모셨다. 그들 모두 위없는 깨달음을 향하여 점차 성숙해졌는데 그들은 수백 수천만 억의 많은 부처님을 뵈옵고 모셔 모두 위없는 깨달음을 얻었다. 그중 가장 마지막이 디팡카라부처님〔燃燈佛〕이시다.

　묘광보살의 제자 8백 명 가운데 이익과 사람들의 존경과 세간의 평판을 소중히 여기며, 명성을 바라는 한 보살이 있었다. 그 보살은 가르침을 받거나 설해진 문구와 문자를 오래 간직하지 못하며 명성을 바라기 때문에 '구명(求名)' 이라고 불렸다. 이런 사람이었지만 여러 가지 선근을 쌓아서 수백 수천만 억 나유타나 되는 많은 부처님들을 기쁘게 하였다. 그리고 부처님들을 공경, 공양하며 찬탄하였다.

미륵이여, 그때 그곳에서 위대한 보살이며 설법자인 묘광보살이 다른 사람이라고 생각하지 마라. 왜냐하면 바로 내가 그때 그곳의 그 묘광이라고 불리는 보살이었으며 설법자였기 때문이다. 미륵이여, 그대야말로 그때 그곳의 게으름뱅이인 구명이라고 불리던 보살이었다.

미륵이여, 이런 까닭에 세존께서 뻗치신 광명의 징조를 보고 나는 다음과 같이 생각했다.

'세존께서도 모든 부처님들이 지지하시는 광대한 경전이며 보살을 위한 바른 가르침의 백련이라는 법문을 설하려고 하신다' 라고."

또 문수사리보살은 같은 의미를 다음의 게송으로 읊었다.

헤아릴 수도 없고 생각도 미치지 않는
무량한 겁인 과거가 생각난다.
그때 사람 중의 최고자이며
일월등명여래라고 불린 여래가 계셨다.

사람들의 안내자인 그분은 바른 법을 설하시고
무량한 중생을 교화하시고
생각할 수도 없는 많은 보살들을
최고인 부처님의 지혜로 향하도록 격려하셨다.

이 지도자께서 왕자였을 때, 8명의 아들이 있었다.

그들은 위대한 현자이신
부처님께서 출가하신 것을 보고
모두 곧바로 애욕을 버리고 출가하였다.

세간의 보호자께서는 수많은 인간들을 위하여
광대한 대승경이라고 불리는
훌륭한 무량의 경전을 설하셨다.

여래께서는 법을 다 설하시자마자
결가부좌를 하시고 그 자리에서
훌륭한 무량의처라는 삼매에 드셨다.

그러자 천상의 만다라바의 꽃비가 내리고
울리지도 않은 많은 큰북이 울렸다.
천신들과 야차들은 공중에 나타나서
인간의 최고자께 공양을 올렸다.

그 순간 모든 국토가 진동하고
놀랄 만한 아주 드문 일이 일어났다.
즉 세간의 지도자께서는 미간으로부터
아주 아름다운 한줄기 광명을 놓으셨다.

第一章_序品

그 광명은 동쪽으로 뻗쳐
1만8천의 국토에 퍼져 일체의 세간을 빛냈다.
그것은 중생들의 죽음이나 태어남의 모습을 보인 것이다.

그 가운데 어떤 국토는 보옥으로 되어 있고
또 어떤 국토는 유리로 빛나서
여래의 광명을 받아
훌륭하고 아주 아름답게 보였다.

그곳에는 천신, 인간, 용, 야차, 건달바, 긴나라들과
여래의 공양에 애쓰는 자들이 있어
여러 세계 속에서 부처님을 공양하였다.

또 부처님들이 계시는 것도 저절로 보였다.
그분들은 금으로 된 기둥처럼 아름다우며
유리 속에 놓여진 금색의 상(像)처럼
집회의 중앙에서 법을 설하고 계셨다.

그곳에는 무수한 성문들이 있고
또 여래에 속하는 성문들도 무량하였는데
광명은 여래의 모든 국토에 있는
모든 성문들을 비추고 있다.

부처님의 아들들이 산의 동굴에 살며
오직 정진노력에 힘쓰며
주옥처럼 굳게 계를 지키고 있었다.

자기의 재산을 보시하고, 인내심이 있으며
선정을 즐기고 도심(道心)이 견고한 보살들이
갠지스 강의 모래알처럼 많이 있었는데
그들도 모두 이 빛에 의하여 나타났다.

부동이어서 흔들리지 않고, 인내심이 있으며
선정을 즐기고 마음이 통일된
여래의 친아들이 보인다.
그들은 선정으로 최고의 깨달음을 지향한다.

그들은 적정이며 번뇌가 없는
진실한 것을 알고 있으며
많은 세계에서 그 법을 분명히 설한다.
그들의 이와 같은 행동은 여래의 위력 때문이다.

사부대중은 일월등명여래의 이 위력을 보고
그 순간 모두 환희에 넘쳐
서로 무슨 영문인지를 묻는다.

인간, 천신, 야차들로부터 공양받는 지도자께서는
곧 삼매에서 깨어나시어
현명한 보살이며 설법자이며
부처님의 아들인 묘광보살에게
다음과 같이 말씀하셨다.

'현명한 그대는 세상사람들을 바로 이끄는 눈이며
그들의 의지처이다.
내가 신뢰하는 자이며, 내 법을 간직하는 자이다.
그대는 중생의 행복을 위해
지금부터 내가 설하는 법의 증인이 될 것이다'

그리고 많은 보살들을 격려하고 기쁘게 하며
칭찬하고 찬미하신 뒤
일월등명여래께서는 최고의 법을 60중겁 동안 설하셨다.

또 세간의 보호자이신 여래께서는 같은 자리에서
가장 훌륭한 최고의 법인 법화경을 설하셨는데
여래의 친아들인 묘광도 법을 설하게 되어
그 모든 설법을 지니었다.

또 여래께서는 최고의 법을 설하시어

많은 사람들을 기쁘게 하신 뒤
같은 날 천신들을 포함한 이 세간사람들 앞에서
이렇게 말씀하셨다.

'나는 가르침의 지도 방법을 설하고
가르침의 본질을 그대로 설했다.
비구들이여, 나는 오늘 한밤중에 열반에 들 것이다.

그대들은 신앙의 핵심을 얻어
게을리하지 말고 나의 가르침에 전념하라.
수천만 억 나유타의 겁이 지나더라도
깨달음을 얻으신 위대한 여래를 뵙기는
매우 어려운 일이기 때문이다'

인간의 최고자께서
너무 빨리 열반에 드신다는 말을 듣고
많은 부처님의 아들들은
슬퍼하며 대단히 괴로워했다.

인간의 왕 중 왕께서는 생각할 수 없을 만큼
수많은 중생들을 격려하며 말씀하셨다.
'비구들이여, 내가 열반에 들더라도 두려워하지 마라.

내 뒤에 다른 부처님께서 나타나실 것이다.

현자인 길상태보살은
번뇌가 없는 지혜에 정통하며
최상이며 최고의 깨달음에 도달할 것이다.
그리고 이구안이라는 이름의 여래가 될 것이다'

그날 한밤중에 기름이 다한 등잔불처럼
여래께서는 완전한 열반에 드셨다.
그 사리는 널리 여러 국토에 나뉘어
수천만 억 나유타의 무수한 탑이 세워졌다.

그때 갠지스 강의 모래알처럼
많은 비구와 비구니들이
최고이며 최상인 깨달음을 지향하여
여래의 가르침에 전념하였다.

그때 묘광보살은 설법사인 비구였으며
그 법을 간직하는 자였는데
80중겁 동안 일월등명여래의 가르침에 따라
최고의 법을 여러 가지로 설하였다.

그때 그에게는 8백 명의 제자가 있었는데
그는 그들 모두를 최고의 깨달음으로 향하도록 성숙시켰다.
그 제자들은 수많은 부처님들을 뵙고 존경하며 섬겼다.

그들은 그때 깨달음에 맞는 수행에 힘써
많은 세계에서 부처님이 되었다.
그리고 계속해서 서로
최고의 깨달음을 얻을 것이라고 수기하였다.

또 이 부처님들께서 순서대로 나오셨는데
그 마지막이 디팡카라부처님〔燃燈佛〕이었다.
이 부처님께서는 신들 중의 최고신으로
성인(聖人)의 무리에게 공양을 받으시고
수많은 중생들을 교화하셨다.

이 여래의 아들인 묘광이 법을 설할 때
게으름뱅이에다 매우 탐욕스러우며
세간의 평판을 바라는 한 제자가 있었다.

그는 명예욕이 많아서
부호의 집에 거듭 태어나는 운명이었다.
그래서 법도 스승의 가르침도 경전의 독송도

그의 기억 속에 남지 않았다.

그는 구명이라고 불리며 그 이름을 사방에 떨쳤다.
그러나 그러함에도 불구하고 수행의 공덕을
쌓아서 수많은 부처님들을 기쁘게 하고
또 광대한 공양을 올렸다.

그리고 깨달음에 맞는 수행을 훌륭히 하여
이 세상에서 석가모니불을 뵐 수 있게 되었다.

그래서 그는 최후로
위없는 최고의 깨달음을 얻는 자가 될 것이다.
미륵의 가문에 속하는 여래가 되어
수많은 중생을 교화할 것이다.

그때 열반에 드신 여래의 가르침에
게으른 구명은 바로 그대였으며
나는 설법자인 묘광이었다.

이런 이유와 인연으로 오늘 이런 징조를 보고
내가 일월등명여래께서 계실 때 처음 본 것과 같은
지혜의 징조가 나타났다고 하는 것이다.

일체를 널리 꿰뚫어보시고
최고의 진실을 아시는 세존께서
그때 내가 들은 최고의 가르침을
설하려고 하심이 분명하다.

오늘 상서로운 조짐이 이렇게 원만한 것은
지도자들의 절묘한 방편이다.
세존께서는 그것을 바르게 써서
가르침의 본질의 특색을 말씀하실 것이다.

마음을 바르게 하고 자제해서 합장하라.
세간의 행복을 바라는 자비로운 부처님께서는
법을 설하시고 무한한 법의 비를 내리시어
깨달음을 지향하는 사람들을 만족케 하실 것이다.

깨달음을 지향하는 보살들에게
의심이나 불안이 있더라도
현자께서는 자신의 아들들의 의혹을 없애주시리라.

서품의 구성

1. 법회의 청중
성문대중/보살대중/그 외의 대중

2. 법회의 상서로움
설법 국토와 멀리 떨어진 국토의 동일한 영향

3. 미륵보살의 의문

4. 미륵보살이 다시 게송으로 묻다
국토의 상서로움/부처님 설법의 상서로움/보살행의 상서로움/부처님의 열반

5. 문수보살이 답하다
과거의 예/일월등명불 이야기/문수보살과 미륵보살의 과거/분명한 답

6. 문수보살이 게송으로 답하다
일월등명여래 이야기/문수보살과 미륵보살의 과거/분명한 답

서품입니다.

〈서품(序品)〉의 '서(序)'라는 글자는 여러 의미가 있습니다. '차례', '순서' 외에도 '말씀드리다', '실마리'의 뜻도 있습니다. 극으로 치면 본문의 도입부에 해당합니다. 〈서품〉의 의도는 심리적 준비 태도를 갖추는 데 있습니다. 설법 장소는 현재 인도 북동부의 라자그리하 부근 영취산의 산정에서 법회가 이뤄졌습니다. 필자도 몇 차례 인도순례를 하면서 이곳에 올라가 기도를 올리곤 했습니다. 더없이 상쾌하고 영감이 떠오르는 곳입니다.

본 품에서는 부처님 설법 당시의 현장 분위기가 묘사됩니다. 우리가 실생활에서도 좋은 일이 있으려면 모든 것이 좋게 보이고, 반대의 경우에는 아무리 좋은 것을 봐도 좋은 줄을 모릅니다. 이런 까닭에 인욕의 마음이 가장 큰 공덕이 됩니다. 또 복이 있는 사람은 사는 환경도 쾌적하고 좋은 환경을 만납니다. 모든 것이 이처럼 마음과 연결되지 않는 게 하나도 없습니다.

🪷 경전이 설해지는 조건

모든 경전 첫머리에는 여섯 가지 필수 조건이 갖춰집니다. 그중 하나라도 빠지면 경전이 이뤄지지 못합니다. 이를 육성취(六成就)라 하는데 그 여섯은 다음과 같습니다.

첫째, 석존의 가르침이 틀림없다는 것을 확인하는 신성취(信成就)입니다 — '여시(如是)'

둘째, 내가 직접 들었다는 문성취(聞成就)입니다 — '아문(我聞)'

셋째, 설법의 때를 명시하는 시성취(時成就)입니다 — '일시(一時)'
넷째, 설법을 한 것이 부처님이었다는 주성취(主成就)입니다 — '불(佛)'
다섯째, 설법한 장소를 밝히는 처성취(處成就)입니다 — '재사위국(在舍衛國)'
여섯째, 어떤 사람(대중)이 들었는가를 밝히는 중성취(衆成就)입니다 — '여대비구(與大比丘)'

경전은 '이와 같이 나는 들었다[如是我聞]'고 시작합니다. 한 번 들으면 그대로 기억하는 아난존자가 부처님의 모든 말씀을 기억해 대중 앞에 암송함으로써 부처님의 교설과 다름없다는 여타 대중의 검증을 거쳐 결집되었습니다. 지금 사람들 생각으로는 이해가 가지 않지만 필자도 절집에서 기억력이 탁월한 분들을 보아서 알 수 있는데, 이는 조금도 과장이 아닙니다. 부처님 열반 후에 아난존자가 암송을 하면 대중이 함께 따라서 표준을 삼았습니다. 여기에 설했던 때, 설한 장소, 설한 주체, 그리고 청법대중이 모든 경전의 첫머리에 반드시 나옵니다. 후대에 경전에 대한 믿음을 주기 위해 이런 형식을 취한 것으로 보면 됩니다.

대중은 부처님의 설법을 듣고 깨달음을 얻거나 수행의 근간으로 삼은 대중입니다. 부처님의 모든 제자인 비구·비구니와 재가자들 외에 국왕인 아자타사투왕[阿闍世王]의 권속까지 모두 모였음을 알려줍니다. 뿐만 아니라 여러 보살들과 하늘을 장엄하는 모든 천신과 옹호 무리가

지 빈틈없이 총망라되었습니다.

여기서 아자타사투왕은 아사세왕이라고도 불리며 실존 인물입니다. 빔비사라왕이 늦게까지 아들이 없어 어느 선인에게 물었더니 삼 년 후에 자신이 죽어서 환생하겠다고 했습니다. 이에 왕이 급한 마음에 바로 그 선인을 죽이고 말았습니다. 그 후 아들이 태어났는데, 원한을 타고나서 반드시 부왕을 죽일 거라는 예언을 받았습니다. 이에 부왕은 아기를 죽이려고 아기를 누각에서 떨어트렸지만 아기는 손가락 하나만 다칠 뿐 죽지 않았습니다. 왕자는 점차 장성하여, 새로운 교단을 만들려는 데바닷타의 꼬임에 빠져 부왕을 죽이고 어머니도 가두어 버립니다. 부왕이 옥에 갇혀 있을 때 마음이 괴로운 왕비를 위해 부처님은 '나무아미타불'을 외우며 서방정토에 왕생하기를 염원하라고 가르치기도 하였습니다. 나중에 젊은 왕은 뉘우치고 불법의 수호자가 됩니다.

🪷 서품의 주요 내용

그때 세존께서는 사부대중에게 둘러싸여 존경과 공양을 받으시는 가운데 광대한 가르침이고 보살에 대한 가르침이며, 모든 부처님들께서 지지하시는 위대한 설법인 '무량의(無量義)'라는 이름의 경전을 설하셨다. 그 뒤 세존께서는 자리에서 결가부좌하시고 무한한 가르침의 기초인 '무량의처(無量義處)'라는 삼매에 드시어, 몸과 마음을 움직이지 않으셨다. 세존께서 삼매에 드시자마자, 천상의 꽃인 만다라바, 대만다라바, 만주샤카, 대만주샤카의 꽃비가 내려, 세존과 사부대중의 위를

第一章_序品

덮었다. 그리고 전 불국토가 여섯 가지로 진동했다.

이런 모습은 보통 눈에는 보이지 않는 현상입니다. 오직 삼매의 깊은 경지에 들어 기운으로 보고 듣는 것입니다. 당연히 운집대중이 환희하여 부처님을 우러러보자, 부처님의 미간에서 광명이 쏟아지며 세상을 환히 비추었습니다. 단순히 이 세계만 비추는 것이 아니라 공간을 뛰어넘어 '위대한 보살들이 있어 여러 가지 절묘한 방편으로 수행하고 있는 것도 보였다. 부처님들께서 완전한 열반(般涅槃)에 드시는 것도 보였으며 보석으로 된 사리탑'도 보게 됩니다.

환상적인 광경이 벌어지자 미륵보살은 '아아, 여래께서는 위대하고 상서로운 모습으로 이런 기적을 보이셨다. 도대체 무슨 까닭일까? 세존께서 이런 위대하고 상서로운 모습으로 기적을 행하신 것은 무슨 까닭일까?' 하는 생각을 하며 문수보살에게 그 까닭을 물어봅니다. 국토의 상서로움, 부처님 설법의 상서로움, 보살행의 상서로움, 부처님 열반의 상서로움에 대해서 미륵보살이 묻습니다.

경전에 나오는 보살들의 물음은 아직 알지 못하는 여러 대중과 미래의 중생을 위해 대신 묻는 것임을 항상 잊지 말아야 합니다. 그 질문 속에 내 질문이 있고 그 답 속에 내가 알아야 할 답이 있습니다. 경전은 이런 마음으로 읽어야 합니다. 그냥 지식으로 알려거나 관심을 가지는 것으로는 한 줄도 제대로 알기 어렵습니다.

선남자들이여, 전 세계에 울려 퍼지는 위대한 법을 설하시려는 생각이

여래께 있는 것이다. 선남자들이여, 이것은 위대한 법의 비를 내리고, 위대한 법의 북을 울리며, 위대한 법의 깃발을 높이 걸고, 위대한 법의 등불을 타오르게 하고, 위대한 법라를 불며, 위대한 법의 심벌즈를 울리고, 위대한 법을 지금 설하려는 생각이 여래께 있는 것이다.

문수보살이 이유를 밝히고 지금의 광경과 현재의 부처님뿐만 아니고 일월등명여래라는 부처가 지금의 부처님과 같이《무량의경(無量義經)》을 설한 뒤 광명을 놓아 온 우주를 비추고, 삼매에 들고 난 후《법화경》을 설하셨던 적이 있으니 이 부처님과 과거의 부처님이 보이시는 바가 똑같다며 이렇게 말합니다.

세존께서도 모든 부처님들이 지지하시는 광대한 경전이며 보살을 위한 바른 가르침의 백련이라는 법문〔妙法蓮華經〕을 설하려고 하신다.

참으로 심오한 이야기입니다. 우리는 단순히 한 생을 보고 살지만 이 우주의 일이란 것은 헤아리기 어려운 거대한 시간을 주기로 하여 움직이기 때문에 모든 법이 반복됨을 말합니다. 이 설명을 위해 일월등명여래의 과거행에 대한 이야기가 이어집니다. 여기서 잠깐 일월등명불에 대해 알아보겠습니다. 일월등명불의 이름을 살펴보면 해와 달, 등불의 밝음이 이름에 나왔으니, 이는 밝음과 관련이 있습니다. 밝음은 어리석음을 떨친 지혜의 증득입니다. 이 세상의 어떤 것도 일월의 밝음을 넘지 못합니다. 해는 낮의 밝음이고, 달은 밤의 밝음입니다. 등

은 어두운 방의 밝음이어서 이 모든 어둡지 않음을 의미하는 지혜의
설법을 하는 분이 일월등명불입니다.

그 부처님께서는 처음도 중간도 끝도 좋고, 의미도 좋고, 글귀도 좋은
법을 설하셨으며, 순수하고 완전하고 청정하고 결백하고 순결한 생활
(梵行)을 분명히 하셨다. 즉 성문들을 위하여 네 가지 성스러운 진리와
12인연(十二緣起)법을 설하셨다. 그것은 생, 로, 병, 사와 괴로움, 슬
픔, 걱정, 혹란을 부수기 위한 것이며, 마침내는 열반에 이르기 위한
것이다. 또 보살들에게 육바라밀을 동반한 위없는 바른 깨달음을 비롯
하여 일체지자인 부처님의 지혜에 이르기까지의 법을 설하셨다.

일월등명여래의 주 설법이 사성제, 12인연법, 육바라밀임을 잘 알 수
있습니다. 또한 이 부처님은 문수와 미륵의 과거를 밝히는데, 문수는
과거 묘광(妙光)이고, 미륵은 구명(求名)이라는 이름의 보살이었음을
설합니다.
또한 경문에 《무량의경》이 나옵니다. 《법화경》은 삼부(三部)로 나뉩니
다. 《무량의경》이 서경(序經)이고, 《법화경》이 본경(本經)이며, 《관보
현보살행법경》을 결경(結經)으로 나누기도 합니다.
경문에는 부처님이 이같이 삼매에 드시자 여섯 가지 종류의 진동이 있
었다고 합니다. 그 여섯 가지 법의 진동은 흔들려서 불안한 동(動), 아
래에서 위로 올라가는 기(起), 솟아오르고 꺼져 내려가는 용(湧), 소리
가 은은하게 들리는 진(震), 소리를 내며 부르짖는 후(吼), 사물을 깨

닿게 하는 각(覺)입니다. 앞의 세 가지는 모양, 나머지 세 가지는 소리와 관계가 있습니다.

이처럼 분명하게 일월등명불의 과거 부처님으로서의 인연을 말하고, 지금 부처님도 《법화경》을 설한다는 암시를 대중에게 보입니다.

문수보살이 한량없는 과거세에 법이 설해졌던 광경을 근거로 하여 《법화경》이 설해질 거라는 자신의 생각을 밝히고, 다시 거듭하여 게송으로 뜻을 펴는 부분이 본 품의 후미입니다. 여기에서는 두 가지로 나누어 생각할 수 있습니다. 하나는 우리가 인식 가능한 역사적인 부분이고, 다른 하나는 시간과 공간을 초월한 어떤 세계입니다. 실존했던 석가모니부처님이 대중 앞에 실제의 형상을 보이고 말로 설하신 것이 하나의 영역이라면, 일월등명불의 경우처럼 중생의 인식 범주를 벗어난 차원의 범우주적인 인연 관계라 하겠습니다. 이는 설명하기 어렵고, 그렇다고 전혀 허무한 것은 아니기 때문입니다. 마치 태풍이 일면 몸부림치는 파도와 바다 깊은 곳의 부동의 물이 서로 다른 것처럼 보이지만, 이 둘은 다르지 않습니다. 이 우주적인 일체의 모든 것이 존재하고 영속되어지는 법이 있기 때문에 이 세계가 존재하는 것입니다. 그래서 이루 말로 다 설명하고 보여줄 수 없기 때문에 '묘법(妙法)'입니다.

🪷 법화경을 공부하는 마음

북미 인디언들에게는 '오래된 이야기'가 전해져 온다고 합니다.

第一章_序品

오래된 이가 동굴 앞 나무 그늘에 앉아 있었습니다. 얼굴 붉은 자가 오자, 오래된 이가 말했습니다.
"그대의 생각을 말해보라."
얼굴 붉은 이가 대답했습니다.
"어른들은 우리에게 이러이러한 방식으로 기도하라고 말했습니다. 그리고 우리가 배운 대로 기도하는 것이 중요하다고 했습니다. 조상들이 물려준 것이니까요."
이번에는 얼굴 검은 자가 지나갔습니다. 오래된 이가 물었습니다.
"그대의 생각을 말해보라."
얼굴 검은 자가 말했습니다.
"어머니들은 우리에게 이러이러한 건물에 가서 이러이러한 기도를 하라 했습니다. 또 아버지들은 이러이러한 방식으로 절하라 했습니다. 우린 그렇게 배웠습니다."
그 다음에는 얼굴 노란 자가 지나가자 오래된 이가 물었습니다.
"그대의 생각은 무엇인가."
얼굴 노란 자가 말했습니다.
"교사들은 우리에게 이러이러한 방식으로 앉아서 이러이러하게 기도하라 했습니다."
이번에는 얼굴 흰 자가 같은 질문에 답했습니다.
"우리의 책은 이러이러한 식으로 기도하고 이러이러한 일들을 하라고 배웠습니다. 그렇게 기도하는 것은 매우 중요한 일입니다."
오래된 이가 한숨지으며 대지에게 말했습니다.

"그대는 왜 사람들에게 통찰력을 심어주지 않았는가?"
대지가 말했습니다.
"저마다 특별한 재능을 주었지만, 사람들은 어떤 방식이 옳은가를 놓고 다툼을 벌이느라 바빴습니다. 그래서 그들은 내가 준 선물을 돌아볼 겨를이 없습니다."
오래된 이는 같은 질문을 물, 불, 공기에게 던졌지만 다들 같은 대답이었습니다. 그 다음에 동물, 새, 벌레, 나무, 꽃, 하늘, 달, 태양, 별들, 그리고 모든 정령에게 같은 질문을 던졌으나 돌아오는 대답은 한결같이 같았습니다. 오래된 이는 몹시 슬펐습니다. 그는 네 빛깔의 얼굴을 한 자들을 모두 불러놓고 말했습니다.
"그대들의 어른, 어머니, 아버지, 교사와 책들이 말해준 방식은 모두 신성한 것이다. 그 방식을 존중하는 것도 좋은 일이다. 그러나 그대들은 자신들의 위대한 통찰력을 잃었다. 이제 통찰력을 위해 기도하라. 그리고 그것을 볼 수 있도록 마음을 고요히 가지라. 그것은 힘든 길이지만, 선한 길이다."

모든 법회와 불사는 불보살님들이 옹호하시는 바이고, 그 일은 언젠가 이미 이루어지고, 예시되고, 선언되었음을 알 수 있습니다.
거친 폭우에도 봉숭아와 굴참나무가 꽃과 줄기를 피워 올리는 힘이 같기도 하고 다르기도 합니다. 각자가 가진 힘이 신비와 경외의 아름다운 대상입니다. 일체만물에 예경하는 마음이 보살의 정신입니다.

모든 것에 감사하는 마음을 가져야 합니다.
모든 것을 부처님으로 보는 마음이 《법화경》을 공부하는 마음입니다.

2 방편품

2

방편품 方便品

그때 세존께서는 전생의 서원을 스스로 아시고 삼매에서 깨어나 사리불에게 말씀하셨다.

"사리불이여, 정각을 이룬 존경받는 여래께서는 깊고 한량없으며 깨닫기 어려운 부처님의 지혜를 깨닫고 계신다. 그 지혜를 성문이나 독각들은 알기 어렵다. 왜냐하면 사리불이여, 정각을 이룬 존경받는 여래께서는 과거세부터 수천만 억 나유타의 부처님들을 섬기고 수행하며, 오랫동안 최고의 바른 깨달음을 향하여 정진노력하고, 이전에 없던 보기 드문 법을 익히고, 알기 어려운 법을 알고 계시기 때문이다.

사리불이여, 바른 깨달음을 얻는 존경받는 여래의 깊은 뜻이 담긴 말씀을 안다는 것은 참으로 쉬운 일이 아니다. 여래들께서는 여러 가지 절묘한 방편과 지견(知見)을 통해, 즉 원인과 이유, 비유와 인연, 언어와 해석과 교리로써 법을 설하시기 때문이며, 또 때에 맞는 절묘한 방편으로 여러 갈래로 집착하고 있는 중생들을 해탈시키시기 때문이다.

사리불이여, 여래께서는 위대하고 절묘한 방편과 지견의 최고의 경지에 도달해 계신다. 그분들께서는 집착과 장해가 없는 지견을 지니셨으며, 부처님으로서의 십력(十力), 네 가지 두려움 없는 자신(四無畏), 열여덟 가지 부처님의 특유한 성질(十八不共法), 다섯 가지 기능(五根), 다섯 가지 능력(五力), 일곱 가지 깨달음을 돕는 부분(七覺支), 선정, 해탈, 삼매, 등지(等至)라는 누구도 가지고 있지 못하는 덕성을 갖추시고 여러 가지 가르침을 설하신다.

사리불이여, 이런 까닭에 여래들께서는 가장 보기 드문 것을 얻고 있음을 알아야 한다. 사리불이여, 여래만이 여래의 법을 여래에게 설할 수가 있다. 모든 법을 여래만이 설하며 모든 법을 여래만이 아신다. 그 법이 어떤 것인지, 어떻게 있는지, 어떤 상태인지, 어떤 성질이 있는지, 어떤 본성이 있는지, 즉 법 자체, 존재양식, 상태, 특질, 본성이라는 범주에 대해 여래만이 바로 알며, 명석한 지혜를 지니신다."

세존께서는 다시 그 의미를 알게 하시려고 다음과 같이 게송을 설하셨다.

천신과 인간을 포함한
이 세간에 계시는 부처님들의 수는 무량하다.
모든 중생이 그 부처님들을 모두 알 수는 없다.

부처님들의 힘과 해탈과

두려움 없는 자신이 어떤 것인지
또 부처님들의 특성이 어떤 것인지에 대해
아는 이는 아무도 없다.

수천만 억 부처님들을 섬기며
내가 행한 수행은 심원하고 미묘하며
알기 어렵고 가늠하기가 아주 힘들다.

사유를 초월한 수많은 겁 동안 닦은
수행의 결과가 어떤 것이었는지
나는 깨달음의 자리에서 보았다.

그것이 어떻게 존재하며 어떤 것이며
또 어떤 상태인지 나도 알고 있으며
다른 세간의 여래들께서도 알고 계신다.

그것을 보여주는 것은 불가능하며
그것을 나타내는 말도 없다.
누구에게 향하여 이 법을 설할 것이며

설해진 법을 누가 이해할 것인가
이 세간에는 단 한 사람도 없다.

신심의 마음을 간직하고 있는
보살들을 제외하고는

세간을 잘 아는 불타(佛陀)의 성문(聲聞)들로서
모든 부처님께 공양을 행하고
여래의 칭찬을 받고 번뇌를 끊고
지금의 몸이 윤회의 마지막 몸인 뛰어난 성문들도
여래의 지혜는 알 수가 없다.

설령 모든 세계가 사리불 같은 사람들로 가득 차고
또 그들이 모두 하나가 되어 생각한다 하더라도
여래의 지혜는 알 수가 없다.

비록 그대와 같은 현자들로 시방세계가 가득 차고
그 밖에 나의 성문들이
전 세계에 가득 찬다 하더라도
또 지금 그들이 모두 하나가 되어
여래의 지혜를 고찰한다 하더라도,
내가 지닌 무량한 부처님의 지혜는 알 수가 없다.

번뇌가 없고 근기가 예민하며
윤회의 마지막 몸인 독각들이

마치 갈대나 대나무로 차 있는 숲처럼
시방에 가득하다고 해서

그들이 하나가 되어
나의 최고의 가르침의 한 부분을
수많은 나유타 겁 동안 생각한다 하더라도
부처님 지혜의 진실한 의미를 알 수는 없다.

새로운 부처님의 탈것을 타고 나선 보살들,
수많은 부처님들을 공양하고
가르침의 의의를 분명히 이해하고
많은 법을 설하는 보살들이
시방에 가득하다고 하자.

마치 갈대나 대나무가 전 세계에 빽빽하게
가득 차 있는 것과 같다고 하자.
그들이 하나가 되어
여래께서 보이신 법을 직접 고찰하고

갠지스 강의 모래알처럼
수많은 나유타 겁 동안 한 마음이 되어
미묘한 지혜로써 고찰한다 하더라도

그들의 지혜로는 여래가 직접 보이신 법을 알 수는 없다.

갠지스 강의 모래알처럼 많은
불퇴전의 보살이 있어
한마음이 되어 고찰한다 하더라도
그들의 지혜로는 이 법을 알 수 없다.

온갖 심원한 법은 미묘해 세상의 상식을 초월하며
더러움을 벗어나 있지만
그것을 부처님께서는 깨달으셨다.
그 법이 어떤 것인지
나와 시방의 여래께서는 알고 계신다.

사리불이여, 여래께서 설하셨을 때
그것을 믿도록 하여라.
위대한 성인(聖人)인 여래께서는
잘못된 것을 설하지 아니하시며
오랫동안 최고의 진리를 설하고 계신다.

모든 성문과 독각의 깨달음을 향하고 있는 사람들과
내가 열반 속에 머물게 하여
괴로움의 연속으로부터 해탈시킨 사람들에게

나는 설한다.

'이것이야말로 나의 최고의 절묘한 방편이다.
그 방편으로 세간에 많은 법을 설하고
이것저것에 집착하는 사람들을 해탈시키기 위해
세 가지 탈것〔三乘〕*을 설한다'

그때 사부대중이 모인 가운데에 위대한 성문인 교진여(憍陳如)비구를 비롯해 번뇌를 끊고 자재를 얻은 1천2백 명의 아라한들과 성문의 길을 지향하는 비구, 비구니, 우바새, 우바이들과 독각의 길을 지향하는 이들이 있었는데, 이들은 모두 다음과 같이 생각했다.
'도대체 어떤 이유와 원인으로 세존께서는 여래들의 절묘한 방편을 크게 칭찬하시는 것일까? 세존께서 깨달으신 법은 심원한 것

---

*주) '탈것'이란 부처님의 가르침을 말한다. 부처님의 가르침에는 여러 가지가 있다. 모두가 중생을 깨달음의 길로 인도하기 위한 것이므로, 그런 점에서 이것을 탈것에 비유해서 '승(乘)'이라고 부른다. '세 가지의 탈것〔三乘〕'은 성문, 독각(연각), 보살의 세 가지 탈것이다. 성문은 특히 사제(四諦)를 관찰하고, 독각은 특히 12연기(十二緣起), 인연을 관찰하여 깨닫는다고 한다. 대승불교에서는 성문과 독각을 소승으로 간주하며 보살은 대승으로 간주한다. 보살은 특히 육바라밀의 수행에 중점을 두고 있으므로 불승(佛乘)이라고 할 수가 있다. 이와 같이 삼승의 구별을 세워 성문, 독각을 넘어서 보살, 즉 불승을 최고의 것으로 하는 것이 대승사상이다. 거기에는 삼승의 구별을 세움으로써 마침내 대승으로 사람들을 인도한다는 부처님께서 고심하신 '절묘한 방편'이 있다. 그러나 여기서는 다시 한 걸음 더 나아가 삼승이 모두 이윽고는 일승으로 돌아간다는 것을 분명히 하고 있다. 즉 진실한 의미에서는 삼승의 구별이 있는 것이 아니라, '단 하나의 탈것〔一佛乘〕'이 있을 뿐이라는 것을 강조하며, 이것이 중심 사상이 되고 있는 경전이 바로 묘법연화경이다.

이라고 말씀하시고 또 모든 성문과 독각들은 알기 어려운 것이라고 말씀하신 것은 어떤 까닭에서일까? 아무튼 세존께서 해탈은 오직 하나라고 하신 것으로 보아 우리들도 부처님의 법을 얻고 열반을 얻었다. 세존께서 그렇게 설하신 의미가 우리는 이해되지 않는다'

사리불존자는 마음으로 사부대중에게 의문이 있음을 알고, 또 자신도 부처님의 법에 의문이 있었으므로 세존께 다음과 같이 여쭈었다.

"어떤 이유와 인연에서 세존께서는 거듭 여래들의 절묘한 방편과 지견과 설법을 칭찬하시는 것이옵니까? 또 '나는 심원한 법을 깨달았다' 또는 '깊은 의미가 담긴 말은 알기 어렵다' 라고 계속 설하시는 것이옵니까? 이런 가르침을 저는 이전에 직접 들은 적이 없사옵니다. 사부대중도 의문을 품고 있사옵니다. 세존께서 여래의 심원한 법에 대해 거듭 찬탄하시는 것은 무엇 때문인지, 그 이유를 말씀해 주시옵소서."

그때 사리불존자는 다음과 같은 게송을 읊었다.

오랜 세월이 지난 뒤, 오늘 인간의 태양인
부처님께서는 이렇게 말씀하셨사옵니다.
'헤아릴 수 없는 힘과 해탈과 선정을 나는 얻었다'
깨달음의 자리에서 증득하신 법을
당신께서는 찬탄하셨는데도
아무도 당신께 질문하지 않았사옵니다.

당신께선 깊은 의미가 담긴 가르침을 찬탄하셨는데도
아무도 당신께 질문하지 않았사옵니다.

누구의 질문도 받지 않으신 채 설하시고
자신의 수행을 찬탄하시옵니다.
지혜를 얻으신 것을 찬탄하시며
그것이 심원한 것을 설하시옵니다.

지금 해탈을 얻어 번뇌가 없으며
열반을 의지처로 하는 사람들이
'여래께서는 왜 이런 말씀을 하시는가' 하고
의문을 품고 있사옵니다.

독각의 깨달음을 구하고 있는 자도
비구와 비구니, 성문들도, 천신, 야차, 건달바, 마후라가들도

서로 물어보고 의문스러워 갖가지로 생각하면서
인간의 최고자이신 당신을 우러러보고 있사옵니다.
위대한 현자시여, 부디 설명해 주시옵소서.

가장 수승하신 부처님께서는
여기 있는 성문들 중 사리불이

최고의 완성에 도달하였다고 설하셨지만

인간의 최고자인 부처님이시여
저 자신도 스스로의 경지에 대해
의문을 품고 있사옵니다.
'그때 내게 설해 주신 수행법이
열반에 이르는 궁극적인 것일까' 라고.

훌륭한 북소리의 소유자이신 부처님이시여
말씀을 들려주시옵소서.
이 법을 있는 그대로 말씀해 주시옵소서.
여래의 친아들들은 서서 합장하면서
당신을 지켜보고 있사옵니다.

갠지스 강의 모래알처럼 수많은 천신들과 용과 야차
그리고 최고의 깨달음을 구하는 보살들이
8만 명이나 있사옵니다.

또 수많은 국토에서 모인
왕들과 전륜왕들도 있사옵니다.
이 모두가 합장, 공경하면서 기다리고 있사옵니다.
'어떻게 해야 수행을 완성할 수 있을까' 하고.

第二章_方便品

이렇게 말씀드렸을 때, 세존께서는 사리불에게 말씀하셨다.
"사리불이여, 그만두어라. 그 의미를 말한들 무슨 소용이 있겠는가? 그 의미를 설명하면, 천신들도 세간의 중생들도 두려워할 것이기 때문이다."
사리불존자는 다시 세존께 간청했다.
"세존이시여, 그 의미를 말씀해 주시옵소서. 이곳에 있는 수백수천만 억 나유타의 중생들은 과거에 많은 부처님들을 뵈었기 때문에 지혜를 갖추고 있사옵니다. 그들은 세존의 말씀을 믿을 것이오며 신뢰하고 받아지닐 것입니다."
그때 사리불존자는 다음과 같이 한 구절의 게송을 올렸다.

인간의 최고자시여, 분명히 설해 주시옵소서.
이곳에는 수천의 중생이 있사온데
그들은 신앙이 두터우며
여래께 존경심을 갖고 있어
세존께서 말씀하신 법을 이해할 것이옵니다.

세존께서는 사리불존자에게 다시 이렇게 말씀하셨다.
"사리불이여, 그 의미를 분명히 한다 한들 무슨 소용이 있겠느냐? 천신들도 세간의 중생도 그 의미를 설명하면 두려워할 것이며, 교만한 비구들은 대지옥에 떨어질 것이다."
그때 세존께서는 다음의 게송을 설하셨다.

그 법을 여기서 설한들 무슨 소용이 있겠는가.
그 지혜는 미묘해서 분별을 초월한 것이다.
법을 설하면, 교만하고 어리석으며 무지한 자들은
그것을 비방할 것이다.

사리불은 세 번이나 거듭 세존께 간청했다.
"세존이시여, 그 의미를 설해 주시옵소서. 이곳에는 저와 같은 수백의 중생이 있사오며, 또 그 밖에도 수백 수천만 억 나유타의 중생이 있어, 그들은 전생에 여래의 말씀을 들은 적이 있는 자들이옵니다. 그들은 세존의 말씀을 믿을 것이며, 신뢰할 것이며, 지킬 것이옵니다. 그것은 그들에게 오랫동안 행복과 이익과 안락이 될 것이옵니다."
사리불존자는 다음과 같은 게송을 올렸다.

인산의 최고자시여, 법을 설해 주시옵소서.
저는 가장 연장의 아들로서 당신께 간청하옵니다.
이곳에 수많은 중생이 있사온데
그들은 당신께서 설하신 법을 믿을 것이옵니다.

또 과거세에
당신께서 오랫동안 성숙시킨 중생들도
모두 합장하며 이곳에 있사옵니다.

第二章 _ 方便品

그들도 당신의 법을 믿을 것이옵니다.

저와 같은 비구가 1천2백 명 있어
그들도 최고의 깨달음을 지향하고 있사온데
그들을 보시고 설해 주시옵소서.
그들에게 최고의 기쁨을 누리게 해 주시옵소서.

세존께서는 사리불이 세 번씩이나 설법을 간청하는 것을 보시고 그에게 말씀하셨다.
"사리불이여, 그대는 세 번이나 간청했다. 그런 그대에게 어찌 설하지 않을 수 있겠느냐. 잘 듣거라. 마음속으로 생각하거라. 그대에게 설하겠다."

세존께서 이렇게 말씀하시자, 그곳에 우쭐대고 있던 5천 명의 비구, 비구니, 우바새, 우바이가 자리에서 일어나 세존의 두 발에 머리를 조아려 절하고는 그곳을 떠나가 버렸다. 왜냐하면 우쭐대는 자들은 과거의 선하지 못한 행위로 인해, 아직 얻지 못한 것을 얻었다고 생각하고 있으며 또 이해하지 못한 것을 이해했다고 생각하고 있기 때문이다. 그들이 자신의 결점을 알지 못하고 그곳을 나가자 세존께서는 침묵으로 그것을 인정하셨다.

세존께서 사리불존자에게 말씀하셨다.
"사리불이여, 모임에 필요 없는 자와 기력이 없는 자가 없어지고 신앙의 핵심 위에 선 자만이 남게 되었다. 교만한 자들이 이곳을 떠났으니 잘된 일이다. 이제 그 의미를 설하겠다."

사리불이 세존께 대답했다.

"세존이시여, 설해 주시옵소서."

세존께서는 이렇게 말씀하셨다.

"사리불이여, 언젠가 여래께서는 이런 식으로 설법하신다. 그것은 예를 들면 아주 드물게 피는 우담바라꽃이 언젠가 피게 되는 것처럼, 여래께서도 언젠가 이런 설법을 하신다. 나를 믿으라. 사리불이여, 나는 진실을 말하는 자이며 있는 그대로 말하는 자이며 사실과 어긋나지 않게 말하는 자이다. 깊은 의미가 담긴 여래의 말씀은 알기 어렵다. 여러 가지로 해석하고 설명하시며 말씀으로 나타내시며 비유를 사용하시고, 또 수백 수천이나 되는 여러 가지 절묘한 방편으로 법을 밝히시기 때문이다.

사리불이여, 바른 법은 생각과 분별을 초월하여 있으며, 여래만이 이해하신다. 왜냐하면 여래께서는 오직 한 가지 해야 할 큰일을 위하여 세간에 나타나시기 때문이다. 그 큰일이란 여래의 지견을 중생들이 얻도록 하기 위한 것이다. 또 여래의 지견을 중생들에게 보이기 위하여, 여래의 지견으로 중생들을 깨달음으로 들어가게 하기 위하여, 여래의 지견을 중생들이 깨닫도록 하기 위하여 나타나신다. 여래의 지견의 길로 중생들이 들어오도록 하기 위하여 여래께서는 세간에 나타나신다. 사리불이여, 이것이 여래께서 해야 할 가장 큰일이며, 세간에 나타나시는 유일한 목적이다.

사리불이여, 이처럼 여래께서는 해야 할 오직 한 가지 큰일을 하시는 분이시다. 나는 여래의 지견을 얻은 자며 중생들에게 보이는 자며 그 속으로 들어가게 하는 자며, 또 그것을 깨닫게 하는 자며 그 길로 들어가게 하는 자다.

사리불이여, 나는 단 하나의 탈것〔一佛乘〕에 대해 중생들에게 설한다. 그것은 부처님의 탈것으로 그 밖에 제2, 제3의 탈것은 존재하지 않는다. 모든 시방세계에서 이것이 법의 본래 모습이다.

사리불이여, 과거세에도 헤아릴 수 없고, 셀 수 없는 시방세계에 바른 깨달음을 얻은 존경받는 여래가 계셔서, 많은 사람들의 행복과 안락을 위해, 천신과 인간 등 대중의 이익과 행복과 안락을 위해 이 세상에 출현하셨다. 그 부처님들께서는 중생들의 믿음과 소질과 소망이 다르고 그들이 무엇을 원하는가를 아시고 그들이 지켜야 할 도리를 설하시고 원인, 이유, 비유, 인연, 말의 해석 등 여러 가지 절묘한 방편으로 법을 설하셨는데, 과거의 모든 부처님들께서는 단 하나의 탈것에 대해 중생들에게 설하셨다.

즉 일체지자가 되는 것을 궁극의 목적으로 하는 부처님의 탈것을 설하신 것이다. 달리 말하면, 중생들에게 여래의 지견을 얻게 하고 보이시고 그 속으로 들어가게 하고 깨닫게 하고 그 길로 들어가는 법을 설하신 것이다. 그래서 과거의 여래들로부터 직접 바른 법을 들은 중생들은 모두 위없는 바른 깨달음을 얻었다.

또 사리불이여, 미래세에 헤아릴 수 없고 셀 수 없는 시방세계에 바른 깨달음을 얻은 존경받는 여래들이 계셔서, 많은 사람들의 행복과 안락을 위해, 그리고 천신들과 인간 등 대중의 이익과 행복과 안락을 위해 이 세상에 출현하실 것이다. 그 부처님들께서도 중생들의 믿음과 소질과 소망이 다른 것을 아시고, 그들이 지켜야 할 도리를 설하시고 원인, 이유, 비유, 인연, 말의 해석 등 여러 가지 절묘한 방편으로 법을 설하실 것이며, 모든 미래의 부처님들께서도 단 하나의 탈것에 대해 중생들에게 설하실 것이다.

즉 일체지자가 되는 것을 궁극의 목적으로 하는 부처님의 탈것을 설하실 것이다. 달리 말하면, 중생들에게 여래의 지견을 얻게 하시고 보이시고 그 속으로 들어가게 하시고 깨닫게 하시고 그 길로 들어가는 법을 설하실 것이다. 그래서 미래의 여래들로부터 직접 바른 법을 들은 중생들은 모두 위없는 바른 깨달음을 얻을 것이다.

또 사리불이여, 현재에도 헤아릴 수 없고 셀 수 없는 시방세계에 바른 깨달음을 얻은 존경받는 여래들이 계셔서, 많은 사람들의 행복과 안락을 위해 법을 설하고 계신다. 그 부처님들께서도 중생들의 믿음과 소질과 소망이 다른 것을 아시고, 그들이 지켜야 할 도리를 설하고 원인, 이유, 비유, 인연, 말의 해석 등 여러 가지 절묘한 방편으로 법을 설하고 계시는데, 그 부처님들께서도 단 하나의 탈것에 대해 중생들에게 설하신다.

즉 일체지자가 되는 것을 궁극의 목적으로 하는 부처님의 탈것에 대해 설하고 계신다. 달리 말하면, 중생들에게 여래의 지견을 얻게 하고 보이고 그 속으로 들어가게 하고 깨닫게 하고 그 길로 들어가는 법을 설하고 계신 것이다. 그래서 현재의 여래들로부터 직접 그 법을 들은 중생들은 모두 위없는 바른 깨달음을 얻을 것이다.

사리불이여, 나 또한 위없는 바른 깨달음을 얻은 존경받는 여래로서 많은 사람들의 행복과 안락을 위해, 그리고 천신과 인간 등 대중의 이익과 행복과 안락을 위해 법을 설한다. 중생들의 믿음과 소질과 소망이 다른 것을 알아서, 그들이 지켜야 할 도리를 설하고 원인, 이유, 비유, 인연, 말의 해석 등 여러 가지 절묘한 방편으로 법을 설하는데, 나 역시 단 하나의 탈것에 대해 중생들에게 설한다.

즉 일체지자가 되는 것을 궁극의 목적으로 하는 부처님의 탈것에 대해 설한다. 달리 말하면, 중생들에게 여래의 지견을 얻게 하고 보이고 그 속으로 들어가게 하고 깨닫게 하고 그 길로 들어가는 법을 설한다. 그래서 지금 나의 설법을 듣는 중생들은 모두 위없는 바른 깨달음을 얻을 것이다. 그러니 사리불이여, '과거·미래·현재의 시방세계 어디서든 제2의 탈것은 마련되어 있지 않으며, 제3의 탈것에 대해서도 마찬가지'라는 것을 알아야 한다.

그러나 사리불이여, 올바른 깨달음을 얻은 존경받는 여래들께서는 시대의 오탁(汚濁), 중생의 오탁, 번뇌의 오탁, 견해의 오탁, 수명의 오탁 속에서 이 세상에 출현하신다. 여래들께서는 중생들이 그런 오탁 속에 있으며, 탐욕스럽고 선근이 적은 것을 아시고, 단 하나인 부처님의 탈것을 절묘한 방편으로써 세 가지 탈것으로 나누어 설하신다. 성문이든 아라한이든 독각이든 이것을 여래의 방편이라고 듣고 이해하고 깨닫지 않는다면, 그들은 성문도 아라한도 독각도 아닌 것을 알아야 한다.

또 사리불이여, 비구든 비구니든 스스로 아라한이라고 칭하면서 위없는 올바른 깨달음을 향한 서원은 세우지 않은 채 '나는 부처님의 탈것과는 인연이 없다'고 하거나, '이 몸은 윤회하는 나의 마지막 몸으로 깨친 경지'라고 우쭐댄다면, 그대는 그자를 교만한 자라고 보아야 한다. 왜냐하면 여래가 눈앞에 계실 때 아라한으로서 번뇌를 끊어버린 비구가 이 법을 듣고 믿지 않는다는 것은 있을 수 없는 일이며, 또 도리에도 맞지 않기 때문이다. 그런데 여래가 이미 열반에 들었을 경우에는 반드시 그렇지만은 않다. 여래께서 열반에 들었을 경우는 성문들이 여러 경전들을 간직하거나 설하는 일은 없기 때문이다.

또 사리불이여, 다른 여래들이 이 세상에 계실 때는, 그들은 부처님의 법을 의심하지 않기 때문이다.

사리불이여, 그대들은 나를 믿고 신뢰하고 따라야 한다. 여래의 말씀에는 거짓은 없다. 탈것은 오직 하나뿐인 부처님의 탈것〔一佛乘〕이 있을 뿐이다."

그때 세존께서는 이 의미를 다시 분명히 하시고자 다음의 게송을 설하셨다.

그때 교만하며 믿음이 없는
비구, 비구니, 우바새, 우바이들의 수는
5천 명을 넘었다.
계율과 학문을 충분히 익히지 못한

어리석은 그들은 자신의 잘못을 알지 못하고
번뇌의 상처를 숨기면서 떠났다.

설령 이 법을 들으려 한다 해도
그들은 그만한 미덕을 갖추지 못했으며
오히려 이곳의 오점에 지나지 않으므로
나는 그들이 떠나는 것을 묵인했다.

이리하여 법회의 준비는 끝났다.
법회가 청정하게 되어
쭉정이와 불필요한 자는 사라지고
가장 뛰어난 정수만이 남았다.

사리불이여, 최고자이신 부처님들께서
어떻게 이 법을 깨달으셨는지 설하겠다.
또 세간의 지도자이신 부처님들께서
어떻게 수백이나 되는 절묘한 방편으로
법을 설하시는가를.

부처님들께서는 믿음이 각각 다른
수많은 중생들의 의욕과 행동과 행위
그리고 과거에 쌓은 선업을 아시고 설하신다.

나도 여러 가지 해석과 설명으로
중생들이 이 법을 얻도록 한다.
또 수많은 여러 가지 원인과 수백의 비유로
각각의 상황에 맞게 여러 중생들을 만족시킨다.

그렇기 때문에 나는 여러 가지 경전을 설하며
시송, 전설담, 전생담, 기서담, 인연담과
수백의 비유담, 가영, 논의의 아홉 가지 법도 설한다.

무지하고 천한 가르침을 즐기며
수많은 부처님 밑에서 수행한 적도 없으며
생사윤회에 집착해서 고뇌하는 그들에게
나는 열반을 보인다.

여래께서는 부처님의 지혜를
사람들이 깨닫게 하시려고
이와 같은 방편을 쓰신다.

그렇다고 해서 그들에게
'그대들도 이 세상에서 부처님이 될 것이다'
이렇게 설하시는 일은 결코 없다.

왜냐하면 부처님께서는 적절한 시기를 보아
법을 설하시기 때문이다.
오늘은 적절한 시기이므로
나는 이곳에서 참으로 결정적인 법을 설하겠다.

아홉 가지로 된 나의 가르침은
중생들의 능력에 따라 설해진다.
그것은 사람들이 부처님 지혜로 들어가도록
설하는 방편의 가르침이다.

이곳에 언제나 청정하고 명석하며 결백하고
온순한 부처님의 아들인 보살들이 있는데
이미 수많은 부처님들 밑에서 공양을 했다.
그들에게 나는 여러 가지 광대한 경전을 설하겠다.

이와 같이 그들은 청정한 계를 갖게 되었기 때문에
그런 그들에게 나는
'그대들은 장래 사람들의 행복을 바라는
자비로운 부처님이 될 것이다' 라고 설한다.

이 말을 듣고 그들은
세상에서 가장 뛰어난 부처님이 된다고 기뻐한다.

나는 그들의 수행을 알고
다시 여러 가지 광대한 경전을 설한다.

이 최고의 가르침을 들은 자는
세간의 지도자이신 부처님의 제자이며
한 게송만이라도 듣거나 기억한다면
모두 틀림없이 깨달음으로 향하고 있는 것이다.

탈것은 하나이다.
제2의 탈것은 존재하지 않는다.
마찬가지로 세간에 제3의 탈것은 결코 없다.
인간의 최고자이신 부처님께서
방편으로써 따로 설하시는 경우를 제외하고는.

부처님 지혜를 밝히기 위해
세간의 보호자이신 부처님께서는
이 세상에 출현하셨다.
하신 일은 단 하나로 제2의 것은 존재하지 않는다.

부처님께서는 열등한 탈것인 소승으로써
사람들을 이끌지는 않으신다.
부처님께서 어떻게 하여 무엇을 깨달으셨든

스스로 안주하는 곳에 선정과 해탈을 원하여
체력과 감각의 기능을 가진 사람들을 안주시키는 것이다.

더러움이 없는 뛰어난 깨달음을 얻은 뒤
만일 한 사람의 중생이라도
소승 속에 있게 된다면
좋지 못한 일이며 나에게 어울리지 않는 일이다.

나는 아까워하는 마음도 지니지 않으며
질투심도 없고 욕망이나 탐욕도 없다.
나는 모든 악을 끊었다.
세간을 널리 알고 있으므로 부처님인 것이다.

32상을 지닌 나의 신체는 빛을 놓아
여러 세간을 비추고 있다.
그와 마찬가지로 많은 중생들로부터 숭앙받으며
법의 본성의 표식이 되는 것을 설한다.

사리불이여, 나는 다음과 같은 것을 생각한다.
'32상을 갖춘 세간을 잘 아시는 부처님께서는
스스로 빛을 내신다.
어떻게 하면 모든 중생들이

부처님이 될 수 있을까' 라고.

그런 나의 서원은 내가 보고
생각한 대로 이루어졌다.
그러나 나는 깨달음을 얻은 뒤에도
아직 거기에 대해 말하지 않았다.

사리불이여
'대승의 깨달음을 향해 마음을 일으켜라' 하고
내가 중생들에게 설한다 해도
무지한 그들은 미혹하여
내가 바르게 설한 것을 결코 이해할 수 없을 것이다.

그들이 과거세에도 수행하지 않고
애욕의 기쁨에 빠져 집착하고
애욕의 갈증에 혼미한 어리석은 자인 것을
나는 알고 있다.

그들은 애욕 때문에 불행한 생인 악취에 떨어져
여섯 가지의 생존상태인 6취를 편력하며
괴로움에 시달리고 있다.
죽음을 되풀이해서 무덤을 늘리며

복덕이 적어 괴로워하고 있을 뿐이다.

언제나 잘못된 견해의 밀림 속에서
있다, 없다 혹은 있기도 하고 없기도 하다는
62가지 잘못된 견해를 바탕으로
그들은 진실하지 않은 것에 머물고 있다.

교만하고 사람을 속이며
마음이 비뚤어지고 기만하며
학문이 얕은 어리석은 자들을 바로잡기는 어렵다.
그들은 수많은 생을 되풀이하더라도
결코 부처님의 훌륭한 음성을 들을 수 없을 것이다.

사리불이여, 나는 그들에게
'괴로움의 생활을 소멸시켜라' 하고
방편인 가르침을 설하며
또 괴로움에 시달리고 있는 중생들에게
스스로 열반에 들어가는 것을 보이기도 한다.

나는 다음과 같이 설하기도 한다.
'이 모든 존재는 처음부터 적정이며
언제나 적멸한 모습이라' 고.

그러나 부처님의 아들들은
수행을 마쳐 미래에는 깨달은 자가 될 것이다.

내가 설한 세 가지 탈것〔三乘〕은 절묘한 방편이다.
그러나 진실한 의미에서 도리는 하나이며
탈것도 하나이다.
따라서 지도자들의 설법도 모두 같은 것이다.

이 점에 의문을 갖는 사람이 있다면
그대는 그 의문을 풀어주어야 한다.
세간의 지도자들께서
잘못된 것을 설하시는 일은 없으며
탈것은 오직 이것 하나로
제2의 탈것은 존재하지 않는다.

여러 여래께서 이전에 출현하셨고
수많은 부처님들께서 이미 열반하셨다.
과거의 셀 수 없는 겁 동안에 출현하신
부처님들의 수는 결코 셀 수가 없다.

모든 부처님께서 비유를 사용하시고
이유와 인연으로 말씀하시며

第二章 _ 方便品

수많은 절묘한 방편으로
많은 청정한 법을 설하셨다.

모든 부처님께서는 한 가지 탈것을 설하셨으며
헤아릴 수 없는 수많은 중생들을
한 가지 탈것〔一佛乘〕으로 나아가게 하여
그 속에서 성숙시키실 것이다.

여래들께는 이 밖에도 여러 가지 방편이 있다.
중생들의 믿음과 마음을 알아
이 방편으로 천신들을 포함한 이 세간의 중생들에게
최고의 법을 설하신다.

그곳에는 여래들 앞에서 법을 듣고 있거나
이미 다 들은 중생들이 있다.
그들은 보시도 하고 계율도 지키며
인내로써 여러 가지 수행을 완성하였다.

또 정진노력과 선정으로 부처님께 봉사하고
지혜로 가르침을 사유하며
여러 가지 덕행을 이루었다.
그런 중생들은 모두 깨달음을 얻었다.

어떤 이들은 이미 열반에 드신 여래께서 가르침을
펴시는 자리에 열석(列席)하여
그 자리에서 마음이 밝아지고 수행을 쌓아
그들은 모두 보리(菩提)를 얻었다.

또 어떤 이들은 이미 열반에 드신
여래의 사리에 공양을 올리고
보옥과도 같은 수천의 탑을
금은과 수정으로 장엄하였다.

또 어떤 이는 마노로 된 탑을,
혹은 묘목석(猫目石)으로 된 탑을,
진주로 된 탑을,
혹은 훌륭한 유리로 된 탑을,
또는 푸른 옥으로 된 탑을 세운다.
그들 모두 깨달음을 얻었다.

또 어떤 이는 돌로 된 탑을 만들고
어떤 이는 전단이나 침향으로 된 탑을,
또 어떤 이는 소나무로 된 탑을,
혹은 그 밖의 다른 나무들을 짜 맞추어 탑을 만든다.

第二章_方便品

또 기쁨에 넘쳐 기와를 사용하거나
진흙을 쌓아올려 여래의 탑을 만드는 자가 있으며
또 탑을 만들려고 황야나 험준한 곳에
모래를 쌓아올리는 자도 있다.

또 아이들 중에는 장난으로
여기저기 모래산을 만들어 놓고
그것을 여래의 탑이라고 하는 아이도 있다.
이 모두가 이미 깨달음을 얻었다.

또 어떤 이는 의식적으로 32상을 한 보석으로
불상을 만들게 한 이도 있는데
그들도 모두 깨달음을 얻었다.

또 어떤 이는 칠보로 된 여래의 상을
또 어떤 이는 동으로 된 여래의 상을
또 어떤 이는 놋쇠로 된 여래의 상을 만들게 한다.
그들 모두 깨달음을 얻었다.

아연으로, 철로, 진흙으로, 혹은 회반죽으로
여래의 아름다운 상을 만들게 한 이도 있는데
그들도 모두 깨달음을 얻었다.

또 벽화에다가 수백의 복덕의 상을 갖춘
완전 원만한 상을 스스로 그리거나
혹은 그리게 한 자도 있다.
그들도 모두 깨달음을 얻었다.

또 어른은 수행하면서
어린아이는 즐겁게 놀면서
벽 위에 손톱이나 나뭇조각으로
불상을 그린 자도 있는데

그들 모두 자비심을 지닌 자가 되었고
수많은 중생들을 구제하고
많은 보살을 깨달음으로 향하게 했다.
그들도 모두 깨달음을 얻었다.

또 어떤 이들은 여래의 사리나 탑에
진흙으로 된 상과 불상이 그려진 벽이나 모래탑에
꽃이나 향을 공양하였다.

어떤 이는 거기서 묘한 음색의 북과 소라고동,
그리고 큰북 같은 악기를 연주하고
또 어떤 이는 최고의 깨달음을 얻은 사람들을

공양하기 위해 큰북을 울렸다.

또 어떤 이는 듣기 좋은 음색의 비파나
바라나 작은 북, 장고나 피리, 일현금을 연주하고
또 아주 부드러운 음색의 에코차바 악기를 불었다.
이들 모두도 깨달음을 얻었다.

또 어떤 이는 쇠방울을 울리고
큰북 대신에 물을 두드리거나 손뼉을 치면서
여래들을 공양하기 위해
감미롭고 기분 좋은 노래를 절묘하게 불렀다.

그렇게 여러 가지로 사리에 공양하여
그들 모두 이 세상에서 부처님이 되었다.
여래의 사리에 조금이라도 공양하거나
단 한 악기로 연주하거나

또 벽에 그려진 여래의 상을
단 하나의 꽃으로 공양하더라도
비록 산만한 마음으로 한 공양이었다 하더라도
이런 이들은 수많은 부처님을
차례로 뵙게 될 것이다.

또 어떤 이가 탑에 두 손으로 합장하든
창처럼 한 손으로 합장하든
또 조금 머리를 숙일 뿐이든
단 한 번 몸을 숙일 뿐이든

사리를 모신 탑을 향해 단 한 번이라도
'여러 부처님들께 귀의하옵나이다' 라고 한다면
산란한 마음이든 단 한 번이든
모두 최고의 깨달음에 도달할 것이다.

이미 열반에 들었든, 혹은 아직 이 세상에 있든
여러 여래들로부터 가르침의 이름만 들어도
그 중생들은 모두 깨달음을 얻을 것이다.

또 미래에도 생각할 수 없을 만큼
수많은 부처님들이 계시는데
그 수는 헤아릴 수가 없지만
이들 여래께서도 이 방편을 설하실 것이다.

그들 여래는 절묘한 방편이 무한히 있어
그 방편으로 이 세상의 수많은 중생들을
더러움이 없는 부처님의 지혜 속으로 이끄실 것이다.

어느 때라도 여래들의 가르침을 듣고
부처님이 되지 않는 중생은 결코 한 사람도 없다.
'나는 스스로 깨달음을 향해 수행하며
다른 사람들도 깨달음으로 향하게 하겠다' 는 것이
여러 여래의 서원이었기 때문이다.

부처님께서는 미래에 있어서도
수많은 가르침을 설하실 것이다.
그때도 여래의 입장에서
단 한 가지 탈것을 설하실 것이다.

이 법의 도리는 언제나 계속되며
여러 가지 법의 본성은 언제나 빛난다.
인간의 최고자이신 부처님들께서는
이것을 아시고 '여기 일승(一乘)이 있다' 고 설하실 것이다.

법의 영원함과 법의 불변함이 언제나 존재하여
이 세간에서 흔들림이 없는 것이다.
부처님께서는 이것을 보리수 아래에서 깨달으신 뒤
절묘한 방편으로 설하실 것이다.

시방세계에는 인간이나 천신으로부터 공양받는

수많은 부처님들이 계신다.
이 부처님들도 모든 중생들이 행복을 얻도록
최고의 깨달음을 이 세상에 설하신다.

최고의 적정한 경지를 깨달은 부처님께서는
절묘한 방편을 설하시고
여러 가지 다른 길을 밝히시지만
일승을 가장 훌륭한 것이라고 설하신다.

이 부처님들께서는 중생들의 행동
즉 어떤 마음으로 이전에 어떤 수행을 했는가
그리고 그들의 정진노력과 능력을 아시고
그들의 마음을 고찰해서 설하신다.

세간의 지도자인 여래께서는 지혜의 힘으로
많은 비유와 인연을 말씀하시며
중생들 각자의 마음을 아시고
그들 각자에게 다른 수행의 길을 설하신다.

나도 지금은 승리자 중의 왕인 지도자로서
중생들이 행복을 얻게 하기 위해
이 세상에 태어난 것이다.

부처님의 깨달음을
수천만 억의 갖가지 수행의 길로써 보이겠다.

나는 중생들의 마음과 의욕을 알아
많은 종류의 법을 설하며
여러 가지 방편을 사용해서
사람들에게 기쁨을 준다.
이것이 나에게 독특한 지혜의 힘이다.

나는 지혜와 복덕이 없는
가난한 중생들을 본다.
그들은 생사의 윤회에 빠져
괴로움의 연속에 갇혀 있다.

욕망에 매여 있는 것은
마치 소가 자기 꼬리털에 애착하는 것과 같이
그들은 목마른 자같이 욕망에 집착하여
언제나 애욕에 눈먼 자가 되어

위대한 위력을 지니신 부처님과
괴로움의 소멸로 이끄는 가르침을
찾으려고 하지 않는다.

그들은 생의 여섯 가지의 생존상태에 얽매여
사악한 견해나 사상 속에 갇혀 움직이지 못하며
한 가지 괴로움에 이어 새로운 괴로움을 받고 있다.
그들에 대한 나의 자비는 큰 힘을 일으킨다.

나는 그것을
보리수 아래 깨달음의 자리에서 알았다.
꼭 21일 동안 그 자리에 앉아 나무를 쳐다보면서
어떻게 그들을 해탈로 이끌까 깊이 생각했다.

나는 그 보리수를
눈도 움직이지 않은 채 쳐다보며
명상에 열중한 채 그 아래를 거닌다.
'이 지혜는 아주 뛰어나고 세상에 드물며
중생들은 미망에 눈멀고 무지인 채이다' 라고 생각하면서.

그때 범천, 제석천, 사천왕, 대자재천, 자재천
그리고 수많은 천신(天神) 무리가
모두 합장해서 경의를 나타내며
나에게 설법을 간청한다.

그래서 나는 그 일을 생각한다.

第二章 _ 方便品

'어떻게 해야 할 것인가.
내가 깨달음을 찬탄해서 설한다 해도
중생들은 괴로움에 시달린다.

어리석은 이들은 내가 설한 법을 나쁘게 말하고
악의로 비방했기 때문에
최악의 세계(삼악도)에 떨어질 것이다.
그러니 아무것도 설하지 않는 편이 좋겠다.
지금이야말로 적정의 열반에 들어갈 때이다' 라고.

그러나 동시에 과거의 여러 부처님들과
그분들의 절묘한 방편이 어떤 것이었는지 생각나서
'그렇다면 나도 방편으로 이 깨달음을
세 가지로 나누어 설하자' 라고 생각했다.

그렇게 내가 이 법에 대해 생각했을 때
시방에 계시는 다른 부처님들께서
내 앞에 모습을 나타내시어
'좋은 일이오' 라고 칭찬의 말씀을 하셨다.

'세간을 이끄는 분으로 최고인 현자여
위없는 지혜를 이 세상에서 깨닫고

과거 세간의 여러 여래들의
절묘한 방편에 대해 생각하고
그것을 배우려고 하는 것은 좋은 일이오.

우리도 부처님의 최고의 경지를 깨달았을 때
세 가지 탈것으로 나누어 설했소.
마음이 천한 무지한 인간들은
'그대들은 마침내 부처님이 될 것이다' 라는 말을
믿지 않을 것이오.

그러므로 우리는 그 인연을 잘 파악해서
절묘한 방편으로 그들이 부처가 되는 결과를
얻도록 널리 찬탄해서 많은 보살들을
깨달음의 길로 이끄는 것이오' 라고.

그때 나도 부처님의 훌륭한 말씀을 듣고 기뻐했다.
기뻐서 나는 그분들께 말씀드렸다.
'아주 뛰어난 설법자이신 성인들이시여
경배하옵나이다.

세간의 현명한 지도자이신
부처님께서 말씀하신 것처럼

저도 행하겠사옵니다.
저도 이 두렵고 흔들리는 세계에
사람들이 타락한 한가운데 출현한 것이옵니다' 라고.

사리불이여, 이와 같이 알고
나는 그때 바라나시를 향해 갔다.
그리고 그곳에서 적정의 경지에 속하는 법을
다섯 명의 비구에게 방편으로 설하였다.

이렇게 해서 나의 법륜이 움직였다.
즉 열반이라는 말도 이 세간에 있게 되었고
아라한이라는 말도, 마찬가지로 법이라는 말도
승단이라는 말도 있게 되었다.

오랫동안 나는 법을 설하였고
열반의 경지도 밝혀서
이것이야말로
생사윤회와 괴로움의 끝이라고 언제나 설하였다.

그리고 그때 사리불이여
나는 인간의 최고자의 아들인 보살들을 보았다.
그들은 이미 가장 뛰어난 최고의 깨달음을 향하여

뜻을 굳혔으며 그 수는 수천만 억이나 되었다.

그들은 내 곁으로 와서
모두가 존경심을 가지고 합장했다.
그들은 이전에 여래들로부터
여러 가지 절묘한 방편인 법을 들었다.

그 순간 나는 다음과 같은 생각을 떠올렸다.
'최고의 법을 설할 때가 되었다.
그것을 위하여 나는 이 세상에 태어났다.
지금 여기서 최고의 깨달음을 설해야겠다.

사물의 모양만 생각하고 생각이 어리석으며
무지하고 교만한 자는 이 가르침을 믿기 어렵지만
그러나 보살들은 나의 설법에 귀 기울일 것이다' 라고.

그때 나는 아무런 주저함이 없이 환희에 넘쳐
모든 소심한 마음을 버리고
보살들의 한가운데에서 법을 설하여
그들을 깨달음의 길로 인도하였다.

이런 부처님의 아들들이 있는 것을 보고

사리불이여, 그대의 의심도 사라졌을 것이다.
번뇌를 모두 끊어 버린 1천2백 명의 아라한들은
모두 이 세상에서 장래 부처님이 될 것이다.

과거의 여래들과 미래의 여래들과
나에게 있어 이 법의 본래의 모습이
얼마나 생각을 초월한 것인지
지금 그대들에게 설하겠다.

이 세상에 언젠가 어느 곳에서 어떤 방법으로
여래께서는 나타나실 것이다.
무한을 꿰뚫어보는 눈을 가진 분들께서
이 세상에 출현하여도
이 법은 어느 땐가 아주 드물게 설하여질 것이다.

이와 같은 최고의 법을 얻는 것은
수많은 나유타 겁이 지나도 아주 어려울 것이다.
또 최고의 법을 들어도
그것을 믿으려는 중생들은 아주 드물 것이다.

마치 얻기 어려운 우담바라꽃과 같아서
그것이 언제 어디서 어떤 방법으로든 나타난다면

사람들에게 좋은 일이며
천신을 포함한 전 세계의 상서로운 일이 될 것이다.

만일 어떤 자가
이 법이 바르게 설해지는 것을 듣고
기뻐하여 찬탄의 말을 한마디라도 한다면
그는 모든 부처님을 섬긴 것이 될 것이다.
이는 우담바라꽃 이상으로 상서로운 일이 될 것이다.

이 점을 의심하지 마라.
나는 보살을 최고의 깨달음으로 향하도록 격려하며
'나에게는 이 지상에서 한 사람도
성문의 길을 걷는 자는 없다'고
법의 왕인 나는 선언한다.

사리불이여,
이것을 그대의 비밀의 가르침으로 하라.
내 모든 제자들과 훌륭한 보살들도
이 비밀의 가르침을 받아 지니도록 하라.

다섯 가지 탁한 시대〔五濁惡世〕의 중생들은
열등하고 악의에 찬 자이며 애욕에 눈멀고

어리석은 생각밖에 하지 않으며
깨닫고자 하는 마음이 전혀 없는 자들이기 때문이다.

단지 하나인 나의 탈것을
과거의 여래께서도 설했다는 말을 듣고도
미래의 중생들이 그것을 믿지 않고
혼란스러워 이 경을 비방하면
지옥에 떨어지게 될 것이다.

그러나 스스로 부끄러움을 알고 청아하며
이미 가장 훌륭한 최고의 깨달음을 지향하는
중생들도 있을 것이다.
나는 두려움 없이 설법하는 자로서
그들에게 일승을 설하고 무한히 칭찬할 것이다.

여래의 이와 같은 설법은
가장 뛰어난 절묘한 방편이며
깊은 의미가 담긴 많은 말씀으로써 설해도
학문이 깊지 못한 이는 이해하기 어렵다.

그러므로 그대들은
세간의 스승이시며 참다운 사람인

부처님들의 깊은 의미가 담긴 말씀을 알아
의심을 버린다면 부처님이 될 것이다.
그것을 기뻐하여라.

방편품의 구성

1. 부처님의 지혜를 찬탄하다

2. 부처님이 게송으로 설하다
부처님의 지혜를 알기 어려운 이유/삼승법을 설하는 이유

3. 사리불이 법을 청하다

4. 사리불이 게송으로 법을 청하다

5. 사리불이 세 번에 걸쳐 부처님께 법을 청하다

6. 5천의 대중이 떠나다

7. 일대사인연으로 오시다

8. 오직 일불승(一佛乘)뿐이다

9. 부처님이 게송으로 밝히시다
오직 일불승뿐이다/부처님이 세운 서원/소승을 설한 이유/과거·미래·현재 석가모니부처님의 방편과 진실/일승의 진실을 찬탄하다/믿기를 권하다

방편품입니다.

늙어서 도를 배우겠다고 기다리지 말라〔莫待老來方學道〕
외로운 무덤 가운데는 젊은 사람 무덤이 많네〔孤墳多是少年人〕

옛사람의 글입니다. 사람들은 어떤 일을 하면 좋고 나쁘다는 것을 잘 압니다. 좋은 일은 그대로 해보리라 마음먹지만 용기 있게 실행하지 못하고 평생 다짐만 하다가 일생을 마치기도 합니다. 평생을 불자로 자부하면서도 정작 경전 한 권 제대로 배우지 못하는 경우 또한 얼마나 많습니까?

방편은 산스크리트 '우파야(upaya)'에 해당하는 말로, 지혜로운 방편이라는 뜻입니다. 지혜롭다는 것은 목적을 드러내기 위한 적재적소의 쓰임과 어울림이 밝음을 말합니다. 흔히 '방(方)'을 정방형, 네모꼴로 설명하는데, 이 글자의 모형은 쟁기나 보습의 삽날 끝을 그린 모양입니다. 《천자문》에 나오는 '뇌급만방(賴及萬方)', 믿고 의지함이 온 구석구석에까지 미친다는 뜻을 보더라도 나라의 변방, 그러니까 정중앙의 핵심보다는 본질을 구성하고 꾸미는 데 너 방점을 둔 말이라 여겨집니다. '방편'이라는 말이 나오고 보니 뭔가 애깃거리가 풍부해지는 기분입니다.

❀ 일대사인연과 방편

《법화경》 28품을 크게 적문(迹門: 제1품~제14품)과 본문(本門: 제15품~제28품)으로 나눕니다. 적문의 핵심이 바로 〈방편품〉입니다. 적문은 자신의 문제를 스스로 해결하려는 자력신앙적인 관점이라면, 본문은 외부적인 절대 힘에 의지하여 삶의 문제를 해결하려는 타력신앙적인 성격을 보여줍니다. 이는 방편과 진실, 진실과 방편이 원융하게 작용하여 구경의 경지로 나아가는《법화경》의 사상이기도 합니다. 우선 본품에서 중요한 개념을 알아야 합니다. 부처님은 수행을 하여 큰 깨달음을 얻어 설법을 시작합니다.

상식적으로 생각하면 깨닫기 이전은 범부이고 깨달은 이후에야 완전한 부처가 되었으므로 부처님의 설법이 되는 것인데, 이 부처님의 출현과 설법이 이미 과거로부터 성취되고 예정되어 있다는 내용이 경전 도처에 나옵니다. 이는 단순히 종교적 교설을 절대시하여 믿음을 고취시키는 데서 그치지 않고 어떤 상상하기 어려운 경지이기 때문에 옳고 그름의 시각으로 보지 말고 '아 이러이러한 세계도 있구나' 하는 생각을 하고 경전을 읽어야 합니다.

경전 중에서 특히《법화경》이 타력신앙의 극치를 보여주기 때문에 이런 관점은 아주 중요합니다. 다시 말해 이 땅에 부처님이 출현하신 것은 과거로부터 이미 성취하신 깨달음의 법을 다시 일체중생에게 펼치기 위한 방편이라는 것입니다. 탄생과 번민과 출가와 고행 후의 깨달음과 교화에 나서기까지 이런 일상적인 모습은 단지 중생의 의혹을 풀어주어 믿음을 굳건히 하기 위함입니다. 이 개념이 '일대사인연(一大事因緣)' 입니다.

불교에서는 '사람 몸 받기 어렵고, 불법 만나기가 더욱 어렵다'는 말을 자주 합니다. 따라서 만나기 어려운 인연을 만났을 때 더 깊은 인연의 씨앗을 뿌리라고 합니다. 이를 비유하자면 우담바라는 삼천 년에

한 번 꽃을 피웁니다. 우담바라꽃이 피는 것과 같이 희유한 일이라 합니다. 이를 구마라집이 일대사인연이라는 개념어를 생각해낸 것입니다. 부처님이 이 세상에 오신 것이 '아주 특별하고 극히 중대한 일을 수행하기 위하여' 오신 것인데, 바로 '중생 교화'가 그 목적입니다. 이 목적을 가지고 오셨기 때문에 '아주 큰 인연의 일'이라 부릅니다.
이 일대사인연을 구마라집은 '개시오입(開示悟入)'이라 했습니다. 중생에게 부처님의 깨달음을 열어 개방하고, 제시하여 보여주고, 깨닫게 하고 그 길에 들게 하는 네 가지 방법으로 성취하게 합니다. 이 일대사인연과 개시오입이 나오는 〈방편품〉은 《법화경》에 전체적인 큰 그림을 그려놓고 있습니다.
'여래의 유일한 목적, 유일한 과업, 위대한 목적, 위대한 과업'은 중생에게 여래의 진실한 통찰을 얻게 하려는 목적, 뜻을 드러내려는 목적, 깨닫게 하려는 목적, 그것에 이르는 길로 들어가게 하려는 목적이기도 합니다. 이 뜻을 펴기 위해 중생에게 법을 설해야 하는 데 이해하기가 쉽지 않습니다. 이 난해함을 〈방편품〉 서두에 부처님께서 사리불에게 하신 말씀에서 잘 드러납니다.

그때 세존께서는 전생의 서원을 스스로 아시고 삼매에서 깨어나 사리불에게 말씀하셨다.
"사리불이여, 정각을 이룬 존경받는 여래께서는 깊고 한량없으며 깨닫기 어려운 부처님의 지혜를 깨닫고 계신다. 그 지혜를 성문이나 독각들은 알기 어렵다. 왜냐하면 사리불이여, 정각을 이룬 존경받는 여래께

第二章_方便品

서는 과거세부터 수천만 억 나유타의 부처님들을 섬기고 수행하며, 오랫동안 최고의 바른 깨달음을 향하여 정진노력하고, 이전에 없던 보기 드문 법을 익히고, 알기 어려운 법을 알고 계시기 때문이다.
사리불이여, 바른 깨달음을 얻는 존경받는 여래의 깊은 뜻이 담긴 말씀을 안다는 것은 참으로 쉬운 일이 아니다. 여래들께서는 여러 가지 절묘한 방편과 지견(知見)을 통해, 즉 원인과 이유, 비유와 인연, 언어와 해석과 교리로써 법을 설하시기 때문이며, 또 때에 맞는 절묘한 방편으로 여러 갈래로 집착하고 있는 중생들을 해탈시키시기 때문이다.

여기서 성문은 부처님의 가르침을 듣고 자신의 해탈을 위해 수행하는 사람입니다. 오로지 수행만이 깨달음에 이를 수 있다고 보기 때문에 이타행의 근거가 약합니다. 독각은 타인의 가르침에 의지하지 않고 자신의 노력에 중점을 두어 수행하는 사람입니다. 이 또한 남을 교화하거나 이롭게 하는 행위에는 별 관심을 두지 않습니다. 독각은 '연각(緣覺)', '벽지불'이라고도 합니다. 이와 달리 보살은 남을 이롭게 하는 행위자로 자신의 수행마저도 미루고 중생의 안락과 즐거움을 위해 기꺼이 자신을 희생할 용기와 열정을 가진 존재입니다. 이것이 보살의 행입니다.
그러나 시절인연이 무르익은 궁극에는 성문과 독각과 보살이 함께 불도를 이루기 때문에 하나가 됩니다. 이 궁극의 하나를 '一乘(일승)', '한 수레'에 올라탄다고 하는 가르침입니다. 수행의 보리심이란 자신의 깨달음의 지혜를 일체중생과 세상의 평화를 위해 회향해야 하는데,

성문승과 연각승이 이런 원력이 약하지만 갖가지 방편을 베풀어 궁극의 해탈의 세계에 들게 합니다. 그래서 《법화경》의 사상을 '회삼귀일(會三歸一)'이라 합니다. 이 셋을 부처의 세계에 끌어올려 하나가 되게 하기 때문입니다.

🪷 부처님의 방편

방편은 어떤 목적을 위해 이용되는 편의적인 수단이라 할 수 있습니다. 경전에서는 '선교(善巧)'로 표현됩니다. '교묘한 방편'이라는 뜻입니다. 교묘함은 좋은 뜻을 성취시키기 위한 수단으로 '좋은 목적'의 의미를 내포합니다. 이 방편은 임시적이고 진실을 드러내기 위한 긍적적인 방법입니다. 그러나 불교에서는 단순히 진리를 드러내는 보조적인 입장에 그치지 않고 방편으로 인해 진리를 보고, 궁극의 부처님 세계(一乘)에 갈 수 있기 때문에 절대적인 가치를 지닙니다.

방편이 필요한 이유는 각자의 생각과 삶의 방식으로 인해 고집하고 남의 말을 잘 들으려 하지 않기 때문에 의러 수단을 강구하여 따라오도록 이끌 필요성 때문입니다. 이 방편을 잘 쓰면 중생을 불법의 바다에 들게 하고, 잘 못쓰면 보리심을 낸 이라 할지라도 포기하게 만들 수 있습니다. 팔만대장경의 모든 법문이 이런 방편설이기 때문에 많은 비유설법을 보입니다.

방편에는 네 가지 뜻이 있습니다. 첫째, 방편은 숙달된 것이라는 뜻입니다. 부처님의 방편은 적절하게 잘 사용되기 때문에 중생은 자신도 모르는 사이에 불법의 깊은 바다로 들어가게 됩니다. 그리고 한 번 교화를 베풀면 반드시 실효를 거두기 때문이기도 합니다. 둘째, 방편은 항상 중생을 구제하려는 목적입니다. 따라서 상대의 근기에 맞는 교화 방편을 알아차리는 지혜가 필요합니다. 셋째, 방편은 베푸는 이와 대상 간의 적절한 수단입니다. 서로가 감당할 수 있는 수준이 지켜져야 효과적으로 방편이 이행됩니다. 넷째, 방편은 목적 그 자체가 아니라, 목적을 위한 보조수단입니다.

위에서 보듯《법화경》의 중심 사상인 '회삼귀일'에서 삼승(三乘)이 방편이고, 일승이 목적입니다. 그러나 이 둘은 파도와 물처럼 본래 차별이 없는 한 차원이자 동일한 성질입니다. 그 동일한 성질이 바로 일승이자 성불입니다.

방편품의 주요 내용

본 품의 핵심 내용을 설명하기 전에 본 품에 나오는 어휘 몇 가지를 짚고 넘어가도록 하겠습니다.

1. 십력(十力): 부처님이 지닌 열 가지 지혜의 힘을 뜻합니다.
   - 처비처지력(處非處智力): 도리에 맞는 일과 도리에 맞지 않는 일을 가리는 힘
   - 업이숙지력(業異熟智力): 업의 원인(業因)과 그 과보와의 관계를 아는 힘
   - 정려해탈등지등지지력(靜慮解脫等持等至智力): 4선(禪)·8해탈(解脫)·3삼매(三昧)·8등지(等至) 등의 선정을 아는 힘

- 근상하지력(根上下智力): 중생 근기의 상하·우열을 아는 지혜의 힘
- 종종승해지력(種種勝解智力): 중생의 갖가지 소망을 아는 힘
- 종종계지력(種種界智力): 중생과 제법(諸法)의 본성을 아는 힘
- 변취행지력(遍趣行智力): 중생이 온갖 곳에 가는 것을 아는 힘
- 숙주수념지력(宿主隨念智力): 전생의 일을 생각해내는 힘
- 사생지력(死生智力): 중생이 죽어서 어디에 태어날지를 아는 힘
- 누진지력(漏盡智力): 번뇌가 다한 상태와 그에 도달하기 위한 수단을 아는 힘

2. 네 가지 두려움 없는 자신〔四無畏〕: 설법함에 있어서 두려움을 느끼지 않는 네 가지 지혜로 '사무외', '사무소외'라고 한역합니다.
- 정등각무외(正等覺無畏): 바른 깨달음을 분명히 말하는 것에 두려움 없음
- 누영진무외(漏永盡無畏): 번뇌가 다했다고 분명히 말하는 것에 두려움이 없음
- 설장법무외(說障法無畏): 법의 장애에 대해 남에게 설하는 일에 두려움 없음
- 설출도무외(說出道無畏): 구경의 도에 관해 설하는 일에 두려움이 없음

3. 다섯 가지 탁한 시대〔五濁惡世〕: 《법화경》에 나오는 세상을 보는 견해 중 많이 알려진 것이 '다섯 가지 탁한 시대' 즉 '오탁악세'입니다.

갈수록 사람들의 탐욕이 치성해지면서 개인뿐만 아니라 자신이 속한 사회 또한 흐려지고 물든다는 것입니다. 부처님께서는 이를 다음과 같이 다섯 가지로 말했습니다.

- 겁탁(劫濁): 시대적 더러움·전쟁·기근·질병 등이 많은 것
- 견탁(見濁): 그릇된 견해와 사상이 넘쳐흐르는 것
- 번뇌탁(煩惱濁): 번뇌가 가득하여 악덕이 판을 치는 것
- 중생탁(衆生濁): 인류 도덕이 타락해 사람의 자질이 저하되는 것
- 명탁(命濁): 사람의 수명이 짧아지는 것

본 품의 도입부에서는 부처님이 어떤 위신력을 가지고 계시며, 그 능력을 중생이 왜 헤아리기 어려운지 그 이유를 설명합니다.

사리불이여, 여래께서는 위대하고 절묘한 방편과 지견의 최고의 경지에 도달해 계신다. 그분들께서는 집착과 장해가 없는 지견을 지니셨으며, 부처님으로서의 십력(十力), 네 가지 두려움 없는 자신〔四無畏〕, 열여덟 가지 부처님의 특유한 성질〔十八不共法〕, 다섯 가지 기능〔五根〕, 다섯 가지 능력〔五力〕, 일곱 가지 깨달음을 돕는 부분〔七覺支〕, 선정, 해탈, 삼매, 등지(等至)라는 누구도 가지고 있지 못하는 덕성을 갖추시고 여러 가지 가르침을 설하신다.

부처님이 성취한 능력의 차이가 확연히 드러납니다. 그리고 이 법은 여러 사람의 마음을 기쁘게 함을 설합니다. 이어서 부처님의 설법을

어느 누구도 이해하기 어려운 것은 부처님의 경지를 알지 못하기 때문임을 게송으로 거듭해 밝힙니다.

그리고 본 품에서는 '세 가지 탈것〔三乘〕'이 등장합니다. 이는 삼승법의 다른 표현입니다. 설하는 이유는 '이것저것에 집착하는 사람들을 해탈시키기 위해 세 가지 탈것을 설한다'라고 합니다.

사리불이 법을 청합니다. 사리불은 부처님께서 방편설의 뛰어남을 말씀하시는 이유를 알기 어려웠습니다. 그래서 무슨 인연으로 모든 부처님의 제일 방편인 매우 깊고 미묘하여 이해하기 어려운 법이라고 하는지 물어봅니다. 이 물음은 게송으로 거듭됩니다.

> 사리불이여, 그만두어라. 그 의미를 말한들 무슨 소용이 있겠는가? 그 의미를 설명하면, 천신들도 세간의 중생들도 두려워할 것이기 때문이다.

그런데 부처님은 설법할 마음을 내지 않습니다. 사리불이 재차 청하고 부처님께서 또 허락을 않으시고, 그리고 한 번 더하여 세 차례에 걸쳐 사리불이 청을 올립니다.

> 저와 같은 비구가 1천2백 명 있어
> 그들도 최고의 깨달음을 지향하고 있사온데
> 그들을 보시고 설해 주시옵소서.
> 그들에게 최고의 기쁨을 누리게 해 주시옵소서.

부처님은 사리불의 청을 더 이상 물리치지 못하고 설법을 하기로 합니다. 그런데 부처님께서 '잘 듣거라. 마음속으로 생각하거라. 그대에게 설하겠다' 라고 하자 갑자기 법회에 와 있던 5천의 대중이 자리에서 물러납니다. 이들은 깨달음을 얻지 못했음에도 얻었다는 교만한 마음에 방편설에 대해 가볍게 판단하여 자신들은 해당하지 않는다고 생각한 것입니다. 부처님은 그들을 묵묵히 말리지 않고 남은 대중을 향하여 '쭉정이와 불필요한 자는 사라지고 가장 뛰어난 정수만이 남았다' 하였습니다. 이때 부처님께서는 일대사인연으로 왔으며, 오직 일불승 뿐이라는 내용을 설합니다.

그리고 거듭 게송으로 오직 일불승 뿐·부처님이 세운 원력·소승을 설한 이유·과거 부처님의 방편과 진실·미래 부처님의 방편과 진실·현재 부처님의 방편과 진실·일승의 진실을 찬탄·믿음을 권하는 내용을 설합니다.

방편이 곧 성불

과거·현재·미래 석가모니불의 방편과 진실에는 사소한 것일지라도 도량이나 불구(佛具)를 조성하고 탑을 만들거나 부처님의 형상을 그리는 것, 또한 음성공양이나 꽃 같은 공양, '나무불(南無佛)' 하는 염불 한 번, 불법을 찬탄하고 세세생생 불법의 수레바퀴가 굴러가기를 염원하는 간절한 마음 등이 불가사의한 가피를 불러일으켜 구경(究竟)에는 성불에 이르게 한다는 말씀이 다양한 비유로 설해집니다.

《논어》의 〈옹야편〉에는 다음과 같은 구절이 나옵니다.

공자가 중궁에게 말했습니다.
"얼룩소의 송아지 빛이 붉고 또 뿔이 바르면, 제사에 쓰지 않으려 할지라도 산천의 신이 내버려두겠는가〔犂牛之子 騂且角 雖欲勿用 山川 其舍諸〕."

고대에 얼룩소는 농사일에 쓸 뿐 제사에는 잘 쓰지 않았습니다. 순종이 아니라고 보기 때문입니다. '이우(犂牛)'는 일종의 얼룩소입니다. 그런데 이 얼룩소가 붉은빛의 새끼를 낳았습니다. 옛날 주나라에서는 붉은색을 숭상하여 희생(犧牲)에도 붉은색을 썼습니다. '용(用)'은 제사에 쓰임을 말합니다. '산천(山川)'은 산천의 신입니다. 이 말은 중궁(염옹)의 아버지가 천출이고 악을 행했기 때문에 자식인 중궁에게도 영향이 미칠 것이라 하여 좌절하지 말기를 격려하는 것입니다. 마치 사람들이 어미 얼룩소를 보고 제사에 쓰지 않더라도 산천의 신이야 빛깔만 고우면 됐지, 제사에 쓰이는 것을 허락하지 못할 이유가 없다는 뜻입니다.
방편의 이치는 그 활용의 법이 무한하여 헤아리기 어렵습니다. 불보살님은 어떤 방편을 베풀어서라도 중생 모두를 성불의 길로 이끄는 자비심을 버리지 않습니다. 경전을 잘 받아들이기 위해서는 마음이 자유롭고 소박해야 합니다. 무엇을 얻고 부와 권력을 누리기 위한 불법이 아님을 명심해야 합니다.
《성경》의 〈도마복음〉에 '가난한 사람들은 행복하다. 하늘나라가 여러분의 것이기 때문이다'라는 구절이 나옵니다. 《장자》에서는 도를 얻기 위해서 가져야 할 마음의 자세를 '심재(心齋)'라 합니다. 이는 '마음을 비움'이고, '마음을 굶김'입니다. 단순히 음식의 절제에 머물지 않고 절식을 통하여 마음의 흐느낌을 성찰하는 것입니다. 왜냐하면 중생은 구하는 것을 얻지 못하면 흐느낍니다. 안달하고 울어댑니다. 히브리어로 안식일에 해당하는 말 '사바트(sabbath)'는 '쉼'을 의미합니다. 세상의 모든 근심과 걱정에서 벗어나 육체적으로 편히 쉬면서 궁극의 존재에 대한 명상과 헌신입니다. 끼니를 거르면 당장은 배가 고프고 힘들지만 어쩔 수 없는 상황이라 여기면 마음이 고요해지고 감사한 마음이 듭니다. 먹어서 행복한 것이 아니라 부족하니까 이마저도 감사하게 됩니다. 가난하다는 것은 바로 밖으로 구하는 것을 멈추고 마음을 겸허하게 함으로써 오히려 감사하고 헌신의 마음이 생기기 때문입니다.
인디언 수우족에게는 이런 이야기가 내려온다고 합니다.

위대한 정령이 모두를 모아놓고 말했다.
"나는 인간이 준비될 때까지 어떤 것을 감춰놓고 싶다. 그것은 그들 스스로 자신들의 현실을 창조한다는 깨달음이다."
독수리가 말했다.
"그걸 저에게 주십시오. 제가 달에다 갖다 놓겠습니다."
위대한 정령이 말했다.
"아니다. 언젠가는 그들이 그곳으로 가서 그걸 발견할 것이다."
연어가 말했다.
"제가 그것을 바다 밑에 감춰놓겠습니다."

위대한 정령이 말했다.
"아니다. 인간은 거기에도 찾아갈 것이다."
들소가 말했다.
"그것을 넓은 평원 한가운데 묻으리다."
위대한 정령이 말했다.
"그들은 그마저도 파낼 것이다."
그때 어머니 대지의 가슴속에서 살아가는 할머니 두더지가 나왔다. 이 할머니 두더지는 육신의 눈이 아닌 마음의 눈으로 볼 줄 아는 능력의 소유자였다.
"그걸 내 안에 감추세요."
위대한 정령이 미소 지으며 말했다.
"그렇게 하자."

마음이라고 하는 볼 수도 없고 잡을 수도 없는 '한 물건'은 우리 속에 숨겨져 있어서 우주의 어떤 곳보다도 발견하기 어렵게 되었다는 교훈입니다. 모든 성인들이 갖가지 교설로 방편을 베풀어 궁극의 깨달음의 세계로 향하는 통로는 열어놓았지만 아직도 중생들은 부족하다고 아우성을 칩니다.
늑대는 놀라서 필사적으로 달아날 때에도 자기 굴로 들어가기 전에 잠시 걸음을 멈추고 뒤를 돌아본다고 합니다. 보고 아는 것을 다시 한 번 더 돌아보면 그 속에 삶의 지혜가 있습니다. 내가 보고 있는 모든 것을 또 다시 바라볼 줄 알아야 합니다.

第二章_方便品

〈방편품〉을 읽은 후 뜰에 나갔다가 떠오른 시입니다.

어둠 속에
환한 햇살 속에
플라타너스의 무성한 잎 속에
흙덩이를 물고 굴 밖으로 나오는 개미들의 행렬 속에

돌아보면

문득

또 하나의 내가
나를 바라보고 있다.

3 비유품

3
비유품 譬喩品

그때 사리불존자는 한없이 기뻐하며, 세존이 계시는 곳을 향하여 합장하고 우러러보면서 이렇게 여쭈었다.

"세존이시여, 여래의 설법을 직접 듣게 되니 경탄스럽고 너무나 기쁩니다. 제가 여래의 가르침을 듣지 못했을 때는, 다른 보살들을 보거나 그들의 이름을 들으면 여래로부터 버림받았다는 생각에 매우 슬프고 괴로웠기 때문입니다. 또 세존이시여, 저는 산이나 동굴, 밀림이나 유원, 강가나 나무 밑의 한적한 곳에서 자주 오후의 휴식을 취하였는데 그때에도 다음과 같이 생각하였습니다.

'법계에 들어가는 것은 같더라도, 세존께서는 우리를 열등한 가르침인 소승으로써 이끄셨다. 이것은 우리의 잘못이지, 세존의 잘못은 아니다'

왜냐하면 만일 저희가 세존께서 절묘한 설법인 위없는 바른 깨달음으로 이끄는 대승의 설법을 간청했더라면, 세존께서는 당연히 대승의 가르침으로 저희를 이끄셨을 것이기 때문입니다.

그런데 세존이시여, 때마침 보살들이 곁에 없었기 때문에 저희들은 세존께서 설하신 말씀의 깊은 의미를 이해하지 못하고 여래께서 최초에 깨치신 설법을 들은 것만으로 당황하여 그 가르침을 궁극의 것으로 받아들여 수행 정진하였습니다. 세존이시여, 저는 이처럼 자신을 비난하면서 대부분의 날들을 보내고 있었으나 오늘 비로소 열반을 얻었습니다. 오늘 저는 완전한 열반, 아라한의 경지에 도달했습니다.

세존이시여, 오늘 저는 세존의 장남으로서 세존의 가슴으로부터 태어난 자이며, 입으로부터 법으로부터 태어난 자이며, 법의 화신, 법의 상속자, 법으로부터 나타난 자이옵니다. 세존이시여, 오늘 이와 같이 이전에 들은 적이 없는 경탄할 만한 법을 친히 듣게 되어, 저희들의 고통은 사라졌사옵니다."

그때 사리불은 세존께 다음과 같은 게송을 올렸다.

위대한 지도자시여
훌륭한 말씀을 듣고 저는 매우 기뻐하였습니다.
이제 저는 아무런 의문도 없습니다.
저는 최고의 탈것인 대승 속에서 성숙하였습니다.

여래의 말씀은 경탄할 만큼 훌륭한 것으로
중생들의 의혹과 근심은 끊어졌습니다.
번뇌가 다한 저도 그 말씀으로
근심이 모두 없어졌습니다.

이전에 저는 오후의 휴식 때
밀림이나 유원, 나무 아래를 산책하면서,
또 산속의 동굴에 앉아서
이런 걱정에 잠기곤 했습니다.

'아아, 나는 사악한 마음으로 스스로를 속이고 있다.
비록 번뇌와 더러움 없는 같은 가르침 속에 있지만
장래 삼계(三界)의 최고의 가르침을
설하지는 못할 것이다.

부처님께서 갖추신 32상은 나에게서 사라지고
황금색 피부도 색이 바래고
부처님의 열 가지 힘이나 해탈 등
모든 것이 나에게는 없다.
아아, 같은 가르침 속에 있으면서도
얼마나 어리석었던가.

위대한 현자이신 부처님께서 갖추신
가장 훌륭한 팔십 종호나 열여덟 가지 특유한 성질
그 모두를 잃어버렸다.
나는 잘못된 길에 홀려 있다'

세간의 행복을 위해
자비를 베푸시는 당신을 뵙고는
홀로 오후의 휴식을 하기 위해 걸으면서
'아아, 나는 장애 없는 불가사의한 지혜로부터
멀리 떠나 있다' 라고 생각했습니다.

세존이시여, 저는 이렇게 생각하면서
낮과 밤의 대부분을 보냈습니다.
아무튼 세존께 여쭙고 싶사옵니다.
'저는 바른길로부터 벗어난 것이옵니까?
그렇지 않은 것이옵니까?' 라고.

승리자의 왕이시여
저는 이처럼 밤낮으로 고민하며 시간을 보냈습니다.
이렇게 고민하는 것은 세간의 지도자이신 당신께서
다른 많은 보살들을 칭찬하시는 것을 보았기 때문이오며

또 승리자이신 부처님께서는
깨달음의 자리에서 번뇌에 물들지 않는
사유를 초월한 미묘한 지혜를 얻으신 뒤
그 지혜로 깊은 의미가 담긴 가르침을
방편으로 설하신다고 들었기 때문이옵니다.

第三章 _ 譬喩品

이전에 저는 잘못된 견해에 집착한 외도로부터
존경받는 유행자였습니다.
그때 부처님께서는 제가 원하는 바를 아시고
잘못된 견해로부터 해탈시키기 위해
열반에 대해 말씀해 주셨사옵니다.

저는 잘못된 견해에서 벗어나
존재는 모두 공하다는 것을 깨달았으므로
'나는 열반했다' 고 생각하였습니다.
그러나 그것은 참된 열반이라고는
할 수 없는 것이었습니다.

최고의 인간인 부처님이 되어
인간, 천신, 야차로부터 숭앙받고
32상을 갖추게 되었을 때
비로소 완전히 열반한 것이옵니다.

부처님의 말씀을 듣고 쓸데없는 생각이 모두 사라져
오늘 저는 열반을 얻을 수 있었습니다.
천신들을 포함한 전 세계 앞에서
최고의 깨달음을 얻을 것이라고
수기하여 주셨을 때이옵니다.

그러나 처음 말씀을 들었을 때
저는 큰 두려움을 느꼈습니다.
'악마가 부처님의 모습으로 변하여
나를 어지럽게 하는 것이 아닌가' 하고.

그런데 여러 가지 원인과 까닭이 설해지고
또 수많은 나유타의 비유로써
훌륭하신 부처님의 깨달음을 보았을 때
그 가르침을 듣고 저는 의심이 없어졌습니다.

완전한 열반에 드신 수많은 과거 부처님들께서
절묘한 방편으로 같은 법을 설하시는 모습을
찬탄하셨을 때

또 미래의 많은 부처님들과
현재 이 세상에 계시는 부처님들께서
최고의 진리를 보이시고
수백의 방편으로 장래 법을 설하실 것이며
또 지금 설하고 계신 것을 찬탄하실 때

또 당신께서 출가하셔서
어떻게 수행하셨으며

어떤 법륜을 깨달으셨으며
어떻게 설법하셨는가를 말씀하셨을 때

그것을 듣고 저는 그때
'이분은 악마가 아니다.
세간의 보호자로 진실한 덕행을 보이시므로
거기에 악마들이 들어갈 틈은 없다.
악마라고 생각한 것은
나의 의심이었다' 라는 것을 알았사옵니다.

감미롭고 심원하며 미묘한 부처님의 말씀을 듣고
저에게 기쁨이 생겼을 때
모든 의혹과 의심은 사라지고
저는 부처님의 지혜 속에 있었사옵니다.

천신을 포함한 이 세간에서 숭앙받으며
저는 반드시 여래가 될 것이옵니다.
그리고 깨달음을 구하는 많은 보살들을 이끌어
부처님의 깨달음이 담긴 법을 설할 것이옵니다.

이렇게 말씀드리자, 세존께서는 사리불에게 다음과 같이 말씀하셨다.

"사리불이여, 천신과 마왕, 범천, 사문, 바라문을 포함한 모든 사람들 앞에서 그대에게 말하겠다. 그대에게 진실을 말하겠다. 사리불이여, 나는 그대를 오랜 옛적부터 지금까지 2천만 억 나유타의 부처님들 밑에서 위없는 바른 깨달음으로 향하도록 성숙시켜 왔다. 그리고 그대는 오랫동안 내 제자였다.

사리불이여, 그대는 과거에 보살로서 깊이 생각한 결과와 보살의 신비에 의해 이 세상에서 내 설법에 동참하는 것이다. 그러나 그대는 부처님의 불가사의한 위력으로 인한 과거의 수행이나 서원을 잊어버리고, 또 과거에 보살로서 깊이 생각한 결과와 보살의 신비를 생각해 내지 않고, '나는 열반에 들었다'고 착각하고 있다.

사리불이여, 나는 그대에게 과거의 수행과 서원, 지혜를 깨달은 것을 생각케 하기 위하여, '바른 가르침의 백련'이라는 법문—그것은 모든 부처님이 찬탄하는 광대한 경전이며 보살을 위한 가르침이다—을 성문들을 위하여 밝히는 것이다.

또 사리불이여, 그대는 장래 생각이 미치지 못하는 헤아릴 수 없는 무한한 겁 동안, 수천만 억 나유타나 되는 많은 부처님들의 바른 법을 간직하고 여러 가지를 공양하고 보살의 수행을 완성하여 '화광(華光)'이라는 이름의 바른 깨달음을 얻은 존경받는 여래가 될 것이다. 그분은 지혜와 덕행을 갖춘 선서시며, 세간을 잘 아는 위없는 분이시며, 사람들을 잘 이끄시며, 천신과 인간의 스승이시며, 불타시며, 세존이시다.

사리불이여, 그 화광여래의 국토는 먼지가 하나도 없는 '이구(離

垢)'라는 이름으로 불릴 것이다. 그곳은 평탄하고 쾌적하며 훌륭해서 가장 아름답고 청정하고 넓으며, 번영하고 안온한 곳이리라. 또 식물은 풍부하며, 많은 남녀의 무리와 천신들로 가득하고, 땅은 유리로 되었으며 금실로 바둑판처럼 장식되어 있을 것이다. 바둑판 모양의 길가에는 보석나무가 있어 칠보의 꽃이나 과일이 언제나 열려 있을 것이다.

사리불이여, 그 화광여래는 세 가지 탈것(三乘)에 대하여 법을 설할 것이다. 또 그 여래는 오탁(汚濁)이 있는 겁에는 태어나지 않지만, 본래의 서원의 힘으로 오탁악세에서도 법을 설하실 것이다.

사리불이여, 그 겁은 '대보장엄(大寶莊嚴)'이라는 이름으로 불릴 것이다. 그대는 어떻게 생각하는가? 어떤 이유로 그 겁이 대보장엄이라고 불리는가? 사리불이여, 그 부처님의 국토에서는 모든 보살들을 보물이라고 부른다. 그때 그 이구세계에는 많은 보살들이 있을 것이다. 그들의 수는 무한하여 생각도 미치지 않으며, 비교할 수도 헤아릴 수도 없어 여래의 생각으로밖에는 알 수가 없다. 그런 이유로 '대보장엄겁'이라고 불린다.

사리불이여, 또 그때 그 부처님의 국토에 있는 대부분의 보살들은 보석으로 된 연화를 밟고 다니게 될 것이다. 그 보살들은 처음으로 깨달음을 지향한 것이 아니라, 오랫동안 선근을 쌓고 수백 수천의 많은 부처님들 밑에서 깨끗이 생활하여, 여래로부터 칭찬받고 부처님의 지혜를 구하는 데 전념함으로써 커다란 신통의 덕을 닦았기 때문이다. 또 가르침에 널리 정통하며 온화하고 사려 깊은 이들이다. 사리불이여, 그 국토는 대체로 그런 보살들로 가득할 것이다.

또 사리불이여, 그 화광여래의 수명은 왕자였을 때를 제외하고는 12중겁일 것이다. 중생들의 수명은 8중겁일 것이다. 그리고 화광여래는 12중겁이 지난 후, 다음과 같이 '견만(堅滿)'이라는 보살이 위없는 바른 깨달음을 얻을 것을 예언하신 뒤 열반에 드실 것이다.

'비구들이여, 이 견만보살은 내 뒤를 이어 위없는 바른 깨달음을 얻을 것이다. 즉 존경받는 분이시며, 바른 깨달음을 얻은 분이시며, 지혜와 덕행을 갖춘 선서시며, 세간을 잘 아는 위없는 분이시며, 사람들을 잘 다스리는 분이시며, 신들과 인간의 스승이시며, 불타시며, 세존이신 화족안행(華足安行)이라는 이름의 여래로서 이 세상에 출현하실 것이다' 라고.

사리불이여, 이 화족안행여래의 국토도 조금 전에 말한 것과 같을 것이다.

또 사리불이여, 화광여래가 열반하셔도 바른 가르침은 32중겁 동안 계속될 것이다. 그 뒤 바른 가르침[正法]이 다했을 때, 32중겁 동안 바른 가르침과 유사한 가르침인 상법이 계속될 것이다."

그때 세존께서는 다음과 같이 게송을 설하셨다.

사리불이여
그대도 장래 승리자인 여래가 될 것이다.
화광이라는 이름으로 널리 보는 눈을 지니고

수많은 중생들을 이끌 것이다.

수많은 부처님 밑에서 공양을 올리고
그곳에서 보살로서의 수행의 힘을 얻고
또 열 가지 능력[十力]이 생겨
가장 훌륭한 최고의 깨달음을 얻을 것이다.

헤아릴 수도 없으며
생각도 미치지 않을 정도의 겁이 지난 뒤
'대보장엄'이라는 겁이 있을 것이다.
그때 '이구'라는 이름의 청정한 국토가 있어
그곳이 이 인간세계에서 가장 높은 부처님의 국토이다.

땅에는 유리가 깔려 있고
금실로 장식되어 있으며
보석으로 된 수백의 아주 아름다운 나무가 있어
꽃이나 과실로 장식되어 있다.

그곳의 많은 보살들은
언제나 사려 깊으며 수행에 정통해 있다.
그들은 수백 명의 부처님 밑에서 수행을 쌓은 뒤
이 국토에 태어난다.

그 승리자는 마지막 인간의 몸으로 왕자가 되어
애욕의 생활을 버리고 출가해서
가장 훌륭한 최고의 깨달음을 얻을 것이다.

그 승리자의 수명은 그때 꼭 12중겁일 것이다.
그곳에 있는 사람들의 수명은 8중겁일 것이다.

이 승리자께서 열반에 드셨을 때
바른 가르침은 천신들을 포함한
이 세간의 행복을 위해
32중겁 동안 계속될 것이다.

바른 가르침이 다했을 때
그와 유사한 가르침이 다시 32중겁 계속될 것이다.
이 여래의 사리는 널리 유포되어
언제나 인간이나 천신들에 의해
크게 공양될 것이다.

이런 부처님께서 장래 나타나실 것이다.
사리불이여, 기뻐하라.
필적할 자가 없으며
인간의 최고자이신 이 부처님은 바로 그대이니까.

그때 비구, 비구니, 우바새, 우바이의 사부대중과 천신, 용, 야차, 건달바, 아수라, 가루다, 긴나라, 마후라가 등 인간과 인간 이외의 모든 중생들은 사리불존자가 위없는 깨달음을 얻을 것이라고 세존으로부터 직접 듣고 기뻐하며 각자 자신의 옷을 세존께 바쳤다.

신들의 왕인 제석천과 사바세계의 왕인 범천과 그 외 수많은 천신들이 세존께 천상의 옷을 바치고, 천상의 만다라바꽃과 대만다라바꽃을 부처님 위에 뿌렸다. 그들은 천상의 옷을 하늘에 나부끼며, 천상의 수백 수천의 악기와 큰북을 울리며 커다란 꽃비를 내리게 하고는 이렇게 말했다.

"이전에 세존께서는 바라나시의 녹야원에서 법륜을 굴리셨는데 오늘 다시 최고의 법륜을 굴리셨다."

그때 그 천신들은 다음과 같이 게송을 읊었다.

세간에서 필적할 자가 없는 부처님이시여
당신께서 법륜을 굴리셨사옵니다.
바라나시에서 여러 가지 온(五蘊)이 생기고
멸하는 것을 설하시는 법륜을.

여래시여, 바라나시에서는 법륜이 처음 굴려졌으며
지금 이곳에서 두 번째로 굴려졌사옵니다.
여래시여, 그들에게 쉽게 믿을 수 없는 것을
오늘 설해진 것이옵니다.

저희들은 세간의 보호자이신 당신으로부터
많은 법을 들었사옵니다.
그러나 이와 같은 법은
이전에는 결코 들은 적이 없사옵니다.

위대한 용자시여
위대한 성인들의 깊은 뜻이 담긴 말씀을 듣고
두려움 없는 성자 사리불에게 수기하신 것을 듣고
저희들은 환희하옵니다.

저희들도 이 세상에서 마침내는
이런 위없는 부처님이 되어
깊은 의미가 담긴 말로
부처님의 위없는 깨달음을 설하고 싶사옵니다.

저희들이 이 세상에서 혹은 저 세상에서
부처님을 기쁘게 해드린 것과
착한 일을 한 것이 깨달음을 구하는 데
도움이 되었으면 좋겠사옵니다.

사리불은 세존께 다음과 같이 말씀드렸다.
"세존이시여, 직접 세존 앞에서 위없는 바른 깨달음을 얻을 것

第三章 _ 譬喻品

이라는 수기를 들었으니 이제 저는 아무런 의심도 없으며 미혹을 벗어났습니다. 세존이시여, 자재로운 힘을 얻은 1천2백 명의 제자들을 전에는 아직 배울 것이 있는 곳에 두셨는데, 오늘 세존께서는 그들에게 이렇게 말씀하셨사옵니다.

'비구들이여, 내가 설하는 가르침과 계율은 생로병사의 근심을 넘어 열반에 도달하는 것을 궁극의 목적으로 한다' 라고.

그리고 또 아직 배울 것이 있는 이든 혹은 더 배울 것이 없는 이든, 세존의 제자들 중에는 모두 자아와 존재와 세계의 파멸에 관한 사견과 모든 잘못된 견해를 버리고 자신들은 이미 열반의 경지에 들어 있다고 생각하고 있는 비구가 2천 명 있사옵니다. 이들이 이전에 들은 적이 없는 이 법을 세존으로부터 직접 듣고 의혹을 품고 있습니다. 그러므로 세존께서는 의혹을 풀 수 있도록, 또 사부대중의 의심과 미혹이 없어지도록 말씀해 주시옵소서."

이 말을 듣고 세존께서는 사리불에게 다음과 같이 말씀하셨다.

"사리불이여, 이전에 내가 그대에게 설하지 않았더냐. 바른 깨달음을 얻어 존경받는 여래는 지향하는 바와 욕망과 소질이 다른 중생들이 무엇을 바라고 있는지를 아신 뒤, 그들이 수행해야 할 길을 여러 가지로 설하시며 원인과 이유, 비유와 인연, 말의 해석 등 여러 가지 절묘한 방편을 써서 법을 설하신다고 하지 않았더냐. 그리고 모든 설법은 최고의 바른 깨달음에 대한 것으로 이는 사람들을 보살의 길로 이끌기 위함이다.

사리불이여, 그 의미를 다시 널리 알리기 위하여 그대에게 한 가지 비유를 들겠다. 이 세상에서 지혜 있는 이라면 설해진 의미를 비유로도 바로 알 수 있기 때문이다.

사리불이여, 예를 들어 고을이든 마을이든, 도시든 시골이든, 시골의 어느 지방이든 서울이든 어디라도 좋다. 그곳에 어떤 가장(家長)이 있다고 하자. 그는 나이가 들어 기력이 쇠했으며, 장자로서 고령에 이르렀으나 부유하여 재력이 있고 생활도 풍요롭다. 그의 저택은 높고 넓으나 오래 되어 낡았으며, 2백, 3백, 4백 혹은 5백이라는 많은 중생들이 살고 있다. 그 저택에는 문이 단 하나 있다. 현관은 무너졌으며 기둥은 썩었고 외벽이나 담장도 칠이 벗겨져 있는 바로 이 저택이 갑자기 큰 불덩이에 싸여 여기저기서 불꽃이 타올랐다고 하자. 또 그 사람에게는 5명이나 10명 혹은 20명의 많은 아들들이 있었다고 하자. 그리고 그 사람만이 집 밖으로 도망쳐 나왔다고 하자.

사리불이여, 그때 그 사람은 자신의 저택이 큰 불덩이에 휩싸여 타오르는 것을 보고 두려워 떨면서 어찌할 바를 모른다고 하자. 그리고 이런 생각을 한다고 하자.

'나는 이 큰 불덩이에 닿지도 않고 타지도 않게 재빨리 도망쳐 나왔지만 내 아들들은 아직 어려서 집 안에서 장난감을 가지고 각자 즐겁게 놀고만 있다. 이 집이 불타고 있는 것도 모르며 알지도 못하고 당황하지도 않고 오직 노는 데만 정신이 팔려 있다. 이 큰 불덩이에 싸여 있으면서 큰 고통이 다가오는데도 그들은 느끼지 못한다. 또 밖으로 나가야겠다는 생각도 하지 못한' 라고.

第三章 _ 譬喻品

　사리불이여, 그 가장은 힘과 능력이 있는 사람이어서 다음과 같이 생각했다.
　'나에게 힘과 능력이 있으니 아이들을 업어서 구출한다면 어떨까'
　그러나 그는 이렇게도 생각했다.
　'이 집 입구는 단 하나밖에 없고 문은 닫혀 있다. 또 아이들은 얌전치 못하여 이리저리 뛰어다녀 어떻게 하고 있는지도 모른다. 아이들이 화를 입기 전에 알리자'
　이렇게 생각해서 그는 아이들에게 외쳤다.
　'얘들아, 이리 나오너라. 빨리 도망치거라. 지금 집이 불타고 있으니 다치기 전에 어서 나오너라'
　그러나 아이들은 놀이에 빠진 나머지 밖에서 부르는 것도 모르고 놀라지도 않고 두려워하지도 않으며 아무 생각 없이 밖으로 나오려고 하지도 않았다. 집이 불타고 있는 것이 도대체 무슨 일인지 전혀 모르고 알려고도 하지 않았다. 이리저리 뛰어다니며 부친이 있는 곳을 바라볼 뿐이었다. 이것이 무지한 아이들의 모습이다.
　그래서 가장은 이렇게 생각했다.
　'이 집은 큰 불덩이에 휩싸여 타오르고 있다. 나와 아이들이 화재 때문에 재앙을 입어서는 안 된다. 그러니 방편을 써서 아이들을 불타는 집에서 나오게 해야겠다'
　이 가장은 아이들이 전부터 무엇을 가지고 싶어하는지 알고 있었으며 성격도 잘 알았다. 아이들이 가지고 싶어하는 것은 여러 종류의 장난감—가지각색의 재미난 것으로 모두가 원하는 보기 좋고 마음에 꼭 들면서 구하기 힘든 것—이었다. 가장은 아이들의 바람을 알고 있었기 때문에 이렇게 말했다.

'애들아, 너희들이 가지고 놀기도 아주 좋고 지금껏 본 적이 없는 여러 가지 장난감—너희들이 가지고 싶어하는 보기 좋고 마음에 꼭 드는 소수레, 양수레, 사슴수레 장난감—을 전부 집 밖에 놓아두었다. 자, 애들아, 이리 나오너라. 그러면 원하는 것은 무엇이든 다 주겠다. 이것을 가지러 빨리 나오너라'

그러자 아이들은 전부터 가지고 싶던 장난감 이름을 듣고 재미나게 놀 생각에 타오르는 집에서 재빨리 뛰쳐나왔다. '누가 제일 빨리 나가는지 보자' 하며, 서로 다투듯 재빨리 타오르는 집에서 뛰쳐나왔다.

그때 가장은 아이들이 무사히 나오는 것을 보고, 네거리의 땅 위에 주저앉아 기쁨에 젖어 안도의 숨을 쉬었다. 그때 아이들은 부친이 있는 곳으로 다가와서 이렇게 말했다.

'아버지, 소수레, 양수레, 사슴수레 같은 여러 가지 즐거운 장난감을 주세요' 라고.

사리불이여, 그래서 가장은 아이들에게 바람처럼 빠른 소수레를 주었다. 이것은 칠보로 되었고 손잡이가 있으며, 방울이 달린 그물이 드리워져 있고, 높고 크고 멋지게 진귀한 보석으로 장식되었고, 보옥의 화환이 아름답게 빛나고 화만(華鬘)으로 장식되었으며, 자리에는 천과 모포가 깔리고 양측에 옥양목과 비단으로 덮인 붉은 베개가 놓여 있는 수레였다. 또한 발이 빠른 흰 소가 끌며 많은 사람들이 딸려 있고 왕자의 표시로서 깃발이 있는 수레였다. 가장은 같은 모양과 같은 종류의 소수레를 아이들에게 하나씩 주었다.

왜냐하면 사리불이여, 그는 부유한 큰 재산가이고 많은 창고를 가지고 있으며 다음과 같이 생각하였기 때문이다.

'아이들에게 형편없는 수레를 주지는 않겠다. 이 아이들은 다 내 아들들이고 모두 사랑스러우며 마음에 든다. 더욱이 나에게는 이런 큰 탈것은 얼마든지 있다. 그리고 아이들을 평등하게 대해야지 불평등하게 대해서는 안 된다. 나는 많은 보물창고가 있어 모든 사람들에게도 이런 큰 탈것을 줄 수가 있을 정도이다. 그러니 어찌 아이들에게 주지 않으랴' 라고. 아이들은 그때 큰 탈것을 타고 훌륭하다고 놀랄 것이다.

사리불이여, 그대는 이것을 어떻게 생각하는가? 처음에는 아이들에게 세 가지 탈것을 말했는데 나중에 훌륭한 큰 탈것만 준다면 이 사람이 거짓말을 한 것이 되는가?"

사리불이 말씀드렸다.

"세존이시여, 그렇지 않사옵니다. 그 사람은 절묘한 방편으로 아이들을 불타고 있는 집에서 나오게 하여 생명을 구했습니다. 그러므로 세존이시여, 그 사람은 거짓말쟁이가 아니옵니다. 아이들이 모두 죽지 않았기 때문에 장난감을 얻을 수 있는 것입니다.

또 세존이시여, 설령 그 사람이 아이들에게 수레를 하나도 주지 않았다 하더라도 거짓말쟁이는 아니옵니다. 그는 처음부터 '절묘한 방편으로 아이들을 거대한 불덩어리로부터 벗어나게 하자' 고 생각하였기 때문입니다. 이것으로 보아도 그 사람은 거짓말을 하지 않았습니다. 더구나 아이들을 사랑하기 때문에 자신의 부유함에 맞는 큰 탈것을 준 것이옵니다. 세존이시여, 그 사람에게 거짓말한 죄는 없사옵니다."

이 말을 듣고 세존께서는 사리불에게 다음과 같이 말씀하셨다.

"그렇다, 사리불이여. 그대의 말대로이다. 바른 깨달음을 얻어 존경받는 여래는 모든 두려움을 없애고, 모든 고통과 혼란, 고뇌, 걱정으로부터 벗어났으며, 또 무명의 어두운 막으로부터 완전히 벗어나셨다. 또 여래는 여러 가지 지혜, 열 가지의 힘, 네 가지의 두려움 없는 자신, 열여덟 가지의 부처님에게만 있는 특유한 상호를 갖추고 신통력으로써 대단한 힘을 가지며, 세간의 아버지시며, 위대하고 절묘한 방편과 최고의 지혜의 궁극에 도달한 분이시며, 대자비자시며, 싫증 내지 않고 사람들의 행복을 바라는 자비심 깊은 분이시다.

여래는 큰 괴로움과 근심의 불덩어리에 타오르는 낡은 집과 같은 이 삼계 속에 태어나신다. 그것은 생로병사의 고통으로 일어나는, 고뇌, 우울, 근심 속에서 무명의 어두운 막에 싸여 있는 중생들을 애욕과 증오, 어리석음으로부터 해탈시키기 위해서이며, 최고의 바른 깨달음으로 이끌기 위해서이다. 여래께서는 고뇌와 불안의 불길에 타고 있는 낡은 집과 같은 삼계 속에 출현해서 다음과 같이 보신다.

'사람들은 생로병사와 비탄, 고뇌, 우울, 근심으로 불타고 삶아지고 달구어지고 시달린다. 또 그들은 향락과 욕락 때문에 여러 가지 괴로움을 겪는다. 즉 현세에서 세속적인 것을 찾아 재물을 모으려고 하기 때문에 내세에는 지옥이나 축생, 야마(염마)의 세계에서 여러 가지 많은 괴로움을 맛볼 것이다. 비록 신이나 인간 속에 태어나더라도 빈궁하거나 싫어하는 사람을 만나거나 사랑하는 사람과 헤어지거나 하는 괴로움을 경험한다. 더욱이 그런 괴로움 덩어리 속을 윤회하면서도, 장난치고 기뻐하며 즐기고 있다.

두려워하거나 무서워하지 않고 공포에 떨지도 않으며 알아차리지도 못하고 생각해 보지도 않고 당황해하지도 않기 때문에 도망칠 궁리도 하지 않는다. 불타고 있는 집과 같은 삼계에서 즐거움을 찾아 이리저리 돌아다니며 커다란 불덩어리에 시달리면서도 그것을 괴로움이라고 느끼지 못하고 생각도 하지 않는다' 라고.

사리불이여, 여래는 다음과 같이 생각한다.

'나는 진실로 중생의 아버지이므로, 중생들을 이런 큰 괴로움으로부터 해탈시키지 않으면 안 되겠다. 그리고 중생들이 즐겁게 놀고 장난할 수 있도록 그들이 헤아릴 수 없고 알 수 없는 부처님의 지혜로 신기한 즐거움을 그들에게 주지 않으면 안 되겠다' 라고.

사리불이여, 그래서 여래는 이렇게 생각한다.

'나에게 지혜의 힘과 신통력이 있다고 해서 적절한 방법을 쓰지 않고 중생들에게 여래의 지혜의 힘과 네 가지 두려움 없는 자신을 가르친다 해도 그들이 윤회로부터 벗어날 수는 없을 것이다.

왜냐하면 중생들은 오욕의 즐거움에 집착하고 삼계의 환락에 집착해서 생로병사, 비탄, 괴로움, 우울, 근심으로부터 해탈하지 못하고, 그것으로 불타고 삶아지고 달구어지고 시달리고 있기 때문이다. 괴로움의 불꽃에 싸여 있는 낡은 집과 같은 삼계로부터 벗어나지 못하는데, 어떻게 부처님의 지혜를 누릴 수가 있겠는가' 라고.

사리불이여, 팔 힘이 센 그 가장(家長)이 그 힘을 쓰지 않고 절묘한 방편으로 아이들을 불타고 있는 집에서 도망치게 한 뒤 크고 훌륭한 탈것을 주는 것처럼, 바른 깨달음을 얻은 여래는 여래의 지혜의 힘과 두려움 없는 자신을 갖추고 계시지만 여래의 지혜의 힘을 쓰지 않으시고 절묘한 방편을 사용하여 불길에 싸인 낡은 집과 같은 삼계로부터 중생을 벗어나게 하기 위해 지혜로 세 가지 탈것을 보이신다. 즉 성문을 위한 탈것과 독각을 위한 탈것과 보살을 위한 탈것, 이 세 가지 탈것으로 중생들에게 의욕이 생기게 하시며 다음과 같이 말씀하신다.

'그대들은 불타고 있는 집과 같은 삼계 속에서 천한 모양과 소리, 향기, 맛, 접촉에 기쁨을 느껴서는 안 된다. 이 삼계에서 즐기고 있는 그대들은 오욕의 즐거움을 동반한 애욕으로 불타고 달구어지고 시달리고 있다. 이 삼계로부터 벗어나야 한다. 그리하면 그대들은 성문을 위한 탈것, 독각을 위한 탈것, 보살을 위한 탈것의 세 가지 탈것을 얻을 것이다. 나는 그것을 보증하며 틀림없이 세 가지 탈것을 줄 것이다. 그러니 삼계로부터 벗어나도록 전심으로 노력하여라' 라고.

또 나는 이런 말로 의욕이 생기게 한다.

第三章 _ 譬喩品

 '아아, 중생들이여, 훌륭한 탈것은 성자들의 찬탄과 위대한 즐거움을 갖추었다. 그대들은 그 탈것으로 온갖 놀이를 하고 기뻐하며 즐길 수 있다. 다섯 가지 감각기관(五根)과 다섯 가지 능력, 일곱 가지 깨달음을 돕는 부분과 네 가지 선정, 여덟 가지 해탈과 삼매로써 큰 기쁨을 체험할 것이고 또 큰 안락과 기쁨을 누리는 자가 될 것이다' 라고.

 사리불이여, 그 경우 현명한 중생들은 세간의 아버지인 여래를 믿는다. 그리고 여래의 가르침에 전심 노력한다. 그중 가르침을 듣고 그것을 따르려고 하는 중생들은 자신의 완전한 열반을 위해 네 가지 성스러운 진리를 깨달으려고 여래의 가르침에 전심한다.

 그들은 삼계로부터 벗어나기 위하여 성문의 탈것을 구한다. 그것은 마치 사슴수레를 원하는 아이들이 불타고 있는 집에서 뛰쳐나오는 것과 같다. 또 스승 없이 얻은 지혜와 선정에 의한 조용함을 구하는 중생들은 자신의 완전한 열반을 위한 인연의 도리를 깨달으려고 여래의 가르침에 전심한다. 그들은 삼계로부터 벗어나기 위하여 독각의 탈것을 구한다. 그것은 마치 양수레를 원하는 아이들이 불타고 있는 집에서 뛰쳐나오는 것과 같다.

 또 일체지자의 지혜, 부처님의 지혜, 저절로 생기는 지혜, 스승 없이 얻는 지혜를 구하는 중생들은 세간을 자비로이 여겨 천신과 인간 등 대중의 이익과 행복을 바라며, 또 모든 중생을 완전한 열반에 들어가게 하려고 여래의 지혜의 힘과 두려움 없는 자신의 열복덕을 깨달으려고 여래의 가르침에 전심한다. 그들은 삼계로부터 벗어나기 위하여 큰 탈것(大乘)을 구한다. 그렇기 때문에 보살대사(菩薩大士)라고 불린다. 그것은 마치 소수레를 원하는 아이들이 불타고 있는 집에서 뛰쳐나오는 것과 같다.

사리불이여, 아이들이 불타고 있는 집에서 무사히 뛰쳐나오는 것을 보고는 더 이상 걱정하지 않고 자신의 부유함에 맞게 아이들에게 한 가지 훌륭한 탈것을 주는 가장처럼 여래께서도 마찬가지이시다. 즉 수많은 중생들이 삼계로부터 벗어나고 괴로움과 두려움과 재앙으로부터 벗어나 여래의 가르침이라는 문을 통하여 밖으로 뛰어 나가 열반의 평온에 이르는 것을 보신다.

그리고 사리불이여, 그때 여래는 스스로의 위대한 지혜의 힘과 두려움 없는 자신의 복덕이 풍부한 것을 아시고 또 그들 모두가 자기 아들이라는 생각에서, 오직 부처님의 탈것으로 그들 모두를 완전한 열반에 들어가게 하신다. 그러나 중생 한 사람 한 사람에게 개별적인 완전한 열반이 있다고 설하는 것이 아니라 일체중생을 모두 여래와 같은 열반, 즉 위대한 완전힌 열반(般涅槃)에 의해 열반에 들어가게 하시는 것이다.

또 사리불이여, 삼계로부터 벗어나 있는 중생들에게 여래는 선정, 해탈, 삼매, 등지라는 훌륭하고 최고의 안락이며 즐겁게 놀 장난감을 주신다. 사리불이여, 그것은 마치 조금 전의 비유처럼 비록 가장은 세 가지 탈것을 말하였지만 아이들에게 다 같이 칠보와 여러 가지 장식으로 덮이고 모양이 같으며 대단히 크고 훌륭한 탈것을 주었다. 그렇다고 거짓말한 것은 아닌 것처럼 마찬가지로 사리불이여, 여래도 미리 절묘한 방편으로 세 가지 탈것을 보이셨지만 나중엔 오직 큰 탈것인 대승으로써 중생을 열반에 들게 했다고 하여 거짓말쟁이는 아니다.

사리불이여, 왜냐하면 여래는 풍부한 지혜의 힘과 두려움 없는 자신의 보고(寶庫)를 가지고 계시며, 모든 중생에게 일체지자의 지혜로 가르침을 설하실 수 있기 때문이다. 사리불이여, 이런 이유에서 여래는 절묘한 방편과 지혜로써 오직 하나인 대승을 설하신다는 것을 알아야 한다."

세존께서는 그때 다음과 같이 게송을 설하셨다.

예를 들면 어떤 사람이
오래 되어 낡은 큰 집을 가지고 있다고 하자.
그 집은 현관도 부서지고
기둥도 밑동이 썩어 있다.

창이나 누각은 여기저기 부서지고
외벽도 담장도 칠이 벗겨지고
서까래도 오래되어 무너질 것 같으며
초가지붕은 모두 낡아서 벗겨져 있다.
적어도 5백 명의 사람이 사는 그곳은
배설물로 가득 찬 악취 나는 작은 방이 많이 있다.

집 주위는 전부 부서지고
벽도 담도 무너져 있다.
그곳에는 수많은 독수리가 살며
비둘기와 올빼미를 비롯한 다른 새들도 있다.

그곳은 황폐해서 맹독을 지닌
무서운 독사가 여기저기 우글대며
여러 종류의 전갈과 쥐가 있는 등
위험한 생물이 살기도 한다.

여기저기 인간 이외의 생물이 있고
집은 똥과 오줌으로 폐허와 다름없으며
구더기와 곤충이 우글우글하며
개와 여우 짖는 소리가 들린다.

그곳에는 무서운 늑대가 있어서
인간의 시체를 먹고 있다.
또 늑대들이 먹다가 남기기를 기다리는
많은 개와 여우가 살고 있다.

무력한 개와 여우들은 언제나 굶주려서
여기저기서 서로 물어뜯으면서

第三章_譬喻品

으르렁대며 싸우고 있다.
그 집은 이처럼 너무나 무서운 곳이다.

또 아주 난폭한 야차들이
인간의 시체를 뜯어먹으며 살고 있다.
그곳에는 여기저기 지네와 독사, 맹수가 살고 있다.
그들은 여기저기 둥지를 만들어 새끼를 낳고 있으나
낳은 새끼를 끊임없이 야차들이 먹어버린다.

난폭한 야차들은
배부를 때까지 다른 생물을 잡아먹는데
배가 부르면 격렬한 싸움을 시작한다.

부서진 집 안의 구석에는
1비타스티*와 1하스타**, 2하스타 크기의
두렵고 포악한 악귀인 쿰반다가 살며
근처를 어슬렁대고 있다.

---

*주) '비타스티(vitasti)'는 길이의 단위. 손바닥을 폈을 때, 엄지손가락과 새끼손가락 끝 사이의 길이 혹은 손목과 손가락 끝 사이의 거리를 말한다. 아주 짧은 거리를 말한다.
**주) '하스타(hasta)'는 길이의 단위. 팔꿈치로부터 가운뎃손가락 끝까지의 거리를 말한다. 아주 짧은 거리를 말한다.

그들은 그곳에서 개를 잡아
발을 위로하여 목을 졸라 겁을 주거나
괴롭히며 즐기고 있다.

또 나체이며 몸이 검고 키가 크고
여윈 아귀들이 살고 있다.
그들은 배가 고파 먹을 것을 찾아
여기저기서 비명을 지르며 울부짖는다.

어떤 것은 바늘 끝처럼 뾰족한 입을 하고
어떤 것은 소머리를 하고 있고
몸집이 인간만한 것이 있는가 하면
개만한 것도 있다.
먹을 것을 구하느라 애태우면서
머리털을 뒤헝클어뜨린 채 울고 있다.

또 그곳에는 야차와 아귀
흡혈귀와 매가 먹이를 찾아
창이나 문틈으로 줄곧 사방을 살피고 있다.

그 집은 이렇게 무서운 곳이라고 하자.
크고 높지만 허름하고 오래되어서 낡았다.

第三章 _ 譬喻品

어떤 사람이 그 집을 소유했다고 하자.

그 사람이 집 밖에 나와 있을 때
갑자기 불이 나 사방으로부터
수천의 불길에 싸여 타오른다고 하자.

불이 붙은 대나무와 목재
그리고 타오른 기둥과 장벽이
아주 무서운 소리를 내며
야차와 아귀들도 울부짖고 있다.

수백 마리의 매가 불길에 괴로워하고
쿰반다들은 얼굴에 화상을 입고 뛰어다니며
한편에는 수백 마리의 맹수가 불에 타
비명을 지르며 울부짖고 있다.

그곳에는 많은 흡혈귀들이 어슬렁대다
전생의 복덕이 적어서 불타는 것이다.
그들은 불타면서도 서로 이빨로 찢고
피를 흘리며 싸우고 있다.

늑대는 이미 죽었고 맹수들은 서로 잡아먹는다.

토한 것이 불에 타 불쾌한 냄새가 사방으로 퍼진다.
지네는 불에 쫓겨 구멍에서 도망친다.
쿰반다들이 그것을 잡아먹는다.

또 아귀들은 머리털에 불이 붙어
굶주림과 불길에 괴로워하며 이리저리 돌아다닌다.
이처럼 수천의 무서운 불길을 뿜고 있는 집을 보면서
이 집주인은 문 근처에 서 있었다.

그는 장난감을 가지고 정신없이 놀고 있는
자기 아들들이 아무것도 모르는 어린아이여서
놀이에 열중하고 있는 것이다.

그 말을 듣고 그는 아이들을 구출하기 위해
서둘러 그 집 안으로 들어갔다.
'철없는 나의 아이들이
모두 불에 타 죽기 전에 구해야지' 하고 생각하며.
그는 아이들에게 집이 무서운 곳이라고 알린다.

'얘들아 이곳은 아주 무서운 곳이다.
여러 가지 생물이 사는 데다 지금 불타고 있어
큰 괴로움이 끊이지 않을 것이다.

맹독을 가진 독사와 아주 난폭한 야차,
쿰반다와 아귀가 아주 많이 살고 있다.

또 늑대나 개, 여우 떼와 매가 먹이를 노리고 있다.
이처럼 많은 생물이 여기 살고 있어서
불이 나지 않더라도 아주 무서운 곳이다.
무서울 뿐만 아니라 한편에 불이 타오르고 있다'

이렇게 재촉해도 지혜 없는 아이들은 장난감 놀이에 빠져
아버지가 부르고 있는 것도 생각지 않고
무서운 동물이나 불은 생각도 않는다.

그 사람은 생각했다.
'아이들이 너무 걱정이다.
만일 나에게 아이들이 없다면 모든 것이 무슨 소용이랴.
그러니 아이들이 불에 타 죽어서야 안 되겠다' 고

그는 아이들을 구해낼 방법을 생각했다.
아이들은 장난감을 갖고 싶어하는데
이곳에는 놀이감이나 즐거움은 하나도 없다.
아이들의 마음은 이처럼 어리석다.

제3장_비유품

그는 아이들에게 말했다.
'애들아, 사슴과 양
그리고 훌륭한 소가 매인 탈것이 여럿 있다.
이 수레들은 높고 크며 장식이 되어 있다.

이 탈것들이 집 밖에 있으니 어서 나오너라.
이것들을 마음대로 가져라.
너희들을 위해 내가 만들게 한 것이니
모두 기뻐하며 함께 빨리 나오너라'

그런 탈것이 밖에 있다는 말을 듣고
아이들은 앞다투어 뛰쳐나왔다.
고난으로부터 벗어나 아무것도 없는 공터에 섰다.

그 사람은 아이들이 탈출한 것을 보고
마을 가운데에 있는 네거리로 가서
훌륭한 자리에 앉아 사람들에게 말했다.

'여러분, 나는 겨우 안심하였다.
마침내 구출한 20명의 어린 아들들은
내 사랑하는 친아들이다.
많은 생물들로 가득해서 아주 무섭고

第三章 _ 譬喻品

살기 어려운 집에 이 아이들이 있었다.

그 집이 수천의 불길에 싸여 타오르고 있을 때
그 안에서 아이들은 즐겁게 놀고 있었다.
나는 아이들을 모두 구해 냈기 때문에
지금은 안심할 수가 있다'

부친이 안심하자 아이들은 곁으로 가서 이렇게 말했다.
'아버지, 아버지께서 말씀하신 대로
세 가지 재미있는 탈것을 주세요.

집 안에서 저희들에게
세 가지 탈것을 주시겠다고 한 말씀이
거짓이 아니라면 그것을 지금 주세요'

그 사람에게는 금, 은, 보석, 진주는 물론이고
또 적지 않은 금화와 하인이 있었지만
그는 한 가지 탈것을 아이들에게 주었다.

그것은 보석으로 된 훌륭한 소수레로
손잡이가 붙어 있고 방울이 달렸으며
일산과 깃발로 장식되고

진주와 보석의 그물로 덮이고

황금꽃으로 만들어진 화환이
여기저기 달려 있고
우아한 의장이 덮였으며
희고 질 좋은 천이 깔려 있다.

또 그 수레에는 부드러운 비단이 깔리고
값이 수천만 억이나 되는
한사 모양의 코탐바카 천도 깔려 있다.

크고 힘세며 아름다운 흰 소가
이 보물과 같은 수레에 매여 있으며
소를 돌보는 많은 사람들이 딸려 있다.

그 사람은 이런 훌륭한 수레를
아이들에게 선물로 준다.
아이들은 이 선물에 만족해서
기뻐하며 사방팔방으로 뛰어다닌다.

사리불이여, 이와 마찬가지로 위대한 성인인 나는
중생들의 보호자이며 아버지이며

第三章 _ 譬喻品

모든 중생은 나의 아들이다.
그러나 어리석게도 그들은 삼계 속에서
애욕에 집착하고 있다.

삼계는 마치 불타는 그 집과 같아서
무서우며 수백 가지 괴로움으로 가득 차 있다.
그곳은 어디나 생로병사라는
수백 가지의 많은 불로 타고 있다.

또 나는 삼계로부터 해탈하여
정적의 경지에 있으며 숲 속에서 홀로 산다.
그러나 삼계는 내가 소유하는 집이며
그곳에서 불타고 있는 자들은
바로 내 아들들이다.

나야말로 그들의 의지처이다.
나는 삼계의 여러 가지 괴로움을 보였지만
그들은 모두 애욕에 집착하고 있으므로
어리석게도 내 말이 들리지 않는다.

나는 절묘한 방편으로
세 가지 탈것을 그들에게 설한다.

삼계에 많은 결점이 있음을 알고
그곳으로부터 그들을 탈출시키기 위하여
방편의 가르침을 설한다.

그들 중의 어떤 이는 나에게 의지해서
가르침을 듣는 제자 즉 성문이며
여섯 가지 신통과 세 가지의 영지(英知)와
큰 위력을 갖추었다.
또 어떤 이는 독각이며
어떤 이는 물러서지 않는 보살이다.

사리불이여, 나는 그때 아들들 모두에게
뛰어난 비유로써 오직 하나인
부처님의 탈것을 설한다.
그것을 받아 지니면
그대들은 모두 깨달은 자가 될 것이다.

부처님의 탈것은 전 세계에서 가장 훌륭한 것
아주 기쁜 것 특히 걸출한 것이다.
그것은 고귀한 모습이며
사람들이 존경해야 할 것이다.

그곳에는 수많은 힘과 선정과 해탈이 있으며
수천만 억의 많은 삼매가 있다.
부처님의 탈것은 이처럼 가장 뛰어난 것이며
그것을 타고 부처님의 제자인 보살은 언제나 즐거워한다.

그들은 이것을 타고 즐거이 놀면서
몇 날 몇 밤 몇 달 몇 계절을 보내며
또 몇 년 몇 중겁 수천만 억의 겁을 보낸다.

보물로 된 이것은 가장 훌륭한 것이다.
그것을 타고 많은 보살들과 성문은
여래의 가르침에 귀 기울이면서
즐거이 놀면서 깨달음의 자리로 향해 간다.

사리불이여, 그대는 이렇게 알아야 한다.
'시방을 널리 찾더라도
인간의 최고자인 부처님의 방편 외에
어디에도 제2의 탈것은 없다'라고.

그대들은 나의 아들이며 나는 그대들의 부친이다.
그리고 나는 그대들을 괴로움에서 벗어나게 한다.
공포에 가득 찬 삼계로부터 수많은 겁 동안

불타는 괴로움을 받는 그대들을.

이렇게 해서 나는 그때
그대들이 열반할 것이라고 설하였으나
아직 그대들은 진실로 열반하지 않았다.
이 세상에서 윤회의 괴로움으로부터
해방된 것에 지나지 않는다.
지금이야말로 부처님의 탈것을 구해야 한다.

누군가 보살이 된 자가 여기 있다면
그는 부처님인 나의 인도에 귀 기울인 자로
그 모두가 보살이다.
많은 보살을 이끄는 것
그것이 깨달은 자의 절묘한 방편이다.

여기 있는 중생들이 천하고 혐오스러운
애욕 속에서 즐거움을 찾을 때
진실을 설하시는 세간의 지도자는
이 세상에서 괴로움의 성스러운 진리〔苦諦〕를 설하신다.

또 무지해서 괴로움의 근원을 알지 못하는
어리석은 이들에 대해서는

나아가야 할 길을 보여서
애욕이 일어날 때 괴로움이 생긴다〔集諦〕고 설하신다.

언제나 어떤 것에도 집착하지 말고 애욕을 버려라.
이것이 내가 설하는 제3의 소멸〔滅諦〕의 진리이다.
잘못 없이 해탈로 이끄는 길을 수행하기 때문에
사람은 해탈자가 된다.

사리불이여, 그 경우 그들은 무엇으로부터 해탈하였는가?
진실하지 않은 것에 대한 집착으로부터 해탈하였다.
따라서 그들은 모든 의미에서 완전히 해탈한 것이 아니며
그들에게 '아직 참된 열반을 얻지 못하였다' 고
여래는 말씀하신 것이다.

가장 뛰어난 대승의 깨달음을 아직 얻지 못했으면
해탈한 것이 아니라고 한 것은 무슨 까닭인가?
나는 모든 사람들을 안락하게 하기 위하여
법왕으로서 이 세상에 태어났다.
그것이 나의 바람이다.

사리불이여, 오늘 내가 최후로 설한 것이
내 가르침의 근본이다.

천신들을 포함한 이 세간의 행복을 위해
그대는 그 가르침을 사방으로 설하여라.

그대가 설할 때 어떤 사람이
'나는 이 가르침에 기꺼이 따르겠습니다' 하거나
이 경전을 머리에 인다면
그야말로 불퇴전의 사람이라고 생각해도 좋다.

이 경전을 믿는 사람은
과거세로부터 여래를 뵙고 공양한 사람이며
또 이전에 이와 같이 훌륭한 가르침을
들은 적이 있는 사람이다.

내가 설한 이 가르침을 믿는 사람은
나나 그대를 과거세에 만난 적이 있으며
나의 모든 비구들과 모든 보살들을
만난 적이 있는 사람이다.

이 경전은 어리석은 사람을 혼란시키기도 하지만
깊은 신통과 지혜 있는 사람들을 위해 설한 것이다.
그것은 성문들이 이해할 수 있는 것도 아니며
독각들이 이해할 수 있는 것도 아니다.

사리불이여, 그대는 이 경전을 굳게 믿는다.
다른 제자들도 그러리라는 것은 말할 필요도 없다.
그들도 나를 믿으므로 이 경전에 가까이 다가올 것이며
믿음 이외에 각자에게 지혜가 있을 리가 없다.

완고한 사람들이나 교만한 사람들
바른 수행을 하지 않는 사람들에게 설해서는 안 된다.
닦음이 없는 어리석은 자들은
언제나 애욕에 빠져 무지하므로
설해진 가르침을 나쁘게 말할 것이다.

부처님의 인도로 언제나 세상에 세워져 있는
나의 절묘한 방편을 비방하고 눈살을 찌푸리고
훌륭한 탈것을 버리고 가는 그런 사람이
이 세상에서 받는 과보가 얼마나 분명한지 그대는 들으라.

내가 아직 이 세상에 있을 때든
완전한 열반에 든 뒤든 이 경을 비방하고
비구들에게 가혹한 행동을 한 자는
어떤 과보를 받는지 지금 내가 말하겠다.

이러한 어리석은 자들은 인간으로서의 생이 끝난 뒤

1겁 동안 아비지옥에 산다.
그 뒤 많은 겁 동안 그들은 몇 번이나 죽고
다시 그곳에 떨어질 것이다.

죽어 지옥의 생이 끝난 뒤에도
다시 축생으로 태어나 방황하고
아주 허약한 개나 늑대가 되어
다른 것들의 장난감이 된다.

그런 뒤 그들은
내가 최고의 깨달음을 얻은 것을 증오하고
검은 반점과 종양이 나 있고
뒤틀린 검은 몸에 털은 없으며 힘도 전혀 없다.

그들은 생명 있는 것들 사이에서 언제나 미움받으며
흙덩이 세례를 받거나 매 맞아 흐느껴 울며
여기저기서 막대기로 위협당하고
기갈에 고통받고 몸은 아주 초라해져 간다.

부처님 가르침을 비방한 어리석은 자들은
다시 낙타가 되거나 노새가 되어
무거운 짐을 운반하면서

채찍이나 막대기로 매를 맞으며
먹이 걱정으로 괴로워한다.

또 어리석은 자들은
애꾸눈과 절름발이인 추한 여우가 되어
마을의 어린아이들로부터
흙덩이 세례를 받거나 매를 맞는다.

어리석은 자가 죽은 뒤 다시 태어나면
그는 50요자나나 되는
우둔하고 바보 같은 긴 생물이 되어
그냥 몸부림칠 뿐이다.

그들은 이 경전을 비방했기 때문에
발 없이 가슴으로 기는 생물이 되어
수많은 생물에게 잡아먹히는
아주 심한 고통을 받는다.

나의 이 경전에 믿음을 일으키지 않는 그들은
비록 인간의 몸을 얻어도
손발이 마비되거나 절름발이, 곱사거나 애꾸눈
우둔하거나 비천한 몸으로 출생하게 된다.

제3장_비유품

부처님의 깨달음을 믿지 않는 그들은
세간에서 신용받지 못하고
그들의 입에서는 악취가 나며
몸에는 야차나 악귀가 붙어 있다.

언제나 가난하고 허약하며
남의 하인이 되어 잔심부름으로 혹사당한다.
병에 걸리는 등 고통도 많으며
의지할 곳 없이 세상을 살아간다.

그들이 섬기는 사람은
그들에게 많은 것을 주려고 하지 않는다.
또 받은 것도 얼른 없어진다.
악행의 결과는 이와 같다.

그들이 병에 걸렸을 때
훌륭한 의사가 만든 적절한 약을 먹었더라도
그들의 병은 더욱 악화되고
결코 병이 낫는 일은 없다.

다른 사람이 물건을 훔치거나
폭력을 쓰거나 싸움을 하거나

재산을 약탈하거나 할 경우에도
그 행위의 결과가 그들에게 돌아온다.

부처님의 가르침을 비방했기 때문에
그들은 세간의 보호자이며
지상에서 가르침을 설하는 부처님을
결코 만나지 못하며
부처님의 설법이 들리지 않는
여덟 가지 불행한 세계에 산다.

어리석은 그들은 귀머거리이고
사려 없는 자여서
가르침을 들을 수가 없다.
이와 같이 깨달음을 비방하는 자에게는
언제까지라도 해탈의 적정은 없다.

또 갠지스 강의 모래알처럼 수많은 겁 동안
그들은 우둔한 존재로 손발도 불완전하다.
경전을 비방한 결과로 이런 재앙을 만난다.

그들에게는 유원지가 그대로 지옥이며
집은 악취(惡趣)의 세계와 같다.

그곳에 살고 있는 그들은
노새와 산돼지, 여우, 개가 언제나 따라다닌다.

비록 인간의 몸을 얻었다 하더라도
장님이나 귀머거리나 우둔한 자가 되어
늘 가난하며 남의 하인이 된다.
그때 여러 가지 악업의 과보로써 장식된다.

그의 몸에는 여러 가지 병이 따라다니며
신체에는 수많은 나유타의 상처가 있다.
습진이나 옴에 걸리고 부스럼이 생기며
부스럼과 나병이 생기고 악취를 뿜는다.

그는 몸이 영원하다는 잘못된 생각에 빠져 있으며
그의 분노는 부풀고 탐욕은 격렬히다.
이처럼 삼독번뇌에 짓눌린 그는
축생으로 태어나는 것을 언제나 즐기고 있다.

사리불이여,
이 경전을 비방하는 자가 받을 과보에 대해
내가 지금 하는 말은 1겁이 걸린다 해도
다 설명할 수가 없을 것이다.

사리불이여,
그 사실을 알고 있으므로 나는 그대에게 말한다.
그대는 이와 같은 경전을
어리석은 사람들 앞에서는
결코 설해서는 안 된다.

그러나 이 세상에서 가장 현명하고
많은 것을 배우고 사려와 지식을 갖추고
최고의 뛰어난 깨달음을 향하여
나아가고 있는 사람들에게는
최고의 진리를 설하여라.

그들은 과거세에 수많은 부처님을 뵌 사람들,
또한 헤아릴 수 없는 선근을 쌓은 사람들,
또 부처님의 길로 향하려는 의욕이 굳은 사람들,
그런 사람들에게 그대는 최고의 진리를 설하여라.

언제나 정진노력하고 자비심이 있으며
몸도 생명도 버리고
오랫동안 자비를 실천하는 사람들 앞에서
그대는 이 경전을 설하여라.

서로를 이해하고 서로를 존경하고
어리석은 자들과는 어울리지 않으며
산속 동굴에서 사는 데 만족하는 그런 사람들에게
그대는 이 훌륭한 경전을 설하여라.

착한 친구를 사귀며 악한 친구를 피하는 사람들
그런 부처님의 아들들을 만나면
그대는 이 경전을 설하여라.

계를 지키는 데 부족함이 없고
마니구슬처럼 청정하며
대승의 광대한 경전을 받아 지니는 사람들
이런 부처님의 아들들을 만나면
그대는 이 경전을 설하여라.

화내는 일 없이 언제나 솔직하고
모든 중생에게 연민의 마음을 지니며
여래를 존경하는 사람들 앞에서
그대는 이 경전을 설하여라.

많은 대중들 앞에서 막힘 없이 법을 설하며
마음을 바르게 집중해서 수많은 비유로

설법하는 이런 사람에게
그대는 이 경전을 설하여라.

일체지자(부처님)의 존재를 널리 구하면서
합장하고 이마를 숙여 예배하는 자
또 법을 잘 설하는 비구를 찾아서
시방을 널리 편력하는 자

또 광대한 대승의 경전을 받아 지녀서
결코 다른 가르침에 기뻐하지 않고
다른 가르침은 결코 한 구절도 받아들이지 않는
그런 사람에게 그대는 뛰어난 경전을 설하여라.

어떤 사람이 여래의 사리를 찾아
그것을 받아 지니는 것처럼
이 경전을 구하고 머리에 이며 받아 지니는 사람,

그런 사람은 다른 경전을 생각하지 않고
어리석은 자에게 어울리는 외도의 가르침이나
다른 논서에 대해서도 생각하는 일이 없다.
어리석은 자들을 피해 이런 사람에게
그대는 이 경전을 설하여라.

사리불이여, 이와 마찬가지로
최고의 훌륭한 깨달음을 향하여 나아가고 있는
수많은 사람들에게
나는 1겁을 채울 정도로 설할 수가 있다.
그런 사람들 앞에서 그대는
이 경전을 설하는 것이 좋다.

비유품의 구성

1. 사리불이 깨달음을 얻다

2. 사리불이 게송으로 말하다

3. 부처님께서 사리불에게 수기(授記)를 내리시다
과거의 인연을 밝히다/화광여래라 하는 이유/부처님이 게송으로 밝히시다/
사부대중이 기뻐서 공양 올리다/천신들이 환희하여 노래하다

4. 사리불이 방편과 진실의 법을 청하다

5. 삼계화택(三界火宅)의 비유

6. 비유로 법을 밝히시다

7. 게송으로 다시 밝히시다
비유를 들다/비유로 법을 밝히다

8. 경전을 믿고 널리 전하기를 권하다
함부로 설하지 말라/경을 들을 수 없는 근기/경을 들을 수 있는 근기

비유품입니다.

집을 이루기는 마치 바늘로 흙을 퍼 올리듯이 어렵지만〔成家猶如針挑土〕 집안을 망치기는 마치 큰물이 모래 휩쓸고 가듯이 쉬운 일이다〔敗家好似水推沙〕

위의 시는 옛글에 나오는 것으로, 부자 되기의 어려움을 바늘로 흙을 퍼 올리는 것에, 일순간에 망하기 쉬움을 (홍수의) 큰물에 모래가 휩쓸려 가는 것에 비유합니다. 잘사는 것이 얼마나 어렵고 망하는 것이 얼마나 허망한지 가장 흔한 예를 들어서 쉽게 공감을 이끌어냅니다. 이처럼 비유는 복잡하게 설명할 필요 없이 생활 주변에서 보고 느끼는 것들을 논리의 보조수단으로 삼아 전하고자 하는 뜻을 명쾌하게 전달하는 힘이 있음을 옛사람의 글을 인용하여 설명의 도구로 삼아보았습니다.

비유(譬喩)의 사전적 의미는 어떤 현상이나 사물을 직접 설명하지 않고 다른 비슷한 현상이나 사물에 빗대어 설명하는 것입니다. 이 비유를 효과적으로 잘 쓰면 상대를 이해시키고 설득하는 데 굉장히 좋은 무기가 됩니다. 물론 비유를 잘하기 위해서는 지혜가 있어야 합니다. 지혜를 통해 상대의 근기를 바로알고 그에 어울리는 설명을 합니다. 어떤 의도를 가지고 말하는 경우에 말이 가지는 설득의 힘은 결코 작지 않습니다.

인도철학에서 비유적 개념이나 비유 자체는 필수적 요소로 중시되어 왔습니다. 불교를 포함한 인도철학은 해탈이나 삼매처럼 언어로는 명확하게 묘사할 수 없는 형이상학적 개념들이 많습니다. 따라서 비유는 교리나 철학이 지향하는 궁극적인 세계를 설명하기 위하여 중요한 비중을 차지합니다. 서양의 논리학과 달리 추리의 타당성을 예증하는 '실례'를 논증의 도구로 삼았던 것은, 무엇보다 일반 대중을 교화하기 위한 효과적인 방법이기도 했습니다.

비유는 추상적인 의미를 구체적인 물증과 사건으로 전환하여 전달하기 위한 방편입니다. 특히 부처님은 풍부한 비유설법으로 교화했는데, 가장 대표적인 경전이 《법화경》입니다. 이처럼 다양한 비유의 교설을 이해하는 데 있어 유념할 것은 비유는 어디까지나 논증을 위한 '실례'의 차용이기 때문에, 비유와 연관하여 본뜻을 유추하는 노력을 하지 않는다면 비유는 별 의미를 갖지 못합니다.

법화경에 쓰인 비유

《법화경》에는 스물다섯 가지의 비유가 사용된 것으로 알려져 있지만, 중심사상과 연관하여 쓰인 비유는 일곱 가지입니다. 이를 '법화칠유(法華七喩)'라 합니다. 이 법화칠유는 인도불교사의 가장 뛰어난 논사인 세친보살이《법화경론》에서 일곱 가지 비유를《법화경》의 대표적인 것으로 정리한 데서 기인합니다. 《법화경》의 범어본에는 있으나 《묘법연화경》에는 없는 비유 하나를 추가하여 '법화팔유(法華八喩)'라고도 합니다. 일곱 가지 비유에 덧붙여진 하나는 '맹인의 비유'입니다. 이 비유는 '초목의 비유' 다음에 나옵니다. 여덟 가지 비유는 다음과 같습니다.

첫 번째는 〈비유품〉의 '화택비유(火宅譬喩: 불난 집의 비유)'입니다. 집에 불이 났건만 그것을 모르고 철없이 노는 아이들을 보고, 아버지가 양수레〔羊車〕, 사슴수레〔鹿車〕, 소수레〔牛車〕가 문밖에 있다고 방편을 써서 달래어 화택에서 아이들을 구해내는 이야기인데, 그 소리를 듣고 아이들이 문밖으로 나와 보니 세 수레는 간 곳 없고 그 대신 큰 흰 소가 끄는 수레〔大白牛車〕가 있었습니다. 아이들은 중생이고 아버지는 부처님입니다. 부처님이 방편으로 성문 · 연각 · 보살의 삼승을 전부 다 모아 성불이라는 일불승으로 나아가게 한다는 비유입니다.

두 번째는 〈방편품〉의 '궁자비유(窮子譬喩: 부호의 가난한 아들 비유)입니다. 집을 나와 곤궁하게 걸식하며 헤매는 것을 아버지가 알아보았습니다. 그러나 궁자는 그것을 모른 채 자신이 본래 가난하게 태어난 것으로 믿고 받아들이려하지 않았습니다. 이에 아버지가 점차 일을 맡기면서 신뢰를 쌓은 후 마침내 자신이 주인의 아들이었음을 알고 아버지의 전 재산을 물려받는다는 비유입니다. 낮은 수준에서부터 수행을 쌓아가면서 지견(知見)이 열려 마침내 부처님의 온전한 지혜와 덕을 모두 이어받아 마침내 성불한다는 《법화경》의 생명을 가르치는 비유입니다.

세 번째는 〈약초유품〉의 '약초비유(藥草譬喩: 초목의 비유)' 입니다. 한 구름에서 내리는 비는 고루 넓게 사방의 어디에나 내리지만 비를 맞는 숲 속의 풀과 나무들은 각각의 성품에 따라서 받아들이는 게 달라 크고 작게 자란다는 것입니다. 이와 마찬가지로 부처님의 한량없는 법은 일미평등(一味平等)인데, 중생들의 성품에 따라 받아들이는 것이 각각 다르다는 비유입니다. 각각의 풀과 나무들이 자라는 것처럼 세간 중생들이 점차로 수행하여 보살도를 행하여 성불한다는 비유입니다.

네 번째는 〈화성유품〉의 '화성비유(化城譬喩: 신통력으로 만든 성에 대한 비유)'입니다. 지혜가 열린 한 도사가 먼 길을 가느라 극도로 피곤한 대중에게 길 도중에 하나의 성을 변화시켜 그 안에 들어가게 하여 피로를 풀게 한 후에 다시 성을 없애고 진실을 설한다는 비유입니다. 이것은 중생을 교화할 때에 그들이 좋아할 만한 것을 베풀어 보살도에 물러서지 않고 궁극의 일승에 이르게 하기 위함입니다.

다섯 번째는 〈오백제자수기품〉의 '의주비유(衣珠譬喩: 옷 속 보석의 비유)'입니다. 어떤 사람이 친구를 찾아가 술을 마시고 취하여 잠에 떨어져 있는 것을 보고 불쌍하게 여겨 귀한 구슬을 그 사람의 옷 안쪽에 넣어 주었습니다. 그러나 그 사람은 구슬이 있는 줄도 모르고 다른 나라에 가서 말로 다 할 수 없는 고생을 했습니다. 그 후 만난 친구는 그 사람에게 옷 속의 구슬을 꺼내 보이며 구슬이 있는 것을 몰랐냐며 가르쳐 주는 내용입니다.

여섯 번째는 〈안락행품〉의 '계주비유(髻珠譬喩: 상투 보석의 비유)'입니다. 전쟁에 나가 공을 세웠을 때 그 부하에게 땅이나 보물은 줄지언정 전륜왕(轉輪王)의 상투 속에 있는 구슬은 아무에게나 주지 않는 법입니다. 왜냐하면 그 구슬은 하나뿐이기 때문에 권속(眷屬)이 크게 놀라기 때문입니다. 마찬가지로 부처님이 중생들로 하여금 멸도(滅度)케 하여 열반에는 이르게 하였지만 이《법화경》을 설하지는 않았습니다. 여래의 으뜸가는 법인《법화경》을 이제야 설해주는 것은 왕이 자신의 상투 속에 있는 구슬을 내어주는 것과 같다는 비유입니다.

일곱 번째는 〈여래수량품〉의 '의자비유(醫子譬喩: 의사 아들의 비유)'입니다. 의사인 아버지가 집에 없을 때 아이들이 독을 마셔 고통스러워 하였습니다. 아버지가 집에 와서는 그 모습을 보고 해독제를 주었으나 정신을 잃은 아이들은 그 약을 먹지 않았습니다. 보다 못한 아버지가 먼 나라로 떠나면서 사람을 시켜 아버지가 죽었다는 소식을 전하도록 합니다. 그 소식을 들은 아이들이 정신을 차려 해독제를 먹고 완쾌되었습니다. 이처럼 부처님도 우리에게 깨달음에 이르게 하는 방편을 항상 열어놓고 있다는 비유입니다.

여덟 번째는 '맹인비유(盲人譬喩: 맹인의 비유)' 입니다. 선천적인 맹인이 약초로 시력을 얻고 나서 점차 이전의 무지를 각성하여 진실한 여래의 지혜를 얻는다는 비유입니다.

이 외에 〈법사품〉에 '착정비유(鑿井譬喩)'가 있습니다. 우물을 팔 때 깊이에 따라 마른 흙에서 차츰 젖은 흙으로, 다시 물기가 많은 흙이 나오는 것을 보면 물이 가깝다는 것을 알게 되어 결국 물을 찾아낸다는 이야기입니다. 이처럼 점차 일승에 이르는 단계의 비유입니다.

또 〈종지용출품〉의 '부소비유(父少譬喩)'가 있습니다. 부처님이 성도하고 교화한지 40여 년 밖에 안 됐는데, 땅에서 수많은 보살들이 솟아오르는 것을 보고 '언제 이렇게나 많은 보살들을 교화하였느냐'는 감탄을 하게 되는데, 젊은 아버지에 늙은 아들이라면 믿지 않는 것처럼 이 경의 가르침이 몹시 심오함을 말한 것입니다.

※ 비유품의 주요 내용

사리불이여, 예를 들어 고을이든 마을이든, 도시든 시골이든, 시골의

第三章 _ 譬喻品

어느 지방이든 서울이든 어디라도 좋다. 그곳에 어떤 가장(家長)이 있다고 하자. 그는 나이가 들어 기력이 쇠했으며, 장자로서 고령에 이르렀으나 부유하여 재력이 있고 생활도 풍요롭다. 그의 저택은 높고 넓으나 오래 되어 낡았으며, 2백, 3백, 4백 혹은 5백이라는 많은 중생들이 살고 있다. 그 저택에는 문이 단 하나 있다. 현관은 무너졌으며 기둥은 썩었고 외벽이나 담장도 칠이 벗겨져 있는 바로 이 저택이 갑자기 큰 불덩이에 싸여 여기저기서 불꽃이 타올랐다고 하자. 또 그 사람에게는 5명이나 10명 혹은 20명의 많은 아들들이 있었다고 하자. 그리고 그 사람만이 집 밖으로 도망쳐 나왔다고 하자.

사리불이여, 그때 그 사람은 자신의 저택이 큰 불덩이에 휩싸여 타오르는 것을 보고 두려워 떨면서 어찌할 바를 모른다고 하자. 그리고 이런 생각을 한다고 하자.

'나는 이 큰 불덩이에 닿지도 않고 타지도 않게 재빨리 도망쳐 나왔지만 내 아들들은 아직 어려서 집 안에서 장난감을 가지고 각자 즐겁게 놀고만 있다. 이 집이 불타고 있는 것도 모르며 알지도 못하고 당황하지도 않고 오직 노는 데만 정신이 팔려 있다. 이 큰 불덩이에 싸여 있으면서 큰 고통이 다가오는데도 그들은 느끼지 못한다. 또 밖으로 나가야겠다는 생각도 하지 못한다' 라고.

사리불이여, 그 가장은 힘과 능력이 있는 사람이어서 다음과 같이 생각했다.

'나에게 힘과 능력이 있으니 아이들을 업어서 구출한다면 어떨까' 그러나 그는 이렇게도 생각했다.

'이 집 입구는 단 하나밖에 없고 문은 닫혀 있다. 또 아이들은 얌전치 못하여 이리저리 뛰어다녀 어떻게 하고 있는지도 모른다. 아이들이 화를 입기 전에 알리자'

이렇게 생각해서 그는 아이들에게 외쳤다.

'애들아, 이리 나오너라. 빨리 도망치거라. 지금 집이 불타고 있으니 다치기 전에 어서 나오너라'

그러나 아이들은 놀이에 빠진 나머지 밖에서 부르는 것도 모르고 놀라지도 않고 두려워하지도 않으며 아무 생각 없이 밖으로 나오려고 하지도 않았다. 집이 불타고 있는 것이 도대체 무슨 일인지 전혀 모르고 알려고도 하지 않았다. 이리저리 뛰어다니며 부친이 있는 곳을 바라볼 뿐이었다. 이것이 무지한 아이들의 모습이다.

그래서 가장은 이렇게 생각했다.

'이 집은 큰 불덩이에 휩싸여 타오르고 있다. 나와 아이들이 화재 때문에 재앙을 입어서는 안 된다. 그러니 방편을 써서 아이들을 불타는 집에서 나오게 해야겠다'

이 가장은 아이들이 전부터 무엇을 가지고 싶어하는지 알고 있었으며 성격도 잘 알았다. 아이들이 가지고 싶어하는 것은 여러 종류의 장난감—가지각색의 재미난 것으로 모두가 원하는 보기 좋고 마음에 꼭 들면서 구하기 힘든 것—이었다. 가장은 아이들의 바람을 알고 있었기 때문에 이렇게 말했다.

'애들아, 너희들이 가지고 놀기도 아주 좋고 지금껏 본 적이 없는 여러 가지 장난감—너희들이 가지고 싶어하는 보기 좋고 마음에 꼭 드는 소수레, 양수레, 사슴수레 장난감—을 전부 집 밖에 놓아두었다. 자, 얘들아, 이리 나오너라. 그러면 원하는 것은 무엇이든 다 주겠다. 이것을 가지러 빨리 나오너라'

그러자 아이들은 전부터 가지고 싶던 장난감 이름을 듣고 재미나게 놀 생각에 타오르는 집에서 재빨리 뛰쳐나왔다. '누가 제일 빨리 나가는지 보자' 하며, 서로 다투듯 재빨리 타오르는 집에서 뛰쳐나왔다.

그때 가장은 아이들이 무사히 나오는 것을 보고, 네거리의 땅 위에 주저앉아 기쁨에 젖어 안도의 숨을 쉬었다. 그때 아이들은 부친이 있는 곳으로 다가와서 이렇게 말했다.

'아버지, 소수레, 양수레, 사슴수레 같은 여러 가지 즐거운 장난감을 주세요' 라고.

사리불이여, 그래서 가장은 아이들에게 바람처럼 빠른 소수레를 주었다. 이것은 칠보로 되었고 손잡이가 있으며, 방울이 달린 그물이 드리워져 있고, 높고 크고 멋지게 진귀한 보석으로 장식되었고, 보옥의 화환이 아름답게 빛나고 화만(華鬘)으로 장식되었으며, 자리에는 천과 모포가 깔리고 양측에 옥양목과 비단으로 덮인 붉은 베개가 놓여 있는 수레였다. 또한 발이 빠른 흰 소가 끌며 많은 사람들이 딸려 있고 왕자의 표시로서 깃발이 있는 수레였다. 가장은 같은 모양과 같은 종류의 소수레를 아이들에게 하나씩 주었다.

왜냐하면 사리불이여, 그는 부유한 큰 재산가이고 많은 창고를 가지고 있으며 다음과 같이 생각하였기 때문이다.

'아이들에게 형편없는 수레를 주지는 않겠다. 이 아이들은 다 내 아들

들이고 모두 사랑스러우며 마음에 든다. 더욱이 나에게는 이런 큰 탈것
은 얼마든지 있다. 그리고 아이들을 평등하게 대해야지 불평등하게 대
해서는 안 된다. 나는 많은 보물창고가 있어 모든 사람들에게도 이런
큰 탈것을 줄 수가 있을 정도이다. 그러니 어찌 아이들에게 주지 않으
랴'라고. 아이들은 그때 큰 탈것을 타고 훌륭하다고 놀랄 것이다.
…(하략)…

'불난 집[火宅]'의 비유가 의미하는 바는 부처님께서 사리불존자에게
말씀하신 것에서 잘 드러납니다. 보조국사 지눌스님의 《수심결(修心
訣)》의 첫머리도 '화택'의 비유로 시작합니다.

여래는 큰 괴로움과 근심의 불덩어리에 타오르는 낡은 집과 같은 이 삼
계 속에 태어나신다. 그것은 생로병사의 고통으로 일어나는, 고뇌, 우
울, 근심 속에서 무명의 어두운 막에 싸여 있는 중생들을 애욕과 증오,
어리석음으로부터 해탈시키기 위해서이며, 최고의 바른 깨달음으로
이끌기 위해서이다. 여래께서는 고뇌와 불안의 불길에 타고 있는 낡은
집과 같은 삼계 속에 출현해서 다음과 같이 보신다.
'사람들은 생로병사와 비탄, 고뇌, 우울, 근심으로 불타고 삶아지고
달구어지고 시달린다. 또 그들은 향락과 욕락 때문에 여러 가지 괴로움
을 겪는다. 즉 현세에서 세속적인 것을 찾아 재물을 모으려고 하기 때
문에 내세에는 지옥이나 축생, 야마(염마)의 세계에서 여러 가지 많은
괴로움을 맛볼 것이다. 비록 신이나 인간 속에 태어나더라도 빈궁하거

나 싫어하는 사람을 만나거나 사랑하는 사람과 헤어지거나 하는 괴로움을 경험한다. 더욱이 그런 괴로움 덩어리 속을 윤회하면서도, 장난치고 기뻐하며 즐기고 있다.
두려워하거나 무서워하지 않고 공포에 떨지도 않으며 알아차리지도 못하고 생각해 보지도 않고 당황해하지도 않기 때문에 도망칠 궁리도 하지 않는다. 불타고 있는 집과 같은 삼계에서 즐거움을 찾아 이리저리 돌아다니며 커다란 불덩어리에 시달리면서도 그것을 괴로움이라고 느끼지 못하고 생각도 하지 않는다'

우리가 살아가는 세상은 번뇌롭기 짝이 없습니다. 이 괴로움이 어느 정도냐면 불난 집에 들어앉아 있는 것과 같다 했습니다. 불난 집에 있으면 정신이 나가고 잠시도 지체할 수 없습니다. 우선 몸이라도 피신할 생각을 하게 마련입니다. 세상살이의 아슬아슬한 것이 이와 같습니다. 그런데 중생들은 세상이 안락하고 즐거운 것으로 생각하고 영원히 지속될 것처럼 여깁니다. 그러나 한순간에 무너져버리고 맙니다. 그래도 마음을 닦지 않겠느냐고 보조국사께서 준엄하게 꾸짖고 계십니다.

🪷 다양한 비유의 가르침

《장자》에는 이런 이야기가 나옵니다. '송나라 사람이 장보(章甫)라는 갓을 가지고 월나라로 갔으나, 월나라 사람은 머리를 짧게 깎고 문신을 하고 있어서 갓이 소용없었다' 송나라 사람에게는 그 고장의 특산물인 '장보'라는 갓이 아주 소중합니다. 그래서 높은 가격에 팔려고 월나라로 갔는데, 그곳은 야만적이어서 갓이 필요가 없었습니다. 장자는 사는 토양과 성격에 따라 소중하게 여기는 바가 다름을 이 우화를 들어 말하고자 하였습니다.
《논어》〈자한편〉에는 다음과 같은 이야기가 나옵니다.

자공이 말했습니다.
"여기에 아름다운 옥이 있을 경우 상자에 싸서 감추시겠습니까? 좋은 값을 구하여 파시겠습니까?"
공자가 말했습니다.
"팔 것이다. 팔 것이다. 나는 좋은 값을 기다리는 사람이다."

공자는 나라를 다스리는 일에 자신이 있었습니다. 다스리는 데 일 년이면 변화가 오고 삼 년이면 세상을 바꿔놓을 수 있다고 스스로 평하기도 했지만 그에게는 그런 기회가 오지 않았습니다. 자공이 자신의 선생님께 '만약 선생님이 옥을 하나 가지고 있다면 어떻게 하겠습니까?' 라고 묻자, 공자는 '팔겠다!' 고 답했습니다.
귀중한 것은 모든 사람의 효용 가치 때문에 값이 나갑니다. 이를 굳이 가지고 썩히면 무슨 소용이 있겠습니까. 여기서 '옥' 이 화제 중심에 놓입니다. 이 옥은 과연 무엇을 말하고자 함인지 알아야 합니다. 옥은 바로 공자 자신입니다. 나라를 잘 다스릴 역량이 있으니, 만약 어디에 서건 선생님을 필요로 한다면 나설 것인지 물어본 것입니다. 당연히 공자는 가만히 있지 않겠다는 뜻을 밝힙니다. 옥이라는 비유를 통해 곤란한 질문을 우회적으로 했음을 알 수 있습니다. 만약 직접적으로 물었으면 이처럼 아름답게 다가오지 않았을 것입니다. 비유로 물었지만 직접 묻는 것보다 결례를 범하지 않고 오히려 뜻이 잘 드러날 수 있었던 이야기라 하겠습니다.

쉬운 비유에 실례를 들어 설명하는 것이 단순히 근기가 낮은 사람을 위한 데서 그치지 않고, 일승의 부처님 경지를 이해시키는 대단히 유용한 설법의 방편임을 유념하시기 바랍니다.

좋은 방편은 좋은 스승이요, 좋은 가르침입니다.

④ 신해품

4
신해품 信解品

 그때 수보리존자와 대가전연존자, 대가섭존자와 대목건련존자는 일찍이 들어본 적이 없는 이와 같은 가르침을 들었으며, 세존으로부터 사리불존자가 위없는 바른 깨달음을 얻을 것이라는 말씀을 직접 듣고 경탄하며 크게 기뻐했다. 그때 그들은 자리에서 일어나 세존이 계시는 곳으로 다가가, 한쪽 어깨를 벗고 오른쪽 무릎을 땅에 대고 합장한 뒤, 몸을 구부려 존경의 뜻을 표하고 세존을 우러러보면서 이렇게 말씀드렸다.
 "세존이시여, 저희들은 나이도 많고 늙어서 비록 비구들은 저희를 장로로 부르고 있습니다만 나이 먹은 탓에 저희는 스스로 열반에 이르렀다고 자만하였습니다. 또 세존이시여, 저희들은 게을러서 위없는 바른 깨달음을 얻고자 정진노력하지 않았습니다. 세존께서 오랫동안 자리에 앉아 설법하실 때에도, 세존의 시중을 들면 몸은 물론 손발 마디마디가 시렸습니다. 그래서 저희들은 세존께서 법을 설하셨을 때, 모든 것은 실체가 없고(空), 형상이 없으며(無相), 바람의 대상이 아닌 것(無願)을 분명히 알았으며, 부처님 특성이나 부처님 국토의 장엄이나 보살의 자유로운 신통이나 여래의 자유로운 신통에 대해서 알았으나 그렇게 되고 싶은 바람을 일으키지 못했습니다.

그것은 저희들이 나이가 많은 탓에 망령되어 삼계로부터 벗어나 열반을 얻었다고 잘못 생각하였던 것이며, 그렇기 때문에 저희들은 다른 보살들에게 최고의 바른 깨달음에 대해 가르치거나 훈계하기는 하였지만 저희들 스스로가 최고의 깨달음을 구하고자 하는 마음은 한 번도 일으키지 못했던 것이옵니다.

세존이시여, 그런 저희들이 지금 세존으로부터 친히 성문들도 위없는 깨달음을 얻을 것이라는 수기를 받으니, 경이로운 마음과 함께 드문 일이라는 생각에 큰 이익을 얻었습니다.

세존이시여, 오늘 갑자기 이전에는 듣지 못했던 이러한 여래의 말씀을 듣고, 저희들은 헤아릴 수 없는 양의 훌륭한 보물을 얻었습니다. 찾지도 바라지도 생각지도 구하지도 않은 이런 훌륭한 보물을 얻은 것이옵니다. 이것은 분명한 사실이옵니다.

세존이시여, 예를 들면 어떤 남자가 부친 곁을 떠나 집을 나갔습니다. 그는 다른 나라로 가서 그곳에서 오랜 세월을 20년, 30년, 40년, 혹은 50년을 홀로 살았습니다. 그는 어른이 되었지만 가난해서 먹을 것이나 입을 것을 구하기 위하여, 사방팔방으로 돌아다니다 어느 나라로 갔습니다. 그의 부친도 어느 나라로 갔습니다. 부친은 많은 재보와 곡물, 황금, 창고는 물론 금, 은, 주옥, 진주, 유리, 나패, 파리, 산호, 진금, 백은을 소유하였습니다. 그리고 많은 시종과 노예, 하인, 심부름꾼을 거느리며 많은 코끼리와 말, 소, 양 등을 소유한 큰 부자가 되어 사업을 하고 돈을 빌려주며 농사와 장사일로 크게 번성하였습니다.

한편 가난한 남자는 먹을 것이나 입을 옷을 구하기 위해 마을이나 성, 시골, 도시 등을 돌아다니다가 마침내 큰 재산을 갖고 있는 자신의 부친이 살고 있는 마을까지 왔습니다. 세존이시여, 그 가난한 남자의 부친은 그 마을에 살면서 50년 전에 실종된 아들을 늘 생각하고 있었습니다. 하루도 빠짐없이 아들을 생각하면서도 혼자 마음속으로 괴로워하고 있었을 뿐, 누구에게도 그 사실을 털어놓지 못했습니다. 그리고 이렇게 생각하였습니다.

'나는 이제 나이를 너무 먹었다. 비록 많은 재산과 황금이 창고에 넘칠 정도로 많지만 물려줄 아들이 없다. 아아, 만일 내가 죽는다면 이 모든 것은 흩어져 버릴 것이다. 그런 일이 생겨서는 안 된다'

그는 몇 번이나 되풀이하여 아들을 떠올리면서, '아아, 만일 내 아들이 이 산과 같은 재물을 물려받을 수 있다면 안심하고 살 수 있을 텐데' 하고 생각하였습니다.

그때 가난한 남자는 옷과 먹을 것을 구하다가 마침내 마을에 들어와 부호의 저택이 있는 곳 가까이 왔습니다. 그 가난한 남자의 부친은 자신의 저택 근처에서 많은 바라문들과 왕족, 상인, 노예의 무리에게 둘러싸여 공경받으면서, 발 디딤대가 붙어 있고 금, 은으로 장식된 사자좌에 앉아 있었습니다. 옆에서는 짐승의 꼬리털로 만든 부채로 부채질을 해 주었으며, 머리 위에는 천개(天蓋)가 드리워져 있고, 아래에는 꽃을 따서 뿌려 두었으며, 보옥의 화환이 걸려 있는 그곳에서 위엄을 갖추고 앉아 있었습니다.

세존이시여, 그 가난한 남자는 자기 부친이 많은 사람들에게 둘러싸여 위엄을 지니고 앉아 일을 보고 있는 것을 보았습니다. 그리고는 두려워 털이 곤두설 정도로 부들부들 떨면서 어쩔 줄 몰라 하며 이렇게 생각하였습니다.

'왕인지 대신인지 모를 사람을 갑자기 나는 만났다. 이곳에는 나 같은 사람이 할 일은 하나도 없을 것이다. 떠나버리자 가난한 사람들이 사는 곳이라면 먹을 것과 입을 것을 힘들이지 아니하고 얻을 수 있을 것이다. 우물쭈물하고 있어서는 안 된다. 여기 있다가는 강제로 붙잡혀 일하게 되거나, 다른 화를 입을지 모른다. 얼른 이곳을 떠나자'

그 가난한 남자는 괴로운 일만 계속 생긴다고 생각하고 두려움에 쫓겨 그곳에 머물려고 하지도 않고, 얼른 떠나려고만 하였습니다. 그런데 부호는 자택 문 근처에서 한눈에 그 남자가 자기 아들임을 알아보고 기쁨에 넘쳐 이렇게 생각하였습니다.

'이제 거대한 황금과 재물과 곡식이 창고에 넘칠 정도로 많은 재산을 물려줄 수 있게 되었으니 얼마나 기쁜 일인가. 내가 저 아이 생각을 얼마나 했던가. 저 아이는 제 발로 찾아와 주었다. 더욱이 내가 고령일 때'

세존이시여, 아들에 대한 깊은 애정으로 괴로워하고 있던 부호는, 그 즉시 발 빠른 사람을 보내 그 남자를 데려오게 하였습니다.

하인들이 달려가 그 가난한 사람을 붙잡자 그 사람은 놀라고 두려워서 큰소리로 '나는 당신들에게 아무런 나쁜 짓도 한 적이 없소'라고 울부짖었지만 하인들은 억지로 그 남자를 데리고 갔습니다. 그 가난한 남자는 두려움에 떨며 '죽거나 두들겨 맞고 싶지는 않다. 그러나 나는 이제 끝이다' 라고 생각하였습니다. 그는 정신이 아찔하여 의식을 잃고 땅에 쓰러지고 말았습니다. 그의 부친이 그 곁으로 가서 하인들에게 '일으켜 세우지는 말라' 고 하고 찬물을 뿌리게 하고 아무런 말도 하지 않았사옵니다. 왜냐하면 부호는 가난한 남자가 자신의 위세를 두려워한 나머지 무서움에 떨고 있으며, 그가 자기 아들이라는 것도 알고 있었기 때문이옵니다.

그런데 세존이시여, 그 부호는 방편이 뛰어나서, 이 사람이 내 아들이라는 것을 누구에게도 말하지 않았습니다. 또 부호는 하인을 시켜 그 가난한 사람에게 '어디든지 가고 싶은 데로 가라. 너는 자유다' 라고 말하게 하였습니다. 가난한 사람은 그 말을 듣자 기뻐하며 일어나 먹을 것과 입을 것을 구하러 가난한 사람들이 살고 있는 곳으로 갔습니다.

부호는 그 가난한 사람을 스스로 오도록 하기 위하여 절묘한 방편을 썼습니다. 얼굴이 초췌하고 옷차림이 남루한 두 사람을 고용해서 가난한 남자에게 다가가 월급을 두 배로 준다고 하고 자기 집에 데려와 일하도록 하였습니다. 만일 무슨 일을 하느냐고 묻거든 우리 두 사람과 함께 쓰레기통을 청소하는 일이라고 대답하게 하였습니다.

드디어 두 사람은 가난한 남자를 데리고 부호의 집으로 돌아와 함께 일했습니다. 이리하여 가난한 남자는 부호로부터 월급을 받고, 그 집의 쓰레기통을 청소하며, 부호의 저택 근처에 있는 작은 창고에서 살았습니다. 그 부호는 창문이나 통풍구를 통하여 쓰레기통을 청소하고 있는 아들을 보고는 기특하게 생각하였습니다.

그때 부호는 저택에서 내려와 몸에 붙이고 있던 화환과 장신구를 떼어내고 훌륭하고 깨끗한 옷 대신 더러운 옷으로 갈아입고 오른손에 바구니를 들고 진흙으로 자기 몸을 더럽힌 뒤, 천천히 가난한 남자가 있는 곳으로 다가갔습니다. 그리고는 이렇게 말했습니다.

'그대는 이 바구니를 사용하라. 머뭇거리지 말고 흙먼지를 치워라' 고.

이런 방법으로 아들과 함께 말을 나누기도 하고 같이 일하기도 하였습니다.

'여보게 이곳에서 계속 일을 하도록 하게. 특별히 급료를 올려 줄 테니까, 더 이상 다른 곳으로 가지는 말게. 혹시 돈이 필요하다면 말하게. 무엇이든 좋으니 안심하고 나에게 청구하게. 여보게, 나한테 낡은 비단이 있는데 필요하다면 주겠네. 신변잡화도 필요한 것이 있으면 무엇이든 주겠네. 나는 노인이고 그대는 젊으니 안심하고 나를 아버지처럼 생각하게. 그대는 나를 위하여 이 쓰레기통을 청소하고 있지 않은가. 그대는 여기서 일을 하면서 지금까지 남을 속이거나 비뚤어지거나 불성실하거나 교만하거나 위선적인 일을 한 적이 없었고 앞으로도 없을 것이네. 그대가 하는 모든 일

第四章_信解品

에서 나는 나쁜 점이라곤 하나도 찾아낼 수 없었다네. 다른 사람에게는 그런 결함이 있지만, 그대는 다르네. 이제부터 그대는 내 친아들과 마찬가지네' 라고 말했습니다.

세존이시여, 이렇게 부호는 자연스럽게 그에게 아들이라는 이름을 붙였습니다. 그리고 가난한 남자도 부호를 부친으로 생각하였습니다. 부호는 아들의 사랑에 목말라하면서, 이렇게 20년 동안 아들에게 쓰레기통을 청소시켰습니다. 20년이 지나자 가난한 남자는 부호의 저택을 안심하고 출입하게 되었으나, 거처는 아직도 이전의 작은 창고였습니다.

세존이시여, 그 즈음 부호는 병으로 몸져눕게 되었습니다. 그는 자기의 임종이 가까운 것을 알았습니다. 그래서 그는 가난한 남자에게 이렇게 말했습니다.

'여보게 이리 가까이 오게. 내게는 이렇게 많은 황금과 재물, 곡물, 곳간이 있지만, 중병에 걸려 있네. 이것들을 누구에게 물려주며 무엇을 보존해야 하는가에 대해 그대가 알아두었으면 좋겠네. 나는 이 재물의 소유자이지만 그대 또한 그러하며, 그대가 이 재산을 잘 보존해 주기를 바라기 때문이네'

이리하여 가난한 남자는 부호의 많은 재산을 모두 관리하게 되었습니다. 그러나 정작 그 남자는 그런 것들에 대해 아무런 욕심도 없고 조금도 갖고 싶어하지 않았습니다. 또 한줌의 밀가루조차도 받으려 하지 않았습니다. 이전의 작은 창고에 계속 머물면서 자신은 가난하다고 생각하고 있었습니다.

부호는 아들이 능력 있는 재산관리자이며 넓은 마음도 지녔으나, 가난했을 때의 비굴하며 부끄러워하고 자신을 혐오하는 성격이 남아 있는 것을 알고 임종이 가까워졌을 때 그 남자를 불러 친족들에게 소개한 뒤, 왕후와 대신 그리고 마을사람들 앞에서 다음과 같이 말했습니다.

'여러분, 제 말을 들어주십시오. 이 아이는 내 친아들입니다. 어떤 마을에서 이 아이를 잃어버린 뒤 50년이 흘러버렸습니다. 이 아이의 이름은 아무개라 하며 나도 아무개라는 이름입니다. 나는 이 아들을 찾아 저 마을에서 이 마을로 떠나왔습니다. 이 아이는 내 아들로 나는 이 아이의 아버지입니다. 내가 가진 모든 것을 이 아이에게 물려주겠습니다. 내 재산에 대해서는 무엇이든 이 아이가 알고 있습니다'

그때 그 가난한 남자는 이 말을 듣고 놀라서, '이렇듯 갑자기 많은 황금과 재물을 얻게 되었구나' 하고 생각하였습니다.

세존이시여, 바로 이 비유와 같이 저희들은 여래의 아들입니다. 또 여래께서 저희들에게 '내 아들인 그대들'이라고 하신 것은 바로 그 부호와 같사옵니다. 세존이시여, 저희들도 그 가난한 남자와 마찬가지로 세 가지 고통에 괴로워하고 있습니다. 좋아하지 않는 것으로부터 오는 괴로움〔苦苦〕, 사물이 변하는 데서 오는 괴로움〔行苦〕, 좋아하는 것을 잃게 되는 괴로움〔壞苦〕입니다. 그리고 저희들은 윤회 속에 있으면서 천한 것을 믿는 경향이 있습니다. 그렇기 때문에 세존께서는 오물에 더럽혀진 주위를 치우는 것과도 같은 차

第四章 _ 信解品

　　원의 낮은 가르침을 고찰하라고 말씀하셨습니다.
　　세존이시여, 저희들은 그 가르침에 전념해서 노력하고 애쓰면서 마치 매일 급료에만 신경 쓰는 가난한 사람처럼 열반만을 추구해 왔습니다. 저희들은 이 열반을 얻은 것에 만족하고, 여래 곁에서 가르침에 전념하며 노력하고 애썼기 때문에 많은 것을 얻었다고 생각합니다. 여래께서는 천한 것을 믿으려는 저희들을 잘 알고 계시옵니다. 그래서 저희들을 내버려두시고 간섭하지도 않으시며, '여래의 지혜의 곳간이 그대들의 것이 될 것이다' 라는 말씀도 하지 않으시옵니다. 또 세존께서는 뛰어난 방편으로 저희들에게 여래의 지혜를 상속할 수 있게 하셨사옵니다만, 저희들은 미처 생각이 모자라 마치 매일 임금을 받는 것처럼, '여래로부터 친히 열반을 얻는 것이야말로 소중한 것이다' 라고 생각하고 있사옵니다.
　　그런데 세존이시여, 그런 저희들이 위대한 보살들에게 여래의 지견에 대해 고상한 설법을 하고, 여래의 지혜를 드러내 보이며 밝히기도 하지만, 그럼에도 불구하고 저희들에게는 여래의 지혜를 얻으려는 욕망이 없었사옵니다.
　　왜냐하면 여래께서는 천한 것을 바라는 저희들의 성향을 잘 알고 계시기 때문에 방편으로 소승을 설하셨습니다. 세존께서 마치 친아들에게 하시는 것처럼, 저희들에게 방편으로 소승을 설하신 것도 알지 못했고 또 알려고 노력하지도 않았사옵니다.
　　세존께서는 저희들이 여래의 지혜를 상속할 사람임을 생각해 내도록 하셨습니다. 그것은 물론 저희들에게 여래의 친아들이라고 말씀하셨음에도 불구하고, 저희들이 천한 것을 바라고 있기 때문이었습니다. 만일 저희들에게 뛰어난 대승의 힘이 있었다면 세존께서는 보살이라는 이름을 주시고 대승의 법을 설하여 주셨을 것입니다.

세존께서는 저희들에게 두 가지 모습을 보이셨습니다. 하나는 일찍이 보살들 앞에서 저희들을 열등한 것을 바라는 사람들이라고 말씀하셨으며, 또 한편으로는 광대한 부처님의 깨달음을 향하여 가도록 격려해주신 것이옵니다.

그런데 지금 이 경 속에서 세존께서는 저희들에게 보살과 같이 대승을 바라고 믿는 힘이 있다는 것을 인정하셨으며, 또 일승의 법이 있을 뿐이라고 설하셨사옵니다. 이런 까닭에 여래의 지혜를 얻으려는 욕망이 없던 저희들이, 지금까지 구하지도 찾지도 생각지도 못했던 일체지자라는 보물을, 바로 여래의 아들인 보살들이 얻는 것처럼 갑자기 얻었다고 말씀드리는 것이옵니다."

그때 가섭존사는 다음과 같이 게송을 읊었다.

말씀을 듣고 우리는 경이로움과
일찍이 느끼지 못했던 큰 기쁨을 얻었다.
오늘 우리는 이와 같이 뜻밖에
인도자이신 부처님의 속 시원한 말씀을 들었다.

오늘 우리는 아주 훌륭한 많은 보물을 한순간에 얻었다.

第四章 _ 信解品

그것은 지금까지 결코 생각해보지도
구하지도 않았던 것이어서
그 말씀을 듣고 모두 경이로움을 느꼈다.

비유해서 말하면
우리는 마치 어떤 어리석은 사람이
다른 어리석은 사람들의 꾐에 빠진 것과 같다.
그는 부친 곁을 떠나 아주 먼 곳을 유랑한다고 하자.

그때 그 부친은 자기 아들이 달아나 버린 것을 알고
너무 슬퍼한 나머지 50년 동안이나
사방으로 아들을 찾아 돌아다녔다.

그는 아들을 찾아다니다
어떤 큰 마을의 저택에 정주하며
오욕의 즐거움을 누린다.

그에게는 많은 황금과 곡식과 재보
나패, 유리, 산호가 있으며
또 코끼리, 시종 그리고 소, 양도 있다.

그는 사업을 하며 금리를 모으고

많은 토지와 하인, 하녀, 심부름꾼들을 거느리며
수많은 사람들로부터 존경을 받으며
언제나 왕후의 친한 상대이기도 했다.

이웃사람들도 마을사람들도 그에게 합장하며
많은 상인들이 그의 주위에 모여서
여러 가지 일을 하며 그의 장사를 돕고 있다.

그는 이처럼 위세를 갖춘 사람이지만
해가 갈수록 나이를 먹어 노인이 되자
언제나 아들 걱정을 하면서 밤낮을 보냈다.
그 사람은 이렇게 걱정할 것이다.

'내 아들은 어리석어서 지금까지
50년 농안이나 방황하고 있다.
나에게 이런 막대한 재물이 있고
더구나 내 임종이 가까워오는데도'

그 즈음 어리석은 그의 아들은
언제나 가난과 비참함 속에서
이 마을 저 마을로 떠돌아다니며
먹을 것이나 입을 것을 찾고 있었다.

어떤 때는 조금 얻기도 했고
또 어떤 때는 아무것도 얻지 못했다.
그 어리석은 자는 남의 작은 창고에 기숙했는데
쇠약하고 말랐으며 습진과 옴으로 온몸이 엉망이었다.

그는 부친이 있는 마을에 오게 되어
먹을 것과 입을 것을 구하다가
점점 자기 부친의 저택이 있는 곳에 가까이 왔다.

큰 재산을 소유한 이 부호는
문 근처에 있는 좋은 의자에 앉아
수백 명에게 존경을 받았으며
공중에는 그를 위해 천개가 씌워져 있었다.

그의 시종으로 신임이 두터운 자들이 있었는데
어떤 이는 재물이나 황금을 세고
어떤 이는 서류를 작성하고
어떤 이는 이자를 가지고 투자하고 있다.

한편 가난한 남자는 그곳의 호화로운 저택을 보고
'이곳은 도대체 어디인가?
이 사람은 왕인가, 아니면 대신인가?'

하고 생각하였다.

'여기 있다가는 재앙이 미칠지도 모르고
붙잡혀 강제로 일하게 될지도 모르니
그 전에 피하자'고 생각한 그 남자는
가난한 사람들이 사는 곳으로 달아나려고 했다.

부호는 자기 아들을 알아보고
의자 위에서 크게 기뻐했다.
'저 가난한 남자를 데리고 오너라' 하며
심부름꾼들을 보냈다.

그들은 곧 그 남자를 데려왔는데
그 남자는 붙잡히자마자
'분명히 자객이 온 것이다.
이제 입을 것이나 먹을 것이 무슨 소용이 있으랴'
이렇게 생각하고는 실신해 버렸다.

현명한 부호는 그를 보고
'이 어리석은 아이는 지혜가 없어서 천한 것을 바라고 있다.
부귀영화가 자기 것이지만 그것을 믿지 않을 것이다.
내가 자기 부친이라는 것도 믿지 않을 것이다'라고 생각했다.

그래서 곱사, 애꾸, 절름발이,
형편없는 옷을 입은 사람, 피부색이 검은 사람,
천한 사람들을 고용해서 그 남자를 데리고 와서
그 사람들 밑에서 일하게 했다.

대소변으로 더러워지고 악취를 풍기는
쓰레기통을 청소한다면
두 배의 임금을 주겠다고 했다.

그 말을 듣고 가난한 남자는 그렇게 하기로 하고
맡은 곳을 깨끗이 청소하며
부호의 저택 근처 작은 창고에 머물렀다.

부호는 '천한 것을 바라고 있는 내 아들이
쓰레기통을 청소하고 있다' 고 생각하면서
통풍구나 높은 창에서 늘 그를 지켜보았다.

부호는 바구니를 들고
더러운 옷을 걸치고는 그 남자 곁으로 가서
'그대는 일하는 데 힘이 많이 들겠구나.
그대에게 두 배의 임금을 주겠다.
그리고 발에 바르는 기름도 두 배로 주겠다.

또 소금이 들어간 음식물과 야채며 천도 주겠다'

이렇게 말한 뒤 현명한 부호는
'그대는 이곳에서 정말 일을 잘한다.
분명히 그대는 나의 아들이다.
의심의 여지가 없다' 고 하며
부드러운 말로 그를 달랬다.

부호는 저택으로 조금씩 그를 들어오게 해서 일을 시켰다.
만 20년 동안 부호는 이렇게 서서히 자기를 신뢰할 수 있도록
그 남자를 대했다.

부호는 황금이나 진주 등을
저택에 비장하고 있었는데
모든 재산을 그 남자에게 관리시켰다.

그러나 어리석은 그 남자는
저택 밖의 작은 창고에서 혼자 살면서
'나에게는 이런 재물이 하나도 없다' 고 하며
자신이 가난하다고만 생각했다.

부호는 그의 생각을 알아차리고

第四章 _ 信解品

'내 아들이 큰 생각을 하게 되었다.
친구나 친척들을 모이게 해서
모든 재산을 그에게 물려주자' 고 생각했다.

부호는 왕과 마을사람들
그리고 많은 상인들을 초대해서
그들이 모인 가운데 이렇게 말했다.

'이 아이는 오랫동안 잃어버렸던 내 아들입니다.
만 50년 동안 찾아다녔는데
다시 만난 뒤에도 또 20년이 지났습니다.
제가 있던 어떤 마을에서 이 아이를 잃어버렸는데
이 아이를 찾아다니다가 여기까지 오게 되었습니다.

이 아이는 내 모든 것의 소유자입니다.
나는 이 아이에게 모든 것을 남김없이 물려주겠습니다.
그는 내 재산으로 사업을 할 수 있으며
이 저택에 딸려 있는 것들은 모두 그에게 줍니다' 라고.

그 남자는 과거 가난했던 때를 생각했다.
그리고 천한 것을 바라는 자신의 성격과
부친의 덕을 생각하면서

'저택에 딸려 있는 모든 것을 얻게 되었으니
얼마나 행복한가' 라고 하며
일찍이 느끼지 못했던 행복감에 빠졌다.

이처럼 인도자이신 부처님께서는
우리가 천한 것을 바라고 있음을 알고 계시므로
'그대들은 부처님이 될 것이다' 또는
'그대 성문들은 진정 내 아들이다' 라고 말씀하지 않으셨다.

세간의 보호자이신 부처님께서는
보살들을 가르치기를 원하신다.
'가섭이여, 위없는 깨달음을 향하여
길을 나서는 보살에게 그대는 최고의 길을 설하여라.
그것을 수행하면
그것이 부처님이 될 수 있는 길' 이라고 하시며.

그래서 여래께서는 우리에게
보살들이 많이 있는 곳으로 보내셨다.
우리는 수많은 비유와 인연으로
그들에게 최고의 길을 설하였다.

보살들은 우리가 하는 말을 듣고

깨달음을 얻기 위하여 최고로 좋은 길을 수행한다.
그리고 그 순간에 부처님으로부터
'그대들은 현세에서 부처님이 될 것이다' 라는
수기를 받는다.

가르침의 곳간을 지키고 보살들에게 법을 설하면서
우리는 여실한 분인 부처님을 위하여 이와 같은 일을 한다.
그것은 마치 부호의 신임이 두터웠던 가난한 남자와 같다.

우리는 부처님의 곳간을 보살들에게 나누어주지만
스스로는 가난하다고 생각하고 있다.
한편으로는 부처님의 지혜를 보살들에게 설명하지만
스스로는 부처님의 지혜를 구하려 하지 않았다.

우리는 자신의 소멸이
궁극적인 것이라고 생각하며 이에 만족했지만
그 지혜는 그 정도밖에 되지 못한 것이다.
우리는 여러 부처님의 국토가 빛난다고 듣고도
일찍이 한 번도 기뻐한 적이 없었다.

진정으로 존재(法)는 모두 공적(空寂)하며
더러움과 생멸(生滅) 모두를 벗어나 있기 때문에

여기에는 어떠한 법도 존재하지 않는다.
이와 같이 우리는 사색은 하지만
정작 그것을 믿는 기쁨이 생기지 않는다.

우리는 오랫동안 최고의 가르침인
부처님의 지혜에 대한 욕망이 조금도 없었다.
얻고 싶다는 바람이 하나도 없었다.
더욱이 세존께서
그것이 최고의 궁극적인 진리라고 말씀하셨는데도.

우리는 오랫동안 열반이 최후인
이 육체적 존재로 공성의 진리를 수행했으며
삼계의 괴로움으로부터 벗어났다.
그리고 우리는 세존의 가르침을 보살들에게 설했다.

이 세상에서 가장 뛰어난 깨달음을 향해 길을 나선
세존의 아들들에게 부처님의 가르침을 분명히 전했으며
또 그들에게 법을 설했다.
그러나 정작 그 법에 대한 욕망이
우리에게는 전혀 없었다.

그러므로 세간의 스승이신 부처님께서는

적당한 시기를 기다리시며 우리를 내버려두셨고
우리가 지향하는 것이 어떤 것인지 살펴보시면서
진실하며 깊은 뜻이 있는 말씀은 하지 않으셨다.

그것은 마치 부호의 뛰어난 방편과도 같다.
언제나 천한 것을 바라는 아들을 훈련시켜
훈련이 끝난 적당한 때에 재산을 물려준다.

그처럼 세간의 보호자이신 부처님께서는
아주 어려운 일을 하신다.
뛰어난 방편으로 설하시면서
천한 것을 바라는 아들들을 훈련시키고
그 훈련이 끝나야 부처님의 지혜를 전해 주신다.

우리는 재산을 물려받은 가난한 남자처럼
갑자기 이상한 생각이 들었다.
부처님의 가르침 밑에서 처음으로 훌륭하고
또 번뇌의 더러움이 없는 결과를 얻었으므로.

부처님의 가르침으로 오랫동안 계를 지키고
그 계를 수행한 결과로서
오늘 우리는 그 결실을 얻었다.

세존의 가르침 밑에서 우리는
가장 청정하고 순결한 생활을 해왔으며
오늘 그 훌륭한 결과를 얻었다.
적정이며, 훌륭하고 번뇌의 더러움이 없는 결과를.

우리는 지금 성문으로서 최고의 깨달음을 얻고
깨달음이라는 말이 세상에 퍼지게 함으로써
의연한 성문이 될 것이다.

신들이나 마왕, 범천을 포함한 세간으로부터
또 모든 인간으로부터 직접 공양받을 자격이 있는
참된 아라한이 될 것이다.

수많은 겁 동안 노력한다고 하더라도
누가 당신 흉내를 낼 수 있겠는가.
당신께서는 인간계에서 우리를 교화하는
참으로 어려운 일을 하셨다.

그 은혜에 대한 답례로 손과 발
또 머리를 숙여 공양하고 예배한다 해도
부처님을 기쁘게 하기는 참으로 어려운 일이다.
갠지스 강의 모래알 수와 같은 겁 동안

머리와 어깨 위에 부처님을 모시고

딱딱한 음식과 부드러운 음식, 입을 것과 마실 것,
침대와 방석을 바치고 깨끗한 옷을 드리며
전단으로 정사(精舍)를 만들게 하고
깔개를 온통 깔아서 바친다 해도

또 세존께 병을 고치는 여러 가지 약을
갠지스 강의 모래알 수 같은 겁 동안 공양한다 해도
결코 언제까지나 은혜에 보답할 수 없을 것이다.

위대한 법을 몸에 지니시고
견줄 데 없는 위력을 지니시며
대신통력과 인내력을 지니신 부처님께서는

위대한 왕이시며 청정한 승리자이시다.
그런 분께서 어리석은 중생을 위하여
이러한 일을 참고 견디신다.

부처님께서는 언제나 세간에 맞추어서
겉모습에 사로잡혀 행동하는
중생들을 위하여 법을 설하신다.

그분은 법의 자재자시며,
모든 세계의 자재자시며,
위대한 자재자시며,
세간의 지도자들 중의 왕이시다.

부처님께서는 중생들의 근기를 알고 계시므로
거기에 맞는 여러 가지 방편을 보이신다.
중생들 각자의 믿음이 다른 것을 아시고
수천의 인연과 비유로 법을 설하신다.

여래께서는 모든 생명 있는 것들의
행위를 알고 계시므로
최고의 깨달음을 보이시면서
많은 종류의 가르침을 설하신다.

신해품의 구성

1. 사대성문(四大聲聞)이 깨달음을 얻다

2. 궁자(窮子)의 비유
부자가 서로 떨어지다/부자가 서로 만나다/아들이 놀라 기절하다/재산을 물려받다

3. 비유로 법을 밝히다

4. 가섭존자가 게송으로 설하다
법을 말하다/비유를 들다/부처님의 은혜를 찬탄하다

신해품입니다.

백 번 알지 못하면 백 번 만나지 못한다〔百不知 百不會〕

일본의 환오(圜悟)선사의 어록에 나오는 말씀입니다. '백(百)'은 숫자의 많음을 뜻합니다. 모든 일도 되고, 동일한 사안을 가지고 수차 반복되어도 알아차리지 못하는 비유이기도 합니다. 인간의 나고 죽는 문제랄지, 같은 삶의 본질적인 문제를 우리는 낮의 태양과 밤의 달처럼 잠시도 떨어져 있지 않으면서도 망각하고 애써 외면하려는 습성이 있습니다. 실상은 그대로 보려는 자세가 없으면 백 번을 지나쳐도 알지 못합니다. 아무리 가까운 친척이라도 객지에서 인사도 없이 살았다면 매일 마주친다 해도 가족인지도 모르고 남처럼 지낼 것입니다. 내 안에 모든 것이 온전히 갖춰진 것을 알면 그는 부족함이 없는 사람입니다. 반대로 밖을 향하여 구하려는 사람은 항상 가난합니다.
종교적인 사유의 방식은 모두 내면의 자신을 성찰하라는 가르침입니다. 여기에 삶의 실마리가 있습니다. 알면 아는 만큼 보이고, 깨닫고 알아가는 만큼 세상은 달라집니다. 이 잔잔한 삶의 변화와 진실이 종교적인 깨달음에서 오는 축복입니다.

🪷 신해품의 주요 내용

〈신해품〉에는 법화칠유 중 하나인 '부호의 가난한 아들〔長者窮子喩〕'이 나옵니다. 앞에서 언급한 '세 가지 수레와 불난 집의 비유〔三車火宅喩〕'와 더불어 가장 유명해 흔히 듣는 비유입니다. 이 두 비유가 내용 면에서도 가장 긴 편에 속합니다.

第四章 _ 信解品

 어떤 남자가 부친 곁을 떠나 집을 나갔습니다. 그는 다른 나라로 가서 그곳에서 오랜 세월을 20년, 30년, 40년, 혹은 50년을 홀로 살았습니다. 그는 어른이 되었지만 가난해서 먹을 것이나 입을 것을 구하기 위하여, 사방팔방으로 돌아다니다 어느 나라로 갔습니다. 그의 부친도 어느 나라로 갔습니다. 부친은 많은 재보와 곡물, 황금, 창고는 물론 금, 은, 주옥, 진주, 유리, 나패, 파리, 산호, 진금, 백은을 소유하였습니다. 그리고 많은 시종과 노예, 하인, 심부름꾼을 거느리며 많은 코끼리와 말, 소, 양 등을 소유한 큰 부자가 되어 사업을 하고 돈을 빌려주며 농사와 장사일로 크게 번성하였습니다.
한편 가난한 남자는 먹을 것이나 입을 옷을 구하기 위해 마을이나 성, 시골, 도시 등을 돌아다니다가 마침내 큰 재산을 갖고 있는 자신의 부친이 살고 있는 마을까지 왔습니다. 세존이시여, 그 가난한 남자의 부친은 그 마을에 살면서 50년 전에 실종된 아들을 늘 생각하고 있었습니다. 하루도 빠짐없이 아들을 생각하면서도 혼자 마음속으로 괴로워하고 있었을 뿐, 누구에게도 그 사실을 털어놓지 못했습니다. 그리고 이렇게 생각하였습니다.
 '나는 이제 나이를 너무 먹었다. 비록 많은 재산과 황금이 창고에 넘칠 정도로 많지만 물려줄 아들이 없다. 아아, 만일 내가 죽는다면 이 모든 것은 흩어져 버릴 것이다. 그런 일이 생겨서는 안 된다'
그는 몇 번이나 되풀이하여 아들을 떠올리면서, '아아, 만일 내 아들이 이 산과 같은 재물을 물려받을 수 있다면 안심하고 살 수 있을 텐데' 하고 생각하였습니다.

그때 가난한 남자는 옷과 먹을 것을 구하다가 마침내 마을에 들어와 부호의 저택이 있는 곳 가까이 왔습니다. 그 가난한 남자의 부친은 자신의 저택 근처에서 많은 바라문들과 왕족, 상인, 노예의 무리에게 둘러싸여 공경받으면서, 발 디딤대가 붙어 있고 금, 은으로 장식된 사자좌에 앉아 있었습니다. 옆에서는 짐승의 꼬리털로 만든 부채로 부채질을 해 주었으며, 머리 위에는 천개(天蓋)가 드리워져 있고, 아래에는 꽃을 따서 뿌려 두었으며, 보옥의 화환이 걸려 있는 그곳에서 위엄을 갖추고 앉아 있었습니다.

세존이시여, 그 가난한 남자는 자기 부친이 많은 사람들에게 둘러싸여 위엄을 지니고 앉아 일을 보고 있는 것을 보았습니다. 그리고는 두려워 털이 곤두설 정도로 부들부들 떨면서 어쩔 줄 몰라 하며 이렇게 생각하였습니다.

'왕인지 대신인지 모를 사람을 갑자기 나는 만났다. 이곳에는 나 같은 사람이 할 일은 하나도 없을 것이다. 떠나버리자 가난한 사람들이 사는 곳이라면 먹을 것과 입을 것을 힘들이지 아니하고 얻을 수 있을 것이다. 우물쭈물하고 있어서는 안 된다. 여기 있다가는 강제로 붙잡혀 일하게 되거나, 다른 화를 입을지 모른다. 얼른 이곳을 떠나자'

그 가난한 남자는 괴로운 일만 계속 생긴다고 생각하고 두려움에 쫓겨 그곳에 머물려고 하지도 않고, 얼른 떠나려고만 하였습니다. 그런데 부호는 자택 문 근처에서 한눈에 그 남자가 자기 아들임을 알아보고 기쁨에 넘쳐 이렇게 생각하였습니다.

'이제 거대한 황금과 재물과 곡식이 창고에 넘칠 정도로 많은 재산을 물려줄 수 있게 되었으니 얼마나 기쁜 일인가. 내가 저 아이 생각을 얼마나 했던가. 저 아이는 제 발로 찾아와 주었다. 더욱이 내가 고령일 때'
세존이시여, 아들에 대한 깊은 애정으로 괴로워하고 있던 부호는, 그 즉시 발 빠른 사람을 보내 그 남자를 데려오게 하였습니다. 하인들이 달려가 그 가난한 사람을 붙잡자 그 사람은 놀라고 두려워서 큰소리로 '나는 당신들에게 아무런 나쁜 짓도 한 적이 없소'라고 울부짖었지만 하인들은 억지로 그 남자를 데리고 갔습니다. 그 가난한 남자는 두려움에 떨며 '죽거나 두들겨 맞고 싶지는 않다. 그러나 나는 이제 끝이다'라고 생각하였습니다. 그는 정신이 아찔하여 의식을 잃고 땅에 쓰러지고 말았습니다. 그의 부친이 그 곁으로 가서 하인들에게 '일으켜 세우지는 말라'고 하고 찬물을 뿌리게 하고 아무런 말도 하지 않았사옵니다. 왜냐하면 부호는 가난한 남자가 자신의 위세를 두려워한 나머지 무서움에 떨고 있으며, 그가 자기 아들이라는 것도 알고 있었기 때문이옵니다.

그런데 세존이시여, 그 부호는 방편이 뛰어나서, 이 사람이 내 아들이라는 것을 누구에게도 말하지 않았습니다. 또 부호는 하인을 시켜 그 가난한 사람에게 '어디든지 가고 싶은 데로 가라. 너는 자유다'라고 말하게 하였습니다. 가난한 사람은 그 말을 듣자 기뻐하며 일어나 먹을 것과 입을 것을 구하러 가난한 사람들이 살고 있는 곳으로 갔습니다.

부호는 그 가난한 사람을 스스로 오도록 하기 위하여 절묘한 방편을 썼습니다. 얼굴이 초췌하고 옷차림이 남루한 두 사람을 고용해서 가난한 남자에게 다가가 월급을 두 배로 준다고 하고 자기 집에 데려와 일하도록 하였습니다. 만일 무슨 일을 하느냐고 묻거든 우리 두 사람과 함께 쓰레기통을 청소하는 일이라고 대답하게 하였습니다.

드디어 두 사람은 가난한 남자를 데리고 부호의 집으로 돌아와 함께 일했습니다. 이리하여 가난한 남자는 부호로부터 월급을 받고, 그 집의 쓰레기통을 청소하며, 부호의 저택 근처에 있는 작은 창고에서 살았습니다. 그 부호는 창문이나 통풍구를 통하여 쓰레기통을 청소하고 있는 아들을 보고는 기특하게 생각하였습니다.

그때 부호는 저택에서 내려와 몸에 붙이고 있던 화환과 장신구를 떼어내고 훌륭하고 깨끗한 옷 대신 더러운 옷으로 갈아입고 오른손에 바구니를 들고 진흙으로 자기 몸을 더럽힌 뒤, 천천히 가난한 남자가 있는 곳으로 다가갔습니다. 그리고는 이렇게 말했습니다.

'그대는 이 바구니를 사용하라. 머뭇거리지 말고 흙먼지를 치워라' 고. 이런 방법으로 아들과 함께 말을 나누기도 하고 같이 일하기도 하였습니다.

'여보게 이곳에서 계속 일을 하도록 하게. 특별히 급료를 올려줄 테니까, 더 이상 다른 곳으로 가지는 말게. 혹시 돈이 필요하다면 말하게. 무엇이든 좋으니 안심하고 나에게 청구하게. 여보게, 나한테 낡은 비단이 있는데 필요하다면 주겠네. 신변잡화도 필요한 것이 있으면 무엇이든 주겠네. 나는 노인이고 그대는 젊으니 안심하고 나를 아버지처럼 생각하게. 그대는 나를 위하여 이 쓰레기통을 청소하고 있지 않은가. 그대는 여기서 일을 하면서 지금까지 남을 속이거나 비뚤어지거나 불성실하거나 교만하거나 위선적인 일을 한 적이 없었고 앞으로도 없을

第四章 _ 信解品

것이네. 그대가 하는 모든 일에서 나는 나쁜 점이라곤 하나도 찾아낼 수 없었다네. 다른 사람에게는 그런 결함이 있지만, 그대는 다르네. 이제부터 그대는 내 친아들과 마찬가지네' 라고 말했습니다.

세존이시여, 이렇게 부호는 자연스럽게 그에게 아들이라는 이름을 붙였습니다. 그리고 가난한 남자도 부호를 부친으로 생각하였습니다. 부호는 아들의 사랑에 목말라하면서, 이렇게 20년 동안 아들에게 쓰레기통을 청소시켰습니다. 20년이 지나자 가난한 남자는 부호의 저택을 안심하고 출입하게 되었으나, 거처는 아직도 이전의 작은 창고였습니다.

세존이시여, 그 즈음 부호는 병으로 몸져눕게 되었습니다. 그는 자기의 임종이 가까운 것을 알았습니다. 그래서 그는 가난한 남자에게 이렇게 말했습니다.

'여보게 이리 가까이 오게. 내게는 이렇게 많은 황금과 재물, 곡물, 곳간이 있지만, 중병에 걸려 있네. 이것들을 누구에게 물려주며 무엇을 보존해야 하는가에 대해 그대가 알아두었으면 좋겠네. 나는 이 재물의 소유자이지만 그대 또한 그러하며, 그대가 이 재산을 잘 보존해 주기를 바라기 때문이네'

이리하여 가난한 남자는 부호의 많은 재산을 모두 관리하게 되었습니다. 그러나 정작 그 남자는 그런 것들에 대해 아무런 욕심도 없고 조금도 갖고 싶어하지 않았습니다. 또 한줌의 밀가루조차도 받으려 하지 않았습니다. 이전의 작은 창고에 계속 머물면서 자신은 가난하다고 생각하고 있었습니다.

부호는 아들이 능력 있는 재산관리자이며 넓은 마음도 지녔으나, 가난했을 때의 비굴하며 부끄러워하고 자신을 혐오하는 성격이 남아 있는 것을 알고 임종이 가까워졌을 때 그 남자를 불러 친족들에게 소개한 뒤, 왕후와 대신 그리고 마을사람들 앞에서 다음과 같이 말했습니다.
'여러분, 제 말을 들어주십시오. 이 아이는 내 친아들입니다. 어떤 마을에서 이 아이를 잃어버린 뒤 50년이 흘러버렸습니다. 이 아이의 이름은 아무개라 하며 나도 아무개라는 이름입니다. 나는 이 아들을 찾아 저 마을에서 이 마을로 떠나왔습니다. 이 아이는 내 아들로 나는 이 아이의 아버지입니다. 내가 가진 모든 것을 이 아이에게 물려주겠습니다. 내 재산에 대해서는 무엇이든 이 아이가 알고 있습니다'
그때 그 가난한 남자는 이 말을 듣고 놀라서, '이렇듯 갑자기 많은 황금과 재물을 얻게 되었구나' 하고 생각하였습니다.

본래 부호의 아들로 태어났으나 헤어져서 구걸하며 살아가는 아들을 알아본 아버지가, 그가 자신의 아들이라 해도 믿지 않을 거라는 생각에 단계를 거치는 방편을 사용합니다. 처음에는 오물을 치우는 일에서 집 안일을 도맡아 관리하는 소임을 맡게 되고, 임종에 다다라 원래 부자지간이었음을 밝히며 자연스럽게 전 재산을 물려받게 된 비유입니다.
이처럼 부처님도 낮은 단계의 수행에 머물러 있는 제자들을 점차 높은 단계로 끌어들여 궁극에는 일승법(一乘法)을 성취하도록 한다는 뜻입니다. 가난한 아들은 중생입니다. 부호는 부처님의 비유입니다. 여기서 장자의 아들이 궁자에서 재산을 물려받는 과정을 시기별로 나눠서 부처님 교설을 설명하기도 합니다.

第四章 _ 信解品

첫째는 한 남자가 집을 떠나 고생이 시작되고, 둘째 궁자가 수십 년 동안 빈궁하게 살아갑니다. 셋째, 아버지를 만났으나 알아보지 못하여, 넷째, 장자 밑에서 20여 년을 하인으로 살아가다가, 다섯째, 장자는 그가 자신의 아들임을 밝히고 재산을 물려줍니다.
이를 경전의 성격에 대입하여 설명하면, 다음과 같습니다.

궁자경악화엄시(窮子驚愕華嚴時)입니다. 부처님께서 성도하고 나서 처음으로《화엄경》을 설하셨는데, 그 수준이 높아서 이해하기 어려웠습니다. 깨달은 내용을 그대로 설하였기 때문입니다. 십대제자들도 마치 '벙어리 같고 장님과 같았다' 고 할 정도입니다. 이는 장자의 아들이 아버지가 내 아들이라고 반가워 부르니까 놀라 도망치면서 믿지 않은 것과 같습니다. '궁자가 본인이 장자의 아들이라는 말에 경악한 것이 경전에 비유하면《화엄경》과 같다' 는 뜻입니다.

제분정가아함시(除糞定價阿含時)입니다. 장자가 아들인 궁자를 하인을 시켜 불러들입니다. 다른 곳에 일하는 것보다 곱절의 품삯을 주겠다는 말에 솔깃해져서 집안의 오물 치우는 일을 하는 시기입니다. 마음을 바로 보면 그대로 부처임을 알지 못하기 때문에 수고롭게 긴 시간을 이런저런 방편의 설법을 펼치는 것과 같습니다.《아함경》을 설하는 때입니다.

출입자재방등시(出入自在方等時)입니다. 궁자가 시간이 흐르면서 점차 신뢰를 얻고 일에 자신감이 생겨 장자의 집에 드나드는 것을 꺼리지 않게 됩니다. 이렇게 출입을 자재로이 하는 단계인데, 방등부의 경전으로 《유마경》, 《승만경》, 《금광명경》 등이 이런 시기에 합당한 이치의 경전입니다.

영지보물반야시(令知寶物般若時)입니다. 궁자는 이제 살림에 익숙해져서 어느 창고에 무엇이 있는지 척척 알아낼 정도가 됩니다. 또 거래처의 채무관계도 알게 되고, 집안의 일이 그의 손을 거치지 않으면 안 되는 상황에 이릅니다. 마찬가지로 모든 내역을 낱낱이 아는 단계에 대입되는 경전의 설법인데, 《반야경》, 《금강반야바라밀경》, 《대반야경》 같은 '반야'의 경전, 즉 '공(空)'의 이치를 밝히는 교설이 이루어지는 시기입니다.

전부가업법화시(傳付家業法華時)입니다. 이제 장자가 임종에 다다랐습니다. 그래서 국왕부터 나라의 대신들에 이르기까지 모든 사람을 모이게 하고는 '궁자가 바로 내 아들입니다.'라는 중대한 선언을 합니다. 그리고 모든 가업을 물려줍니다. 궁자는 이제 장자와 같은 권리를 누리게 됩니다. 이처럼 갖은 방편을 거쳐 '이 마음이 부처'임을 알고, 부처와 다르지 않는 보살행을 실천하게 됩니다. 궁극의 성취이며 해탈 열반의 세계입니다. 다른 종교로 말하면 '나와 나의 하나님이 둘이 아닌' 경지입니다.

《법화경》을 최상의 자리에 놓는 것은 일체중생을 하나도 버리지 않고 성불에 이르게 하기 때문에 그 정신의 훌륭함을 강조하기 위함입니다. 한 가지 유의할 것은 그렇다고 꼭 경전의 우열을 가리는 데 목적이 있지 않다는 것입니다. 이 또한 교설의 쉬운 방편입니다.

第四章 _ 信解品

각 경전을 설하신 기간을 쉽게 외우는 방법이 있습니다. 저도 출가하여 강원에서 글을 배울 때 외우곤 했습니다.

최초화엄삼칠일(最初華嚴三七日)
아함십이(阿含十二) 방등팔(方等八)
이십일재담반야(二十一載談般若)
종담법화우팔년(終談法華又八年)

부처님은 깨달음을 얻는 직후 21일 동안《화엄경》을 설했고, 성도 후 12년 동안《아함경》을, 방등부 경전을 8년 동안 설했습니다. 이어 21년을 반야부 경전을 설하고, 열반에 들기 전에《법화경》과《열반경》을 설했다는 뜻입니다.

☸ 인도의 고대사상

경제사가들은 서기 1500년경까지 인도의 GDP가 세계 최고였으리라 짐작합니다. 이후 인도는 중국에 따라잡혔지만, 인도는 세계 공통어로 자리 잡은 영어에도 비교적 능통하고 세계로 퍼져나간 인도인들의 영향력도 상당합니다. 이를 근거로 2030년대 말이면 미국의 경제력을 능가하리라는 전망을 내놓기도 합니다.

방사성 탄소 연대 측정법으로 각 유적지에서 발견된 유물의 연대를 알아내고, 인체의 미토콘드리아 DNA와 Y염색체의 분석을 통해 인류 이동에 관한 정보를 알아냈습니다. 이에 의하면 8만 년 쯤 전에 아프리카를 떠난 인류가 긴 보도여행 끝에 다다른 곳이 인도 대륙이었습니다. 인류 초창기에 적어도 두 번의 인구 이동이 있었다고 합니다. 현재 학자들은 호모사피엔스가 언어를 쓰기 시작한 것은 5만 년 전 쯤의 일로 추정합니다.

지금부터 3, 4천 년 전에 중앙아시아에서 새로운 이민자들이 인도로 들어왔습니다. 그들 중 일부는 기원전 1천 년 동안 남쪽으로 내려갔고, 그들과 함께 그들이 지키던 베다의식과 불의 신인 '아그니'에 대한 숭배도 전해졌습니다. 시간이 흐르면서 토착민의 여러 의식이 여기에 동화되었습니다. 이것이 장차 인도 종교의 탄생으로 이어집니다. 그들은 스스로를 '아리아인'이라 불렀는데, 이는 산스크리트어로 '고귀한 사람들'이란 뜻입니다. 이들 토착민과 아리아인들의 종교의식의 핵심은 아그니에 대한 숭배와 찬양입니다. 이것이 인류 최고(最古)의 종교의식입니다. 이 의식은 꼬박 12일에 걸쳐 진행됩니다. 의식 중에는 진언(만트라)을 외우는데, 이 진언은 브라만들만이 입에 담을 수 있었고, 수천 년을 거쳐 한 자도 틀리지 않고 외워져 전해졌습니다.

인간의 창의성이 발휘된 두 가지 중요한 분야가 음악과 의식이라 합니다. 만트라를 외는 것을 녹음하여 컴퓨터로 분석을 했는데, 가장 흡사한 소리 패턴은 '새소리'였다고 합니다.

❀ 문명의 씨앗

초기 인류 역사의 수만 년 동안은 인구가 아주 적었습니다. 그리고 거의 수렵과 채집의 힘겨운 생활이었습니다. 수명은 거의 스무 살 남짓이었습니다. 간혹 서른이 넘기도 합니다. 이때 인류의 바람은 종족의 번식이었기 때문에 고대의 유물은 대부분 남녀 성기를 흉내 낸 벽화나 상징물들입니다.

시간이 흘러 1만 년 전부터 서부아시아를 시작으로 최초의 정착문화가 나타났습니다. 학계의 강수량이 늘어났던 게 큰 원인이었으리라 추정합니다. 기원전 7천 년경에 아프가니스탄 고원의 가장자리에 인도 문명의 씨앗이 뿌려졌습니다. 초원을 따라 이동하며 방목하는 오랜 생활 방식에서 점차 탈피해 정착이 이뤄졌는데, 이 지층에서 발견된 숯의 연대는 기원전 6천 년경으로 밝혀졌습니다.

파키스탄 펀잡 지방의 하라파(BC 3600~2600)와 모헨조다로의 발굴 성과는 인도의 고대문명을 알게 해주는 소중한 자료입니다. 고대 그리스인들이 '인도인은 뿌리 깊은 문화적 반감과 정의를 존중하는 마음 때문에 인도 땅 이외의 곳에서는 결코 공격적인 전쟁을 벌이지 않았다'고 했던 것처럼, 비폭력이라는 평화로운 힘에 의한 정의를 신뢰하는 문화는 그 뿌리가 깊다고 하겠습니다. 인더스문명은 기원전 1800년경에 붕괴했습니다. 그 이유를 기후 변화에 의한 홍수로 인더스 강의 흐름이 바뀌게 된 것으로 보는 관점이 지배적입니다. 모헨조다로 지역은 기원전 1900, 1700년 사이에 심한 홍수를 여러 차례 겪은 것으로 조사되었습니다.

기원전 2천년 전, 카스피해와 아랄해 사이에 퍼져 있던 아리아인이 점차 남하하여 이란과 인도로 이동하게 된 것이 고대사의 중요한 사건입니다. 아리아인이 아프가니스탄을 거쳐 인도아대륙으로 들어왔는데,

앞선 철기문명을 가진 그들은 손쉽게 기존의 부족들을 정복하여 지배적인 위치를 점합니다. 특히 이들은 기원전 2천년을 거슬러 올라가는 고대인도 최고의 《리그베다》라고 하는 종교적 문헌을 가지고 있었습니다. 방랑 사제들이 신들과 왕들을 칭송하기 위해 부른 노래입니다. 왕들은 전차나 수레를 타고 전투를 하고, 요새를 함락시키고, 신성한 신의 음료인 소마를 마십니다. 이 시들은 2천년이 넘도록 구전으로 암송되어 전해졌습니다. 인도의 고대 종교 사상의 흐름을 알게 해주는 소중한 문헌입니다. 그 후 《마하바라타》나 《라마야나》 같은 서사시들이 만들어지면서 인도 종교와 철학사상을 더욱 풍부하게 만들어주었습니다.

《리그베다》는 태양신(수르야), 폭풍신(루드라), 불의 신(아그니), 번개의 신(인드라), 새벽의 여신(우샤스) 등 자연신을 찬송하는 천여 개의 시를 모은 것입니다. 베다 경전의 신성함은 동시에 그 낭송에 있어 정확성이 필수 요건이었고, 기억의 오류를 방지하기 위한 안전장치로 여러 가지 음송법이 고안되었습니다. 이런 임송의 전통에서 불교의 방대한 경전이 암송되고 구전되었습니다.

지금 《법화경》을 공부하고 있습니다. 따라서 인도문명의 흐름과 인도의 종교 전통을 이해하는 것은 《법화경》 같은 비유가 풍부한 경전을 이해하는 데 도움이 됩니다.

❀ 인도적 사상의 특성

인도인의 가장 큰 강점은 가장 오래된 문명만이 지닐 수 있는 것으로,

환경에 적응해서 변화하며 역사의 선물을 이용하고 역사의 상처를 겸허히 받아들이면서도 마술처럼 항상 본연의 모습을 지키는 데 있습니다. 시간이 흐르고 삶의 터전을 거대한 강물이 쓸어가기도 하고, 그 폐허 위에 다시 도시가 세워집니다. 역사의 상처는 세월에 잊혀지고 치유되기도 합니다. 인도 역사 3천년 이래로 그리스인과 쿠샨왕조, 튀르크인과 아프간인, 무굴제국과 영국인, 티무르가 인도에 발을 디뎠으나 결국은 무릎을 꿇었습니다.

인도인의 특질인 무상과 허무의 관념이란 것도, 불가항력적인 자연 앞에 손을 놓고 팔짱만 낀 채로 방관하는 것이 아니라, 순간순간 절대적 의미를 지니며 변화와 소멸 앞에 새롭게 창조되는 샘솟는 에너지입니다. 이 동력은 인간 본연의 모습에 충실하고자 하는 인간의 종교적 순수성이자 어떻게든 삶과 역사가 이루어지는 끈끈한 정신적 발로로써 유한 속에 발을 담그고 있지만 시선은 보다 먼 역사의 도도한 물결을 응시하는 통찰의 지혜입니다. 인도인은 삶을 관조하고 수용하는 지혜를 터득하면서 이성적 사유의 능력을 함양해왔고, 이 모든 것을 삶의 축복으로 여겨온 유구한 전통이 살아 있는 문화를 만들어왔습니다.

보살은 사랑입니다

일본 고베의 한 절에 출가한 한 젊은 미국인이 있었습니다. 우리도 그렇지만 일본 선방에서는 아침에 죽을 먹습니다. 이 벽안의 젊은 출가자는 죽에 익숙지 않아 힘들었습니다. 하루는 소매에 우유를 감춰가 죽 그릇에 몰래 붓다가 주지스님과 눈이 마주치고 말았습니다. 이를 본 주지스님은 크게 웃었습니다. 이 젊은이는 용서를 받은 것이라 생각하고 다음 날도, 그 다음 날도 계속 우유를 몰래 가져다 먹었습니다. 그렇게 몇 달이 지나도록 이 일이 반복되었는데, 주지스님은 볼 때마다 큰 소리로 웃었다고 합니다.

이 이야기가 의미하는 것이 무엇일까요? 30여 년 전 송광사는 외국인 스님들이 스무 명 넘게 살았습니다. 이들을 위해 구산 큰스님이 출타하시거나, 회주스님께서 서울에 다녀오실 때면 항상 빵을 사왔습니다. 이를 한국인 스님들은 별로 좋아하지 않았고, 외국인만 환대한다고 시샘하곤 했습니다. 지금은 외국인 스님들이 살고 있지 않습니다. 사랑이 없는 이유입니다.

이 이야기를 책에서 읽고, 고베 절의 주지스님이 매번 웃을 수 있었던 것은 제자에 대한 사랑의 힘이었다고 생각합니다. 사랑하는 마음이 있으면 모든 것이 항상 새롭고 즐겁고 아름답게 보이기 마련입니다.

불보살님들이 갖은 방편과 비유로 중생을 이끄는 힘은 자비심에서 나옵니다.

5 약초유품

5
약초유품 藥草喩品

그때 세존께서는 가섭존자와 다른 위대한 성문들에게 말씀하셨다.

"가섭이여, 여래의 진실한 공덕을 찬양하는 것은 참으로 좋은 일이다. 가섭이여, 부처님께는 진실하고 헤아릴 수 없는 공덕이 있다. 그것을 무량 겁 동안 설한다 해도 궁극에 도달할 수는 없다.

가섭이여, 여래께서는 법의 소유주시며 모든 법의 왕이시며 지배하시는 분이시며 위덕(威德)을 갖추신 분이시다. 여래께서는 어떤 가르침을 어디에서 설하시든 그 가르침은 그대로 진실한 법이다.

또 가섭이여, 여래께서는 모든 법을 도리에 맞게 보이시며 설하신다. 여래께서는 지혜로써 그 가르침들이 일체지자인 부처님의 경지를 향하도록 설하신다. 여래께서는 모든 법의 의미가 귀착되는 곳을 보고 계시며 그 의미를 이해하는 힘을 갖고 계신다.

또 모든 법에 대한 사람들의 깊은 바람을 아시며, 모든 법을 교리적으로 뛰어나게 정하시는 지혜가 최고로 완성되셨다. 일체지자의 지혜를 사람들에게 보이시는 분, 일체지자의 지혜 속으로 사람들을 인도하시는 분, 일체지자의 지혜를 수립하시는 분, 가섭이여,

이런 분이 바른 깨달음을 얻어 존경받는 여래이다.

　가섭이여, 예를 들면 삼천대천세계에는 갖가지 색과 종류가 다른 여러 가지 풀, 약초, 수목이 있고, 이름이 다른 여러 가지 식물들이 평지나 산, 동굴에 나 있다. 그곳에 비를 잔뜩 머금은 구름이 솟아오르고 있다고 하자. 솟아올라서는 삼천대천세계의 모든 것을 다 덮어버린 뒤, 동시에 모든 곳에 비를 뿌린다고 하자.

　그때 가섭이여, 삼천대천세계에 있는 풀과 관목, 약초, 수목들 중에는 줄기와 잎과 꽃이 부드럽고, 아직 다 자라지 않은 것도 있으며, 크게 성장한 풀, 관목, 약초, 수목도 있고, 가지가 굵은 것, 거목이 된 것도 있다. 그 각각의 식물들이 자기 능력과 환경에 맞게 거대한 구름이 뿌리는 비로부터 물을 빨아들인다. 그 식물들은 같은 구름이 뿌린 같은 맛의 물로, 각각의 종자에 맞는 열매를 맺어 생장하며 싹트며 크게 자란다. 또 마찬가지로 꽃을 피우고 열매를 맺고 각각 다른 여러 가지 이름으로 불리는데, 같은 곳에 있는 약초의 군락, 종자의 군락은 모두 같은 맛의 물로 적셔신다.

　가섭이여, 바른 깨달음을 얻어 존경받는 여래께서는 이와 같이 이 세상에 출현하신다. 마치 거대한 구름이 솟아오르듯이, 여래께서도 이 세상에 나타나시어 인간, 천신, 아수라를 포함한 모든 세간에 말씀으로써 알리신다.

　가섭이여, 예컨대 거대한 구름이 삼천대천세계의 모든 것을 덮어버리는 것처럼, 여래께서는 인간, 천신, 아수라를 포함한 세간사람들 앞에서 다음과 같은 말씀으로써 널리 삼천대천세계에 그 음성

第五章 _ 藥草喩品

이 들리게 하신다.

'그대 신들과 인간들이여, 나는 여래이며 바른 깨달음을 얻어 존경받는 이이다. 나는 이미 윤회의 세계로부터 피안으로 건너와 다른 사람들을 건너게 하며, 이미 해탈해서 다른 사람들을 해탈케 하며, 이미 평온해서 다른 사람들을 평온케 하며, 완전한 열반에 들어 있어서 다른 사람들을 열반에 들게 한다. 이 세상도 저 세상도 바른 지혜로 있는 그대로 아는 일체지자이며, 모든 것을 보는 이이다. 그대 신들과 인간들이여, 법을 듣기 위해 내 곁으로 오라. 나는 길을 말하는 이이며, 길을 설해 보이는 이, 길을 아는 이, 길을 들려주는 이, 길에 정통한 이다' 라고.

가섭이여, 그래서 수백 수천만 억 나유타 인간들은 여래의 법을 듣기 위해 다가갔다. 그러자 여래께서도 중생들에게 능력〔根機〕과 우열의 차이가 있는 것을 아시고, 각자에게 알맞은 법문을 설해 주셨다. 그리고 기쁨과 만족을 주시고 환희가 생기게 하시고 행복과 안락을 증대시키는 수많은 서로 다른 종류의 각자에게 알맞은 법의 설화를 말씀하셨다. 그 설화에 의해 중생들은 현세에서는 안락하고 사후에는 좋은 곳에 태어나게 되는데, 그곳에서 많은 애욕을 누리며 법을 듣는다. 그 법을 듣고 장애가 없어지고 그 근기와 환경과 기세에 따라 차례로 일체지자의 법에 전심한다.

예를 들면 가섭이여, 큰 구름이 삼천대천세계의 모든 것을 덮고, 평등하게 비를 내려 모든 풀, 관목, 약초, 수목을 물로 흠뻑 적시는 것과 같다. 풀, 관목, 약초, 수목은 그 능력과 환경과 기세에 따라

물을 빨아들여 각각의 종류에 맞는 크기로 성장한다.

가섭이여, 그와 마찬가지로 바른 깨달음을 얻어 존경받는 여래께서 법을 설하시면, 그 법은 모두 같은 맛, 즉 해탈이라는 맛, 탐욕을 벗어난 맛, 적멸의 맛과 일체지자의 지혜를 궁극의 목표로 하는 같은 맛을 지닌다.

그 경우 가섭이여, 중생들은 여래께서 설하시는 법을 들어 기억하고 그 수행에 전심하지만, 그들 스스로는 자신이 하고 있는 것의 참된 의미를 알지 못하며 눈치채지도 못하며 이해하지도 못한다.

왜냐하면 가섭이여, 중생들이 어떤 자이며 어떻게 존재하며 무엇과 닮았는가 하는 것은 오직 여래께서만 알고 계시기 때문이다. 즉 그들이 무엇을 생각하고 어떻게 생각하고 무엇에 의하여 생각하는가 하는 것과, 그들이 무엇을 수행하며 어떻게 수행하며 무엇에 의하여 수행하고 있는가 하는 것과, 그들이 무엇을 그 결과로서 얻으며 어떻게 얻으며 무엇을 수단으로 얻는가 하는 것을 여래께서만 알고 계신다.

가섭이여, 오직 여래께서만이 그것을 직접 아시며, 직접 보고 계시기 때문이다. 또 중생들이 각자 다른 입장에 서 있으므로 풀, 관목, 약초, 수목처럼 열등한 것, 뛰어난 것, 중간 것의 구별이 있는 것을 그들 스스로는 자각하지 못하지만, 오직 여래께서만이 있는 그대로 보고 계신다.

가섭이여, 여래인 나는 같은 맛의 법과 해탈이라는 맛과 지멸(止滅)이라는 맛이 있고, 열반을 궁극적인 목표로 하며, 언제나 적멸이며, 오직 한 입장인 허공에 널리 퍼지는 같은 맛의 법을 알고 있지만, 중생의 바람을 소중히 여기기 때문에 그들에게 일체지자의 지혜를 성급하게 설하지 않는다.

가섭이여, 그대들은 '성문들도 여래가 될 수 있는 참된 부처님의 아들이다' 라는 말을 듣고 기이하게 생각하여 경탄했다. 그것은 그대들이 본래 여래께서 깊은 의미를 담아서 설하신 말씀을 깨달을 수가 없었기 때문이다. 왜냐하면 가섭이여, 바른 깨달음을 얻어 존경받는 여래들께서 설하신 깊은 의미의 말씀을 그대들이 이해하기란 참으로 어렵기 때문이다."

그때 세존께서는 다시 그 의미를 강조하기 위하여 다음과 같이 게송을 설하셨다.

법의 왕인 나는 존재〔有〕를 타파하는 이로서
세상에 나타나 중생들이
바라는 바를 알아 그들에게 법을 설한다.

그러나 보리의 지혜가 견고한
위대한 용자인 부처님들께서는
설하신 말씀의 참된 의미를 분명히 하지 않으시고
중요한 법의 의미를 오래 간직하시어
인간들에게 설하려 하지 않으신다.

또 부처님의 지혜는 깨닫기 어려워
어리석은 자들이 갑자기 듣는다면
그들은 의혹을 일으켜
혼란이 생겨 방황하게 될 것이다.

사람에게는 각자에게 맞는 근기가 있으므로
그 경우에 맞게 나는 설한다.
각각 다른 사물의 인연에 의해
나는 그 사람의 견해를 바르게 한다.

예를 들면 가섭이여
구름이 올라와 대지를 덮어
모든 것을 감싸는 것과 같다.

거대한 구름은 물을 가득 머금고
번개의 화관을 달고 천둥소리를 내면서
모든 생명 있는 것을 기쁘게 할 것이다.

구름은 햇빛을 막아서 시원한 곳을 만들며
손이 닿을 정도로 낮은 곳에 있으면서
모든 곳에 골고루 비를 내릴 것이다.
구름이 한 번에 내리는 비의 양은 많아서

골고루 뿌리면서 대지를 흠뻑 적실 것이다.

대지 위에 나 있는 것은 무엇이든
약초이든 풀이든 관목이든 수목이든
혹은 줄기가 두터운 것이든 거목이든
또 온갖 종류의 곡물이든 야채든
그것들이 산속이나 동굴 속
혹은 덤불 속에 나 있다 하더라도

구름은 그 모두와 말라버린 대지도
흠뻑 적시며 약초 위에도 비를 내린다.
지상에 뿌린 빗물은 같은 맛을 지닌다.
잡초나 관목 등 모든 생물은
그 물을 능력과 환경에 맞게 빨아들인다.

교목이든 거목이든
작은 것이든 중간 크기의 것이든
모두 나이와 능력에 맞게 물을 빨아들이며
빨아들여서는 마음껏 생장한다.

구름이 뿌린 비에 젖어
고귀한 약초류는 줄기와 껍질 큰 가지와 잔가지

잎과 꽃이나 과실을 생장시킨다.

그 식물들에게는 각각에게 맞는 상태와 종자가 있어
각각의 능력에 따라 서로 다르게 생장하고 번식한다.
그러나 내린 빗물의 맛은 같은 맛이다.

가섭이여, 세간에 물을 머금은 구름이 나타나듯이
부처님께서도 이 세상에 나타나신다.
세간의 보호자이신 부처님께서는 설법하시며
인간들이 진실로 나아가야 할 길을 제시하신다.

위대한 깨달음을 얻으신 부처님께서는
천신을 포함한 세간으로부터 존경을 받으시며
다음과 같이 말씀하신다.

인간의 최고자이고 승리자이며 여래인 나는
구름처럼 이 세상에 나타났다.
나는 삼계에 집착해서 신체가 말라 시들어 있는
중생들 모두에게 물을 주어 만족하게 할 것이다.

고뇌 때문에 말라 시들어 있는 사람들을 안락하게 할 것이다.
또 나는 세간의 애락과 열반의 평안도 누리게 할 것이다.

천신과 인간의 무리들이여, 내 말을 들으라.
나를 보기 위하여 가까이 오라.

나는 여래이며 세존이며
어느 것에도 지배되는 일이 없다.
사람들을 해탈의 피안으로 건너게 하기 위하여
이 세간에 태어났다.

나는 수천만 억 중생들에게
청정하고 훌륭한 가르침을 설한다.
거기에는 같은 맛의 평등성과 진리가 있다.
그것은 해탈과 열반이다.

나는 언제나 깨달음을 주제로 하여
같은 소리로 법을 설한다.
모든 중생에게 평등하여
어떠한 혐오나 애착도 없다.

나에게는 어떠한 탐착도 없으며
어떤 것에도 애착이나 증오가 없다.
나는 사람들에게 누구에게나 똑같이
평등하게 법을 설한다.

다른 일은 그만두고 나는 오로지 법을 설한다.
걸을 때에도 설 때에도 앉아 있을 때에도
침대 위에 누워 있을 때에도
내가 태만할 때는 결코 없다.

마치 구름이 평등하게 비를 내려
초목을 흠뻑 적시는 것처럼
나는 전 세계를 만족하게 한다.
고귀한 사람이든 천한 사람이든
파계한 사람이든 계를 지키는 사람이든
나는 같은 마음으로 그들을 대한다.

행위가 바르지 않은 사람들도 있으며
행위와 거동이 함께 바른 사람도 있으며
잘못된 견해에 집착해서
바른 견해를 잃어버린 사람들도 있으며
바르고 맑은 견해를 지닌 사람들도 있다.

천한 사람들에게도
견줄 데 없는 마음을 지닌 사람에게도
근기가 둔한 사람들에게도
나는 평등하게 법을 설한다.

모든 태만한 마음을 버리고
나는 바른 법의 비를 그들에게 내린다.

그들은 나로부터 법을 듣고 각자의 근기에 맞게
서로 다른 입장에서 생장한다.
즐거운 신들이나 인간 속에
제석천이나 범천 또는 전륜왕들 속에 안주한다.

이 세상에는 작은 약초도 있으며
중간 정도나 큰 약초도 있다.
그대들은 들으라.
그 모든 것들에 대해 나는 설하겠다.

더러움 없는 법을 체득하고 열반에 도달한 이들
또 여섯 가지 신통을 얻고
세 가지 영지〔三明〕를 갖춘 사람들
그들은 작은 약초라고 불린다.

동굴에 사는 사람들
홀로 깨달음을 바라는 사람들
중간 정도의 맑은 각지(覺知)가 있는 사람들
그들을 중간 정도의 약초라고 한다.

제5장_약초유품

부처님이 될 것을 목적으로 하고
자신은 인간이나 천신의 보호자이신
부처님이 될 것이라 생각하고
정진노력과 선정을 행하는 사람들
그들은 최고의 약초라고 불린다.

세존의 아들들로서 수행에 전심하며
이 세상에서 자애를 베풀고 적정의 수행을 행해서
여래가 되는 데에 의심이 없는 사람들
이와 같은 사람을 교목이라고 부른다.

퇴전하지 않는 법륜을 굴리며
신통력을 지닌 견고한 보살로
수많은 사람들을 해탈시키는 이
그와 같은 사람을 거목이라고 부른다.

부처님께서 평등하게 법을 설하시는 것이
마치 구름이 한결같이 비를 뿌리는 것과 같다.
이처럼 뛰어난 부처님의 지혜 작용은
마치 땅 위에 갖가지 식물이 나 있는 것과 같다.

이 같은 비유처럼 여래의 방편은

갖가지로 절묘함을 알라.
즉 여래께서는 같은 법을 설하시지만
여러 가지로 해석하는 것은
마치 하나의 비에 수많은 물방울이 있는 것과 같다.

내가 내리는 법의 비로
세간의 모든 것은 만족한다.
그러나 그들은 훌륭히 설해진 일미(一味)의 법을
각자의 근기에 맞게 각기 다르게 생각한다.

풀이나 관목 혹은 중간 정도의 약초
혹은 교목이나 거목 등
이 세상에 있는 모든 것이
비가 오면 생생하게 빛나는 것처럼.

언제나 세간을 행복하게 하는 이 가르침은
모든 세간을 법으로써 만족시킨다.
세간은 만족하여 비 맞은 약초처럼 꽃을 피운다.

중간 정도의 약초란
번뇌의 더러움이 없는 데 안주하는 아라한들이나
삼림에서 홀로 수행하는 독각들이다.

그들은 훌륭하게 설해진 이 법을
실제로 실천한 이들이다.

많은 보살들은 의지가 돈독하고 견고하며
삼계에 속하는 모든 사물에 정통하고
최고의 깨달음을 구하고 있다.
그들은 언제나 교목처럼 크게 성장한다.

네 가지 선정을 행해 신통력을 얻고
공성의 진리를 듣고 기뻐하며
수천의 광명을 발해 사람들을 구제한다.
그들이야말로 이 세상의 거목이라고 불린다.

가섭이여, 이와 같이 법을 설하는 것은
마치 구름이 평등하게 비를 뿌리는 것과 같다.
비로 인해 많은 약초가 생장하는 것처럼
설법에 의해 사람들의 꽃이 수없이 핀다.

나는 스스로 체득한 법을 밝혀서
때가 되면 여래의 깨달음의 지혜를
숨기지 않고 드러낸다.
이것은 나와 모든 세간의 지도자이신

第五章 _ 藥草喩品

부처님들의 최고로 뛰어난 방편이다.

내가 진실로 설하는 것은
다음과 같은 최고의 진리이다.
'모든 성문들은 평안의 경지에 도달해 있다.
그들은 뛰어난 깨달음으로 향하는 수행을 하여
장래 부처님이 될 것이다'

"또 가섭이여, 여래는 사람들을 지도하시는 데에 평등하다. 예를 들면 달이나 태양의 빛은 모든 세간을 비춘다. 선한 행위를 한 이나 악한 행위를 한 이, 지위가 높은 이나 낮은 이, 좋은 향기가 나는 것이나 악취가 나는 것 등 모든 것에 평등하게 빛을 비춘다. 불공평하게 비추는 일은 없다.

그와 마찬가지로 가섭이여, 완전한 깨달음에 도달한 여래께서 일체지자(一切知者)의 지혜에서 비추는 마음의 빛은 모든 중생에 대하여, 예를 들어 지옥 등의 오취(五趣)의 세계에 있거나 대승(大乘)이나 독각승(獨覺乘) 혹은 성문(聲聞) 등에게 그들의 바라는 바에 따라 평등하게 바른 설법을 나타낸다. 여래의 지혜의 빛이라는 설법에는 과부족이 없으며, 그 결과로서 중생들이 복덕이나 지혜를 얻게 된다.

가섭이여, 세 가지 탈것의 구별은 본래 존재하지 않는다. 단지 중생들이 각자 다르게 행동하기 때문에 세 가지 탈것이 마련된 것이다."

 이와 같이 부처님께서 말씀하셨을 때, 가섭존자는 세존께 다음과 같이 여쭈었다.

 "세존이시여, 만일 세 가지 탈것이 없다면 어떻게 지금 성문과 독각, 보살의 구별이 있을 수 있사옵니까?"

 세존께서는 가섭에게 다음과 같이 말씀하셨다.

 "가섭이여, 그것은 도공이 같은 흙으로 여러 가지 용기를 만드는 것과 같다. 그 경우 어떤 것은 설탕그릇이 되고, 어떤 것은 기름그릇이 되고, 어떤 것은 발효유나 우유그릇이 되고, 또 어떤 것은 더러운 것을 넣는 막그릇이 된다. 흙에는 차이가 없으나 각기 다른 것을 넣어두기 때문에 그릇의 구별이 생긴다. 가섭이여, 이처럼 탈것은 단 하나인 불승〔一佛乘〕만 있는 것이지, 제2, 제3의 탈것이 있는 것은 아니다."

 이렇게 부처님께서 말씀하셨을 때, 또 가섭존자는 다음과 같이 여쭈었다.

 "세존이시여, 비록 중생들이 지향하고 바라는 바가 각각 다르다고 하더라도, 만일 그들이 삼계로부터 벗어난다면 그들의 열반은 단 하나이옵니까? 아니면 둘 혹은 셋이옵니까?"

 세존께서 말씀하셨다.

 "가섭이여, 모든 법은 평등하다. 또 깨달음으로 해서 열반이 있는 것이다. 그러므로 단 하나의 열반만 있을 뿐, 둘이 있는 것도, 셋이 있는 것도 아니다. 가섭이여, 그대를 위해 비유를 들어 설하

겠다. 그러면 이 세상의 학식 있는 자는 누구라도 그 의미를 깨달을 수 있을 것이다.'

가섭이여, 선천적인 장님은 이렇게 말한다.

'좋은 색과 나쁜 색은 없으며 좋은 색과 나쁜 색을 보는 사람들도 없다. 태양이나 달도 없으며 별자리도 없고 유성도 없으며 유성을 보는 사람들도 없다' 라고.

그러나 사람들은 선천적인 장님에게 이렇게 말할 것이다. '좋은 색과 나쁜 색은 있으며 좋은 색과 나쁜 색을 보는 사람들도 있다. 태양이나 달도 있으며 별자리도 있고 유성도 있으며 유성을 보는 사람들도 있다' 라고.

그러나 선천적인 장님은 이 사람들의 말을 믿지 않으며 그 말뜻을 모른다.

그때 온갖 병에 정통한 의사가 있다고 하자. 그는 선천적인 장님을 보고 이렇게 생각한다.

'이 사람은 전생의 죄업 때문에 병이 났다. 대개 병은 모두 네 종류인데, 풍성(風性)인 것과 담즙성(膽汁性)인 것 그리고 담성(痰性)인 것, 또 이 세 요소가 복합된 것이다'

그 뒤 의사는 그의 병을 고치기 위해 여러 가지 방법을 생각한다.

'이 병은 널리 사용되는 약들로는 고칠 수가 없다. 그러나 저 히말라야 산(雪山)에는 네 종류의 약초가 있다. 첫째는 모든 색과 맛을 지닌 이라는 이름의 약초이며, 둘째는 모든 병으로부터 해방한다는 약초이며, 셋째는 모든 독을 없앤다는 이름의 약초이며, 넷째는 각각의 증상에 맞게 약을 주는 것이라는 이름의 약초이다' 라고.

그래서 그 의사는 선천적인 장님을 불쌍히 여겨 어떻게 하면 히말라야 산으로 갈 수 있을까 하고 방법을 생각한다. 히말라야 산에 도착해서 높은 곳을 오르기도 하고, 낮은 곳으로 내려가기도 하고, 혹은 좌우로 돌아다니며 약초를 찾은 결과 네 종류의 약초를 모두 손에 넣는다.

그리고는 어떤 약초는 씹어서 주고, 어떤 약은 가루로 주고, 어떤 약은 다른 약과 섞어 찐 뒤에 주고, 어떤 약은 생약제와 섞어서 주고, 어떤 약은 몸 속으로 찔러 넣고, 어떤 약은 불로 태워서 준다. 또 어떤 약은 여러 다른 약과 혼합하거나 음식물 속에 섞어서 준다.

이렇게 여러 가지 방법으로 치료한 결과 선천적인 장님은 눈을 뜨게 된다. 그는 눈을 떠서 달과 태양의 빛, 별자리나 유성(流星) 등 가깝거나 멀리 있는 모든 것을 본다. 그리고는 이렇게 생각한다.

'아아, 나는 얼마나 어리석었던가. 이전에는 말해 주는 사람이 있어도 그 말을 믿지 않았고 그 말뜻도 몰랐다. 그런 내가 지금은 모든 것을 볼 수 있다. 나는 장님으로부터 해방되어 눈뜬 이가 되었다. 나보다 뛰어난 이는 아무도 없다'

그때 다섯 가지 신통을 지닌 성현들께서 계셨다고 하자. 즉 신과 같은 눈인 천안통, 신과 같은 귀인 천이통, 타인의 마음을 아는 타심통, 전생을 잘 아는 숙명통, 생각대로 기적을 행하는 신족통 등으로 남을 해탈시키는 데에 뛰어난 그분들은 그 사람에게 이렇게

第五章 _ 藥草喩品

말씀하신다.

'그대는 단지 눈을 뜬 것에 지나지 않으며 그대는 아무것도 모른다. 그런데 그대는 왜 그렇게 교만한가? 그대에게는 지혜도 없으며, 그대는 현자도 아니다' 라고.

또 그분들은 그에게 말씀하신다.

'그대는 집 안에 앉아 있으면 밖에 있는 것은 보이지도 않으며 알 수도 없다. 그대는 사람을 보아도 부드러운 마음씨를 지닌 사람인지 적의 있는 사람인지 모른다. 그대는 5요자나 정도 떨어진 곳에서도 사람들이 하는 말을 알 수 없으며, 마찬가지로 북이나 소라 고동 소리도 모르며 들리지도 않는다. 그대는 아주 가까운 거리도 다리를 움직이지 않고는 갈 수가 없다. 또 그대는 모태 속에서 태어나 성장했지만, 그때의 행동을 생각해 낼 수도 없다. 그런 그대가 어떻게 현자이며 나는 모든 것이 보인다고 말할 수 있는가? 아아, 사내여, 그대가 어두운 것을 밝다고 생각하고, 밝은 것을 어둡다고 생각하는 것은 당연한 것이다'

그래서 그 사람은 성현들에게 이렇게 말한다.

'그런 힘을 얻는 방법은 무엇이옵니까? 어떤 선업을 행하면 그와 같은 모든 것을 아는 지혜를 얻을 수 있사옵니까? 저는 당신들의 은혜로 그 덕성을 얻고 싶사옵니다'

성현들께서는 그 사람에게 다음과 같이 말씀하신다.

'만일 그것을 얻고 싶다면 숲에서 살아라. 혹은 동굴에 앉아서 법을 고찰하고 번뇌를 끊어라. 이리하여 두타행의 덕을 닦는다면,

그대는 온갖 신통을 얻을 것이다'라고.

그래서 그 사람은 그 말씀을 듣고 명심해서 출가한다. 숲에서 살며 마음을 한곳에 집중하여, 세간의 갈망을 끊어 다섯 가지 신통을 얻는다. 신통력을 얻은 그는 이렇게 생각한다.

'이전에 나는 바르지 않은 행위 때문에 아무런 덕성도 얻지 못하였다. 이제는 원하는 대로 할 수가 있다. 이전의 나는 지혜도 부족하였고 이해력도 부족한 장님이었다'

가섭이여, 이와 같은 비유를 설하는 것은 앞에서 설한 그 의미를 알게 하기 위해서이다. 또 다음과 같은 의미도 알아야 한다. 가섭이여, 선천적인 장님은 육도윤회 속에 있는 중생을 가리킨다. 그들은 바른 가르침을 모르며, 번뇌의 어둠인 암흑을 늘리는 자이며, 무명(無明) 때문에 앞이 보이지 않는 자이다. 무명에 눈먼 자들은 생성작용을 되풀이하며 생성하게 하는 작용으로 인하여 정신과 물질의 통일체인 명색(名色)이 생기게 한다. 이런 식으로 해서 마침내는 거대한 괴로움 덩어리(苦蘊)가 생긴다.

이처럼 무명 때문에 눈먼 중생들은 생사윤회 속에 안주하고 있다. 여래께서는 삼계를 벗어나 있지만, 마치 사랑하는 외아들을 대하는 부친과 같은 자비심으로 삼계 속으로 들어오셔서, 중생들이 윤회의 바퀴 속에서 방황하는 것을 보신다. 그런데 중생들은 윤회로부터 벗어나는 법을 모른다. 그런 중생들을 세존께서는 지혜의 눈으로 보신다. 그리고는 그 중생들이 이전에 선행을 했기 때문에 쉽게 화를 내지는 않으나 탐욕이 강하거나 혹은 탐욕은 그다지 없

第五章 _ 藥草喩品

으나 쉽게 화를 내는 것을 아신다. 또 어떤 자는 지혜가 부족하고 어떤 자는 현자이며 어떤 자는 성숙해서 청정하나 어떤 자는 잘못된 견해를 지니고 있다는 것을 아신다. 여래께서는 그런 중생들을 위해 절묘한 방편으로 세 가지 탈것을 설하신다.

이 비유 속에서 다섯 가지 신통을 지닌 맑은 눈의 성현들께서 말씀하신 것처럼, 보살들은 깨달음을 구하는 마음을 일으켜, 사물은 본래 생기지 않는다는 것을 아는 지혜〔無生法忍〕를 얻고 위없는 바른 깨달음을 얻는다.

또 이 비유에서 여래는 위대한 의사와 같으며, 미망에 눈먼 중생들은 선천적인 장님과 같다는 것을 알아야 한다. 탐욕과 분노와 미망은 풍(風)과 담(膽)과 담(痰)의 체액과 같으며, 62가지 잘못된 견해〔六十二見〕도 그와 같다는 것을 알아야 한다. 또 모든 것이 공이라는 공성(空性), 형상이 없다는 무상(無相), 바람의 대상을 벗어나 있다는 무원(無願) 그리고 열반의 문(門)의 네 가지는 네 종류의 약초와 같다는 것을 알아야 한다.

여러 가지 약으로 각각의 병을 낫게 하는 것처럼, 공, 무상, 무원이라는 세 가지 해탈문〔三解脫門〕을 닦아서 사람들은 무명을 없앤다. 무명을 없애면 생성작용이 없어지는데, 이런 식으로 해서 마침내는 거대한 괴로움 덩어리에 이르기까지 모든 것이 소멸하게 된다. 이리하여 그 사람의 마음은 선에도 머물지 않고 악에도 머물지 않는다. 성문의 길을 걷거나 독각의 길을 걷는 사람들도 장님이 눈을 뜬 것과 같다는 것을 알아야 한다. 그들은 윤회와 번뇌의 속박

제5장 _ 약초유품

을 끊었고, 번뇌의 속박으로부터 해탈한 자는 삼계에 속하는 여섯 가지 생존상태로부터 해방된다. 그래서 성문의 길을 걷는 사람은, '이제 더 깨달아야 할 법은 없다. 나는 열반에 도달했다' 라고 한다. 그때 여래께서는 그에게 법을 설하신다. 세존께서는 '모든 법을 체득하지 않은 자에게 어찌 열반이 있겠는가' 라고 하시며, 깨달음을 향하여 그를 격려하신다. 그는 보리심을 일으켜 윤회 속에 머물지는 않지만, 아직 열반에 도달해 있지 않는 보살이 된다. 그는 시방의 어느 곳에서든 삼계에 속하는 것은 모두 공인 것을 깨달으며, 또 세간은 끊임없이 변화하는 것과 같이 환상, 꿈, 아지랑이, 메아리와 같다고 본다. 그는 모든 존재가 생기지도 않고 없어지지도 않으며, 속박도 아니며 해탈도 아니고, 암흑도 아니고 광명도 아닌 것을 본다. 여러 가지 심원한 법을 이처럼 보는 자는 보지 않고 보는 것이다. 즉 삼계에 속하는 모든 것이 사람들의 서로 다른 의욕이나 지향으로 가득 차 있는 것을 본다."

그때 세존께서는 그 의미를 다시 알리기 위하여, 다음과 같이 게송을 설하셨다.

달이나 태양의 빛은
사람들 위로 평등하게 비친다.
덕 있는 이에게도 악한 이에게도
빛은 많고 적음이 없이 비친다.

243

第五章 _ 藥草喩品

여래의 지혜의 빛도
태양이나 달처럼 평등하게 비치며
모든 중생들을 인도한다.
그 지혜의 빛은 모자라거나 남는 일이 없다.

마치 도공이 같은 흙으로 토기를 만들지만
그 토기는 설탕, 우유, 버터, 기름, 물 등
여러 가지 용기가 되는 것처럼.

어떤 것은 더러운 것을 담는 그릇이 되고
어떤 것은 우유그릇이 되지만
도공은 그 그릇을 같은 흙으로 만든다.

어떤 것을 담아두는가에 따라 용기가 달라진다.
마찬가지로 중생들에게 차별은 없으나
의욕이 다르므로 여래께서는
탈것을 구별해서 설하신다.

그러나 부처님의 탈것만이 참된 탈것이다.
사람들은 윤회의 바퀴에 대해 무지하므로
열반의 적정을 모른다.

그에 비해 모든 것은 공이며
실체가 없다고 아는 사람은
바른 깨달음을 얻으신 세존들의 깨달음을
진실로 아는 것이다.

중간 정도의 지혜를 지닌 이를 독각이라고 하며
공에 대한 지혜가 부족한 이를 성문이라고 한다.

그에 비해 모든 법을 깨달은
즉 바른 깨달음을 얻으신 분을 부처님이라고 한다.
부처님께서는 수백 가지나 되는 절묘한 방편으로
언제나 인간들에게 법을 설하신다.

예를 들면 어떤 선천적인 장님이
태양, 달, 별자리, 유성 등을 보지 않고
'물체라는 것은 어디에도 존재하지 않는다'고 한다.

그런데 훌륭한 의사가 있어
이 선천적인 장님을 불쌍히 여겨
설산으로 가서 이리저리 다니며
산에 있는 '모든 색과 맛을 지닌 이'라는
약초를 비롯한 네 가지 약초를 구해 조제한다.

어떤 약은 이로 씹고
어떤 약은 가루로 내고
또 어떤 약은 침 끝에 묻혀 몸 속에 넣어
선천적인 장님을 치료한다.

이렇게 해서 눈을 뜨게 된 뒤
그는 태양이나 달, 별자리, 유성을 보고는
'이전에는 무지해서 그런 말을 한 것이다' 라고 생각한다.

이처럼 중생들은 무지해서
말하자면 선천적으로 장님이라서 윤회하는 것이다.
인연으로 생기는 생사윤회의 바퀴를 모르기
때문에 그들은 고뇌의 길을 걷는다.

가장 뛰어난 일체지자이신 여래께서는
이처럼 무지 때문에 방황하는 사람들을 위하여
세간 속에 자비롭고 훌륭한 의사로 나타나신다.

방편이 절묘한 이 의사는 바른 가르침을 설하시며
최고의 탈것에 속하는 사람들에게
위없는 부처님의 깨달음을 설하신다.

그러나 여래께서는
중간 정도의 지혜가 있는 자에게는
중간 정도의 깨달음을 설하시며
윤회를 두려워하는 자에게는
거기에 맞는 깨달음을 설하시기도 하신다.

삼계로부터 벗어난 성문은
'이리하여 나는 더러움 없는
상서로운 열반을 얻었다' 라고 생각한다.

그래서 나는 그들에게
'그것은 열반이 아니다. 영원한 열반은
일체의 법을 깨달았을 때 얻어진다' 라고 설한다.

그것은 마치 선천적인 장님이었지만
시력을 회복한 장님에게 위대한 여래께서
자비심으로 다음과 같이 말씀하시는 것과 같다.

'그대는 어리석은 자이다. 그대는 결코 자신이
지혜 있는 자라고 생각해서는 안 된다.
담으로 둘러싸인 집 속에서는
그대와 같은 보잘것없는 지혜로는

第五章 _ 藥草喩品

밖에서 생기는 일을 알 수가 없다.

밖에 있으면 무슨 일이 생기는지 당장 알 수 있지만
안에 있으면 당장 알 수 없다.
지혜가 얕은 그대가 어떻게 그것을 알 수 있겠는가?

5요자나 정도 떨어진 곳의 소리라도
그대는 들을 수 없다.
하물며 더 떨어진 곳의 소리는 어떻겠는가.

그대는 자신에게 호의를 품는 사람과
악의를 품는 사람을 가려낼 수가 없다.
그런데 어떻게 지혜 있는 자라는
교만한 마음을 가지는가.

그대는 1크로샤의 거리조차도
한 발자국 한 발자국 걷지 않으면 갈 수 없으며
모태 속에서 일어났던 일들은
모두 잊어버리고 있다.

다섯 가지 신통을 지닌 분을
이 세상에서는 일체지자라고 한다.

그대는 미망 때문에 아무것도 모르는데
스스로는 모든 것을 알고 있다고 하니
어떻게 된 일인가?

만일 모든 것을 알고 싶다면 신통을 얻어야 한다.
신통을 얻고 싶다면
숲에서 살며 청정한 가르침에 대해 사색하여야 한다.
그리하면 그대는 신통을 얻을 수 있다' 라고.

그는 이 가르침대로 숲으로 들어가
마음을 평정하게 하며 사색한다.
그리고 오래지 않아 여러 가지 덕성을 갖추고
다섯 가지 신통을 얻은 자가 된다.

모든 성문들은 이처럼
자신은 열반을 얻은 자라고 생각한다.
그러나 그때 여래께서는 그들에게
'그것은 정지(靜止)이지 열반은 아니다' 라고 설하신다.

성문들에게 알맞게 설해진 이 도리는 부처님의 방편이다.
일체를 알지 못하고는 참된 열반은 없다.
일체를 아는 지혜를 얻도록 노력하라.

과거, 미래, 현재의 삼세에 관한 무한한 지혜와
맑은 여섯 가지 완성의 행인 육바라밀과
모든 것은 공성이며 무상이며 무원이라는 것과

최고의 깨달음을 구하는 마음을 가지도록 노력하라.
번뇌의 더러움이 있는 유루(有漏)와
더러움이 없는 무루의 그 어떤 것도
허공과 같은 적정이라고 설해지고
이 밖에 여러 가지 열반으로 인도하는
가르침이 설해진다.

즉 네 가지 청정한 경지에 있다는
사범주(四梵住;四無量心)나
모든 사람을 포용하는 사섭법(四攝法)이 설해진다.
그 모두가 뛰어난 여래들께서
중생들을 인도하기 위하여 설하시는 것이다.
그것들을 얻도록 노력 수행하라.

모든 존재는 환상이나 꿈과 같으며
파초의 줄기처럼 심이 없으며
메아리와 같다고 아는 사람

또 삼계에 속하는 모든 것은
환상이나 꿈과 같아서 속박된 것도 아니며
해탈한 것도 아니라고 알고
열반도 식별하지 않는 사람

또 모든 존재는 평등하고 공이며
본질적으로 서로 차이가 없음을 알고
또 그것을 바라지도 않으며
그 어떤 것도 결코 차별해 보지 않는 사람,
이런 사람이야말로 위대한 지혜를 지닌 분이시며
남김없이 존재의 전체를 보는 분이시다.

세 가지 탈것이라는 것은 없고
이 세상에는 오직 한 가지 탈것인
일승(一乘, 一佛乘)만이 존재하다.

모든 것은 언제나 참으로 평등하다고 안다면
영원하고 상서로운 열반을 아는 것이다.

약초유품의 구성

1. 여래의 무량무변 공덕

2. 약초(藥草)의 비유

3. 비유에서 법을 밝히다
차별의 비유에서 법을 밝히다 / 무차별의 비유에서 법을 밝히다

4. 부처님이 게송으로 거듭 밝히다
법을 밝히다 / 비유를 들다 / 비유에서 법을 밝히다(차별 비유, 무차별의 비유)

약초유품입니다.

강남 지방에 봄바람이 불지 않는데〔江國春風吹不起〕
두견새는 꽃밭에서 지저귄다〔鷓鷓啼在深花裏〕
삼단 폭포를 거슬러 올라간 물고기는 용이 되지만〔貳級浪高魚化龍〕
어리석은 사람은 밤새 연못의 물을 퍼내고 있다〔痴人猶戽夜塘水〕

혜초라는 선승이 법안화상에게 물었습니다.
"어떤 것이 부처입니까?"
이에 법안화상이 답했습니다.
"네가 혜초지?"

위의 게송은 《벽암록(碧巖錄)》에 나오는 게송입니다. 게송 아래에 있는 혜초와 법안화상의 문답에 대해 송대의 설두선사가 붙인 게송입니다. 게송의 앞 두 구절처럼 자연을 그린 모습은 큰 뜻이 없습니다. 그냥 느낀 대로, 당시의 정서를 드러낸 것입니다. 중국의 일반 정서는 자연과 자신의 감정을 이입해 노래하는 문화입니다. 자연 만물은 드러나 보이지만 마음은 보이지 않기 때문에 마음을 자연에 실어 표현했습니다. 강남 지방은 양쯔강 남쪽을 말합니다. 법안선사가 건강부 석두성 청량사에 살았기 때문입니다. 봄바람이 불지 않았으니 아직 꽃이 피어나지 않았습니다. 그런데 마음 급한 두견새가 빈 가지에 앉아 울어댑니다. 이 정경만으로도 이른 봄의 정취가 물씬 피어납니다.
옛날 우왕(禹王)이 치수 사업으로 상류의 용문산 맹진의 폭포를 삼단으로 끊어서 강물이 들지 못하도록 했다고 합니다. 그곳을 우문삼급

(禹門三級)이라 합니다. 하류에 사는 물고기가 삼단의 폭포를 일시에 뛰어 오르면 용이 된다는 전설이 있습니다. 삼단 폭포를 일시에 오른 물고기가 용이 된 것처럼, '네가 부처다!' 이 말을 알아들으면 그는 우문삼급을 뛰어넘은 용입니다. 그런데 어리석은 사람은 폭포에서 뭘 찾나 봅니다. 밤새 웅덩이의 물을 퍼내고 있습니다. 중생은 이처럼 본질을 알려 하지 않고 곁가지에 머뭅니다. 과감하게 지금껏 살아왔던 굴레를 벗어나야 합니다. 그 사람이 대자유인입니다.

초목과 비의 비유

본 품은 초목에 비유를 들어 중생의 깨달음을 설명합니다. 초목유(草木喩)는 '삼초이목(三草二木)의 비유'이기도 합니다. 앞의 〈신해품〉에서는 4대 성문인 혜명 수보리, 마하가전연, 마하가섭, 마하목건련이 부처님의 비유설법을 듣고 진리에 대한 믿음과 이해를 얻게 된 까닭에 환희심으로 크게 기뻐하였습니다. 이어서 지난날의 어리석음을 사리불이 '궁자의 비유'를 들었습니다. 하지만 여전히 여래의 지혜에는 모자람이 있기에, 형상에 집착해 여래의 평등설법은 중생의 부류에 따라 각각 다르게 말한다는 점을 파악하지 못할까 하는 생각이 있었습니다. 그래서 다시 약초의 비유를 들어 여래의 설법은 평등하고 한결같음을 제시한 것입니다.

근기의 크고 작음에 따라 평등설법을 각각 다르게 수용하는데, 비는 아무런 차별 없이 내리지만 세 종류의 초목과 두 종류의 나무는 각각 자신의 존재에 맞게 비를 다르게 받는 것에 비유합니다. 결국 진리는 다르지 않지만 근기에 따라 수용이 달라지기 때문에 차이가 있는 것처럼 보이는 것입니다. 즉, 오로지 일승이요, 이승 혹은 삼승이 따로 있지 않기 때문에 가르침을 듣는 사람이 자기의 습기와 소견을 단숨에 제거해야만 여래의 평등한 지혜의 바다에 들어가 부처님의 지혜가 열리는 것입니다.

초목의 비유는 세상 식물들이 저마다의 종자, 즉 역량에 따라 구름이 품은 동일한 빗물을 다르게 받아들이므로 제각기 다른 양상으로 성장합니다. 구름은 부처님의 음성, 동일한 맛인 비는 부처님의 설법, 온갖 잡초와 약초와 크고 작은 나무들은 저마다 근기가 다른 중생입니다. 약초나 모든 초목을 윤택하게 하고 자라게 하는 것이 하늘에서 내리는 비라면, 이 비를 받는 초목은 수동적인 입장입니다.

마찬가지로 부처님은 일체중생을 차별 없이 대하며 방편과 비유로 이끌어갑니다. 반면에 중생은 근기에 따라 다양하게 받아들이기 때문에 알아듣는 것이 같지 않습니다. 이는 중생의 근기와 상황에 따라 설법이 달라진다는 말이기도 합니다. 그래도 궁극인 일승을 터득하고 나면 비는 본래 한맛이고 부처님의 설법도 차별이 없이 오직 사랑과 자비로 행해졌음을 기억해야 하겠습니다.

✿ 약초유품의 주요 내용

구름은 그 모두와 말라버린 대지도
흠뻑 적시며 약초 위에도 비를 내린다.
지상에 뿌린 빗물은 같은 맛을 지닌다.

第五章 _ 藥草喩品

잡초나 관목 등 모든 생물은
그 물을 능력과 환경에 맞게 빨아들인다.

교목이든 거목이든
작은 것이든 중간 크기의 것이든
모두 나이와 능력에 맞게 물을 빨아들이며
빨아들여서는 마음껏 생장한다.

구름이 뿌린 비에 젖어
고귀한 약초류는 줄기와 껍질 큰 가지와 잔가지
잎과 꽃이나 과실을 생장시킨다.

그 식물들에게는 각각에게 맞는 상태와 종자가 있어
각각의 능력에 따라 서로 다르게 생장하고 번식한다.
그러나 내린 빗물의 맛은 같은 맛이다.

가섭이여, 세간에 물을 머금은 구름이 나타나듯이
부처님께서도 이 세상에 나타나신다.
세간의 보호자이신 부처님께서는 설법하시며
인간들이 진실로 나아가야 할 길을 제시하신다.

위대한 깨달음을 얻으신 부처님께서는

천신을 포함한 세간으로부터 존경을 받으시며
다음과 같이 말씀하신다.

인간의 최고자이고 승리자이며 여래인 나는
구름처럼 이 세상에 나타났다.
나는 삼계에 집착해서 신체가 말라 시들어 있는
중생들 모두에게 물을 주어 만족하게 할 것이다.

고뇌 때문에 말라 시들어 있는 사람들을 안락하게 할 것이다.
또 나는 세간의 애락과 열반의 평안도 누리게 할 것이다.
천신과 인간의 무리들이여, 내 말을 들으라.
나를 보기 위하여 가까이 오라.

나는 여래이며 세존이며
어느 것에도 지배되는 일이 없다.
사람들을 해탈의 피안으로 건너게 하기 위하여
이 세간에 태어났다.

나는 수천만 억 중생들에게
청정하고 훌륭한 가르침을 설한다.
거기에는 같은 맛의 평등성과 진리가 있다.
그것은 해탈과 열반이다.

나는 언제나 깨달음을 주제로 하여
같은 소리로 법을 설한다.
모든 중생에게 평등하여
어떠한 혐오나 애착도 없다.

나에게는 어떠한 탐착도 없으며
어떤 것에도 애착이나 증오가 없다.
나는 사람들에게 누구에게나 똑같이
평등하게 법을 설한다.

다른 일은 그만두고 나는 오로지 법을 설한다.
걸을 때에도 설 때에도 앉아 있을 때에도
침대 위에 누워 있을 때에도
내가 태만할 때는 결코 없다.

마치 구름이 평등하게 비를 내려
초목을 흠뻑 적시는 것처럼
나는 전 세계를 만족하게 한다.
고귀한 사람이든 천한 사람이든
파계한 사람이든 계를 지키는 사람이든
나는 같은 마음으로 그들을 대한다.

행위가 바르지 않은 사람들도 있으며
행위와 거동이 함께 바른 사람도 있으며
잘못된 견해에 집착해서
바른 견해를 잃어버린 사람들도 있으며
바르고 맑은 견해를 지닌 사람들도 있다.

천한 사람들에게도
견줄 데 없는 마음을 지닌 사람에게도
근기가 둔한 사람들에게도
나는 평등하게 법을 설한다.
모든 태만한 마음을 버리고
나는 바른 법의 비를 그들에게 내린다.

그들은 나로부터 법을 듣고 각자의 근기에 맞게
서로 다른 입장에서 생장한다.
즐거운 신들이나 인간 속에
제석천이나 범천 또는 전륜왕들 속에 안주한다.

이 세상에는 작은 약초도 있으며
중간 정도나 큰 약초도 있다.
그대들은 들으라.
그 모든 것들에 대해 나는 설하겠다.

第五章 _ 藥草喩品

🏵 음식은 사랑입니다

초목에게는 자연의 모든 것이 음식입니다. 바람도, 햇살도, 비도 음식입니다. 음식은 사랑의 상징이기도 합니다. 어머니와 아이 사이에 많은 사랑이 존재하는 것은 어머니가 아이의 첫 번째 음식이기 때문입니다. 아이는 어머니를 먹고 어머니는 아이의 몸과 영혼 속으로 들어갑니다. 아이에게 어머니는 사랑의 근원이 아니라 음식의 근원이기도 합니다. 음식이 첫째이고 사랑이 그 다음입니다. 고대 그리스인이 인도에 가서 놀랐던 것 중에 하나가 계급이 다르면 같이 먹지 않고, 심지어 정해진 때도 없이 혼자서도 먹는다는 사실이었습니다.

저녁식사는 삶을 즐기는 것의 상징이라 합니다. 예수에게 저녁식사는 명상이요 기도였습니다. 예수는 언제나 제자들과 가까운 사람들을 초대하여 식사하는 것을 좋아했습니다. 심지어 죽기 전날에도 최후의 만찬을 했습니다. 함께 먹는 것, 음식을 나누어 먹으면 형제가 됩니다. 하나의 공동체가 생겨난 것입니다.

힌두교인은 사회를 구성하고는 있지만 공동체 의식은 없습니다. 이런 전통은 사막의 유목민에게 특히 강합니다. 여성은 사랑하는 마음이 음식을 준비하는 마음으로 나타난다고 합니다. 음식을 먹는 것을 지켜보면서 행복을 느끼는 것입니다. 사랑은 음식을 통해 흐릅니다. 사랑이 없으면 음식이 변합니다.

음식은 매우 기본적인 것입니다. 나누어 먹을 수 있고, 이 행위가 동물을 벗어나 인간성으로 발전하는 차이입니다. 음식을 함께 먹는 것은 순수한 영혼의 즐거움, 함께 누리는 감사의 기도입니다. 절에서는 '공양'이라 하여 남에게 베푸는 보시의 행위를 음식으로 표현하여 공양이라 합니다. 법문은 법공양, 노래는 음성공양, 옷은 옷공양처럼 모든 보시행에 공양이라는 말을 붙입니다. 보시, 이 베푸는 행위는 사랑의 표현이기 때문입니다. 가족을 위해서 준비하는 음식이 사랑입니다. 어머니는 사랑으로 음식을 준비합니다. 그리고 한없이 애정 어린 마음으로 지켜봅니다.

🪷 인색한 공양은 해롭다

구한말 충남 홍성 출신의 대선지식이었던 수월큰스님이 금강산 마하연에서 있었던 이야기입니다. 그곳에는 밭을 일궈 겨울 김장을 하기 때문에 가을이면 무나 배추 같은 채소가 잘 자라 있기 마련입니다. 물론 숲의 멧돼지나 짐승들이 밭을 헤치는 것도 여간 걱정거리가 아니었습니다. 하루는 공양주가 밭을 지나다 탐스런 무가 눈에 들었습니다. 옛날에는 먹을 게 따로 없으니 이런 것도 간식거리가 되었습니다. 수월스님께서 정성스레 가꾼 채소밭이어서 좀 죄송스럽기도 했지만 탐심에 무 하나를 뽑아서 풀밭에 흙을 닦은 후에 입을 크게 벌리고 무를 깨물려는 찰나에 그만 턱이 빠지고 말았습니다. 혼날 것이 두려워 방에 들어가 턱을 싸매고 끙끙 앓다가 깜박 잠이 들었는데, 꿈에 산신이 나타나서 큰소리로 꾸짖었습니다.

"너는 그 무가 어떻게 생긴 것인지 아느냐. 도인이 가꾼 것인데, 너 때문에 나까지 혼나게 생겼다."

그러면서 공양주를 혼내더라는 것입니다. 잠에서 깬 공양주가 깜짝 놀라 수월큰스님 방에 찾아가 발음도 잘 안 되는 소리로 자초지종을 고했습니다. 스님께서 공양주를 이끌고 산신각으로 가서 산신탱화 앞에 가서 향을 피워 올리고 "뭐 그 정도로 그런가!"라고 말했습니다. 이 말끝에 공양주의 턱이 깨끗이 나았다 합니다.

도량을 깨끗이 하고 공양물을 아끼면 도량신의 수호를 받습니다. 고려 공민왕 때의 나옹스님이 공민왕의 요청으로 신광사라는 절의 주지가 되었는데, 1362년 겨울 마침 홍건적의 난이 일어 절에까지 밀려들어 위험한 상황인지라 대중이 떠나자는 청을 자꾸 올렸습니다. 성화에 못 이겨 떠나려했는데, 떠나기 전날 밤 꿈에 어떤 신인(神人)이 나타나 스님께 말했습니다.
"스님께서 떠나시면 이 도량은 없어지고 맙니다. 떠나지 마십시오."
스님께서 다음 날 도량을 돌아보니 마침 토지신의 모습이 꿈에서 본 신인과 같아서 떠나지 않고 절에 남아 지켜냈다는 이야기입니다.

흰 말이 갈대 꽃밭에 들어간다

하얀 말이 있습니다. 온통 하얗습니다. 갈대밭이 있습니다. 더욱이 늦가을이라 갈대가 흰 꽃을 가득 피워 올린 들판입니다. 온통 백색 물결입니다. 그런데 흰 말이 갑자기 갈대 꽃밭으로 들어갔습니다. 갈대도 하얗고 말도 하얗습니다. 구분이 어렵습니다. 이는 선가(禪家)의 어록에 나오는 말입니다. 중생은 모든 것이 분리되어 있어서 괴롭습니다. 그러나 공부가 깊어질수록 나와 우주는 본질적으로 한 몸으로 연결되어 있음을 알게 됩니다. 그래서 내가 필요한 것은 내 앞에 나타나게 되어 있습니다. 나 또한 다른 사람의 필요에 따라 움직이기도 합니다. 모두가 한 비를 맞고 자라는 풀이요, 약초요, 나무입니다. 평등하고 차별이 없습니다.

🪷 삶은 단편적이지 않다

알래스카 이누피아트 족 한 여인의 이야기입니다.

그 여인은 이렇게 말합니다.
"나는 밤이 지나가기를 기다리는 법을 배웠다.
배고픔의 시기를 견뎌내는 법과 늙은 사람이 죽는 것을 지켜보는 법을 배웠다.
우리 인디언은 삶을 받아들일 줄 안다.
인간 존재로서 삶의 모든 좋은 시기와 나쁜 시기를 받아들인다.
그리고 죽음까지도. 죽음은 삶의 한 부분이다.
나의 딸은 죽음을 맞이하면서도 매우 용감했다.
나는 그 아이가 먼 곳을 바라보는 것을 보았다. 내가 물었다.
'넌 무얼 보고 있는 거냐? 무엇을 보는 거냐?'
딸아이가 '아름다운 것들이 보여요, 엄마' 라고 대답했다.
그때 나는 사람이 죽어도, 그것으로 끝이 아니라는 것을 알았다.
당신이 죽어도 당신의 영혼은 계속해서 존재한다.
그것은 하나의 나무처럼 여전히 하나의 대상으로 존재한다.

第五章 _ 藥草喩品

그대의 영혼은 기다리는 장소로 가서, 몸을 얻어 다시 태어날 때까지
기다린다.
나는 죽음을 두려워한 기억이 없다.
죽음을 탄생과 마찬가지로 받아들일 수 있어야 한다.
사람이 죽는 것은 한 개의 문이 닫히고 다른 문이 열리는 것과 같다."

삶과 죽음을 유연하게 보는 인디언의 전통이 예사롭지 않습니다. 이
세상에 존재의 이유 없이 생겨난 것은 없습니다. 본인이 원해서건 업
의 힘에 이끌려서건 불필요한 존재는 없습니다. 우리의 영혼은 나눠
가지는 마음을 이해하고 실천할 때만이 가장 고귀하게 빛납니다.
하늘에서 내리는 부처님 법의 비(法雨)가 대지를 적실 때, 내가 더 많
이 차지하려고 남을 방해하지는 않습니다. 오직 자신의 생존 목표에
집중할 뿐, 이 에너지가 남에게 부정적으로 작용하지는 않습니다.

우리는 부처님의 자비와 사랑으로 자라는 한 줌의 풀입니다.
바람이 불면 같은 방향으로 눕는 여린 풀입니다.
사랑하는 마음을 키울 때, 내가 세상에서 해야 할 사명을 알게 될 것입
니다.

6 수기품

6
수기품 授記品

　세존께서 이 게송을 설하시고는 거기에 모인 모든 비구들을 향하여 말씀하셨다.

　"비구들이여, 그대들에게 알리나니 나의 제자인 가섭 비구는 장래 삼천만 억의 부처님들을 공경, 공양하며 찬양해서 그 부처님들의 바른 법을 받아 지킬 것이다. 그는 윤회의 마지막 몸으로, '광덕(光德)'이라는 세계에서 '대장엄(大莊嚴)'이라는 겁을 만날 때, '광명(光明)'이라는 이름의 바른 깨달음을 얻은 존경받는 여래로 이 세상에 나타날 것이다.

　그는 지혜와 덕행을 갖춘 선서시며, 세간을 잘 아는 위없는 분이시며, 사람들을 잘 다스리는 분이시며, 천신과 인간의 스승이시며, 불타시며, 세존이 될 것이다. 수명은 12중겁으로, 그의 바른 가르침은 20중겁 동안 계속 될 것이며, 바른 가르침과 유사한 가르침도 20중겁 동안 계속될 것이다.

　그 부처님의 국토는 맑고 깨끗하며, 돌이나 기왓조각, 자갈은 물론 깊은 웅덩이나 낭떠러지도 없으며, 도랑이나 분뇨가 차는 일도 없고 평탄하고 쾌적하며 청아해서 보기에도 아름다울 것이다. 대지는 유리로 된데다가 보석나무로 장식되어 있고, 금실이 바둑판처럼 이어져 있으며, 꽃이 뿌려져 있을 것이다. 그곳에는 수백 수천의 많은 보살과 수백 수천만 억 나유타의 무량한 성문들도 있을 것이다. 그곳에서는 악마도 모습을 나타내지 않을 것이며 그의 무리도 찾아볼 수 없을 것이다. 설령 그곳에 악마나 그 무리가 있다 해도, 그들은 광명여래의 가르침 밑에서 바른 가르침을 익히는 데 전념할 것이다."

그때 세존께서 다음과 같이 게송을 설하셨다.

비구들이여, 나는 부처님의 눈으로 볼 수가 있다.
가섭 비구는 미래의 무수한 겁 동안
인간의 최고자이신 부처님들을 공양한 뒤
부처님이 될 것이다.

비구늘이여
가섭은 삼천만 억이나 되는 부처님들을 뵐 것이다.
그리고는 그 밑에서 부처님의 지혜를 얻기 위해
순결한 생활인 범행을 행할 것이다.

부처님들께 공양한 뒤
최고의 지혜를 완성하여

第六章 _ 授記品

윤회전생하는 마지막 몸으로
비할 데 없는 위대한 성현으로
세간의 보호자인 부처님이 될 것이다.

그 부처님의 국토는 아주 훌륭해서
아름답고 청아하게 빛나
보기에도 아름다울 것이다.
그 모습은 언제나 상쾌하며
길은 금실로 장식되어 있을 것이다.

비구들이여,
그 국토에는 보옥으로 된 여러 종류의 나무가 있는데
그 나무들은 바둑판 모양의 한 구획마다
한 그루씩 서서 쾌적한 향기를 뿜을 것이다.

그곳은 여러 종류의 꽃으로 장식되며
다채로운 꽃으로 아름답게 빛날 것이다.
그곳에는 깊은 웅덩이나 낭떠러지 같은 곳은 없으며
평탄하고 평화로워 보기에도 아름다울 것이다.

수천만 억의 보살들이 그곳에 있어서
그들의 마음은 잘 제어되어 있으며

그들이 지닌 신통력은 뛰어날 것이다.
또 부처님들의 광대한 경전을 지니고 있는
많은 보살들이 수없이 있을 것이다.

또 그곳에는 부처님의 제자인 성문들도 있을 것이다.
그들은 윤회의 마지막 몸으로
번뇌의 더러움을 완전히 떠나 있을 것이다.
그 수 또한 대단히 많아
비록 천상의 지혜로 수겁 동안 헤아린다 해도
도저히 알 수 없을 것이다.

그 부처님께서는 12중겁 동안
이 세상에 머무르실 것이며
바른 가르침은 20중겁 동안 계속될 것이다.
또 바른 가르침과 유사한 가르침도
20중겁 동안 이 광명불을 빛낼 것이다.

그때 목건련존자와 수보리존자와 가전연존자는 몸을 떨면서 눈한 번 움직이지 않고 세존을 우러러보았다. 그리고는 각자 목소리를 맞추어 한마음으로 다음의 게송을 읊었다.

아아, 존경받으실 위대한 용자시여

최고의 분이신 석가족의 사자(獅子)시여
저희들을 자비로이 여기시어
부처님의 수기를 들려주시옵소서.

사람 가운데 최고자시여
분명 지금이 적절한 시기라고 아시어
마치 감로를 뿌리시는 것처럼
저희들에게도 수기를 주시옵소서.
자재하신 세존이시여.

기근이 든 곳에서 온 어떤 남자가
우연히 좋은 식사를 하게 되어
손으로 먹으려 할 때
'조금만 기다리라'는 말을 들었다고 합시다.

그처럼 저희들은 갈망하고 있사오며
소승의 가르침에 대해 생각한 뒤
기근 때문에 먹을 것을 찾는 남자처럼
부처님의 지혜를 얻으려 하옵니다.

바른 깨달음을 얻으신 위대한 성자께서
아직 저희들에게 수기를 주지 않으신 것은

마치 손 위에 얹힌 음식을
아직 먹어서는 안 된다고 하는 것과 같사옵니다.

용자시여, 이처럼 부처님이 될 것이라는
위없는 말씀을 듣기는 했지만
그 때문에 저희들은 더 불안에 떨고 있사옵니다.
만일 저희들에게 직접 수기를 주신다면
저희들의 불안은 없어지고 마음도 평안해질 것이옵니다.

위대한 용자시여
사람들의 행복을 바라는 자애로운 분이시여
부디 수기하여 주시옵소서.
저희들의 가난한 마음이 없어지도록
위대한 성자시여.

그래서 세존께서는 이 위대한 성문들의 마음을 분명히 아시고, 다시 모든 비구들을 향하여 말씀하셨다.
"비구들이여, 수보리 비구는 삼천만 억 나유타의 부처님들을 공경, 공양, 찬양하며 그 부처님 밑에서 순결한 생활을 한 뒤 깨달음을 완성할 것이다. 여러 부처님들을 모신 뒤, 윤회하는 마지막 몸으로 '명상(名相)'이라는 이름의 바른 깨달음을 얻어 존경받는 여래로서 세간에 나타날 것이다. 그는 지혜와 덕행을 갖춘 선서시며,

세간을 잘 아는 위없는 분이시며, 사람들을 잘 다스리는 분이시며, 천신과 인간의 스승이시며, 불타시며, 세존이 될 것이다.

그 부처님의 국토 이름은 '보생(寶生)'일 것이며 그 겁은 '유보(有寶)'라고 불릴 것이다. 그 국토는 평탄하고 쾌적하며 수정으로 되어 있고, 보석나무로 채색되어 있으며, 깊은 웅덩이나 낭떠러지도 없고, 오물이 차는 일 없이 상쾌하며 늘 꽃이 뿌려져 있을 것이다. 또 그곳에서는 사람들이 훌륭한 누각에서 향락을 누릴 것이다. 그 부처님께서는 헤아릴 수 없는 많은 제자들이 있으며, 또 수많은 보살들도 있을 것이다. 그 세존의 수명은 12중겁이며, 바른 가르침은 20중겁 동안 계속될 것이다. 바른 가르침과 유사한 가르침도 20중겁 동안 계속될 것이다. 그 세존께서는 공중에 멈춰 서서 쉴 새 없이 법을 설하실 것이며, 수백 수천의 많은 보살과 수백 수천의 많은 성문들도 지도하실 것이다."

그때 세존께서 다음과 같이 게송을 설하셨다.

비구들이여,
그대들에게 알리나니 내 말을 잘 들으라.
나의 제자인 장로 수보리 비구는
후세에 부처님이 될 것이다.

그는 삼천만 억 나유타나 되는
커다란 위력을 가진 많은 부처님들을 뵙고

깨달음의 지혜를 얻기 위해 적절히 수행할 것이다.

용자인 그는 윤회하는 마지막 몸으로
32상을 갖추고 황금기둥처럼 위대한 부처님이 되어
세상 사람들의 행복을 바라는 자애로운 분이 될 것이다.

그 국토는 대단히 훌륭하고 아름다우며
많은 사람들이 소망하는 곳일 것이다.
세간의 친척인 그는 수많은 인간들을 제도하여
그곳에서 살게 할 것이다.

또 그곳에는 커다란 위력을 가진
많은 보살들이 있을 것이다.
그들은 불퇴전인 가르침의 바퀴를 굴릴 것이며
뛰어난 근기로 여래의 가르침을 받아
이 부처님의 국토를 빛나게 할 것이다.

또 그곳에는 많은 성문들이 있는데
도저히 그 수를 헤아릴 수는 없을 것이다.
그들은 여섯 가지 신통과 세 가지 영지를 갖춘
위대한 신통력의 소지자이며
여덟 가지 해탈 속에 사는 이들이다.

第六章 _ 授記品

사람들의 생각은 최고의 깨달음을 설하신
부처님의 신통력에 도저히 미치지 못할 것이다.
그리고 갠지스 강의 모래알처럼 많은
천신과 인간이 언제나 그에게 합장할 것이다.

그는 12중겁 동안 이 세상에 머무를 것이며
인간의 최고자이신 부처님의 바른 가르침은
20중겁 동안 계속될 것이고
바른 가르침과 유사한 가르침도
20중겁 동안 계속될 것이다.

다시 세존께서 모든 비구들에게 말씀하셨다.
"비구들이여, 그대들에게 알리나니 가전연 비구는 8천만 억 부처님들을 공경, 공양하며 찬양할 것이다. 그리고 그들 여래께서 열반에 드실 때, 한 분 한 분을 위해 높이가 천 요자나에 주위가 50요자나나 되는 금, 은, 유리, 수정, 빨간 진주, 마노, 호박의 칠보로 된 탑을 세울 것이다. 그리고 그 탑을 꽃, 훈향, 향수, 화만(華鬘), 도향, 분향, 옷, 우산, 기, 깃발, 승리의 깃발로 공양할 것이다. 그 뒤, 다시 그는 2천만 억 부처님을 마찬가지로 공경, 공양하며 찬양할 것이다. 그는 인간으로 윤회하는 마지막 몸으로, 이 세상에서 '염부나제금광(閻浮那提金光)'이라는 이름의 존경받는 여래가 될 것이다. 그는 바른 깨달음을 얻은 여래가 되어 지혜와 덕행을 갖춘 선서시며, 세간을 잘 아는 위없는 분이시며, 사람들을 잘 다스리는 분이시며, 천신과 인간의 스승이시며, 불타시며, 세존이 될 것이다.

그 부처님의 국토는 아주 청정하고 평탄하며, 쾌적하고 청아해서 보기에도 아름다울 것이다. 또 수정으로 되어 있고 보석나무로 장식되어 있으며, 금실로 채워져 있고 꽃이 깔개처럼 깔려 있을 것이다. 지옥, 축생, 야마세계의 무리나 아수라의 무리는 없을 것이며 천신과 인간으로 가득한데, 수백 수천의 많은 성문들이 그를 에워싸고 있으며, 수백 수천의 많은 보살들이 그를 장엄하게 할 것이다. 그 부처님의 수명은 12중겁이고, 바른 가르침은 20중겁 동안 계속될 것이며, 바른 가르침과 유사한 가르침도 20중겁 동안 계속될 것이다."

그때 세존께서 다음과 같이 게송을 설하셨다.

비구들이여, 모두 거짓이 없는 내 말을 들으라.
나의 제자인 장로 가전연 비구는
세간의 지도자이신 부처님들께 공양을 올릴 것이다.

그는 세간의 지도자를 여러 가지 방법으로 공경하고
부처님들께서 열반에 들어가신 뒤에는
탑을 만들게 하여 꽃이나 향으로 공양할 것이다.

윤회하는 마지막 몸을 얻은 뒤에는

第六章 _ 授記品

아주 청정한 국토에서 깨달음을 얻으신
부처님이 될 것이다.
부처님의 지혜를 완성하여 수천만 억의 인간들에게 설할 것이다.

그는 천신을 포함한 이 세간에서
존경받는 빛나고 위력 있는 부처님이 될 것이다.
그 이름은 '염부금광(閻浮金光)'이라 하며
수많은 천신과 인간의 구제자가 될 것이다.

그 국토에는 헤아릴 수 없이 많은
보살들과 성문들이 있을 것이며
그들은 모두 존재의 두려움으로부터 벗어난 자로
부처님의 가르침을 장식할 것이다.

세존께서 다시 비구들에게 말씀하셨다.
"비구들이여, 그대들에게 알리나니 목건련 비구는 2만8천의 부처님을 뵙게 될 것이다. 그리고 그 부처님을 여러 가지로 공경, 공양하며 찬양할 것이다. 그 부처님들께서 열반에 들어가신 뒤에는 그 부처님을 위하여 금, 은, 유리, 수정, 빨간 진주, 마노, 호박의 칠보로 된 탑을 만들게 할 것인데, 그 높이는 천 요자나이며 주위는 5백 요자나이다. 그리고 탑에는 꽃, 훈향, 향수, 화만, 도향, 분향, 옷, 우산, 기, 깃발, 승리의 깃발로 여러 가지 공양을 올릴 것이다. 그 뒤, 그는 마찬가지로 2천만 억 부처님들을 공경, 공양하며 찬양할 것이다. 그래서 윤회하는 마지막 몸을 얻었을 때, 타말라나무 잎이나 전단의 향기가 있는 '다마라발전단향(多摩羅跋栴檀香)'이라는 이름의 바른 깨달음을 얻어 존경받는 여래로 세상에 나타날 것이다.

그는 지혜와 덕행을 갖춘 선서시며, 세간을 잘 아는 위없는 분이시며, 사람들을 잘 다스리는 분이시며, 천신과 인간의 스승이시며, 불타시며, 세존이 될 것이다. 그 부처님의 국토는 '의락(意樂)'이라는 이름이며, 그 겁은 '희만(喜滿)'이라는 이름일 것이다. 또 그 국토는 아주 청정하고 평탄하며 쾌적하고 청아하여 보기에도 아름다우며, 수정으로 되어 있고 보석나무로 장식되며 꽃이 뿌려져 있을 것이다. 그곳은 천신과 인간으로 가득할 것이며, 수백 수천의 성문이나 보살들이 즐기는 곳일 것이다. 그 부처님의 수명은 24중겁으로, 바른 가르침은 40중겁 동안 계속될 것이며, 바른 가르침과 유사한 가르침도 40중겁 동안 계속될 것이다."

그때 세존께서 다음과 같이 게송을 설하셨다.

성이 목건련인 나의 제자는 인간으로서의 삶이 끝난 뒤
2만 명의 승리자와 8천 명의 더러움을 벗어나신
부처님을 뵐 것이다.

그는 부처님의 지혜를 구하면서

그 부처님들 밑에서 순결한 생활을 할 것이다.
그때 인간의 최고자며 지도자들에게
여러 가지 방법으로 공양할 것이다.

수천만 억의 많은 겁 동안
그 부처님들의 절묘하고 바른 가르침을
지니고 보존할 것이며
그분들께서 열반에 들어간 뒤에는 그 탑에 공양할 것이다.

그는 최고의 승리자들을 위하여
승리의 깃발을 세운 보옥으로 된 탑을 세울 것이다.
그리고 세간의 행복을 바라는
자비로운 부처님들을 찬양해서
꽃이나 향을 공양하거나 음악을 연주하여 공양할 것이다.

그는 '의락' 이라는 국토에서 윤회의 마지막 몸으로
'다마라발전단향' 이라는 이름의
세간의 행복을 바라는 자비로운 부처님이 될 것이다.

수명은 24중겁으로
그 동안 내내 천신과 인간에게
가르침을 설할 것이다.

그 승리자께는 여섯 가지 신통과 세 가지 지혜를 갖춘
위대한 신통력을 가진 성문들이 있는데
그 수는 갠지스 강의 모래알처럼
수천만 억의 많은 수가 될 것이며
그들은 선서의 가르침 밑에서 신통을 얻을 것이다.

또 많은 불퇴전의 보살들이 있어
언제나 정진노력하고 바르게 인식해서
선서의 가르침에 전념하고 있을 것이다.
그들의 수는 수천이나 될 것이다.

그 승리자께서 열반에 드신 뒤
바른 가르침은 40중겁 동안 계속될 것이다.
바른 가르침과 유사한 가르침도
마찬가지일 것이다.

나는 대신통력을 가진 5명의 성문들에게
최고의 깨달음을 얻을 것이라고 수기를 주었는데
그들은 장래 승리자가 될 것이다.
그들의 수행에 대해서 나에게 물어보라.

수기품의 구성

1. 부처님이 가섭에게 수기를 내리다
가섭은 광명여래가 되리라

2. 부처님이 게송으로 거듭 설하다

3. 수보리, 가전연, 목건련이 부처님께 수기를 청하다

4. 부처님이 수보리에게 수기를 내리다
수보리는 명상여래가 되리라

5. 부처님이 게송으로 거듭 설하다

6. 부처님이 가전연에게 수기를 내리다
가전연은 염부나제금광여래가 되리라

7. 부처님이 게송으로 거듭 설하다

8. 부처님이 목건련에게 수기를 내리다
목건련은 다마라발전단향여래가 되리라

9. 부처님이 게송으로 거듭 설하다

수기품입니다.

마음도 착하고 명(命)도 좋으면 평생 부귀를 누리고
명은 좋은데 마음이 악하면 복이 화근으로 바뀐다
명은 나쁘나 마음이 착하면 화근이 복으로 바뀌고
마음과 명이 모두 나쁘면 재앙을 당하고 곤궁하며 단명한다
마음은 명을 순탄하게 바꾸어 놓을 수 있으니
어짊의 도리(仁道)를 따르도록 하라
명은 실로 마음에 의해 창조되는 것이니
길흉화복도 결국 인간이 불러들이는 것
명만 믿고 마음을 닦지 않으면 음양이 맞지 않고
마음을 닦으면서 명을 따르면 천지가 서로 돕는다

위의 글을 보면 세상의 길흉화복을 좌우하는 중요한 두 가지가 보입니다. '마음'과 '명'입니다. 마음은 나로부터 생겨나는 것이고, 명은 세상으로부터 결정지어지는 그 무엇입니다. 안과 밖의 작용원리입니다. 마음의 주인공은 나입니다. 명은 외부로부터 오기 때문에 나의 한계를 넘는 우주적인 것입니다. 우주적이란 말은 얽히고설킨 모든 인과관계의 총체입니다. 이럴 때 우리는 운명이다, 하늘의 뜻이다, 부처님 뜻이다, 신의 뜻이다, 라고 합니다. 달리 말하면 하나는 본래 시작을 논하기도 어려운 극도의 세밀함이자 원인적인 것이고, 하나는 하늘에서 내리는 비나 눈처럼 어떻게 손 써보기도 전에 들이닥치는 것으로 범위가 일단 크고 결과적인 것입니다. 이런 경우 공자도 '운명이다!'라고 했습니다.

第六章 _ 授記品

마음을 잘 제어하면 심신의 안락을 느낄 수 있습니다. 병도 잘 생기지 않습니다. 현대인의 병이란 것이 알고 보면 마음대로 되지 않음에 대한 불편과 자신의 주제를 파악하지 못하고 지나친 탐욕을 부린 데서 기인하기 때문입니다. 명은 예기치 않게 생겨납니다. 이 우연성을 겸허하게 받아들이지 못하면 사람은 어떻게 해볼 방법이 없습니다. 자기 잘난 맛에 사는 데 어떻게 하겠습니까.

마음도 착하고 명도 좋으면 최상의 조건입니다. 누구나 꿈꾸는 부귀영화가 그림자처럼 절로 따라옵니다. 전생에 닦아놓은 게 있어 타고난 명은 좋은데 마음을 잘 쓰지 못하면 복이 날아가 버립니다. 서서히 시련에 발을 담그게 됩니다. 마음과 명이 모두 나쁜 경우는 정말 끔찍합니다. 사는 일은 궁핍하고, 온갖 병에 단명합니다. 정신을 바짝 차리고 부지런히 복을 짓고 마음을 바르게 써서 상황을 반전시켜야 합니다. 상황은 기세를 기반으로 하기 때문에 상황을 바꾼다는 것은 쉬운 일이 아닙니다.

불교에서는 모든 것을 하나의 흐름으로 봅니다. 흐름이 세상의 법칙입니다. 고정되어 있지 않고 끊임없이 변하는 흐름만이 존재합니다. 그렇기 때문에 마음을 단단히 먹으면 흐름을 바꿀 수 있습니다. 정말로 피나는 노력이 있어야 합니다. 그래서 명이 나빠도 마음을 바르게 쓰면 화가 복이 됩니다. 그런데 이 노력에 전제가 하나 있습니다. 단순히 의지만 가지고 덤비는 것은 아무 의미가 없습니다.

동으로 가겠다고 하면서 방향도 모른 채 길을 나선 나그네가 있습니다. 사람들이 그를 보고 방향이 틀렸다고 합니다. 그러나 그는 자신이 동쪽으로 가고 있다고 믿기 때문에 분명히 동쪽이 나타날 것이라고 우깁니다. 누구에게든 방향을 물어보면 간단하게 바르게 갈 수 있는데 말입니다. 이처럼 바른 방법에 대한 이해가 바로 지혜입니다. 이 지혜가 없는 믿음은 세월만 헛되이 보내고 맙니다. 믿음도 지혜가 함께해야 합니다. 경전을 배우고 법문을 듣는 공덕이 작지 않은 이유입니다.
이렇게 마음과 명을 바꾸려면 무엇보다 따듯한 마음이 필요합니다. '仁(인)'은 어진 마음입니다. 이 어진마음은 입장을 바꿔 생각하기가 기본입니다. 마음을 닦는 데는 무엇이든 공식이 있습니다. 남의 입장에서 헤아려보면 다그치듯 상대방을 몰아세우고 무시하지 않게 됩니다. 사랑과 자비의 마음이 안 생길 수 없습니다. 이처럼 마음을 닦고 운명을 이해한다면 장애를 느끼지 못합니다. 모든 것이 순조롭고 즐겁습니다.
앞 사람은 말을 타고, 나는 나귀를 타고 가는데, 앞을 보면 내가 그 사람만 못하지만 고개를 돌려 뒤의 수레 끄는 사람을 보니 내가 낫더라, 라는 말이 있습니다. 세상사가 그렇습니다.

🪷 성불에 대한 확신

수기(授記)는 부처님께서 누군가에게 미래의 성불에 대한 확신의 말씀입니다. 이 수기는 아무에게나 하지 않습니다. 우선 지혜가 열려야 하고, 궁극에 이르도록 물러나지 않는 신심이 있어야 합니다. 세상일이란 게 뜻대로만 되는 것이 아니어서 아무리 굳건히 마음을 가진다 해도 어떤 불가피한 상황에 직면하게 되면 그 뜻을 성취 못할 수도 있습니다. 이런 여러 우연성에도 불구하고 수기를 내려주시고 또 수기를 받는다는 것은 결과가 한 치의 어긋남도 없이 이루어진다는 명확한 믿음이 있어야 합니다.

《법화경》의 〈수기품〉, 〈오백제자수기품〉, 〈수학무학인기품〉은 수기에 대한 내용을 담고 있습니다. 부처님께서 가섭과 수보리, 가전연, 목건련을 시작으로 다양한 부류의 제자와 구도자들에게 성불할 것이라는 예언의 말씀을 합니다. 본 품에서는 먼저 가섭존자에게 수기를 내립니다. 미래에 광명여래가 되어 광덕(光德)이라는 불국토를 세우리라는 것입니다. 다음은 수보리에게 명상여래가 되어 보생(寶生)이라는 정토를 다스리리라 수기하고, 가전연은 염부나제금광여래, 목건련은 다마라발전단향여래가 되리라 수기를 내립니다. 그리고 이 미래 네 분의 부처가 살게 될 불국토를 아주 아름답게 묘사합니다. 그곳은 온갖 화려한 장식품들이 즐비하고, 온갖 유형의 고통과 고난에서 자유로운 곳이라고 합니다. 이 네 비구는 원래 성문의 단계이지만, 《법화경》 덕분에 모든 존재를 해탈열반의 피안으로 인도하기 위하여 기꺼이 보살의 길에 들어서, 궁극에 성불한다는 것을 설합니다.

그렇게 부족한가?

《법화경》의 일승(一乘)은 다른 말로 불승(佛乘)이기도 합니다. '일(一)'은 궁극이고, 불승은 부처님 세계에 오르는 것을 의미합니다. 이 불승은 분열과 대립과 경쟁을 벗어나 서로 화목하고 다름을 인정하는 조화와 통일입니다. 이 궁극의 세계에 오르는 보증이자 확신이 수기입니다. 모든 중생의 성불과 중생의 구제가 이 경전에 펼쳐집니다.

선가의 어록에 자주 나오는 표현 중 하나가 '흠소십마(欠少什麼)오?' 입니다. 수행을 하고 구원을 바란다는 것은 뭔가 부족한 상태입니다. 부족함을 극복하기 위해 공부하는 것입니다. 그런데 알고 보면 각자 하나하나가 본래 부처의 성품을 구족하고 있다는 것입니다. 그런데도 우리는 항상 부족하다고 합니다. 자신이 무엇을 가지고 있는지 생각하기 전에 우선 더 달라하고 더 얻으려고 안달합니다.

무엇이 그렇게 부족할까요?

부족하지 않습니다. 남을 사랑하고 베풀 수 있는 사랑과 자비가 마르지 않는 샘처럼 한없이 솟아납니다. 이 무궁무진한 자비의 에너지를 일깨워야 합니다. 우리가 진리의 사람입니다.

🪷 수기품의 주요 내용

비구들이여, 그대들에게 알리나니 나의 제자인 가섭 비구는 장래 삼천만 억의 부처님들을 공경, 공양하며 찬양해서 그 부처님들의 바른 법을 받아 지킬 것이다. 그는 윤회의 마지막 몸으로, '광덕(光德)'이라는 세계에서 '대장엄(大莊嚴)'이라는 겁을 만날 때, '광명(光明)'이라는 이름의 바른 깨달음을 얻은 존경받는 여래로 이 세상에 나타날 것이다.

부처님이 마하가섭에게 수기를 내립니다.

第六章 _ 授記品

위대한 용자시여
사람들의 행복을 바라는 자애로운 분이시여
부디 수기하여 주시옵소서.
저희들의 가난한 마음이 없어지도록
위대한 성자시여.

수보리, 가전연, 목건련 세 제자가 부처님께 수기를 청합니다. 이에 부처님이 다음과 같이 수기를 내립니다.

비구들이여, 수보리 비구는 삼천만 억 나유타의 부처님들을 공경, 공양, 찬양하며 그 부처님 밑에서 순결한 생활을 한 뒤 깨달음을 완성할 것이다. 여러 부처님들을 모신 뒤, 윤회하는 마지막 몸으로 '명상(名相)'이라는 이름의 바른 깨달음을 얻어 존경받는 여래로서 세간에 나타날 것이다.

…(중략)…

비구들이여, 그대들에게 알리나니 가전연 비구는 8천만 억 부처님들을 공경, 공양하며 찬양할 것이다. 그리고 그들 여래께서 열반에 드실 때, 한 분 한 분을 위해 높이가 천 요자나에 주위가 50요자나나 되는 금, 은, 유리, 수정, 빨간 진주, 마노, 호박의 칠보로 된 탑을 세울 것이다. 그리고 그 탑을 꽃, 훈향, 향수, 화만(華鬘), 도향, 분향, 옷, 우산, 기, 깃발, 승리의 깃발로 공양할 것이다. 그 뒤, 다시 그는 2천만 억 부처님을 마찬가지로 공경, 공양하며 찬양할 것이다. 그는 인간으로 윤회하는 마지막 몸으로, 이 세상에서 '염부나제금광(閻浮那提金光)'이라는 이름의 존경받는 여래가 될 것이다.

…(중략)…

비구들이여, 그대들에게 알리나니 목건련 비구는 2만8천의 부처님을 뵙게 될 것이다. 그리고 그 부처님을 여러 가지로 공경, 공양하며 찬양할 것이다. 그 부처님들께서 열반에 들어가신 뒤에는 그 부처님을 위하여 금, 은, 유리, 수정, 빨간 진주, 마노, 호박의 칠보로 된 탑을 만들게 할 것인데, 그 높이는 천 요자나이며 주위는 5백 요자나이다. 그리고 탑에는 꽃, 훈향, 향수, 화만, 도향, 분향, 옷, 우산, 기, 깃발, 승리의 깃발로 여러 가지 공양을 올릴 것이다. 그 뒤, 그는 마찬가지로 2천만 억 부처님들을 공경, 공양하며 찬양할 것이다. 그래서 윤회하는 마지막 몸을 얻었을 때, 타말라나무 잎이나 전단의 향기가 있는 '다마라발전단향(多摩羅跋栴檀香)'이라는 이름의 바른 깨달음을 얻어 존경받는 여래로 세상에 나타날 것이다.

이상 네 제자가 수기를 받아 미래에 불려질 이름을 부처님께서 말씀하십니다. 부처님의 이름은 우선 열 가지입니다. 여래 · 응공 · 정변지 · 명행족 · 선서 · 세간해 · 무상사 · 조어장부 · 천인사 · 불 · 세존입니다. 이것을 '여래십호(如來十號)'라 합니다. 그런데 제자들에게 수기한 것을 보면 부처님의 열 가지 이름에 다만 수기를 받은 이름이 '~~여래'라 하셨고, 실제 여래의 열 가지 명호 앞에 미래불의 이름을 넣어 말하는 것을 보면 부처님의 수기가 진실한 것임을 알 수 있습

니다. 광명여래 · 명상여래 · 염부나제금광여래 · 다마라발전단향여래
가 미래에 발현하게 됩니다. 불법은 이렇게 과거 · 현재 · 미래의 삼세
에 걸쳐 끝없이 부처님이 출현하시어 중생을 제도합니다.

🪷 경전 읽는 방법

인간이 동물과 다른 점은 언어생활의 영위가 가장 큰 부분을 차지합니
다. 언어를 통해 뜻을 전달하고 기록해왔습니다. 의사소통과 기록에
는 구전언어와 문자언어로 구분할 수 있습니다. 구전은 외워서 전승하
는 것이고, 문자는 시각적으로 드러난 기록입니다. 지금의 우리가 생
각하기에 암송으로 전해지는 내용이 온전할까 미덥지 못합니다. 그러
나 동서양의 구전문화와 역사를 알면 놀라운 부분이 있습니다.

서양의 경우를 보면, 기원전 8세기의 호메로스가 남긴 작품인 《일리
아드》, 《오디세이》에 담긴 백과사전적 지식과 신화가 모든 고대 그리
스 시민들의 교육 발달에 크게 기여했습니다.

고대 그리스의 역사학자 투키디데스에 따르면 이 많은 분량의 서사시
를 당시의 교양 있는 시민들은 전부 암기했다고 합니다. 서사시의 여
러 가지 측면, 이를테면 힘찬 운율과 풍부한 멜로디적 특성, 반복적으
로 등장하는 생생한 이미지, 사랑, 전쟁, 미덕, 인간의 나약성 등 시대
를 초월한 보편적 주제들이 암기에 도움을 줍니다. 당시의 고대 웅변
가들은 암기에 있어서도 탁월한 테크닉을 보유했는데, 시인인 시모니
데스는 연회 중에 지진으로 파괴된 장소에 있었던 사람들의 이름과 위
치를 그대로 기억해보였다고 합니다.

소크라테스가 대화를 거듭하며 학생들이 이해한 내용에 대해 묻고 또 묻기를 반복했던 것처럼, 교육 받은 그리스인은 수사학적 기술과 웅변술을 연마했고 지식이나 권력과 더불어 말의 위력을 휘두를 줄 아는 능력을 무엇보다 높이 평가했습니다. 그 결과 중 하나가 바로 그리스인의 놀라운 기억력입니다. 소크라테스는 구어문화의 열렬한 옹호자이자 문자문화에 반대했던 인물입니다. 검토된 말과 분석된 생각만이 진정한 덕에 이르는 길이며 덕을 통해서만 사회정의가 실현되고 개인이 신에 도달할 수 있다고 보았습니다. 또 그는 구술언어를 통해 전달되는 단어와 개념에 의문을 제기하며 그 아래 숨겨진 믿음과 전제를 꿰뚫어 볼 수 있어야 한다고 주장했습니다. 말은 순간순간 떠오르는 감정을 실을 수 있는 기민함이 있지만 문자로 담아두면 생동감이 떨어진다는 생각 때문인지, 기억과 암송을 학습의 중요한 수단으로 여겼습니다.

기원전 5세기, 인도의 산스크리트 학자들도 문어의 가치를 부정하고 구어를 지적, 영적 성장에 필요한 진정한 매개 수단으로 받들었습니다. 학자들은 문자가 그들의 필생 업적인 언어분석을 단락시킬 수 있다고 생각해 문자언어에 대한 의존을 불신하고 힐난했습니다.

인도 최고(最古)의 문헌인 《리그베다》는 기원전 2천 년 전부터 지어져 암송되었다고 학계에서 보고 있습니다. 그리고 《마하바라타》, 《라마야나》 같은 인도의 고대 서사시들 또한 기억에 의해 구전되었습니다. 부처님의 경전도 이와 같이 암송되었습니다.

기원전 320년경 메가스테네스가 이끄는 그리스 사절단이 인도를 찾아왔는데, 당시의 보고 들은 다방면의 것을 기록으로 남겼습니다. 그 기록은 현존하지 않지만 그 내용을 인용한 다른 문헌에 의거해 그 내용을 파악하고 있습니다. 그때 그리스인이 특히 주목한 문화적 특징은, 인도인은 무엇보다 지혜가 우월하다는 점, 일상생활에서 소박함과 검소함과 예의와 자기 절제를 강조한다는 점입니다. 당시 그리스는 이미 문자의 기록으로 분위기가 흘러갔기 때문에 모든 것이 기억으로 조절되는 암기 위주의 인도 사회에 문자가 보이지 않는다는 점에 매우 놀랐다고 합니다. 이런 시각적인 문자의 명문화에 의하지 않고도 당시의 찬드라굽타가 광대한 제국을 조직적으로 관리하며, 국가적 관리감독의 모든 체제와 더불어 기억과 관습에 의해 유지되는 인도의 사회질서에 대해 매혹적인 기록을 남겼습니다.

뇌의 진화와 인간사회의 언어생활이 인류의 진보에 절대적 역할을 했다는 것, 지금의 문자일변도의 언어 환경과 달리 고대에는 오히려 암송과 구전이 더욱 교양 있는 행위로 신뢰 받는 언어문화도 있었다는 것입니다.

🪷 경전과 동화의 전개 방식

어렸을 때 누구나 동화를 읽었을 테고, 동화의 이야기 전개 방식은 지루할 정도로 같은 질문과 같은 답이 반복되면서 그 의미를 깨닫도록 유도합니다. 예를 들면 일본의 가장 유명한 민담인 〈복숭아동자〉가 있습니다.

할머니는 강가에서 탐스런 복숭아 하나를 가지고 집으로 돌아옵니다.

목마른 할아버지를 위해 복숭아를 쪼개자, 그 안에서 사내아이 하나가 쑥 나옵니다. 할아버지와 할머니는 사내아이를 복숭아동자라고 이름 짓고 키우는데, 복숭아동자는 씩씩하고 우람하게 성장합니다. 그러다 마을의 골칫거리인 도깨비 소식을 듣고 물리치러 떠납니다. 동자는 차례로 꿩, 원숭이, 개를 만납니다. 이 셋은 동자의 허리에 차고 있는 음식 냄새를 맡고 달라고 하는 내용이 같은 말로 반복됩니다.

"동자님, 동자님. 허리에 차고 있는 것이 무엇인가요?"
"아주 맛있는 떡이다."
"저에게 하나만 주실래요?"
"안 돼, 도깨비 섬에 가는 중인데 배고플 때 먹어야 해. 너도 함께 간다면 모를까."
"그럼 동자님과 같이 가겠습니다."

개와 원숭이와 꿩이 같은 대화를 합니다. 어른들은 금새 지루해하지만 아이들은 반복되는 과정에서 이야기를 기억하고 교훈을 새깁니다. 머릿속에 새겨진 이야기는 이와 비슷한 이야기를 만나면 연상 작용을 함으로서 상상력을 더욱 불러일으키는 효과가 있습니다.
이야기의 반복이라는 장치는 이런 의도가 있기 때문에 경전에서 같은 내용이 반복되는 것을 재미없게 보면 안 됩니다. 그래서 아무리 반복될지라도 같은 기분과 음성으로 소리 내어 독경해야 합니다. 이것이 인도의 독특한 기억 방법이기도 합니다.

第六章 _ 授記品

좋은 일을, 정성을 다해서, 되풀이합니다. 이 세 가지가 잠시도 나를 떠나서는 안 되는 것이 수행입니다. 수행은 반복입니다. 몸으로 익히는 것입니다. 처음에는 정신이 몸을 이끌고 가지만 나중에는 몸이 정신을 주도합니다. 영혼이 없으면 아무 작용을 못하는 게 육신인데 이런 일이 가능하겠습니까? 결론적으로 말하면 가능합니다. 오히려 몸의 다스림이 정신의 다스림보다 본능적이고 원초적이라서 더 어렵습니다. 그래서 닦음이 필요합니다. 운동선수들은 같은 동작을 수천, 수만 번 반복합니다. 정신은 반복된 흐름에 젖어들고, 몸이 평소에 익힌 대로 움직입니다. 마치 태엽을 감은 인형처럼 말입니다.

권투선수 한 분에게 이런 이야기를 들은 적이 있습니다. 링 위에서 주먹이 서로 오갈 때 상대의 주먹은 피하고, 내 주먹은 상대를 가격해야 합니다. 그런데 쉽게 지치기 때문에 한 두 라운드만 지나도 정신이 몽롱해진다고 합니다. 이때 주먹을 생각하고 내밀거나 피하는 게 아니라 훈련 강도에 따라 몸이 자동으로 움직인다고 합니다.

자질이 있으면 선택됩니다. 어느 시대 어느 사회건 마찬가지입니다. 이것이 〈수기품〉의 의미입니다.

당신은 필경 부처님이 됩니다.

7 화성유품

7
화성유품 化城喩品

 "비구들이여, 먼 옛적 이루 다 셀 수 없이 광대하고 무량하며, 생각할 수도 없고, 추량도 측량도 초월한 과거세에, 아니 그보다 훨씬 먼 이전에 '대통지승(大通智勝)'이라는 올바른 깨달음을 얻어 존경받는 여래께서 세간에 출현하셨다. 그 세계는 '호성(好城)'이라는 세계이고, 그 겁은 '대상(大相)'이라는 겁인데, 그 여래께서는 지혜와 덕행을 갖춘 선서시며, 세간을 잘 아시는 위없는 분이시며, 사람들을 잘 다스리는 분이시며, 천신과 인간의 스승이시며, 불타시며, 세존인 분이셨다. 비구들이여, 그 여래께서는 얼마나 먼 과거에 출현하신 것인가?

 비구들이여, 예를 들면 어떤 사람이 이 삼천대천세계에 있는 흙을 모두 가루로 내어, 그 속에서 한 미세한 티끌을 집어서 동쪽으로 일천세계 떨어진 곳에 둔다고 하자. 그리고 두 번째 미세한 티끌을 집어서 거기로부터 다시 일천세계 떨어진 곳에 둔다고 하자. 이런 식으로 동쪽에 흙의 티끌을 전부 둔다고 하자. 비구들이여, 그대들은 그것을 어떻게 생각하는가? 동쪽에 있는 그러한 여러 세계의 끝이나 한계를 계산할 수 있겠는가?"

비구들이 대답했다.

"불가능하옵니다, 세존이시여. 그것은 불가능한 일이옵니다, 선서시여."

세존께서 말씀하셨다.

"그러나 비구들이여, 그 미세한 티끌들이 놓이거나 놓이지 않은 동쪽의 여러 세계의 수는, 수학자가 계산한다면 알 수 있을 것이다. 그러나 대통지승여래께서 완전한 열반에 들어가신 뒤에 경과한 겁, 그러니까 수천만 억 나유타 겁은 결코 계산해낼 수가 없다. 그만큼 길고 그만큼 생각이 미치지 않으며 그만큼 수량을 초월한 시간이다. 그러나 비구들이여, 나는 여래의 지견으로 그 여래께서 그만큼 먼 과거에 완전한 열반에 드신 것을, 마치 오늘이나 어제 열반하신 것처럼 생생하게 떠올릴 수가 있다."

그때 세존께서 다음과 같이 게송을 설하셨다.

나는 수천만 억 겁의 오랜 옛적에 나타나신
인간의 최고자이신 대통지승이라는
위대한 현자의 일을 생생하게 떠올리고 있다.
그분은 그 당시 위없는 승리자셨다.

예를 들면 어떤 사람이 삼천세계의 흙을
미세한 먼지 크기의 티끌로 하여

한 알의 먼지를 집어
일천 국토 떨어진 곳에 둔다고 하자.

이런 식으로 두 번째, 세 번째 먼지도 놓아둔다고 하자.
그가 티끌상태인 흙가루를 전부 놓아두어
분말이 다 없어졌다고 하자.

그 세계에 있는 흙분말의 티끌 양은 알 수 없지만
남김없이 티끌로 해서
백 겁 지날 때마다 표적으로 한다고 하자.

그 선서께서 완전한 열반에 드신 뒤의 겁은
이처럼 헤아릴 수 없는 긴 세월로
모든 먼지를 표적으로 해도 부족할 정도로
많은 겁이 지났다.

이렇게 먼 과거에 열반에 드신
부처님과 성문들과 보살들에 관한 모든 것을
나는 오늘이나 어제 일처럼 떠올리고 있다.
여래들의 지혜는 이와 같다.

비구들이여, 여래의 지혜는 이처럼 무한하다.

나는 더러움 없는 정확한 기억으로
수백 겁이 지난 옛날 일을 깨달았다.

"비구들이여, 바른 깨달음을 얻어 존경받는 대통지승여래의 수명은 5백4천만 억 나유타 겁이었다.

일찍이 아직 위없는 바른 깨달음을 얻지 못했던 때의 대통지승여래께서는 최고로 훌륭한 깨달음의 자리에 오르셔서 악마의 군세를 모두 물리쳐 이기셨다. 그리고 '나는 위없는 바른 깨달음을 얻을 것이다'라고 생각하셨다. 그러나 그때에는 부처님께서 갖추신 모든 덕성을 나타내지 못하셨다. 그분은 보리수 밑의 깨달음의 자리에 앉은 채 1중겁을 보내셨다. 두 번째 중겁도 그렇게 보내셨지만, 위없는 바른 깨달음을 얻을 수 없었다. 셋 번째, 네 번째, 다섯 번째, 여섯 번째, 일곱 번째, 여덟 번째, 아홉 번째, 열 번째 중겁도 보리수 밑의 깨달음의 자리에 앉아서 처음의 결가부좌 자세 그대로 도중에 일어서는 일도 없이 계속 앉아 계셨다. 마음도 몸도 움직이지 않고 계셨으나 그때에는 그러한 모든 덕성을 나타내지 못하셨다.

그런데 비구들이여, 33천(三十三天)의 신들이 위없는 깨달음을 얻으시도록 높이가 백천 요자나나 되는 거대한 사자좌를 마련하였다. 대통지승여래께서 그 자리에 앉으시어 위없는 바른 깨달음을 깨달았다. 범천에 속하는 천자들이 깨달음의 자리 주위에 모여 천상에 있는 꽃비를 내리고 공중에 바람을 일으켜 지상의 시든 꽃을

第七章_化城喩品

치웠다. 이처럼 깨달음의 자리에 계신 대통지승여래께 끊임없이 꽃비를 뿌렸는데, 꼭 10중겁 동안이었다.

여래께서 열반에 드실 때도 마찬가지로 꽃비를 뿌려 여래를 덮었다. 한편 사대천왕에 속하는 천자들은, 훌륭한 깨달음의 자리에 오르신 여래께 경의를 표하기 위하여 천상에 있는 신들의 큰북을 꼭 10중겁 동안 끊임없이 울렸고, 다시 여래께서 완전한 열반에 드실 때까지 그 천상의 악기를 쉴 새 없이 울렸다.

비구들이여, 그 뒤 10중겁이 지나서 존경받는 세존이신 대통지승여래께서 위없는 바른 깨달음을 얻으실 수가 있었다.

그리고 이 여래께서 깨달음을 얻자마자 16명의 왕자들이 그것을 알고는—실은 아직 태자였을 때 이 여래께서는 16명의 친아들이 있었는데, 그 가운데 장남은 '지적(智積)'이라는 이름이었다.

비구들이여 16명의 왕자들은 각자 재미있고 아름다우며 보기 좋은 장난감을 가지고 있었는데, 존경받는 여래이신 대통지승여래께서 위없는 바른 깨달음을 얻으셨다는 것을 알고는—재미있는 장난감을 내버려둔 채 흐느끼는 모친과 유모, 대왕과 전륜성왕과 신하들 그리고 수백 수천만 억 나유타나 되는 많은 사람들과 함께 훌륭한 깨달음의 자리에 오르셔서 바른 깨달음을 얻은 존경받는 대통지승여래가 계신 곳으로 갔다. 그들은 대통지승여래를 공경, 공양하며 찬양하고 존숭하기 위해 여래께로 다가가 여래의 두 발에 머리를 대고 경례하고, 오른쪽으로 세 번 돌며 합장했다. 그리고 다음과 같은 게송으로 여래를 칭송했다."

당신께서는 위대한 의사시며 위없는 분이시며
모든 중생을 구제하기 위해 무량한 겁 끝에
깨달음에 이르셨사옵니다.
당신의 훌륭한 서원은 이제 이루어졌사옵니다.

10중겁 동안 당신께서는 같은 자리에 앉으신 채
힘든 수행을 하셨사옵니다.
그 동안 당신께서는 한 번도 몸을 움직이지 않으시고
수족은 물론 다른 부분도 움직이지 않으셨사옵니다.

당신의 마음은 적정이고 아주 안정되어 있으며
언제나 부동의 상태여서 동요되는 일이 없사옵니다.
당신께서는 언제 어떤 경우에도
마음이 산란되는 일이 없으시며
더러움을 벗어나 완전히 적정한 경지에 계시옵니다.

당신께서는 다행히 안일함에 빠지지 않으시고
무사히 최고의 깨달음을 얻으셨사옵니다.
그 때문에 저희들에게도 이로움이 있게 되니
저희들은 행복하옵니다.
인왕(人王)의 사자(獅子)시여.

第七章 _ 化城喻品

눈이 없는 이들이 불행한 것처럼 지도자가 없어서
인간은 모든 괴로움을 겪는 것이옵니다.
그들은 괴로움을 벗어나는 방법을 모르며
해탈을 얻기 위해 정진노력하지 않았사옵니다.

오랫동안 나쁜 일만 늘었고
천신의 무리는 줄었사옵니다.
승리자의 말씀은 전혀 들리지 않고
이 세상은 모두 어둠이 되고 암흑이 되었사옵니다.

세간을 잘 아시는 분이시여
오늘 이곳에서 당신께서는
더러움 없는 최고의 경지에 이르셨사옵니다.
저희들도 세간도 은혜롭사옵니다.
보호자시여, 저희들은 당신을 귀의처로 하옵나이다.

"그런데 비구들이여, 어린아이에 불과했던 16명의 왕자들은 바른 깨달음을 얻은 존경받는 대통지승여래를 이와 같이 아주 적절한 게송으로 칭송한 뒤에, '여래시여, 제발 가르침을 설하여 주시옵소서. 선서시여, 가르침을 설하여 주시옵소서. 많은 이들의 행복과 안락을 위하여 세간을 불쌍히 여기시어, 천신과 인간 등 대중의 이익과 행복과 안락을 위하여' 라고 하며, 세존께 가르침의 바퀴를 굴리시도록〔轉法輪〕간청하였다. 그때 그들은 이와 같이 게송을 읊었다."

    백 가지 복덕의 상서로운 상을 갖추신 분이시여
    가르침을 설해 주시옵소서.
    지도자시여, 비길 데 없는 분이시여

    위대한 성인이시여
    당신께서 얻으신 극히 뛰어난 탁월한 지혜를
    천신들을 포함한 세상사람들에게 설해 주시옵소서.

    그리고 저희들과 중생들을 구제해 주시옵소서.
    저희들과 중생들이 최고의 깨달음을 얻을 수 있도록
    여래의 지혜를 설해 밝혀 주시옵소서.

    당신께서는 인간의 모든 수행과 지혜를 알고 계시며
    소원과 과거에 쌓은 복덕과 믿음도 알고 계시옵니다.
    그러하오니 위없고 뛰어난 가르침의 바퀴를
    굴려주시옵소서.

"또 비구들이여, 존경받는 대통지승여래께서 위없는 바른 깨달음을 얻으셨을 때, 시방의 각 방향에 있는 5천만 억 나유타의 세계가 여섯 가지로 진동하며 거대한 광명으로 빛났다. 그 세계들 사이에는 '중간세계'가 있는데, 비참하며 괴로움에 싸인 깊은 암흑의 세계여서 위대한 초자연의 힘과 위력을 지닌 태양과 달도, 자신의 빛과 광채와 찬란함으로도 두루 비칠 수가 없었다. 그런 중간세계에 거대한 광명이 출현하였다. 그래서 그 세계에 있던 중생들은 '아아, 다른 중생들도 있다. 아아, 다른 중생들도 여기에 있다'라고 하며 서로를 바라보며 확인하였다.

모든 세계에서 신들의 궁전이나 하늘의 탈것이, 범천의 세계에 이르기까지 모두 여섯 가지로 진동하며 거대한 광명으로 빛나 신들의 위력을 압도하였다. 비구들이여, 이처럼 그 여래께서 깨달으셨을 때 모든 세계에서는 대지의 큰 진동과 광대한 광명이 세간에 출현하였다.

그런데 동쪽으로 5천만 억 나유타의 세계에 있는 범천의 탈것은, 한층 더 강하게 번쩍이며 찬란한 광휘와 광명을 내뿜었다. 비구들이여, 그때 범천들은 그것을 보고 '도대체 이것이 무슨 전조인가' 하고 생각했다. 그래서 비구들이여, 그들 5천만 억 나유타의 세계에 있는 대범천신들은 모두 서로의 궁전을 찾아가 이 일에 대해 이야기를 나누었다.

비구들이여, 그때 '모든 중생의 구제자'라는 이름의 범천이 있었는데, 그는 범천들에게 다음의 게송을 읊었다."

마치 환희하고 있는 것처럼
우리들의 훌륭한 하늘의 탈것은

오늘 한층 더 강하게 번쩍이며
찬란한 광휘와 광명으로 우리 마음을 즐겁게 한다.
도대체 어떤 까닭에서 이런 일이 생기는 것일까.

자, 그 이유를 알아보자.
어쩌면 오늘 어떤 천자가 태어나서
그 천자의 위신력 때문에
이같이 일찍이 없었던 일이 일어나는지도 모르겠다.

그렇지 않으면 왕 중의 왕이신 부처님께서
오늘 어떤 세계에 출현하셔서
그때의 상서로운 상 때문에
시방세계가 광휘로 빛나고 있는지도 모른다.

"비구들이여, 그때 5천만 억 나유타의 세계에 있는 대범천들은 모두 각자의 성스러운 탈것에 천상의 꽃을 수미산만큼 싣고 차례로 사방을 돌다가 서방으로 향해 갔다.

비구들이여, 그들 대범천들은 서방에 있는 대통지승여래께서 보리수 밑의 사자좌에 앉으시어 천신, 용, 야차, 건달바, 아수라, 가루다, 긴나라, 마후라가, 인간과 인간 이외의 것들에 둘러싸여 공경을 받으며, 또 16명의 왕자가 가르침의 바퀴를 굴려줄 것을 간청하고 있는 것을 보았다.

第七章 _ 化城喻품

　그 광경을 본 그들은 세존이 계신 곳으로 다가가 세존의 두 발에 머리를 대고 경례하고, 세존의 둘레를 오른쪽으로 수백 수천 번이 나 돈 뒤, 수미산만큼의 꽃을 세존의 위와 보리수에 뿌렸다. 꽃을 다 뿌리자 그들은 이렇게 말하였다.
　'세존이시여, 부디 저희들을 자비로이 여기시어 이 범천의 탈것을 거두어 주시옵소서. 세존이시여, 저희들을 자비로이 여기시어 이 탈것을 사용해 주시옵소서'
　그러면 자신들의 탈것을 세존께 바쳤다.
　비구들이여, 그 대범천들은 각자의 탈것을 세존께 바친 뒤, 다음과 같은 게송으로 세존을 칭송했다."

드물게 나타나시며 헤아릴 수 없는
행복과 자비로움을 베풀어 주시는 승리자께서
세간에 출현하셨다.

당신께서는 저희들의 보호자로 교사로
스승으로 태어나셨사옵니다.
오늘 시방에 있는 것들은 은혜를 입었사옵니다.

저희들은 이곳에서 동쪽으로
꼭 5천만 억의 세계로부터
승리자께 경례하기 위하여

훌륭한 하늘의 탈것을 가지고 왔사옵니다.

하늘의 탈것들은 저희들이 과거세에 행한
선행의 결과로 장식되어 있사옵니다.
이것들을 은혜에 대한 보답으로 거두어 주시옵소서.
세간을 잘 아시는 분이시여
마음껏 사용하여 주시옵소서.

"비구들이여, 대범천들은 이와 같은 적절한 게송으로 바른 깨달음을 얻은 존경받는 대통지승여래를 직접 칭송한 뒤, 세존께 다음과 같이 말씀드렸다.
 '세존이시여, 부디 가르침의 바퀴를 굴려주시옵소서. 세존이시여, 세간에 가르침의 바퀴를 굴려주시옵소서. 세존이시여, 열반을 설해 주시옵소서. 세존이시여, 중생들을 구제해 주시옵소서. 세존이시여, 세간에 은혜를 베풀어 주시옵소서.
 법의 왕이신 세존이시여, 천신들과 마왕과 범천을 포함한 이 세간을 위하여 가르침을 설해 주시옵소서. 그 가르침이야말로 많은 사람들의 행복과 안락을 위한 세간의 자비가 될 것이오며, 천신이나 인간 등 대중에게 이익과 행복과 안락을 가져다주는 것이 될 것입니다'
 비구들이여, 그때 5천만 억 나유타의 범천들은 각자 소리를 맞추어 제창하는 것처럼, 다음과 같은 게송으로 세존께 말씀드렸다."

第七章 _ 化城喩品

세존이시여, 부디 가르침을 설해 주시옵소서.
인간의 최고자이시여, 가르침을 설해 주시옵소서.
그리고 자애의 힘을 보여 주시옵소서.
괴로워하는 중생들을 구제해 주시옵소서.

우담바라꽃처럼 세간의 광명이신
부처님을 뵙기는 어려운 일인데
위대한 용자시여, 당신께서는 출현하셨사옵니다.
저희들은 여래이신 당신께 간청하옵나이다.
가르침을 설해 주시기를.

"비구들이여, 그때 세존께서는 대범천들에게 침묵으로 승낙하셨다.
또 비구들이여, 같은 때에 동남쪽으로 5천만 억 나유타의 세계에 있는 범천들의 탈것이 한층 더 강하게 번쩍이며 찬란한 광휘와 광명을 내뿜고 있었다. 비구들이여, 그때 범천들은 '도대체 이것이 무슨 징조인가' 하고 생각하였다. 그래서 비구들이여, 그들은 모두 서로의 궁전을 찾아가 거기에 대해 이야기했다.
비구들이여, 그때 '대비(大悲)'라는 이름의 범천이 모든 다른 범천들에게 다음의 게송을 읊었다."

벗이여, 모든 하늘의 탈것이

오늘 한층 더 강하게 번쩍이며
찬란한 빛을 내뿜고 있다.
이것은 도대체 무슨 징조이겠는가?
복덕을 갖춘 천자가 오늘 세상에 오셨으므로
그 위신력 때문에 모든 하늘의 탈것이 빛나는 것인가?

그렇지 않으면 인간의 최고자이신
부처님께서 세간에 출현하셨으므로
그 위신력 때문에 하늘의 탈것이
오늘 이처럼 빛나는 것인가?

우리들은 모두 함께 가보자.
이것은 작은 일이 아니다.
이런 상서로운 상은 여태껏 한 번도 본 적이 없다.

자, 우리들은 사방으로 가서
수많은 국토를 편력해 보자.
오늘 부처님께서 세간에 출현하신 것은
분명한 것 같다.

"비구들이여, 그때 5천만 억 나유타의 범천들은 모두 각자의 성스러운 탈것에 천상의 꽃을 수미산만큼 싣고, 사방을 차례로 돌다 서북쪽으로 향해 갔다. 그리고 비구들이여, 그 대범천들은 바른 깨달음을 얻어 존경받는 대통지승여래께서 서북쪽에서 보리수 밑의 사자좌에 앉으시어, 천신, 용, 야차, 건달바, 아수라, 가루다, 마후라가, 인간과 인간 이외의 것들에 둘러싸여 숭앙받으며, 또 그의 아들들인 16명의 왕자가 가르침의 바퀴를 굴려주실 것을 간청하고 있는 것을 보았다.

그 광경을 본 그들은 대통지승여래가 계신 곳으로 다가가 세존의 두 발에 머리를 대고 경례하고 세존의 둘레를 오른쪽으로 수백 수천 번이나 돈 뒤, 수미산만큼의 꽃을 세존의 위와 보리수에 뿌렸다. 꽃을 다 뿌리자 그들은 이렇게 말했다.

'세존이시여, 부디 저희들을 자비로이 여기시어 이러한 범천들의 탈것을 거두어 주시옵소서. 세존이시여, 저희들을 자비로이 여기시어 이 탈것을 사용해 주시옵소서'

그리고는 자신들의 탈것을 세존께 바쳤다.

비구들이여, 그들 대범천들은 각자의 탈것을 세존께 바친 뒤, 다음과 같은 게송으로 세존을 칭송했다."

비할 데 없는 위대한 성인이시여
신들 중에서 최고의 신이시여
칼라빈카 새처럼 상쾌한 음성을 지니신 분이시여
당신께 경례하옵나이다.

신들을 포함한 세간의 지도자시여
세간의 행복을 바라는 자애 깊은 분이시여
저희들은 당신께 경배하옵나이다.

보호자시여
드물게 밖에는 나타나시지 않는 당신께서는
극히 오랜 세월이 지난 오늘
드디어 세간에 출현하셨사옵니다.
꼭 1백80겁 동안 이 인간계에는
부처님이 계시지 않으셨사옵니다.

꼭 1백80겁 동안 인간의 최고자께서
계시지 않으셨기 때문에
삼악도는 가득 차고
신들의 무리는 줄었사옵니다

그러나 이제 저희들의 눈이시며
의지처이시며 집이시며 구제자시며
아버지시며 친족이신 분
행복을 바라는 자애 깊은 법왕께서
저희들의 복덕에 의해 이 세상에
출현하셨사옵니다.

第七章 _ 化城喩品

"비구들이여, 대범천들은 이와 같이 적절한 게송으로 대통지승 여래를 직접 칭송한 뒤, 세존께 다음과 같이 여쭈었다.

'세존이시여, 부디 가르침의 바퀴를 굴려주시옵소서. 세존이시여, 세간에 가르침의 바퀴를 굴려주시옵소서. 세존이시여, 열반을 설해 주시옵소서. 세존이시여, 중생들을 구제해 주시옵소서. 세존이시여, 이 세상에 은혜를 베풀어주시옵소서.

세존이시여, 신과 마왕, 범천을 포함한 이 세간을 위하여, 또 사문과 바라문을 비롯해 신들과 인간, 아수라를 포함한 생명 있는 것들을 위해 가르침을 설해 주시옵소서. 그 가르침이야말로 많은 사람들의 행복과 안락을 위한 세간의 자비가 될 것이며, 신들이나 인간 등 대중에게 이익과 행복, 안락을 가져다주는 일이 될 것이옵니다'

비구들이여, 그때 5천만 억 코티 나유타의 범천들은 각자 소리를 맞추어 제창하는 것처럼, 다음의 적절한 두 게송으로 세존께 말씀드렸다."

위대한 현자시여
뛰어난 가르침의 바퀴를 굴려주시옵소서.
시방에 가르침을 설해 주시옵소서.
고뇌하는 중생들을 구제해 주시옵소서.
육신 있는 것들에게
기쁨과 환희가 생기도록 해 주시옵소서.

제7장_화성유품

그 가르침을 들으면 사람들은 깨달음을 얻을 것이며
천상계에 오르기도 할 것이옵니다.
모두가 아수라의 몸을 버리고 적정하며
유화롭고 안락하게 될 것이옵니다.

"비구들이여, 그때 세존께서는 대범천들에게 침묵으로 승낙하셨다. 또 비구들이여, 같은 때에 남쪽으로 5천만 억 나유타의 세계에 있는 범천들의 탈것이 한층 더 강하게 번쩍이며 찬란한 빛과 광명을 내뿜고 있었다. 비구들이여, 그때 범천들은 그것을 보고 '이것이 도대체 무슨 징조인가' 하고 생각했다. 그래서 비구들이여, 그들은 모두 서로의 궁전을 찾아가 이 일에 대해 이야기를 나누었다.
비구들이여, 그때 '묘법(妙法)'이라는 이름의 대범천이 모든 다른 범천들에게 두 게송을 읊었다."

벗이여, 오늘 여기 있는 하늘의 탈것이
모두 강하게 빛을 내뿜고 있다.
여기에는 분명히 이유나 원인이 있을 것이다.
이것은 이 세간의 어떤 상서로운 상을 보이고 있다.
자, 그 이유를 찾으러 가자.

지난 1백 겁 동안
이같이 상서로운 상이 나타난 적은 한 번도 없었다.

아마 이 세상에 천자가 태어나셨든가
아니면 부처님께서 출현하셨을 것이다.

"비구들이여, 그때 5천만 억 나유타의 세계에 있는 대범천들은 모두 각자의 성스러운 탈것에 천상의 꽃더미를 수미산만큼 싣고, 사방을 순차로 돌다 북쪽으로 향해 갔다. 그리고 비구들이여, 그 대범천들은 바른 깨달음을 얻은 존경받는 대통지승여래가 북쪽에서 보리수 밑의 사자좌에 앉으시어, 천신, 용, 야차, 건달바, 아수라, 가루다, 긴나라, 마후라가, 인간과 인간 이외의 생명 있는 것들에 둘러싸여 숭앙받으며, 또 그의 아들들인 16명의 왕자가 가르침의 바퀴를 굴려줄 것을 간청하고 있는 것을 보았다. 그 광경을 본 그들은 세존이 계신 곳으로 다가가 세존의 두 발에 머리를 대고 경례하고, 세존의 둘레를 오른쪽으로 수백 수천 번 돈 뒤, 수미산만큼의 꽃더미를 세존의 위와 보리수에 뿌렸다. 꽃을 다 뿌리자 그들은 이렇게 말했다.

'세존이시여, 부디 저희들을 자비로이 여기시어 이 범천의 탈것을 거두어 주시옵소서. 세존이시여, 저희들을 자비로이 여기시어 이 탈것을 사용해 주시옵소서'

그러면서 자신들의 탈것을 세존께 바쳤다.

비구들이여, 그 대범천들은 각자의 탈것을 세존께 바친 뒤, 다음과 같이 적절한 게송으로 세존을 칭송했다."

지도자를 만나는 것은 아주 어렵나이다.
생존에 대한 애착을 끊으신 분이시여
당신의 출현을 기뻐하옵나이다.
참으로 오랜 세월 뒤인 오늘
당신께서는 세간에 출현하셨사옵니다.
저희들은 수백 겁 동안
당신을 뵙지 못했사옵니다.

세간의 보호자이신 부처님이시여
생명 있는 것들의 갈망을 풀어주시옵소서.
여태껏 뵙지 못했던 당신을
저희들은 드디어 뵙는 것이옵니다.
우담바라꽃을 얻기 힘든 것처럼
세존이시여, 저희들은 마침내
당신을 뵐 수 있게 되었사옵니다

세존이시여, 저희들의 탈것은
오늘 당신의 위신력 때문에
광휘를 내뿜었사옵니다.
널리 두루 보는 눈을 지니신 분이시여
이 하늘의 탈것을 거두어 주시옵소서.
저희들에게 은혜를 베푸는 데 써 주시옵소서.

"비구들이여, 그 대범천들은 이와 같이 적절한 게송으로 대통지승여래를 직접 칭송한 뒤, 세존께 다음과 같이 여쭈었다.

'세존이시여, 부디 세간에 가르침의 바퀴를 굴려주시옵소서. 세존이시여, 열반을 설해 주시옵소서. 세존이시여, 중생들을 구제해 주시옵소서. 세존이시여, 세간에 은혜를 베풀어 주시옵소서.

세존이시여, 신, 마왕, 범천을 포함한 이 세간을 위해, 또 사문과 바라문을 비롯해 천신, 인간, 아수라를 포함한 생명 있는 것들을 위하여 가르침을 설해 주시옵소서. 그 가르침이야말로 많은 사람들의 행복과 안락을 위한 세간의 자비가 될 것이오며, 신들이나 인간 등 대중에게 이익과 행복과 안락을 가져다 주게 될 것이옵니다'

비구들이여, 그때 그 5천만 억 나유타의 범천들은 각자 소리를 맞추어 제창하는 것처럼, 다음과 같이 적절한 두 게송으로 세존께 말씀드렸다."

존귀하신 지도자 부처님이시여
가르침을 설해 주시옵소서.
가르침의 바퀴를 굴려주시옵소서.
가르침의 북을 울려주시옵소서.
또 법라(法螺)를 부시옵소서.

세간에 바른 가르침의 비를 내려주시옵소서.
미묘하게 울리는 훌륭한 설법을 해 주시옵소서.

간청을 들으시어 가르침을 설하여 주시옵소서.
수많은 중생들을 해탈하게 해 주시옵소서.

"비구들이여, 그때 세존께서는 범천들에게 침묵으로 승낙하셨다. 이는 남서쪽에서도 서쪽에서도 서북쪽에서도 북쪽에서도 북동쪽에서도 아래쪽에서도 마찬가지였다.

비구들이여, 그때 위쪽으로 5천만 억 나유타의 세계에 있는 범천들의 탈것이 한층 더 강하게 번쩍이며 찬란한 광휘와 광명을 내뿜었다. 비구들이여, 그때 범천들은 그것을 보고 '이것이 도대체 무슨 징조인가' 하고 생각했다. 그래서 그들은 모두 서로의 궁전을 찾아가 이 일에 대해 이야기를 나누었다.

비구들이여, 그때 시기(尸棄)라는 이름의 대범천이 다른 모든 범천들에게 게송을 읊었다."

벗이여, 무슨 끼닭에 우리의 탈것이
밝게 빛나고 있는가.
무슨 까닭에 탈것이 광명과 광채와 광휘를
한층 더 강하게 뿜고 있는가.

탈것이 광명으로 가득해서 강하게 빛나는 일은
일찍이 본 적도 들은 적도 없다.
여기에는 무슨 이유가 있을 것이다.

第七章 _ 化城喩品

아마 맑은 업을 닦으신 천자가
이 세상에 태어나서
그 위신력에 의해 이 같은 상서가 나타나든가
아니면 부처님께서 이 세상에 출현하셨을 것이다.

"비구들이여, 그때 5천만 억 나유타의 세계에 있는 그들 대범천들은 모두 각자의 성스러운 탈것에 천상의 꽃더미를 수미산만큼 싣고, 사방을 순차로 돌다 아래쪽으로 향해 갔다. 그리고 비구들이여, 그 대범천들은 바른 깨달음을 얻어 존경받는 대통지승여래께서 아래쪽에서 보리수 밑의 사자좌에 앉으시어, 천신, 용, 야차, 건달바, 아수라, 가루다, 긴나라, 마후라가, 인간과 인간 이외의 생명 있는 것들에 둘러싸여 숭앙받으며, 또 그의 아들들인 16명의 왕자가 가르침의 바퀴를 굴려줄 것을 간청하고 있는 것을 보았다.

그 광경을 본 그들은 세존이 계신 곳으로 다가가 세존의 두 발에 머리를 대고 경례하고, 세존의 둘레를 오른쪽으로 수백 수천 번 돈 뒤, 수미산만큼의 꽃더미를 세존의 위와 보리수에 뿌렸다. 꽃을 다 뿌리자 그들은 이렇게 말했다.

'세존이시여, 부디 저희들을 자비로이 여기시어 이 범천의 탈것을 거두어 주시옵소서. 선서시여, 저희들을 자비로이 여기시어 이 탈것을 사용해 주시옵소서'

그리고는 자신들의 탈것을 세존께 바쳤다.

비구들이여, 그 대범천들은 각자의 탈것을 세존께 바친 뒤, 다음과 같이 적절한 게송으로 세존을 칭송했다."

세간의 보호자시며 여실한 분이신
부처님을 뵙는 것은 참으로 기쁜 일이옵니다.
부처님께서는 삼계에 속박되어 있는
중생들을 해탈하게 하시는 분이시옵니다.

두루 비춰보는 눈을 지닌 세간의 왕이신
부처님들께서는 시방을 남김없이 보시며
부사의의 감로문을 열어
많은 사람을 제도하시옵니다.

부처님께서 안 계신
생각할 수도 없는 많은 겁이 흘렀사옵니다.
승리자의 왕이신 부처님들을 뵐 수 없이시
시방세계는 암흑이었사옵니다.

무서운 지옥과 축생과 아수라가 늘었으며
수천만 억이나 되는 사람들이
아귀의 세계에 떨어졌사옵니다.

한편 신들의 무리도 줄었사옵니다.

第七章 _ 化城喩品

그들은 죽어서 악도로 가옵니다.
부처님들의 가르침을 듣지 못한
그들을 기다리는 것은 악도뿐이옵니다.

모든 생명 있는 것이
청정한 수행과 이해하는 지혜와 안락
그리고 안락이라는 의식을 잃었사옵니다.

그들은 예의범절이 없이
바르지 못한 가르침에 의지하며
세간의 보호자이신 부처님의 가르침을 받지 못하여
악도에 떨어지는 것이옵니다.

그러나 세간의 광명이시여
오랜 세월이 지난 뒤
마침내 당신께서는 나타나셨사옵니다.
모든 중생을 위하여 자비로운 분으로
출현하신 것이옵니다.

당신께서는 무사히
위없는 부처님의 지혜를 얻으셨사옵니다.
신들을 포함한 이 세간과 함께

저희들은 기뻐하옵니다.

위력 있는 분이시여
당신의 위신력 때문에 저희들의 탈것은
아주 밝게 빛나고 있사옵니다.
위대한 용자시여, 당신께 그것을 바치겠사옵니다.
위대한 현자시여, 거두어 주시옵소서.

지도자시여, 저희들을 자비로이 여기시어
사용해 주시옵소서.
저희들과 모든 중생들도
최고의 깨달음에 이르고 싶사옵니다.

"비구들이여, 그 대범천들은 이와 같은 게송으로 바른 깨달음을 얻어 존경받는 대통지승여래를 칭송한 뒤, 세존께 다음과 같이 말씀드렸다.
'세존이시여, 부디 가르침의 바퀴를 굴려주시옵소서. 선서시여, 부디 세간에 가르침의 바퀴를 굴려주시옵소서. 세존이시여, 열반을 설해 주시옵소서. 세존이시여, 모든 중생들을 구제해 주시옵소서. 세존이시여, 이 세간에 은혜를 베풀어 주시옵소서.
세존이시여, 사문과 바라문을 비롯해 천신, 인간, 아수라를 포함한 생명 있는 것들을 위하여 가르침을 설해 주시옵소서. 그 가르

第七章 _ 化城喩品

침이야말로 많은 사람들의 행복과 안락을 위한 세간의 자비가 될 것이오며, 신들이나 인간 등 대중에게 이익과 행복과 안락을 가져다 주는 것이 될 것이옵니다'

비구들이여, 그때 5천만 억 나유타의 범천들은 각자 소리를 맞추어 제창하는 것처럼, 다음의 두 게송으로 세존께 말씀드렸다."

위없는 훌륭한 가르침의 바퀴를 굴려주시옵소서.
죽지 않는 불사의 큰북을 울려주시옵소서.
중생들을 수많은 괴로움에서
해방시켜 주시옵소서.
또 열반으로 가는 길을 밝혀주시옵소서.

저희들의 간청을 받아들이시어
가르침을 설해 주시옵소서.
저희들과 이 세간에 은혜를 베풀어 주시옵소서.
수천만 억 겁 동안 닦으신
감미롭고 미묘한 가르침의 소리를 들려 주시옵소서.

"그래서 비구들이여, 대통지승여래께서는 시방의 수백만 억 나유타의 범천들과 아들인 16왕자의 간청을 아시고, 세 가지 경지와 열두 가지 형태를 가진 가르침의 바퀴를 굴리셨다. 그것은 사문이나 바라문, 신들이나 마왕, 범천이나 그 밖의 누구에 의해서도 아직까지 세간에 굴려진 적이 없는 가르침이었다. 즉 이것은 괴로움이며, 이것은 괴로움의 원인이며, 이것은 괴로움의 소멸이며, 이것은 괴로움의 소멸로 이끄는 길이라는 네 가지 성스러운 진리를 설하셨다. 또 연기의 과정을 다음과 같이 자세하게 설하셨다.

'비구들이여, 무지(無知)로 인하여 생성하는 작용이 생기며, 생성작용이 조건이 되어 식별하게 되며, 식별이 조건이 되어 심적이고 물적인 존재가 있게 되며, 심적·물적 존재가 조건이 되어 여섯 가지 인식기관이 있으며, 인식기관이 조건이 되어 접촉이 있으며, 접촉이 조건이 되어 감수가 있으며, 감수가 조건이 되어 갈애가 있으며, 갈애가 조건이 되어 집착이 있으며, 집착이 조건이 되어 생존하게 되며, 생존이 조건이 되어 태어나게 되며, 태어나는 것이 조건이 되어 늙음과 죽음, 괴로움과 슬픔, 걱정이 생긴다.

이렇게 해서 전부가 괴로움인 거대한 괴로움 덩어리가 생기는 것이다. 또 반대로도 성립한다. 무지가 없어지면 생성작용이 없어지고, 생성작용이 없어지면 식별작용이 없어지고, 식별작용이 없어지면 심적·물적인 존재가 없어지고, 심적·물적 존재가 없어지면 여섯 가지 인식기관이 없어지고, 인식기관이 없어지면 접촉이 없어지고, 접촉이 없어지면 감수가 없어지고, 감수가 없어지면 갈애가 없어지고, 갈애가 없어지면 집착이 없어지고, 집착이 없어지면 생존이 없어지고, 생존이 없어지면 태어나는 것이 없어지며, 태어나는 것이 없어지면 늙음과 죽음, 괴로움과 슬픔, 걱정이 없어진다. 이렇게 하여 전부가 괴로움인 거대한 괴로움 덩어리가 없어진다' 라고.

비구들이여, 바른 깨달음을 얻어 존경받는 대통지승여래께서 신들과 범천, 사문과 바라문, 천신, 인간, 아수라를 포함한 생명 있는 것들이 모인 곳에서 가르침의 바퀴를 굴리시자마자, 그 순간에 6천만 억 나유타의 사람들이 집착을 떠나게 되고 마음이 번뇌에서 해방되었다. 그리고 그들은 모두 세 가지 지혜와 여섯 가지 신통을 갖추고, 여덟 가지의 해탈을 위하여 선정에 힘썼다.

또 비구들이여, 바른 깨달음을 얻어 존경받는 대통지승여래께서는 순서대로 두 번째, 세 번째, 네 번째 설법도 하셨다. 그래서 그 설법 때마다 갠지스 강의 모래알처럼 많은 백천만 억 나유타의 인간들이 집착을 떠나게 되고, 마음이 번뇌에서 해방되었다. 비구들이여, 그 뒤 헤아릴 수 없을 만큼 많은 이들이 세존의 제자가 되었다.

또 비구들이여, 그때 16왕자들은 아직 어린아이였지만 맑은 신앙으로 집을 떠나 출가생활을 시작했다. 사미가 된 그들은 모두 박식하고 총명하고 유능했으며, 모두 과거세에 수백 수천이나 되는 많은 부처님들 밑에서 수행했으며, 위없는 바른 깨달음을 구했다. 그때 비구들이여, 그 16명의 사미들은 바른 깨달음을 얻어 존경받는 여래인 대통지승여래께 다음과 같이 말씀드렸다.

'세존이시여, 수백 수천만 억 나유타나 되는 이 제자들은 세존의 설법 덕분에 위대한 신통과 위대한 위신력과 위대한 위엄을 얻게 되었사옵니다. 그래서 저희들도 여래를 본받으려 하오니, 부디 저희들을 자비로이 여기시어 위없는 바른 깨달음에 대한 가르침을 설해 주시옵소서.

세존이시여, 저희들은 여래의 지견을 얻고자 하옵니다. 세존이시야말로 이런 바람을 가진 저희들의 증인이시옵니다. 왜냐하면 세존께서는 모든 중생의 바람을 알고 계시기 때문이옵니다' 라고.

비구들이여, 그때 어린 왕자들이 출가해서 사미가 된 것을 본 전륜왕의 시종 중 반이나 되는 팔천만 억의 많은 사람들이 출가했다.

비구들이여, 그때 대통지승여래께서는 사미들의 소원을 아시고 2만 겁이 지난 뒤, '바른 가르침의 백련'이라는 법문, 즉 모든 부처님께서 존중하는 광대한 경전이며, 보살을 위한 가르침을 사부대중 모두에게 자세하게 설하셨다.

또 비구들이여, 그때 왕자였던 16명의 사미들은 세존의 가르침을 듣고 분명히 이해하고 기억하며 만족하였다.

비구들이여, 그곳에서 대통지승여래께서는 16명의 사문들에게 위없는 바른 깨달음에 이르리라는 수기를 주셨다. 대통지승여래께서 '바른 가르침의 백련'이라는 법문을 설하셨을 때, 세자들과 16명의 사미들 모두가 그 가르침을 믿고 이해했으나 수백 수천만 억 나유타나 되는 인간들은 도리어 의심을 품었다.

그리고 비구들이여, 대통지승여래께서는 '바른 가르침의 백련'이라는 법문을 8천 겁 동안 쉬지 않고 계속 설하신 뒤, 선정을 닦기 위해 승원으로 들어가셨다. 그리고는 8만4천 겁 동안 승원에서 선정에 들어 계시었다.

그때 비구들이여, 16명의 사미들은 대통지승여래께서 선정에 드

第七章 _ 化城喩品

　신 것을 알고 각자 설법의 자리인 사자좌를 마련하여 그 위에 앉아 대통지승여래께 절한 뒤, '바른 가르침의 백련'이라는 법문을 8만 4천 겁 동안 사부대중을 향하여 자세히 설하였다.

　비구들이여, 그곳에서 보살의 위치에 있는 사미들은 한 사람 한 사람마다 6백만 억의 갠지스 강의 모래알처럼 많은 인간들을 위없는 깨달음에 이르도록 성숙시키고 인도하여 깨닫게 할 것이다.

　비구들이여, 그 뒤 대통지승여래께서는 8만4천 겁이 지나자 새로운 마음으로 삼매에 깨어나셨다. 그리고 설법의 자리에 다가가시어 마련된 자리에 앉으셨다.

　비구들이여, 대통지승여래께서는 그 자리에 앉으시자마자 먼저 청중들 모두를 보시고 비구들에게 말씀하셨다.

　'비구들이여, 16명의 사미들은 훌륭하고 보기 드문 존재가 되었다. 그들은 지혜가 있으며, 수백 수천만 억 나유타의 많은 부처님을 섬기고 수행하며, 부처님의 지혜를 존숭하고 몸에 익혀 사람들을 부처님의 지혜 속으로 인도하여, 부처님의 지혜를 가르치기 때문이다. 비구들이여, 그대들은 이 16명의 사미에게 몇 번이라도 봉사하여야 한다. 비구들이여, 성문의 길을 걷는 이든 독각의 길을 걷는 이든 보살의 길을 걷는 이든 이 사미들의 설법을 비난하지 아니하고 단념하지 않고 물리치지 않는 자는, 누구라도 모두 빨리 위없는 깨달음을 얻을 것이며 여래의 지혜에 이를 것이다.

　또 비구들이여, 16명의 아들들은 세존의 가르침 밑에서 '바른 가르침의 백련'이라는 법문을 몇 번이고 되풀이하여 설할 것이다.

또 비구들이여, 16명의 보살대사는 각자 6백만억 나유타나 되는 갠지스 강의 모래알처럼 많은 중생을 깨달음으로 인도할 것이다. 그 중생들은 모두 16명의 보살이며 대사인 사미와 함께 다시 태어날 때마다 출가하여, 그들로부터 직접 가르침을 받을 것이다. 이렇게 하여 그 중생들은 4만 억의 부처님들을 기쁘게 하여 왔으며, 그 중 어떤 이는 오늘도 기쁘게 하고 있다'

비구들이여, 나는 그대들에게 가르쳐 주겠다. 16명의 어린 왕자들은 모두 세존 밑에서 사미가 되고 설법자가 되었는데, 그들은 그 뒤 모두 위없는 바른 깨달음을 얻었으며, 지금은 시방에 있는 여러 부처님의 국토에서 수백 수천만 억 나유타의 많은 성문과 보살들에게 가르침을 설하고 계신다.

비구들이여, 동쪽에서는 '묘희(妙喜)'세계에 '아촉(阿閦)여래'가 계시며 수미산의 산정인 '수미정(須彌頂)여래'가 계시며 동남쪽에는 사자의 포효인 '사자음(獅子音)여래'와 사자의 표시인 '사자상(獅子相)여래'가 계시며 남쪽에는 허공에 안주하는 '허공주(虛空住)여래'와 언제나 완전한 열반에 들어 계시는 '상멸(常滅)여래'가 계시며 남서쪽에는 제석천의 표시인 '제상(帝相)여래'와 범천의 표시인 '범상(梵相)여래'가 계시며 서쪽에는 무량한 수명인 '아미타(阿彌陀)여래'와 모든 세계의 재난과 고뇌로부터 벗어난 '도일체세간고뇌(度一切世間苦惱)여래'와 서북방에는 '다마라발전단향신통(多摩羅跋栴檀香神通)여래'와 수미산과 같은 '수미상(須彌相)여래'가 계시며 북쪽에는 구름소리의 등불인 '운자재(雲自在)여래'와 구름소

第七章 _ 化城喻品

리의 왕인 '운자재왕(雲自在王)여래' 가 계시며 북동쪽에는 모든 세간의 공포나 두려움을 없애는 '괴일체세간포외(壞一切世間怖畏)여래' 가 계신다. 그리고 중앙에 있는 이 사바세계에는 열여섯 번째에 해당하는 석가모니라는 이름의 여래가 위없는 바른 깨달음을 얻고 있다.

비구들이여, 그때 중생들은 사미인 우리에게서 가르침을 들었으며, 우리는 대통지승여래의 가르침 밑에서 위없는 바른 깨달음에 이르도록 중생을 인도했는데, 그 수는 우리 16명의 보살대사 한 사람 한 사람에게 갠지스 강의 모래알처럼 많은 수백 수천만 억 나유타였다.

비구들이여, 그 사람들은 지금 성문의 단계에 있어, 점차 위없는 바른 깨달음을 향하여 성숙하게 될 것이다. 이것은 그들이 위없는 바른 깨달음에 이르기 위하여 밟아야 하는 순서이다.

왜냐하면 비구들이여, 여래의 지혜는 이와 같고 믿고 따르기 어렵기 때문이다. 또 비구들이여, 보살이었던 내가 세존의 가르침 밑에서 일체지자의 가르침을 갠지스 강의 모래알처럼 많은 수백 수천만 억 나유타의 중생들에게 설했는데, 그 중생들이란 과연 누구이겠는가? 비구들이여, 그대들이 그때 그곳의 중생들이었다.

또 내가 완전한 열반에 들어간 미래세에도 성문들이 있을 것인데, 그들은 이 경을 설하는 보살의 가르침을 듣고도 '우리는 보살'이라고 깨닫지 못하고 오히려 잘못된 소승적인 '완전한 열반' 의 관념을 가지고, 완전한 열반에 들어가게 될 것이다.

제7장_화성유품

그러나 비구들이여, 내가 각각 다른 이름으로 다른 세계에 있을 때, 그들은 다시 그곳에 태어나 여래의 지혜를 구할 것이다. 그때 그들은 다시 '여래들의 완전한 열반은 오직 하나며, 그 밖에 제2의 열반은 없다' 라는 말을 들을 것이다.

그러므로 비구들이여, 제2, 제3의 열반을 설하는 것은 여래들의 절묘한 방편이라는 것을 알아야 한다. 비구들이여, 여래께서는 자신이 완전한 열반에 들어갈 시기를 아시므로, 모인 이들이 청정하고 믿고 따르는 마음이 굳으며, 공의 가르침을 잘 이해하고, 선정에 노력하며, 위대한 선정을 몸에 익히고 있는 것을 똑똑히 보신다면 '지금이야말로 설법할 때' 라는 것을 아시고, 모든 보살과 성문들을 모이게 하시어 이 경의 의미를 설하실 것이다.

'비구들이여, 이 세상에 제2의 탈것이나 제2의 열반은 절대로 없다. 하물며 제3의 것은 어떻겠는가' 라고.

비구들이여, 여래께서는 중생들이 오랫동안 파멸에 떨어져 천한 것을 즐기며, 애욕의 늪에 빠져 있는 것을 아시기 때문에 그들이 믿고 이해할 수 있는 열반을 설하신다. 이것은 여래의 절묘한 방편이다.

비구들이여, 예를 들면 여기 5백 요자나의 밀림이 있다고 하자. 보물섬에 가기 위해 많은 사람들이 그곳으로 들어갔다. 그들 중 한 사람이 현명하고 박식하고 총명하여 밀림의 사정을 잘 아는 길 안내자가 있어, 사람들이 밀림에서 벗어날 수 있도록 애쓴다고 하자. 그런데 사람들은 지쳐서 두려워 떨며 말한다.

第七章 _ 化城喩品

'길을 안내하는 벗이여, 지도자여, 우리들은 지쳤고 두려워 떨며 불안에 시달리고 있소. 그러니 되돌아갑시다. 밀림은 계속될 것이오'

비구들이여, 그때 방편에 뛰어난 길 안내인은 사람들이 되돌아가고 싶어하는 것을 알고, '어려움이 있다고 해서 저 훌륭한 보물섬에 갈 수 없게 되어서는 안 된다'고 생각하여 자비로운 마음에서 절묘한 방편을 쓴다. 그는 신통력으로 그곳에서 1요자나 2백 요자나 혹은 3백 요자나 떨어진 밀림 속에 성을 만들어 사람들에게 이렇게 말한다.

'여러분 두려워해서는 안 됩니다. 되돌아가서는 안 됩니다. 저기 많은 사람들이 사는 마을이 있습니다. 저곳에서 쉬도록 합시다. 볼일이 있는 사람은 저곳에서 해 주십시오. 저곳에서 편안히 푹 쉰 뒤, 보물섬으로 갑시다'

비구들이여, 그때 밀림에 들어선 사람들은 놀라고 신기해하며 그곳에서 쉬기로 하였다. 사람들은 신통력으로 된 성으로 들어가 최종 목적지에 도착했으며 밀림을 다 벗어났다고 생각하여, '이제 안심했다'고 한다. 그 뒤 그들의 피로가 풀린 것을 안 안내인은 다시 그 성을 없애버린 뒤 사람들에게 말한다.

'여러분, 보물섬은 이 근처입니다. 이 성은 여러분들이 쉴 수 있도록 내가 신통력으로 만들어낸 것입니다'

비구들이여, 이와 마찬가지로 바른 깨달음을 얻어 존경받는 여래께서는 그대들과 모든 중생들의 안내인이시다. 그래서 여래는

제7장_화성유품

이렇게 생각하신다.

'번뇌의 밀림은 거대하다. 통과하여 벗어나지 않으면 안 되나 중생들은 부처님의 지혜는 오직 하나(一佛乘)라고 듣고 두려워 되돌아가려고 한다. 또 부처님의 지혜를 얻는 데는 무수한 어려움이 있을 것이라고 생각하여 자진해서 부처님께 다가가려고 하지 않을지도 모른다. 그렇게 되어서는 안 된다' 라고.

그때 여래께서는 중생들이 의지가 약한 것을 아시고, 마치 길 안내인이 사람들을 쉬게 하기 위하여 신통력으로 성을 만들어 쉬게 한 뒤, '이것은 신통력으로 만든 성이다' 라고 한 것처럼, 여래께서도 위대하고 절묘한 방편으로 중생들을 쉬게 하시려고 도중에 두 가지 열반의 경지를 설하신다. 즉 성문의 경지와 독각의 경지이다. 그리고 비구들이여, 중생들이 그 경지에 안주한다면 그때 여래께서는 다음과 같이 설하실 것이다.

'비구들이여, 아직 그대들은 할 일을 다 끝낸 것이 아니며, 해야 할 의무를 다한 것도 아니다. 그러나 여래의 지혜는 그다지 머지 않았으니 똑똑히 관찰하여라. 주의 깊게 관찰하여라. 그대들의 열반은 진실한 열반이 아니다. 오직 하나의 탈것이 있을 뿐인데, 세 가지 탈것을 설한 것은 여래의 절묘한 방편인 것을 알아야 한다' 라고.

그때 세존께서는 이 의미를 더 자세히 말씀하시려고 다음과 같이 게송을 설하셨다."

세간의 지도자이신 대통지승여래께서

第七章 _ 化城喩品

깨달음의 자리에 앉아 계실 때
최고의 진리를 보셨지만
꼭 10중겁 동안 위없는 깨달음을 얻지 못하셨다.

천신, 용, 아수라, 야차들은
그 승리자를 공양하는 데 애썼으며
깨달음을 얻으셨을 때
그분의 위와 그 장소에 꽃비를 뿌렸다.

그들은 승리자를 숭앙하고 공양하느라고
공중에서 큰북을 울렸는데
승리자께서 위없는 경지를 깨달으시는 데
오랜 시간이 걸리므로 마음을 졸였다.

10중겁 뒤 대통지승여래께서는
위없는 깨달음에 이르셨다.
그때 천신, 인간, 용, 아수라들은 모두 기쁨에 넘쳤다.

그들 지도자 16명의 아들들은
아직 어린아이였지만
덕이 높은 용맹한 사람들로
수천만 억 사람들의 안내를 받으며

인간 중 최고자이신 왕께 다가갔다.

그리고 세존의 두 발에 머리를 조아려 절하고
'부디 가르침을 설해 주시옵소서.
사람 중의 왕이신 사자시여
좋은 말씀으로 저희들과 세상사람들에게
만족을 주시옵소서' 라고 간청했다.

위대한 지도자께서 오랜 세월 뒤에
마침내 출현하신 것은
이 시방세계에 널리 알려져 있다.
인간들에게 상서로운 상으로 알리기 위하여
그분께서는 범천의 탈것을 진동시키셨다.

동쪽에 있는 5천만 억 국토가 진동하였고
그곳에 있는 범천의 훌륭한 탈것이
한층 더 강한 빛을 내뿜었다.

범천들은 이와 같은 조짐을 알고
세간의 지도자이신 왕께 다가가 말씀드렸다.
그들은 지도자께 여러 가지 꽃을 뿌리고
하늘의 탈것을 모두 바쳤다.

第七章_化城喩品

그들은 가르침의 바퀴를 굴리시도록 간청하고
게송으로 찬탄하였다.
왕 중 왕께서는 '아직 내가 설할 때가 아니다' 라고
생각하시고 침묵을 지키셨다.

남쪽에서도 마찬가지였고 서쪽이나 북쪽
또는 천상이나 천하 각 방위의 중간인
사유(四維)에서도 마찬가지여서
수천만 억 범천들이 그곳으로 와서

꽃을 뿌리고 두 발에 머리를 조아려 절하며
탈것을 모두 바치고 찬탄한 뒤
다음과 같이 간청하였다.

'무한을 꿰뚫어보는 눈을 지니신 분이시여
가르침의 바퀴를 굴려주시옵소서.
기나긴 겁이 지나도 당신을 뵙기는 어렵사옵니다.
과거부터 지니신 자애의 힘을 드러내 주시옵소서.
불사인 감로의 문을 열어 주시옵소서'

무한을 꿰뚫어보는 눈을 지니신 분께서는
이 간청을 아시고 여러 종류의 가르침을 설하셨다.

즉 네 가지 거룩한 진리와 연기를 자세히 설하셨다.

무한을 꿰뚫어보는 눈을 가지신 분께서는
무지를 비롯해 죽음에 이르기까지의
무한한 괴로움을 설하셨다.
'이 모든 잘못은 태어남에서 생긴 것으로
인간의 죽음도 이 같은 것이라고 알아야 한다' 라고.

여래께서 여러 가지로
무한한 종류의 가르침을 다 설하자.
그것을 들은 8천만 억 나유타의 사람들이
즉시 성문의 경지에 이르렀다.

두 번째 승리자께서
여러 가르침을 설하셨을 때는
갠지스 강의 모래알처럼 많은 청정한 사람들이
즉시 성문이 되었다.

그래서 세간의 지도자의 제자들인 승단은
헤아릴 수 없을 만큼 많은 수가 되었다.
한 사람씩 헤아리려면 수많은 겁이 지나도
끝이 없을 정도였다.

여래의 친아들인 16명의 왕자들은
모두 출가해서 사미가 되었는데
그들이 승리자께 말씀드렸다.
'세존이시여, 최고의 가르침을 설해 주시옵소서.

모든 승리자들의 최고자시여
당신처럼 저희들도 세간을 잘 아는
지혜 있는 부처님이 되리라는 것을
용자시여, 당신께서 맑은 눈을 지니신 것처럼
모든 중생들도 그렇게 되리라는 것을'

승리자께서는 자신의 어린 친아들들의
이와 같은 바람을 아시고
수많은 나유타의 많은 비유로
가장 뛰어난 최고의 깨달음을 설하셨다.

또 수천 가지 이유를 들어 가르침을 설하였고
신통의 지혜를 발휘하면서
세간의 보호자께서는 수행에 절묘한 보살처럼
진실한 수행을 보이셨다.

이렇게 해서 세존께서는

'바른 가르침의 백련'이라는 광대한 경전을
갠지스 강의 모래알처럼 많은
수천의 게송으로 설하셨다.

승리자께서는 이 경전을 설하신 뒤
승원에 들어가셔서 같은 자리에서
꼭 84겁 동안 삼매에 드셔서 고찰하셨다.

한편 사미들은 여래께서 승원에 앉으신 채
밖으로 나오지 않으시는 것을 알고
수많은 인간들에게
더러움 없는 부처님의 지혜를 설해 주었다.

그때 그들은 각자 설법의 자리에서
중생들에게 이 경전을 설했다.
이런 식으로 그들은 그 여래를 힘써 도왔다.

그때 그 여래의 아들들은
각자 갠지스 강의 모래알처럼 많은
6만이나 되는 무량한 사람들에게
이 경전을 설해 주었으며
무수한 사람들을 깨달음으로 이끌었다.

第七章 _ 化城喩品

여래께서 완전한 열반에 들어가신 뒤에도
그들은 수행을 거듭하여 수많은 부처님을 뵈었다.
그때 그들은 자신들이 설법을 들려준 중생들과 함께
인간의 최고자를 공양했다.

16명의 아들들은 광대하며 훌륭한 수행을 해서
시방에서 깨달음을 얻었으며
모든 방향에서 각각 두 사람씩 승리자가 되었다.

그 당시 그들의 가르침을 들은 중생들은
모두 16명의 승리자들의 제자(성문)였는데
승리자께서는 그들을 여러 가지 방편으로
점차적으로 최고의 깨달음에 이르게 하셨다.

나도 승리자들 중 한 사람으로 그 속에 있었는데
그대들은 모두 그때 나의 가르침을 들은 자이다.
이런 까닭에 지금은 내 제자인 그대들을
나는 절묘한 방편으로 최고의 깨달음으로 이끌었다.

과거의 이와 같은 이유와 연(緣)으로
나는 지금 그대들에게
'바른 가르침의 백련'이라는 가르침을 설하며

이 가르침으로 그대들을 최고의 깨달음으로 이끈다.

비구들이여, 이런 상황을 두려워해서는 안 된다.
예를 들면 아무도 없는 두렵고 무서운 숲이 있다고 하자.
피난처도 없고 은신처도 없으며
많은 맹수가 살며 식수도 없어
그곳에 익숙하지 않은 이에게는
참으로 두려운 곳이라고 하자.

또 그곳에는 여행을 떠난
수천 명이나 되는 사람들이 있다고 하자.
아무것도 없는 숲은
거리가 5백 요자나나 된다고 하자.

인덕이 있으며 주의 깊고 현명하며
또 침착하고 훈련을 거듭해서
노련한 남자가 이 무서운 숲을 통과하기 위한
안내인이 되었다고 하자.

수많은 사람들은 너무 지쳐서
안내인에게 이렇게 말했다.
'벗이여, 우리는 너무 지쳐서 아무것도 할 수 없소.

第七章 _ 化城喩品

우리들은 되돌아가고 싶소'

그때 노련하고 현명한 지도자는
'만약 되돌아간다면 보물을 포기하는 것처럼
어리석은 일이다' 라고 생각해서
방편을 쓰기로 했다.

'나는 지금 신통력으로
아름다운 집과 절과 유원지가 있는
큰 도시를 만들어 내야겠다.

연못과 강도 있고 숲과 꽃들도 아름다우며
성벽과 성문이 아름다움을 더하는
선한 남녀들이 사는 곳을 만들어 내자' 라고.

신통력으로 도시를 만든 뒤
그는 그들에게 이렇게 말했다고 하자.
'두려워할 것 없습니다. 기뻐하시오.
우리들은 큰 도시에 도착했습니다.
어서 안으로 들어가 쉬도록 합시다' 라고.

또 '여기서 마음 편히 쉬십시오.

우리들은 이제 숲을 다 지났습니다' 라는
격려의 말을 했으므로 모두 힘이 났다고 하자.

그리고 모두가 충분히 휴식한 것을 알고
모두 모이게 한 뒤 이렇게 말했다.
'자, 내 말을 들으시오.
이 도시는 내가 신통력으로 만들어 낸 것입니다.

당신들이 피로한 것을 알고
되돌아가지 않도록 하기 위하여 만든 것입니다.
이 도시는 나의 절묘한 방편입니다.
그러니 이제 보물섬으로 가기 위해 노력합시다' 라고.

비구들이여, 그와 마찬가지로 나는
수천만 억이나 되는 사람들의 안내인이며
지도자로서 나는 그들이 지쳐서
번뇌의 껍질을 부수지 못하는 것을 본다.

그래서 나는 '중생들이 열반의 평온을 얻는다면
피로가 회복될 것' 이라고 생각해서
'이것은 모든 괴로움의 적멸로
그대들은 아라한의 경지를 얻었으며

할 일은 다했다' 라고 설했다.

그 뒤 그대들이 평온한 상태에 안주해서
모두가 아라한이 된 것을 확인하고
모두를 불러 '바른 가르침의 백련' 이라는 가르침대로
대승의 진실한 뜻을 밝힌다.

위대한 여래께서 세 가지 가르침을 설한 것은
여래의 절묘한 방편에 지나지 않는다.
탈것은 오직 하나로서 제2의 탈것이 없지만
중생들을 휴식시키기 위해
다른 두 가지 탈것을 설하신다.

비구들이여, 이런 까닭에 나는 오늘
그대들에게 진실을 설한다.
'그대들은 일체지자의 지혜를 얻기 위해
전념해서 정진노력해야 한다.
지금의 상태로는 참된 열반이라고는 할 수 없기 때문이다.

그대들이 일체지자의 지혜와
승리자의 덕인 열 가지 힘〔十力〕을 얻을 때
32상을 지니신 부처님이 되어

참된 열반을 얻을 것이다.

여래들의 가르침은 이와 같다.
중생을 휴식시키기 위해
그들에게 열반을 얻을 것이라고 하신 뒤
충분한 휴식을 한 것을 알고
참된 열반을 얻게 하기 위해 일체지자의 지혜로 이끄신다' 라고.

화성유품의 구성

1. 대통지승여래의 멸도(滅度)
2. 부처님이 게송으로 설하다
3. 대통지승여래의 성도
   십 겁이 지나고 불법이 현전하다/16왕자의 찬탄/16왕자가 법을 청하다/시방의 범천왕이 법을 청하다/12인연법을 설하다/16왕자가 출가하여 사미가 되다/사미들을 위하여 법화경을 설하다/옛 인연을 말하다/16왕자의 현재의 모습/옛 제자와 지금의 제자
4. 화성(化城)의 비유
5. 비유에서 법을 밝히다
6. 부처님이 게송으로 거듭 설하다

화성유품입니다.

전쟁터에서 만 명을 죽이려면(殺人一萬)
스스로는 삼천의 손상이 있어야 한다(自損三千)

전쟁에 나서는 장수가 있습니다. 이 장수는 용감하여 어떤 두려움도 없습니다. 결코 물러서지도 않습니다. 그러나 이런 장수일지라도 적군 만 명을 죽이기 위해서는 자신의 군사 삼천을 잃을 각오를 해야 한다는 뜻입니다. 정말로 자신의 길에서 남다른 성취를 보이고 싶다면 특별한 각오와 노력이 있어야 합니다. 놀 것 다 놀고, 다닐 데 다 다니면서 무슨 성취가 있겠습니까? 이런 노력이 하나하나 쌓이면 놀라운 변화를 경험하게 됩니다. 활짝 핀 꽃은 화초가 보여주는 절정입니다. 모든 조건이 구비될 때 이런 절정이 옵니다. 힘이 부치면 꽃이 아름답지도 않고 잘 피어나지도 않습니다. 혹 피었다 할지라도 곧 떨어지고 맙니다. 꽃이 열매로 결실이 맺어져야 하지만 그럴 힘이 없는 것입니다. 인생을 숭고한 마음으로 돌아봐야 합니다.

본 품은 거짓으로 지어진 집의 비유입니다. 거짓으로 지었다는 것은 상대가 실재하는 것처럼 느끼게 함으로써 중간에 포기하여 집으로 돌아가지 않고, 나그네가 여관에 머물며 먼 길을 가는 것과 같습니다. 궁극의 목표는 말할 것도 없이 부처님 세계입니다. 중생이 중도에서 포기하지 않도록 방편을 쓰는 것입니다. 역으로 이 방편을 잘 쓰면 계속 나아갈 수 있습니다. 이런 면에서《법화경》은 폭이 넓은 경전입니다.

第七章 _ 化城喩品

🪷 법화경의 사유 구조

부처님께서 가르침을 설할 때는 원론적인 말씀인 '법설(法說)'이 있고, 이해를 돕기 위해 비유를 들어 설하시는 '비설(譬說)'이 있고, 과거 전생의 인과관계를 들어 설하는 '인연설(因緣說)' 등이 있습니다. 《법화경》은 이 세 가지가 모두 동원된 웅혼한 경전입니다.

우선 인도인의 상상력을 알면 경전 이해에도 도움이 됩니다. 인도인은 공상을 좋아합니다. 여기에는 주변 풍토에 영향 받기 마련입니다. 힌두사원에는 벽면 가득 인도의 서사시인 《마하바라타》, 《라마야나》 이야기가 새겨져 있습니다. 《마하바라타》는 기원 후 4세기, 《라마야나》는 기원 후 2세기에 현재와 같은 형태가 된 것으로 봅니다. 한 사람이 지은 게 아니라 다수의 무명작가들이 이야기에 이야기를 보탠 것입니다. 호메로스의 이름으로 전해지는 《일리아드》, 《오디세이》도 시대를 달리하는 많은 시인들의 상상력이 합해진 결과라는 설도 없지 않습니다.

《법화경》이 이 인도의 서사시와 만들어진 시기가 크게 다르지 않다는 점도 있고, 대승불교 경전에서는 자유로운 상상력이 구사된다는 점에서, 이 두 개의 인도 서사시와 성격이 많이 비슷합니다. 본 품에도 나오고, 《금강경》의 '항하사 수의 모래알'의 비유에서 보듯 상상할 수조차 없는 엄청난 수(數)에 대한 스케일은 경전을 읽는 이에게 놀라움을 경험하게 합니다.

이는 동서의 두 문화와 종교철학의 주체인 그리스와 인도의 지성이 구분되는 지점이기도 합니다. 그리스인은 한도(限度, 바네하즈)를 긋고, 이를 벗어나면 혐오하고 존재할 수 없는 것으로 봤습니다. 반면 인도인은 한계가 없는 무한한 것을 염원하고 사유하는 전통이 있고, 이런 전통에서 우주를 자유로이 활보하는 사상적 유연함을 그렸던 것 같습니다. 이는 인더스문명에 영향을 미친 홍수 같은 대규모의 기후변화가 삶을 무상하고 덧없게 보는 전통을 길렀습니다. 인도의 악기 연주나 서사시의 경우 시작과 끝의 경계가 없습니다. 하루 종일이건 언제까지라도 연주가 이어지고 누구나 중간에 끼어들면 그대로 음악입니다.

불교가 엄격한 도덕과 어려운 교리로 되어 있어 일반민중과 함께하기 어렵다는 문제의식에서 출발한 대승불교운동은 원시불교에서 극도로 부정되었던 욕망을 가진 삶이 긍정되고, 난해한 사변 철학이 이해하기 쉽고, 외우기 편한 시의 형태로 대치됩니다. 대승불교의 경전 저작자들은 시적 상상력을 반영하였고, 이러한 서사적 묘사 다음에는 철학의 시대로 들어가게 됩니다. 대승불교경전 가운데 《법화경》이 서사적인 성격이 가장 잘 나타납니다. 철학적인 체계를 염두에 두지 않더라도 종교적 감흥으로 읽을 수 있는 경전이기 때문입니다.

화성유품의 상징 의미

본 품에는 대통지승불(大通智勝佛)이 나옵니다. 지혜가 크기 때문에 대(大), 성인과 범부의 감정을 꿰뚫어 보기 때문에 통(通), 항상 미혹에 빠지지 않기 때문에 지(智), 수승한 가운데 가장 수승하기 때문에 승(勝), 따라서 대통지승입니다. 앞의 품에서 네 제자가 수기를 얻자 이 법회 참석 대중 가운데 여전히 근기가 뛰어나지 못한 성문들이 자신들의 깨달음에 대한 확신이 서지 않자, 이에 부처님이 아주 까마득히 먼

第七章 _ 化城喩品

과거생의 대통지승불이 세상에 계시어 16왕자를 교화한 지난날의 인연을 끌어들입니다.
대통지승부처님 역시 석가모니부처님처럼 왕자였으며 16명의 아들이 있었습니다. 아버지가 출가하여 성불했다는 말을 듣고 16왕자들도 성불하기를 원했습니다. 마침 모든 하늘의 범천왕도 대통지승불에게 법문 듣기를 원해서 사성제와 12인연법을 설하고 다시 《법화경》을 설합니다. 16명의 왕자들은 각자 사방으로 흩어져 모두 성불하고, 그중에서 동방사바리국토에서 성불한 분이 석가불이라고 부처님 스스로 밝힙니다. 〈서품〉에서 일월등명불이 부처님의 과거였고, 다시 대통지승불이 등장하여 석가모니부처님의 전신이었음을 밝힙니다. 이는 부처님의 인연이 셀 수 없는 과거로부터 중생을 구제하기 위한 방편을 주기적으로 베풀고 있다는 뜻이기도 합니다. 화성(化城)의 비유를 이해하시기 바랍니다.

인적이 끊어진 길을 보물을 찾는 일행이 가고 있습니다. 그러나 애초의 뜻과 달리 아무리 찾아도 보물을 손에 넣지 못하자 점점 의지력을 상실하고 회의가 들고, 피로도 몰려옵니다. 도대체 보물이 어디에 있는지 알 수도 없습니다. 보물이 탐나지 않는 것은 아니지만 무력감도 없지 않습니다. 차라리 다 포기하고 돌아갈까 하는 생각도 듭니다. 이때 이들의 심리를 잘 알고 있는 지도자는 밀림 속에 성을 하나 지어놓습니다. 보통 사람 눈에는 진짜 성이지만 이는 신통력으로 지은 성입니다. 사람들이 갑자기 나타난 성을 보고 환희심을 냅니다. 지도자는 그 성에서 일단 피로를 풀고 쉬자고 합니다. 그는 사람들이 하루를 쉬고 나면 다시 길을 나설 마음이 든다는 것을 잘 알고 있습니다. 휴식을 취한 일행은 다시 길을 나섭니다. 지도자는 보물이 있는 곳이 멀지 않다고 확신을 줍니다. 그런데 돌아보니 하루를 잘 묵었던 성이 온데 간데 사라지고 없습니다. 모든 것이 꿈 같기만 합니다. 서로에게 물어봐도 분명히 성이었다고 하지만 이미 사라지고 없습니다. 이렇게 일행은 다시 길을 나서고, 지칠 때가 되면 어디선가 성이 나타납니다. 또 하루를 쉬고, 또 보물 있는 곳이 멀지 않았다는 생각 때문에 포기할 수도 없습니다. 지금까지 인내해온 세월이 아까워서도 돌아갈 수도 없습니다. 이런 생활을 반복하는 사이 어느덧 이들은 용감한 나그네가 되어 어떤 난관에도 굴하지 않고 앞으로 나아갑니다. 부처님 말씀도 이와 같습니다.《법화경》에서 말하는 '일승'이요, 참 진리의 길이 이와 같습니다. 화성의 '화(化)'는 거짓으로 임시 보여지는 것을 말합니다. 우리가 사는 일생의 모든 것이 이렇게 꿈입니다.

🪷 화성유품의 주요 내용

비구들이여, 그 미세한 티끌들이 놓이거나 놓이지 않은 동쪽의 여러 세계의 수는, 수학자가 계산한다면 알 수 있을 것이다. 그러나 대통지승 여래께서 완전한 열반에 들어가신 뒤에 경과한 겁, 그러니까 수천만 억 나유타 겁은 결코 계산해낼 수가 없다. 그만큼 길고 그만큼 생각이 미치지 않으며 그만큼 수량을 초월한 시간이다. 그러나 비구들이여, 나는 여래의 지견으로 그 여래께서 그만큼 먼 과거에 완전한 열반에 드신 것을, 마치 오늘이나 어제 열반하신 것처럼 생생하게 떠올릴 수가 있다.

이 부분은 시간으로 쳤을 때 얼마나 먼 과거로부터 인연이 지어졌는지를 비유합니다. 지구의 흙만 해도 어마어마한데 삼천대천세계의 모든 땅입니다. 이를 다시 먼지로 만듭니다. 이 먼지 하나하나가 한 겁이니 상상할 수 없습니다. 이런 과거로부터 부처님의 인연을 말하고, 이런 어마어마한 시간의 일을 부처님은 맘만 먹으면 지금의 일처럼 다 비춰 알 수 있다는 것입니다.

범천에 속하는 천자들이 깨달음의 자리 주위에 모여 천상에 있는 꽃비를 내리고 공중에 바람을 일으켜 지상의 시든 꽃을 치웠다. 이처럼 깨달음의 자리에 계신 대통지승여래께 끊임없이 꽃비를 뿌렸는데, 꼭 10중겁 동안이었다.

척기불전등(剔起佛前燈)이라는 말이 있습니다. 옛날에는 밤 내내 부처님 전에 등잔불을 켜두었다고 합니다. 그런데 이 심지가 기름을 먹으면 불꽃이 점점 줄어듭니다. 이럴 때는 심지를 잘라주거나 건드려주면 불꽃이 다시 일어납니다. 새로워지는 것입니다. 자기 갱신의 노력을 잘 말해줍니다. 범천왕들이 천상의 꽃을 부처님께 공양을 올립니다. 꽃은 곧 시들기 마련입니다. 그러면 범천왕들이 시든 꽃을 날려버리고 새 꽃으로 올린다는 말이니 보통 정성이 아니면 할 수 없는 일입니다. 무슨 일이든지 이런 정성이 있어야 합니다.

제7장 _ 화성유품

보호자시여
드물게 밖에는 나타나시지 않는 당신께서는
극히 오랜 세월이 지난 오늘
드디어 세간에 출현하셨사옵니다.
꼭 1백80겁 동안 이 인간계에는
부처님이 계시지 않으셨사옵니다.

꼭 1백80겁 동안 인간의 최고자께서
계시지 않으셨기 때문에
삼악도는 가득 차고
신들의 무리는 줄었사옵니다.

그러나 이제 저희들의 눈이시며
의지처이시며 집이시며 구제자시며
아버지시며 친족이신 분
행복을 바라는 자애 깊은 법왕께서
저희들의 복덕에 의해 이 세상에
출현하셨사옵니다.

이 부분은 참 아름답습니다. 부처님이 오심은 중생에게 눈과 같다고 했습니다. 우리는 눈이 없으면 앞을 보지 못합니다. 눈은 광명이고 빛입니다. 그리고 중생이 마땅히 의지할만한 귀의처라 했습니다. 의지하기 좋다는 것은 그만큼 편하다는 것입니다. 여기서 중요한 것은 이 모든 부처님과의 인연이 숙세에 복이 있어서 가능하다 했습니다. 단지 물질적인 이득만이 아니고 불법이라는 출세간적 인연도 복이 있어야 가능하다는 것입니다. 사람들은 얻으려 하고, 구하려고만 하지 베풀려는 생각은 하지 않습니다. 분명하게 말 할 수 있는 것은 베풀지 않으면 절대 복이 생기지 않습니다. 남을 이롭게 하는 행위가 쌓이지 않으면 절대로 심신의 안락이 오지 않습니다.

비구들이여, 나는 그대들에게 가르쳐 주겠다. 16명의 어린 왕자들은 모두 세존 밑에서 사미가 되고 설법자가 되었는데, 그들은 그 뒤 모두 위없는 바른 깨달음을 얻었으며, 지금은 시방에 있는 여러 부처님의 국토에서 수백 수천만 억 나유타의 많은 성문과 보살들에게 가르침을 설하고 계신다.

비구들이여, 동쪽에서는 '묘희(妙喜)'세계에 '아촉(阿閦)여래' 가 계시며 수미산의 산정인 '수미정(須彌頂)여래' 가 계시며 동남쪽에는 사자의 포효인 '사자음(獅子音)여래' 와 사자의 표시인 '사자상(獅子相)여래' 가 계시며 남쪽에는 허공에 안주하는 '허공주(虛空住)여래' 와 언제나 완전한 열반에 들어 계시는 '상멸(常滅)여래' 가 계시며 남서쪽에는 제석천의 표시인 '제상(帝相)여래' 와 범천의 표시인 '범상(梵相)여래' 가 계시며 서쪽에는 무량한 수명인 '아미타(阿彌陀)여래' 와 모든 세계의 재난과 고뇌로부터 벗어난 '도일체세간고뇌(度一切世間苦惱)여래' 와 서북방에는 '다마라발전단향신통(多摩羅跋栴檀香神通)여래' 와 수미산과 같은 '수미상(須彌相)여래'가 계시며 북쪽에는 구름소리의 등불인 '운자재(雲自在)여래'와 구름소리의 왕인 '운자재왕(雲自在王)여래'가 계시며 북동쪽에는 모든 세간의 공포나 두려움을 없애는 '괴일체세간포외(壞一切世間怖畏)여래'가 계신다. 그리고 중앙에 있는 이 사바세계에는 열여섯 번째에 해당하는 석가모니라는 이름의 여래가 위없는 바른 깨달음을 얻고 있다.

절에서 참회기도를 할 때에 가장 많이 하는 것이 백팔참회문입니다. 본 품에는 여러 불보살님의 명호가 나오는데, 위의 16부처님의 명호가 모두 나옵니다. 이 부처님들이 과거생에 16왕자였다는 말씀입니다. 우리는 이런 인연법을 헤아리기 어렵습니다. 그렇지만《법화경》은 중생을 구제하기 위한 불보살님들의 모든 인연이 결코 일순간에 생긴 것이 아니라 숙세의 굳은 인연에 의한 것임을 밝히기 위함이니 가볍게 생각해서는 안 됩니다.

❀ 삶과 함께 떠나는 여행

인디언 아파치족에게는 초경을 시작한 소녀를 위한 기도가 있습니다.

넌 세상의 네 방향으로 달려갈 것이다.
땅이 큰 물과 맞닿는 곳까지
하늘이 땅과 맞닿는 곳까지
겨울이 머물고 있는 곳까지

第七章 _ 化城喻品

비가 머물고 있는 곳까지
달려라!
그리고 강해져라.
넌 부족의 어머니이니까.

무엇에도 굴하지 않고, 내가 이 세상에 존재하기 위해서는 만물이, 온 우주가 나와 하나로 연결되어 있다는 믿음을 가져야 합니다. 그리고 부드러움으로 감싼 포기하지 않는 정신이 있어야 합니다. 왜냐하면 부족의 어머니는 대지의 여인이기 때문입니다.
'남자는 꿈을 가지고 있지만, 여자는 아이를 갖고 있다' 인디언처럼 자연과 조화를 이루며 사는 이들은 본능적으로 세상은 하나의 흐름으로 존재한다는 것을 알고 있습니다. 인류 초기부터 마음의 신비를 경험한 사람은 결코 인간 홀로 살아지는 게 아니라는 것을 압니다. 세상은 동사적으로 존재합니다. 결코 명사적인 고정된 실체는 없습니다. 세상은 변하고 흐릅니다. 물건들은 단지 에너지의 집합에 불과합니다. 동물도 사람도 자연도, 계절이 바뀌면 이름도 바뀝니다. 나이가 들어도 이름이 달라집니다. 인간의 삶은 여러 과정을 거치면서 달라집니다.

이 변화에 눈을 뜨고, 모든 것은 하나의 흐름이기 때문에 초롱초롱한 눈으로 지켜보기만 해도 놀라울 정도로 큰 내면의 변화가 생깁니다. 열린 마음으로 지켜보지 않으면 사람은 변화하지 않습니다. 벽창호처럼 쇠귀에 경 읽는 격입니다.

본 품에 나오는 궁극에 가기 위한 방편의 성이라는 것은, 인간이 쉬고 위안을 얻고 활력을 찾는 휴식이고 재출발의 영역입니다. 이 변화하는 성은 굳건한 신심으로 길을 나선 나그네에게 불보살님들이 베푸는 축복입니다. 이 축복은 절대 뜻있는 이의 간절한 마음을 외면하지 않습니다. 눕고 싶으면 자리가 깔리고 목 마르면 샘이 나타나고, 배고프면 음식이 구족됩니다.

8
오백제자수기품

8

오백제자수기품 五百弟子授記品

 그때 부루나존자는 세존으로부터 친히 절묘한 방편지견(知見)의 깊은 의미가 담긴 가르침을 들었으며, 또 위대한 성문들에게 수기(授記)하는 말씀과 과거의 인연에 대한 말씀을 들었다. 그리고 세존의 위엄이 이와 같음을 알고는, 경이로운 마음으로 감동하여 세속적인 생각을 떠난 순수한 기쁨과 환희의 마음으로 가득 찼다. 그는 커다란 기쁨과 환희의 마음, 그리고 가르침에 대한 깊은 경의의 마음으로, 자리에서 일어나 세존의 발아래에 엎드려 다음과 같이 생각했다.

 '세존이시여, 훌륭하옵나이다. 각각 다른 근기를 가진 세상 사람들에게 여러 가지 방편의 지혜로 가르침을 설하시고, 또 집착해 있는 중생들을 해탈케 하시니, 이는 바른 깨달음을 얻으신 여래들께서 하신 아주 어려운 일이었사옵니다. 세존이시여, 저희들은 아무런 능력도 없사옵니다. 오직 여래께서만이 저희들의 바람과 과거세의 일과 수행을 아시옵니다' 라고.

 그는 세존의 두 발에 머리를 조아려 절하고 나서, 세존께 경의를 표하면서 조금도 눈을 움직이지 않고 세존을 우러러보면서 한쪽에 멈춰 섰다.

그때 세존은 부루나존자가 원하는 바를 꿰뚫어보시고 비구들을 향하여 말씀하셨다.

"비구들이여, 그대들은 부루나를 보라. 부루나존자는 내가 비구 승단의 설법자 가운데 제1인자라고 해서 많은 덕을 칭찬한 이이며, 또 내 가르침 밑에서 여러 가지 방법으로 바른 가르침을 익히고자 전념한 이이다. 즉 그는 사부대중에게 가르침을 전하며 분발하고 환희하게 하는 이이며, 가르침을 설하는 데 게을리하지 않으며, 또 가르침을 해설하는 능력이 있으며, 동료 수행자들을 도울 수 있는 이이다.

비구들이여, 여래를 제외하고는 가르침의 의미나 문자의 지식에 관해 부루나를 능가할 이는 없다. 비구들이여, 그대들은 이 사실을 어떻게 생각하는가? 그는 단지 나의 바른 가르침을 지키는 이만은 아니다. 결코 그렇게 생각해서는 안 된다. 왜냐하면 나는 과거에 출현하신 99만 억 부처님들에 대해 알고 있기 때문이다. 그는 여러 부처님들 밑에서 바른 가르침을 익혔다. 그는 지금과 같이 늘 설법자 중의 제1인자였으며, 어디서나 공성(空性)을 터득한 이였으며, 어디서나 네 가지의 명석한 지혜, 즉 사무애지(四無碍智)를 터득하고 있었다. 또 어디서나 보살의 신통을 터득해서 아주 적절하게 가르침을 설했고, 아무런 의심도 없이 가르침을 설하는 이였으며, 청정한 가르침을 설하는 이였다.

또 그는 모든 부처님의 가르침을 받들어 수명이 다할 때까지 순결한 생활인 범행을 해서, 모든 곳에서 '진실로 가르침을 듣는 자', 즉 '성문'이라고 여겨졌다. 그는 진실로 성문이라고 여겨지는 방편에 의해 무량하고 무수한 백천만 억 나유타의 중생들을 이롭게 했으며, 헤아릴 수 없는 중생들이 위없는 깨달음을 이루도록 했다. 또 모든 곳에서 중생들을 위한 부처님의 교화를 돕고, 모든 곳에서 자신이 있는 부처님의 국토를 깨끗이 하고, 중생들을 성숙시키는 일에 전념했다.

비구들이여, 비파시불을 비롯한 과거 일곱 분의 여래 중에 나는 일곱 번째 여래지만 과거 일곱 여래 밑에서도 부루나야말로 설법자 중의 제1인자였다.

또 비구들이여, 미래세에 현겁(賢劫) 사이에 네 분의 과거불만이 빠진 천 명의 부처님께서 나타나실 것인데, 부루나야말로 그들의 가르침 밑에서도 설법의 제1인자가 될 것이며, 바른 가르침을 지키는 이가 될 것이다. 그는 미래세에도 헤아릴 수 없는 부처님들의 바른 가르침을 지키며, 헤아릴 수 없는 중생들에게 이익을 가져오며, 헤아릴 수 없는 중생들이 위없는 깨달음을 이룰 수 있게 할 것이다.

그리고 언제나 쉼 없이 자신이 있는 부처님의 국토를 정화하며, 중생들을 성숙시키는 일에 전념할 것이다. 그는 이와 같은 보살의 수행을 성취해서 헤아릴 수 없는 겁 뒤에 위없는 바른 깨달음을 얻을 것이다. 그리고 '법명(法明)'이라는 이름의 바른 깨달음을 얻은 존경받는 여래가 될 것이다. 즉 지혜와 덕성을 함께 갖춘 선서시며, 세간을 잘 아는 위없는 분이시며, 사람들을 잘 다스리는 분이시며, 천신과 인간의 스승이시며, 불타시며, 세존이 되어 이 세상에 나타나 자신의 국토에 출현하실 것이다.

또 비구들이여, 그때 이 부처님은 갠지스 강의 모래알과 같은 삼천대천세계를 하나로 만들어 부처님의 국토로 할 것이다. 이 부처님의 국토는 손바닥처럼 평탄하며, 칠보로 되어 있고 기복이 없으며 칠보로 만든 누각으로 가득할 것이다. 천신들은 하늘의 탈것을 타고 허공에 나타날 것이므로, 천신들도 인간을 볼 수 있고, 인간도 천신들을 볼 수 있을 것이다.

또 비구들이여, 그때 이 부처님의 국토에는 어떤 악도 없고 나쁜 결과도 없으며 부녀자도 없을 것이다. 모든 중생들은 자연히 발생한 것(化生)으로 순결한 생활을 보내며, 신체는 마음으로 되어 있어서 스스로 빛을 발하며, 신통을 갖추어 중천을 날며, 정진노력에 힘써 사려가 깊고 지혜가 있으며, 몸은 금색이며 위대한 인물이 지닌 32가지 상을 갖춘 모습으로 장식되어 있을 것이다.

또 비구들이여, 그때 그 부처님의 국토에 있는 중생들의 식량은 가르침의 기쁨이라는 '법희식(法喜食)'과 선정의 기쁨이라는 '선열식(禪悅食)'의 두 종류뿐일 것이다. 또 헤아릴 수 없는 백천만 억 나유타의 보살들이 있어 큰 신통력과 명석한 지혜로 중생들을 절묘하게 깨닫게 할 것이다. 또 이 부처님께서는 큰 신통력과 위대한 위신력을 가지며 여덟 가지 해탈을 위해 선정에 힘쓰는 많은 성문들이 있을 것이다. 이렇듯 그 부처님의 국토는 헤아릴 수 없는 많은 공덕을 갖춘 곳이다.

그리고 그 겁의 이름은 '보명(寶明)'이고, 그 세계의 이름은 '선정(善淨)'일 것이다. 또 이 부처님의 수명은 헤아릴 수 없는 겁일 것이다. 바른 깨달음을 얻어 존경받는 법명여래가 완전한 열반에 들어가신 뒤에도 바른 가르침은 아주 오래 계속될 것이며, 그 세계는 '보옥(寶玉)'으로 된 탑으로 가득할 것이다. 이와 같이 비구들이여, 그 부처님의 국토는 사유를 초월한 공덕을 갖추고 있을 것이다."

세존께서는 이와 같이 말씀하시고 나서, 다시 다음과 같이 게송을 읊으셨다.

비구들이여, 이제부터 내가 하는 말을 잘 들으라.
절묘한 방편을 잘 터득한 나의 아들이
어떻게 깨달음을 이루기 위한 수행을 했는지에 대해.

나의 아들인 이 보살들은
중생들이 천한 것을 바라고 지향하며
큰 탈것을 아주 두려워하는 것을 알기 때문에
방편으로 성문이 되거나
독각의 깨달음을 나타내 보이는 등

갖가지 절묘한 방편으로

많은 보살들을 성숙시킨다.
그리고 그들은 '우리들은 성문이므로
최고의 깨달음으로부터 멀리 떨어져 있다' 고 말한다.

수많은 중생이 그들을 따라 수행해서 성숙하게 된다.
천한 것을 바라고 지향하던 아주 태만했던 그들도
마침내 모두 부처님이 된다.

또 그들은 남몰래 보살 수행을 하지만,
'우리는 할 수 있는 일이 아주 적은 성문이다' 라고 한다.
삶과 죽음을 되풀이하는 세상을 멀리하면서
자신이 있는 국토를 정화한다.

그들은 자신이 애착하고 증오하며
어리석은 것도 보이며
중생들이 잘못된 견해에 집착해 있는 것을 알면서도
그 견해에 따르기도 한다.

나의 제자인 성문들은 이와 같은 절묘한 방편으로
중생들을 해탈시킨다.
만일 그들이 행한 여러 가지 방편을 밝힌다면
무지한 사람들은 머리가 이상해질 것이다.

비구들이여, 나의 제자 부루나는
부처님의 지혜를 얻기 위하여
이제까지 수많은 부처님들 밑에서 수행해 왔으며
그분들의 바른 가르침을 익혀 왔다.

그는 어디에서나 최고의 성문이었다.
박식하며, 매력적인 언변가였으며
두려움 없이 자신 있게 중생들을 기쁘게 하는
언제나 지칠 줄 모르는 이였다.
또 언제나 부처님께서 교화하시는 일을 도와왔다.

언제나 위대한 신통력과 사무애지를 갖추었고
중생들의 여러 가지 상황을 잘 알았으며
언제나 청정한 가르침을 설한다.

그는 최선의 바른 가르침을 설해서
수천만 억의 중생들을 성숙시켜
최고의 탈것으로 이르게 했으며
자신이 있는 국토를 훌륭히 정화해 왔다.

그는 미래세에도 수천만 억의 부처님들을 공양하고
최선의 바른 가르침을 익혀

자신이 있는 국토를 정화할 것이다.

두려움이 없고 자신에 찬 그는
언제나 수천만 억의 절묘한 방편으로
가르침을 설하는데
많은 중생들을 더러움이 없는 일체지자의 지혜에
이르게 할 것이다.

그는 사람들의 지도자인 부처님들을 공양하고
언제나 최선의 바른 가르침을 수지한 뒤에
시방에 이름이 알려진
법명이라는 부처님이 될 것이다.

또 그가 부처님이 되었을 때
그 국토는 아주 청정할 것이며
칠보로 되어 있어 언제나 두드러질 것이다.
또 그 겁은 보명이라는 이름이며
그 세계의 이름은 선정일 것이다.

이 선정이라는 세계는 위대한 신통을 가진
수천만 억의 보살들로 가득할 것이다.
그들은 청정하고 위대한 신통인

위덕력을 갖춘 보살들이다.

마찬가지로 그때 그 지도자들에게는
수천만 억의 성문들도 있을 것이다.
그 성문들은 위대한 신통을 갖추고
여덟 가지 해탈을 위하여 선정에 힘쓰며
명석한 지혜를 터득한 이들일 것이다.

또 그 부처님의 국토에서는
모든 중생이 청정하고 순결한 생활을 하며
그들은 모두 자연히 발생한 화생으로
몸은 금색이고 32상을 갖출 것이다.

또 그 부처님의 국토에서는
'가르침의 기쁨'과 '선정의 기쁨'이라는 식량 외에는
따로 식량이 필요 없을 것이다.

또 거기에는 부녀자도 없으며
나쁜 일도 없고
나쁜 일에 대한 두려움도 없을 것이다.

완전한 덕을 갖추고 있는

부루나의 뛰어난 국토는 이 같은 것으로
아주 훌륭한 중생들이 모여 있을 것이다.
이상은 극히 일부분을 말한 것이다.

그때 자재를 얻은 1천2백 명의 아라한들에게 다음과 같은 생각이 떠올랐다.
'우리들은 놀라웁고 신기할 뿐이다. 만일 세존께서 다른 위대한 성문들에게 수기해 주신 것처럼, 우리들 한 사람 한 사람에게도 수기해 주신다면 얼마나 좋을까' 라고. 세존께서는 위대한 성문들의 마음을 꿰뚫어보시고, 가섭존자를 향하여 말씀하셨다.
"가섭이여, 1천2백 명의 자재를 얻은 이들이 있는데, 그들 모두에게 수기를 주겠다. 가섭이여, 그중에서 대성문 교진여비구는 6만2천 억 나유타의 부처님들 뒤에 '보명(普明)'이라는 이름의 존경받는 여래가 될 것이다. 즉 지혜와 덕행을 갖춘 선서이시며, 세간을 잘 아는 분이며 위없는 분이며 세상을 잘 다스리는 분이시며, 천신과 인간의 스승이시며, 불타시며, 세존이신 분이 될 것이다. 가섭이여, 그곳에는 보명이라는 같은 이름의 5백 분의 여래들이 계실 것이다. 그리고 5백 명의 위대한 성문들이 순서대로 계속해서 위없는 바른 깨달음을 얻어 모두가 보명이라는 이름의 여래가 될 것이다. 그 대성문이란 가야가섭, 나제가섭, 우루빈나가섭, 가유타이, 아니루타, 이바타, 겁빈나, 박구라, 주타, 사가타를 비롯한 5백 명의 자재자들이다."

세존께서는 다음과 같이 게송을 설하셨다.

성이 교진여인 이 제자는 무한겁이 지난 미래에
세간의 보호자인 여래가 되어
수천만 억의 인간들을 교화할 것이다.

그는 무수히 많은 부처님들을 뵌 뒤
무한겁이 지난 뒤
미래에 보명이라는 승리자가 될 것이다.
그리고 그 부처님의 국토는 청정할 것이다.

그는 빛을 발하며 부처님의 힘을 갖추어
시방에 울려 퍼지는 명성을 지니고
수천만 억의 인간들로부터 숭앙받아
가장 뛰어난 최고의 깨달음에 대해 설할 것이다.

또 거기에 있는 보살들은 아주 근면하며
훌륭한 하늘의 탈것을 타고 소요, 고찰하면서
청정한 계를 지니고 언제나 선행에 힘쓴다.

그들은 인간 중 최고자의 가르침을 듣고
언제나 다른 부처님의 국토를 방문해서

수천의 부처님을 예배하고
그들에게 큰 공양을 올린다.

그때 그들은 한순간에
자신들의 지도자인 보명이라는
사람 가운데 최고자의 국토에
돌아올 수가 있을 것이다.

그 선서의 수명은 꼭 6만 겁으로
이 부처님께서 완전한 열반에 들어가신 뒤
그의 바른 가르침은 수명보다 두 배나 길게
이 세상에 존속할 것이다.

바른 가르침과 유사한 가르침은
다시 그 세 배 정도 긴 기간 동안 계속될 것이다.
그의 바른 가르침이 소멸했을 때
인간도 천신도 괴로워하게 된다.

이 5백 명의 비구들은 차례로
보명이라는 같은 이름의 지도자가 된 뒤
사람 중에서 최고의 승리자가 되어
후계자로서 나타날 것이다.

5백 명 불타들의 빛의 장엄은 서로 비슷하며
신통력도 국토도 성문이나 보살의 무리도
그리고 바른 가르침도 마찬가지로 비슷하며
바른 가르침이 계속되는 기간도 비슷할 것이다.

내가 조금 전에 사람 중의 최고자인
보명여래를 칭찬한 것과 같이
그때 신들을 포함한 세간에서는
5백 부처님 모두 같을 것이다.

내가 지금 세간에서 가르치고 있는 것처럼
세간의 행복을 바라는 자비로운 사람들은
다른 이에게 '이분은 내 바로 뒤에
보명여래가 될 것이다' 라고 수기할 것이다.

가섭이여, 그대는 5백 명의 자재를 얻은 이들과
다른 제자들에 대해 이 같은 사실을 알아야 한다.
그리고 지금 여기에 없는 다른 성문들에게도
이 사실을 말해 주도록 하여라.

그 5백 명의 아라한들은 부처님으로부터 자기 자신에 대한 수기를 듣고 만족해서 환희에 넘쳐, 세존이 계신 곳으로 가까이 갔다.

그리고 세존의 두 발에 이마를 대고 이렇게 말씀드렸다.

"세존이시여, 저희들은 잘못을 참회하나이다. 저희들은 언제나 '우리는 이미 완전한 열반을 얻었다'라는 생각에 깊이 젖어 있었습니다. 그것은 저희들이 무지하고 어리석고 도리를 몰랐기 때문이옵니다. 여래의 지혜에서 최고의 깨달음을 얻어야 할 저희들이 다음과 같은 한정된 지식에 만족하고 있었던 것이옵니다.

세존이시여, 예를 들면 어떤 남자가 친구 집에 가서 술에 취해 잠에 떨어져 있을 때, 그 친구가 '이 보석이 도움이 된다면 좋겠는데'라고 하며 값을 매길 수 없을 만큼 고가의 보석을 그 친구의 옷 끝에 동여매었습니다. 그 뒤 그 친구는 자리에서 일어나 여행을 계속하다가, 어떤 곳에서 어려움을 만났습니다. 음식이나 의복을 구하는 것도 큰 어려움이어서, 고생 끝에 겨우 조금이라도 손에 넣게 되면 거기에 만족할 것이옵니다. 세존이시여, 그때 이 남자의 옛 친구로, 그의 옷 끝에 값을 매길 수도 없는 귀중한 보석을 동여매어 두었던 남자가 그를 만나서 이렇게 말했습니다.

'아아, 친구여, 그대는 왜 음식과 의복을 구하는 데에 고생하고 있는가? 나는 그대가 마음대로 편히 지낼 수 있을 정도로 귀중한 보석을 그대의 옷 끝에 동여매어 두었는데. 아아, 친구여, 나는 그대에게 이 보석을 선물하였다. 그래서 보석을 옷 끝에 이렇게 동여매어 두었다. 그런데도 그대는 자기 옷에 무엇이 동여매어 있는지, 누가 동여매어 놓았는지, 무슨 이유로 무엇 때문에 동여매어 두었는지 하는 것은 한 번도 생각해 보지도 않았다니. 아아, 친구여, 그대가 고생하며 음식이나 의복을 구하는 데에 만족하고 있다니, 그대는 바보이다. 친구여, 큰 도시로 가서 이 보석을 돈으로 바꾸어라. 그래서 그 돈으로 하고 싶은 것은 무엇이든 하라'

　세존이시여, 그와 마찬가지로 여래께서 일찍이 보살 수행을 하고 있을 때, 저희들에게도 일체지자이기를 바라는 마음을 일으켜 주셨사옵니다. 그렇지만 저희들은 그 마음을 몰랐고 알아차리지도 못했사옵니다. 그렇기 때문에 저희들은 아라한의 지위로 열반에 이르렀다고 생각하고 있었던 것이옵니다. 저희들은 살아가는 데 어려움이 많았기 때문에 이와 같은 한정된 지식에 만족해 버렸던 것이옵니다.

　세존이시여, 저희들의 일체지자의 지혜를 바라는 서원이 언제나 소멸하는 일 없이 존재하고 있었기에, 당신은 '비구들이여, 그대들은 이것을 참된 열반이라고 생각해서는 안 된다. 비구들이여, 그대들의 마음속에는 일찍이 내가 성숙시켜 둔 선근이 있다. 그대들이 지금 참된 열반이라고 생각하고 있는 것은 설법에서 열반에 대해 말한 것으로, 그 설법이야말로 나의 절묘한 방편에 지나지 않는 것이다' 라고 지금 가르쳐주신 것이옵니다. 저희들은 세존으로부터 그렇게 가르침을 받았으며, 또 나아가 위없는 바른 깨달음에 이를 것이라고 수기를 받는 것이옵니다."

　교진여를 비롯한 5백 명의 자재력을 지닌 아라한들은 그때 다음과 같은 게송을 읊었다.

가장 뛰어난 최고의 깨달음을
이룰 것이라는 수기와
최고의 격려를 받고 기뻐서
저희들은 환희에 넘쳤습니다.

지도자이신 부처님이시여
무한을 꿰뚫어보시는 눈의 소유자시여
당신께 경례하옵나이다.

저희들은 당신 앞에서 잘못을 참회하옵나이다.
마치 어리석고 무학이며 무지인 저희들이
당신의 훌륭한 가르침 속에 있으면서도
단지 자신의 적멸인 열반에 만족해 버렸다는 잘못을.

예를 들면 어떤 남자가 친구의 집에 갔습니다.
그의 친구는 자산가로 유복해서
그에게 여러 종류의 음식을 대접했습니다.

배부를 정도로 음식을 대접한 뒤에
그 친구가 그에게 고가의 보석을 주었습니다.
하의 끝단에 있는 매듭에 동여매어
그에게 주었사옵니다.

第八章 _ 五百弟子授記品

그 뒤 그 남자는 그곳을 떠나
여행을 계속했사옵니다.
그는 다른 도시로 가서
어려움을 만나 불쌍하게도 걸인이 되어
아주 지쳐서 먹을 것을 찾았사옵니다.

그는 호화로운 음식을 바라지 않았으며
형편없는 음식에 만족했사옵니다.
그 보석은 그의 옷에 동여 매인 채이지만
그는 그것을 몰랐사옵니다.
그는 기억하고 있지 못하는 것이옵니다.

그 보석을 그에게 주었던 옛 친구가
나중에 그를 만나서 몹시 나무란 뒤에
옷 끝에 있는 보석을 꺼내 보이옵니다.

그는 그것을 보고 최고의 행복을 느낄 것이며
또 그 보석 때문에 대자산가가 되어
튼튼한 창고를 소유하고
오욕의 즐거움을 충분히 누릴 것이옵니다.

세존이시여, 이와 마찬가지로 저희들은

이와 같은 과거세의 서원이
저희들에게 있었던 것을 모르고 있었사옵니다.
그 서원은 여러 가지 과거세의 일을 통해
오랫동안 여래께서 가르쳐 주신 것이옵니다.

세존이시여, 저희들 개개인은 지혜가 부족하며
가르침에 대해 무지했기 때문에
단지 자신의 열반에 만족해서
그 이상으로는 구하지도 않고
생각하지도 않았던 것이옵니다.

그와 같이 세간의 벗이신 부처님께서는
저희들의 눈을 일깨워 주셨습니다.
'이와 같은 것은 결코 위없는 열반이라고 할 수 없다.
최고의 안락인 열반은 사람들 가운데
가장 높으신 이들의 뛰어난 지혜이다' 라고
말씀하셨습니다.

지도자시여, 숭고하고 광대하며 수많은
이 위없는 수기를 들었사오니 저희들은
한 사람, 한 사람 모두 광대한 기쁨과
감격을 느끼옵니다.

오백제자수기품의 구성

1. 부처님이 부루나에게 수기를 내리다
부루나는 설법제일/부루나의 과거 인연/부루나는 법명여래가 되리라

2. 부처님이 게송으로 밝히다

3. 부처님이 교진여와 오백 아라한에게 수기를 내리다
교진여와 오백 아라한은 보명여래가 되리라

4. 부처님이 게송으로 밝히다

5. 계주(繫珠)의 비유
오백 아라한의 기쁨과 자책/비유를 들다/비유에서 법을 밝히다

6. 교진여와 오백 아라한이 게송으로 밝히다

오백제자수기품입니다.

흰 토끼가 몸을 비껴 옛길을 가니〔白兎橫身當古路〕
눈 푸른 매가 언뜻 보고 낚아채가네〔蒼鷹一見便生擒〕
뒤쫓아온 사냥개는 이를 모르고〔後來獵犬無靈性〕
공연히 나무만 안고 찾아 헤매네〔空向古椿下處尋〕

선종의 유명한 어록인 《벽암록》에 나오는 게송입니다. 운문종의 설두 스님이 공부하러 다닐 때, 어느 절에서 한 도반(道伴)과 '뜰 앞의 잣나무〔庭前柏樹子〕' 화두에 대해 이야기하고 있었습니다. 이 화두는 조주 선사에게 누군가 '무엇이 조사가 서쪽에서 온 뜻입니까〔祖師西來意〕'라고 묻자, '뜰 앞의 잣나무니라' 하고 답한 데서 나온 선가의 유명한 문답입니다. 여기서 '조사'는 큰 스승입니다. 직접적으로는 달마대사를 뜻하기도 하고 넓게 보면 불법이 동쪽으로 오게 된 이유를 묻는 것입니다. 단순히 전래된 이유가 아니라 동쪽으로 건너온 불법의 뜻을 아느냐는 질문이 되겠습니다.
이 질문이 떨어지자마자 조주선사는 마침 뜰 앞에 잣나무기 보였던지 '정전백수자'를 말했던 것입니다.
한참 이야기하다가 문득 보니 심부름하는 행자(行者)가 빙긋이 웃고 있었습니다. 손님이 간 후에 불렀습니다.
"네가 스님네들 법담하는데 왜 웃었느냐?"
행자가 말했습니다.
"스님들은 눈이 멀었습니다. 정전백수자는 그런 것이 아닙니다. 제 말을 들어 보십시오."

그러면서 행자가 말한 것이 위의 게송입니다. 토끼가 잡혀가지 않으려고 조심스럽게, 아주 조심스럽게 몸을 숨기며 가고 있습니다. '옛길〔古路〕'은 길이 생기기 전의 길이니까 보통 길이 아닙니다. 길 이전의 길은 아는 사람만 봅니다. 그런데 보다 뛰어난 매 한 마리가 여지없이 토끼를 낚아채 허공으로 사라져버립니다. 문제는 토끼를 뒤쫓아온 사냥개입니다. 사냥개는 토끼의 냄새를 맡고 쫓는 중이었습니다. 그런데 큰 나무 근처에서 사라져 버리니까 그 나무 주위만 빙빙 돌더라는 비유입니다. 어떤 사람은 말의 본뜻을 알려고 하지 않고 상대의 말에만 팔리는 경우가 허다합니다. 이는 세상을 사는 데도 그렇지만 절집 공부를 하는 데 있어서도 항상 유념해야합니다.
이와 비슷한 불감근(佛鑑懃)선사의 게송이 또 있습니다.

오색 비단 구름 위에 신선이 나타나〔彩雲影裏神仙現〕
손에 든 빨간 부채로 얼굴을 가리었다〔手把紅羅扇遮面〕
누구나 빨리 신선의 얼굴을 볼 것이요〔急須著眼看仙人〕
신선의 손에 든 부채는 보지 말라〔莫看仙人手中扇〕

이 게송은 쉽습니다. 갑자기 하늘에서 오색 구름이 나타났는데, 신선이 그 속에 있었습니다. 그런데 빨간 부채로 얼굴을 가리고 있습니다. 부채만 봐서는 안 되고, 신선의 얼굴을 봐야 하는데, 워낙 찰나지간이고 경황이 없어 신선 얼굴까지 보기가 쉽지 않습니다. 분명한 것은 부채 너머 신선의 얼굴을 제대로 봐야지, 부채만 봐서는 완전하지 않습니다. 공부도 그렇고 세상사는 일도 적당히 얼버무리는 데서 더 큰 문제가 생깁니다. 그래서 옛말에 '병은 조금 낫는 데서 더 깊어지고〔病加于小愈〕, 효는 처자 때문에 사그라든다〔孝衰于妻子〕'라고 했습니다. 몸이 조금 나아진다 싶으면 함부로 굴기 마련입니다. 이것이 오히려 병을 더 깊게 합니다. 또 아무리 효자라 해도 결혼하여 자신의 핏줄이 생겨나면 부모보다는 자식에 대한 사랑이 더 깊어지기 때문에 자연 부모에게 소홀할 수밖에 없게 됩니다. 어려운 문제입니다.

부루나존자의 전법정신

〈수기품〉에서 진리와 비유의 두 가지로 이야기를 전개하여 5백의 제자가 수기를 받았다고 했습니다. 이 모든 것이 까마득한 과거, 상상할 수도 없는 먼 생으로부터 맺어진 인연이며 중생을 구제하기 위한 대자비심임을 밝혔습니다. 이것은 숙세의 인연을 비춰 알 수 있는 부처님만이 지닌 능력이라 부처님 설법에 의지하여 미래에 중생을 제도할 부처가 될 것이라는 증명입니다. 수기는 부처님의 뛰어난 상수제자늘 뿐만이 아니라 1천2백 제자에게 똑같이 수기를 내리는 내용입니다.
본 품은 부루나존자에 대한 수기로 시작합니다. 부루나존자는 설법제일(說法第一)로 유명합니다. 전법포교에 대한 열정 때문에 붙여진 이름입니다. 그래서 그를 설법제일 부루나존자라고 부릅니다. 부루나존자가 서방의 수로나국으로 법을 전하겠다고 부처님께 허락을 청하였습니다. 다음은 부처님과 부루나존자와의 대화입니다.

"부루나야, 서방 수로나국 사람들은 성질이 사납고 거칠다. 만약 그 사람들이 업신여기고 욕하면 어쩌겠느냐?"

"세존이시여, 만약 수로나국 사람들이 면전에서 헐뜯고 욕하더라도 저는 고맙다고 생각할 것입니다. 그래도 그 사람들은 착해서 돌을 던지거나 몽둥이로 나를 때리지는 않는구나, 라고 생각할 것입니다."

"만약 수로나국 사람들이 돌을 던지고 몽둥이로 때린다면 어떻게 하겠느냐?"

"세존이시여, 수로나국 사람들이 비록 돌을 던지고 몽둥이질을 하지마는 그래도 착한 데가 있어 칼로 찌르지는 않는구나, 라고 생각할 것입니다."

"만약 칼로 찌른다면 어떻게 하겠느냐?"

"비록 칼로 찌르기는 하지만 그래도 착한 데가 있어 나를 죽이지는 않으니 고맙다, 라고 생각할 것입니다."

"부루나야, 만약 그들이 너를 죽인다면 어떻게 하겠느냐?"

"세존의 제자들 가운데는 육신을 가벼이 여겨 칼로 자살하는 사람도 있고, 약을 먹거나 목을 매거나 절벽에서 뛰어내리는 사람도 있는데 이 수루나국 사람들은 그래도 착한 데가 있어 나의 수고를 덜어주기 위하여 나를 죽여주는구나, 라고 생각할 것입니다."

"착하도다, 부루나야. 너는 인욕을 성취하였으니 수로나국의 난폭한 사람들 속에서도 머물 수가 있으리라. 너는 수로나국으로 가서 제도받지 못한 자를 제도하고, 근심과 걱정으로 불안을 느끼는 사람들을 평안케 하며, 열반을 얻지 못한 사람을 열반케 하라."

부루나존자는 수로나국에 가서 오백 명의 재가신자를 얻고 오백 개의 승가람(중원)을 세웠으며, 끝내 수로나국에서 열반에 들었습니다.

🏵 옷 속의 보석

부루나존자는 다른 제자들이 수기를 받는 것을 보고 감동하여 자신도 수기를 받고 싶었습니다. 이에 부처님께서는 부루나를 보고 그의 훌륭한 자질과 수행을 칭찬하며 후에 선정이라는 나라에서 법명여래가 되리라는 수기를 내립니다. 그리고 부처님은 교진여와 오백의 아라한들에게도 수기를 내립니다.

교진여는 부처님 고행 시에 같이 수행을 하기도 했고 최초의 법문을 들은 다섯 비구에 들기도 합니다. 이들 오백나한이 수기를 받고 나서 그 기쁨을 '옷 속의 보석'에 대한 비유로 자신들의 입장을 말하는 것이 본 품의 주된 내용입니다.

어느 남자가 친구의 집에 가서 술에 취해 잠이 들었습니다. 집주인인 친구는 부자였고 남자는 가난했기 때문에 도와주고 싶은 마음에 잠이 든 친구의 옷 솔기 안쪽에 보석을 매달아주었습니다. 그리고 부자 친구는 먼 곳에 다녀올 일이 있어 집을 떠났습니다. 남자 또한 친구가 집을 비웠다는 사실을 알고 떠돌이 생활을 계속했습니다. 옷 안쪽에 보석이 있다는 사실도 모른 채 이리저리 구걸하며 떠돌아다녔습니다. 여러 해가 지나 부자 친구가 집으로 돌아오게 되었습니다. 그러다 우연히 거리에서 이 남자를 만났는데, 행색이 이루 다 말할 수 없이 초라하고 갖은 고초를 겪으며 지내는 것이 역력했습니다.

부자 친구가 물었습니다.

"자넨 왜 그렇게 초라한 행색을 하고 있는가? 내가 떠날 때 옷 안쪽에 매달아놓은 보석은 어디에 썼단 말인가?"

금시초문인 남자는 다 헤진 옷의 솔기를 살펴보았습니다. 거짓말처럼 보석이 솔기에 매달려 있었습니다.

자신의 빈궁을 한 번에 다 날려버리고도 남을 재물을 가지고 있으면서 구걸하며 살았던 자신의 어리석음을 깊이 깨달았고, 보석을 팔아 안락한 생활을 할 수 있었다는 비유입니다. 이 비유는 '빈궁한 아들'의 이야기와도 비슷합니다. 우리는 정말로 진귀한 보물을 모르고 살아갑니다. 누구에게나 지옥 중생과 보살 부처에 이르기까지 모든 종자가 다 있습니다. 그 성품을 어떻게 드러내고 훈련시키느냐에 따라 천차만별로 달라집니다. 스스로 가진 힘에 의해 꽃을 피우고 열매를 맺는 화초처럼 내 안의 고귀한 성품을 드러내야 합니다.

길거리에 누군가 휴지를 하나 버리기 시작하면 그곳은 얼마 지나지 않아 쓰레기 더미가 됩니다. 반대로 꽃을 심으면 꽃은 더 많은 꽃을 불러오기 때문에 그곳은 정원이 되고 나비의 천국으로 변모합니다. 부처는 세상 모든 것을 부처로 볼 수 있는 사람입니다. 그에게는 보는 것 듣는 것이 모두 아름답고 고결합니다. 앞도 고귀하고 뒤도 고귀하고 옆도 고귀하고 위도 아래도 고귀합니다. 나로 인해 주위가 행복하고 즐거울 수 있다면 큰 공덕을 짓는 것입니다.

🪷 오백제자수기품의 주요 내용

비구들이여, 그대들은 부루나를 보라. 부루나존자는 내가 비구 승단의 설법자 가운데 제1인자라고 해서 많은 덕을 칭찬한 이이며, 또 내 가르침 밑에서 여러 가지 방법으로 바른 가르침을 익히고자 전념한 이이다. 즉 그는 사부대중에게 가르침을 전하며 분발하고 환희하게 하는 이이며, 가르침을 설하는 데 게을리하지 않으며, 또 가르침을 해설하는 능력이 있으며, 동료 수행자들을 도울 수 있는 이이다.
비구들이여, 여래를 제외하고는 가르침의 의미나 문자의 지식에 관해 부루나를 능가할 이는 없다.

부루나는 부처님의 십대제자 중 한 분인데, 십대제자 열 분은 각각의 특색이 있습니다.

지혜제일(智慧弟一) 사리자(舍利子) - 사리불존자
신통제일(神通弟一) 목련존자(目連尊者) 목건련존자
두타제일(頭陀弟一) 마하가섭(摩訶迦葉) - 마하가섭존자
천안제일(天眼弟一) 아나율(阿那律) - 아니루타존자
해공제일(解空弟一) 수보리(須菩提) - 수보리존자
설법제일(說法弟一) 부루나(富樓那) - 부루나존자
논의제일(論議弟一) 가전연(迦旃延) - 가전연존자
지계제일(持戒弟一) 우바리(優婆離) - 우루빈나가섭존자
밀행제일(密行弟一) 라후라(羅候羅) - 라후라존자

第八章 _ 五百弟子授記品

다문제일(多聞弟一) 아난(阿難) - 아난존자

특이한 것은 부처님만큼 설법을 한다는 것은 불가능한데, 부처님께서는 부루나의 설법을 인정해주셨습니다. 그만큼 뛰어난 설법 능력을 지녔던 것은 까마득한 과거생부터 설법하여 불법을 전파하는 일에 열정을 가졌기 때문입니다. 의욕 없이 이뤄지는 일은 없습니다. 부루나는 남을 행복하게 하고 이롭게 하는 행을 설법으로 이뤘음을 말합니다. 설사 목숨을 버리는 한이 있더라도 전법의 뜻을 굽히지 않겠다는 부루나존자의 뜻을 지금이야말로 본받고 실행에 옮기는 자세가 필요합니다. 그리고 부루나존자의 그런 원력이 하루 이틀 새에 생긴 게 아니라 오랜 인연의 성숙이 있었기 때문입니다. 종교는 전법이 없으면 소멸하고 맙니다. 전법이 생명임을 잘 알아야 하겠습니다.

> 비구들이여, 비파시불을 비롯한 과거 일곱 분의 여래 중에 나는 일곱 번째 여래지만 과거 일곱 여래 밑에서도 부루나야말로 설법자 중의 제1인자였다.
> 또 비구들이여, 미래세에 현겁(賢劫) 사이에 네 분의 과거불만이 빠진 천 명의 부처님께서 나타나실 것인데, 부루나야말로 그들의 가르침 밑에서도 설법의 제1인자가 될 것이며, 바른 가르침을 지키는 이가 될 것이다. 그는 미래세에도 헤아릴 수 없는 부처님들의 바른 가르침을 지키며, 헤아릴 수 없는 중생들에게 이익을 가져오며, 헤아릴 수 없는 중생들이 위없는 깨달음을 이룰 수 있게 할 것이다.

그리고 언제나 쉼 없이 자신이 있는 부처님의 국토를 정화하며, 중생들을 성숙시키는 일에 전념할 것이다. 그는 이와 같은 보살의 수행을 성취해서 헤아릴 수 없는 겁 뒤에 위없는 바른 깨달음을 얻을 것이다. 그리고 '법명(法明)'이라는 이름의 바른 깨달음을 얻은 존경받는 여래가 될 것이다. 즉 지혜와 덕성을 함께 갖춘 선서시며, 세간을 잘 아는 위없는 분이시며, 사람들을 잘 다스리는 분이시며, 천신과 인간의 스승이시며, 불타시며, 세존이 되어 이 세상에 나타나 자신의 국토에 출현하실 것이다.

…(중략)…

또 비구들이여, 그때 이 부처님의 국토에는 어떤 악도 없고 나쁜 결과도 없으며 부녀자도 없을 것이다. 모든 중생들은 자연히 발생한 것(化生)으로 순결한 생활을 보내며, 신체는 마음으로 되어 있어서 스스로 빛을 발하며, 신통을 갖추어 중천을 날며, 정진노력에 힘써 사려가 깊고 지혜가 있으며, 몸은 금색이며 위대한 인물이 지닌 32가지 상을 갖춘 모습으로 장식되어 있을 것이다.

또 비구들이여, 그때 그 부처님의 국토에 있는 중생들의 식량은 가르침의 기쁨이라는 '법희식(法喜食)'과 선정의 기쁨이라는 '선열식(禪悅食)'의 두 종류뿐일 것이다. 또 헤아릴 수 없는 백천만 억 나유타의 보살들이 있어 큰 신통력과 명석한 지혜로 중생들을 절묘하게 깨닫게 할 것이다. 또 이 부처님께서는 큰 신통력과 위대한 위신력을 가지며 여덟 가지 해탈을 위해 선정에 힘쓰는 많은 성문들이 있을 것이다. 이렇듯 그 부처님의 국토는 헤아릴 수 없는 많은 공덕을 갖춘 곳이다.

第八章 _ 五百弟子授記品

그리고 그 겁의 이름은 '보명(寶明)'이고, 그 세계의 이름은 '선정(善淨)'일 것이다. 또 이 부처님의 수명은 헤아릴 수 없는 겁일 것이다. 바른 깨달음을 얻어 존경받는 법명여래가 완전한 열반에 들어가신 뒤에도 바른 가르침은 아주 오래 계속될 것이며, 그 세계는 '보옥(寶玉)'으로 된 탑으로 가득할 것이다. 이와 같이 비구들이여, 그 부처님의 국토는 사유를 초월한 공덕을 갖추고 있을 것이다.

부루나에 대한 부처님의 수기입니다. 미래에 대한 결정적 예언이기도 합니다. 아미타여래가 장엄하는 세계가 극락정토요, 약사여래가 장엄하는 세계는 동방유리광세계입니다. 이처럼 각 부처님마다 건설하는 세계가 있습니다. 여기서는 부루나존자가 성불하여 부처가 되면 이름은 법명여래가 되고 국토는 선정이 됩니다.

이 세계의 특징 중 흥미로운 것은 음식에 대한 이야기입니다. 두 가지인데, 하나는 '법희식', 다른 하나는 '선열식' 입니다. 부처님의 정법을 듣는 기쁨이 음식인 법희식과 부처님의 정법을 깊이 음미하고 그것을 실행할 결심이 정해짐에 따라서 느끼는 심오한 기쁨인 '선열식' 입니다.

우리는 음식을 직접 먹어야 에너지를 얻습니다. 잠시도 배고파서 견딜 수 없습니다. 그런데 무슨 기쁜 일이 있거나 하면 흔히 '먹지 않아도 배부르다' 고 합니다. 먹지 않아도 배고픈 줄 모르는 것이 이 뜻인데, 법문을 듣고 깨닫는 기쁨과 마음을 고요히 하여 들뜨지 않으면 먹지 않아도 배고프지 않습니다.

송광사도 그렇고 법련사도, 절집 공양간은 대부분 선열당이라는 편액을 걸어놓습니다. 단순히 음식으로 보지 말고 법의 기쁨처럼 음식을 받으라는 준엄한 가르침입니다. 음식을 남겨서도 안 되고, 공양할 때 시끄럽게 해서도 안 됩니다. 조용하고 정갈하게 음식을 받아야 복이 생깁니다. 음식을 함부로 대하면 복을 감하고 털어내기 때문에 항상 주의를 기울여야 합니다. 법의 기쁨은 단순히 음식 차원을 넘어 내 존재를 향상시키고 바른 깨달음의 지혜를 얻게 합니다. 한순간도 떠나거나 잊을 수 없는 덕목입니다.

🪷 어딘들, 무슨 상관인가

《논어》〈자한편〉에는 다음과 같은 대화가 나옵니다.

공자는 구이땅에서 살고 싶어 했다. 어떤 이가 말하였다.
"누추한 곳에서 어찌하시려고요?"
공자가 말하였다.
"군자가 거하는 데 무슨 누추함이 있겠느냐!"

공자가 살고 싶어 했던 땅인 '구이'는 동이족이 있는 땅으로, 그곳 사람들은 요순처럼 이상국가로 예를 중요시 여기는 민족이라고 공자는 알고 있었습니다. 오늘날 일부 학자들은 공자가 말하는 구이족이 쥬신족으로 우랄알타이계에 속하는 우리 민족이라고 주장하는 사람도 있습니다. 당시 그곳은 잘 알려져 있지 않아서 제자들이 걱정을 하는 장

第八章_五百弟子授記品

면입니다. 그런데 공자는 '군자가 거하는 데 무슨 누추함이 있겠느냐!' 라고 합니다. 자신에 대한 확신이랄까, 진리의 사람은 결코 손상되지 않는다는 믿음 같기도 합니다. 이런 공자의 자세가 거듭 생각나는 것은 본 품이 부루나존자의 전법원력을 담고 있기 때문입니다.

큰 사랑은 자신을 지키지 않습니다.
잃을까 조바심을 내지도 않습니다.

9
수학무학인기품

9
수학무학인기품 授學無學人記品

그런데 그때 아난존자는 '우리에게도 이런 수기를 해 주셨으면' 하고 생각하였다. 그래서 깊이 생각한 끝에 간절한 마음으로 자리에서 일어나 세존의 발아래에 엎드렸다. 그때 라후라존자도 같은 마음으로, 세존의 발아래에 엎드려 함께 다음과 같이 말씀드렸다.

"세존이시여, 저희들에게도 지금 수기를 해 주시옵소서. 세존께서는 저희들을 낳아주시고 길러주신 어버이시며 안식처이시며 보호처이시옵니다. 또 세존이시여, 저희들은 '세존의 아들이며, 세존의 시종이며, 세존의 가르침을 잘 간직하고 있다'는 것만으로 천신, 인간, 아수라를 포함한 이 세간으로부터 유달리 존경받고 있사옵니다. 그러하오니 세존이시여, 저희들에게도 위없는 바른 깨달음을 얻을 것이라는 수기를 주시옵소서."

또 더 배울 것이 없는 성문[無學]과 아직 배울 것이 있는 성문[有學] 가운데 2천 명이나 되는 다른 비구들도 자리에서 일어나, 한쪽 어깨에 상의를 걸치고 합장하며 세존을 우러러보면서 아난과 같은 생각을 했다. 즉 '부처님의 지혜는 참으로 무량한데, 우리에게도

제9장 _ 수학무학인기품

위없는 깨달음을 이룰 것이라는 수기를 해 주셨으면' 하는 생각을 하면서 멈춰서 있었다.

그때 세존께서 아난존자에게 말씀하셨다.

"아난이여, 그대는 미래세에 '산해혜자재통왕(山海慧自在通王)'이라는 이름의 바른 깨달음을 얻은 존경받는 여래가 될 것이다. 지혜와 덕행을 모두 갖춘 분이시며, 세간을 잘 아는 위없는 분이시며, 사람을 잘 인도하는 분이시며, 천신과 인간의 스승이시며, 불타시며 세존이 될 것이다. 즉 그대는 6억 2천만의 부처님을 공경, 공양, 존경하며 그분들의 바른 가르침을 간직하고 교훈을 명심해서 위없는 바른 깨달음을 얻을 것이다.

아난이여, 위없는 바른 깨달음을 얻은 그대는 갠지스 강의 모래알 수의 20배나 되는 백천만 억 나유타의 보살들이 위없는 바른 깨달음을 이룰 수 있도록 할 것이다. 또 그 국토는 번영할 것이며 유리로 되어 있을 것이다. 그리고 그 세계는 '상립승번(常立勝幡)'이라는 이름이며, 그 겁은 '묘음변만(妙音遍滿)'이라는 이름일 것이다. 또 그 산해혜자재통왕여래의 수명은 백천만 억 나유타라는 헤아릴 수 없는 겁이어서, 도저히 계산할 수가 없을 것이다.

또 아난이여, 산해혜자재통왕여래께서 완전한 열반에 들어가신 뒤, 바른 가르침은 수명의 두 배 동안 계속될 것이다. 바른 가르침과 유사한 가르침도 바른 가르침의 두 배 동안 계속될 것이다.

또 아난이여, 갠지스 강의 모래알과 같은 백천만 억 나유타나 되는 시방에 계신 부처님들께서 산해혜자재통왕여래를 매우 칭찬하실 것이다."
　　그때 세존께서는 다음과 같이 게송을 설하셨다.

비구들이여, 그대들에게 알리나니
내 가르침을 간직한 아난 대덕은
6천만 억의 선서들을 공양한 뒤
미래세에 부처님이 될 것이다.

그는 언제나 서 있는 승리의 깃발이라는
아주 아름답고 청정한 부처님의 국토에서
바다와 같은 지혜를 지닌 분이며
신통을 터득한 분으로 영예가 높을 것이다.

그는 그 국토에서
갠지스 강의 모래알처럼 많은 보살들을
다시 그 이상으로 강한 자로 성숙시킬 것이다.
또 그 승리자는 위대한 신통을 갖추며
그 명성은 시방의 세간에 퍼질 것이다.

그때 세간에 행복을 가져오는
자애로운 부처님의 수명은 무량할 것이다.
이 승리자가 완전한 열반에 들어가신 뒤

그의 바른 가르침은 수명의 두 배 동안 계속될 것이다.
그 승리자의 바른 가르침과 유사한 가르침도
다시 그 두 배 동안 계속될 것이다.
그때도 갠지스 강의 모래알처럼 많은 중생이
부처님의 깨달음을 얻기 위해 덕을 쌓을 것이다.

그때 그 장소에 모여 있던 8천 명의 보살들에게 이런 생각이 떠올랐다.

'우리는 보살들에 대해서도 이와 같이 광대한 수기는 아직까지 들은 적이 없다. 하물며 성문들에 대해서는 말할 것도 없다. 도대체 이런 광대한 수기가 성문들에게 주어진 것은 어떤 이유와 인연에서일까'

그때 세존께서는 보살들이 생각하고 있는 것을 아시고 보살들에게 말씀하셨다.

"선남자들이여, 일찍이 '공왕(空王)'이라는 바른 깨달음을 얻은 존경받는 여래 앞에서 나와 아난은 함께 같은 순간, 같은 시각에 위없는 바른 깨달음을 향해 마음을 일으켰다. 선남자들이여, 아난은 언제나 한결같이 가르침을 많이 듣는 일에 전념했으나, 나는 정진노력에 전념했다. 그런 까닭에 나는 아주 빨리 위없는 깨달음을 얻었으며, 아난은 보살들이 깨달음을 완성시킬 수 있도록 여래의 바른 가르침을 듣고 기억하는 보유자가 되었고 이것이 그의 서원이었다."

그때 아난존자는 친히 세존으로부터 자신이 위없는 바른 깨달음을 이룰 것이라는 수기와 자신의 불국토의 공덕의 광휘, 그리고 과거세의 서원과 수행에 대해 듣고는 만족하고 환희에 넘쳐 수백 수천만 억 나유타의 많은 부처님들의 바른 가르침과 자신의 과거세의 서원을 상기했다.

그래서 그때 아난은 다음과 같이 게송을 읊었다.

완전한 열반에 들어가신 위대한 여래들
그분들이 나에게 그 설법을 생각나게 해 주셨다.
나는 그것을 마치 오늘이나 어제의 일처럼 떠올린다.

나는 의혹이 없어져 대승의 깨달음에 굳게 섰다.
나의 절묘한 방편은 다음과 같다.
선서의 시종이 되어
보살들이 깨달음을 얻을 수 있도록
바른 가르침을 기억하는 것이다.

그때 세존께서는 라후라존자를 향해 말씀하셨다.

"라후라여, 그대는 미래세에 '답칠보화(踏七寶華)'라는 이름의 존경받는 여래가 될 것이며, 지혜와 덕행을 갖춘 선서시며, 세간을 잘 아시는 위없는 분이시며, 사람들을 잘 이끄시는 분이시며, 천신과 인간의 스승이시며, 불타시며, 세존이 될 것이다. 즉 그대는 10

계〔十世界〕를 구성하는 미세한 먼지 수처럼 많은 바른 깨달음을 얻은 존경받는 여래들을 공경, 공양하며 찬탄해서 지금 나의 장자인 것처럼 그 부처님들의 장자가 될 것이다.

또 라후라여, 바른 깨달음을 얻은 존경받는 산해혜자재통왕여래에게 헤아릴 수 없는 수명과 모든 종류의 공덕을 갖춘 불국토의 공덕이 빛나는 것처럼, 답칠보화여래에게도 그와 같은 길이의 수명과 모든 종류의 공덕의 완성이 있을 것이다. 라후라여, 그대는 산해혜자재통왕여래의 장자도 될 것이다. 그 뒤 그대는 위없는 바른 깨달음을 얻을 것이다."

그때 세존께서는 다음과 같이 게송을 설하셨다.

라후라는 나의 장자로
내가 태자였을 때의 친아들이다.
깨달음을 얻은 뒤에도
이 아이는 나의 아들이며
가르침의 유산을 이을 위대한 성인이다.

미래세에 그는 헤아릴 수 없는 수천만 억의
많은 부처님들을 뵐 것이다.
그는 쉼 없이 깨달음을 구하므로
모든 승리자의 아들이 될 것이다.

第九章 _ 授學無學人記品

라후라의 이 같은 수행은
사람들이 알 수 없는 밀행(密行)이지만
보살로서 세운 그의 서원을 나는 잘 알고 있다.
세간의 친구인 부처님을 찬미해서
'나는 여래의 아들이옵니다' 라고 한다.

이 세상에서 나의 친아들인 라후라가 지닌 공덕은
수천만 억으로도 헤아릴 수 없을 정도이다.
이렇게 그는 대승의 깨달음에 굳게 섰다.

또 세존께서는 더 배울 것이 없는 성문과 아직 배울 것이 있는 성문 가운데 2천 명이나 되는 다른 성문들도 맑고 온화하며 부드러운 마음으로 앞에서 세존을 우러러보고 있는 것을 보았다.

그래서 세존께서는 그때 아난존자에게 말씀하셨다.

"아난이여, 그대는 저 더 배울 것이 없는 성문과 아직 배울 것이 있는 성문들 가운데 2천 명을 보고 있는가?"

아난이 대답했다.

"세존이시여, 보고 있사옵니다. 선서시여, 보고 있사옵니다."

세존께서 말씀하셨다.

"아난이여, 이들 2천 명의 성문은 모두 한결같이 보살의 수행을 완성할 것이다. 그리고 50세계를 구성하는 미세한 티끌 수처럼 많은 부처님들을 공경, 공양, 찬탄하고 또 바른 가르침을 간직한 윤회하는 마지막 몸으로 같은 순간, 같은 시각에 시방의 각각 다른 세계에 있는 각자의 불국토에서 위없는 바른 깨달음을 얻을 것이다. 그들은 '보상(寶相)'이라는 이름의 존경받는 여래가 될 것이다. 그들의 수명은 꼭 1겁일 것이다. 그리고 그들 불국토의 공덕의 광휘는 모두 한결같을 것이다. 성문들도 보살들도 그들의 완전한 열반도, 그리고 그들의 바른 가르침도 모두 평등하게 계속될 것이다."

그때 세존께서는 다음과 같이 게송을 설하셨다.

아난이여,
내 앞에 서 있는 이들 2천 명의 성문들
이 현자들에게 나는 그들이
미래세에 여래가 될 것이라고 예언한다.

미세한 티끌의 비유에서처럼
헤아릴 수 없는 부처님들께
최고의 공양을 올린 뒤
윤회하는 마지막 몸으로
최고의 깨달음을 얻을 것이다.

그들은 같은 이름으로
시방세계에서 같은 순간에
또 같은 시각에

성스러운 나무 밑에 앉아
지혜를 얻어 부처님이 될 것이다.

또 그들은 '보상'이라는 같은 이름으로
이 세간에 널리 알려지게 될 것이다.
그들의 위대한 불국토도 평등하며
성문이나 보살도 평등할 것이다.

다양한 신통을 가진 그들이
모두 이 세간에서 널리 가르침을 설한 뒤
한결같이 열반에 들어간 뒤에도
그들의 바른 가르침은 계속될 것이다.

그때 더 배울 것이 없는 성문들과 아직 배울 것이 있는 성문들 모두가 세존으로부터 친히 자신에 관한 수기를 듣고 만족하고 환희에 넘쳐, 세존께 두 게송으로 말씀드렸다.

세간의 광명이시여
저희들은 수기를 듣고
마음으로 만족하였나이다.
여래시여 저희들은 감로가 뿌려진 듯이
행복하게 되었나이다.

제9장 _ 수학무학인기품

저희들이 사람 중의 최고자이신
부처님이 되리라는 수기에 대해
저희들은 아무런 의심도 미혹도 없사옵니다.
수기를 받고 지금 저희들은 행복하나이다.

수학무학인기품의 구성

1. 아난과 라후라의 소원

2. 부처님이 아난에게 수기를 내리다
아난은 산해혜자재통왕여래가 되리라/부처님이 게송으로 거듭 말하다/
8천 보살들의 의문/아난이 찬탄하여 게송을 읊다

3. 부처님이 라후라에게 수기를 내리다
라후라는 답칠보화여래가 되리라/부처님이 게송으로 거듭 말하다

4. 부처님이 2천의 아라한에게 수기를 내리다
2천의 아라한은 보상여래가 되리라/부처님이 게송으로 거듭 말하다

수학무학인기품입니다.

좋은 음식은 싫어하지 않는다〔食不厭精〕

공자님 말씀입니다. 천하의 성인도 좋은 음식은 좋은가 봅니다. 가만 생각해봅니다. 무엇이 좋은 음식일까요? 입에 맞는 음식은 생각의 굶주림에서 오기 때문에 몸에 이익이 되느냐의 여부와는 전혀 다른 차원입니다. 좋은 음식은 정신을 기르는 음식입니다. 자신의 처지에 맞게 먹을 줄 알아야 합니다. 형편이 안 되면 안 되는 대로, 부족하면 부족한 대로 먹으면 됩니다. 일종의 '마음 굶김〔心齋〕'입니다. 마음을 굶긴다는 것은 필요 이상으로 들뜨지 않게 마음을 다스리는 것입니다. 마음이 편안하려면 마음을 다스려야 합니다. 마음을 다스리지 못하면 결코 심신의 안락을 누리지 못합니다. 식탐으로 대하는 것이 아니라 정신을 기르기 위해서 먹는 음식은 '재식(齋食)'입니다. 먹으면 먹을수록 영혼이 정화되니까 흔히 하듯 소화불량이랄지, 실컷 먹고 나서 살을 빼려고 안달하지 않아도 되는 음식입니다. 매 공양을 이런 자세로 대한다면 참 좋은 일이겠습니다.

백조는 새 중에서도 아름다운 새입니다. 기품도 있고 시끄럽게 울지도 않습니다. 행동도 적당히 느리고 하늘을 날면 어떤 새 보다도 부드럽게 납니다. 부리도 얼마나 잘 빠졌습니까? 중국에서는 백조가 아주 소량의 '이인미(苡仁米)'만 먹고 산다고 전해옵니다. 이 쌀은 율무쌀인데 극도로 깨끗하게 정미한 쌀입니다. 이인미는 약간 쓴 맛이 난다고 합니다. 한의학에서는 이 쌀을 처방하여 비장과 폐를 보하기도 하고, 관절염, 수종증, 각기병, 위장병, 간장병 등에 처방합니다.

第九章_授學無學人記品

백조가 군계일학의 아름다움을 지닐 수 있는 연유는 대자연의 음식 중 가장 뛰어난 이인미를 골라낼 수 있는 안목과 섭생의 절제 때문입니다. 까마귀나 기타 게걸스러운 류의 새는 이것저것 가리지 않고 먹어댑니다. 시궁창에 썩어가는 두더지일지라도 마다하지 않습니다. 좋은 마음씨, 좋은 사람을 길러내는 것은 사회의 영원한 숙제입니다. 사람이 세상을 살아가면서 고상한 품위와 행동을 하기가 쉽지 않습니다. 백조가 아름다울 수 있는 교훈입니다.

앞에서 부처님의 거듭된 가르침에 대해 각각 근기대로 받아들이고 믿으면서 아무런 의심을 하지 않았습니다. 부처님의 상수제자들이 하나하나 깨달음을 얻어 미래에 부처가 될 것이라는 수기를 얻어가는 것을 보고 미처 수기를 받지 못한 제자들이 가만히 있을 수 없게 되었습니다. 그 외에 오백과 천이백 제자들이 가르침을 받고 수기를 얻어 법열의 상태에 머물게 되었습니다. 본 품은 아난과 라후라를 위시한 대중이 주인공입니다.

불성에는 세 가지 인(因)이 있습니다. 정인(正因), 연인(緣因), 요인(了因)입니다. 사람마다 성불할 수 있는 요인을 가지고 있으니, '정확하다', '틀림없다'는 뜻으로 '정인'이 됩니다. 사리불 등 다섯 제자가 빨리 깨달은 것은 '정인 불성'이 깊고 두텁기 때문입니다. 그 다음 단계가 '연인'입니다. 씨앗이 뿌려져야 꽃이 피고 열매가 맺어집니다. 우리가 하는 이런 조그만 공부 하나하나가 모두 불법의 소중한 인연이요 성불의 결과를 가져옵니다. 가르침을 받고 선지식의 도움을 받아야만 불법의 세계에 더욱 깊이 들어갈 수 있습니다. 《법화경》에서 비유와 설법을 들어 설하는 방식도 알고 보면 인연이 성숙되는 결과를 보여주기 위함입니다. 그렇다고 해서 가볍게 보면 안 됩니다. 보통 사람들은 이런 방편을 익히고 인연을 만들어 성숙시키지 못하고 영영 불법에서 멀어지기 때문입니다. 다음이 '요인'으로 스스로 자기 자신을 깨닫는 것이 '요인불성'입니다. 이 '원인'의 '이유', '뿌리', '씨앗'이 되는 연은 가까운 친족의 인연으로 태어나기도 합니다. 라후라는 부처님의 아들이고, 아난은 사촌 관계입니다. 그러나 부처님은 이들에게 평등한 법을 베풀어 성불의 수기를 줍니다. 본 품이 〈오백제자수기품〉 뒤에 배치된 이유도 여기에 있습니다.

수학무학인기품의 주요 내용

그때 아난존자는 '우리에게도 이런 수기를 해 주셨으면' 하고 생각하였다. 그래서 깊이 생각한 끝에 간절한 마음으로 자리에서 일어나 세존의 발아래에 엎드렸다. 그때 라후라존자도 같은 마음으로, 세존의 발아래에 엎드려 함께 다음과 같이 말씀드렸다.

"세존이시여, 저희들에게도 지금 수기를 해 주시옵소서. 세존께서는 저희들을 낳아주시고 길러주신 어버이시며 안식처이시며 보호처이시옵니다. 또 세존이시여, 저희들은 '세존의 아들이며, 세존의 시종이며, 세존의 가르침을 잘 간직하고 있다'는 것만으로 천신, 인간, 아수라를 포함한 이 세간으로부터 유달리 존경받고 있사옵니다. 그러하오니 세존이시여, 저희들에게도 위없는 바른 깨달음을 얻을 것이라는 수기를 주시옵소서."

아난과 라후라가 자신들도 수기를 받고 싶은 마음이 들었음을 시작부터 보여줍니다. 이들이 부처님께 했던 말의 핵심은 '부처님은 보호처'라는 말입니다. 부처님과 보살님들은 '의지할 만한 대상' 입니다. 믿고 의지할 수 있음이 신앙의 출발입니다. 그리고 '선지식' 입니다. 선지식은 바른길로 인도해주는 좋은 스승이라는 뜻입니다. 좋은 스승을 가까이 두고 있다는 것은 축복입니다. 그리고 길을 함께 가는 진리의 벗인 도반은 없어서는 안 될 존재입니다. 절집에서 만나는 모든 인연이 소중함을 알아야 합니다. 또 자신들이 수기를 받는다면 '스스로의 소원도 원만하고, 여러 사람들의 소원도 원만해진다' 는 말을 합니다. 진리를 알면 남에게 알려주지 않고는 가만있을 수 없습니다. 이것이 진정한 자비심입니다. 이리하여 아난존자는 산해혜자재통왕여래가 되리라는 수기를 받습니다.

라후라여, 그대는 미래세에 '답칠보화(踏七寶華)' 라는 이름의 존경받는 여래가 될 것이며, 지혜와 덕행을 갖춘 선서시며, 세간을 잘 아시는 위없는 분이시며, 사람들을 잘 이끄시는 분이시며, 천신과 인간의 스승이시며, 불타시며, 세존이 될 것이다. 즉 그대는 10계〔十世界〕를 구성하는 미세한 먼지 수처럼 많은 바른 깨달음을 얻은 존경받는 여래들을 공경, 공양하며 찬탄해서 지금 나의 장자인 것처럼 그 부처님들의 장자가 될 것이다.

또 라후라여, 바른 깨달음을 얻은 존경받는 산해혜자재통왕여래에게 헤아릴 수 없는 수명과 모든 종류의 공덕을 갖춘 불국토의 공덕이 빛나는 것처럼, 답칠보화여래에게도 그와 같은 길이의 수명과 모든 종류의 공덕의 완성이 있을 것이다. 라후라여, 그대는 산해혜자재통왕여래의 장자도 될 것이다. 그 뒤 그대는 위없는 바른 깨달음을 얻을 것이다.

중요한 내용이 나옵니다. 라후라가 부처님의 아들이 된 것도 우연이 아니라 중생에게 그런 인연의 깊은 뜻을 보이기 위함인데, 이 깊은 이치를 오직 부처님만이 알 수 있다는 것입니다. 이 세상의 수많은 인연의 실타래를 부처님만이 깊이 헤아린다는 말씀이므로 참으로 불가사의합니다. 그리고 앞으로도 라후라는 미래의 부처님이 날 때마다 그의 장자로 태어난다는 인연을 갖추고 있음을 알 수 있습니다. 만나는 사람마다 아름다운 인연으로 승화시키는 노력이 필요합니다.

이들 2천 명의 성문은 모두 한결같이 보살의 수행을 완성할 것이다. 그리고 50세계를 구성하는 미세한 티끌 수처럼 많은 부처님들을 공경, 공양, 찬탄하고 또 바른 가르침을 간직한 윤회히는 마지막 몸으로 같은 순간, 같은 시각에 시방의 각각 다른 세계에 있는 각자의 불국토에서 위없는 바른 깨달음을 얻을 것이다. 그들은 '보상(寶相)'이라는 이름의 존경받는 여래가 될 것이다.

부처님께서 2천의 성문들에게 수기를 주시자 제자들이 모두 뛸 듯이 기뻐하며 감로가 뿌려진듯 하다는 극도의 기쁨을 표현하면서 본 품이 마무리됩니다.

본원(本願)과 총원(總願)과 별원(別願)

불교에서는 원력을 대단히 중요시합니다. 원은 '깨달음'과 '중생 구제' 두 가지입니다. 그 이상도, 그 이하도 없습니다. 복을 구하고 세속의 욕심을 채우기 위한 것은 종교의 근본 뜻에서 벗어납니다. 큰 원력이 있어야 세상을 사는 마음이 정결하고 고귀해집니다. 근본 원력의 핵심은 '이타행'입니다. 부족하고 삶에 고통 받는 사람들을 보면 우리는 삶에 자극을 받습니다. 그들을 바른길로 인도하지 않으면 안 될 연민이 일어나야 합니다. 사랑의 마음이 일어나면 우리는 전혀 다른 차원으로도 변화합니다. 이런 향상의 기쁨이 수행에 따르는 공덕입니다. '총원'은 모두에게 공통적인 '원'입니다. 예를 들면, 중생을 구제하고, 번뇌를 끊고, 법문을 배우고, 불도를 이룬다는 사홍서원이 불자의 총원입니다. 불자라면 꼭 실천하고 다짐해야 할 강령이기 때문입니다. '별원'은 각자의 성격에 따라 추구하는 바도 다르고 일의 관심도 다릅니다. 이는 일정하지 않기 때문에 정말로 헤아리기 어렵습니다. 부처님께서도 세상의 차별상은 당신만이 이해할 수 있다고 하신 까닭이 있습니다. 직업도 공무원, 회사원, 사업, 농업, 상업 등등 셀 수 없이 많은 직업이 있지만 평생 겪는 직업은 한 두 개에 지나지 않습니다. 이러니 남을 이해하고, 특히나 그 사람의 욕구를 이해한다는 것은 어려운 일입니다. 아기를 엄마가 방에 가만히 있으라고 윽박지르면 움직이지 않습니다. 그렇지만 아기가 정말로 움직이지 않는 것은 아닙니다. 몸은 그대로 있지만 마음까지 승복한 것은 아니기 때문입니다.

밀행, 세상을 이루는 힘

"라후라의 밀행(密行)은 오직 나만이 알고 있느니라."

중요한 말입니다. '비밀한 행'은 드러나지 않기 때문에 잘 알아차리기 어렵습니다. 그렇지만 이 은밀함은 자신도 모르는 사이에 공덕이 쌓이고 나뿐만이 아니라 남도 변화시킵니다. 이 은밀함이 사물의 놀라운 힘입니다. 소박하고 눈치채지 못할 만큼 느리고 더디지만 이런 힘은 쉽게 지치지 않고 꾸준히 나아가는 저력이 있습니다. 이 꾸준함이 기적의 비밀입니다. 무슨 일을 할 때는 이처럼 비밀스럽게, 고요한 마음을 잃지 않아야 합니다. 이런 행위가 종교적인 행과 일반적인 세속적인 힘의 차이입니다. 식물이 자랄 때 그 변화를 알지 못하지만 어느 날 돌아보면 문득 자라 있는 것을 볼 수 있습니다. 이 비밀스러운 힘에 눈을 떠야 합니다.

아무도 마음에 질서를 가져오지 못합니다. 질서를 가져오려는 힘이 오히려 혼란이 되기도 합니다. 스스로 지켜보고 무심하게 바라볼 수 있다면, 사물은 제 스스로 안정됩니다. 여기에 어떤 법칙의 힘이 내재되어 있습니다. 사물은 오랫동안 불안정한 채로 남아 있을 수 없습니다. 이 법칙을 기억해야 합니다. 이 법칙이 가장 근본적인 생명의 토대입니다. 불안정한 상태는 자연스럽지 않기 때문입니다. 부자연스러운 것은 본래 상태가 아닙니다. 이 혼란을 떨쳐내야 합니다. 마음을 안정시키면 사물이 잘 보이고 일의 이치가 잘 드러납니다. 모든 일을 마음의 평온을 잃지 않은 상태에서 처리하고 판단하는 습관을 들여야 합니다.

시끄럽지 않고, 고요함을 잃지 않고도 일은 얼마든지 이루어질 수 있습니다.

10 법사품

10

법사품 法師品

그때 세존께서는 약왕보살을 비롯한 8만 명의 보살들을 향해 말씀하셨다.

"약왕이여, 이 자리에 많은 천신들, 용, 야차, 건달바, 아수라, 가루다, 긴나라, 마후라가 그리고 인간과 인간 이외의 것들, 또 비구, 비구니, 신남, 신녀들, 성문승, 연각승, 보살승에 속하는 자들이 있어 여래인 나로부터 직접 이 법화경의 법문을 듣고 있는 것이 보이는가."

약왕보살이 대답했다.

"세존이시여, 보고 있사옵니다."

세존께서 말씀하셨다.

"약왕이여, 그들은 모두 보살이며, 이 자리에서 법화경의 법문 중 한 게송만이라도 듣거나, 단 한 번이라도 깨달음을 향해 마음을 일으켜 이 경전을 마음으로 기뻐한다면, 이 대중들은 모두 위없는 바른 깨달음을 얻을 것이라고 나는 예언한다.

약왕이여, 여래인 내가 완전한 열반에 든 뒤에도 선남자, 선여인이 이 법문 중 한 게송만이라도 듣거나, 또는 단 한 번이라도 깨달음을 향해 마음을 일으켜 이 경전을 마음으로 기뻐한다면, 그 사람은 위없는 바른 깨달음을 얻을 것이라고 나는 예언한다.

약왕이여, 그 선남자, 선여인들은 수백 수천만 억 나유타에 가득한 부처님을 섬긴 자가 될 것이다. 약왕이여, 그 사람들은 수백 수천만 억 나유타의 부처님 아래서 서원을 세운 자가 될 것이다. 그들은 중생들을 불쌍히 여겼기 때문에 이 사바세계에서 인간들 속에 재생한 것이다.

또 선남자, 선여인이 이 법문 중 한 게송만이라도 수지 독송하고 설명하고 체득하며, 옮겨 적고 기억하여 때때로 주의 깊게 음미한다고 하자. 또 그렇게 옮겨 적은 경전을 여래나 스승을 대하는 것처럼 공경하고 존중해서 공양한다고 하자. 또 꽃이나 훈향, 향수, 화만, 도향, 분향, 옷, 우산, 깃발, 기, 음악이나 경례, 합장으로 이 경전을 공양한다고 하자. 약왕이여, 이 법문 중 단 한 게송이라도 수지하거나 이 법문을 마음으로 기뻐한다면, 그들은 모두 위없는 바른 깨달음을 얻을 것이라고 나는 예언한다.

약왕이여, 어떤 남자나 여자가 '도대체 어떤 중생들이 미래세에 바른 깨달음을 얻은 존경받는 여래가 되는 것입니까' 하고 묻는다면, 약왕이여, 그 남자나 여자에게는 선남자, 선여인을 예로 들어 주어야 할 것이다.

'선남자, 선여인이 이 법문 중 사구(四句)로 된 게송을 단 하나라도 기억해서 다른 이에게 들려주거나 가르쳐주거나 이 법문을 공경

하는 마음을 품는다면, 그 사람이야말로 미래세에 바른 깨달음을 얻어 존경받는 여래가 될 것이다'

왜냐하면 약왕이여, 선남자, 선여인이 이 법문 중 단 한 게송이라도 수지한다면 그를 여래로 보아야 하기 때문이며, 천신들을 비롯한 세간사람들로부터 여래를 대하는 것과 같이 공경받기 때문이다. 그런데 하물며 이 법문을 완전히 파악해서 수지 독송하거나 설명하며, 옮겨 적거나 또는 옮겨 적게 하며, 꽃, 훈향, 향수, 화만, 도향, 분향, 옷, 우산, 깃발, 기, 음악으로 예배하며 이 경전을 찬양하는 사람은 어떻겠는가.

약왕이여, 그 선남자, 선여인은 이 위없는 바른 깨달음을 완성했다고 보아야 한다. 그들은 여래와 동등하며, 세간사람들을 불쌍히 여기고 행복을 바라며, 과거에 세운 서원 때문에 이 염부주(사바세계)의 인간들 속에서 이 법문을 설하기 위해 태어난 것이다. 그러니까 내가 완전한 열반에 든 뒤, 가르침을 실행하는 일도 불국토에 태어나는 일도 스스로 버리고, 이 법문을 설해 중생들을 행복하게 하기 위해 이곳에 태어난 것이다.

약왕이여, 그 선남자, 선여인은 여래의 사자이다. 약왕이여, 만일 선남자, 선여인이 내가 완전한 열반에 든 뒤에도 이 법문을 은밀히 단 한 사람에게라도 설한다면, 그 사람은 여래가 할 일을 하는 것이며 여래가 보낸 사람인 것이다.

그런데 약왕이여, 어떤 중생이 사심과 악심과 잔인한 마음으로 여래를 향해 1겁 동안 험담을 한다고 하자. 또 어떤 이가 재가 혹은 출가의 설법자들 그리고 이 경전의 수지자들에게 진심에서건 아니건 한마디라도 좋지 않은 소리를 했다고 한다면, 이 두 사람 중 후자 쪽이 훨씬 심한 악행이 된다. 왜냐하면 약왕이여, 선남자, 선여인은 여래의 장신구로 장식되어 있기 때문이다.

약왕이여, 이 법문을 옮겨 적어 지니는 사람들은 여래를 가슴속에 모시는 사람이기 때문이다. 그는 어딜 가더라도 중생들로부터 합장과 존경을 받는다. 천계나 인간계의 꽃, 훈향, 향수, 화만, 도향, 분향, 옷, 우산, 깃발, 기, 음악, 딱딱한 음식물, 부드러운 음식물, 탈것 그리고 천계에서 제일가는 보옥의 산으로 그 설법자는 공경받는다. 천계의 보옥의 산은 이 설법자에게 헌상될 만하다. 단 한 번이라도 이 법문을 설하면, 그 말을 듣고 헤아릴 수 없는 많은 중생들이 신속히 위없는 바른 깨달음을 완성하기 때문이다."

세존께서는 그때 다음과 같은 게송을 설하셨다.

부처님의 경지에 이르고자 하는 이
부처님의 지혜를 바라는 이
그는 이 경전을 수지하는 사람들을
공경해야 할 것이다.

일체지자가 되기를 바라
'어찌하면 빨리 그리 될까' 하고 생각하는 이
그는 이 경전을 수지해야 하며

이 경전의 수지자를 공경해야 할 것이다.

중생들을 불쌍히 여겨 이 경전을 설하는 사람
그는 중생들을 교화하기 위해 부처님께서 보내신 이다.

중생들을 불쌍히 여겨 이 경전을 수지하는 이는
그는 의지가 굳으며 불국토에 태어나는 것을 마다하고
이 사바세계에 왔다.
후세에 그가 이 무상의 경전을 설할 수 있는 것은
자유로이 태어날 수 있는 힘이 있기 때문이다.

그 설법자를 천계나 지계의 꽃과 온갖 향으로 공경하고
천의(天衣)로 덮어 보옥을 뿌려야 할 것이다.

내가 완전한 열반에 든 뒤
그 무서운 후세에 이 경전을 수지하는 이에게
승리자의 왕인 여래에게처럼
언제나 합장해야 할 것이다.

보살이 단 한 번이라도 이 경전을 설한다면
딱딱하거나 부드러운 음식물로 공양하고
수많은 정사(精舍), 침대, 좌구,

제10장_법사품

옷을 헌상해야 할 것이다.

후세에 이 경전을 옮겨 적고
수지하고 청문하는 이는
여래가 할 일을 하는 이는
그는 내가 인간계로 보낸 사람이다.

어떤 사람이 이 세상에서
승리자(여래)의 면전에서
악심을 품고 눈살을 찌푸리고
꼭 1겁 동안 험담을 하는 자 그는 죄 많은 자이다.

경전의 수지자들이
이 세상에서 이 경전을 설할 때
그들에게 험담이나 잡담을 하는 자
그의 죄는 훨씬 무겁다.

누군가 최고의 깨달음을 구해
꼭 1겁 동안 나에게 합장하고
수많은 게송으로 나를 찬미한다면
그는 그 기쁨으로 많은 복덕을 얻을 것이다.

누군가 이 경전의 수지자들을 찬미한다면
그는 훨씬 많은 복덕을 얻을 것이다.

누군가 1만8천 억 겁 동안
이 경전에 음성과 색채, 맛,
천계의 향기, 천계의 감촉으로 공양한다면
만일 단 한 번이라도 이 경전을 듣는다면
그는 크고 드문 이익을 얻을 것이다.

"약왕이여, 실로 나는 많은 법문을 과거에도 설했으며, 현재에도 설하고 있으며, 또 미래에도 설할 것이다. 약왕이여, 그 모든 법문 중 이 묘법연화경의 법문이야말로 모든 세간사람들에게 쉽게 받아들여지기 어려우며, 쉽게 믿기 어려운 것이다. 약왕이여, 이 법문은 여래인 나의 내심의 법의 비밀이며, 여러 여래의 힘으로 지켜지며, 여태껏 드러난 적이 없는 것이다. 이 법의 입장은 여태껏 설해진 적도 설명된 적도 없다. 약왕이여, 이 법문은 여래인 내가 지금 눈앞에 있는데도 많은 이들로부터 비방을 받았다. 그러니 내가 완전한 열반에 든 뒤는 어떻겠는가.

그러나 약왕이여, 선남자, 선여인이 여래인 내가 완전한 열반에 든 뒤, 이 법문을 믿고 독송하고 옮겨 적고 공경하며 다른 이들에게 들려준다면, 그들은 여래의 옷을 입고 있는 것과 같다. 그들은 지금 다른 세계에 계시는 여래들의 보호를 받고 있을 것이다. 그들에게는 각자 믿음의 힘이 있으며, 선근(善根)의 힘과 서원의 힘이 있을 것이다. 약왕이여, 그 선남자, 선여인들은 여래의 정사에서 여래와 함께 살게 될 것이다. 또 여래는 그들의 머리를 손으로 쓰다듬을 것이다.

그런데 약왕이여, 지상의 어떤 장소에서 이 법문이 설해지거나 옮겨 적거나, 옮겨 적은 것이 책이 되거나, 독송되거나 제창된다고 하자. 약왕이여, 그곳에는 높이 우뚝 선 보석으로 된 거대한 여래의 탑(佛塔)이 세워져야 하겠지만, 반드시 여래의 유골인 사리가 모셔질 필요는 없다. 왜냐하면 거기에는 이미 여래의 완전한 신체(全身)가 안치되어 있기 때문이다. 또 지상의 어떤 장소에서 이 법문이 설해지거나 읽히거나 제창되거나 혹은 옮겨 적거나 옮겨 적은 것이 책이 된다고 하자. 거기서는 탑과 같이 공경과 공양과 찬양이 행해질 것이며, 모든 꽃, 훈향, 향수, 화만, 도향, 분향, 옷, 우산, 기, 깃발, 승리의 깃발로써 모든 노래, 음악, 무용, 악기, 바라, 합창, 합주로써 공양이 행해질 것이다.

그런데 약왕이여, 그 여래의 탑에 경례하거나 공양하거나 참배하는 사람은 모두 위없는 바른 깨달음에 가까이 다가가고 있는 것이다. 왜냐하면 약왕이여, 재가나 출가의 많은 이들이 보살의 수행을 하지만, 이 법문을 보거나 듣거나 옮겨 적거나 혹은 공양할 수 없는 이들도 있기 때문이다. 이 법문을 듣지 못하는 한, 그들의 보살수행은 바르지 못한 것이다. 이와 반대로 이 법문을 듣고 믿고 따르며(信順), 이해하고 변별하며 받아들이는 사람들은 위없는 바

第十章 _ 法師品

른 깨달음을 가까이한 이, 가까이 다가간 이가 될 것이다.

예를 들면 약왕이여, 어떤 이가 물을 찾아다닌다고 하자. 물을 얻기 위해 황폐한 곳에 우물을 파게 한다고 하자. 마른 흙이 나오는 동안은 '아직 물이 나오기는 멀었다'고 생각할 것이다. 그러나 물기를 머금은 진흙이 물방울을 떨어뜨리며 나오는 것을 보거나 우물을 파고 있는 사람들의 손발이 진흙으로 더러워져 있는 것을 본다면, 그 사람은 아무런 의심도 없이 곧 물이 나올 것이라고 믿을 것이다. 약왕이여, 실로 이처럼 보살들이 이 법문을 듣지 않고 파악하지 않고 이해하지 않고 통찰하지 않고 숙고하지 않는 한, 위없는 바른 깨달음은 멀리 있을 것이다. 그러나 약왕이여, 보살들이 이 법문을 듣고 파악하며 수지 독송하고 이해하고 숙고하며 수습할 때, 그들은 위없는 바른 깨달음에 가까이 간 이가 될 것이다.

약왕이여, 이 법문으로부터 중생들의 위없는 바른 깨달음이 생기는 것이다. 이 법문에는 최고로 깊은 의미가 담겨 있는 말을 밝히는 것으로, 이 법문에는 보살들을 위없는 바른 깨달음으로 완성시키기 위해 존경받는 여래들의 깊은 법문이 설명되어 있기 때문이다. 약왕이여, 어떤 보살이 이 법문을 두려워해 공포에 빠진다면, 그는 새로이 부처님의 탈것에 뜻을 세운 보살로 여겨질 것이다. 그러나 성문에 속하는 자가 이 법문을 두려워해 공포에 빠진다면, 그는 성문에 속하는 자만심에 빠진 자[增上慢者]로 여겨질 것이다.

약왕이여, 만일 어떤 보살이 여래가 열반에 든 뒤, 어느 때에든 이 법문을 대중에게 설한다고 하자. 약왕이여, 그 보살은 여래의 방으로 들어가 여래의 옷을 몸에 걸치고 여래의 자리에 앉아 이 법문을 대중에게 설해야 할 것이다.

약왕이여, 여래의 방이란 무엇인가 하면, 모든 중생들에 대한 자비야말로 여래의 방이다. 선남자, 선여인은 거기로 들어가야 할 것이다. 또 약왕이여, 여래의 옷이란 무엇인가 하면, 위대한 인내와 마음의 부드러움이야말로 여래의 옷이다. 선남자, 선여인은 그것으로 몸을 감싸야 할 것이다. 약왕이여, 여래의 법좌란 무엇인가 하면, 모든 존재의 공성을 깨닫는 것이야말로 여래의 법좌이다. 선남자, 선여인은 거기에 앉아 이 법문을 대중에게 설해야 할 것이다.

보살은 마음을 쉬지 않고 보살의 탈것에 뜻을 세운 대중을 향해 이 법문을 설해야 할 것이다. 그리고 약왕이여, 다른 세계에 있는 나는 설법자인 선남자, 선여인을 위해 신통력으로 사람을 만들어 청중들을 모을 것이다. 또 신통력으로 비구, 비구니, 신남(信男), 신녀(信女)들을 출현시켜 그 법문을 듣도록 할 것이다. 그들은 그 설법자의 말을 부정하거나 비방하지 않을 것이다. 만일 그가 숲으로 간다면 나는 거기서도 그들을 위해 천신, 용, 야차, 건달바, 아수라, 가루다, 긴나라, 마후라가들에게 그의 설법을 듣도록 할 것이다. 또 약왕이여, 다른 세계에 있는 나는 그들을 위해 모습을 보일 것이다. 그리고 그가 이 법문의 구절을 잊어버리고 있다면, 그것을 생각나게 하여 다시 그들에게 설해 줄 것이다."

그때 세존께서는 다음과 같은 게송을 읊으셨다.

第十章_法師品

이런 경전은 모든 약한 마음을 버리고 들어야 한다.
듣기도 어렵거니와 믿기도 어려운 일이기 때문이다.

예를 들면 어떤 이가 물을 얻으려고
황폐한 토지에 우물을 판다고 하자.
파고 있는 동안 계속해서
마른 흙이 나오는 것을 본다고 하자.

그때 그는 이렇게 생각할 것이다.
'아직 물은 멀리 있다. 마른 흙이 그 증거다' 라고.

그런데 축축하고 부드러운 흙이
나오는 것을 본다고 하자.
그때 그는 이렇게 확신할 것이다.
'곧 물이 나올 것이다' 라고.

그와 마찬가지로 이 경전을 듣지 않고
되풀이해서 수행하지 않는다면
그런 보살들은 부처님의 지혜로부터는
멀리 있게 될 것이다.

그런데 성문들을 위해 의문을 해결하는

심원한 의미를 설하는
이 경전 중의 최고 경전을 듣거나
되풀이해서 생각한다면

그런 현자들은 부처님의 지혜 가까이에 있는 것이 될 것이다.
그것은 마치 축축한 흙이 나왔을 때
'곧 물이 나올 것이다' 라고 하는 것과 같다.

현자는 승리자인 내 방으로 들어와
내 옷을 몸에 두르고 내 자리에 앉아
두려워하지 말고 이 경전을 설해야 할 것이다.

자비의 힘이 내 방이며
인내와 마음의 부드러움이 내 옷이며
공성이 내 자리이다.
거기에 앉아 현자는 이 법문을 설해야 할 것이다.

이 법문을 설하는 이에게
흙덩이나 막대기, 창, 혹은 비난이나 협박이 있다고 하자.
그럴 때는 나를 염하며 이겨내야 할 것이다.

나의 몸은 수천 억 겁의 불국토에 있으므로

견고하며 생각도 미치지 않는 수많은 겁 동안
나는 중생들에게 가르침을 설한다.

내가 완전한 열반에 든 뒤에도
이 경전을 설하는 용기 있는 이들을 위해
나는 신통력으로 많은 사람들을 출현시켜 보낼 것이다.

내가 출현시켜 보낸
비구, 비구니, 신남, 신녀들인 사중들은
다 같이 그 설법자에게 공양할 것이다.

그리고 내가 출현시켜 보낸 사중들은
누군가가 흙덩이나 막대기로
설법자를 치고 비난, 협박, 회욕하려 한다면
그를 지킬 것이다.

황야든 산악이든 사람이 없는 곳에서
그가 혼자 살며 독송할 때
나는 그를 위해 빛나는 내 몸을 드러낼 것이다.

또 그가 독송하다 말을 잊어버리면
나는 다시 생각나게 해서 설하게 할 것이다.

그가 홀로 숲에서 수행하며 생활한다면
그의 친구로서 많은 천신들이나 야차들을 보낼 것이다.

사중에게 이 법문을 설하는 설법자에게는
이런 공덕이 있을 것이다.
그가 홀로 숲의 동굴에서 생활하며
독송한다고 하자.
그는 나를 볼 것이다.

그의 웅변력은 막힘이 없으며
그는 많은 해석과 가르침을 알고 있다.
또 그는 수천만 억의 생명 있는 것들을 설법으로 만족시킨다.
왜냐하면 그는 부처님의 가호를 받고 있기 때문이다.

그리고 그 설법자에게 의시하는 중생들은
모두 빨리 보살이 될 것이며
그와 깊이 사귀며 갠지스 강의 모래알과 같은
많은 부처님을 뵙게 될 것이다.

법사품의 구성

1. 법화경의 공덕
수행인이 경전을 듣는 공덕/범인(凡人)이 경전을 수지한 공덕/죄를 얻는 사람과 복을 얻는 사람

2. 부처님이 게송으로 밝히다

3. 경전을 찬탄하다

4. 경전을 설하는 규칙

5. 부처님이 게송으로 밝히다

법사품입니다.

시시비비가 어느 날에 끝나며〔是是非非何日了〕
괴롭고 답답함이 언제 쉬어질까〔煩煩惱惱幾時休〕

인간사의 어려움을 잘 말해주는 옛글입니다. 사람들은 각자 자신의 일념으로 살아갑니다. 이 일념은 누구나 진지하고, 그 생각을 스스로의 존재 근거로 생각하기 때문에 이 생각이 비워지면 갑자기 방향을 상실한 것처럼 당황하기도 합니다. 그렇기 때문에 다만 한 생각인데, 그 생각을 버리지 못합니다. 일생을 산다고 하는 것이 결국 이 일념입니다. 스스로도 자신이 추구하는 것이 진정 무슨 의미인지 헤아리기 어렵고, 남이 나를 안다는 것은 거의 불가능에 가깝습니다. 이 옳고 그름은 일념과 일념의 충돌이라서 더욱 그렇습니다. 이 시시비비가 끝날 날이 있겠습니까?
시시비비에서 오는 괴로움과 번민은 또 얼마나 고통스럽습니까? 어떤 사람은 잠을 못 이루기도 하고 심지어 목숨을 끊기도 합니다. 천하장사도 이 함정에 빠지면 헤어나시 못합니다. 이미 함정에 빠지고 나서 헤어나려고 하면 참으로 어렵습니다. 마음을 다스리는 방법 밖에 없습니다. 공부하고 책을 읽고 지혜를 길러야 합니다. 그런데 지혜가 없는 사람은 바른길을 일러주면 꼭 반대로 합니다.
《논어》〈계씨편〉에는 배움의 자질에 대한 이야기가 나옵니다. 그 단계를 공자는 셋으로 구분하는데, '생이지지(生而知之)', '학이지지(學而知之)', '곤이지지(困而知之)'입니다. 생이지지란 태어나면서부터 바로 아는 경지를 말하고, 학이지지란 배움을 통해 아는 경지를 말하고,

곤이지지는 고생고생 힘들여 아는 경지를 말합니다. 그러나 궁극의 밝게 아는 단계에서는 차이가 없다 했습니다. 그리고 가장 곤란한 사람은 곤란을 만나도 배우려 들지 않는 사람이라 했습니다.

또 〈계씨편〉에는 '말할 때가 되지 않았는데 말하는 것을 조급함이라 부르고, 말할 때가 되었는데 말하지 않는 것을 숨기는 것이라 부르고, 안색과 상황을 살피지 않고서 말하는 것을 맹목이라 부른다'고 하는 말도 나옵니다. 세상살이가 얼마나 어려운지 생각해볼 수 있는 이야기입니다.

🪷 법을 가르치는 스승

법사(法師)는 법을 가르치는 스승을 뜻합니다. 흔히 법회 시에 설법해 주실 분을 소개할 때 '법사'라는 말을 많이 씁니다. 가장 큰 법사는 석가모니부처님이고 그 다음이 깨달음을 얻은 훌륭한 선지식들이고, 그 다음이 오로지 중생을 교화하고 법을 펴기 위해 설법을 하는 모든 분들이 다 법사의 범주에 듭니다. 가장 낮은 단계의 법사는 출가자와 재가자를 망라한 호칭이라 하겠습니다. 법사가 아니면 경전을 이해하는 데 많은 어려움을 겪게 됩니다.

일본불교에서는 사전적 의미로 '5종 법사'라는 개념을 두고 있습니다. 5종은 수지(受持), 독(讀), 송(誦), 해설(解說), 서사(書寫)입니다. 5종의 수행하는 사람이 '5종 법사'입니다. 어느 경전이나 마찬가지지만, 특히 《법화경》은 수지, 독송, 해설에 대한 언급이 자주 나옵니다. 왜냐하면 경전은 후대에 전하는 불법의 정수이기 때문에 경전을 잘 보존하고 항상 외우며 남에게 설해주는 것입니다. 이런 노력이 없다면 불교는 사라지고 맙니다. 그래서 이런 수행은 공덕이 매우 크기 마련입니다. '독'은 경전을 펴놓고 보는 것이고, '송'은 소리 내어 읽는 것인데, 정확히는 외우는 것을 말합니다. 왜냐하면 모든 경전은 전부 암송에 의해 전해졌기 때문입니다.

서사(書寫)는 경전을 베껴 쓰는 수행입니다. 경전 사경은 예부터 승속을 막론하고 장려되었던 수행법입니다. 또 '사불(寫佛)'도 있습니다. 부처님이나 보살님들의 모습을 베껴 그리는 것입니다. 부처님 뒷면의 탱화는 보다 전문적인 기술이 필요한데, 이런 분들을 '불모(佛母)'라고도 합니다. 아이를 낳으면 엄마가 되듯이, 부처님 상을 만들거나 그림으로 조상하는 분들은 부처님을 만들어내니까 '어머니'나 다름없습니다. 이런 말과 뜻이 참으로 아름답게 느껴집니다. 필자도 《금강경》을 십 년 가까이 사경해오고 있습니다.

본 품에는 《법화경》 '일곱 가지 비유'에는 들지 않지만 비유가 하나 나오는데, 우물을 파 들어가 물을 만나기까지의 비유입니다. 우물을 팔 때 처음에는 마른 흙입니다. 그리고 차츰차츰 파면 축축한 흙이 나오기 시작합니다. 그리고 축축한 흙을 더 파 들어가면 물기가 많이 섞여 있는 흙을 만나고, 마침내 물을 만나게 됩니다. 마찬가지로 우리가 《법화경》을 수지 독송하고 서사, 해설하고 지니고 다니고 늘 가까이함으로써 머지않아 깨달음에 이를 수 있다는 비유입니다.

第十章 _ 法師品

🪷 법사품의 주요 내용

이 자리에서 법화경의 법문 중 한 게송만이라도 듣거나, 단 한 번이라도 깨달음을 향해 마음을 일으켜 이 경전을 마음으로 기뻐한다면, 이 대중들은 모두 위없는 바른 깨달음을 얻을 것이라고 나는 예언한다.
약왕이여, 여래인 내가 완전한 열반에 든 뒤에도 선남자, 선여인이 이 법문 중 한 게송만이라도 듣거나, 또는 단 한 번이라도 깨달음을 향해 마음을 일으켜 이 경전을 마음으로 기뻐한다면, 그 사람은 위없는 바른 깨달음을 얻을 것이라고 나는 예언한다.

부처님 앞에서건, 부처님 열반 후에라도 누구든 경전의 한 구절이라도 외우거나 듣고 기뻐하는 사람은 불법의 큰 인연을 심는 것이 되고, 궁극에는 깨달음을 얻는다는 말씀입니다.

약왕이여, 어떤 남자나 여자가 '도대체 어떤 중생들이 미래세에 바른 깨달음을 얻은 존경받는 여래가 되는 것입니까' 하고 묻는다면, 약왕이여, 그 남자나 여자에게는 선남자, 선여인을 예로 들어주어야 할 것이다.
'선남자, 선여인이 이 법문 중 사구(四句)로 된 게송을 단 하나라도 기억해서 다른 이에게 들려주거나 가르쳐주거나 이 법문을 공경하는 마음을 품는다면, 그 사람이야말로 미래세에 바른 깨달음을 얻어 존경받는 여래가 될 것이다'
왜냐하면 약왕이여, 선남자, 선여인이 이 법문 중 단 한 게송이라도 수지한다면 그를 여래로 보아야 하기 때문이며, 천신들을 비롯한 세간사람들로부터 여래를 대하는 것과 같이 공경받기 때문이다.

여기서는 경전의 가르침대로 수행하는 사람은 말할 것도 없고, 그런 사람을 공경하고 보호하고 공부에 장애가 없도록 살펴주는 것도 자신이 법화수행을 하는 것과 같은 공덕의 결실을 보게 된다는 말씀입니다. 이는 대단히 중요한 신행생활의 덕목이기도 합니다. 왜냐하면 바른 수행의 길에 있는 사람을 만나기가 쉽지 않기 때문입니다. 이런 진리의 한 사람이 불법의 깃발을 높이 세워 드날리기 때문입니다. 아무리 사소한 인연일지라도 일단 맺어지기만 하면 그 사람은 궁극에 불법의 바다에 갈 수 있는 인연이 심어지는 것입니다. 포교하는 공덕이 이처럼 크고 큽니다.

그런데 약왕이여, 어떤 중생이 사심과 악심과 잔인한 마음으로 여래를 향해 1겁 동안 험담을 한다고 하자. 또 어떤 이가 재가 혹은 출가의 설법자들 그리고 이 경전의 수지자들에게 진심에서건 아니건 한마디라도 좋지 않은 소리를 했다고 한다면, 이 두 사람 중 후자 쪽이 훨씬 심한 악행이 된다. 왜냐하면 약왕이여, 선남자, 선여인은 여래의 장신구로 장식되어 있기 때문이다.

약왕이여, 이 법문을 옮겨 적어 지니는 사람들은 여래를 가슴속에 모시는 사람이기 때문이다.

경전을 수지 독송하고 또 그런 수행인을 보며 공경하는 것은 복이 됩

第十章 _ 法師品

니다. 반대로 훼방하거나 보호하지 않으면 죄가 됩니다. 경전을 수지 독송하는 이는 여래의 장신구로 장식되어 있는 이라 했습니다. 이런 사람, 이런 수행인은 여래를 가슴속에 모시는 이라 했습니다. 참 재미있는 표현입니다.

약왕이여, 선남자, 선여인이 여래인 내가 완전한 열반에 든 뒤, 이 법문을 믿고 독송하고 옮겨 적고 공경하며 다른 이들에게 들려준다면, 그들은 여래의 옷을 입고 있는 것과 같다. 그들은 지금 다른 세계에 계시는 여래들의 보호를 받고 있을 것이다. 그들에게는 각자 믿음의 힘이 있으며, 선근(善根)의 힘과 서원의 힘이 있을 것이다. 약왕이여, 그 선남자, 선여인들은 여래의 정사에서 여래와 함께 살게 될 것이다. 또 여래는 그들의 머리를 손으로 쓰다듬을 것이다.
그런데 약왕이여, 지상의 어떤 장소에서 이 법문이 설해지거나 옮겨 적거나, 옮겨 적은 것이 책이 되거나, 독송되거나 제창된다고 하자. 약왕이여, 그곳에는 높이 우뚝 선 보석으로 된 거대한 여래의 탑〔佛塔〕이 세워져야 하겠지만, 반드시 여래의 유골인 사리가 모셔질 필요는 없다. 왜냐하면 거기에는 이미 여래의 완전한 신체〔全身〕가 안치되어 있기 때문이다. 또 지상의 어떤 장소에서 이 법문이 설해지거나 읽히거나 제창되거나 혹은 옮겨 적거나 옮겨 적은 것이 책이 된다고 하자. 거기서는 탑과 같이 공경과 공양과 찬양이 행해질 것이며, 모든 꽃, 훈향, 향수, 화만, 도향, 분향, 옷, 우산, 기, 깃발, 승리의 깃발로써 모든 노래, 음악, 무용, 악기, 바라, 합창, 합주로써 공양이 행해질 것이다.

계속해서 경전을 수지 독송, 사경하는 공덕을 말씀하고 있습니다. 이런 이는 부처님과 함께 사는 것과 같고 머리를 항상 쓰다듬어준다 했습니다. 이는 무한한 가피입니다. 또 탑을 조성하여 모실 때에는 굳이 부처님의 사리를 모시지 않아도 되고, 대신 경전으로 장엄해도 된다는 말씀입니다. 경전 자체가 부처님의 몸이고 말씀이기 때문입니다. 절에서 부처님이나 기타 탑 같은 조형물에는 반드시 복장물을 넣습니다. 이때는 갖가지 보석과 약초를 넣고 경전을 꼭 넣습니다.

이 법문을 듣고 믿고 따르며[信順], 이해하고 변별하며 받아들이는 사람들은 위없는 바른 깨달음을 가까이한 이, 가까이 다가간 이가 될 것이다.
예를 들면 약왕이여, 어떤 이가 물을 찾아다닌다고 하자. 물을 얻기 위해 황폐한 곳에 우물을 파게 한다고 하자. 마른 흙이 나오는 동안은 '아직 물이 나오기는 멀었다'고 생각할 것이다. 그러나 물기를 머금은 진흙이 물방울을 떨어뜨리며 나오는 것을 보거나 우물을 파고 있는 사람들의 손발이 진흙으로 더러워져 있는 것을 본다면, 그 사람은 아무런 의심도 없이 곧 물이 나올 것이라고 믿을 것이다. 약왕이여, 실로 이처럼 보살들이 이 법문을 듣지 않고 파악하지 않고 이해하지 않고 통찰하지 않고 숙고하지 않는 한, 위없는 바른 깨달음은 멀리 있을 것이다.

물을 찾기 위해 우물을 파는 것으로 부처님 세계에 나아가는 비유를 들었습니다. 물을 만나지 못하면 그 우물은 아무 쓸모가 없습니다. 우물을 파는 목적은 물을 얻기 위함이기 때문에 중도에 포기하는 사람은 진정한 부처님의 제자가 아닙니다.

> 약왕이여, 만일 어떤 보살이 여래가 열반에 든 뒤, 어느 때에든 이 법문을 대중에게 설한다고 하자. 약왕이여, 그 보살은 여래의 방으로 들어가 여래의 옷을 몸에 걸치고 여래의 자리에 앉아 이 법문을 대중에게 설해야 할 것이다.
> 약왕이여, 여래의 방이란 무엇인가 하면, 모든 중생들에 대한 자비야말로 여래의 방이다. 선남자, 선여인은 거기로 들어가야 할 것이다. 또 약왕이여, 여래의 옷이란 무엇인가 하면, 위대한 인내와 마음의 부드러움이야말로 여래의 옷이다. 선남자, 선여인은 그것으로 몸을 감싸야 할 것이다. 약왕이여, 여래의 법좌란 무엇인가 하면, 모든 존재의 공성을 깨닫는 것이야말로 여래의 법좌이다. 선남자, 선여인은 거기에 앉아 이 법문을 대중에게 설해야 할 것이다.

이런 구절을 읽을 때 경전의 아름다운 표현에 눈을 떠야 합니다. 여래의 방에, 여래의 옷을 입고, 여래의 자리에 앉았습니다. 이 방은 중생을 위한 자비심이 있어야 들어갈 수 있습니다. 방에 들어갔으면 여래의 옷을 입어야 하는데, 이 옷이 무엇으로 되어 있느냐면 인욕의 옷입니다. 인욕하는 마음이 없으면 입을 옷이 없습니다. 인욕은 '욕됨을 참는 것'입니다. 그런데 사실 이 굴욕감이라는 것은 상대가 주는 것이 아니라 내가 그렇게 생각한다는 데 문제의 본질이 있습니다. 상대의 뜻을 알기 전에 자신의 기분을 참지 못하고 분한 마음을 갖는 것입니다. 이 '인욕'을 구마라집은 '안인(安忍)'이라고 번역했습니다. 마음이 편하면 참을 수 있다는 뜻입니다.

이처럼 마음을 고요히 하는 공덕이 얼마나 큰지 모릅니다. 마음이 편하면 누가 뭐라 해도 상관하지 않습니다. 방에 들어가서 옷을 입었으면 자리에 앉아야 합니다. 어떤 자리냐면 '공(空)'의 자리입니다. 일체의 공함을 터득한 사람만이 자리에 편하게 앉을 수 있습니다. 마음이 들뜨고 거친 사람은 영원히 서 있는 사람입니다. 이런 사람에게 휴식은 없습니다. '부처님 자비의 방에 인욕의 옷을 입고 공의 자리에 앉는다'는 말을 잘 헤아리시기 바랍니다.

🪷 사랑으로 증오의 강을 건너라

뱀 한 마리가 농부의 아들을 물어 죽였습니다. 분노에 격해진 농부는 도끼를 들고 뱀이 사는 굴 입구를 단단히 지켰습니다. 마침내 뱀이 굴 밖으로 몸을 내밀었습니다. 순간 농부는 있는 힘을 다해 도끼를 내려쳤습니다. 그러나 뱀을 죽이지는 못하고 굴 앞의 바위만 두 동강 났습니다. 굴을 빠져나온 뱀이 쩨려보자 농부는 뱀의 독이 무서워 몸을 움직일 수 없었습니다. 겁에 질린 농부가 가까스로 뱀을 달래려고 했습니다. 그러나 뱀은 단호히 거절하며 말했습니다.

"난 저 바위에 난 무시무시한 도끼 자국을 볼 때마다 자네 생각을 할 것이고, 자네 역시 자식의 무덤을 볼 때마다 내 생각이 날 테니까."

第十章 _ 法師品

농부와 뱀은 어떻게 되었을까요?
자비와 사랑의 마음을 잃으면 돌아갈 집이 없는 나그네와 같습니다. 그 사람이 사는 곳은 풀 한 포기 없는 황무지입니다. 부처님은 분노의 불길은 모든 공덕의 숲을 태운다고 말씀하셨습니다. 이 거친 세상에 우리는 진정한 법사가 되어야 합니다. 우리는 자비를 전할 사명이 있기 때문입니다.

11 견보탑품

11

견보탑품 見寶塔品

　그때 부처님 앞의 한가운데 땅이 갈라지면서 땅속으로부터 높이 가 5백 요자나에 둘레도 그 정도 되는 칠보로 된 탑이 나타나 공중 으로 올라가 한가운데서 멈추었다. 그 탑은 밝게 빛나 보기에도 매 우 아름다우며, 꽃으로 가득 찬 5천의 난간으로 장식되고, 수천의 많은 아치형의 문이 있으며, 수천의 깃발이 장식되고, 수천의 보석 으로 된 장식끈과 수천의 색색의 천과 방울이 드리워져 있었다. 또 타말라나무의 잎과 전단의 향기를 내뿜고 있으며, 그 향기는 온 세 계에 가득 차 있었다. 그리고 그 탑에는 금, 은, 유리, 호박, 마노, 붉은 진주, 수정 등 칠보로 된 해가리개들이 우뚝 솟아 사대천왕의 궁전에까지 이르렀다. 그 탑 위에는 33천에 속하는 천자들이 있어 하늘꽃인 만다라바의 거대한 꽃을 그 탑 위로 이리저리 뿌렸다. 한 편 그 보석으로 된 탑 속에서 다음과 같은 소리가 들렸다.

　"좋사옵니다. 아주 좋사옵니다. 세존이시여, 당신은 이 '바른 가르침의 백련' 이라는 법문을 훌륭히 설하셨습니다. 법문대로이옵 니다, 세존이시여."

그러자 사중은 보석으로 된 거대한 탑이 하늘 높이 공중에 멈추어 있는 것을 보고, 기쁨과 믿음으로 가득 차 자리에서 일어나 합장하며 서 있었다.

그때 대요설(大樂說)이라는 보살은 천신과 인간, 아수라 등이 이러한 기적이 일어난 까닭을 꼭 알고 싶어하는 것을 알고 세존께 이렇게 말씀드렸다.

"세존이시여, 이런 보석으로 된 거대한 탑이 세간에 나타난 원인은 무엇이옵니까? 무슨 까닭이옵니까? 또 세존이시여, 어떤 분이 탑 속에서 저런 소리를 내는 것이옵니까?"

이런 질문을 받고 세존께서는 대요설보살에게 다음과 같이 말씀하셨다.

"대요설이여, 이 탑 속에 있는 여래의 신체가 완전하게 안치되어 있다. 본디 이것은 여래의 신체를 안치하기 위한 탑이다. 그러므로 거기서 소리가 나온 것이다.

대요설이여, 아래 방향으로 백천만 억 나유타의 무수한 세계를 지나가면 '보정(寶淨)'이라는 이름의 세계가 있다. 거기에는 '다보(多寶)'라고 이름하는 바른 깨달음을 얻은 존경받는 여래가 계신다. 그 여래의 서원은 이러하다.

'내가 일찍이 보살의 수행을 하고 있을 때, 보살을 위한 가르침인 바른 가르침의 백련이라는 법문을 듣지 못한 동안은 위없는 바른 깨달음이 완성되지 못했다. 그러나 그 법문을 들은 뒤에는 완성되었다'

第十一章 _ 見寶塔品

대요설이여, 다보여래께서는 완전한 열반에 드실 때, 천신과 마왕, 범천을 포함한 세간과 사문, 바라문을 포함한 생명 있는 것들 앞에서 이렇게 말씀하셨다.

'비구들이여, 내가 완전한 열반에 든 뒤에 여래의 완전한 신체를 모시기 위해 보석으로 된 거대한 탑을 하나 세워라. 또 나를 위해 다른 많은 탑도 세워라'

또 대요설이여, 다보여래께서 지니신 신통력은 이런 것이었다.

'시방의 모든 세계에 있는 불국토에서 이 바른 가르침의 백련이라는 법문이 설해질 때는, 그 어떤 불국토에도 나의 전신을 모신 탑이 나타날 것이다. 또 여러 세존께서 이 바른 가르침의 백련이라는 법문을 설하고 계실 때, 법회의 바로 위 공중에 그 탑이 멈출 것이다. 그리고 그 법문을 설하고 계신 세존들을 향해 찬탄의 말을 할 것이다'

대요설이여, 이런 이유로 바른 깨달음을 얻은 존경받는 세존인 다보여래의 전신을 모신 이 탑은 지금 내가 이 사바세계에서 '바른 가르침의 백련'이라는 법문을 설할 때, 법회의 한가운데 나타나 하늘 높이 공중에 멈춰 나를 찬탄한 것이다."

그때 대요설보살은 세존께 이렇게 말씀드렸다.

"세존이시여, 저희들은 세존의 위신력에 의해 다보여래의 모습을 뵙고 싶사옵니다."

이렇게 말씀드렸을 때, 세존께서는 대요설보살에게 다음과 같이 말씀하셨다.

"대요설이여, 다보여래의 서원은 참으로 중요한 것으로 다음과 같은 것이다.

'다른 여러 불국토의 세존들께서 바른 가르침의 백련이라는 법문을 설하실 때, 나의 전신을 모신 탑을 이 바른 가르침의 백련의 법문을 듣게 하기 위하여 여래의 곁에 나타나게 할 것이다. 또 그 세존들께서 내 전신인 탑을 열어 대중들에게 보이려 하실 때, 여래들께서는 그 여래의 신체에서 나온 화신이 있어 서로 다른 이름으로 각각의 불국토에서 중생들에게 가르침을 설하고 계신다. 그리고 함께 그 탑을 열어 사중에게 보이실 것이다'

대요설이여, 이런 이유로 시방의 각각 다른 불국토인 수천의 세계에서 중생들에게 가르침을 설하고 있는 많은 화신여래는 이 모임에 오게 하지 않으면 안 되는 것이다."

그때 대요설보살은 세존께 이렇게 말씀드렸다.

"세존이시여, 무엇보다도 먼저 저희들은 여래께서 만드신 모든 여래의 분신(화신)께 예배하고 싶사옵니다."

그때 세존께서는 미간에 있는 백호로부터 광명을 놓으셨다. 그 순간 그 광명에 의해 동방의 갠지스 강의 모래알 수와 같은 5백만 억 나유타의 세계에 계신 세존들이 보였다. 또 수정으로 된 불국토도 보였다. 그 불국토는 보석나무로 눈부시게 빛나며, 아름다운 가지각색의 천으로 장식되어 있고, 수백 수천의 많은 보살로 가득 차고, 천계의 휘장이 둘러져 있고, 칠보를 박은 황금그물로 덮여 있는 것이 보였다. 각각의 불국토에서 세존께서는 감미롭고 신묘한

第十一章 _ 見寶塔品

소리로 중생들에게 가르침을 설하고 계시고, 그 불국토가 수백 수천의 보살로 가득 차 있는 것이 보였다.

동남쪽에서도 마찬가지였다. 또 남쪽과 남서쪽, 서쪽, 서북쪽, 북쪽, 북동쪽에서도 마찬가지였다. 아래쪽에서도 위쪽에서도 마찬가지였다.

이렇게 널리 시방의 각 방향에서 갠지스 강의 모래알 수와 같은 백천만 억 나유타의 많은 불국토와 거기에 계신 세존들이 보였다.

그때 시방에 계신 바른 깨달음을 얻은 존경받는 여래들께서는 각자의 보살들에게 말씀하셨다.

"선남자, 선여인이여, 우리들은 다보여래를 모신 탑에 예배하기 위해 사바세계에 계신 석가여래께 가야 할 것이다."

또 세존들께서는 시종을 두세 명씩 거느리시고 이 사바세계에 오셨다.

이런 이유로 그때 이 사바세계 전체가 보석나무로 장식되고, 대지는 유리로 되고, 칠보를 박은 황금그물로 덮였으며, 커다란 보석 향로의 향기로 싸이고, 만다라바꽃이 온통 뿌려져 있으며, 작은 방울이 붙은 그물과 금실로 바둑판 무늬처럼 장식되었다. 마을, 도성, 시골, 왕국, 왕성의 구별도 없고, 칼라 산도 없고, 무칠린다 산도 대무칠린다 산도 없고, 차크라바다 산(鐵圍山)도 대차크라바다 산도 없고, 수미산도 없고, 그 밖의 큰 산도 없고, 큰 바다도 없고, 하천이나 큰 강도 없고, 천신들이나 인간, 아수라의 무리도 없고, 지옥이나 축생도, 야마의 세계도 없이 정연하게 되었다. 이런 이유로 그때 이 사바세계에서 육종의 경계에 태어난 중생들은, 이 모임에 모인 이들을 제외하고는 모두가 다른 세계로 옮겨졌다.

그때 세존들께서는 한둘씩 시종을 데리고 이 사바세계에 오셨다. 도착하시자 여래들께서는 보석나무 아래에 있는 사자좌에 앉으셨다. 그 보석나무의 높이는 각각 5백 요자나이고, 정연하게 가지와 큰 잎, 작은 잎으로 덮여 있었으며, 꽃과 과실로 장식되어 있었다. 각각의 보석나무 밑둥치에는 큰 보석으로 장식된 높이 5요자나의 사자좌가 마련되어, 거기에 여래께서 한 분씩 결가부좌로 앉으셨다. 이런 식으로 모든 삼천대천세계에서 여래들께서 모든 보석나무 밑둥치에 결가부좌로 앉으셨다.

그때 이 삼천대천세계는 여래들로 가득 차 있었는데, 석가여래의 분신인 화신여래들은 아직 어떤 곳에서도 도착하지 않았다. 그래서 석가여래께서는 신통력으로 여래의 분신들을 위해 앉을 곳을 만드셨다. 즉 널리 팔방에서 2백만 억의 불국토가 유리로 되고, 칠보가 박힌 황금그물로 덮이고, 작은 방울이 달린 그물로 장식되고, 만다라바꽃이 온통 뿌려지고, 천계의 휘장이 쳐지고, 천계의 꽃들로 된 영락이 드리워지고, 천계의 향로의 향기로 싸였다. 그리고 그 2백만 억의 불국토는 모두 마을, 도성, 시골, 왕국, 왕성의 구별도 없고, 칼라 산도 없고, 무칠린다 산도 대무칠린다 산도 없고, 차크라바다 산도 대차크라바다 산도 없고, 수미산도 없고, 그 밖의 큰 산도 없고, 큰 바다도 없고, 하천이나 큰 강도 없고, 천신들이나 인간, 아수라의 무리도 없고, 지옥이나 축생도, 야마의 세계도 없이 정연하게 되었다. 또 그 많은 불국토 전체를 평탄하고 쾌적하며 칠보로 된 수목으로 풍부하게 장식된 유일한 불국토로 해서 하나로 이어지는 대지처럼 정연하게 했다.

또 그 보석나무들은 높이나 둘레가 5백 요자나씩이며, 정연하게 가지, 잎, 꽃, 과실이 열리고, 그 모든 보석나무의 밑둥치에는 천계의 보석으로 된 가지각색의 아름답게 보이는 사자좌가 마련되었고, 계속해서 모여온 여래들은 보석나무의 밑둥치에 있는 사자좌 위에서 결가부좌를 하고 앉았다.

이런 식으로 석가여래께서는 각각의 다른 방향에서 2백만 억 나유타의 세계를 청정하게 하셨다. 계속해서 모여온 여래들께 앉을 자리를 제공하기 위해 각 방향에 있는 2백만 억 나유타의 세계도 각각 그렇게 정연하게 되었으며, 그곳의 모든 중생들이 다른 세계로 옮겨졌다. 이 불국토들도 또한 유리로 되었으며, 칠보를 박은 황금그물로 덮여, 작은 방울이 달린 그물로 장식되고, 만다라바꽃이 온통 뿌려지고, 천계의 휘장이 쳐지고, 천계의 꽃들의 영락이 드리워져 있고, 천계의 향료의 향기로 싸이고, 보석나무로 아름답게 장식되었다. 그리고 그 모든 보석나무는 크기가 5백 요자나며, 밑동에 5요자나의 큰 사자좌가 마련되어 있었다. 거기서 여래들은 각자 따로 결가부좌를 하고 앉아 있었다.

또 그때 동쪽에 있는 갠지스 강의 모래알 수와 같은 백천만 억 나유타의 불국토에서 중생들에게 가르침을 설하고 있던 석가세존의 화신인 여래들이 모두 한꺼번에 왔다. 마찬가지로 시방으로부터도 화신여래들이 와서 팔방에 자리를 잡았다. 이렇게 해서 그때 각각의 방향에 있는 3백만 억의 세계는 팔방에 걸쳐 널리 여래들로 가득했다.

그 뒤 그 여래들은 각각 자신의 사자좌에 앉아 시종을 석가세존께 보냈다. 그들은 보석으로 된 꽃받침을 건네주며 이렇게 말했다.

"선남자, 선여인이여, 그대들은 기사굴산(耆闍崛山)으로 가거라. 거기서 석가세존께 예배하고 우리들을 대신하여 여래께 그리고 보살과 성문들께 무병무재하신지 건강하신지 평안하게 지내시는지 안부를 여쭈어라. 그리고 수많은 보석의 꽃받침을 깔며 이렇게 말씀드려라. '존귀하신 여래께서는 보석으로 된 이 거대한 탑을 열어보는 데 동의하셨사옵니다'라고."

그렇게 여래들은 모두 각자 자신의 시종들을 보냈다.

그때 석가세존께서는 자신의 분신인 화신여래들이 하나도 빠짐없이 모여서 각자 사자좌에 앉은 것과 그 시종들이 와서 동의하시는 것을 아시고, 법좌에서 일어나 하늘 높이 공중에 섰다. 사부대중도 모두 자리에서 일어나 합장하고 세존의 얼굴을 올려보며 멈춰 섰다. 그때 세존께서는 공중에 솟아 있는 보석으로 된 거대한 탑의 한가운데를 오른손가락으로 여셨다. 마치 큰 성문이 열릴 때 반구형의 커다란 두 문이 좌우로 열리는 것처럼, 세존께서는 오른손가락으로 거대한 보석으로 된 탑의 중앙을 여셨다. 그러자마자 다보여래께서 사지를 움츠렸으면서도 완전무결한 신체로 사자좌에 결가부좌로 앉아 계셨는데 삼매에 들어 있는 것처럼 보였다. 다보여

第十一章 _ 見寶塔品

래께서는 이렇게 말씀하셨다.
"훌륭하옵니다. 아주 훌륭하옵니다. 석가세존이시여, 당신은 이 '바른 가르침의 백련' 이라는 법문을 훌륭히 설하셨사옵니다. 당신께서 이 법문을 여기 모인 대중에게 설하시는 것은 아주 훌륭한 일이옵니다. 세존이시여, 나는 그 법문을 듣기 위해 온 것이옵니다."
그러자 사부대중은 다보여래께서 완전한 열반에 드신 지 백천만억 나유타의 많은 겁이 지났는데도 그렇게 설하시는 것을 보고 불가사의하고 일찍이 없던 일이라고 생각했다. 그때 그들은 다보여래와 석가여래께 천계와 인간계의 보석으로 된 꽃받침〔寶華聚〕을 깔아드렸다.
그때 다보여래께서는 석가여래께 사자좌의 자리 반을 양보하시며, 보석으로 된 거대한 탑 속에서 석가세존을 향해 "석가세존께서는 여기 앉으십시오"라고 했다. 그래서 석사세존은 다보여래와 함께 공중에 떠 있는 탑의 사자좌에 절반씩 자리를 차지하고 앉으셨다.
그때 사부대중은 이런 생각이 들었다.
'우리들은 두 분 여래로부터 멀리 떨어져 있으니, 여래의 위신력을 빌려 우리들도 공중으로 오르도록 하자' 고.
그러자 석가세존께서는 마음으로 대중의 생각을 아시고 위신력으로 대중을 공중으로 데려오셨다. 그때 석가세존께서는 대중에게 이렇게 말씀하셨다.
"비구들이여, 그대들 가운데 사바세계에서 '바른 가르침의 백련' 이라는 법문을 설하려고 애쓰는 자는 누구인가? 여래가 눈앞에 있는 지금이 바로 그런 맹세를 할 때이다. 지금이 바로 그 기회이다. 비구들이여, 여래인 나는 지금 '바른 가르침의 백련'이라는 법문을 위촉하고 완전한 열반에 들고자 한다."
　세존께서는 그때 이런 게송을 읊으셨다.

비구들이여, 이미 열반에 드신 위대한 지도자이신
성인조차도 보석으로 된 탑에 계시면서
이 가르침을 듣기 위해 오셨는데
가르침을 위해서 누가 애쓰지 않겠는가.

완전한 열반에 드신 뒤 많은 겁이 지났는데도
그 여래께서는 지금도 가르침을 듣고 계신다.
가르침을 듣기 위해 이리저리 가신다.
이런 가르침은 참으로 얻기 어렵기 때문이다.

과거세에 세운 이 여래의 서원은 그가
완전한 열반에 드신 뒤에도 가르침을 듣기 위해
시방의 모든 세계를 편력하시는 것이다.

갠지스 강의 모래알 수와 같은 수천만 억의
여래들은 모두 나의 분신으로
그들은 법을 수행하기 위해

第十一章 _ 見寶塔品

이미 완전한 열반에 든 나를 만나러 온 것이다.

어떻게 하면 법으로 사람들을
오래 이끌 수 있을까 하고 생각해서
바른 가르침을 지키기 위해 그들은 모두
각자 자신의 불국토도 제자들도
인간이나 천신들도 모두 두고 달려온 것이다.

이 부처님들이 앉을 수 있도록
나는 신통력으로 수천만 억의 세계를 청정하게 하고
또 모든 중생들을 다른 세계로 옮기기도 했다.
'이 법의 가르침을 어떻게 설하면 좋을까' 하고 늘 생각했다.

한편 이 무량한 여래들은 연꽃들처럼
보석나무 밑동에 편히 앉아 있다.
그 사자좌에 앉아 있는 지도자들은
마치 불이 암흑을 비추는 것처럼
수많은 보석나무 밑동을
밝게 비추면서 앉아 있다.

그 세간의 지도자들의 상쾌한 향기가
바람을 타고 항상 이 세상에서 시방으로 퍼지므로

그 향기에 취해 모든 중생들은 자신을 잊는다.

내가 열반에 든 뒤
이 법문을 수지하려고 하는 자가 있다면
세간의 지도자들 앞에서
어서 그 맹세의 말을 하여라.

다보여래께서는 이미 완전한 열반에 드셨지만
이 법문을 굳게 수지하겠다는
결의의 사자후를 들으실 것이다.

또 나와 이 자리에 모인 수많은 지도자들도
이 가르침을 설하는 데 애쓰는
승리자의 아들(보살)로부터
그 결의를 들을 것이다.

그런 승리자의 아들은
언제나 나를 공양한 것이 되며
마찬가지로 이 가르침을 듣기 위해
사방으로 가시는 자기존재자인
다보여래도 공양한 것이 된다.

第十一章 _ 見寶塔品

또 이 자리에 모인 세간의 지도자들이
대지를 밝게 채색하고 아름답게 장식하고 있는데
이 경전을 설하는 것은
그들에게도 무수히 광대한 공양을 올린 것이 된다.

또 이 경전을 설하는 것은
나나 탑의 중앙에 계시는
다보여래를 뵙는 것이 되며
또 수백의 많은 국토에서 모여온
많은 세간의 보호자를 뵙는 것이 된다.

선남자, 선여인이여
지도자들은 모든 중생을 불쌍히 여겨
아주 곤란한 상황을 참고 견디시는 것을 알아야 한다.

어떤 이가 갠지스 강의 모래알처럼
수천의 많은 경전을 설한다 해도
그것은 하기 어려운 행위라고 할 수 없다.

어떤 이가 수미산을 한 손으로 움켜쥐고
수천의 국토 저편으로 던졌다 하더라도
그 정도로는 하기 어려운 행위라고 할 수 없다.

어떤 이가 이 삼천대천세계를
한쪽의 엄지발가락으로 진동하게 한 뒤
수천의 국토 저편으로 차버렸다 하더라도
그 정도로는 하기 어려운 행위라고 할 수 없다.

또 어떤 이가 최고의 존재계[有頂]에 서서
다른 수천의 경전에 대해 설법한다 하더라도
그 정도로는 하기 어려운 행위라고 할 수 없다.

세간의 왕인 부처님이 열반에 드신 뒤
험악한 후세에 이 경전을 수지하든가 설한다면
그것이야말로 참으로 하기 어려운 행위이다.

어떤 이가 허공계 전체를 한 주먹 속에 넣어
어디론가 가지고 갔다 하더라도
그 정도로는 하기 어려운 행위라고 할 수 없다.

그러나 내가 열반에 든 후세에
이 경전을 옮겨 적거나 한다면
그것이야말로 참으로 하기 어려운 행위이다.

어떤 이가 땅의 전부를

第十一章 _ 見寶塔品

발톱 위에 올려놓고
범천의 세계에까지 오른다고 하자.

이 세상의 모든 세간사람들 앞에서
그런 난행을 보이더라도
어려운 행위를 한 것은 아니며
그 노력도 그다지 대단한 것이라고 할 수 없다.

그런 이보다도 내가 열반에 든 뒤에
한순간이라도
이 경전을 설하려고 하는 것이
더 어려운 일이다.

세간이 겁화에 타오르고 있을 때
어떤 이가 불에 타지 않으면서
그 한가운데를 마른 풀단을 이고 지나간다 하더라도
그 정도로는 어려운 행위라고 할 수 없다.

그런 이보다도 내가 열반에 들었을 때
이 경전을 수지해서
단 혼자라도 설한다면
그것이 더 어려운 일이다.

8만4천의 가르침을 수지하고 해석하여
그 가르침대로 수많은 생명 있는 것들에게 설해서
비구들을 교화하고
내 제자들에게 5신통을 얻게 하더라도
그 정도로는 어려운 행위라고 할 수 없다.

거기에 비해 이 경전을 수지하거나
믿거나 따르거나 되풀이 설한다면
그것이 더 어려운 일이다.

갠지스 강의 모래알처럼
수천만 억의 6신통을 갖춘 뛰어난 이들을
아라한(阿羅漢)의 지위에 오르게 했다 하더라도

내가 열반에 든 뒤
이 훌륭한 경전을 수지하는 사람쪽이
훨씬 더 많은 어려운 행위를 한 것이 된다.

나는 부처님의 지혜를 얻도록
지금까지 수천의 세계에서
많은 가르침을 설해 왔으며
지금도 설하고 있다.

第十一章 _ 見寶塔品

그러나 이 경전은
모든 경전 가운데 최고라 불리며
이 경전을 수지하는 이는
승리자의 신체를 보전하는 것이 될 것이다.

선남자, 선여인들이여
그대들 가운데 후세에 이 경전을
수지하고자 하는 이는
여래가 눈앞에 계실 때 맹세하여라.

수지하기 어려운 경전을
한순간이라도 수지하는 이는
빠짐없이 모든 세간의 보호자들에게
큰 기쁨을 드린 것이 된다.

그는 어떤 때라도
세간의 보호자들로부터 칭찬받을 것이며
긍지가 높은 용자이며
깨달음을 얻기 위해 신속히 신통을 지닌다.

이 경전을 수지하는 이
그는 무거운 짐을 나르는 이이며

세간의 보호자의 친아들이며
마음을 다스리는 경지에 도달한 이이다.

인간의 지도자가 열반에 든 뒤
이 경전을 설한다면
그는 천신들이나 인간을 포함한
세간의 눈이 된다.

여래께서 열반에 드신 후세에
이 경전을 한순간이라도 설한다면
그는 모든 중생들로부터
존경받는 대상이 될 것이다.

견보탑품의 구성

1. 땅에서 탑이 솟아오르다
탑의 장엄/다보여래의 찬탄/대요설보살이 묻다/부처님께서 답하다

2. 세존의 분신들이 모이다
대요설보살이 청하다/광명을 놓아 분신들을 모으다/국토를 세 번 변화시키다/다보불탑을 열다/석가모니부처님이 다보불탑을 들다

3. 법화경 설할 때를 알리다

4. 게송으로 다시 설하다

견보탑품입니다.

은주발에 눈을 담고 밝은 달에 백로를 감춘다〔銀盛雪明月藏鷺〕

은주발에 눈을 담으면 주발과 눈이 같은 색이라 구별할 수 없고, 가을 밝은 달이 교교히 비추고 있는 천지에 백로가 서 있으면 구분이 잘 되지 않습니다. 그렇다고 근본적으로 하나가 된 것은 아닙니다. 하나인 듯해도 둘은 같음 속에서도 다름을 잃지 않습니다. 다만 다르지 않음을 보여준 것뿐입니다. 공부라는 것도 궁극의 깨달음을 추구하지만 각각의 특색이 있습니다. 이 '다름'은 특별한 깨달음이 아니면 알지 못합니다. 보고 아는 것은 이처럼 끊임없이 차원이 달라집니다.

원시불교시대에는 승원이 도시의 교외에 건립되었습니다. 그러다 부처님 입멸 후 오백 년이 지나 대승불교운동이 일어나면서 도심에도 도량이 만들어졌습니다. 당시에는 기근이 자주 발생하여 우물을 파는 일이 식수와 농업용수 확보에 중요한 일이었습니다. 당시에는 자신의 부친, 자신의 직업, 자신의 거주지에 대해 설명할 수 있어야 했습니다. 도시의 빈민굴에는 부자들의 오물을 치워주고 살아가는 극빈층도 있었습니다. 또 쿠샨왕조는 은화를 폐지하고 금화 본위로 화폐제도를 바꿈으로써 금의 유통이 활발했습니다. 이에 따라 직업의 귀천에 대한 개념은 더 분명해지고 우열이 가려지게 된 것입니다.
이 시기는 경전 성립사적으로 봤을 때 보다 의타적인 신앙이 대두되게 된《법화경》이 중요한 위치를 가지게 됩니다. 이 특수한 신앙이란 게 바로 '불탑신앙' 입니다. 지금 흔히 보는 탑은 그 속에 경전이나 소

第十一章 _ 見寶塔品

탑, 소불을 모신 경탑(經塔)과는 다릅니다. 당시의 탑은 모두 부처님의 진신사리를 모셨습니다. 그렇기 때문에 탑은 곧 부처님이요, 부처님을 경배하는 것은 그만큼 실감나는 일이었습니다. 그래서 불탑(佛塔)입니다.

본 품에서는 탑신앙에 대해 자세히 구분하여 설합니다. 사리탑을 건립하여 예배 공양하는 것, 사리탑이 아니라도 경탑을 건립하는 공덕, 다보탑의 출현을 설하는 것, 세 가지입니다. 불교 내부에서는 오랫동안 탑의 개념을 놓고 여러 의견이 대립되었기 때문에 자연스럽게 어떤 종류의 탑이라도 만들어 공양하면 다를 바 없다는 식으로 폭을 넓혔습니다. 《법화경》이 유포된 여러 원인 중 하나이기도 합니다.

특히 이전까지의 탑신앙은 모두 사리탑신앙을 말합니다. 그러나 이후로는 경탑도 똑같은 경배의 자격을 획득하게 됩니다. 불탑이 부처님의 사리를 중심으로 한 신앙이라면 경탑은 경전이 그 중심인 셈입니다. 이렇게 신앙도 세월의 흐름에 따라 변모해갑니다. 흥미롭습니다.

이 경에서 두 가지 신앙 형태가 나타나는 것은 일승과 삼승의 교설과 연관이 있습니다. 원융무애하여 일체의 방편으로 중생을 거두는 것이 경탑신앙의 보다 보편적인 신앙으로 장려된 것이라면, 불탑신앙은 결국 이 방편을 넘어 부처님 세계로 들어가기 때문에 함께 열거되는 까닭입니다.

나중에 설명하겠지만, 석가모니부처님과 다보부처님이 불탑 속에서 자리를 반으로 나눠 앉는 장면이 나옵니다. 자리를 나눈다는 것은 동등한 위치라는 암시입니다. 그리고 그 권한의 반분이기도 합니다. 역할에 대한 인정의 의미도 있습니다. 불탑숭배의 기원을 추적해보면 본래 교단 초기에는 불탑신앙이 없었고, 수행자들은 이런 신앙에 의지하지 않았습니다. 보다 엄밀히 말하면 불탑은 재가자들 중에 출가자는 아니면서 승원에서 생활하는 사람들이 불탑을 관리하면서 생활을 해결해나갔을 것입니다. 즉 불교 변천사에 있어서 보다 대중 친화적이고 의타신앙적인 《법화경》과 함께 상징물인 탑의 경배는 수행자 중심의 신앙에서 재가자가 교단에 인입되는 계기를 마련하면서 활력을 띠게 되었고, 수행하는 재가자가 점차 늘어나게 되었습니다. 경제력을 갖춘 재가자의 등장은 사찰 저변을 튼튼하게 했으며, 서력 기원을 전후하여 새로운 경전 결집이 전개되면서 인도 서북쪽을 중심으로 《법화경》이 성립되어 유포된 시대적 배경입니다.

《법화경》은 2처3회(二處三會)에서 28품을 설했다고 봅니다. 제1품인 〈서품〉에서 제11품인 〈견보탑품〉 중간까지는 기사굴산(그리드라쿠타산, 영취산)에서 설법했고, 그 이후부터 제22품인 〈촉루품〉까지는 허공의 칠보탑 가운데로 설법 장소가 옮겨집니다. 여기까지 2처2회가 됩니다. 다시 제23품인 〈약왕보살본사품〉부터 마지막 제28품인 〈보현보살권발품〉까지는 다시 본래의 기사굴산으로 돌아와 설합니다. 2처3회가 되는 이유입니다. 참고로 《화엄경》은 7처9회 39품이라 합니다. 계산하는 방식은 이를 염두에 두면 이해하기 쉬울 것입니다.

🪷 육난구이의 법문

육난구이(六難九易)라는 말은 여섯 가지는 오히려 쉽지만 아홉 가지는 어렵다는 상대의 비유입니다.

어려운 여섯 가지는 다음과 같습니다.
첫째, 부처님이 열반한 뒤 나쁜 세상에서 이 경을 설하고
둘째, 《법화경》을 사경하거나 남에게 사경을 시키고
셋째, 《법화경》을 잠깐이라도 외우고
넷째, 《법화경》을 지니면서 한 사람에게라도 말하고
다섯째, 《법화경》을 받아 지녀서 그 이치를 물을 줄 알고
여섯째, 《법화경》을 받들어 지니는 것

쉬운 아홉 가지는 다음과 같습니다.
첫째, 항하 모래알 같은 수효의 경전을 설하는 것
둘째, 수미산을 들어 다른 세계로 던지는 것
셋째, 발가락으로 대천세계를 움직이는 것
넷째, 세상의 가장 높은 곳에서 《법화경》 이외의 가르침을 설하여 이해시키는 것
다섯째, 하늘을 마음대로 날아다니는 것
여섯째, 땅을 발등 위에 놓고 하늘까지 날아오르는 것
일곱째, 이 세계가 불길에 휩싸이는 시대에 마른 풀을 지고 불길로 들어가더라도 타지 않는 것

여덟째, 팔만사천 경전을 수지하면서 설하여 신통을 얻게 하는 것
아홉째, 셀 수 없는 중생에게 아라한과를 얻게 하고 신통력을 구족시키는 것

🪷 견보탑품의 주요 내용

한편 그 보석으로 된 탑 속에서 다음과 같은 소리가 들렸다.
"좋사옵니다. 아주 좋사옵니다. 세존이시여, 당신은 이 '바른 가르침의 백련'이라는 법문을 훌륭히 설하셨습니다. 법문대로이옵니다, 세존이시여."
그러자 사중은 보석으로 된 거대한 탑이 하늘 높이 공중에 멈추어 있는 것을 보고, 기쁨과 믿음으로 가득 차 자리에서 일어나 합장하며 서 있었다.

탑은 땅 위에 있는 것인데, 지금은 허공에 떠 있는 것을 보고 모두 환희심을 내고 법의 깊은 경지를 터득하기까지 합니다. 그리고는 모두 이런 기이한 일에 대한 설법을 듣기 위해 마음을 가다듬는 모습이 훤히 그려집니다.

그때 대요설(大樂說)이라는 보살은 천신과 인간, 아수라 등이 이러한 기적이 일어난 까닭을 꼭 알고 싶어하는 것을 알고 세존께 이렇게 말씀드렸다.
"세존이시여, 이런 보석으로 된 거대한 탑이 세간에 나타난 원인은 무

第十一章 _ 見寶塔品

엇이옵니까? 무슨 까닭이옵니까? 또 세존이시여, 어떤 분이 탑 속에서 저런 소리를 내는 것이옵니까?"

대요설보살이 탑이 땅에서 솟아오른 것에 대해 묻습니다. 대요설 이름은 법의 즐거움을 얻었기 때문에 붙여졌습니다. 바로 대중이 궁금한 이유를 대중을 대신하여 물었습니다. 경전의 문답 방식이기도 합니다. 대요설보살의 물음에 부처님이 다보여래의 출현과 불탑은 《법화경》의 인연과 항상 함께한다는 것을 설합니다. 《법화경》만 설하면, 이 설법이 이뤄지는 곳에는 불탑이 조성되어 이 탑이 설법을 듣고 찬탄한다는 것입니다. 모든 불사와 경전이 설해지는 불가사의함이 이와 같습니다. 탑이나 도량의 조성은 바로 불법의 존재를 드러내는 것이기 때문에 이런 공덕이 장려됩니다.

세존께서는 공중에 솟아 있는 보석으로 된 거대한 탑의 한가운데를 오른손가락으로 여셨다. 마치 큰 성문이 열릴 때 반구형의 커다란 두 문이 좌우로 열리는 것처럼, 세존께서는 오른손가락으로 거대한 보석으로 된 탑의 중앙을 여셨다. 그러자마자 다보여래께서 사지를 움츠렸으면서도 완전무결한 신체로 사자좌에 결가부좌로 앉아 계셨는데 삼매에 들어 있는 것처럼 보였다. 다보여래께서는 이렇게 말씀하셨다.
"훌륭하옵니다. 아주 훌륭하옵니다. 석가세존이시여, 당신은 이 '바른 가르침의 백련'이라는 법문을 훌륭히 설하셨사옵니다. 당신께서 이 법문을 여기 모인 대중에게 설하시는 것은 아주 훌륭한 일이옵니다. 세존이시여, 나는 그 법문을 듣기 위해 온 것이옵니다."

드디어 탑이 열립니다. 그런데 탑을 열어보니 다보여래께서 단정히 앉아계셨습니다. 탑은《법화경》과 관계가 있다고 말했듯이, 석가모니부처님께서《법화경》을 설하기 때문에 다보탑이 열리게 되었음을 밝힙니다.

다보여래께서는 석가여래께 사자좌의 자리 반을 양보하시며, 보석으로 된 거대한 탑 속에서 석가세존을 향해 "석가세존께서는 여기 앉으십시오"라고 했다. 그래서 석사세존은 다보여래와 함께 공중에 떠 있는 탑의 사자좌에 절반씩 자리를 차지하고 앉으셨다.

자리를 나눠 앉는다는 것은 부처님이나 일반 사람이나 아름다운 일입니다. 사랑이 느껴집니다. 사랑이 없으면 우리는 무엇 하나 나누지 못합니다. 나누는 마음은 그래서 아름답고 소중하고 행복합니다. 종교의 궁극이 회향에 있는 이유가 여기에 있습니다. 큰 사랑은 홀로 가지지 않습니다. 자신을 고집할 이유가 없습니다. 이 부분이 특히 아름답고 인간적인 정서가 묻어나기에 자꾸 읽게 됩니다.

석가세존께서는 대중에게 이렇게 말씀하셨다.
"비구들이여, 그대들 가운데 사바세계에서 '바른 가르침의 백련'이라는 법문을 설하려고 애쓰는 자는 누구인가? 여래가 눈앞에 있는 지금

第十一章 _ 見寶塔品

이 바로 그런 맹세를 할 때이다. 지금이 바로 그 기회이다. 비구들이여, 여래인 나는 지금 '바른 가르침의 백련'이라는 법문을 위촉하고 완전한 열반에 들고자 한다."

누가 이 경을 배우고 전하겠습니까? 바로 우리들 한 사람 한 사람입니다. 그리고 때는 지금입니다. 지금 우리 각각이 이 경을 배워 익히고 전해야 한다는 말씀이자 당부입니다. 모든 것은 때가 있습니다. 이때를 놓치면 다시없습니다. 달리 말하면 이렇게 공부할 수 있는 인연이 아름답다는 뜻이기도 합니다.

내가 열반에 든 뒤
이 법문을 수지하려고 하는 자가 있다면
세간의 지도자들 앞에서
어서 그 맹세의 말을 하여라.

다보여래께서는 이미 완전한 열반에 드셨지만
이 법문을 굳게 수지하겠다는
결의의 사자후를 들으실 것이다.

또 나와 이 자리에 모인 수많은 지도자들도
이 가르침을 설하는 데 애쓰는
승리자의 아들(보살)로부터

제11장_견보탑품

그 결의를 들을 것이다.

이 경을 열심히 수지하고 퇴굴심을 내지 않고 배우겠다고 말해보라고 합니다. 혼자 생각하는 것과 남 앞에 선언하는 것은 굉장한 차이가 있습니다. 말을 하는 순간 그것은 공공의 성격을 띠게 됩니다. 강제하는 힘이 커지는 것입니다. 바른 서원을 항상 대중 앞에서 하는 습관을 들인다면 본인이 이미 한 말이기 때문에 더 지키려고 노력하게 됩니다. 그리고 남에게도 가르쳐주고 전하라는 당부의 말씀이 거듭 나옵니다.

🪷 경전의 생명

이 경의 시작부터 일관되게 나오는 말씀이 열심히 지극한 마음으로 받아 지니고 외우면서 남에게 전하라는 것입니다. 인간세의 가장 거룩하고 가치 있는 일이 나와 남이 바른 가르침을 만나 바른길에 살아가는 것입니다. 이런 사람은 다보여래가 석가모니부처님과 자리를 나눠 앉듯이 부처님과 더불어 자리를 나눠 앉을 수 있는 자격의 소유자입니다.

부처님께서 법문을 하려고 하시던 어느 때, 상수제자인 가섭존자가 늦게 도착하였습니다. 이때 부처님께서는 깔고 앉으신 자리를 내어줍니다. 이를 대중은 아무렇지 않게 생각했지만, 오직 가섭존자만이 그 뜻을 알았습니다. 그래서 감히 부처님 자리임에도 불구하고 기꺼이 앉았던 것입니다.

第十一章_見寶塔品

부처님의 자리 반쪽을 차지하고도 어려움을 모르는 사람은 누구입니까?
이 당당한 사람을 찾아보십시오.

12 제바달다품

12

제바달다품 提婆達多品

　그때 세존께서는 모든 보살과 천신, 아수라를 포함한 세간에게 이렇게 말씀하셨다.
　"비구들이여, 옛적 과거세의 일로 나는 헤아릴 수 없고 셀 수 없는 겁 동안 싫증도 내지 않고 쉬지도 않고 '바른 가르침의 백련'이라는 경전을 찾았다. 또 나는 옛적 무량겁 동안 국왕을 지낸 적이 있었는데, 위없는 바른 깨달음을 얻겠다는 서원을 세워 마음이 물러서는 일이 없었다. 나는 육바라밀을 성취하려고 애썼으며 무량한 보시를 했다. 즉 금, 보주, 진주, 유리, 나패, 수정, 산호, 사금, 은, 마노, 호박, 붉은 진주, 마을, 도성, 시골, 왕국, 왕성, 아내, 아들, 딸, 노예, 기술자, 시종, 코끼리, 말, 탈것, 심지어는 내 몸까지 희사했으며 손, 발, 머리, 신체의 각 부분 및 생명까지 주면서, 아까워하는 마음을 한 번도 품은 적이 없었다. 또 그 당시 세간의 사람들은 장수했었으며, 나는 그때 국정을 맡고 있었는데, 그것은 법을 위해서였지 욕망을 위해서는 아니었다. 나는 연장의 왕자를 왕위에 세우고는 훌륭한 가르침을 구하는 데에 전념해서, 사방으로 사람을 보내 방울을 울리며 포고하게 했다.

'누군가 나에게 훌륭한 가르침을 설하고 그 뜻을 가르쳐준다면, 나는 그의 노예가 되겠다'

그러자 그때 한 사람의 성인이 나에게 이렇게 말했다.

'대왕이시여, 바른 가르침의 백련이라는 가장 뛰어난 가르침을 설하는 경전이 있사옵니다. 만일 당신께서 내 노예가 되겠다면 그 가르침을 들려드리겠사옵니다'

나는 그 성인의 가르침을 듣고 기뻐 만족해하며 성인의 곁으로 다가가 이렇게 말했다.

'나는 당신의 노예가 되어 일하겠습니다'

이렇게 해서 나는 성인의 노예가 되어 풀이나 나뭇조각, 마실 물, 풀뿌리, 나무열매 등을 따는 일과 문지기의 일까지 했다. 낮에는 노예의 일을 하고 밤에는 자고 있는 성인의 잠자리를 지켰다. 그럼에도 불구하고 몸은 피로하지 않았고, 싫증을 느끼지 않았다. 내가 이런 일을 하고 있는 동안 꼭 천 겁의 세월이 흘렀다."

그때 세존께서는 그 뜻을 분명히 알리시려고 이런 게송을 읊으셨다.

과거 수겁의 일이 생각난다.
그때 나는 법에 따르는 경건한 국왕으로
국정을 맡고 있었는데 그것은 법을 위해서였지
애욕을 위해서는 아니었다.

第十二章_提婆達多品

가장 뛰어난 가르침을 얻기 위해
나는 사방으로 이런 포고를 냈다.
'누군가 나에게 훌륭한 가르침을
설해 주는 이가 있다면
나는 그의 노예가 되겠다'

그때 '바른 가르침의 백련'이라는 경전을 설하는
성인이 있었다.
그가 나에게 이렇게 말했다.
'만일 당신이 가르침을 원한다면
내 노예가 되시오.
그렇게 하면 훌륭한 가르침을 설해 주겠소'
나는 그의 말을 듣고 기뻐하며
그의 노예가 되어 모든 일을 했다.

노예가 되었지만
그것은 바른 가르침을 얻기 위해서였기 때문에
몸과 마음이 피로와 싫증을 느끼지 못했다.
그때 나에게는 서원이 있었는데
그것은 중생을 위한 것이지
나 자신이나 애욕을 위한 것은 아니다.

그 당시 국왕이었던 나는
'바른 가르침의 백련'이라는 경전을 얻기 위해
정진노력했는데
다른 일에는 마음을 두지 않았으며
시방으로 다니기를 꼭 천 겁 동안 했지만
싫증난 적이 없었다.

"비구들이여, 그대들은 그 일을 어떻게 생각하는가? 그때 그곳의 국왕이었던 이를 딴 사람으로 생각하는가? 그렇게 생각해서는 안 된다. 왜냐하면 내가 바로 그때 그곳의 국왕이었기 때문이다. 또 비구들이여, 그때 그곳의 성인이었던 이를 딴사람으로 생각해서도 안 된다. 이 데바닷타 비구야말로 그때 그곳의 성인이었기 때문이다.

실로 비구들이여, 데바닷타 비구야말로 나의 선지식이며, 그 덕분에 나는 육바라밀을 이루었으며, 자비희사(慈悲喜捨)라는 보살의 사덕과 32상과 80종호, 금색 피부, 불타의 십력(十力), 네 가지 두려움 없는 자신(四無畏), 사람들을 포용하는 네 가지 사항(四攝事), 열여덟 가지의 불타에 특유한 성질(十八不共法), 대신통력, 시방의 중생을 구제하는 것, 이 모든 것을 나는 그 덕분에 이룰 수 있었다.

비구들이여, 그대들에게 알리겠다. 이 데바닷타 비구는 미래세에 무량겁 뒤에 '천도(天道)'라는 세계에서 '천왕(天王)'이라고 불리는 여래로 나타날 것이다. 그는 지혜와 덕행을 두루 갖춘 선서이며, 세간을 잘 아는 더 이상 위없는 이이며, 사람들을 잘 인도하시는 분이며, 천신과 인간의 스승이며, 세존이다.

또 비구들이여, 이 천왕여래의 수명은 20중겁일 것이다. 그리고 그는 자세하게 가르침을 설할 것이다. 또 갠지스 강의 모래알 수와 같은 중생들이 모든 번뇌를 끊고 아라한의 지위를 얻을 것이며, 많은 중생들이 독자적인 깨달음을 얻기 위해 마음을 일으키며, 갠지스 강의 모래알 수와 같은 중생이 위없는 깨달음을 향해 발심해서 결코 물러서지 않는 확신을 얻을 것이다.

또 비구들이여, 이 천왕여래가 완전한 열반에 든 뒤에도, 그의 바른 가르침은 20중겁 동안 존속할 것이다. 그의 몸은 유골로서 나누어지지 않고 완전한 채로 칠보로 된 탑 속에 모셔질 것이다. 그 탑은 높이가 60요자나이고 한쪽이 40요자나일 것이다. 천신들이나 인간은 모두 그 탑을 향해 꽃, 훈향, 향수, 화만, 도향, 분향, 옷, 우산, 깃발로써 공양을 올리며, 시송과 찬가로 칭찬할 것이다. 또 그 탑 주위를 오른쪽으로 돌거나 경례하는 이들 중에 어떤 이는 아라한과를 얻을 것이며, 어떤 이는 벽지불에 이를 것이다. 헤아릴 수 없는 천신들이나 인간이 이 위없는 깨달음을 향해 발심해서 물러서는 일이 없을 것이다."

그때 세존께서는 다시 비구들에게 말씀하셨다.

"비구들이여, 선남자 선여인들이여, 누구든지 미래세에 '바른 가르침의 백련'이라는 경전을 펼쳐 의심하거나 주저하지 않고 청정한 마음으로 믿고 따른다면, 지옥과 축생, 야마의 삼악도(三惡道) 문은 닫혀서 그가 지옥으로 떨어지는 일은 없을 것이다. 시방의 불국토에서 생을 받아 태어날 때마다 같은 경전을 들으며, 천신들이나 인간세계에 태어나서는 훌륭한 지위를 얻을 것이다. 또 어떤 불국토에 태어나더라도 그는 여래 앞에서 자연히 나타난(化生) 칠보로 된 연꽃 속에서 태어날 것이다."

그러자 그때 다보여래의 불국토에서 온 '지적(智積)보살'이 다보여래께 이렇게 말씀드렸다.

"세존이시여, 우리들은 우리의 불국토로 돌아갑시다."

그러자 석가여래께서는 지적보살에게 이렇게 말씀하셨다.

"선남자들이여, 잠깐 기다리시오. 나의 보살인 문수사리와 함께 법에 대해 논의를 한 뒤 자신의 불국토로 돌아가시오."

그러자 그때 문수사리보살은 크기가 차바퀴 정도이며 잎이 천 개인 연꽃 속에 앉아, 많은 보살에 둘러싸여 존경받으며, 대해의 한가운데에 있는 사가라용왕의 궁전으로부터 하늘 위로 올라가 허공을 지나 기사굴산에 계신 세존께로 다가왔다. 문수사리보살은 연꽃에서 내려와 석가세존과 다보여래의 두 발에 머리를 대고 예배한 뒤, 지적보살에게로 다가갔다. 그리고는 지적보살과 다정하고 정중한 인사를 나누고 함께 자리에 앉았다.

그때 지적보살은 문수사리보살에게 이렇게 물었다.

"문수여, 대해의 한가운데 있는 용궁에서 당신은 얼마나 많은 중생을 교화하였습니까?"

문수사리가 대답했다.

"헤아릴 수 없이 많은 중생을 교화했습니다. 그것은 말로 나타낼 수도 마음으로 짐작할 수도 없을 정도로 무량하며 무수합니다. 선남자들이여, 그 증거를 보게 될 때까지 잠시 기다리십시오."

문수사리보살이 이 말을 하자마자 수천의 연꽃이 바다 한가운데에서 하늘 위로 올라왔는데, 그 속에는 수천의 보살이 앉아 있었다. 그 보살들은 마찬가지로 허공을 지나 기사굴산(靈鷲山)의 상공에 멈추어 있는 것이 보였다. 그들은 모두 문수사리보살이 위없는 바른 깨달음으로 교화한 이들로, 그들 가운데 이전에 대승으로 뜻을 세운 보살들은 대승의 여러 공덕과 육바라밀을 칭찬했으며, 성문이었던 보살들은 성문의 길을 칭찬했는데, 그들 모두가 모든 것이 공(空)인 것과 대승의 여러 공덕을 잘 알고 있었다.

그때 문수사리보살은 지적보살에게 이렇게 말했다.

"선남자들이여, 이 중생들은 모두 내가 대해(大海) 한가운데에 있을 때 교화했습니다. 그 성과가 지금 나타난 것입니다."

그때 지적보살은 문수사리보살에게 이런 게송을 읊으며 질문했다.

아주 행복하신 분이여
지혜로 용자의 이름을 떨치는 분이여
여기 있는 무수한 중생을
당신은 어떤 위신력으로 교화하였습니까?

인간의 신이여, 거기에 대해 말해 주십시오.
그 말을 듣고 싶습니다.

도대체 당신은 어떤 가르침
어떤 깨달음의 길을 교시하는 경전을 설했기에
그것을 들은 중생들이
깨달음을 향해 마음을 일으켜
일체지자에 대한 확신을 얻었습니까?

문수사리가 답했다.
"내가 대해의 한가운데에서 설한 것은 다름 아닌 '바른 가르침의 백련' 이라는 경전입니다."
지적보살이 말했다.
"그 경전은 대단히 심원하고 현묘해서 설명하기 어렵고, 이 경전과 대등한 다른 경전은 하나도 없습니다. 이 경전의 핵심을 획득하고 위없는 바른 깨달음을 얻을 수 있는 중생이 있습니까?"
문수사리가 답했다.
"선남자들이여, 있습니다. 사가라용왕의 딸로 여덟 살이지만 지혜가 뛰어나고 예민한 능력을 갖추었으며, 몸과 입과 마음의 움직임이 지혜에 의하고 모든 여래께서 설하신 말씀과 그 뜻을 이해하기 위해 다라니를 얻고 있습니다. 또 그녀는 모든 사물이나 중생에게 정신을 집중하는 수천의 삼매를 한순간에 얻었으며, 깨달음에

의 마음을 일으켜 물러서는 일이 없고, 광대한 서원을 지니며, 모든 중생을 자기 자신처럼 애정을 가지며, 공덕을 발휘하고, 나아가 그 공덕이 부족한 적이 없습니다. 얼굴에는 미소를 머금었으며 몸에는 가장 청정한 색을 띠었고, 자비심을 지녔으며 자애 깊은 말을 합니다. 그녀는 바른 깨달음을 얻을 수 있습니다."

지적보살이 말했다.

"석가세존께서 아직 보살로서 깨달음을 얻고자 정진하고 계실 때, 많은 복덕을 쌓고 수천 겁 동안 한 번도 정진을 소홀히 한 적이 없습니다. 이 여래께서 중생의 행복을 위해 몸을 던지지 않았던 곳은 삼천대천세계에 겨자씨만큼도 없습니다. 그런 뒤 비로소 깨달음을 얻으셨던 것입니다. 그런데 그 딸이 위없는 바른 깨달음을 한순간에 얻으리라는 것을 도대체 누가 믿겠습니까?"

그러자 그때 사가라용왕의 딸이 앞에 나타나는 것이 보였다. 그녀는 세존의 두 발에 머리를 대고 예배한 뒤, 한쪽에 섰다. 그리고는 이런 게송을 읊었다.

여래의 복덕,
그 심원한 복덕이
온 시방에 넘쳐흐르며
그 미묘한 신체는 32상으로 아름답게 장식되고

80종호를 갖추고

모든 중생으로부터 존경받으며
마치 마을의 시장처럼
모든 중생이 찾아가려고 한다.

그 여래야말로 내가 원하는 대로
깨달음을 얻는 증인이시다.
나는 사람들을 괴로움에서 해방하는
광대한 가르침을 설할 것이다.

그때 사리불존자는 사가라용왕의 딸에게 이렇게 말했다.
"선여인이여, 당신이 깨달음을 향해 마음을 일으키고 물러감이 없고 헤아릴 수 없는 지혜를 갖추고 있더라도, 그것만으로는 바른 깨달음을 얻을 수 없습니다. 여성의 경우, 정진노력을 소홀히 하지 않고, 수백 수천 겁 동안 많은 복덕을 쌓고, 육바라밀을 완성했다 하더라도 아직 부처님이 된 이는 없습니다. 왜 그런가 하면, 지금까지 여성은 다음의 다섯 경지에조차 도달하지 못했기 때문입니다. 그 다섯 가지란, 첫째 범천(梵天)의 경지, 둘째 제석(帝釋)의 경지, 셋째 대왕(大王)의 경지, 넷째 전륜왕의 경지, 다섯째 불퇴전의 보살의 경지입니다."

그때 사가라용왕의 딸은 삼천대천세계 전체와 맞먹을 가치가 있는 보석을 가지고 있었는데, 그 보석을 세존께 선물하자 세존께서는 자비로움을 보이시고 그 보석을 받으셨다.

그리고 사가라용왕의 딸은 지적보살과 사리불존자에게 이렇게 질문했다.

"제가 세존께 선물한 보석을 세존께서는 바로 받으셨습니까, 받지 않으셨습니까?"

사리불이 대답했다.

"그대도 바로 선물했고 세존께서도 바로 받으셨소."

사가라용왕의 딸이 말했다.

"사리불이시여, 제가 바른 깨달음을 얻는 것은 더 빠릅니다. 만일 제가 대신통을 지녔다면 보석을 받으신 분보다 더 빠를 것입니다."

그때 사가라용왕의 딸은 모든 사람들과 사리불존자 앞에서 여성 성기를 없애고 남성 성기를 나오게 해 자신이 보살인 것을 보이고 남쪽으로 갔다.

그리고는 남쪽의 '무구(無垢)'라는 세계에서 칠보로 된 보리수 아래에 앉아 깨달음을 얻고 32상과 80종호를 갖추어 광명으로 시방을 비추며 가르침을 설하고 있는 모습을 나타내 보였다. 또 천신들, 용, 야차, 건달바, 아수라, 가루다, 긴나라, 인간과 인간 이외의 모든 것들로부터 존경받으며 가르침을 설하고 있는 것을, 사바세계에 있는 중생들이 모두 보았다. 그 여래의 설법을 들은 중생들은 모두 위없는 바른 깨달음에서 물러서지 않게 되었으며, 무구세계와 사바세계가 여섯 가지로 진동했다. 석가세존의 법회에 모인 삼천의 생명 있는 것들은 '사물은 본래 생기는 것이 아닌 것을 아는 지혜(無生法忍)'를 얻었으며 위없는 바른 깨달음을 얻을 것이라는 수기를 받았다.

그때 지적보살과 사리불존자는 침묵했다.

제바달다품의 구성

1. 제바달다는 석가모니부처님의 스승
제바달다와 석가모니불의 과거/부처님이 게송으로 밝히다/석가모니불의 성불은 제바달다의 공덕

2. 제바달다는 천왕여래가 되리라

3. 제바달다품을 권하다

4. 지적보살과 문수보살의 만남

5. 사가라용왕의 여덟 살 난 딸의 성불
지적보살의 질문/문수보살의 설명/지적보살의 의심/사가라용왕의 딸의 출현/사리불의 의심/사가라용왕의 딸이 구슬을 바치고 성불하다/대중이 보고 이익을 얻다

제바달다품입니다.

사람이 배우면 비로소 도를 알게 되지만〔人學始知道〕
배우지 않으면 역시 한갓 그렇게 살게 마련이다〔不學亦徒然〕

당대의 시인인 맹교(孟郊)의 '권학(勸學)'에 나오는 시입니다. '도(道)'라는 것도 배우고 익혀야 알 수 있습니다. 그러나 배우지 않으면 뚜렷한 변화 없이 그냥 그렇게 살고 만다는 얘기입니다. 마을을 벗어나지 않으면 다른 세계를 알지 못합니다. 사람은 누구나 배움을 통해 자기 갱신을 이뤄나갑니다. 그렇지 않으면 천년, 만년을 살아도 항상 제자리에서 발돋움을 할 뿐입니다. 한갓 그렇게 살다 사라지고 맙니다. 공부의 기쁨을 놓치지 말아야 합니다.

본 품에서는 흥미로운 내용이 나옵니다. 주인공은 데바닷타와 여덟 살 난 사가라용왕의 딸입니다. 데바닷타는 부처님을 해치려고 했던 극악한 사람이고 사가라용왕의 딸은 여덟 살의 나이에 여자의 몸이기 때문에 아무리 설법을 듣고 수행을 할지라도 성불하기 어렵다고 생각하기 마련입니다. 그러나 이들이 미래세에 부처가 될 것이라는 수기를 받는다는 것은 한 중생, 한 법도 버릴 게 없음을 뜻합니다. 흔히 사회의 낙오자로 한 번 낙인이 찍히면 어지간해서는 다시 재기하기 어려운 것이 냉혹한 현실입니다. 어떤 악인이거나 출신 성분의 차별을 차치하고라도 인간의 존엄성은 그 자체로 고귀하고 재발심의 기회가 주어져야 하고, 그런 사회가 좋은 사회입니다. 우리 모두는 그런 능력이 있습니다. 사랑과 자비의 마음을 회복하는 데 좋은 공부가 됩니다.

第十二章_提婆達多品

🪷 데바닷타는 누구인가

데바닷타는 제바달다(提婆達多), 제바(提婆), 조바달다(調婆達多), 조달(調達) 또는 달두(達兜)라고도 하는데 곡반왕(斛飯王)의 아들로 아난존자(阿難尊者)의 형이며, 부처님에게는 20세 아래의 종제(從弟)가 됩니다. 그의 출생 때에 제천(諸天)들은 그가 성장 후, 역죄(逆罪)를 범할 것임을 알고 마음에 열뇌(熱惱)가 생겼으므로 천열(天熱)이라 이름 지었다고 하며, 또한 천수(天授)라고도 번역합니다.

대승의 본지를 밝히자면, 석가여래께서 전생에 왕이었을 때 스승인 데바닷타(성인)로부터 《법화경》의 가르침을 받기 위하여 천 겁 동안이나 물을 떠오고 땔감을 마련하여 음식을 공양하여 마침내 정각을 이루게 됩니다. 그 이후에 본생경에서 데바닷타의 악행에 대하여 설하고, 《증일아함경》 제47을 보면, 데바닷타가 지옥에 떨어져 갖은 고통을 받고 있을 때 부처님께서는 목련존자를 지옥으로 보내 교화를 하여 마침내는 벽지불의 수기를 줍니다.

본 품에서는 전생에 성인으로 나와, 《법화경》을 유포한 공덕으로 부처님으로부터 천왕여래의 수기를 받습니다. 성인은 이 〈제바달다품〉의 데바닷타로 석가여래께서 업인 감과의 이치를 가르치기 위하여 스스로 오역죄를 짓고 갖가지 악행을 저질러 결국에는 산 채로 지옥에 떨어졌지만 《묘법연화경》의 공력으로 인해 부처님으로부터 천왕여래라는 수기를 받습니다. 이는 악인도 성불할 수 있음을 나타낸 것입니다.

부처님께서 데바닷타(성인)로부터 《법화경》을 구하여 듣고 정각을 이루신 내용은 법을 구하려는 시기(전생에 스승과 제자로 만나 《법화경》을 수지), 법을 구한 시기(전생과 현재를 연결), 법사를 구한 시기(믿을 것을 권유), 법을 수지하여 행하신 것을 나타낸 시기의 네 가지로 분류됩니다.

제바달다품의 주요 내용

그때 한 사람의 성인이 나에게 이렇게 말했다.

'대왕이시여, 바른 가르침의 백련이라는 가장 뛰어난 가르침을 설하는 경전이 있사옵니다. 만일 당신께서 내 노예가 되겠다면 그 가르침을 들려드리겠사옵니다'

나는 그 성인의 가르침을 듣고 기뻐 만족해하며 성인의 곁으로 다가가 이렇게 말했다.

'나는 당신의 노예가 되어 일하겠습니다'

이렇게 해서 나는 성인의 노예가 되어 풀이나 나뭇조각, 마실 물, 풀뿌리, 나무열매 등을 따는 일과 문지기의 일까지 했다. 낮에는 노예의 일을 하고 밤에는 자고 있는 성인의 잠자리를 지켰다. 그럼에도 불구하고 몸은 피로하지 않았고, 싫증을 느끼지 않았다. 내가 이런 일을 하고 있는 동안 꼭 천 겁의 세월이 흘렀다.

'모심'은 삶을 변화시키는 중요한 자세입니다. 모시는 마음이 없으면 간절한 마음이 일어나지 않습니다. 세상 모든 일이 모시는 일입니다. 자신의 직업이 있다면 직업이 모시는 일이 되고, 사람도 그렇고 음식 한 입을 먹어도 그런 마음이라야 행복한 마음이 생겨납니다. 대충하고, 가볍게 여기고, 매사에 게으른 사람은 이런 공덕을 성취하지 못합니다. 거룩하기 짝이 없는 마음입니다. 상대를 위해 땔나무를 장만하고, 음식을 만들며, 그 사람이 앉을 침상이 되어 천 겁이라도 바칠 수 있다는 것입니다.

이 모든 것이 오직 법을 위함입니다. '귀의' 하는 것도 그렇고, '돌아가 의지함' 은 '목숨을 돌보지 않음'이고, 오로지 상대를 위해 나를 헌신하는 자만이 도를 성취할 수 있다는 말씀입니다. 바로 석가모니부처님께서 전생에 지금의 데바닷타인 성인에게 법을 듣기 위해 신명을 아끼지 않았던 일을 말씀합니다. 데바닷타가 비록 금생에 와서 오역죄를 범했지만 과거생에 이런 선근 공덕이 있기에 당장은 오역죄로 인하여 무간지옥에 있을지라도 궁극에는 성불한다는 증명은 대단한 종교적 가치를 지닙니다.

새벽 종성의 장엄염불이나 사십구재의 영가시식문에 나오는 내용도 이와 비슷합니다.

"가령 어떤 사람이 부처님을 머리에 이고 한량없는 세월 동안 섬긴다 하더라도〔假使頂戴經塵劫〕,

그리고 자신의 몸이 세계와 같이 넓은 평상과 의자가 되어 부처님을 안고 눕게 하여 받든다 하더라도〔身爲床座遍三千〕,

만약 부처님의 가르침을 전하여 사람들을 제도하지 못한다면〔若不傳法度衆生〕

끝내 부처님의 은혜를 갚을 길이 없으리라〔畢竟無能報恩者〕."

비구들이여, 선남자 선여인들이여, 누구든지 미래세에 '바른 가르침의 백련'이라는 경전을 펼쳐 의심하거나 주저하지 않고 청정한 마음으로 믿고 따른다면, 지옥과 축생, 야마의 삼악도(三惡道) 문은 닫혀서 그가 지옥으로 떨어지는 일은 없을 것이다. 시방의 불국토에서 생을 받아 태어날 때마다 같은 경전을 들으며, 천신들이나 인간세계에 태어나서는 훌륭한 지위를 얻을 것이다. 또 어떤 불국토에 태어나더라도 그는 여래 앞에서 자연히 나타난(化生) 칠보로 된 연꽃 속에서 태어날 것이다.

모든 경전이 그렇지만 〈제바달다품〉의 경우 오역죄를 범한 데바닷타가 주인공이기 때문에 혐오감을 드러낼 수 있습니다. 사촌임에도 불구하고 부처님을 죽이려고 산에서 바위를 굴리고, 몸에 피를 내고 코끼리를 풀어 밟도록 하지만 결국 부처님을 해하지 못하고 무간지옥으로 떨어집니다. 그런데 부처님이 공덕을 성취한 모든 것이 과거생의 데바닷타 덕분이라고 밝힙니다. 나를 해하는 사람일수록 특별한 인연이 있다는 말이기도 합니다. 나쁜 인연일수록 좋은 인연으로 승화될 가능성이 크게 열려 있다고 하겠습니다. 오히려 이런 악인일수록 부처님이 더 구제할 자비심을 낸다는 것입니다. 누군가 물에 빠졌다면 우선 그 사람부터 건져내고서 다음 일을 도모하기 마련입니다.

그래서 불법의 궁극에는 선인 악인의 구별도 본래 없습니다. 부처가 한 생각 미혹하면 중생의 마음이고 중생이 거룩한 생각을 내면 부처와 다르지 않습니다. 그렇기 때문에 지극한 마음으로 경전을 수지 독송하고 불퇴전의 신심을 내면 그 사람이 천상천하에 유일한 사람입

第十二章_提婆達多品

니다.

사가라용왕의 딸은 삼천대천세계 전체와 맞먹을 가치가 있는 보석을 가지고 있었는데, 그 보석을 세존께 선물하자 세존께서는 자비로움을 보이시고 그 보석을 받으셨다.

그리고 사가라용왕의 딸은 지적보살과 사리불존자에게 이렇게 질문했다.

"제가 세존께 선물한 보석을 세존께서는 바로 받으셨습니까, 받지 않으셨습니까?"

사리불이 대답했다.

"그대도 바로 선물했고 세존께서도 바로 받으셨소."

사가라용왕의 딸이 말했다.

"사리불이시여, 제가 바른 깨달음을 얻는 것은 더 빠릅니다. 만일 제가 대신통을 지녔다면 보석을 받으신 분보다 더 빠를 것입니다."

그때 사가라용왕의 딸은 모든 사람들과 사리불존자 앞에서 여성 성기를 없애고 남성 성기를 나오게 해 자신이 보살인 것을 보이고 남쪽으로 갔다.

그리고는 남쪽의 '무구(無垢)'라는 세계에서 칠보로 된 보리수 아래에 앉아 깨달음을 얻고 32상과 80종호를 갖추어 광명으로 시방을 비추며 가르침을 설하고 있는 모습을 나타내 보였다.

사리불의 의심에 사가라용왕의 딸이 성불합니다. 사리불이 하는 의심은 지금의 우리도 얼마든지 할 수 있습니다. 사람에 대한 차별과 우열을 논하는 일이 얼마나 많습니까. 지혜제일의 사리불이지만 역시 여성에 대한 분별의 의심을 드러냅니다. 이에 용왕의 딸은 여덟 살의 어린 여자아이의 몸이지만 성불하는 데 어떤 장애도 없음을 보여줍니다. 이를 보면 남녀의 구분이나 핑계를 대고 스스로 신심을 내지 않으면 안 된다는 교훈이기도 합니다.

용왕의 딸이 성불하는 것을 보고 다른 대중은 환희하며 예경합니다. 좋은 일, 경사스러운 광경을 보는 것은 좋은 수행입니다. 안 좋은 모습을 보게 되면 마음이 유쾌해지지 않습니다. 좋은 일, 좋은 사람, 좋은 광경을 자주 자주 친견해야 합니다. 일상에서 좋은 공덕을 심고 긍정적인 마음으로 사는 비결이기도 합니다.

🪷 꽃밭에는 꽃이 모인다

새벽 산책길에 나서면 항상 느끼는 게 있습니다. 후미진 곳이나 가로수 주변에 밤새 사람들이 버린 쓰레기가 가득 쌓인 것을 볼 수 있습니다. 누군가 무심코 버린 빈 컵 하나가 또 다른 휴지와 쓰레기를 불러들입니다. 본래 쓰레기와는 아무 상관도 없는 곳인데도 그렇게 됩니다. 반대로 꽃밭은 계속해서 다음 꽃을 불러들입니다. 마음을 어떤 상태에 두느냐에 따라 꽃밭이 되기도 하고 쓰레기가 모이기도 합니다.

마음을 지켜보시기 바랍니다. 지켜보지 않으면 내 마음밭에 무엇이 자라는지 알지 못합니다. 마음의 흐름을 잘 유지해야 정신이 쾌활해지고 일의 성취도 높아집니다. 본 품이 시사하는 것이야말로 어떤 환경에서

第十二章_提婆達多品

살아왔을지라도 당장이라도 흐름을 바꾸고 바른 지혜와 일체를 소중히 모시는 마음을 회복하라는, 생명의 고귀함에 대한 절대선언이라하겠습니다.

권지품 ⑬

13

권지품 勸持品

그때 '약왕(藥王)보살'과 '대요설(大樂說)보살'은 2백만 명의 보살들과 함께 여래 앞에 있었는데, 이런 맹세를 하였다.

"부디 세존께서는 가르침을 펴는 일 때문에 걱정하시지 마시옵소서. 여래께서 완전한 열반에 드신 뒤에는 저희들이 이 법문을 중생들에게 설하겠사옵니다. 세존이시여, 그 시대에는 중생들이 기만적이며 선근을 잘 쌓지도 않고 교만하며, 이익과 명예에 집착하며, 선하지 못한 행위를 하며, 교화하기 어렵고, 믿으려고도 하지 않고, 믿고 따르려는 마음도 강하지 못할 것이옵니다. 그러나 세존이시여, 저희들은 인내를 가지고 그런 시대에도 이 경전을 수지 독송하며 설명하고 가르치며 옮겨 쓰고 존중하며 공양하겠사옵니다. 또 저희들은 몸과 마음을 바쳐 이 경전을 설하겠사옵니다. 그러니 세존께서는 걱정하시지 마시옵소서."

그때 그 자리에 있던, 아직도 배울 것이 있는 비구와 더 배울 것이 없는 비구들 가운데 꼭 5백 명의 비구들이 세존께 이렇게 말씀드렸다.

제13장_권지품

"세존이시여, 저희들은 이 법문을 널리 펴는 데 힘쓰겠사옵니다. 그러나 세존이시여, 이 사바세계 이외의 다른 세계에서도 그렇게 하겠사옵니다."

그러자 세존으로부터 위없는 바른 깨달음을 이룰 것이라고 수기를 받은 8천 명의 비구들은, 아직 더 배울 것이 있는 비구든 더 배울 것이 없는 비구든 모두 세존이 계신 곳을 향해 합장 경례하며 이렇게 말씀드렸다.

"부디 세존께서는 아무런 걱정도 마시옵소서. 여래께서 완전한 열반에 드신 뒤에도 저희들은 이 법문을 펴겠사옵니다. 그러나 그것은 다른 세계에서 펴게 될 것입니다. 왜냐하면 이 사바세계에 있는 중생들은 선근도 얕고 교만해서 언제나 나쁜 마음을 품으며, 기만적이고 본래의 마음이 뒤틀린 자들이기 때문이옵니다."

그때 세존의 이모인 마하파세파디 교담미(憍曇彌)는 더 배울 것이 있는 비구니와 더 배울 것이 없는 비구니 6천 명과 함께 자리에서 일어나 세존이 계시는 곳을 향해 합장 경례하고, 세존을 우러러보면서 서 있었다.

그러자 세존께서 교담미에게 말씀하셨다.

"교담미여, 그대는 깨달음에 이를 것이라는 수기를 받지 못했다고 낙담하면서 선 채로 여래를 바라보고 있는 것은 무슨 까닭입니까? 그러나 교담미여, 그대는 이미 이 자리에 모인 이들에게 준 수기로 그대 역시 수기를 받은 것이오.

교담미여, 그대는 여래인 나를 비롯한 380만 억 나유타의 부처님 아래에서 공경, 공양하며 찬양했으므로, 설법자인 보살대사가 될 것이오. 또 아직 배울 것이 있는 비구니와 더 배울 것이 없는 6천 명의 비구니들도 그대와 함께 여래들 아래에서 설법자인 보살이 될 것이오. 그 뒤 그대는 보살의 수행을 완성해서 '일체중생희견(一切衆生喜見)'이라고 하는 바른 깨달음을 얻어 존경받는 여래'가 되어 이 세상에 나타날 것이오. 그대는 지혜와 덕행을 갖춘 선서이며, 세간을 잘 아는 위없는 분이며, 사람들을 잘 인도하는 분이며, 천신들과 인간의 스승이며, 부처님이며, 세존이며, 여래가 될 것이오.

그리고 교담미여, 그 일체중생희견여래는 저 6천 명의 보살들한 사람씩에게 위없는 깨달음에 이를 것이라고 수기할 것이오."

그때 라후라의 어머니인 야쇼다라 비구니는 이런 생각이 들었다.

'세존께서는 나에게 수기해 주시지 않으셨다'

세존께서는 마음으로 야쇼다라 비구니의 마음을 아시고, 이렇게 말씀하셨다.

"야쇼다라여, 그대에게 말하겠다. 그대도 또한 백천만 억의 부처님을 공경, 공양하며 찬양한 뒤 설법자인 보살이 될 것이다. 그리고 이윽고 보살의 수행을 완성해서 '선국(善國)'이라는 세계에서 '구족천만광상(具足千萬光相)'이라고 하는 바른 깨달음을 얻어 존경받는 여래가 되어 이 세상에 나타날 것이다. 그대는 지혜와 덕행을 갖춘 선서이며, 세간을 잘 아는 위없는 이이며, 사람들을 잘 인도하는 이이며, 천신들과 인간의 스승이며, 부처님인 세존이 될 것이다. 그 구족천만광상여래의 수명은 무량할 것이다."

그때 6천 명의 비구니를 거느린 교담미 비구니와 4천 명의 비구니를 거느린 야쇼다라 비구니는, 세존으로부터 친히 위없는 바른 깨달음을 얻을 것이라는 수기를 받고 기뻐하며 이런 게송을 읊었다.

세존이시여,
당신께서는
인도자나 지도자,
천신들을 포함한
세간의 스승으로 나타나시옵니다.

인간이나 천신들의 공양을 받아주시며
중생들을 격려해 주시옵니다.
보호자시여,
저희들도 이제 마음이 흡족하옵니다.

그때 그 비구니들은 이 게송을 읊은 뒤, 세존께 이렇게 말씀드렸다.
"세존이시여, 저희들도 후세에 이 법문을 널리 펴기 위해 애쓰겠사옵니다. 그러나 다른 세계가 될 것이옵니다."
그때 세존께서는 8십만 억 나유타의 보살들이 있는 곳으로 눈을 돌리셨다. 그 보살들은 모두 다라니를 얻었으며 불퇴전의 가르침의 법륜을 굴리는 이들이었는데 세존께서 보시자 그들은 자리에서 일어나 세존이 계시는 곳을 향해 합장 경례하며 이렇게 생각했다.

'세존께서는 우리들이 이 법문을 널리 펴기를 바라고 계신다.'

그들은 그렇게 생각한 뒤 동요하며 서로 말했다.

"세존께서는 우리들이 미래세에 이 법문을 널리 펴기를 바라고 계신데, 어떻게 하면 좋겠는가?"

그때 그 선남자들은 세존에 대한 존경심과 자신들의 과거의 수행과 서원이 있었기 때문에 세존을 향해 맹세의 말씀을 드렸다.

"세존이시여, 여래께서 완전한 열반에 드신 뒤, 미래세에 저희들은 시방세계에서 세존의 위신력에 힘입어 이 법문을 모든 중생들에게 옮겨 적게 하고 독송하게 하고 고찰하게 해서 널리 펴겠사옵니다. 부디 세존께서는 다른 세계에 계시더라도 저희들을 지켜보아 주시옵소서."

그리고서 그 보살들은 일제히 이런 게송을 읊었다.

세존이시여,
아무런 걱정도 마시옵소서.
당신께서 완전한 열반에 드신 뒤
악세(惡世)에 저희들은
이 최고의 경전을
널리 펴겠사옵니다.

지도자시여,

저희들은 어리석은 자들이
욕을 하거나 위협하거나 몽둥이를 휘두르더라도
참고 견디겠나이다.

또 그 악세에 비구들은 악의를 품고
마음은 비뚤어지고 기만적이며
어리석고 우쭐대기 때문에
깨달음을 얻지 못했으면서도
얻었다고 생각할 것이옵니다.

지혜가 부족한 그들은
아란야(절)에서 생활을 하고
누더기를 걸치면서 스스로
'우리들은 청빈한 생활을 하고 있다'고 할 것이옵니다.

미각의 즐거움에 탐닉하고 있는 자가
재가사람들에게 가르침을 설하며
6신통을 갖춘 아라한처럼
존경받을 것이옵니다.

우리를 비방하는 그들의 마음은
흉폭함과 증오가 끓고 있고

가정이나 재산에 마음을 뺏기고 있으면서도
숲 속이라는 외딴 곳에 숨어

우리들에게 이렇게 말할 것이옵니다.
'이 비구들은
이교도로 이익과 명예에 빠져
자기 멋대로 가르침을 편다'고.

또 '이익과 명예를 구해서
자신이 경전을 편찬하여
모임의 한가운데서 설교한다'고
우리들을 욕하는 자들도 있을 것이옵니다.

국왕이나 왕자들, 대신들이나 바라문들, 가장들,
나아가 다른 비구들도 우리들을 비난해서
'이교의 가르침을 펴는 자'라고 할 것이옵니다.
그러나 저희들은 위대한 성인들을 존경하므로
그 모든 것을 참고 견디겠사옵니다.

또 그 후세에 어리석은 자들이
저희들을 업신여기고
'이 사람들이 부처가 될 것이다'라고 비웃더라도

저희들은 그 모든 것을 감수하겠사옵니다.

세상이 무서운 시대에 큰 공포 속에서
야차의 형상을 한 많은 비구들이
저희들을 매도하더라도

저희들은 부처님에 대한 존경심을 가지고
이 세상에 머물며 극히 어려운 일을 하며
인내라는 허리띠를 두르고
이 경전을 널리 펴겠사옵니다.

지도자시여,
저희들은 몸도 마음도 아깝지 않사옵니다.
저희들은 오직 깨달음을 구하는 자이며
당신께 부여받은 일을 하는 자이옵니다.

후세에
이렇게 깊은 뜻이 담긴 말을 모르는
나쁜 비구들이 있으리라는 걸
세존께서는 아실 것이옵니다.

눈총을 받고

第十三章 _ 勸持品

자리를 얻지 못하고
정사(사원)로부터 추방되고
온갖 욕설과 비아냥을 듣더라도
저희들은 그 모든 것을
참고 견디겠사옵니다.

저희들은 후세에 세간의 보호자이신
당신의 부촉을 떠올리고
두려움 없는 자신감을 가지고
모임의 한가운데서
이 경전을 설하겠사옵니다.

지도자시여,
이 세상에서
이 가르침을 구하는 이가 있다면
도성이든 마을이든 어디라도 찾아가서
당신에게서 받은 이 가르침을
그 사람에게 전하겠사옵니다.

세간의 왕이시여
저희들은 당신께서 주신 임무를 다하겠사옵니다.
위대하신 성인이시여

당신께서는 정적에 싸여 고요한 열반에 드시어
아무 걱정도 하지 마시옵소서.

시방에서 나오신 모든 세간의 광명이시여
저희들은 진실한 말만을 하겠사옵니다.
당신께서는 저희들의 타오르는 정열을
잘 아실 것이옵니다.

권지품의 구성

1. 서원
약왕보살과 대요설보살의 서원/5백 아라한과 8천 성문의 서원

2. 부처님이 교담미와 야쇼다라에게 수기를 내리다
교담미는 일체중생희견여래가 되리라/야쇼다라는 구족천만광상여래가 되리라

3. 비구니들의 기쁨과 서원

4. 8십만 억 보살들의 서원
인욕의 옷을 입고 경을 설하리라/인욕의 옷을 입는 이유/우리는 세존의 전령

권지품입니다.

《법화경》은 내용의 구성에 따라 세 부분으로 나뉘기도 합니다.
제1품에서 제10품까지는 일승묘법(우주의 통일적 진리), 제11품에서 제22품까지는 구원본불(모든 생명이 영원한 생명을 지닌 본래로 부처라는 뜻), 제23품에서 제28품까지는 보살의 실천도(중생을 위한 보살행의 장려)가 설해집니다.
〈제바달다품〉부터는 누구든지 올바르게《법화경》의 바른 가르침을 받아들이기만 하면 아주 잠깐의 인연일지라도 구제받으며 성불할 수 있다는 내용입니다. 본 품부터는 누구나 바른 서원을 세우고 노력하면 궁극에는 일승에 들 수 있음을 설합니다.

'권(勸)'은 남에게 권장하는 것입니다. 사람들이《법화경》을 수지 독송하도록 권하는 것으로, 남에게 권하려면 우선 자신부터 깊은 신심과 원력이 있어야 합니다. 경전에 대한 믿음과 지혜가 없다면 남에게 권하기 어렵습니다. 그렇기 때문에 남에게 권할 수 있는 사람은 자기 자신의 닦음을 소홀히 할 수 없습니다. 자신도 믿음을 실천하면서 이울러 남도 이끌어야 합니다. 이는 불자라면 누구나 해당하는 내용입니다. 가볍게 넘길 일이 아닙니다.
솔선수범한다는 것은 우선 몸이 앞서야 한다는 뜻입니다. 내가 먼저 몸으로 보여야 다른 이들이 보고 따라합니다. 아무리 좋은 가르침도 자신은 게을리하면서 남에게 부지런히 닦으라고 할 수 없습니다. 우선 자신부터 몸으로 보여야 합니다. 그러면 모든 사람이 그 모습의 장엄함을 보고 따라할 것입니다. 이것이 자신부터 완전하게 갖춰나가는 공덕입니다.

본 품에서는 약왕보살과 대요설보살을 필두로 5백 명의 아라한과 8천 명의 성문들, 그리고 교담미 비구니와 야쇼다라 비구니에 대한 수기, 8십만 억 나유타 보살들이 《법화경》을 수지하고 널리 펼치겠다는 서원을 세웁니다.

🪷 권지품의 주요 내용

'약왕(藥王)보살' 과 '대요설(大樂說)보살' 은 2백만 명의 보살들과 함께 여래 앞에 있었는데, 이런 맹세를 하였다.

"부디 세존께서는 가르침을 펴는 일 때문에 걱정하시지 마시옵소서. 여래께서 완전한 열반에 드신 뒤에는 저희들이 이 법문을 중생들에게 설하겠사옵니다. 세존이시여, 그 시대에는 중생들이 기만적이며 선근을 잘 쌓지도 않고 교만하며, 이익과 명예에 집착하며, 선하지 못한 행위를 하며, 교화하기 어렵고, 믿으려고도 하지 않고, 믿고 따르려는 마음도 강하지 못할 것이옵니다. 그러나 세존이시여, 저희들은 인내를 가지고 그런 시대에도 이 경전을 수지 독송하며 설명하고 가르치며 옮겨 쓰고 존중하며 공양하겠사옵니다. 또 저희들은 몸과 마음을 바쳐 이 경전을 설하겠사옵니다. 그러니 세존께서는 걱정하시지 마시옵소서."

'세존께서는 걱정하시지 마시옵소서' 라고 했습니다. 부처님 열반 후에 불법이 쇠퇴할 것을 걱정하는 마음은 누구나 간절할 것입니다. 약왕보살과 대요설보살이 부처님께 안심을 시켜드리는 자세가 참으로 경건합니다. 중생이 함부로 날뛰는 모습을 열거하면서 그렇더라도 그들을 구제하기 위한 노력을 결코 포기하지 않을 거라는 맹세이기도 합니다.

이후 계속 5백 아라한과 8천의 성문이 나서 《법화경》을 널리 설해 중생을 교화할 것이라고 서원을 세웁니다. 특히 '다른 국토'라는 말을 유념해야 합니다. 《법화경》의 전래과정을 보면 인도에서 동쪽으로 흘러 일본에서 《법화경》이 더욱 성행합니다. 지금은 서구에까지 전해지고 있습니다. 일차원적 의미로는 이런 전래된 땅이 이야기의 중심이 되겠지만, 이 국토의 의미가 어디까지 포함되는지는 상상하기 어렵습니다. 경전에 나오는 시간과 공간의 크기를 우리는 알 수 없습니다. 오직 부처님의 경지에 들어야만 헤아릴 수 있는 개념입니다.

교담미여, 그대는 여래인 나를 비롯한 380만 억 나유타의 부처님 아래에서 공경, 공양하며 찬양했으므로, 설법자인 보살대사가 될 것이오. 또 아직 배울 것이 있는 비구니와 더 배울 것이 없는 6천 명의 비구니들도 그대와 함께 여래들 아래에서 설법자인 보살이 될 것이오. 그 뒤 그대는 보살의 수행을 완성해서 '일체중생희견(一切衆生喜見)'이라고 하는 바른 깨달음을 얻어 존경받는 여래'가 되어 이 세상에 나타날 것이오. 그대는 지혜와 덕행을 갖춘 선서이며, 세간을 잘 아는 위없는 분이며, 사람들을 잘 인도하는 분이며, 천신들과 인간의 스승이며, 부처님이며, 세존이며, 여래가 될 것이오.

그리고 교담미여, 그 일체중생희견여래는 저 6천 명의 보살들 한 사람

第十三章 _ 勸持品

씩에게 위없는 깨달음에 이를 것이라고 수기할 것이오."

교담미 비구니와 6천 비구니의 수기가 이어집니다. 교담미는 부처님의 이모로 육천 비구니들과 함께 수기를 받습니다. 인도에는 계급과 성별의 차별이 극심하기 때문에 초기교단에서 일체의 평등 속에 오로지 출가순으로 서열이 정해지는 부처님의 교단 운영 방식은 적잖은 반발을 불러 일으켰습니다. 그러나 부처님은 단호하셨고, 어떠한 타협도 하지 않았습니다. 오로지 진리의 방식으로 살라하셨음을 잊어서는 안 됩니다.

또한 야쇼다라는 라후라의 어머니로 나중에 부처님의 제자로 받아들여져 비구니가 되었습니다. 그리고 수기를 받습니다. 이에 비구니들이 기뻐 환희하며 널리 《법화경》을 설하겠다고 서원을 세웁니다.

> 세존이시여, 여래께서 완전한 열반에 드신 뒤, 미래세에 저희들은 시방세계에서 세존의 위신력에 힘입어 이 법문을 모든 중생들에게 옮겨 적게 하고 독송하게 하고 고찰하게 해서 널리 펴겠사옵니다. 부디 세존께서는 다른 세계에 계시더라도 저희들을 지켜보아 주시옵소서.

계속해서 수많은 불법의 수호대중들이 부처님께 서원을 올리며, 지켜봐주시라고 말합니다. 소소한 세간의 것들을 얻기 위해 소원을 들어주시기를 바라는 중생들의 종교적인 자세와는 근본적으로 다릅니다. 당당하게 부처님의 제자로 살아가겠다는 자세가 아름답습니다. 부처님은 단지 지켜보시기만 하면 됩니다. 우리는 부처님의 원력을 실현해야 하는 진리의 사명을 안고 있다 하겠습니다.

효성이 지극한 아들이 부모님을 쉬게 하고 자신이 모든 일을 다 하듯이, 부처님께 편안히 계시라고 합니다. 굳건한 서원을 부처님은 아실 테니 마음 놓으셔도 된다는 말씀들이 더 없이 든든하기만 합니다. 부처님 제자의 자세는 바로 이래야 합니다. 믿고 맡길 수 있는 사람은 진실한 사람입니다. 의심스러운 사람에게 일을 맡겨서는 안 됩니다. 그는 쉽게 싫증내고 변덕 부리고 일을 놓고 아무렇지 않게 자리를 비우고 소풍을 나갈 것입니다. 자기 자리를 지키고, 자신의 일을 묵묵히 해나가는 사람만이 세상이 행복하고 즐거울 수 있음을 잊지 마시기 바랍니다.

🪷 인욕의 공덕

사자의 추격을 받던 수소가 야생 염소들이 머물고 있던 동굴로 도망쳐 들어갔습니다. 그러자 염소들이 일제히 뿔을 세우고 수소를 받으려고 다가섰습니다. 수소가 거친 숨을 몰아쉬며 말했습니다.

"내가 지금 너희 공격을 참는 이유는 너희가 무서워서가 아니야. 바깥에 버티고 있는 저 짐승이 두렵기 때문이지."

흥미롭지요? 이솝우화에 나오는 이야기입니다. 영문도 모르는 염소들은 자기 영역에 들어 온 수소가 반가울 리 없습니다. 그래서 빨리 나가라고 뿔로 엉덩이를 쿡쿡 찔러댑니다. 한, 두 마리가 아니고 떼로

第十三章 _ 勸持品

몰려들어 아우성을 칩니다. 화가 치밀기도 하고 귀찮고 짜증이 잔뜩 납니다. 성질 같아서는 엉성한 염소굴에서 바로 나가고 싶습니다. 그런데 나갈 수가 없습니다. 밖에는 사자가 발톱을 세우고 기다리고 있기 때문입니다. 밖에 고개를 내미는 순간 사자가 튼튼한 송곳니를 수소의 목 깊이 박고 말 것이기 때문입니다. 큰 것을 위해 작은 불편을 참아야 하는 우화입니다. 불법의 성취도 이와 같습니다.

14 안락행품

14

안락행품 安樂行品

그때 문수사리보살은 세존께 이렇게 말씀드렸다.

"세존이시여, 저 보살들이 세존에 대한 존경심으로 이 법문을 널리 펴기 위해 한결같은 노력을 하는 것은 참으로 어려운 일이옵니다. 세존이시여, 저 보살들이 어떻게 하면 후세에 이 법문을 널리 펼 수 있겠사옵니까?"

그러자 세존께서는 문수사리보살에게 이렇게 말씀하셨다.

"문수사리여, 사법으로 자신을 확립한다면, 보살은 후세에 이 법문을 널리 펼 수 있다. 문수사리여, 사법은 무엇인가. 첫째로 이 세상에서 보살이 선행(善行)과 바른 교제범위에 안주한다면 후세에 이 법문을 널리 펼 수 있다. 어떻게 하면 거기에 안주할 수 있는가. 보살이 인내심 깊고 온화하며 마음이 다스려진 경지에 이르러 부들부들 떨거나 분노를 나타내는 일이 없고 어떤 것에도 사로잡히지 않고 모든 모습(相)을 있는 그대로 관찰할 때, 비로소 모든 것에 대해 함부로 생각하지 않고 분별하지 않게 된다. 이것이 보살의 선행이라고 불리는 것이다.

문수사리여, 보살의 바른 교제범위란 어떤 것인가. 보살은 국왕이나 왕자, 대신, 그리고 그 시종들과 사귀거나 방문하거나 섬기거나 가까이하지 않는 것이다. 또 유행자, 아지바카 교도, 니르그란타 교도 등의 이교도들이나 시서(詩書)나 세속의 논서에 탐닉하는 사람들이나 세상일에 관한 주문을 신봉하는 로카야타 교도와도 사귀거나 방문하거나 섬기거나 가까이하지 않는 것이다. 그리고 찬달라, 마우슈티카, 돼지고기점, 새고기점, 사냥을 하는 자, 도살꾼, 배우, 요술쟁이, 사기꾼, 격투를 하는 자와도 가까이하지 않고, 오락이나 유흥장에도 가까이 가지 않으며, 그들이 다가오면 그때 그때에 어떤 것에도 사로잡히지 않고 가르침을 설할 뿐, 그들과 친하지 않는 것이다. 또 성문에 속하는 비구, 비구니, 신남, 신녀들과도 사귀거나 방문하거나 섬기거나 친하게 지내지 않으며, 그들이 다가오면 그때 그때에 어떤 것에도 사로잡히지 않고 가르침을 설할 뿐, 경행(經行)의 장소든 정사 안이든 그들과 만나지 않는다면 이것이 보살대사의 교제범위이다.

문수사리여, 또 보살은 언제나 여성의 환심을 사려고 가르침을 설하지도 않으며, 여성을 만나고 싶다는 생각도 품지 않으며, 남의 집을 방문해서 젊은 부녀자와 말을 나누고 싶은 생각도 하지 않으며, 그녀들에게 인사도 하지 않는다. 또 거세당한 자에게 가르침을 설하지 않으며, 그들과 친하게 지내지도 않으며, 인사도 하지 않는다. 그리고 여래의 생각을 수습하고 있는 자를 제외하고는, 밥을 얻기 위해서도 혼자 남의 집에 들어가는 일이 없다. 설사 여성에게 가르침을 설하게 되더라도, 그는 본래 가르침에 집착해서 설해서는 안 되며, 부인에게 집착해서 설해서도 안 되며, 설할 때 웃느라고 이빨을 보이는 일조차 없으므로 얼굴에 감정의 변화를 보이는 일도 없다. 또 그는 사미, 사미니, 비구, 비구니, 소년, 소녀에게 흥미를 보이지 않으며, 그들과 친하게 지내지 않고, 대화를 즐기는 일도 없다. 그는 가만히 앉아 선정을 닦는 데 전념하며, 항상 선정 속에 잠겨 생활한다. 문수사리여, 이것이 보살의 첫 번째 교제범위라고 불린다.

문수사리여, 또 보살은 모든 것을 공(空)이라고 관찰한다. 즉 모든 것은 바르게 확립되어, 무도착(無倒錯)의 상태에 있으며, 있는 그대로의 상태를 유지하며, 자타에 의해서도 움직이지 않고 역전하지 않고 변화하지 않고 언제나 있는 그대로의 상태를 유지하며, 허공과 같은 본성으로 말의 해석이나 표현을 떠나 생기지 않으며, 만들어진 것도 아니며 만들어진 일이 없는 것도 아니며, 있는 것도 아니며 없는 것도 아닌, 말로 나타낼 수 없는 집착을 떠난 상태에 있는, 관념의 도착에 의해 나타내어진 것이라고 관찰한다.

문수사리여, 보살은 언제나 모든 것을 이처럼 관찰하며 생활한다. 이렇게 사는 보살은 바른 교제범위에 안주하고 있는 것이다. 문수사리여, 이것이 보살의 두 번째 교제범위이다."

그때 세존께서는 이 뜻을 상세히 알리시려고 이런 게송을 설하셨다.

여래께서 열반에 드신 뒤 무서운 시대에
보살이 겁내지 않고 두려움 없는 자신감을 가지고
이 경전을 널리 펴려고 한다면

그는 선행과 바른 교제범위를 지키고
세속적인 교제를 끊고
몸을 청정하게 지켜야 할 것이다.

즉 언제나 국왕이나 권력자들과의 교제를 끊어야 할 것이다.
왕의 시종들, 찬달라, 마우슈티카, 주정뱅이
이교도들과도 사귀어서는 안 된다.

소승의 율이나 경전에 집착해
자신을 아라한이라고 생각하는
교만한 비구들과도 사귀지 말며
파계한 비구들도 피하는 것이 좋다.

마음이 들떠 웃거나 수다를 좋아하는
비구니들을 언제나 피하며
속악한 것에 빠진 재가의 여성도 피해야 한다.

현세의 안온한 상태를 구하는

재가의 여성들과의 교제도 끊어야 한다.
이것이 보살의 선행이라고 불린다.

그들 중 최고의 깨달음을 구해 보살을 찾아와
가르침을 구하는 자가 있다면
현자는 어떤 것에도 사로잡히지 않고
언제나 가르침을 설하는 것이 좋다.

부인이나 거세된 사람들과의 교제를 끊고
타인의 집에 있더라도
젊은 부녀자나 처녀들을 피해야 한다.
정중하게 안부를 물어야 하며
그녀들과 말을 나누어서도 안 된다.

돼지고기나 양고기를 파는 사람과의 교제도 끊어야 한다.
향락을 위해 여러 가지 산 것을 죽이거나
도살장에서 고기를 파는 자들과의 교제도 끊어야 한다.
포주, 요술쟁이, 사기꾼, 격투하는 자,
그와 유사한 자들과의 교제도 끊어야 한다.

유녀나 쾌락을 팔아서 생계로 삼는 자들과도
사귀어서는 안 되며

인사조차도 해서는 안 된다.

현자는 여성에게 가르침을 설할 때
혼자 그 방으로 들어가서는 안 되며
웃음을 띠어서도 안 된다.

탁발을 하려고 마을로 들어갈 때는
동반의 비구에게 동행을 부탁하거나
동반자가 없을 때는 부처님을 생각하라.

이와 같은 것이 첫째 선행과
바른 교제범위라고 나는 설한다.
이런 경전을 수지하는 지혜를 갖춘 사람들은
이것을 지키며 살아갈 것이다.

보살은 열등한 자, 뛰어난 자, 보통인 자
만들어진 것, 만들어지지 않은 것
진실한 것, 허망한 것에도
결코 집착하지 않아야 하며

침착한 사람은 상대방이 여자라고 해서
특별히 흔들리지 않으며

상대방이 남자라고 해서
분별하여 멀리 해서도 안 된다.

이 세상에 존재하는 모든 것은
본래 나는〔生〕일이 없는 것을 본질로 삼는 까닭에
그것을 찾으면서도 보지 못하는 것이다.

이것이 보살들의 선행이라고 불리는 전부이다.
보살의 바른 교제범위란 어떤 것인가?
설명할 테니 그대들은 들으라.

이 모든 것은 실재가 아니며
나타난 것도 아니며 생긴 것도 아니며
공이며 움직이지 않는 것으로서
언제나 현존하고 있다고 설해졌다.
이런 것이 현자들의 바른 교제범위라고 불린다.

그런데 잘못된 생각을 지닌 자들은
이 모든 것이 실재하지 않는데도 실재로 여기며
허망한데도 진실이라고 여기며
생기지도 않는 것을 생겼다고 잘못 생각한다.

한편 보살은 언제나 마음을 한 점에 집중해서
선정에 들어 수미산처럼 부동으로 안주하며
모든 것을 허공처럼 관찰해야 한다.

이 모든 것은 언제나 허공과 같으며
내실이 없으며 움직이지 않으며
망상을 떠나면서도 언제나 현존해 있다고 관찰한다.
이것이 현자들의 바른 교제범위라고 불린다.

내가 열반에 든 뒤
나의 행동을 지키고 따르는 비구는
세간에서 이 경전을 설하라.
그러나 조금이라도 두려워해서는 안 된다.

현자는 경우에 따라서는 안으로 생각을 집중하고
집에 들어가 문을 잠그고 이 문의 근본을 관찰한 뒤
선정으로부터 깨어나 두려워하지 말고 가르침을 설하라.

그로부터 가르침을 듣는 국왕이나 왕자들은
이 세상에서 그를 비호할 것이며
다른 가장이나 바라문들도
항상 그를 섬길 것이다.

"문수사리여, 또 여래께서 완전한 열반에 드신 뒤 후 오백 년 동안에 바른 가르침이 소멸하고 있을 때(末法), 이 가르침을 널리 펴려고 애쓰는 보살은 안락한 경지에 있을 것이다. 그는 안락한 경지에서 신체에 집착하지 않으며, 경전에 나타난 가르침을 설하며, 타인에 대해 말할 때에도 그들의 결점을 들추는 일이 없으며, 다른 설법자인 비구를 욕하거나 비난하는 일도 없으며, 책망하는 일도 없다. 또 다른 성문에 속하는 비구들의 이름을 들추어 비난하는 일도 없고, 책망하는 일도 없으며, 그들에 대해 적대심을 품는 일도 없다. 그것은 말할 필요도 없이 그는 안락한 경지에 안주해 있기 때문이다. 그는 법화(法話)를 듣고 싶어서 찾아오는 사람들에게 정중하고 친절한 태도로 가르침을 설한다. 말싸움을 하는 일도 없고, 질문 받더라도 성문의 길에 의해 답하는 일이 없으며, 어떻게 해서든 부처님의 지혜를 깨닫기를 바라면서 답한다."

그때 세존께서는 이런 게송을 설하셨다.

현명한 이는 언제나 안락한 경지에 들어
깨끗하고 상쾌한 장소에 높은 자리를 마련해서
그 위에 편안히 앉아 평온한 가르침을 설한다.

그는 아주 좋은 염료로 잘 염색된 법의를 두르고
마찬가지로 검은 옷도 몸에 걸치고
또 헐거운 속옷도 입고

여러 색의 천을 아름답게 겹치고
발 디딤대가 붙은 자리에 앉아
발을 씻고 머리나 얼굴에도 기름을 바르고
자리에 올라가 법좌에 앉아
모인 사람들에게 여러 가지 이야기를 하는 것이 좋다.

비구들에게도, 비구니들에게도
신남, 신녀, 왕, 왕자들에게도
그 현자는 언제나 아주 친근한 태도로
여러 가지 뜻을 지닌 매력적인 이야기를
해 주는 것이 좋다.

그때 그들의 질문을 받더라도 그들에게
적절한 의미를 한 번 더 설명해 주어라.
그것도 그들이 들어서
깨달음을 얻을 수 있는 방법으로
그 의미를 모두 설해 주는 것이 좋다.

현자는 나태한 마음을 없애며
권태로운 생각을 하지 않으며
채울 수 없는 생각은 모두 끊으며
청중에게 자비로운 힘을 발휘해야 한다.

현자는 주야로 수많은 비유로써
최고의 가르침을 설해
청중을 기쁘게 하고 만족시켜라.
그러나 그는 그 일에 대해
결코 어떤 것도 바라서는 안 된다.

딱딱하거나 부드러운 식사, 의복, 침대, 자리, 법의,
혹은 병을 낳게 하는 약에 신경 쓰지 말아라.
청중에게 아무것도 바라서는 안 된다.

뿐만 아니라 현명한 이는
'나와 같이 이 중생들도 함께 부처님이 될지어다.
내가 이 바른 가르침의 백련을
세간사람들의 행복을 위해 설하는 것은
나에 의해 모든 안락을 가져오는 도구가 된다'고
언제나 생각해야 할 것이다.

내가 열반에 든 뒤, 남을 원망하지 않고
오직 이 가르침을 설하는 비구는
괴로움도 장애도 근심도 망설임도
모두 없어질 것이다.

누구도 그를 두렵게 하거나 때릴 수도 없으며
비난하는 이도 없다.
그는 결코 추방당하는 일도 없다.
그는 확고한 인내력을 지녔기 때문이다.

언제나 내가 말한 대로 처신해서
안락한 경지에 든 현자에게는
수없이 많은 공덕이 있어서
수백 겁이 지나더라도
그것을 다 말할 수는 없을 것이다.

"문수사리여, 또 여래께서 완전한 열반에 드신 뒤 바른 가르침이 소멸할 최후의 시대에 이 경전을 수지하고 있는 보살은, 남을 원망하거나 속이거나 거짓말하지 않으며, 남을 비난하지 않고 욕하지 않고 경멸하지 않는다. 이 경전을 수지하는 자는 성문의 길에 속하는 이든 독각의 길에 속하는 이든 보살의 길에 속하는 이든, 그들은 다른 비구나 비구니, 신남, 신녀들에게 마음의 곤혹을 일으키게 하는 일이 없다.

'선남자들이여, 그대들은 위없는 바른 깨달음으로부터 멀리 떨어져 있어서, 그대들에게 깨달음이 나타나는 일은 없다. 그대들은 완전히 나태한 생활을 하고 있어서, 여래의 지혜를 깨달을 수는 없다' 고 해서 보살의 길에 속하는 자에게도 마음의 곤혹을 일으키는 일은 없다. 또 가르침에 대한 논쟁을 좋아하지도 않고, 싸우려고 하지도 않고, 모든 중생들에 대한 자비로운 힘을 버리지 않는다. 모든 여래에 대해 아버지라는 생각을 품고, 모든 보살에 대해 스승이라는 생각을 품는다. 또 세간에 있는 모든 보살들을 깊은 뜻과 존경심으로 끊임없이 경례한다. 또 가르침을 설할 때도, 그는 가르침을 평등히 사랑하므로 가르침을 더하거나 빼지 않고 설한다. 또 그는 이 법문을 설할 때, 어느 누구에게도 편애를 하지 않는다.

문수사리여, 이상의 세 번째 방법을 갖춘 보살이 여래께서 완전한 열반에 드신 뒤 바른 가르침이 소멸하려는 최후의 시대에 이 법문을 널리 편다면, 그는 기분 좋은 만남 속에서 살며 어떠한 해로움을 받지 않고 이 법문을 널리 펼 수가 있다. 그가 이 가르침을 읊을 때에는 함께 읊는 이가 생길 것이다. 또 그의 주위에는 가르침을 듣고자 하는 이들이 나타날 것이며, 그들은 그로부터 법문을 듣고 믿고 수지하며, 옮겨 적고 남에게도 옮겨 적게 해 책으로 만들어서 공경하며 공양할 것이다."

세존께서는 이처럼 설하신 뒤, 이렇게 게송을 읊으셨다.

이 경전을 널리 펴려고 하는 설법자는
기만과 교만한 마음과 나쁜 생각을 버려야 하며
질투심도 지녀서는 안 된다.

그는 결코 어떤 사람도 책망해서는 안 되며

견해를 세워서 논쟁해서도 안 된다.
또 '당신이 위없는 지혜를 얻는 일은 없겠지요'라고 해서
남의 마음을 곤혹하게 해서도 결코 안 된다.

그 여래의 아들은 언제나
올바르며 부드럽고 인내심이 강하다.
이 가르침을 계속해서 몇 번이나 설하여라.
그렇다고 해서 그가 권태를 느끼는 일은 전혀 없다.

'중생을 자비롭게 여겨 시방세계에 있는 보살들은
모두 나의 스승이다'라고 생각해서
이 현자는 그들에게 스승에 대한
존경심을 품어야 한다.

인간의 최고자이신 부처님을 마음에 간직해서
그 승리자들을 언제나 아버지로 생각해야 할 것이다.
또 교만한 마음을 모두 끊는다면
그때 그에게는 장애는 없다.

이러한 방법을 듣고
현자는 그때 그 방법을 지켜야 한다.
안락한 경지를 얻는 데 마음을 집중한 이는

수많은 생명 있는 것으로부터 충분히 보호받는다.

"문수사리여, 또 여래께서 완전한 열반에 드신 뒤 바른 가르침이 소멸할 최후의 시대에 이 법문을 수지하는 비구는, 재가의 사람들이나 출가한 사람들로부터 멀리 떨어져서 자비로운 삶을 살아야 할 것이다. 그리고 아직 깨달음을 향해 뜻을 세우지 않은 모든 중생들에 대해 자애를 품고 이렇게 발심해야 한다.
'아아, 이 중생들은 참으로 지혜가 떨어지는 이들이다. 그들은 여래의 절묘한 방편인 깊은 뜻이 담긴 말을 듣지 못하고 알지 못하고 묻지 아니하고 믿지 아니하고 따르지 아니한다. 더욱이 이 중생들은 이 법문에 들어가지도 아니하고 깨닫지도 못한다. 그러나 나는 이 위없는 바른 깨달음을 얻은 뒤, 어느 곳에 중생이 있든 그곳에서 그들을 신통력으로 회심시켜, 믿게 하고 깨달음으로 들어가게 하고 성숙시킬 것이다'

문수사리여, 이상의 네 번째 방법을 갖춘 보살은 여래께서 완전한 열반에 드신 뒤 이 법문을 널리 펴고 있을 때, 남을 상처 입히는 일이 없으며, 비구, 비구니, 신남, 신녀, 국왕, 왕자, 대신, 고관들이나 마을사람들, 바라문, 가장들에게도 공경받고 공양받을 것이다. 공중에 사는 천신들은 청정한 믿음으로 가르침을 듣기 위해 그의 뒤를 따를 것이며, 천자들도 호위하며 따르고 있을 것이다. 마을에 있든 정사에 있든 가르침에 대해 질문하기 위해 밤낮으로 그를 방문할 것인데, 그들도 그의 설법을 듣고 만족해서 기뻐할 것이다. 왜냐하면 문수사리여, 이 법문은 모든 부처님의 가호를 받고 있으며, 과거, 미래, 현재의 여래들로부터 언제나 가호받고 있기 때문이다. 문수사리여, 많은 세계에서는 이 법문을 설하는 소리나 곡조, 그 이름을 듣는 일도 드물다.

예를 들면 문수사리여, 군대를 통솔하는 전륜왕이 있어 무력으로 자신의 왕국을 평정한다면, 그와 대적하는 왕들도 그와 싸우게 된다. 그때 전륜왕에게는 많은 전사가 있어서 적과 싸운다. 그러면 전륜왕은 전사들이 분전하고 있는 것을 보고 기뻐한다. 그는 즐거이 전사들에게 여러 가지 상을 준다. 예를 들면 마을이나 마을의 토지를 주거나 도성이나 도성의 토지를 주거나 의복을 주거나 허리띠, 팔찌, 목걸이, 귀고리, 황금, 진주목걸이, 금괴, 보석구슬, 진주, 유리, 나패, 수정, 산호를 주거나 코끼리, 말, 전차, 보병, 노비를 주거나 탈것이나 가마를 준다. 그러나 상투에 붙인 보석구슬은 누구도 받지 못한다. 왕의 머리를 장식하는 상투에 달린 보석구슬은 단 하나밖에 없기 때문이다. 문수사리여, 만일 왕이 상투에 달린 그 보석구슬마저 준다면, 왕의 군대는 모두 놀라서 감명받을 것이다.

그와 마찬가지로 문수사리여, 법의 소유주이며 법의 왕이신 바른 깨달음을 얻어 존경받는 여래께서도 복덕의 힘이라는 군대로 얻은 법에 의해 삼계에서 법의 왕국을 통치하고 계시는 것이다. 한편 마왕 파순이 그의 세계에 침입할 때, 여래의 성스러운 전사들도 마군과 싸운다. 문수사리여, 그때 여래께서는 성스러운 전사가 싸우는 것을 보시고 사중들을 기쁘게 하시기 위해 백천 가지 경전을 설하시며, 열반의 도성이라는 위대한 법의 도성을 주시며, 열반의 안락함을 주시어 그들을 깨달음으로 이끄신다. 그러나 묘법연화경과 같은 법문은 설하시지 않으셨다.

문수사리여, 군대를 통솔하는 전륜왕은 분전하고 있는 전사들의 영웅적 행위에 놀라 자신이 가지고 있는 최고의 것을 모두 주는데, 이는 세간사람들에게는 쉽게 믿어지지 않는 일이다. 왕의 상투를 장식했던 보석구슬은 오랫동안 왕이 지녔던 것이어서 더 그렇다.

문수사리여, 그와 마찬가지로 여래께서는 삼계의 법의 왕이시며 법으로써 왕국을 통치하고 계시므로, 성문이나 보살들이 오온과 번뇌라는 마(魔)와 싸우고 있으며, 또 애착이나 증오, 미혹의 삼독(三毒)을 멸하고, 삼계의 모든 것으로부터 떠났으며, 모든 마를 물리치는 위대한 영웅적인 행위를 했을 때, 여래께서도 전륜왕처럼 만족하셔서 그 전사들에게 이 세간에서 쉽게 받아들여지기 어렵고 믿기 어렵고 지금까지 설한 적이 없는 법문을 설하시는 것이다. 모든 중생들에게 일체지자인 것을 보이는 큰 보주와 같은 이 법문을, 여래께서는 제자들에게 선물하신 것이다.

문수사리여, 이것이야말로 여래들의 최고의 설법이며 최후의 법문이다. 이 법문은 모든 법문 중에서 가장 심원하며, 모든 세간에서 쉽게 받아들여지기 어려운 것이다.

문수사리여, 지금 여래께서는 마치 전륜왕이 오랫동안 지녔던 보석구슬을 전사에게 주는 것처럼, 오랫동안 비장되어 온 이 법의

제14장_안락행품

깊은 뜻을 모든 법문의 최고 위에 놓으시며, 여래에 의해서만 알려진 이 법문을 설하신 것이다."

그때 세존께서는 이 뜻을 상세히 알리시려고 이런 게송을 설하셨다.

언제나 자비로운 힘을 발휘하고
언제나 모든 중생을 불쌍히 여겨
최후의 말세의 보살은 선서들께서 찬탄하신
훌륭한 경전인 이 가르침을 설해야 할 것이다.

후세에 재가든 출가든 깨달음을 구하지 않는 이든
모든 이들에게 자비로운 힘을
발휘하는 것이 좋다.
그들이 가르침을 듣고 비방하는 일은
결코 있어서는 안 되니까.

'내가 깨달음을 얻어 여래의 경지에 도달했을 때
절묘한 방편으로 중생들을 지도하며
최고의 깨달음을 설해 주겠다'고 생각해서

예를 들면 전륜왕은 전사들의 무훈에 만족해서
그들에게 여러 가지 황금으로 된 장식이나

코끼리, 말, 전차, 보병, 도성, 마을을 줄 것이다.

전륜왕은 어떤 이에게는 팔찌, 은, 황금실, 진주,
보석구슬, 나패, 산호, 노예를 줄 것이다.
그러나 어떤 전사가 최고로 공훈을 세우면
왕은 거기에 경탄해서 왕관을 풀어 보석구슬을 줄 것이다.

그와 마찬가지로 부처님인 나는 법의 왕으로
인내심을 갖추며 많은 지혜를 지녔으며
세간의 행복을 원해 자애 깊게 자비심을 품으며
이 세간을 모두 법으로 다스린다.

나는 고뇌하는 중생들을 보고
수많은 경전을 설한다.
이 세상에서 번뇌를 끊은 청정한 중생들이
용맹 정진하는 것을 알고

그때 위대한 의사이며 법의 왕인 나도 또한
수많은 법문을 설하며
중생들 역시 능력도 있고 지혜도 갖춘 것을 알아
왕의 상투에 달린 보석구슬과 같은 이 경전을 설한다.

제14장 _ 안락행품

나는 최후의 이 경전을 이 세상에서 설한다.
이것은 나의 모든 경전 가운데에서 최고의 것으로
내가 비장하고 있었으나
아직까지 설한 적이 없는 것이다.
그것을 지금 설할 테니 그대들은 들어라.

내가 열반에 든 뒤
가장 훌륭한 최고의 깨달음을 구해
나를 위해 일을 하는 이들은
앞에서 말한 네 가지 방법으로
실행해야 할 것이다.

그것을 실행하는 이는
걱정하거나 방해받는 일도 없고
추해지지도 않고 병에도 걸리지 않는다.
피부가 검어지는 일도 없으며
비천한 마을에 사는 일도 없다.

그 위대한 성인은
언제 보아도 기쁜 모습을 하고
여래처럼 공양을 받는다.
그에게는 언제나 귀여운 천자들의 시종이 있을 것이다.

第十四章 _ 安樂行品

칼이나 독약, 몽둥이, 흙덩이가
어느 때에도 그의 몸을 상하게 하는 일이 없다.
그에게 심한 욕설을 하는 자는
입이 막히게 될 것이다.

내가 열반에 든 뒤 이 경전을 수지하는 이는
이 세상에서 생명 있는 것의 친족이다.
그는 광명으로 가득 차 수많은 사람들의
어둠을 제거하면서 지상을 돌아다닌다.

그는 꿈속에서 상서로운 환영을 본다.
즉 비구나 비구니를 보며 자신의 신체가
사자좌에 올라 그들에게 여러 가지 가르침을
설하고 있는 것을 본다.

또 그는 꿈속에서 갠지스 강의 모래알처럼 많은
천신들, 야차, 아수라, 용을 보며
합장하고 있는 그들에게 최고의 가르침을
설하고 있는 것을 본다.

또 그는 꿈속에서 여래를 본다.
즉 수많은 생명 있는 것들에게 가르침을 설하며

수천의 광명을 뿜으며 감미로운 소리를 내시는
금색의 신체인 보호자를 본다.

또 꿈속에서 그는 합장하여
인간의 최고자이신 현자를 칭찬하며
한편 그 위대한 의사이신 승리자는
사중에게 최고의 가르침을 설하신다.

그는 그 가르침을 듣고 기쁨으로 가득 차 여래께 공양한다.
또 꿈속에서 불퇴전의 지혜를 신속히 얻고
다라니를 얻는다.
세간의 보호자는 그의 뜻을 아시고
그에게 부처님의 경지에 이르리라고 수기하신다.

'선남자여, 그대도 또한 이 미래세에
위없는 훌륭한 지혜를 얻을 것이다.
그대의 불국토는 광대할 것이다.
그리고 사중은 나의 경우처럼
참으로 경건하게 합장하며
광대하고 깨끗한 가르침을 들을 것이다' 라고.

또 그는 꿈속에서 자기 자신을 본다.

즉 동굴 속에서 법을 닦아
본래의 모습에 이르러 삼매를 얻고
그 속에서 승리자를 뵙고 있는 자신을 본다.

꿈속에서 몸은 금색이며
백 가지 상서로운 복덕의 상을 갖춘
부처님을 뵙고 가르침을 들은 뒤
그것을 법회에서 설한다.
실로 그의 꿈은 이런 것이다.

꿈속에서조차도 그는 왕의 지위도
후궁도 친족도 모두 버리고
모든 애욕을 끊고 출가해서
깨달음의 자리로 다가간다.

보리수의 밑동에 있는 사자좌에 앉아
깨달음을 구하는 그는
이렇게 해서 7일간을 보낸 뒤
여래의 지혜를 얻을 것이다.

깨달음을 얻은 뒤 그 자리에서 일어나
더러움이 없는 가르침의 바퀴를 굴리고

생각을 초월한 수많은 겁 동안
사중들에게 가르침을 설한다.

더러움 없는 가르침을 설해
수많은 생명 있는 것들을 제도시킨 뒤
기름이 다한 등잔불처럼 열반에 든다.
그가 꾸는 꿈은 이런 것이다.

문수사리여, 내가 절묘하게 설한
최고의 가르침인 이 경전을
후세에 설하는 이에게는
언제나 무한한 공덕이 있을 것이다.

안락행품의 구성

1. 법화경을 설하는 방법

2. 수행 방법을 해석하다
몸의 안락행/입의 안락행/마음의 안락행/서원의 안락행

3. 법화경의 존귀함을 말하다
법을 말하다/계명주(髻明珠)의 비유/비유에서 법을 밝히다/계명주를 받는 사람/여래의 비밀하고 요긴한 가르침

4. 부처님이 게송을 설하다

안락행품입니다.

참된 도를 가진 사람은 오히려 평범하다〔至人只是常〕

'지인(至人)'은 지극함에 이른 사람입니다. 지극하다는 것은 어떤 사물의 심리와 하나 됨을 말합니다. 하나가 되려면 우선 '나는 어떻고 어떻다'는 생각이 사라져야 합니다. '나'라고 하는 장벽이 제거되어야 하나가 됩니다. 비유하자면 두 집 사이에 담장이 있는데, 이것을 없앤다면 두 집의 경계가 사라지게 되는 것과 마찬가지입니다. 세상으로 향하는 내 마음의 장벽을 무너뜨리면 집 안에 있어도 그는 천하에 둘도 없는 귀한 사람입니다.

이런 사람은 오히려 평범합니다. 왜 평범할 수 있냐면 '항상함'을 알기 때문입니다. '상(常)'이라는 글자는 항구한 법칙에 중점을 두어야 합니다. 꾸준하지 못하면 생명력이 없습니다. 해와 달이 그렇고 비와 바람이 그렇습니다. 사람의 마음도 이처럼 담담하게 두면 장구할 수 있습니다. 개인의 일상에서도 무슨 일을 하면 꾸준히 하는 습관을 길러야 합니다. 한 번 시작하면 어지간해서는 계획을 바꾸지 말고 퇴굴심을 내지 말고 게으름을 이겨내야 합니다. 화려함보다는 잔잔한 가운데 일상이 영위되어야 합니다.

🪷 안락의 심리

본 품이 〈안락행품〉이기 때문에 편안함에 대해 더욱 생각해보게 됩니다. 안락함을 누리기 위해서는 마음의 상태도 중요하고 환경도 중요합니다. 이런 여러 가지 요건이 충족될 때에 비로소 느껴지는 것인데,

第十四章 _ 安樂行品

이 심리적 만족은 무엇보다 '度(도)'를 알아야 합니다. '度'는 '정도'입니다. 너무 지나치면 평상심을 잃기 때문에 어느 선을 알아야 합니다. 그리고 이 선은 점차 확장됩니다. 개인의 역량이 커지는 것입니다. 그러니 각각의 개인이 느끼는 행복은 일정하지 않습니다.

서양철학자 칸트는 인간에게는 경험과 선험의 두 가지 원리가 있다고 했습니다. 인간의 인식 범위를 경험에 둔다면, 인간 의식 너머의 '절대명령', 종국으로는 '천리(天理)'가 과연 무엇이냐는 겁니다. 그리고 인간이 이것을 절대복종하고 이행해야 하는 인간 행위의 준칙이라 할 도덕 내지는 윤리, 나아가 종교의 영역에 속하는 도덕율의 영역은 감정과는 별개의 영역입니다. 반대로 개인이 가지는 마음의 행복이란 것은 미학의 차원입니다. 다시 말하면 마음의 행복이란 것은 희열과 만족과 같은 감성적 요소를 포함하기 때문입니다. 내가 세상을 어떻게 보느냐에 따라 세상이 달라집니다. 차원의 변화가 일어납니다.

중국의 사상 전통은 예를 실천하고 몸과 마음을 수련해가는 과정에서 생명과 진리를 구하여 몸과 마음의 안정이라는 '안신입명(安身立命)'을 찾았으며 다른 정신적 안정이나 영혼의 귀의처를 찾지 않았습니다. 그래서 '귀신을 공경하지만 멀리한다'고 합니다. 유교를 종종 입신출세의 종교라고 합니다. 이는 중국에서 '종교적 도덕'과 '사회적 도덕'이 진정으로 구분되지 않았기 때문입니다. 철학적으로 말하면 중국인은 초월(개인의 인생을 초월)할 따름이지 초험(인류의 경험 범위를 뛰어넘다) 하지 않았습니다. 즉 '내향적 초월' 이지 '내재적 초월' 이 아니라고 말합니다. 기독교는 외재적 초월입니다. 나 밖에 어떤 절대자가 있다는 것으로, 반드시 사람과 다른 성질을 가진 인격신을 말합니다. 그렇지만 다른 성질이 뭔가 하는 질문이 생깁니다.

인간 생활의 면면에서 느끼는 질서와 행위에서 인간은 보다 고결해질 수 있습니다. 일상에서 진리를 본다는 자세가 바로 중국 선종의 정신으로 변모했습니다. 유명한 '물 긷고 나무하는 것이 도 아님이 없다'는 말이 바로 그것입니다. 이런 종교 정신은 세속 생활을 버리지 않고 마음의 초월을 추구하는 사대부의 선종으로 변모하거나 재앙과 화를 면하고 길한 것을 구하고, 흉한 것을 피하는 인간세의 현실적 이익을 추구하는 정토종으로 나타나기도 했습니다.

사안락행

〈안락행품〉에서는 부처님께서 문수사리의 질문에 사법(四法: 사안락행)을 설합니다. 사안락행(四安樂行)은 신안락행(身安樂行: 몸의 행동거지), 구안락행(口安樂行: 말의 사용법), 의안락행(意安樂行: 마음가짐), 서원안락행(誓願安樂行: 이상 실현에 대한 노력의 방법)이 있습니다

신안락행에 관해서는 행처(行處)와 친근처(親近處)로 구분하는데, 행처는 자신의 몸과 행동거지에 관한 근본적인 마음가짐입니다. 인욕(화내거나 교만하지 않음)하고 유화선순(나를 내세우지 않고 올바른 이치를 따름)하며 거동에 침착성(당황하거나 난폭하지 않음)이 있고 어떠한 일이 일어나더라도 놀라 부산스럽지 않는 행위입니다. 또 자신이 세간의 사람들과는 다른 훌륭한 행을 하고 있다는 우쭐댐도 없고 치우친 생각을 하지 않으며 차별 없이 자비행을 하면서도 겉으로 내보이지 않는 것으로, 보

第十四章 _ 安樂行品

살의 근본적인 마음가짐입니다.

친근처는 세간 사람들과의 교제에 있어 삼가야 할 열 가지입니다. 지위나 세력이 있는 사람을 가까이하여 법의 엄중함을 잃는 것, 사법(邪法)의 무리나 남이 하는 대로 따르고(노가야타), 남의 말에 반대만 하는 사람(역노가야타) 등과 어울리며 법에 타협적이 되는 것, 내기나 시합 또는 마술 같은 것에 마음을 빼앗기는 것, 이익을 위해 살생하는 무리와 섞이더라도 생명의 소중함을 잃지 말 것, 자신만의 수행으로 만족하는 수행인을 멀리하고 법을 설할 뿐 대가를 바라지 말 것, 부인에게 법을 설할 때도 엄정함을 잃지 말 것, 남자이면서도 남자의 특성이 결여된 자를 대할 때는 신중할 것, 혼자서 다른 집에 들어가지 말고 동행하거나 부득이한 경우는 부처님을 생각할 것, 여성에게 설법할 때는 몸가짐을 단정히 할 것, 나이 어린 제자나 사미 어린아이 기르기를 삼갈 것, 마지막으로 항상 좌선하기를 좋아하여 한적한 곳에서 마음을 거두어들여서 닦아야 하는 것입니다.

구안락행은 임의로 짓는 행위에 대한 바른 가르침입니다. 누가 질문을 해오면 항상 대승의 가르침을 펴서 바른 지혜의 길로 이끌어주는 설법을 해야 한다고 가르칩니다. 남의 잘못이나 경전의 흠집을 잡아 얘기하지 않는 것, 혹 다른 가르침을 설하는 이라 해도 업신여기지 않는 것, 남의 장점은 물론이고 단점 같은 것으로 비판하지 않는 것, 저 사람은 좋다거나 싫다는 식으로 말하지 않는 것 등입니다.

의안락행은 마음가짐에 관한 여덟 가지 설법입니다. 질투하거나 아첨하거나 꾸며대지 않으며, 아직 초심자의 사람일지라도 가볍게 여기지 않습니다. 불도를 구하는 사람에게 의혹의 마음을 일으키게 하거나 실망시키지 않으며, 중생 구제를 위해 법을 논할 뿐 의론만을 위해 격렬하게 논쟁하지 않고, 일체중생에게 항상 괴로움에서 벗어나는 법을 설하며, 모든 부처님께 자비로운 아버지라는 감사의 마음을 가집니다. 또한 모든 보살에 대해서는 큰 스승이라는 존경의 마음을 품으며, 일체중생에게 평등하게 법을 설합니다.

서원안락행은 부처님의 바른 가르침을 믿는 사람들이 줄어들고 삿된 법이 기승을 부리는 말세에 《법화경》을 수지하는 사람은 재가자든 출가자든 일체중생을 구제할 마음을 내지 않으면 안 되며 그들을 《법화경》에 귀의시키기 위해 노력할 서원을 세우라는 말씀을 담고 있습니다. 자신만의 해탈을 목적으로 하지 말고 일체중생이 동시에 대승의 가르침을 성취하도록 깊은 신심과 원력이 있어야 합니다. 이것이 서원안락행입니다. 서원안락행을 완전하게 행하는 사람은 이 법을 설할 때에도 부처님의 마음과 똑같은 방법으로 설하기 때문에 일체중생의 귀의처가 되고 존경을 받으며 모든 선신들이 옹호하여 더욱 잘 이해하고 따르게 됨을 말씀하십니다. 우리가 법회 시에 하는 사홍서원이 이 서원과 다르지 않습니다. 간절하고 진실하게 이 원력을 깨닫고 실천해야겠습니다.

🪷 안락행품의 주요 내용

문수사리보살은 세존께 이렇게 말씀드렸다.

"세존이시여, 저 보살들이 세존에 대한 존경심으로 이 법문을 널리 펴

第十四章 _ 安樂行品

기 위해 한결같은 노력을 하는 것은 참으로 어려운 일이옵니다. 세존이시여, 저 보살들이 어떻게 하면 후세에 이 법문을 널리 펼 수 있겠사옵니까?"
그러자 세존께서는 문수사리보살에게 이렇게 말씀하셨다.
"문수사리여, 사법으로 자신을 확립한다면, 보살은 후세에 이 법문을 널리 펼 수 있다. 문수사리여, 사법은 무엇인가. 첫째로 이 세상에서 보살이 선행(善行)과 바른 교제범위에 안주한다면 후세에 이 법문을 널리 펼 수 있다. 어떻게 하면 거기에 안주할 수 있는가. 보살이 인내심 깊고 온화하며 마음이 다스려진 경지에 이르러 부들부들 떨거나 분노를 나타내는 일이 없고 어떤 것에도 사로잡히지 않고 모든 모습(相)을 있는 그대로 관찰할 때, 비로소 모든 것에 대해 함부로 생각하지 않고 분별하지 않게 된다. 이것이 보살의 선행이라고 불리는 것이다."

문수보살이 부처님께 묻습니다. 설법을 들은 제자들은 부처님의 가르침을 깨닫고 나니 더욱 순종하려는 마음이 일어났습니다. 〈예불문〉에 '지심귀명례'라고 합니다. 지극한 마음으로 부처님께 목숨을 바쳐 모시겠다는 선언입니다. 왜 목숨을 바치고 정성을 다하여 부처님을 모시고 싶을까요. 부처님 앞에서는 한없이 부드럽고 순해지기 때문입니다. 이 순순한 마음으로 의지하는 것입니다.
그런데 미래의 나쁜 세상에 어떻게 하면 이 경을 설할 수 있을지 물어봅니다. 왜냐하면 나쁜 세상에는 탐욕이 넘쳐나기 때문에 물질을 얻는 데만 혈안이 됩니다. 누구 말도 듣지 않고 옳은 말을 오히려 귀찮고 짜

증스럽게 여기는 세상입니다. 이런 세상에서 어떻게 하면 《법화경》을 설할 수 있겠습니까. 부처님은 그 답으로 무엇보다 네 가지 편안한 법을 가져야 가능하다고 말합니다. 그 네 가지는 몸·입·뜻·서원에 안락하게 머물 수 있느냐가 중요한 관건입니다.

몸과 입과 뜻은 업을 짓는 세 가지 통로이자, 공덕과 복을 짓는 문이기도 합니다. 이 삼업을 잘 다스리기 위해서는 항상 바른 수행의 목적의식을 가져야 합니다. 목적의식은 곧 서원인데, 이 서원이 있어야 삼업이 곧게 다스려질 수 있습니다.

일이 잘 안 풀릴 때는 홀로 자기 몸을 닦는 데 힘쓰고〔窮則獨善其身〕
일이 잘 풀릴 때는 세상에 나가 좋은 일을 한다〔達則兼善天下〕

《맹자》〈진심장〉에 나오는 말입니다. '달(達)'은 세상사가 뜻대로 굴러가는 것이고, '궁(窮)'은 막히는 것입니다. 잘 될 때는 그 기세로 세상에 겁날 것이 없는 듯 해도 한 번 막히기 시작하면 솟아날 기약이 없습니다. 심리적으로도 많이 위축되고 잘 나갈 때의 당당한 기세는 찾을 수 없습니다. 어려운 문제입니다. 일이 잘 안 될 때는 홀로 자신을 닦아야 합니다. 동서고금의 좋은 책과 문장은 귀양이나 망명을 가서, 외로운 처지에 있을 때 쓰여진 것이 많습니다. 아무도 돌아보지 않는 천애고아의 심정일 때가 공부하기 좋은 시절입니다. 그리고 뜻을 펼칠 때가 되면 자신보다도 세상에 유익한 일을 해야 합니다. 어렵던 시절을 망각하고 날뛰다가는 바로 곤란한 일이 다가서는 게 인생입니다. 바로 이런

第十四章 _ 安樂行品

자세가 세상 속에서 스스로를 안락하게 가꿔나가는 비결입니다.

문수사리여, 이상의 세 번째 방법을 갖춘 보살이 여래께서 완전한 열반에 드신 뒤 바른 가르침이 소멸하려는 최후의 시대에 이 법문을 널리 편다면, 그는 기분 좋은 만남 속에서 살며 어떠한 해로움을 받지 않고 이 법문을 널리 펼 수가 있다. 그가 이 가르침을 읊을 때에는 함께 읊는 이가 생길 것이다. 또 그의 주위에는 가르침을 듣고자 하는 이들이 나타날 것이며, 그들은 그로부터 법문을 듣고 믿고 수지하며, 옮겨 적고 남에게도 옮겨 적게 해 책으로 만들어서 공경하며 공양할 것이다.

마음의 안락행을 성취하기 위해서는 좋은 도반을 만나고, 도반과 함께 경전을 보고 듣고 지니고 외우고 설하고 사경하며 남들로 하여금 똑같이 하게 하는 행위야말로 마음의 안락을 얻는 방법입니다.

예를 들면 문수사리여, 군대를 통솔하는 전륜왕이 있어 무력으로 자신의 왕국을 평정한다면, 그와 대적하는 왕들도 그와 싸우게 된다. 그때 전륜왕에게는 많은 전사가 있어서 적과 싸운다. 그러면 전륜왕은 전사들이 분전하고 있는 것을 보고 기뻐한다. 그는 즐거이 전사들에게 여러 가지 상을 준다. 예를 들면 마을이나 마을의 토지를 주거나 도성이나 도성의 토지를 주거나 의복을 주거나 허리띠, 팔찌, 목걸이, 귀고리, 황금, 진주목걸이, 금괴, 보석구슬, 진주, 유리, 나패, 수정, 산호를 주거나 코끼리, 말, 전차, 보병, 노비를 주거나 탈것이나 가마를 준다.

그러나 상투에 붙인 보석구슬은 누구도 받지 못한다. 왕의 머리를 장식하는 상투에 달린 보석구슬은 단 하나밖에 없기 때문이다. 문수사리여, 만일 왕이 상투에 달린 그 보석구슬마저 준다면, 왕의 군대는 모두 놀라서 감명받을 것이다.

…(중략)…

문수사리여, 이것이야말로 여래들의 최고의 설법이며 최후의 법문이다. 이 법문은 모든 법문 중에서 가장 심원하며, 모든 세간에서 쉽게 받아들여지기 어려운 것이다.

문수사리여, 지금 여래께서는 마치 전륜왕이 오랫동안 지녔던 보석 구슬을 전사에게 주는 것처럼, 오랫동안 비장되어 온 이 법의 깊은 뜻을 모든 법문의 최고 위에 놓으시며, 여래에 의해서만 알려진 이 법문을 설하신 것이다.

계명주(髻明珠)라는 전륜왕의 상투에 있는 구슬은 존귀한 상징이라서 감히 누구에게도 주지 않지만 정말로 훌륭한 전과를 올린 사람이라면 아낌없이 줍니다. 마찬가지로 부처님도 바른 지혜로 교화의 방편을 실현하는 사람에게는 당신의 정법을 아낌없이 설하는데, 이 《법화경》이 모든 경전의 최후이자 가장 높은 뜻을 드러내는 것이고, 이를 비유하면 계명주와 다르지 않다는 말씀입니다.

내가 열반에 든 뒤
가장 훌륭한 최고의 깨달음을 구해

第十四章 _ 安樂行品

나를 위해 일을 하는 이들은
앞에서 말한 네 가지 방법으로
실행해야 할 것이다.

그것을 실행하는 이는
걱정하거나 방해받는 일도 없고
추해지지도 않고 병에도 걸리지 않는다.
피부가 검어지는 일도 없으며
비천한 마을에 사는 일도 없다.

안락행을 닦는 공덕이 잘 나옵니다. 누구나 행복을 꿈꿉니다. 행복을 얻기 위해서 무엇을 해야 하는지가 중요합니다. 각자 자신의 일이나 사람 사이에서 맛보는 잠깐의 즐거움을 행복으로 생각하기 쉽지만 그것은 궁극의 즐거움이 아닙니다. 《법화경》을 읽으면 근심 걱정이 없어지고, 병도 사라지고 깨끗한 얼굴에 빈궁한 과보를 멀리하는 공덕을 받게 됩니다. 그 누구도 해치지 못하고 지혜의 밝은 광명이 둘러쌉니다.

바로 보고 아는 사람, 그가 천하의 주인입니다.

15 종지용출품

15

종지용출품 從地踊出品

　그때 다른 세계로부터 온 보살 중에 갠지스 강의 모래알 수와 같은 보살들이 대중 가운데에서 일어났다. 그들은 세존을 향해 합장 경례하면서 이렇게 말씀드렸다.
　"세존께서 허락하신다면, 저희들은 여래께서 완전한 열반에 드신 뒤 이 사바세계에서 이 법문을 설하고 독송하며, 옮겨 적게 해서 공양하는 등 이 법문을 위해 애쓰려고 하옵니다. 그러하오니 세존께서는 저희들이 이 법문을 설하는 것을 허락해 주시옵소서."
　세존께서는 그 보살들에게 다음과 같이 말씀하셨다.
　"선남자들이여, 그만두어라. 그대들이 그 일을 한다 해서 무엇 하겠는가. 나의 이 사바세계에는 6만의 갠지스 강의 모래알 수와 같은 보살들이 있다. 또 그 보살 하나하나에 6만의 갠지스 강의 모래알 수와 같은 시종인 보살들이 있으며, 그 각각의 보살들에게도 마찬가지의 시종들이 있다. 그들 모두가 내가 완전한 열반에 든 후세에, 이 법문을 수지해서 독송하며 설할 것이다."
　세존께서 이렇게 말씀하시자마자, 이 사바세계는 곳곳이 갈라지고, 그 틈새에서 천만 억의 많은 보살들이 나타났다. 그들은 몸은 금색이고 위대한 인물이 지니는 32상을 갖추었으며, 이 사바세계를 주처로 하여 대지 아래에 있는 허공계에 머물러 있었는데, 세존의 말씀을 듣고 지하로부터 나타난 것이었다. 그 보살들은 각각 육십의 갠지스 강의 모래알 수와 같은 시종을 거느리고 통솔하는 스승이었다.

그런 수천만 억의 보살들이 이 사바세계의 대지의 틈새에서 나타났으므로, 오십의 갠지스 강의 모래알 수와 같은 보살들을 데리고 나타난 보살들에 대해서는 말할 필요도 없다. 마찬가지로 사십이나 삼십, 이십, 십, 오, 사, 삼, 이, 일의 갠지스 강의 모래알 수와 같은 보살들을 시종으로 하는 보살에 대해서도 말할 필요가 없다. 또 갠지스 강의 모래알 수의 반, 사분의 일, 육분의 일, 팔분의 일, 십분의 일, 이십분의 일, 삼십분의 일, 사십분의 일, 오십분의 일, 백분의 일, 천분의 일, 백천분의 일의 많은 보살들을 시종으로 하는 보살에 대해서도 말할 필요가 없다.

또 천만 억 나유타의 보살을 시종으로 거느린 보살 억만, 천만 내지 백천의 시종, 천의 시종, 오백, 사백, 삼백, 이백, 백, 오십, 사십, 삼십, 이십, 십, 오, 사, 삼, 이, 일의 보살을 시종으로 거느린 보살들에 대해서도 말할 필요가 없다. 하물며 시종 없이 홀로인 보살들에 대해서는 더 말할 필요가 없다. 또 이 사바세계의 대지의 틈새에서 나타난 보살들에 대해서는 숫자와 계산은 물론, 비유되거나 비교될 만한 것도 알 수 없다.

第十五章_從地踊出品

그리고 그들은 계속해서 나타나서는, 하늘 높이 정지하고 있는 거대한 보석탑 속의 사자좌에 앉아 완전한 열반에 들어 계신 다보여래와 석가여래 앞으로 다가갔다. 그리고는 두 분 여래의 발에 머리를 대고 예배했다. 또 석가세존께서 분신으로 만드신 모든 여래에게도 예배했다. 그리고 그 여래들의 주위를 오른쪽으로 수백 수천 번 돌며 온갖 찬양의 말을 올린 뒤 한편에 멈춰 섰다. 그리고는 합장해서 석가여래와 다보여래를 우러러보면서 경례했다.

이 보살들이 대지의 틈새에서 나타나 여래들을 예배하며 찬탄하고 있는 동안 50중겁이 지났고 250중겁 동안 석가여래께서는 침묵하셨다. 사중도 모두 침묵한 채 있었는데 세존의 신통력 때문에 사중은 50중겁을 오후의 짧은 시간으로 생각했으며, 백천의 허공으로 둘러싸인 이 사바세계가 보살로 가득한 것을 보았다.

또 그 대집단의 보살들 중에는 다음과 같은 지도자로서 상행(上行), 무변행(無邊行), 정행(淨行), 안립행(安立行)이라는 네 보살이 있었다. 이 네 보살은 여러 보살들의 앞에 서서, 세존을 우러러 합장하며 세존께 이렇게 말씀드렸다.

"세존이시여, 무병무재하게 지내시고 계시옵니까? 세존의 중생들은 마음씨가 곱고 인도하기 쉬우며 교화해서 청정하게 하기가 쉬우므로 세존께 걱정을 끼치는 일은 없겠지요."

그리고 이 네 보살은 세존께 다음의 두 게송을 읊었다.

세간의 보호자시여

제15장_종지용출품

광명을 비추시는 분이시여
편안하게 지내시옵니까?
완전하신 분이시여
심신이 상쾌하시며 걱정은 없으시옵니까?

세존의 중생들은 마음씨 곱고
쉽게 교화해서 청정하게 할 수 있으므로
세간의 지도자이신 당신께서 설법을 하실 때
걱정을 끼치는 일은 없겠지요?

세존께서는 보살들의 지도자인 네 보살에게 이렇게 말씀하셨다.
"그렇다. 선남자들이여, 나는 기분 좋게 지내며 무병무재하다. 또 나의 중생들은 마음씨 곱고 인도하기 쉬우며, 쉽게 교화해서 청정하게 할 수가 있어 나에게 걱정을 끼치는 일은 없다. 나의 중생들은 과거에 부처님 아래에서 자기를 닦은 이들이어서, 나를 보거나 내 가르침을 듣기만 해도 나를 믿고 부처님의 지혜를 이해해서 깨달음으로 들어가기 때문이다. 단 성문이나 독각의 경지에서 수습하고 있는 이들은 다르다. 그러나 나는 그들에게도 이 부처님의 지혜를 이해시키고 최고의 진리를 들려줄 것이다."

네 보살들은 다시 두 게송을 읊었다.

훌륭하시옵니다. 참으로 훌륭하시옵니다.

위대한 용자시여, 저희들도 당신의 중생들이
마음씨 곱고 쉽게 교화되어
청정하게 됨을 기뻐하옵니다.

또 지도자시여
그들이 당신의 심원한 지혜를 듣고 믿어
깨달음으로 들어감을 기뻐하옵니다.

그러자 세존께서는 모든 보살의 상수(上首)인 네 보살을 칭찬하셨다.
"훌륭하도다, 그대들이 여래의 일을 기뻐하는 것은 참으로 훌륭한 일이다."
그때 미륵보살과 다른 세계에서 온 여덟 갠지스 강의 모래알 수와 같은 백천만 억 나유타의 보살들은 이렇게 생각했다.
'이렇게 많은 보살들이 대지의 틈새에서 나와 세존 앞에 서서 세존을 공경하고 공양하며 세존의 안부를 묻고 있지만, 우리들은 여태껏 그들을 보지도 듣지도 못했다. 도대체 이 보살들은 어디서 나타난 것일까?'
미륵보살은 자신도 궁금하거니와 백천만 억 나유타의 보살들도 의문을 품고 있는 것을 알고는 합장하고 게송으로 세존께 그 까닭을 여쭈었다.

이 수천만 억 나유타의 수많은 보살들은
여태껏 본 적이 없는 이들이온데
최고자시여, 설명해 주시옵소서.

이 위대한 신통을 지닌 이들은
어디에서 어떤 이유로 온 것이옵니까?
체구가 큰 이 보살들은
어디에서 어떻게 온 것이옵니까?

신심 견고하며 사려 깊고
용모도 단정한 이 위대한 성인들은
도대체 어디에서 온 것이옵니까?

세간의 왕이시여, 이 현명한 보살들은
각각 갠지스 강의 모래알 수와 같은
헤아릴 수 없이 많은 시종들을
거느리고 있사옵니다.

이 훌륭한 보살들이 거느린 시종들의 수는
꼭 육십 갠지스 강의 모래알 수와 같으며
모두가 깨달음을 향해 뜻을 세웠사옵니다.
사중을 거느린 이런 여실(如實)한 용자들은

그 수가 육십의 갠지스 강의 모래알 수와 같사옵니다.

다른 보살들은 그보다 훨씬 많으며
그들도 헤아릴 수 없는 많은 시종들을
거느리고 있사옵니다.

즉 오십의 갠지스 강의 모래알 수와 같은
시종을 거느리며 사십이나 삼십의 경우는
더욱 많사옵니다.

이십의 갠지스 강의 모래알 수와 같은
시종을 거느린 보살은 곳곳에 빠짐없이 나타나며
십이나 오의 갠지스 강의 모래알 수와 같은
시종을 거느린 보살은 그보다 많사옵니다.

지도자시여, 부처님의 아들인
여실한 이들 각각의 시종이 이와 같사온데
이런 이들이 오늘 어디서 나타난 것이옵니까?

또 각각 사, 삼, 이(二)의 갠지스 강의 모래알 수와 같은
시종을 거느린 보살은 더욱 많사옵니다.
그 시종들은 그 보살을 보고 배우는 친구들이옵니다.

하나의 갱지스 강의 모래알 수와 같은
시종을 거느린 보살들은
그보다 더 많을 것이오며
수천만 억 겁이 걸리더라도
헤아릴 수가 없을 것이옵니다.

또 용자이며 여실한 보살들은
갱지스 강의 모래알 수의 반, 삼분의 일,
십분의 일, 이십분의 일과 같은
시종을 거느리고 있사옵니다.

이들보다 더 적은 시종을 거느린 보살은
그보다 훨씬 더 많아 하나하나 헤아린다면
수백 억 겁이 지나도 알 수가 없사옵니다.

적어도 시종을 거느리지 않은 보살들은
그보다도 많을 것이옵니다.
그들은 2분의 1억만 억 시종을
거느리고 있사옵니다.

그 밖의 위대한 성인들은
훨씬 더 많아 계산할 수가 없는데

그 보살들은 모두 위대한 지혜를 갖추었으며
정중하게 서 있사옵니다.

천의 시종을 거느리거나
백, 오십의 시종을 거느린 보살들은
백천만 억 겁이 지나더라도
다 헤아릴 수가 없사옵니다.

또 어떤 용자들은 이십, 십, 오, 사, 삼, 이인의
시종을 거느리고 있는데
그들 역시 헤아릴 수가 없사옵니다.

홀로 다니거나 홀로 정적을 누리는 이로서
지금 여기에 모인 용자의 수 또한
헤아릴 수가 없사옵니다.

설령 손에 자를 쥐고
갠지스 강의 모래알 수와 같은 겁을 헤아리더라도
다 헤아릴 수가 없사옵니다.

모두 위대한 덕성을 갖추었으며
정진노력하며 여실한 이이며 용자인

이 보살들은 도대체 어디에서 온 것이옵니까?

누가 이 보살들에게 가르침을 설하며
누가 깨달음을 향해 뜻을 세우게 하며
또 그들은 누구의 가르침을 기쁨으로 하며
누구의 가르침을 수지하옵니까?

위대한 지혜와 신통을 갖춘 현명한 그들은
이 대지를 가르고 널리 사방에 나타나옵니다.
현자시여, 이 세계는 두려움 없고
자신감을 가진 보살들에 의해
남김없이 갈가리 갈라졌사옵니다.

저희들은 이 보살들을 언제 어디서도
아직껏 한 번도 본 적이 없사옵니다.
지도자시여, 그들이 있었던 세계의 이름을
저희들에게 가르쳐 주시옵소서.

저희들은 시방을 두루 돌아다녔으나
한 번도 이 보살들을 보지 못했사옵니다.

저희들은 당신의 아들로서

한 사람도 만난 적이 없사온데
오늘 갑자기 이 보살들이 나타난 것이옵니다.
현자시여, 그러하오니 그들의 과거의 수행에 대해
말씀해 주시옵소서.

저희들 수백 수천만 억 나유타의 보살들은
모두 말씀을 듣고자
인간의 최고자이신 당신을
우러러보고 있사옵니다.

위대한 용자시며
헤아릴 수 없고 번뇌가 없는 분이시여
설명해 주시옵소서.
용자이며 두려움 없고 자신감을 가진 이 보살들이
어디에서 어떻게 왔는지를 설명해 주시옵소서.

다른 백천만 억 나유타의 세계에서 중생들에게 가르침을 설하고 있던 석가여래의 분신인 여래들이 그 세계에서 와서 석가여래의 주위를 팔방으로 둘러싸고 보리수 아래에 있는 거대한 보석의 사자좌에 앉아 있었는데, 이 여래의 시종들도 많은 보살 대중들이 대지의 틈새에서 나와 허공계에 머물러 있는 것을 보고 놀라서 자신의 여래에게 이렇게 말씀드렸다.

"세존이시여, 이 무량하고 무수한 보살들은 도대체 어디서 온 것이옵니까?"

이 같은 질문을 받은 여래들은 각자 자신의 시종들에게 이렇게 말했다.

"선남자들이여, 잠깐 기다리거라. 석가세존에 이어 곧 위없는 바른 깨달음을 얻는다는 수기를 받은 미륵보살이 세존께 그 까닭을 여쭙고 있으니 세존께서 분명히 설명해 주실 것이다. 그대들은 그 설명을 잘 듣도록 하여라."

세존께서는 미륵보살에게 말씀하셨다.

"훌륭하도다. 참으로 훌륭하도다. 미륵이여, 그대가 나에게 한 질문은 참으로 중요하다."

그리고서 세존께서는 보살들을 향해 말씀하셨다.

"선남자들이여, 잘 듣도록 하여라. 그대 보살들은 모두 튼튼한 갑옷을 입고 불굴의 의지를 가지도록 하여라. 바른 깨달음을 얻어 존경받는 여래는 지금 여래의 지견, 위엄, 유희, 신통, 용맹심을 설명하겠다."

세존께서는 이렇게 말씀하시고 게송을 읊으셨다.

선남자들이여, 내가 바르게 설명할 것이니
세심한 주의를 쏟도록 하여라.
현자들이여, 그대들은 그 말을 듣고
기력을 잃어서는 안 된다.

여래의 지혜는 생각을 초월한 것이다.

그대들은 모두 견고한 믿음을 가지고
생각을 바르게 하고 정신을 집중해서
흔들림 없는 생활을 하여라.
지금이야말로 여태껏 설해진 적이 없는
여래들의 경탄할 만한 가르침을
들어야 할 때이다.

나는 그대들이 최고의 깨달음을 향해
뜻을 세우게 하겠다.
그러니 그대들은 결코
의혹을 품어서는 안 될 것이다.
나는 지도자이며 진실을 말하는 이이다.
나의 지혜는 제한이 없다.

선서(여래)가 깨달은 심원한 법은
생각을 초월해 있으며 헤아릴 수가 없다.
그런 법을 지금 설하겠다.
그대들은 그 법이 어떤 것인지 듣도록 하여라.

세존께서는 이 게송을 읊으신 뒤 미륵보살에게 말씀하셨다.

"미륵이여, 그대에게 말하겠노라. 지금 대지의 틈새에서 나타난, 여태껏 그대가 본 적이 없는 헤아릴 수도 생각할 수도 비교할 수도 없는 보살들은 모두 내가 이 사바세계에서 깨달음을 얻은 뒤, 깨달음으로 이끌고 정열을 품게 하고 기쁘게 하고 돌본 이들이다. 나는 이들을 깨달음의 가르침으로 성숙시키고 확립시키고 침착하게 하고 안주시키고 깨달음으로 들어가 깨닫게 해서 청정하게 했다. 또 미륵이여, 이 보살은 사바세계의 지하의 허공계에 살고 있는데, 경전을 독송하고 해설하며, 사색하고 근원적인 사유에 전심수행하며, 사교를 즐기지 않고 교제를 즐기지 않고 무거운 짐을 내리지 않고 정진노력하고 있는 이들이다. 미륵이여, 이들 선남자는 고독을 즐기고 기뻐하며 천신들이나 인간 가까이에는 살지 않으며 번잡함을 떠난 수행과 법열을 기쁨으로 하며 부처님의 지혜를 구해 전념하고 있다."

그리고는 이런 게송을 설하셨다.

이 헤아릴 수 없고 생각도 미치지 않는 보살들은
신통, 지혜, 학식을 갖추었으며 오랜 겁 동안
부처님의 지혜를 구해 수행해 온 이들이다.

내가 깨달음을 향해 성숙시킨
이들은 모두 나의 불국토에 살고 있다.
이들 모두를 성숙시킨 것은 나이며

第十五章 _ 從地踊出品

이 보살들은 나의 아들이다.

그들은 모두 숲 속에 사는 두타행에 힘쓰며
사람들과 부딪치는 장소는 언제나 피한다.
나의 아들들은 나의 최고의 수행을 본받아
번잡함을 떠나 수행을 한다.

이 용자들은 허공의 주처에 살거나
이 국토의 지하에서 삶을 누리고 있으며
최고의 깨달음을 완성하기 위해
밤낮으로 쉬지 않고 힘쓰고 있다.

그들은 모두 정진노력에 힘쓰며 사려 깊은 이들로
헤아릴 수 없는 지혜의 힘을 지니고 있으며
두려움 없는 자신감을 가지고 가르침을 설한다.
눈부시게 빛나는 그들은 모두 나의 아들들이다.

나는 가야의 도성 근처에 있는
보리수 아래에서 깨달음을 얻은 뒤
위없는 법륜을 굴려 모두를
최고의 깨달음을 향해 성숙시켰다.

나의 청정한 진실의 말을 듣고
그대들은 모두 나를 믿으라.
내가 최고의 깨달음을 얻은 것은 먼 과거의 일이며
이 모두를 최고의 깨달음으로 성숙시킨 것도 나이다.

미륵보살과 백천만 억 나유타의 보살들은 놀라움과 불가사의함을 느끼며 이렇게 생각했다. '도대체 세존께서는 이 짧은 기간 동안에 어떻게 저 많은 보살들을 깨달음의 길로 이끄시어 성숙시키신 것일까?'

그리하여 미륵보살은 세존께 이렇게 말씀드렸다.

"도대체 어떻게 하신 것이옵니까? 세존이시여, 여래께서는 태자였을 때 석가족의 수도 카필라바스투를 떠나 가야 도성에서 그리 멀지 않은 곳에 있는 보리좌(菩提座)에서 깨달음을 얻으셨는데, 그때부터 오늘까지 사십 년밖에 지나지 않았사옵니다. 그런데 세존이시여, 그 짧은 동안에 어떻게 그 헤아릴 수 없는 일을 하시고, 여래의 위엄과 용맹심을 보이시고 이 수없이 많은 보살들을 깨달음으로 향하게 하시고, 성숙시키셨사옵니까? 세존이시여, 이 무수한 보살들은 수천만 억 나유타의 겁 동안 헤아리더라도 이루 다 헤아릴 수 없으며, 오랫동안 순결한 생활을 보냈고 수백 수천의 부처님 밑에서 선근을 심었으며, 수백 수천 겁 동안 완성된 이들이옵니다.

세존이시여, 가령 머리가 검고 아주 젊은 25세의 청년이 백 세가 된 사람을 가리키며, '이는 내 아들이다' 하고, 또 백 세가 된 사람도 '이 사람은 내 친아버지이다' 라고 한다고 하면 세존이시여, 그 청년의 말을 세상사람들은 쉽게 믿지 못할 것이옵니다.

　세존이시여, 그와 마찬가지로 세존께서는 깨달음을 얻으신 지 얼마 되지 않았으며, 이 많은 보살들은 수백 수천만 억 나유타의 겁 동안 순결한 생활을 해온 이들로, 오랜 시간이 걸려 부처님의 지혜를 얻게 되었습니다. 이들은 백천의 삼매의 문으로 들어가고 나오는 것이 절묘하며, 위대한 신통의 덕을 닦아 완성에 달한 이들이며, 부처님의 경지에 밝고 여래의 가르침을 널리 펴는 데 절묘하며, 세간의 경탄을 불러일으키며, 보기 드물고 위대한 정진노력과 힘과 위력을 가지고 있사옵니다. 그런데 세존께서는 이들에 대해 '내가 이들을 처음부터 보살의 경지로 이끌어 격려하고 성숙시키고 돌보았다' 고 말씀하시며, 또 '위없는 깨달음을 얻은 뒤, 나는 이상의 여러 정진노력의 용맹심을 보였다' 고도 하십니다. 그러나 세존이시여, 설령 저희들이 '여래께서는 틀림없는 말씀을 하시는 분이므로, 여래께서만은 그 까닭을 아실 것이다' 라고 생각해 여래의 말씀을 믿으려 해도 새롭게 대승에 뜻을 둔 보살들은 의혹을 품을 것이오며, 여래께서 완전한 열반에 드신 뒤, 이 법문을 들어도 믿지 않고 따르지도 않을 것이옵니다. 세존이시여, 그 때문에 그들은 법을 파괴하는 행동을 할 것이옵니다. 그러하오니 저희들이 의혹을 품지 않도록, 또 보살의 길에 속하는 선남자, 선여인들이 미래세에 들어도 의혹이 없도록 그 까닭을 말씀해 주시옵소서."

　그리고 미륵보살은 그때 세존께 이런 게송을 읊었다.

세간의 보호자시여, 당신께서는
카필라라는 석가족의 나라에 태어나시어
출가해서 가야라는 도성 근처에서
깨달음을 얻으셨는데 그때가 지금으로부터
오래지 않사옵니다.

그런데 당신께서 교화하신
두려움 없는 자신감을 가진 많은 성자들은
수많은 겁 동안 수행하고
많은 제자들을 거느리고 신통을 부리며
동요하는 일 없이 충분히 학습을 끝냈으며
지혜의 힘을 지니고 있사옵니다.

마치 연꽃이 물에서도 더러워지지 않는 것처럼
그들도 더러움을 띠지 않고
대지를 가르며 오늘 이곳에 나타난 것이옵니다.
이 진리의 왕의 아들들은 모두
생각을 바르게 하고 합장해서
정중하게 서 있사옵니다.

당신께서 보이신 이 기적을
여기 있는 이 보살들이 어떻게 믿겠사옵니까?

第十五章 _ 從地踊出品

의혹이 풀리도록 그 까닭을 말씀해 주시옵소서.
그 뜻을 있는 그대로 설해 주시옵소서.

예를 들면 여기 검은머리의 젊은 청년이 있는데
나이는 스물 혹은 조금 위라고 하고
그런 청년에게 백 살 되는 아들이 있다고 했을 때

또 머리는 희고 주름살투성이인 노인도
'이 청년이 나의 친아버지요' 라고 한다면
세간의 보호자시여, 젊은이의 아들이 노인이라니
참으로 믿기 어려운 일이옵니다.

그와 마찬가지로 여래께서는 아직 젊으시며
이 많은 현명한 보살들은
사려 깊고 지혜에 자신을 가지며
수천만 억 겁 동안 가르침을 잘 받아온 이들이옵니다.

그들은 모두 견고한 믿음을 가진 이이며
지혜에 통달해 있으며 기품이 있고 아름다우며
자신감 있게 가르침을 해석하며
세간의 지도자들의 칭찬을 받은 이들이옵니다.

허공계에서 마치 바람처럼
어떤 것에도 집착하지 않는 수행을 하며
언제나 어떤 것도 의지처로 하지 않는
이 선서의 아들들은 부처님의 경지를 구해
정진노력하고 있사옵니다.

저희들은 세간의 보호자로부터 친히 들었으므로
아무런 의문도 없사오나
세간의 지도자께서 완전한 열반에 드신 뒤는
어떻게 믿음을 가지겠사옵니까?

보살들이 이 도리에 의문을 품어
악도에 빠지지 않도록
세존께서는 어떻게 이 보살들을 성숙시키셨는지
부디 설해 주시옵소서.

종지용출품의 구성

1. 타방 보살들이 경전 설할 것을 청하다

2. 부처님께서 허락하지 않다

3. 세계가 진동하며 한량없는 보살들이 솟아오르다
보살들의 모습과 주처와 권속/두 세존께 예경 찬탄하다/네 보살들의 문안/부처님의 답/보살들의 수희

4. 미륵보살의 의문
미륵보살이 게송으로 묻다/솟아나온 보살들의 수량/의문을 풀어주기를 청하다

5. 타방 보살들의 의문

6. 여래의 지혜와 힘을 표하다

7. 현세의 일에서 영원을 드러내다

8. 미륵보살이 다시 의문이 나 답을 청하다
부소자노(父少子老)의 비유

종지용출품입니다.

학문이 깊어지면 생각이 평온하다〔學問深時意氣平〕

옛 속담입니다. 학문이 깊어지면 왜 의기가 평온해질까요? 학문은 극단적으로 말해서 '배움' 입니다. 배움은 혼자서 알아가는 것도 있지만 그보다는 남에게 배우는 것이 효과적입니다. 그래서 좋은 스승은 승속을 막론하고 자신을 향상시키는 중요한 요소입니다.

인간은 배움을 통하지 않고는 향상되지 않습니다. 자신의 의지만으로는 지금보다 더 좋은 생각, 더 나은 삶의 가치를 알기가 쉽지 않습니다. 그래서 공자는《논어》첫머리에 '배우고 때로 익히면 또한 기쁘지 아니한가〔學而時習之 不亦說乎〕?' 라고 했습니다. 배움은 그 시기를 잘 만나서, 그 기회를 놓치지 않고 올라타야 합니다. 마치 어딘가를 가기 위해서 그곳에 가는 기차를 타야 하는 것과 같습니다. 이 기회를 놓치면 공부가 어려워집니다.

그리고 배운 것을 반복해서 내 것으로 만들어야 합니다. 반복은 무엇보다 스스로 자주자주 돌아보는 것입니다. 이를 '반조(返照)한다' 고 합니다. 나를 보기 위해서는 시각의 역방향이 있어야 합니다. 거울은 나의 반대지점입니다. 공을 벽에 치면 튕겨져 나옵니다. 이 되돌아옴이 반조입니다. 반추동물은 한 번에 음식을 다 소화하여 흡수를 하지 못하기 때문에 되새김질을 해야 합니다. 되 비춰보고, 곱씹어야 향상이 있습니다.

수행은 극단적으로 말하자면 '반복' 에 묘가 있습니다. 학문도 마찬가지입니다. 반복을 통해 몸이 단련되고 다시 정신이 촉발되고 몸이 다시 따라가는 선순환이 일어납니다. 한 번에 쉽게 얻으려는 생각은 공부에 있어서 절대 금물입니다. 그렇게 얻은 공부는 쉽게 망각되고 진정 내 것이 되지 않습니다.

인간 정신의 향상에 있어 합리주의와 계몽주의가 중요하다고 생각합니다. 합리주의자는 한마디로, 자신이 옳음을 증명하는 것보다 다른 이에게서 배우는 것을 더 중요하게 여깁니다. 나아가 남의 의견을 무조건 받아들이는 게 아니라 자기 생각에 대한 남의 비판을 쾌히 받아들이고 남의 생각을 신중히 비판함으로써 타인에게서 기꺼이 배울 의향이 있어야 합니다. 여기서 중요한 것은 비판, 더 정확히 말하면 비판적 논의입니다. 진정한 합리주의자는 자신을 포함한 어느 누구도 진실을 알 수 없다는 유연한 사고력의 소유자여야 합니다. 그렇다고 비판만 가지고 새로운 관념을 발전시킬 수 있다고 생각해서도 안 됩니다. 올바른 비판적 논의라는 것은 한 가지 주장이나 관념을 다각도에서 검토하고 타당한 판단을 내리는 데 필요한 성숙된 의견의 교환이기도 합니다.

합리주의에서 표방하는 비판적 논의에서는 보다 인간적인 측면을 발견할 수 있습니다. 비판적 논의의 중요한 정신인 '주고받기(give and take)' 태도가 인간적인 심리이기 때문입니다. 합리적인 비판적 논의의 태도는 오직 다른 이들의 비판을 거쳐야만 생길 수 있으며, 다른 이들의 비판을 통해서만 자신을 냉정하게 돌아보고 자기비판에 이를 수 있습니다. 다시 말하면, 합리적인 태도는 '내가 틀리고 당신이 옳을 수도 있다. 진리에 가까이 가는 것이 누가 옳고 누가 그른지를 따지는 것보다 중요하며, 이런 전제 속에서 서로의 비판적 논의를 통해 우리는 문제를 더 명확히 볼 수 있고, 그것이 개인이건 사회건 문제 해결의 소중한 열쇠임을 잊지 않는다'는 열린 자세이기도 합니다.

한편 계몽주의는 '지식을 통한 자기해방'이 중심입니다. 다른 사람들의 정신을 해방시키고 비판적 접근이 무엇인지 그들이 이해하도록 도와줘야 할 지식인의 의무이기도 합니다. 이는 단순히 남의 선생이 되려 하는 것과는 맥이 다릅니다. 예언자처럼 남의 마음을 사로잡으려 드는 태도는 더더욱 아닙니다. 인간은 스스로 가진 굴레 때문에 삶의 본질을 꿰뚫어보는 안목을 가진 이를 갈구하고, 그런 갈증과 기대가 엉뚱한 선지자를 만들어내는 폐해를 잘 알고 있습니다.

계몽주의자와 선지자를 구분하는 중요한 단초는 언어입니다. 계몽주의 사상가는 최대한 단순하게 이야기합니다. 상대방이 자신의 말을 알아듣길 바라기 때문입니다. 진정한 합리주의자, 진정한 계몽주의자는 이야기하는 내내 자신의 주장이 틀릴 수 있음을 잊지 않으며 상대방의 지적 자주성을 충분히 존중하기 때문에 중대한 문제를 두고 일방적으로 상대방을 설득하려 들지 않습니다. 나는 이야기를 하는 것이고, 듣고 이해하는 것은 상대방의 몫임을 인정하는 것입니다. 자주적 의견의 형성은 계몽주의자에게 중요한 덕목입니다. 이는 상대방의 의견이 설사 잘못되었을지라도 그 자체로 존중할 가치가 있기 때문입니다.

계몽주의가 자주적 의견에 높은 가치를 부여한 것은 존 로크시대부터입니다. 이것은 의심할 여지없이 영국과 유럽 대륙에서 일어난 종교전쟁들의 결과였고, 그러한 전쟁들은 '종교적 관용'이라는 사상을 낳았는데, 그것은 전쟁으로 피폐해진 정신, 혹은 두려움이 사람들을 특정한 종교적 믿음으로 몰아넣지 못한다는 깨달음이자 철저히 자유의지에 의해 선택된 종교만이 가치를 지닌다는 관념입니다. 모든 인간의 신념은 존중되어야 한다는 의미입니다.

《성경》에 '무엇이든 남에게 대접을 받고자 하는 대로 너희도 남을 대접하라' 는 말이 나옵니다. 공자의 제자 중 자공이 공자에게 '한마디 말로 평생 동안 실천한 만한 것이 무엇인가요?' 하고 물었을 때, 공자는 '자기가 싫어하는 것은 남에게도 베풀지 마라〔己所不欲 勿施於人〕' 라고 했습니다. 말이 쉽지 실제 그렇게 하기가 참으로 어렵습니다. 이는 인간 세상에서 살아가는 황금률입니다. 이 모든 것이 다 배움을 통해서입니다. 학문하는 즐거움이기도 하니까 열심히 공부해야겠습니다.

🪷 부처님의 메시지

본 품 처음에 타방국토에서 찾아온 무수한 보살들이 이 경의 수지를 원하자 부처님께서 허락하지 않습니다. 그들은 이 사바세계가 아니라 다른 세계에서 온 보살들입니다. 이 다른 세계가 뭐냐면 우리는 알지 못하는 세계입니다. 우리가 상상할 수 있는 한계를 벗어나 오직 부처님만이 헤아릴 수 있는 범주입니다.

'땅에서 솟아난 보살' 이 등장하는 본 품은 무한한 뜻이 담겨 있습니다. 가장 가까운 것부터 보라는 것, 그것에서부터 시작해야 한다는 부처님 말씀입니다. 밖에 있는 진귀한 것은 살림살이가 나와는 다릅니다. 그래서 부처님은 다른 국토의 청법 수지를 원하는 대중을 물리칩니다.

제15장_종지용출품

이 세상을 구원할 과제를 이 세계를 둘러싼 보살 대중에게 부촉하고 믿음을 보이는 부처님의 안목이 경이롭기만 합니다.

'땅에서 솟아난 보살'이라는 것은 본 품의 제목이기도 한데, 괴로움과 근심이 많은 현실의 생활을 경험하고 그 속에서 수행을 쌓으며 세속의 생활을 하고 있으면서도 높은 깨달음의 경지를 얻은 분들입니다. 땅은 바로 이 세상이기 때문에 땅의 대중은 청법할 자격이 있다고 하겠습니다.

이처럼 땅에서 솟아난〔踊出〕보살들에게 이 사바세계를 맡기셨다는 것은 결국 이 세계는 이곳의 주인인 우리의 노력에 의해 청정하고 평화롭게 만들어지며 우리 스스로의 힘으로 행복하고 안락한 생활을 창조해가라는 메시지입니다. 청정한 정토의 세계 또한 스스로의 책임과 원력으로 만들어내지 않으면 안 됩니다. 적극적인 삶을 살라는 것, 긍정과 희망으로 가꿔지는 세상이 바로 우리 앞에 펼쳐져 있습니다.

🪷 종지용출품의 주요 내용

타방의 보살들이 자신들이 이 경전을 수호하고 닦아 지니며 전하겠다는 원을 부처님께 말씀드립니다. 하지만 부처님께서는 그들은 이 일에 적합하지 않고 오직 사바세계에 사는 이들이 사바세계의 불사를 책임져야 한다고 말씀하십니다. 이후 본 품의 주인공이 등장합니다.

세존께서 이렇게 말씀하시자마자, 이 사바세계는 곳곳이 갈라지고, 그 틈새에서 천만 억의 많은 보살들이 나타났다. 그들은 몸은 금색이고 위

第十五章 _ 從地踊出品

대한 인물이 지니는 32상을 갖추었으며, 이 사바세계를 주처로 하여 대지 아래에 있는 허공계에 머물러 있었는데, 세존의 말씀을 듣고 지하로부터 나타난 것이었다. 그 보살들은 각각 육십의 갠지스 강의 모래알 수와 같은 시종을 거느리고 통솔하는 스승이었다.

본 품의 주인공이 출현하는 광경입니다. 모든 것이 생각으로 이루어집니다. 이는 우리가 눈에 보듯이 알 수 있는 게 아닙니다. 삼매에 들어야만, 삼매의 눈으로 보고 아는 것입니다. 때가 되면 기운이 발동하여 알아차리고 작용이 일어납니다. 보살들이 이제 법문을 들을 때임을 알고 알에서 깨어나듯 부처님 전에 대지와 허공을 가르고 모습을 드러냅니다.

그 대집단의 보살들 중에는 다음과 같은 지도자로서 상행(上行), 무변행(無邊行), 정행(淨行), 안립행(安立行)이라는 네 보살이 있었다. 이 네 보살은 여러 보살들의 앞에 서서, 세존을 우러러 합장하며 세존께 이렇게 말씀드렸다.

"세존이시여, 무병무재하게 지내시고 계시옵니까? 세존의 중생들은 마음씨가 곱고 인도하기 쉬우며 교화해서 청정하게 하기가 쉬우므로 세존께 걱정을 끼치는 일은 없겠지요."

…(중략)…

세존께서는 보살들의 지도자인 네 보살에게 이렇게 말씀하셨다.

"그렇다. 선남자들이여, 나는 기분 좋게 지내며 무병무재하다. 또 나의 중생들은 마음씨 곱고 인도하기 쉬우며, 쉽게 교화해서 청정하게 할 수가 있어 나에게 걱정을 끼치는 일은 없다. 나의 중생들은 과거에 부처님 아래에서 자기를 닦은 이들이어서, 나를 보거나 내 가르침을 듣기만 해도 나를 믿고 부처님의 지혜를 이해해서 깨달음으로 들어가기 때문이다. 단 성문이나 독각의 경지에서 수습하고 있는 이들은 다르다. 그러나 나는 그들에게도 이 부처님의 지혜를 이해시키고 최고의 진리를 들려줄 것이다."

남을 가르친다는 것은 정말 어려운 일입니다. 중생을 제도하느라 병은 나지 않으셨는지, 괴롭지는 않으신지 묻는 질문이 소박하고 인간적인 면모가 느껴집니다. 그리고 무엇보다 중생을 제도하느라 피곤하지 않으신지 물었습니다. 우리는 무엇이건 애를 쓰고 나면 피로를 느낍니다. 그러나 부처님은 전혀 그렇지 않다고 하셨습니다. 왜냐하면 이들은 모두 세세생생 불법에 선근이 있어서 법문을 잘 알아듣고 여래의 지혜에 들기 때문이라 합니다.

여기서 네 보살들을 대승의 네 가지 서원으로 대입하여 말할 수 있습니다.

- 안립행보살: 중생무변 서원도
- 정행보살: 번뇌무진서원단
- 무변행보살: 법문무량서원학
- 상행보살: 불도무상 서원성

미륵보살은 자신도 궁금하거니와 백천만 억 나유타의 보살들도 의문을
품고 있는 것을 알고는 합장하고 게송으로 세존께 그 까닭을 여쭈었다.

이 수천만 억 나유타의 수많은 보살들은
여태껏 본 적이 없는 이들이온데
최고자시여, 설명해 주시옵소서.

미륵보살은 당장의 대중만이 아니라 미래세의 일체중생을 위하여 의
문을 풀어달라고 청을 올립니다. 미륵보살도 의문을 가질 정도면 이
일이 얼마나 희유한 일인지 짐작할 수 있습니다.

당신께서 보이신 이 기적을
여기 있는 이 보살들이 어떻게 믿겠사옵니까?
의혹이 풀리도록 그 까닭을 말씀해 주시옵소서.
그 뜻을 있는 그대로 설해 주시옵소서.

예를 들면 여기 검은머리의 젊은 청년이 있는데
나이는 스물 혹은 조금 위라고 하고
그런 청년에게 백 살 되는 아들이 있다고 했을 때

또 머리는 희고 주름살투성이인 노인도
'이 청년이 나의 친아버지요' 라고 한다면

세간의 보호자시여, 젊은이의 아들이 노인이라니
참으로 믿기 어려운 일이옵니다.

본 품에서 특히 미륵보살이 등장하여 부처님께 의문을 표합니다. 부처님께서 이 세상에서 설법하신 기간이 40여 년에 불과한데 그 짧은 기간에 어떻게 그토록 많은 보살 대중을 제도할 수 있었을까 하는 의문입니다. 이에 미륵보살이 비유로 하신 말씀이 '부소자노(父少子老)'입니다. 즉, 25세의 청년이 100세의 노인을 가리켜 '이 사람이 나의 아들이오'라고 하는 것과 같다는 것입니다. 청년이 늙은 아들을 둘 수 없으니까요.

이상으로 제1품에서부터 제14품까지가 《법화경》의 '적문(迹門)'이고, 이후부터 마지막 제28품까지가 '본문(本門)'에 해당합니다. 적문은 외부적 환경이고, 본문은 안의 내용입니다. 적문이 《법화경》이 설해진 배경과 청법 대중이 수기를 받는 과정이라면, 이제부터는 《법화경》의 위신력과 설하고자 하는 내용이 보다 명쾌하게 드러납니다.

🪷 나를 아는 사람이 드물다

'나를 아는 사람이 드물다(知我者希)'라는 말은 노자의 《도덕경》에 나옵니다. 노자는 아주 적은 사람들만이 자신의 말을 받아들였다고 안타까워했습니다. 아니 그런 사람을 아예 만나지 못했는지도 모릅니다. 왜냐하면 사람들은 단지 그가 남루한 무명옷을 걸치고 있는 것만 보았지, 옥과 같은 그의 마음을 보지 못했기 때문입니다. 그래서 '굵은 베옷을 입었지만 가슴에는 구슬을 품고 있다〔被褐懷玉〕'고 합니다. 머리에는 화려한 면류관도 없었으니 이야기를 하더라도 귀담아듣는 이가 없었습니다. 세상의 눈과 귀는 지위나 재산을 따지지 남루한 행색의 사람이 진리를 말하리라고는 생각지 못하는 것입니다. 보석은 오로지 화려한 꾸밈과 차림 속에 있다고만 생각합니다. 하지만 성인들은 한결같이 겉모양에는 관심이 없었습니다.

부처님은 평생 탁발을 하며 일반 사람들이 먹는 음식 그대로 얻어 드시면서도 부족함을 몰랐습니다. 그리고 입을 열면 그때까지 아무도 상상하지 못하고 아무도 들어보지 못한 말씀을 하셨습니다. 그 뜻을 모두가 다 알아들을 수 있었던 것은 아니지만, 분명한 것은 그것이 진리의 말씀이라는 것은 느낄 수 있었고, 그 길을 따라가고 싶은 열정이 너나없이 샘솟았다는 사실입니다.

부처님은 중생의 교화에 피로를 느끼지 않았다고 분명하게 말씀하십니다. 그런데 배우는 이들이 피로를 느낀다면 안 될 일입니다.

16 여래수량품

16
여래수량품 如來壽量品

그때 세존께서 모든 보살들에게 말씀하셨다.
"선남자들이여, 나를 믿으라. 진실을 말하는 여래를 믿으라."
다시 세존께서는 모든 보살들에게 말씀하셨다.
"선남자들이여 나를 믿으라. 진실을 말하는 여래를 믿으라."
세 번째로 다시 보살들에게 말씀하셨다.
"선남자들이여 나를 믿으라. 진실을 말하는 여래를 믿으라."
모든 보살들은 미륵보살을 선두로, 서서 합장하며 세존께 이렇게 말씀드렸다.
"세존께서는 그 까닭을 말씀해 주십시오. 저희들은 여래의 말씀을 믿사옵니다."
이렇게 미륵보살이 세 번 아뢰자, 세존께서는 보살들의 간청을 들어주시어 이렇게 말씀하셨다.
"그 까닭을 말할 테니 그대들은 들으라. 내가 신통한 힘을 지니고 있는 것에 대해 천신들이나 인간, 아수라 그리고 세간에 있는 모든 중생들은 '석가여래는 석가족의 궁을 나와 출가 후 가야성의 보리수 아래에서 처음 깨달음을 얻었다'고 생각하고 있지만, 그렇게 생각해서는 안 된다. 내가 위없는 바른 깨달음을 얻은 지는 벌써 수백 수천만 억 나유타의 겁이 지났다.

 선남자들이여, 예를 들면 여기 어떤 남자가 오백천만 억 나유타의 많은 세계에 있는 흙 속에서 한 개의 흙알갱이를 집어 들고 동쪽으로 오백만의 무수한 세계를 지난 뒤, 그 흙알갱이를 내려놓는다고 하자. 이런 식으로 해서 수백 수천만 억 나유타의 겁이 걸려 모든 세계의 흙을 다 없앴다고 하자. 그대들은 그 일을 어떻게 생각하는가? 누가 그 세계의 수를 생각하거나 헤아려보거나 짐작할 수가 있겠는가?"

 미륵보살과 다른 모든 보살들은 세존께 이렇게 답했다.

 "세존이시여, 그 세계들은 헤아릴 수도 없으며, 생각도 미치지 않사옵니다. 성스러운 지혜를 갖춘 성문이나 독각들조차 그것을 생각하거나 헤아리거나 짐작할 수 없사옵니다. 세존이시여, 저희들처럼 불퇴전의 경지에 있는 보살들도 헤아릴 수가 없사옵니다."

 이 대답을 들으시고 세존께서는 그 보살들에게 다음과 같이 말씀하셨다.

 "선남자들이여, 그대들에게 진실을 알리겠다. 그 남자가 흙알갱이를 둔 세계 혹은 두지 않았던 세계, 그 수백 수천만 억 나유타의 모든 세계 속에 있는 흙알갱이일지라도 내가 깨닫고 난 뒤의 수백 수천만 억 나유타의 겁 정도로 많지는 않다. 그때부터 나는 이 사바세계와 다른 수백 수천만 억 나유타의 세계에서 중생들에게 가르침을 설해 왔다.

  선남자들이여, 그러는 동안 나는 연등(燃燈)여래를 비롯한 여러 여래들을 찬탄하며 설했고, 그 여래들이 완전한 열반에 드시는 것을 설했지만, 그것은 내가 절묘한 방편으로 설한 것이다. 여래께서는 계속해서 나타나는 중생들에게 능력과 정진노력에 우열의 다름이 있는 것을 아시고, 각각의 세계에서 각각 다르게 자기 이름을 말하며, 각각의 세계에서 자신이 완전한 열반에 드는 것을 알리고, 여러 법문과 여러 방법으로 중생들을 만족시킨다.

  그 가운데에서 선근이 부족하고 번뇌가 많고 서로 다르게 믿고 따르는 중생들에게는, '비구들이여, 태어나서 얼마 되지 않았지만 나는 출가하였다. 비구들이여, 나는 위없는 바른 깨달음을 얻은 지 얼마 되지 않는다'고 한다. 여래가 훨씬 이전에 깨달았지만 '나는 얼마 전에 깨달음을 얻었다'고 하는 법문은, 중생들을 성숙시켜 깨달음으로 이끌기 위해서다. 그 모든 법문은 중생을 교화하기 위해 방편으로 설해진 것이다. 여래는 중생들을 교화하기 위해 자신의 모습을 보이기도 하고 타인의 모습을 보이기도 한다. 또 여래는 자신을 비유하여 설하기도 하고 혹은 타인의 예를 들어 설하기도 한다. 여래가 그 동안 무엇을 설하더라도 여래가 설한 모든 법문은 진리이며 거짓은 없다.

  여래는 삼계를, 태어나지 않고 죽지 않고, 사라지지 않고 나타나지 않고, 윤회하지 않고 열반하지 않고, 진실도 아니며 허망도 아니며, 있는 것도 아니며 없는 것도 아니며, 이런 방법도 아니며 다른 방법도 아니며, 허위도 아니며 진리도 아닌 있는 그대로 보기 때문이다. 여래는 어리석은 범부들이 보는 대로 삼계를 보지 않는다. 여래는 이런 도리에 대해 있는 그대로 말하므로, 여래가 어떤 말로 설하더라도 그것은 모두 진리이지 허위가 아니다. 그러나 온갖 행위와 갖가지 생각을 하고 잘못된 행동이나 관념, 망상에 싸여 있는 중생들에게 선근이 생기도록 여러 가지 법문을 설한다.

선남자들이여, 여래는 여래가 해야 할 일을 한다. 여래는 먼 과거에 깨달음을 얻어 헤아릴 수 없는 수명을 지니고 언제나 현존해서 완전한 열반에 든 적은 없으나, 중생을 교화하기 위해 완전한 열반을 나타내 보이는 것이다. 그러나 선남자들이여, 나의 과거의 보살로서의 수행은 아직도 완성되어 있지 않으며, 수명의 길이도 다하지는 않았다. 그뿐 아니라 내 수명이 다할 때까지는 지금까지의 두 배에 해당하는 수백 수천만 억 나유타의 겁이 걸릴 것이다.

또 나는 아직 완전한 열반에 들지 않았는데도, 나는 늘 '완전한 열반에 든다'고 알린다. 그것은 중생들을 교화하기 위한 방편이다. 즉 금방 열반에 들지 않고 아주 오랫동안 이 세상에 있다면 중생들은 나를 언제나 만날 수 있으므로 선근을 심지도 않고 복덕을 쌓지도 않고 빈궁해지거나 애욕에 빠지고, 장님이 되거나 잘못된 견해의 그물에 덮여, '여래는 언제나 계신다'고 생각하거나 또 언제든지 여래를 쉽게 만날 수 있다고 생각하거나, '우리들은 여래의 근처에 있다'고 생각해서 삼계를 벗어나기 위한 정진노력을 하지 않는 일이 없도록 하기 위해서이다. 이런 까닭에 여래는 절묘한 방편

第十六章 _ 如來壽量品

으로 각각의 중생들에게 '비구들이여, 여래가 출현하는 것은 참으로 드문 일이다' 라고 설한다. 왜냐하면 그 중생들은 수백 수천만억 나유타의 겁이 지나더라도 여래를 만날 수 있을지 어떨지 모르기 때문이다.

선남자들이여, 그래서 나는 그것을 근거로 해서 여래의 출현이 드문 일이라고 설한다. 그러면 중생들은 여래의 출현에 대해 경이로운 마음과 비탄의 마음을 품을 것이며, 여래를 보지 않았기 때문에 여래를 만나기를 갈망할 것이다. 그래서 생긴 선근은 그들에게 오랫동안 이익과 행복과 안락을 가져다 줄 것이다. 이런 것을 고려해서 여래는 완전한 열반에 들지 않은 채, 중생들을 교화할 목적으로 '완전한 열반에 들어간다' 고 알리는 것이다. 선남자들이여, 그렇게 설하는 것이 여래의 법문이며, 그것은 거짓말이 아니다.

선남자들이여, 예를 들면 학문도 있고 머리도 좋고 현명하며 모든 병을 낫게 하는 명의가 한 사람 있다고 하자. 그 의사에게는 십, 이십, 삼십, 사십, 오십 혹은 백 명의 많은 아들들이 있다고 하자. 그런데 그 의사는 외국에 있고, 그의 아들들은 독약에 중독되어 괴로워하며 몸부림친다고 하자. 그때 아버지인 의사가 외국에서 돌아왔다고 하자. 어떤 아들은 독약 때문에 괴로워하다 정신착란을 일으키고, 또 어떤 아들은 아직 정상이라고 하자. 그들은 모두 고통에 시달릴 대로 시달렸으므로 아버지를 보고 기뻐 이렇게 말한다고 하자.

'아버지께서 무사히 돌아오셨다. 저희들을 이 독약으로부터 구해 주세요. 아버지, 저희들의 목숨을 구해 주세요.'라고. 의사는 아들들이 고통 속에서 괴로워 몸부림치는 것을 보고 색과 향과 맛이 좋은 약을 만들어 돌절구에 넣어 부순 다음, 아들들에게 주며 이렇게 말했다고 하자. '아들들이여, 색과 향과 맛이 좋은 이 약을 먹어라. 이 약을 먹으면 당장 해독이 되고 기분이 좋아져 건강을 되찾게 될 것이다'라고.

그의 아들들 중 정상인 아들은 약의 색을 보고 냄새를 맡고 맛을 조금 본 다음 바로 먹을 것이며, 그로 인해 고통에서 완전히 해방될 것이다. 그러나 그의 아들들 중 정신착란을 일으킨 아들은 아버지가 무사히 돌아왔다고 기쁘게 맞이하겠지만 약을 먹지는 않을 것이다. 왜냐하면 그는 정신착란 때문에 약의 색은 물론 향기나 맛도 좋지 않게 느끼기 때문이다. 의사는 이렇게 생각할 것이다. '이 아이는 독약 때문에 정신착란이 되었다. 약은 먹지 않으려 하지만, 나를 기쁘게 맞이해 주었다. 나는 절묘한 방편으로 이 아이가 약을 먹게 하자'라고.

그래서 그 의사는 이렇게 말했다고 하자. '아들들이여, 나는 나이를 먹어 죽을 때가 얼마 남지 않았다. 그러나 너희들은 슬퍼하거나 낙담해서는 안 된다. 너희들에게 약을 줄 테니 먹고 싶을 때 먹도록 하여라' 이렇게 말하고는 여행을 떠나서 그곳에서 아들들에게 자신의 죽음을 알린다고 하자. 그러면 아들들은 슬픈 나머지 통곡할 것이다. '아버지이며 우리를 보호하고 자애를 베풀어준 유일한 분이셨는데 돌아가시고 말았다. 이제 우리를 보호해 줄 사람은 아무도 없다' 그들은 의지할 곳 없는 자신을 돌이켜보고 아주 슬퍼할 것이다. 그로 인해 정신을 되찾고 좋은 색과 향과 맛을 갖춘 약을 제 맛 그대로 먹을 것이다. 약을 먹고 아들들의 병이 나은 것을 알고 그 의사는 다시 아들들 앞에 나타날 것이다. 이것을 그대들은 어떻게 생각하는가? 선남자들이여, 그 의사가 절묘한 방편으로 거짓말을 했다고 해서 비난을 하겠는가?"

보살들이 답했다.

"세존이시여, 그런 일은 없을 것이옵니다."

세존께서 말씀하셨다.

"선남자들이여, 그와 마찬가지로 나 역시 위없는 바른 깨달음을 깨닫고 난 뒤 수백 수천만 억 나유타의 헤아릴 수 없는 겁이 지났으나, 중생들을 교화하기 위하여 절묘한 방편을 보인 것이다. 그것을 거짓말이라고 할 수 있겠는가?"

세존께서는 이 뜻을 상세히 알리시려고 다시 게송을 설하셨다.

생각을 초월한, 헤아릴 수 없는 수천만 억 겁 전에
이미 최고의 깨달음을 얻은 이래로
나는 줄곧 가르침을 설하고 있다.

많은 보살들을 격려해서 부처님의 지혜로 이끌고
많은 겁 동안 수많은 중생들을
최고의 깨달음으로 이끌어 성숙시켰다.

중생들을 교화하기 위해 절묘한 방편을 설해
열반의 경지를 나타내 보였다.
그러나 실제로 그때 열반한 것이 아니라
이곳에서 가르침을 설하고 있는 것이다.

나는 내가 가진
신비로운 힘에 의해 이곳에 있는데
정신이 착란된 어리석은 사람들은
내가 여기 있는데도 나를 보지 못한다.

내 몸이 완전히 사멸한 것을 보고
그들은 유골에 온갖 공양을 올리지만
나를 볼 수 없으므로 갈망하며
그로 인해 그들의 마음은 정상이 된다.

그 중생들이 정상으로 돌아와
부드럽고 온화해져 애욕을 떠났을 때
나는 성문들을 데리고 이곳 기사굴산〔靈鷲山〕에 나타난다.
그때 나는 그들에게 이렇게 설한다.
'그때도 그곳에서 나는 열반에 든 것이 아니었다.

비구들이여,

第十六章 _ 如來壽量品

열반에 들어 소멸한 것처럼 보이는 것은
나의 절묘한 방편이 있기에
나는 이 세상에 몇 번이고 다시 나타난다.

가르침을 들으려는
다른 훌륭한 중생들의 존경을 받으며
나는 그들에게 최고의 깨달음을 설했다.

그러나 이미 세간의 보호자는
열반에 들어버렸다고 생각하지 않는 한
너희들은 내 말이 귀로 들어오지는 않을 것이다'

나는 중생들이 괴로워하고 있는 것을 보지만
금세 나타나지는 않는다.
먼저 그들에게 나의 모습을 갈망하게 하고
그 뒤 바른 가르침을 설해 준다.

나의 신비로운 힘은 언제나 이러하다.
수천만 억의 사고를 초월한 겁 동안
수많은 좌석을 떠난 것을 빼면
이 기사굴산〔靈鷲山〕에서 움직이는 일이 없다.

또 중생들이 이 세계가 겁화(劫火)에 의해
타오르고 있는 것을 보거나 망상하고 있을 때도
나의 불국토는 천신들이나 인간으로 가득하다.

그들 천신이나 인간은 여러 가지 놀이를 즐기며
나의 국토에는 유원과 누각, 궁전이 수없이 많다.
그것들은 모두 보석으로 된 산이나 꽃, 과실이 열린 수목으로
아름답게 장식되어 있다.

하늘에서는 천신들이 악기를 울리면서
만다라 꽃비를 내려
나와 성문들, 깨달음을 향해
뜻을 세운 현자들에게 뿌리고 있다.

나의 국토는 언제나 이러한데
다른 중생들은 이 국토가
겁화에 타오르고 있다고 망상하고
이 세계가 아주 무섭고 고난과 온갖 걱정에
가득 차 있다고 생각해서

그들은 많은 겁 동안
여래나 가르침, 승단이라는 말조차 듣지 못한다.

악행의 결과는 이런 것이다.

그러나 부드럽고 온화한 중생들은 선행의 결과로
이 세상에 태어나자마자
내가 가르침을 설하고 있는 것을 본다.

그러나 나는 여태껏 그들에게
'부처님의 수명은 무한하다' 라는 사실을 설한 적이 없다.
가까스로 오랜만에 나를 보는 이에게는
'승리자는 참으로 만나기 어렵다' 고 설한다.

내 지혜의 힘은 이러하며
밝게 빛나며 한계가 없다.
또 나의 수명은 무한 겁이며
나는 그것을 오랜 옛날부터의 수행으로 얻었다.

현자들이여, 그대들은 이 말에
의문을 품어서는 안 된다.
의혹을 남김없이 끊으라.
나는 진실을 말한다.
내 말은 언제 어떤 때에도 결코 거짓이 아니다.

그것은 방편에 정통한 의사가
정신 착란을 일으킨 아들들에게
살아 있으면서 자기가 죽었다고 하더라도
현명한 이는 의사에게 거짓말한 죄를 묻지 않는 것과 같다.

그와 마찬가지로 나는 세간의 아버지이며
보호자이며 의사이며
모든 생명 있는 것들의 보호자로서
범부들이 착란된 생각을 품고 어리석은 것을 알고
열반에 들지 않으면서 열반에 드신 것으로 보인 것이다.

왜냐하면 어리석고 무지한 이들은
언제나 나를 만나므로 신심이 부족하고
내가 있는 것을 믿고 애욕에 빠지거나
사려를 잃고 악도에 빠지기 때문이다.

나는 언제나 중생들 각자의 수행을 알고
'어떻게 하면 깨달음으로 이끌 수 있을까
어떻게 하면 그들이 부처님의 덕성을
얻을 수 있을까' 생각해서
각자에게 맞는 방법으로 가르침을 설한다.

여래수량품의 구성

1. 현세의 일에서 영원을 밝히다
세 번 주의를 주다/세 번 청하다/본래성불을 밝히다/근기를 따라 설하다

2. 양의(良醫)의 비유

3. 비유에서 법을 밝히다

4. 부처님이 자아게로 거듭 밝히다

여래수량품입니다.

산에 사는 사람에게는 눈 쌓인 나무들이 부귀요〔山家富貴銀千樹〕
어부에게는 도롱이 하나에 풍류가 있다〔漁夫風流玉一蓑〕

일본 하쿠인선사의 글입니다. '산가(山家)'는 산에 사는 사람입니다. 나무꾼도 산가요, 수도하는 스님도 산가라면 산가입니다. 산에 사는 사람에게는 많은 것이 필요치 않습니다. 그런 마음이면 산에 들어가지도 못합니다. 옛날에는 산에서 숯을 구워 팔아서 살아가는 사람들이 많았습니다. 그렇게 살아가려면 일단 마음을 쉬지 않으면 안 됩니다. 세상의 부귀영화에 대한 그리움이 있다면 산에 들지 못합니다. 그렇게 마음을 쉬고 살아가는데, 어느 겨울에 폭설이 내려 온 산을 하얗게 잠재웁니다. 산에는 나무 하나만은 풍족해서 움막에 불을 가득 지펴 연기가 올라갈 테지만 그마저도 흰 눈 천지라서 분간이 안 됩니다. 이 백설 천지에 나무들도 하얗게 변해서 '은천수(銀千樹)'라 했습니다. 이 은빛의 수많은 나무들을 보면서 행복한 마음을 가져야 그는 진정 산에 사는 자격이 있습니다. 우리는 무엇을 보고, 그것이 나에게 이득이 되면 가장 좋아합니다. 그러니 이런 풍광에 흡족할 수 있다면 그의 부귀는 산에 있는 것입니다.

또 바다에 고기를 잡아 살아가는 어부에게는 도롱이가 있지 않느냐는 말입니다. 도롱이는 거센 바람이나 흩뿌리는 물보라를 막기 위해 머리에 쓰는 삿갓 같은 모자입니다. 어부로 살아가는 사람은 고기야 잡히건 말건 거센 풍랑 위에 자신의 운명을 맡겨야 합니다. 그래야 물이 무섭지 않습니다. 피리를 부는 사람은 피리 한 자루가 그의 삶이고 생명

第十六章 _ 如來壽量品

입니다. 어부가 도롱이를 걸치면 그는 물 위에 서도 두렵지 않습니다. 어부의 풍류가 거기에 있습니다.

이렇듯 자신이 살아가는 모든 환경이 자신의 삶 자체여야 합니다. 도롱이를 쓰고 산을 그리워하거나 눈 쌓인 산을 두고서 근심하며 평지를 생각한다면 그에게는 이미 삶이 없습니다.

참 어려운 문제입니다. 왜냐하면 인간은 무슨 일을 하든지 만족을 모르기 때문입니다. 무릇 사물에는 넉넉한 면도 있지만 역시 넉넉하지 못한 면도 있습니다. 운수에는 미치는 면도 있지만 역시 미치지 못하는 면도 있습니다.

사람에게는 상서롭지 못한 네 가지가 있습니다. 첫째는 세(勢), 둘째는 이(利), 셋째는 영(榮), 넷째는 명(名)입니다. 권세는 나를 욕되게 하기 쉽고, 이득은 오히려 독이 되기도 합니다. 영화로움이 나를 가혹하게 함을 어찌 헤아리지 못하며, 명예와 이름이 나의 질곡이 되어 헤어나기 어렵습니다. 그렇기에 지혜로운 자는 세상 사람들이 다퉈 얻으려는 것은 흘겨보고, 마음이 밝은 자는 그에 안주하지 않습니다. 천하의 걱정거리가 어디에서 나오겠습니까? 잊어도 좋을 것을 잊지 못하고, 잊어서는 안 될 것을 잊는 데서 나옵니다. 잊어도 좋을 것이 무엇인지를 알고, 잊어서는 안 되는 것이 무엇인지를 아는 사람은 내적인 것과 외적인 것을 서로 바꿀 능력이 있습니다. 내적인 것과 외적인 것을 서로 바꾸는 사람은 다른 사람의 잊어도 좋을 것은 잊고, 자신의 잊어서는 안 되는 것은 잊지 않습니다.

우리에게 주어진 최대의 책임은 바로 우리가 미래에 영향을 줄 수 있다는 사실, 우리가 최선을 다하면 미래를 더 나은 것으로 바꿀 수 있다는 사실에 있습니다. 그렇게 하려면 과거로부터 학습한 모든 것을 이용해야 하는데, 우리가 배웠어야 마땅한 가장 중요한 교훈은 바로 '자기 낮음'이며 '겸손' 입니다. 내가 남보다 우월하다는 자기만족을 넘어 교만한 마음은 모든 생명을 결코 이롭게 하지 않습니다. 부처님을 비롯한 모든 성인이 세상에서 보여주었던 삶의 자세는 단지 한 사람의 이익을 위해서일지라도 자기희생의 염원을 결코 망각하지 않았다는 것입니다.

🪷 부처님은 나고 죽음도 초월해 영원하다

《법화경》에서 가장 중요한 품을 지목할 때는 〈방편품〉, 〈안락행품〉, 〈여래수량품〉, 그리고 〈관세음보살보문품〉입니다. 그중 본 품에서는 법의 영원성에 대해 말합니다. 세상에 벌어지는 모든 것을 '법'이라 합니다. 세상의 법칙이기도 하고, 이치이기도 합니다. 그중에서 특히 핵심적인 것이 바로 시간의 무상함을 어떻게 이해하느냐 하는 것입니다. 부처님은 이 무상에서부터 인간의 괴로움이 일어난다고 보았습니다. 그런데 무상하기 때문에 만물이 생멸합니다. 조화는 다른 꽃을 만들어내지 못합니다. 우선은 오래가고 좋을 것 같지만 거기엔 생명이 없습니다. 반대로 생화는 곧 시들고 사라지지만 이미 또 다른 자신의 종을 퍼트리는 사명을 다한 후입니다. 인간도 무상이 있기 때문에 태어나고 또 사라집니다. 이를 잘 이해하면 삶과 죽음으로부터 어느 정도 자유로울 수 있습니다.

第十六章 _ 如來壽量品

본 품 끝부분에 나오는 게송은 예로부터 '자아게(自我偈)' 또는 '구원게(久遠偈)'로 불리는 유명한 게송입니다. 자아게라 이름 하는 것은 구마라집의 번역에 '자아' 라는 말로 시작하기 때문입니다. 또 '오래되었고 영원하다' 는 뜻의 '구원(久遠)' 으로 불리는 것은 이 게송에서 강조하는 것이 부처님의 영원성이기 때문입니다. 석가모니부처님께서 이 세상에 태어나신 것은 단지 중생을 이끌기 위한 방편으로 보여준 것이고, 참 부처는 나고 죽음도 초월한 영원한 생명이며, 중생의 교화도 이생에서 시작된 것이 아니라 셀 수 없는 과거로부터 설법 교화하여 왔으며 미래로도 끝이 없다는 말씀입니다. 이는 우리 생각의 범주를 넘는 것이라서 아득하기만 합니다. 그렇지만 그 의미를 잘 새겨들으면 됩니다. 이해하기 보다는 믿음의 차원이라 하겠습니다.

그리고 본 품에 나오는 비유는 '의사 아들의 비유' 입니다. 무슨 병이든 고칠 수 있는 양의가 있는데 그에게는 여러 아들이 있습니다. 하루는 아버지가 밖에 나갔다 온 사이에 독초를 먹고 죽어가는 것이었습니다. 양의인 아버지가 해독초를 줘도 믿지를 않고 자식들이 먹지를 않자 생각 끝에 방편을 내어 먼 곳으로 가서 자신이 죽었다는 기별을 넣도록 합니다. 그때에야 정신을 차린 아이들이 약초를 먹고 치료되었다는 내용입니다. 여기서 독초는 인간의 번뇌망상과 악업의 비유이고, 해독할 수 있는 약초는 불법의 바른 가르침이고, 아버지는 부처님, 아들들은 중생의 비유입니다.

🪷 여래수량품의 개념

본 품의 개념을 세 가지로 요약할 수 있는데, 다음과 같습니다.

첫 번째는 개근현원(開近現遠)입니다. 가까운 것을 열어서 멀리 있는 것을 나타낸다는 말입니다. 가까운 사실은 세존께서 이 세상에 나오셔서 깨달음을 얻어 교화하신 것을 말합니다. 그런데 이 깨달음과 중생의 교화가 단순하게 이생에서 비롯된 것이 아니라 셀 수 없는 무수한 과거로부터 이행됐고 미래로도 그치지 않기 때문에 먼 것을 드러냈다는 뜻입니다.

두 번째는 개적현본(開迹現本)입니다. 천태대사가 《법화경》을 해설한 개념이 '적문(迹門)'과 '본문(本門)'이라고 앞에서 말했습니다. '적(迹)'은 자취나 흔적입니다. 우리가 눈으로 보는 모든 현상의 모습이 여기에 해당합니다. 반대로 '본(本)'은 본질을 말합니다. 세상의 모든 장미는 각각의 모습을 띠며 나름대로 의미가 있습니다. 하지만 다른 모습을 하고 있는 장미라 해도 근본은 장미라는 하나의 종에서 비롯된 것입니다. 마찬가지로 과거로부터 모든 부처님이 오셨고 미래에는 미륵부처님이 오시지만 그 근본은 '부처'라고 하는 하나에서 모습을 달리하며 출현합니다. 마치 한 틀에서 찍어져 나오는 제품을 생각하시기 바랍니다. 아무리 많이 찍어 생산되지만 그 근본 틀을 벗어나지 않는 이치입니다.

세 번째는 개권현실(開權現實)입니다. 권을 열어 실을 나타낸다는 뜻입니다. 삶에는 필연적인 것과 우연적인 것이 있습니다. 실이 절대적인 것이라면 권은 우연성에 가깝습니다. 삶의 본질은 나로부터 시작하여

第十六章 _ 如來壽量品

생멸하는 움직일 수 없는 큰 틀이 있고, 살아가는 동안 수많은 풍파가 생기고 삶이 영향을 받습니다. 마치 정(正)과 부(副)처럼, 진실을 드러내기 위해 여러 방편에 의지하는 순차입니다. 세상을 살아가는 데 있어 본질을 아는 것도 중요하고 그 변화의 움직임을 알아차리는 것도 중요합니다. 우리가 끊임없이 배우고 향상일로의 정신을 길러야 하는 이유입니다. 그 후에야 삶이 안정되고 덜 자극받으며 유장한 정신으로 살아가게 됩니다. 삶은 쉴 수 없습니다. 삶에는 휴식이 없습니다. 끝없이 가야 하는 먼 길입니다. 짧은 호흡으로 일을 해나가면 반드시 낭패를 보고 맙니다. 여래의 생명이 끝이 없는 것은 바로 중생을 향한 존중과 기대의 마음 때문입니다.

🪷 여래수량품의 주요 내용

그때 세존께서 모든 보살들에게 말씀하셨다.
"선남자들이여, 나를 믿으라. 진실을 말하는 여래를 믿으라."
다시 세존께서는 모든 보살들에게 말씀하셨다.
"선남자들이여 나를 믿으라. 진실을 말하는 여래를 믿으라."
세 번째로 다시 보살들에게 말씀하셨다.
"선남자들이여 나를 믿으라. 진실을 말하는 여래를 믿으라."
모든 보살들은 미륵보살을 선두로, 서서 합장하며 세존께 이렇게 말씀드렸다.
"세존께서는 그 까닭을 말씀해 주십시오. 저희들은 여래의 말씀을 믿사옵니다."

제16장 _ 여래수량품

이렇게 미륵보살이 세 번 아뢰자, 세존께서는 보살들의 간청을 들어주시어 이렇게 말씀하셨다.

여기에서 특별한 경전 서술 방식이 나옵니다. 같은 말을 부처님께서 세 번 반복합니다. 같은 말을 반복한다는 것은 간절한 뜻을 전하기 위함이고 꼭 기억해야 할 것이라는 강조입니다. 이어서 나오는 미륵보살의 법문 청도 세 번 반복됩니다. 세상의 모든 일도 횟수가 중요합니다. 반복할 수 있는 것은 간절한 마음의 표현이기 때문입니다.
가정에서도 부모가 아이들을 기를 때 끊임없이 '잔소리'를 합니다. 이 잔소리가 보약임을 알아야 합니다. 그리고 잔소리를 하는 사람은 귀찮다고 포기하면 안 됩니다. 잔소리가 생활이 되어야 합니다. 우리는 서로가 서로에게 잔소리를 들어야 합니다. 그래야 허튼 길로 가지 않습니다. 잔소리를 포기하면 삶이 없습니다. 왜냐하면 사람들은 가만히 놔두면 정신없이 날뛰면서 일을 그르치기 때문입니다.

선남자들이여, 예를 들면 학문도 있고 머리도 좋고 현명하며 모든 병을 낫게 하는 명의가 한 사람 있다고 하자. 그 의사에게는 십, 이십, 삼십, 사십, 오십 혹은 백 명의 많은 아들들이 있다고 하자. 그런데 그 의사는 외국에 있고, 그의 아들들은 독약에 중독되어 괴로워하며 몸부림친다고 하자. 그때 아버지인 의사가 외국에서 돌아왔다고 하자. 어떤 아들은 독약 때문에 괴로워하다 정신착란을 일으키고, 또 어떤 아들은 아직 정상이라고 하자. 그들은 모두 고통에 시달릴 대로 시달렸으므로 아

第十六章 _ 如來壽量品

버지를 보고 기뻐 이렇게 말한다고 하자.
'아버지께서 무사히 돌아오셨다. 저희들을 이 독약으로부터 구해 주세요. 아버지, 저희들의 목숨을 구해 주세요' 라고. 의사는 아들들이 고통 속에서 괴로워 몸부림치는 것을 보고 색과 향과 맛이 좋은 약을 만들어 돌절구에 넣어 부순 다음, 아들들에게 주며 이렇게 말했다고 하자. '아들들이여, 색과 향과 맛이 좋은 이 약을 먹어라. 이 약을 먹으면 당장 해독이 되고 기분이 좋아져 건강을 되찾게 될 것이다' 라고.
그의 아들들 중 정상인 아들은 약의 색을 보고 냄새를 맡고 맛을 조금 본 다음 바로 먹을 것이며, 그로 인해 고통에서 완전히 해방될 것이다. 그러나 그의 아들들 중 정신착란을 일으킨 아들은 아버지가 무사히 돌아왔다고 기쁘게 맞이하겠지만 약을 먹지는 않을 것이다. 왜냐하면 그는 정신착란 때문에 약의 색은 물론 향기나 맛도 좋지 않게 느끼기 때문이다. 의사는 이렇게 생각할 것이다. '이 아이는 독약 때문에 정신착란이 되었다. 약은 먹지 않으려 하지만, 나를 기쁘게 맞이해 주었다. 나는 절묘한 방편으로 이 아이가 약을 먹게 하자' 라고.
그래서 그 의사는 이렇게 말했다고 하자. '아들들이여, 나는 나이를 먹어 죽을 때가 얼마 남지 않았다. 그러나 너희들은 슬퍼하거나 낙담해서는 안 된다. 너희들에게 약을 줄 테니 먹고 싶을 때 먹도록 하여라' 이렇게 말하고는 여행을 떠나서 그곳에서 아들들에게 자신의 죽음을 알린다고 하자. 그러면 아들들은 슬픈 나머지 통곡할 것이다. '아버지이며 우리를 보호하고 자애를 베풀어준 유일한 분이셨는데 돌아가시고 말았다. 이제 우리를 보호해 줄 사람은 아무도 없다' 그들은 의지할 곳

없는 자신을 돌이켜보고 아주 슬퍼할 것이다. 그로 인해 정신을 되찾고 좋은 색과 향과 맛을 갖춘 약을 제 맛 그대로 먹을 것이다. 약을 먹고 아들들의 병이 나은 것을 알고 그 의사는 다시 아들들 앞에 나타날 것이다.

법화칠유 중 하나입니다. 이 내용을 이해 못 할 사람은 없을 것입니다. 이처럼 알아듣기 쉬운 비유로써 설한 것을 '비유의 설법'이라 합니다.

   생각을 초월한, 헤아릴 수 없는 수천만 억 겁 전에
   이미 최고의 깨달음을 얻은 이래로
   나는 줄곧 가르침을 설하고 있다.
   …(중략)…
   왜냐하면 어리석고 무지한 이들은
   언제나 나를 만나므로 신심이 부족하고
   내가 있는 것을 믿고 애욕에 빠지거나
   사려를 잃고 악도에 빠지기 때문이다.

   나는 언제나 중생들 각자의 수행을 알고
   '어떻게 하면 깨달음으로 이끌 수 있을까
   어떻게 하면 그들이 부처님의 덕성을
   얻을 수 있을까' 생각해서
   각자에게 맞는 방법으로 가르침을 설한다.

第十六章 _ 如來壽量品

부처님께서 스스로에 대해 설명하셨기 때문에 이 부분을 '자아게(自我偈)'라 합니다. 스스로에 대해 말할 수 있다는 것은 자신에 대해 명확하게 알지 않으면 안 됩니다. 나아가 자신의 존재 이유, 부처님의 사명은 중생 교화에 귀결됩니다. 이 교화에 대한 원력이 무궁무진하기 때문에, 이 원력이 여래의 수명입니다. 우리는 흔히 무슨 일을 하다가 곧 싫증을 내거나 귀찮은 마음 때문에 포기하고 맙니다. 포기하는 순간 삶은 사라집니다. 수명이 없는 것이지요.

17 분별공덕품

17

분별공덕품 分別功德品

이처럼 '여래의 긴 수명에 대한 법문'이 설해지는 동안, 헤아릴 수 없는 중생들이 이익을 얻었다.

그때 세존께서는 미륵보살을 향해 말씀하셨다.

"미륵이여, '여래의 긴 수명에 대한 법문'이 설해지는 동안 68의 갠지스 강의 모래알 수와 같은 수천만 억 나유타의 보살들이 사물이 본래 생하는 것이 아님을 아는 지혜〔無生法忍〕를 얻었다.

그 천 배의 보살들이 다라니를 얻었다.

또 일천세계의 티끌의 수와도 같은 다른 보살들이 이 법문을 듣고 거리낌이 없는 웅변력〔樂說無碍弁才〕을 얻었다.

이 밖에 이천세계의 티끌의 수와도 같은 다른 보살들이 수천만 억 나유타나 회전하는 다라니를 얻었다.

삼천세계의 티끌의 수와도 같은 다른 보살들이 이 법문을 듣고 불퇴전의 가르침의 바퀴를 굴렸다.

또 중천세계의 티끌의 수와도 같은 다른 보살들이 이 법문을 듣고 청정한 가르침의 바퀴를 굴렸다.

또 소천세계의 티끌의 수와도 같은 다른 보살들이 이 법문을 듣고 여덟 번 바뀌어 태어난 뒤, 꼭 이 위없는 바른 깨달음을 얻는 이가 되었다.

또 네 가지 사대주로 된 세계의 티끌의 수와도 같은 다른 보살들이 이 법문을 듣고 네 번 바뀌어 태어난 뒤, 꼭 이 위없는 바른 깨달음을 얻는 이가 되었다.

또 세 가지 사대주로 된 세계의 티끌의 수와도 같은 다른 보살들이 이 법문을 듣고 세 번 바뀌어 태어난 뒤, 꼭 이 위없는 바른 깨달음을 얻는 이가 되었다.

또 두 가지 사대주로 된 세계의 티끌의 수와도 같은 다른 보살들이 이 법문을 듣고 두 번 바뀌어 태어난 뒤, 꼭 이 위없는 바른 깨달음을 얻는 이가 되었다.

또 한 가지 사대주로 된 세계의 티끌의 수와도 같은 다른 보살들이 이 법문을 듣고 한 번 바뀌어 태어난 뒤, 꼭 이 위없는 바른 깨달음을 얻는 이가 되었다.

또 여덟 기지 심천대천세계의 티끌의 수와도 같은 보살들이 이 법문을 듣고 위없는 바른 깨달음을 향해 발심했다.

세존께서 이 보살들을 위하여 가르침을 이해할 수 있는 기초를 설하시자마자, 하늘에서는 만다라바와 대만다라바의 꽃비가 내렸다. 그리고 수천만 억 나유타의 세계에서 보석나무의 밑동에 있는 사자좌에 앉아 있던 수많은 부처님에게도 꽃비가 내렸다. 또 석가여래와 다보여래께서 앉아 계시는 사자좌 위에도 꽃비가 내렸다.

第十七章 _ 分別功德品

또 모든 보살들과 사중들 위에도 꽃비가 내렸다. 이 밖에 하늘의 전단과 침향의 가루가 뿌려졌으며 하늘 높은 데서 두드리지도 않았는데 기분 좋고 감미롭고 심원한 큰북 소리가 울렸다. 또 수천의 천의(天衣)가 하늘에서 비 오듯 내렸으며, 보석목걸이와 진주목걸이, 마니보석구슬과 훌륭한 보석구슬이 하늘에서 여러 방향으로 떠다녔다. 또 수천의 보석구슬로 된 향로가 저절로 움직여 돌았다. 또 하늘에서는 보살들이 한 분 한 분의 여래께 보석구슬로 된 우산을 떠받치며 범천의 세계에 이르기까지 줄을 섰다.

이렇게 해서 그 보살들은 수천만 억 나유타의 헤아릴 수 없는 모든 부처님들을 위해 하늘에서 보옥으로 된 우산을 떠받치며 줄을 섰다. 그들은 각자 진정으로 부처님을 찬탄하는 게송을 준비해서 여래들을 찬미했다."

그때 미륵보살은 이런 게송을 읊었다.

보기 드문 가르침을 선서께서는 설하셨다.
부처님들이 얼마나 위대하시며
그 수명이 얼마나 무한한지
우리들은 여태껏 들은 적이 없다.

지금 선서로부터 직접 가르침을 듣고
수천만 억의 보살들은 기쁨으로 가득 차 있다.
어떤 이들은 불퇴전의 최고의 깨달음에 안주하며

어떤 이들은 훌륭한 다라니에 안주한다.

어떤 이들은 거리낌 없는 웅변력에 안주하며
또 어떤 이들은 수천만 억이나 회전하는
다라니에 안주한다.

또 국토의 티끌의 수만큼이나 되는 다른 이들은
지고한 부처님의 지혜를 향해 뜻을 세우며
어떤 이들은 여덟 번 바뀌어 태어난 뒤
무한을 보는 승리자가 될 것이다.

한편 지도자로부터 이 가르침을 듣고
어떤 이들은 네 번 생애를 바꾸어 태어난 뒤
어떤 이들은 세 번 혹은 두 번 바뀌어 태어난 뒤
최고의 진리를 보는 깨달음을 얻게 될 것이다.

또 어떤 이들은 한 생애를 지나서
다시 태어나서는 일체지자가 될 것이다.
지도자의 수명이 얼마나 긴지 듣고는
더러움이 없는 과보를 얻을 것이다.

이 가르침을 듣고

第十七章 _ 分別功德品

훌륭한 깨달음을 향해 발심한 중생들의 수는
여덟 국토의 티끌처럼 무한할 것이다.

부처님의 깨달음을 설하시는 위대한 성인은
훌륭한 일을 하셨다.
그것은 끝도 한계도 없어 허공계처럼
헤아릴 수 없는 일이다.

수천만 억의 많은 천자들은
만다라바의 꽃비를 내렸다.
갠지스 강의 모래알처럼 많은 제석천이나 범천들은
수천만 억의 국토로부터 왔다.

그들은 전단의 향기로운 가루와 침향 가루를
승리자에게 알맞도록 뿌리면서
공중을 새처럼 돌아다닌다.

또 그들은 공중에서 큰북을 두드리지 않고도
감미로운 소리를 내게 하며
수천만 억의 천의를
지도자들에게 던져 나부끼게 한다.

그리고 값을 정할 수 없을 정도로 비싼 보석향로가
진리의 통치자인 부처님을 공양하기 위해
공중을 저절로 돌아다녔다.

또 현명한 보살들은
무한하며 높고 큰 보석으로 된 우산을
범천의 세계에 이르기까지 무수히 받쳐들고 있다.

선서의 아들인 보살들은 기쁨에 넘쳐
지도자들을 위해 깃발이 달린
아름다운 승리의 깃발을 세워
수천의 게송으로 그들을 찬탄한다.

세상의 지도자들이여
여태껏 없었으며 드물고 훌륭한 일이
지금 여러 가지로 드러났고
수명이 무한인 것이 설해져서
모든 중생들은 기쁨을 얻었다.

지금 지도자들의 음성은 시방에 들리고
그 이익은 광대하다.
수천 겁의 생명 있는 것들은 만족해서

第十七章 _ 分別功德品

깨달음을 위한 선근을 갖추었다.

그때 세존께서는 미륵보살을 향해 말씀하셨다.

"미륵이여, '여래의 수명에 대한 법문'이 설해지고 있는 동안, 중생들은 단 한 번 깨달음을 구하는 마음을 일으키거나 신앙심을 일으켰다고 하자. 그 선남자, 선여인들은 어느 정도의 복덕을 쌓겠느냐? 이것을 바르게 듣고 마음속으로 깊이 생각하여라. 그들이 어느 정도의 복덕을 쌓는지 들려주겠다.

미륵이여, 그것은 이와 같다. 어떤 선남자, 선여인이 위없는 바른 깨달음을 구해 팔십만 억 나유타의 겁 동안 지혜의 완성을 제외한 보시, 계율, 인내, 정진노력, 선정의 완성이라는 다섯 가지 완성으로 수행한다고 하자.

또 미륵이여, 선남자, 선여인이 '여래의 수명에 대한 법문'을 듣고, 단 한 번이라도 깨달음을 구하는 마음을 일으키거나 신앙심을 일으켰다고 하자. 이 경우 다섯 가지 완성으로 인한 복덕과 선근은 후자인 발심의 복덕과 선근에 비교하면 백분의 일은 물론, 천분의 일, 백천분의 일에도 미치지 못한다. 양자의 차이는 헤아릴 수도 나눌 수도 계산할 수도 비유하거나 비교할 수도 없다. 미륵이여, 이런 복덕을 쌓은 선남자, 선여인은 위없는 바른 깨달음으로부터 물러서는 일이 없다."

그때 세존께서는 이와 같은 게송을 설하셨다.

지혜, 즉 최고의 부처님의 지혜를 구해
어떤 이가 이 세상에서 다섯 가지의 완성을
굳게 지키며 산다고 하자.

팔천 겁 동안 수행하며
부처님이나 성문들에게 몇 번씩 되풀이 보시하고
수많은 독각과 보살들에게 딱딱하거나
부드러운 음식물, 옷이나 침대, 좌구로 만족시키며

전단으로 된 집과 정사(精舍),
또는 산책을 할 수 있는 아름다운 숲을
이 세상에 만들게 한다고 하자.
이렇게 온갖 훌륭한 보시를
수천 겁 동안 한 뒤
깨달음을 향해 보시의 공덕을 돌린다고 하자.

또 부처님의 지혜를 얻기 위해
완전한 부처님이 설하시고
현자들이 찬탄한 청정한 계율을 지킨다고 하자.
또 인내하며 마음이 다스려진 경지에 몸을 두고
침착하며 사려 깊고 온갖 치욕을 견딘다고 하자.

第十七章 _ 分別功德品

또 부처님의 지혜를 얻기 위해
진리를 체득했다고 하는 교만한 중생들의
비난과 경멸을 참는다고 하자.

또 언제나 정진노력에 힘쓰며
열심이고 뜻이 굳으며
수겁 동안 따로 미혹되는 일이 없다고 하자.
또 숲에서 살며 산책으로 무기력과 졸음을 쫓고
오랜 겁 동안 수행한다고 하자.

또 선정을 행하는 대명상가로서 선정을 즐기며
마음을 한 점에 집중해서
팔천 겁 동안 선정을 행한다고 하자.

한 사람의 굳센 사람이 있어
'나는 일체지자가 될 것이다'라고 말하고
좌선의 실천에 전념하여
삼매에 의해서 최상의 깨달음을 희망한다고 하자.

지금까지 열거한 찬탄받는 사람들이
수천만 억 겁 동안 그 행한 바를 실행한다면
그와 같은 복덕이 있을 것이다.

그러나 여자든 남자든
나의 수명을 듣고 한순간이라도 믿는다면
그 복덕은 앞의 공덕보다도 무한할 것이다.

의혹과 동요와 망신(妄信)을 버리고
얼마 동안만이라도 깨달음을 지향한다면
그 사람에게는 위와 같은 결과가 있을 것이다.

또 수겁 동안 수행한 보살들은
생각도 미치지 않는
나의 수명을 들어도 놀라지 않는다.

그리고 그들은 머리 숙여 예배하고
'미래세에는 나도 이렇게 되어
수많은 생명 있는 것들을 구제하자.

마치 석가족의 사자(獅子)로
위대한 현자이며 보호자인 석가세존이
보리좌에 앉아 사자후를 외치는 것처럼

미래세에 나도 모든 육체를 가진 자로부터
존경을 받으며 보리좌에 앉아

이런 수명에 대해 설하자' 라고 생각할 것이다.

부처님으로부터 들은 말을 정성껏 수지하며
깊은 뜻이 담긴 말을 이해하는 사람들은
의심을 품지 않는다.

"또 미륵이여, '여래의 수명의 구원(久遠)함에 대한 법문'을 듣고 이해하여 믿고 따르며 통찰해서 깨닫는 이는 부처님의 지혜를 얻는 데 도움이 되는 복덕을 쌓아 헤아릴 수 없을 정도로 얻을 것이다. 그러니 이런 법문을 듣고, 들려주거나 독송하거나 수지하거나 옮겨 적거나 옮겨 적게 하거나 그것을 책으로 해서 꽃, 훈향, 향수, 화만, 도향, 분향, 옷, 우산, 기, 깃발, 식물성 기름의 등(燈), 동물성 기름의 등, 향유의 등과 함께 공양하거나 공경하게 하는 이가 부처님의 지혜로 이끄는 보다 많은 복덕을 쌓을 것은 말할 필요도 없다.

그리고 미륵이여, 선남자, 선여인이여, '여래의 수명의 구원성(久遠性)에 대한 법문'을 듣고, 깊은 정성으로 믿고 따른다면 그 깊은 정성의 특징은 다음과 같다고 생각해야 한다. 즉 그러한 사람은 내가 기사굴산(靈鷲山)에서 보살들에게 둘러싸여 존경받으며 성문들 가운데에서 가르침을 설하고 있는 것을 볼 것이다. 또 유리로 되었고 표면이 평탄하며, 금실로 바둑판 무늬처럼 장식되고, 보석 나무로 아름답게 장식된 사바세계인 나의 불국토를 볼 것이다. 또 거기서 보살들이 누각의 향락 속에서 생활하고 있는 것을 볼 것이다. 미륵이여, 이것이 깊은 정성으로 믿고 따르는 선남자, 선여인이 지니는 깊은 뜻의 특징이다.

또 미륵이여, 여래인 내가 완전한 열반에 든 뒤, 이 법문을 듣고 비방하지 않고 오히려 환희하는 사람들을 나는 깊은 정성으로 믿고 따르는 선남자, 선여인이라고 부른다. 그러니 이 법문을 수지 독송하는 사람들은 말할 필요도 없다. 따라서 이 법문을 책으로 해서 가지고 다니는 이는 여래를 모시는 이가 될 것이다. 미륵이여, 그런 선남자, 선여인은 나를 위해 탑을 세우거나 정사를 세울 필요도 없고 비구들의 병을 고치는 약과 같은 생활필수품을 보시할 필요도 없다.

왜냐하면 미륵이여, 이 법문을 수지 독송하는 선남자, 선여인은 이미 나의 사리에 공양을 한 것이 되며, 높이가 범천의 세계에 이르며, 주위가 점점 좁아지며, 우산이 둘러쳐지고 승리의 깃발이 세워지고 방울이 맑은 소리를 내는 칠보로 된 탑을 세운 것이 되기 때문이다. 또 그 사리를 안치한 탑에 대해 천계나 인간계의 온갖 꽃, 훈향, 향수, 화만, 도향, 분향, 옷, 우산, 기, 깃발, 승리의 깃발로 여러 가지 공양을 올리며 감미롭고 상쾌하고 맑은 소리를 내는 크고 작은 북, 또는 치거나 울리는 악기 소리, 음성, 헤아릴 수 없는 노래와 춤으로 수백 수천 겁 동안 공경을 한 것이 되기 때문이다.

내가 완전한 열반에 든 뒤, 이 법문을 수지 독송하며 옮겨 적어 설명한다면, 그는 크고 높고 넓으며 붉은 전단으로 된 정사를 세운

第十七章 _ 分別功德品

것이 된다. 그 정사들은 각각 서른두 개의 높은 누각이 있으며 팔층 건물로 수천 명의 비구를 수용하며, 숲과 화단은 아름다우며 산책할 수 있는 숲이 있고, 침대와 좌구를 갖추었으며, 딱딱하거나 부드러운 음식물, 병을 고치는 약 등의 생활필수품이 많이 있으며, 모두가 안락한 물건으로 장식되어 있다. 그리고 그 정사의 수는 너무 많아서 헤아릴 수 없을 정도이다. 즉 백천만 억 나유타이다. 그것들은 내 앞에서 성문들에게 제공되고 나에 의해 누리는 것이라고 보아야 한다.

미륵이여, 이런 까닭에 내가 열반에 든 뒤, 이 법문을 수지 독송하거나 가르치거나 옮겨 적거나 옮겨 적게 하거나 하는 이는 사리를 안치하는 탑을 세우거나 승단에 공양을 올릴 필요가 없다고 하는 것이다. 그러니 이 법문을 수지해서 보시로 완전하게 하거나, 계율, 인내, 정진노력, 선정 혹은 지혜로 완전하게 하는 선남자, 선여인은 헤아릴 수 없는 부처님의 지혜로 이끄는 복덕을 쌓게 될 것이다.

미륵이여, 선남자, 선여인이 이 법문을 수지 독송하거나 옮겨 적거나 옮겨 적게 하는 이는 마치 허공계가 동, 서, 남, 북, 상, 하의 각 방향과 그 중간의 방향에서 무한인 것처럼 헤아릴 수 없는 부처님의 지혜로 이끄는 복덕을 쌓게 될 것이다. 그는 여래의 탑〔佛塔〕을 공경하기 위해 전심하며, 여래의 성문들을 칭찬하고 보살대사들이 가진 수많은 덕성을 찬미하며 다른 사람들에게 설할 것이다. 또 이와 같은 일을 인내해 가며 완성하고 계율을 지키며 선량하고 친근한 이가 될 것이다. 인내심 깊고 마음이 다스려졌으며 질투하지 않고 화내지 않으며 적의를 품지 않는 이가 될 것이다. 또 사려 깊고 기력이 있으며 정진노력하며 부처님의 가르침을 구하는 데 언제나 전심하는 이가 될 것이다. 선정에 들어 홀로 명상에 잠기는 이가 될 것이다. 질문에 답하는 데 뛰어나며 수많은 질문에 답하는 이가 될 것이다.

미륵이여, 어떤 보살대사가 내가 완전한 열반에 든 뒤, 이 법문을 수지한다면 내가 지금 찬미한 것과 같은 공덕이 있을 것이다. 미륵이여, 선남자, 선여인은 깨달음의 자리를 향해 뜻을 세운 이들이며, 깨달음을 얻기 위해 보리수로 향하는 이들이다. 또 미륵이여, 선남자, 선여인이 서거나 앉거나 산책하는 곳에는 여래를 위한 탑을 세워야 한다. 그리고 천신들과 세간의 사람들은 '이것이 여래의 탑이다'고 말해야 한다."

그때 세존께서는 이와 같은 게송을 설하셨다.

'사람들의 지도자인 부처님이 열반에 드신 뒤
이 경전을 수지하는 이가 있다면
그의 복덕은 무한할 것'이라고 나는 되풀이 설했다.

그는 나를 공양한 것이 되며
사리를 안치한 많은 탑을 세운 것이 된다.
그 탑들은 보석으로 되었고

第十七章 _ 分別功德品

다채롭고 아름답게 빛나며
높이는 범천의 세계와 같고
우산이 늘어서서 광대하고 호화로우며
승리의 깃발이 서 있고
아름다운 실로 장식되고 맑은 방울 소리가 난다.

또 방울은 바람에 흔들리는
승리자의 사리를 안치한 탑 위에서 빛나고 있다.
그 탑들에 꽃, 향수, 도향, 악기, 옷, 큰북으로
커다란 공양이 되풀이 올려진다.

그 탑에서는 악기가 감미롭게 연주되며
향유의 등도 많이 헌상되어 있다.
바른 가르침이 소멸할 때
이 경전을 수지해서 설하는 이가 있다면
그는 나에게 이러한 무한한 공양을 한 것이 된다.
전단으로 된 수천만의 높은 정사를 세운 것이 된다.

그 정사들에는 각각 서른두 개의
높은 누각이 있으며 높이는 팔층 건물이며
침대와 좌구가 갖추어져 있고
딱딱하거나 부드러운 음식물이 준비되어 있으며

제17장 _ 분별공덕품

깔개가 깨끗하게 깔려 있으며
수천의 비구들을 위한 거실이 있다.

꽃밭이 아름다움을 더하는 숲과 산책길,
온갖 형태의 색색으로 훌륭한 것들이 보시되어 있다.
부처님께서 열반에 드신 뒤
이 경전을 수지하는 이가 있다면 그는 내 앞에서
승단에 여러 가지 공양을 한 것이 된다.

그런 이보다 더 믿음이 굳고
이 경전을 독송하거나 옮겨 적거나 하는 이는
보다 많은 복덕을 얻을 것이다.

또 어떤 이가 잘 설해진 이 가르침을 책으로 해서
꽃, 화만, 도향과 함께 공양한다고 하자.
또 훌륭한 연꽃이나 아티무크타카꽃,
온갖 참파카꽃과 함께
향유의 등을 언제나 공양한다고 하자.

책에 대해 이와 같은 공양을 한 이는
무한히 많은 복덕을 쌓을 것이다.
마치 허공계가 시방에서 언제나 한이 없는 것처럼

이 복덕도 마찬가지이다.

그러니 인내심 깊고 마음을 다스려서 제어하고
계율을 지키며 선정에 들어 홀로 명상하며
화내거나 적의를 품지 않으며
여래의 탑에 대해 존경심을 지니고

비구들에게 언제나 머리를 숙이며
교만하거나 게으르지 않고
지혜가 뛰어나며 의지가 굳고
질문에 화내지 않으며 자비로운 마음으로
각각의 생명 있는 것들에 대해
가르침을 설하는 이에 대해서는 말할 필요도 없다.

어떤 이가 이 경전을 수지한다면
그의 복덕은 무한할 것이다.
만일 어떤 이가 이 경전을 수지하는
위와 같은 설법자를 만났다면
그는 그 설법자를 공경해야 할 것이다.

그는 하늘의 꽃을 뿌리고
천의로 설법자를 싸야 할 것이다.

설법자의 두 발에 머리를 대고 경례하며
'이 분이 여래이다' 라고 생각해야 할 것이다.

그 설법자를 보고
'이 분은 보리수 아래에서 천신들을 비롯한
세간사람들의 행복을 위해 위없는 깨달음을
얻으실 것이다' 라고 생각해야 할 것이다.

이 경전의 한 게송이라도 읊으면서
그런 현자가 산책하는 곳,
서거나 앉는 곳, 잠자리에 드는 곳에는
지도자인 부처님을 위해
훌륭하고 아름다운 여래의 탑을 세워야 하며
거기서 훌륭한 공양을 올려야 한다.

부처님의 아들이 있는 그곳에서
나는 그 공양을 받을 것이며
그곳에 산책하며 머물 것이다.

분별공덕품의 구성

1. 영원한 생명을 듣고 얻은 이익

2. 하늘에서 꽃비가 내리다

3. 미륵보살이 영원한 생명을 찬탄하며 게송을 읊다

4. 영원한 생명의 공덕
다섯 가지 바라밀보다 수승한 공덕/게송으로 다시 밝히다/말의 뜻을 이해한 공덕/경전을 수지하고 공양한 공덕/믿고 이해하면 부처님을 보리라

5. 여래 열반 후의 공덕

6. 게송으로 밝히다

분별공덕품입니다.

사람들은 이기적인 욕망에 따라
명성과 명예를 구하지만
그것들을 얻었을 때는
몸은 이미 늙어 있다.
세상의 명성만을 쫓고
도를 배우지 않는다면
그대의 수고는 헛되이 되고
기운만 낭비할 뿐이다.
그것은 마치 타고 있는 향나무와 같다.
향내가 좋다고 아무리 감탄을 받아도
계속해서 향이 타고 나면 나무는 없어지고 만다.

《사십이장경》에 나오는 경구입니다. 부처님의 말씀은 쉽고 직접적이고 핵심을 찌릅니다. 부처님은 항상 진리의 접근 방식을 '도(道)'라고 합니다. 그것은 어떤 목적에 신경 쓰기보다는 실제적인 오늘의 삶과 삶의 자세를 스스로 돌아보고 언제든 궤도를 수정할 수 있는 유연한 자세를 말합니다. 그저 길을 가면 목적이 스스로를 돌보는 삶입니다. 목적에 도달하려는 욕구보다는 명상과 사랑과 자비와 나눔의 순수한 기쁨 속에서 단순한 길을 가는 것입니다. 순수한 기쁨 속에서 도를 실천해야 합니다. 마음은 스스로를 속이고 노회한 장사꾼처럼 득실만을 따집니다. 이 함정에 빠지면 성공이라는 허상이 본질을 망각하게 합니다. 마음을 믿으면 안 됩니다. 마음은 외부의 자극으로 인한 마찰의

第十七章 _ 分別功德品

결과이기 때문에 올바르지 않습니다. 대신 영혼의 고결함에 눈을 떠야 합니다.

의식은 파도와 같습니다. 파도가 일면 마음이 되고, 파도가 없으면 영혼이 됩니다. 영혼은 모양도 없고 색깔도 없으면서도 존재의 바탕이 됩니다. 이 투명한 영혼에 마음이라는 붓이 움직이면 세상은 구체적인 그림이 그려집니다. 이 그림이 우리의 유혹입니다. 여기에는 단지 소란만 있을 뿐입니다. 욕망이 들끓으면 거친 파도가 되고 마음이 가라앉으면 고요한 바다가 됩니다. 욕망이 아무리 원대하고, 그 욕망이 채워지건 채워지지 않건 영혼은 상관없습니다. 모든 것이 심리적 문제일 뿐입니다.

마음은 병든 상태이고, 영혼은 건강한 상태입니다. 파도가 바다와 분리되지 않는 것처럼 마음과 영혼도 분리되지 않습니다. 바다는 파도와 상관없이 존재하지만 파도는 바다가 없으면 존재하지 못합니다. 영혼은 마음 없이 존재할 수 있지만, 마음은 영혼 없이 존재하지 못합니다. 바람이 거세지면 바다는 어지럽고 소란스러워집니다. 그 소란이 바다를 흔들어놓습니다.

흔히 '인격을 기르라', '선행을 하라' 고 말합니다. 그러나 부처님은 '마음을 고요히 다스리라. 그러면 선행이 일어날 것이다' 라고 말합니다. 마음이 고요해지면 세상의 모든 이치가 나를 따라 돌게 되어 있습니다. 이 고요한 마음이 비어 있음, 공(空)의 힘입니다. 반대로 욕망은 소동이고, 열정은 오히려 열병입니다. 이 의지적으로 하는 단계를 초월하면 진리의 흐름에 오르게 됩니다. 바로 '하나 됨' 입니다. 마음은 훈련되는 것이 아니라 깨달음이 있어야 차원의 변화가 생깁니다.
인간은 유아적입니다. 성숙하게 성장하는 인간은 극소수입니다. 어린 아기가 보채면 사람들은 적당한 말로 안심 시킵니다. 힌두교는 우주에 칼파비르크샤라는 나무가 있다고 말합니다. 그 나무 아래 앉아 소원을 빌면 무엇이든 바로 이루어진다고 합니다. 그러나 불교는 무엇에 의지하는 마음을 거두고 각성하는 것이 삶의 실마리임을 말합니다.
삶에 각성이 없으면 기운만 소비할 뿐입니다. 향기롭게 향나무가 타고 있습니다. 향기는 향나무의 소멸로 얻어지는 부산물입니다. 향이 계속 흘러나온다면 향나무가 타고 있다는 반증입니다. 그것이 아무리 소중하고 아까울지라도 향을 맡고 싶다면 향을 태워야 할 것이고, 나무는 사라져갈 뿐입니다.

법화경을 받아들이고 수행한 공덕

〈분별공덕품〉, 〈수희공덕품〉, 〈법사공덕품〉은 모두 공덕에 관한 내용입니다. 공덕은 반복하여 쌓이는 것으로, 이런 행위의 결과는 좋은 결실을 의미합니다. 이 〈분별공덕품〉에서는 놀라운 법을 받아들이고 실천했을 때 얻을 수 있는 다양한 공덕을 보여줍니다. 《법화경》을 들으면서 순간이나마 믿음과 충족감, 기쁨의 마음을 일으키는 자는 무한한 공덕을 받게 됩니다. 《법화경》을 듣고 믿음으로 받아들인 다음, 그 가르침을 실천하면 세세생생 큰 공덕이 있습니다.
본 품에서는 다라니를 통해서 얼마나 많은 보살들이 수행의 결실을 거두게 되었는지 이야기합니다. 다라니는 만트라 처럼 영적인 힘이 강한

第十七章 _ 分別功德品

낱말이나 구절, 신비로운 주문을 의미합니다. 또 '지키거나 유지할 수 있는' 이라는 뜻도 있습니다. 그러므로 들은 것을 지키는 다라니는 부처님의 가르침을 받아들이고 보존할 수 있는 보살의 능력을, 즉 자신이 듣고 이해한 진리를 타인과 나누고 실천할 수 있는 보살의 능력을 말합니다. 헤아릴 수 없이 많은 이 위대한 보살들은 '거리낌이 없는 웅변력' 을 가졌고, 이런 능력으로 모든 진리를 타인들도 잘 이해할 수 있게 설명합니다. 그래서 모든 세계를 돌아다니며 중생을 가르쳐 진리의 바다에 들게 인도합니다.
본 품의 내용 가운데 미륵보살에게 설하신 내용입니다.

> 미륵이여, 선남자, 선여인이여, '여래의 수명의 구원성(久遠性)에 대한 법문' 을 듣고, 깊은 정성으로 믿고 따른다면 그 깊은 정성의 특징은 다음과 같다고 생각해야 한다. 즉 그러한 사람은 내가 기사굴산〔靈鷲山〕에서 보살들에게 둘러싸여 존경받으며 성문들 가운데에서 가르침을 설하고 있는 것을 볼 것이다.

《법화경》을 받아들이고 수행한 공덕에 대해 설합니다. 예수는 '독생자' 라 합니다. 이 말은 오직 하나라는 말로, 과거와 미래에 대한 시간관념이 드러나지 않습니다. 또 마호메트는 자신이 최후의 메시아임을 분명히 말합니다. 물론 이 말에 함축된 의미를 파악하기는 쉽지 않습니다. 어찌 되었건 이와 달리 부처님 세계는 과거 · 현재 · 미래에 걸쳐 무수한 부처님이 연결되어 있다고 합니다. 이것이 다른 종교와의 차이이기도 합니다. 그리고 그 부처님들은 각각 다른 존재가 아니라 '부처'라는 공통적인 특성이 있습니다. 이를 '법신(法身)'이라 합니다. 보통의 생멸하는 몸이 아니라 '법의 몸'이기 때문에 영원한 몸이고, 그래서 시간과 공간을 초월하는 것입니다.

분별공덕품의 주요 내용

세존께서 이 보살들을 위하여 가르침을 이해할 수 있는 기초를 설하시자마자, 하늘에서는 만다라바와 대만다라바의 꽃비가 내렸다. 그리고 수천만 억 나유타의 세계에서 보석나무의 밑둥에 있는 사자좌에 앉아 있던 수많은 부처님에게도 꽃비가 내렸다. 또 석가여래와 다보여래께서 앉아 계시는 사자좌 위에도 꽃비가 내렸다. 또 모든 보살들과 사중들 위에도 꽃비가 내렸다. 이 밖에 하늘의 전단과 침향의 가루가 뿌려졌으며 하늘 높은 데서 두드리지도 않았는데 기분 좋고 감미롭고 심원한 큰북 소리가 울렸다. 또 수천의 천의(天衣)가 하늘에서 비 오듯 내렸으며, 보석목걸이와 진주목걸이, 마니보석구슬과 훌륭한 보석구슬이 하늘에서 여러 방향으로 떠다녔다. 또 수천의 보석구슬로 된 향로가 저절로 움직여 돌았다. 또 하늘에서는 보살들이 한 분 한 분의 여래께 보석구슬로 된 우산을 떠받치며 범천의 세계에 이르기까지 줄을 섰다. 이렇게 해서 그 보살들은 수천만 억 나유타의 헤아릴 수 없는 모든 부처님들을 위해 하늘에서 보옥으로 된 우산을 떠받치며 줄을 섰다. 그들은 각자 진정으로 부처님을 찬탄하는 게송을 준비해서 여래들을 찬미했다.

第十七章 _ 分別功德品

법공양에는 '십종공양'이라 하여 열 가지가 있습니다. 꽃·향·영락·가루 향·몸에 바르는 향·태우는 향·햇빛 가리는 일산·당번·의복·음악 등입니다. 이 모든 것이 부처님 당시 인도 사회에 가장 소중하게 여기는 것들이라서 진귀한 공양이 됩니다.

> 세상의 지도자들이여
> 여태껏 없었으며 드물고 훌륭한 일이
> 지금 여러 가지로 드러났고
> 수명이 무한인 것이 설해져서
> 모든 중생들은 기쁨을 얻었다.
>
> 지금 지도자들의 음성은 시방에 들리고
> 그 이익은 광대하다.
> 수천 겁의 생명 있는 것들은 만족해서
> 깨달음을 위한 선근을 갖추었다.

여기서는 부처님의 설법을 듣고 수많은 천상천하 대중이 거룩한 이익을 얻고 기쁨이 가득하다고 미륵보살이 말합니다. 기쁘면 빛이 나고 환해집니다. 일이 잘되면 누구나 환한 얼굴이 되고 언짢은 일이라면 찡그린 얼굴이 되어 피하고 싶어집니다. 부처님의 제자들은 항상 기쁨이 넘치기 때문에 환하고 즐거워야 합니다.

제17장 _ 분별공덕품

'사람들의 지도자인 부처님이 열반에 드신 뒤
이 경전을 수지하는 이가 있다면
그의 복덕은 무한할 것' 이라고 나는 되풀이 설했다.
…(중략)…
이 경전의 한 게송이라도 읊으면서
그런 현자가 산책하는 곳,
서거나 앉는 곳, 잠자리에 드는 곳에는
지도자인 부처님을 위해
훌륭하고 아름다운 여래의 탑을 세워야 하며
거기서 훌륭한 공양을 올려야 한다.

부처님의 아들이 있는 그곳에서
나는 그 공양을 받을 것이며
그곳에 산책하며 머물 것이다.

본 품의 제목처럼 《법화경》을 수지하고 남을 위해 설하며 유통시키는 공덕이 무궁무진함을 알 수 있습니다. 공덕을 잘 지으려면 무엇이 공덕이 되는지 안 되는지 분별하는 지혜가 있어야 합니다. 무턱대고 공덕을 짓겠다고 덤비는 것은 어리석은 일입니다. 사람의 모든 일이란 게 마찬가지로 정확하게 분간하는 지혜가 있어야 힘이 들지 않습니다. 이런 지혜는 잘 배우고 익혀야 합니다. 생각하는 힘을 기르시기 바랍니다.

第十七章 _ 分別功德品

🪷 진리의 한 사람

길에서 검객을 만나면 칼을 뺄 것이요 〔路逢劍客須呈劍〕
시인이 아니거든 시를 말하지 말라 〔不是詩人不獻詩〕

선종의 대선지식인 운문선사가 말했습니다.
"제석천과 석가모니가 뜰에서 서로 깨달음이니 법이니 하면서 시끄럽게 다투는구나."
어떤 스님이 운문선사에게 물었습니다.
"어떤 것이 조계의 정확한 뜻입니까?"
운문선사가 말했습니다.
"나는 성내기를 좋아한다. 기뻐하는 것을 좋아하지 않는다."
"왜 그렇습니까?"
"길에서 검객을 만나면 검을 뽑아야 하고, 시인이 아니면 시를 바치지 않는다."

위의 게송은 《운문록》에 나옵니다. 이 게송은 선사들이 즐겨 써서 임제선사 말씀에도 나옵니다. 제석천은 하늘에서 부처님을 호위하는 분이고, 부처님은 득실시비를 초월한 분인데 두 분이 다툰다 했습니다. 사람들의 상식을 뒤엎어 공부를 점검해보는 선가의 방식입니다. 또 천하의 도인인데 성내기를 즐겨하고 기뻐하는 것을 싫어한다고 했으니 이만저만 역설이 아닙니다. 그래서 왜 그러는지 물었습니다. 스님은 말합니다. 진정한 검객은 검객다운 검객을 만나야 검을 빼어 듭니다.

제17장 _ 분별공덕품

어지간해서는 상대를 하지 않겠지요. 또 시인도 서로 호흡이 맞는 시인을 만나지 않으면 문장을 논하지 않을 것입니다. 절대 고수의 검은 요긴한 일이 아니면 함부로 들지 않습니다. 대장부의 고준한 뜻이 여실히 드러납니다.

또 스님께서는 설봉(822~908)의 '밥통 앞에 앉아 굶어 죽을 놈, 강가에서 목말라 죽을 놈아!' 라고 한 말, 현사(835~908)의 '밥통 속에 앉아서 굶어 죽을 놈, 물속에 머리까지 처박고 목말라 죽을 놈아!' 라고 한 것을 인용하고 나서, 다음과 같이 말했습니다.

'온 몸이 밥이고, 온 몸이 물이다!' (《운문록》)

이 말이 우스워보일지 모르지만 밥통 앞에서 배고프다며 굶어 죽는 사람도 부지기수입니다. 목마르다 하면서 강가에서 물을 마시지 못합니다. 이런 어리석은 이가 꼭 있습니다. 자신이 하는 일과 하나가 되지 못하는 사람은 항상 문제의 핵심에 들어가지 못하고 주변만 맴돌고 맙니다. 심지어 밥통 속에 있고, 물속에 있으면서도 배고프다, 목마르다 아우성입니다. 그는 자기 손 안에 든 보물을 모르는 사람입니다.

운문스님의 제자로 향림 징원이 있었는데, 그는 매우 우둔한 사람이었으나 신심이 독실했습니다. 18년 동안 운문선사의 시중을 들며 같이 살았습니다. 언제나 종이옷을 입고 다니면서 운문선사의 말 한마디 한마디를 그 종이옷에 적었던 것이 훗날 《운문록》이 되었습니다. 그러나 향림은 매우 우둔하여 좀처럼 깨치지 못해서 스님은 어떻게 해서라도 깨우쳐주려고 매일 같은 말을 했다고 합니다.

"향림아!"
"예."
"이것은 무엇인가?"

참으로 친절하고 친절하신 말씀입니다. 매일 똑같이 같은 말을 물을 수 있으면 그것은 진실입니다. 제자를 향한 진실이 이보다 간절할 수 없지 싶습니다. 그 안에 과거·현재·미래의 모든 부처님 비밀이 다 들어 있습니다.

이것이 무엇일까!

18 수희공덕품

18

수희공덕품 隨喜功德品

그때 미륵보살은 세존께 이와 같이 말씀드렸다.

"세존이시여, 선남자, 선여인이 이 법문을 듣고 기뻐한다면, 어느 정도의 복덕을 쌓는 것이 되옵니까?"

이어 미륵보살은 이와 같은 게송을 읊었다.

위대한 용자이신 부처님께서 열반에 드신 뒤
이 같은 경전을 듣고 기뻐하는 이가 있다면
그에게는 얼마만한 미덕이 있는 것이옵니까?

그때 세존께서는 미륵보살에게 이와 같이 말씀하셨다.

"미륵이여, 선남자, 선여인이 여래인 내가 완전한 열반에 든 뒤, 이 법문을 듣는다고 하자. 비구와 비구니, 신남과 신녀, 분별 있는 어른과 소년, 소녀가 이 법문을 듣고 기뻐한다고 하자. 그리고는 이 법회에서 일어나 이 법을 전하기 위해 나서서 정사나 가정, 숲이나 거리, 마을이나 시골의 어딘가로 가서 이 법문이 설해진 원인이나 이유, 또는 가르침을 듣고 이해한 대로 자기 능력에 맞게 다른 사람들에게 전한다고 하자. 그들이 부모 혹은 친구, 인연 있는 이들에게 전한다고 하자. 이 법문을 들은 이가 기뻐하며 다시 다른 이에게 전하고, 그것을 들은 이가 또 다른 이에게 전하는 식으로 오십 명에게 이 법문이 전해지고 그 오십 번째로 들은 이가 기뻐할 때, 그 복덕이 어떤지 설하겠으니 바르게 듣고 마음속으로 깊이 생각하여라.

미륵이여, 그것은 마치 이와 같다. 사백만 억 아상캐야*의 세계에 살며, 여섯 가지 경계에 태어난 중생들 그러니까 난생이나 태생, 습생이나 화생, 혹은 형태가 있거나 없거나, 의식이 있거나 없거나, 그 어떤 것도 아닌 것, 발이 없거나 두 개거나 네 개 혹은 많은 것 등의 모든 중생들이 중생계에 함께 모여 있다고 하자. 그때 어떤 이가 나타나 중생들의 복덕과 행복을 원하며, 중생들에게 모든 종류의 쾌락과 놀이, 즐거움과 향락을 준다고 하자. 각각의 중생에게 염부제(閻浮提)에 가득한 황금, 은, 진주, 유리, 나패, 산호, 말수레, 소수레, 코끼리수레, 높은 집, 누각을 준다고 하자.

미륵이여, 이렇게 해서 대시주(大施主)인 그가 꼭 팔십 년 동안 보시를 한다고 하자. 그때 대시주인 그가 이런 생각을 한다고 하자.

'나는 모든 중생들이 즐겁고 안락하게 살도록 해왔다. 이제 중생들은 주름이 지고 백발이며, 늙고 쇠약해져 팔십 세가 되었다.

---

*주) 아상캐야(asaṁkhyeya)는 '헤아릴 수 없는' 아주 큰 수의 단위를 말한다.

죽음이 가까웠으니 나는 여래께서 설하신 가르침에 의한 규율로 그들을 깨달음으로 들어가도록 가르쳐야겠다'

미륵이여, 그가 모든 중생들을 여래의 가르침에 의한 규율로 이끌어 이해시키고 깨닫게 한다고 하자. 중생들은 그의 가르침을 들을 것이며, 들은 뒤에는 한순간에 수다원이 되어 사다함과 아나함의 결과를 얻으며, 나아가서는 더러움이 다하고 선정을 닦는 대명상가이며 여덟 가지 해탈을 명상하는 아라한이 될 것이다. 미륵이여, 그대는 이 일을 어떻게 생각하는가? 대시주인 그가 그 때문에 헤아릴 수 없을 정도의 복덕을 쌓겠느냐?

질문을 받자 미륵보살은 세존께 이와 같이 말씀드렸다.

"세존이시여, 말씀대로이옵니다. 그런 까닭에 대시주인 그는 많은 복덕을 쌓을 것이옵니다. 그는 그만큼 많은 중생들에게 온갖 안락을 주었으며, 더욱이 아라한의 경지로까지 이끌었으니 더 말할 필요가 없을 것이옵니다."

이렇게 답했을 때, 세존께서는 미륵보살에게 말씀하셨다.

"미륵이여, 그대에게 알려주겠다. 대시주인 그가 사백만 억 아상캐야의 세계에서 모든 중생들을 여러 가지로 안락하게 하며, 아라한의 경지로 이끌어 복덕을 쌓았다고 하자. 한편 순서대로 이 법문을 듣고 전한 오십 번째의 사람이 그중 한 게송, 한 구절이라도 듣고 기뻐한다고 하자. 이 경우 후자의 환희의 복덕과 전자의 보시와 아라한으로 이끄는 복덕을 비교할 때, 후자의 복덕이 훨씬 더 클 것이다.

제18장_수희공덕품

　미륵이여, 법문을 듣고 환희하는 데 따르는 복덕과 선근은 앞에서 행한, 보시나 아란한으로 이끄는 복덕은 그 백분의 일은커녕 천분의 일, 백천만 억분의 일에도 미치지 않는다. 양자의 차이는 셀 수도 나눌 수도 계산할 수도 비유하거나 비교할 수도 없다. 미륵이여, 오십 번째의 사람이 이 법문 중 한 게송이라도 듣고 기뻐할 때 한량없는 복덕을 쌓는 것인데 하물며 내 앞에서 이 법문을 듣고 기뻐하는 이는 말할 필요도 없을 것이다. 그 복덕은 더더욱 헤아릴 수 없을 것이다.

　미륵이여, 선남자, 선여인이 이 법문을 듣기 위해 집을 나와 정사로 간다고 하자. 그는 거기에 서서 혹은 앉아서 잠깐 법문을 듣는다고 하자. 그런 이는 그 복덕으로 말미암아 현재의 생이 끝나 다음 생에서 소수레, 말수레, 코끼리수레, 가마, 황소가 끄는 탈것, 암소가 끄는 탈것, 하늘의 탈것을 얻을 것이다. 또 만일 가르침을 듣는 자리에서 잠시라도 앉아 이 법문을 듣거나 남에게 자리를 나눠준다면, 그 복덕에 의해 제석천의 자리, 범천의 자리, 전륜왕의 사자좌를 얻을 것이다.

　미륵이여, 또 만일 선남자, 선여인이 '친구여, 바른 가르침의 백련이라는 법문을 들어보라'고 남에게 권유해서 그가 조금이라도 이 법문을 듣는다고 하자. 권유한 이는 그 선근으로 인해 다라니를 얻은 보살들을 만날 수 있을 것이며, 우둔하지 않고 근기가 뛰어나며 지혜 있는 이가 될 것이다. 또한 수백 수천으로 생존할 때도 결코 구취나 악취가 없고, 혀나 입에 병이 없으며, 이가 검게 변하거나 고르지 못하거나 누렇게 되거나 구부러지거나 빠지거나 하는 일이 없다. 또 입술이 축 처지거나 안으로 굽거나 밖으로 불거지거나 갈라지거나 비틀리거나 검어지거나 추해지는 일이 없으며, 코가 납작해지거나 굽어지는 일이 없다. 뿐만 아니라 얼굴이 길어지거나 굽거나 검어지거나 보기 흉해지는 일이 없다.

　미륵이여, 오히려 그의 혀나 이, 입술은 섬세하고 아름다우며, 코는 높고 얼굴은 훌륭하며, 눈썹은 보기 좋으며, 이마도 넓다. 사람으로서 완전한 모습(相)을 갖추었다. 또 그에게는 훈계와 충고를 해 주시는 여래가 계실 것이며, 빨리 부처님들을 뵐 수가 있다. 미륵이여, 보아라. 단 한 사람에게 권유해도 이 같은 복덕을 쌓게 되는데, 이 법문을 공경해서 듣고 독송하며 설하는 이에 대해서는 더 말할 필요도 없을 것이다."

　그리고 세존께서는 이와 같은 게송을 설하셨다.

　　차례로 이 법문을 전해 오십 번째 사람이
　　이 경전의 한 게송을 듣고
　　기뻐하며 맑은 마음을 가진다면
　　그 복덕이 어느 정도인지 들어라.

　　어떤 이가 언제나 수많은 나유타의 중생에게
　　팔십 년 동안 보시를 하여 만족시켰다고 하자.

제18장 _ 수희공덕품

중생들이 나이 들어 주름이 잡히고
머리털이 세거나 빠진 것을 보고
그가 '아, 착각 속에 사는 중생들을 부처님의
가르침으로 훈계해야겠다' 라고 생각한다고 하자.

중생들에게 가르침을 설하고
'모든 존재는 물거품이나 아지랑이와 같다.
어서 모든 존재의 속박에서 벗어나라' 고 하며
열반의 경지를 밝힌다고 하자.

모든 중생들이 그 시주의 가르침을 듣고
한꺼번에 더러움이 다하고
윤회의 마지막 몸인 아라한이 된다고 하자.

그 보시자는 차례로 이 법문을 전해
한 게송이라도 듣고 기뻐한 이에게는
더 큰 복덕이 있을 것이다.
후자에 비해 전자의 복덕은
불과 한 부분에도 미치지 못한다.

차례로 설해진 이 법문을 한 게송이라도 전해 듣는 데
이처럼 헤아릴 수 없는 많은 복덕이 있을진대

하물며 내 앞에서 듣는다면 더 말할 필요도 없을 것이다.

또 누군가가 '이 경전은 수천 겁이 지나도
얻기 어려우니 어서 가서
가르침을 들으시오' 라고 권유한다고 하자.

그래서 권유받은 이가
얼마 동안 이 경전을 듣는다고 하자.
그 권유한 행위의 결과로 인해
권유한 이는 결코 입병에 걸리는 일이 없을 것이며

혀가 아플 일도 없고
이가 빠지거나 검거나 누렇거나
혹은 고르지 못하게 되는 일도 없을 것이며
입술이 추해지는 일도 없을 것이다.

얼굴이 비틀리거나 홀쭉해지거나
길어지거나 하는 일도 없을 것이며
코가 평평해지는 일도 없고
이마나 이, 입술, 얼굴 생김새 모두가
바르고 단정할 것이다.

따라서 언제나 사람들의 눈을 기쁘게 할 것이다.
입에서는 입냄새는커녕
마치 연꽃의 향기 같은 향내가 날 것이다.

이 경전을 듣기 위해 뜻을 굳게 세운 이가
집을 떠나 정사로 간다고 하자.
거기서 얼마 동안 이 경전을 들어
마음이 맑아진 이의 결과를 말해 주겠다.

뜻을 굳게 세운 이의 몸은 아주 청정할 것이며
마차로 여기저기를 돌거나
보석으로 장식된 코끼리수레를 타고 다닐 것이다.

그는 여러 사람이 메는
장식이 된 가마를 얻게 될 것이다.
가르침을 듣기 위해 정사로 간 이에게는
이런 훌륭한 결과가 있을 것이다.

그는 자신이 행한 선행으로 인해
법회에서 제석천의 자리, 범천의 자리,
전륜왕의 자리를 얻을 것이다.

수희공덕품의 구성

1. 경을 듣고 기뻐한 공덕
미륵보살이 묻다/세존이 답하다/속으로 따라 기뻐한 공덕/다른 사람에게 듣기를 권한 공덕

2. 부처님이 게송으로 거듭 밝히다

수희공덕품입니다.

은혜를 아는 자가 적고〔知恩者少〕
은혜를 저버리는 자가 많다〔負恩者多〕

《금강경오가해》에 나오는 야보스님의 게송입니다. 우리는 세상을 살아가면서 많은 은혜를 받습니다. '은혜'는 이익이 분명히 있었음을 말합니다. 누군가에게 도움을 받았다는 이야기입니다. '남에게 받은 은혜는 돌에 새기고, 내가 남에게 베푼 은혜는 물에 새기라'는 격언이 있기도 합니다. 인간사 어려움 중 하나가 여기에 있습니다. 생각해보면 누군가에 대한 원망과 분노가 다 여기에서 나옵니다. 그 이유는 남에게 받은 것은 쉽게 잊고 내가 베푼 것은 좀처럼 잊지 않습니다. 그러니 서로가 서로에게 섭섭한 마음뿐입니다. 시비가 끊이질 않습니다. 남에게 이익 되는 일을 반복해 쌓아야 공덕이 생깁니다. 공덕의 크기는 횟수입니다. 같은 행위를 지루하다는 생각을 하지 말고 반복하는 것인데, 이 지구력이 공덕의 어머니입니다. 지구력이 있는 사람은 세상을 긴 호흡으로 살기 때문에 쉽게 포기하거나 흔들리지 않습니다.

중국 요(堯)나라에 순(舜)황제가 있었습니다. 그가 황제가 되기 전 어느 날, 뇌택이라는 호수에서 어부들을 보게 되었습니다. 젊고 힘이 센 어부들은 물살 깊은 곳까지 들어갈 수 있어서 고기를 많이 잡을 수 있었던 반면, 나이 든 어부들은 얕은 곳에 있었기 때문에 고기가 드물었습니다. 이를 본 순은 나이 든 어부들을 동정하는 마음이 생겼습니다. 그는 좋은 장소를 차지하고 있는 어부들을 보면 아무 말도 하지 않았

第十八章 _ 隨喜功德品

습니다. 그러다 혹 누가 나이 든 이에게 자리를 양보하는 경우엔 가는 곳마다 그들의 겸양을 칭찬했습니다. 그렇게 1년을 했더니 남에게 좋은 자리를 양보하는 분위기가 생겼다고 합니다.

허물을 숨기고 친절을 칭찬해 사람을 교화하는 방법입니다. 사람의 습성은 잘 바뀌지 않습니다. 개인의 부단한 노력도 필요하고, 남 가르치기에 지치지 않아야 합니다. 이런 모든 자세도 결국 서로에 대한 신뢰와 존중의 마음에서 나옵니다. 가장 중요한 것은 가르치고 배우면 반드시 인간성이 향상된다는 믿음입니다. 이런 믿음이 없으면 오래 지속하기 어렵습니다. '무심'으로 일을 대한다는 뜻이 이것입니다. 작은 변화에 마음 쓰지 않는 것입니다. 변화를 따라가다 보면 시비가 붙고, 자칫 곧은 길에서도 길을 잃기 쉽습니다.

❀ 존재가 특별해지는 평범함

앞 장은 경전을 수지 독송하고, 남을 위해 쓰게 하는 등의 경전에 대한 모든 예경과 배움과 가르침의 실천 공덕이었습니다. 이어지는 본 품은 기쁜 마음으로 경전의 가르침대로 따르고, 여기서 생기는 공덕을 말합니다. '수희(隨喜)'는 기쁘게 따르는 것입니다. 기쁘면 긍정과 순응하는 마음이 생깁니다. 부정적인 마음은 반항과 공격적인 마음입니다. 법을 따르니까 즐겁기도 하고, 법에 즐거운 마음이 있으니까 따르고 싶어집니다. 이 놀라운 법을 듣고 믿고 실천해서 얻은 기쁨을 어떻게 하면 중생에게 회향할 것인지에 대한 설명입니다.

작은 풍선이 하나 있다면, 공기는 풍선의 크기만큼 들어갑니다. 한계를 넘으면 견디지 못하고 터져버립니다. 통찰력이 얕고 믿음과 이해가 제한적이며 불안정한 사람은 이 풍선과 같습니다. 심오한 가르침을 수용할 능력이 없습니다. 이처럼 수용 가능한 능력을 '크샨티(kṣāti)'라 합니다. 육바라밀의 하나인 크샨티는 모든 것을 포용하는 수용력을 말합니다. 바로 인욕입니다.

인욕은 참는 힘입니다. 행복을 얻고 유지하는 데도 크샨티가 필요합니다. 마음의 수용력이 강해야 커다란 행복을 감당할 수 있습니다. 이런 능력을 가진 이가 있다면 즐거운 마음으로 따라야 합니다. 이런 존재 자체가 기쁨이고 스승입니다. 행복의 원천입니다. 어렵게 생각하지 않아도 됩니다. 찬탄하는 기쁜 마음이 가장 중요합니다. 그래서 '수희' 입니다. 기쁘게 따르는 행위는 사실 특별한 게 아닙니다. 오히려 지극히 평범합니다. 이 평범함에 머물러야 존재가 특별해집니다. 언제 특별해질까 하고 기다릴 필요도 없습니다. 그런 조건들을 염려하지 않아도 됩니다. 이렇게 기다리는 행복은 구걸하는 행복입니다. 대신 무엇이 부족한지 항상 생각해야 합니다.

이는 중요한 관찰입니다. 평범한 새들이 노래하고 춤추고 날아다닙니다. 인간이 악기를 배우기 위해 많은 노력을 기울여 연주하는 것과 같습니다. 삶은 한 송이 꽃과 같습니다. 꽃은 아무 목적 없이 피고 집니다. 특별한 누군가를 위해 피는 것이 아닙니다. 아무도 길을 지나가지 않을지라도, 누구 하나 꽃향기를 맡아주지 않아도 상관하지 않습니다. 그 자리에 있으니까 피어나는 겁니다. 축복을 연기할 필요는 없습니다. 축복 받은 삶이란 아주 단순하게 우주적인 흐름에 따라 호흡할 때만이

第十八章 _ 隨喜功德品

비처럼 내 머리 위에 떨어집니다. 일부러 뿌릴 수 있는 게 아닙니다. 이 단순함을 유지하기 위한 자세가 또 하나의 크샨티라 하겠습니다.

🪷 수희공덕품의 주요 내용

미륵보살은 세존께 이와 같이 말씀드렸다.

"세존이시여, 선남자, 선여인이 이 법문을 듣고 기뻐한다면, 어느 정도의 복덕을 쌓는 것이 되옵니까?"

미륵보살의 질문은 아주 중요합니다. 단순히 물질의 보시만으로 공덕이 쌓이거나 또 물질의 소유 정도로 말하는 복과는 근본적으로 다릅니다. 무엇보다 바른 법을 들을 수 있는 것은 '청복(淸福)'입니다. 이 맑은 복이 있어야 도를 배우고 공부할 수 있습니다. 이 경전을 수희하는 복이 얼마나 큰지 물었습니다. 미륵보살은 중생이 기쁘게 믿고 따르기를 바라는 마음에서, 일부러 다른 이들을 위한 질문입니다.

미륵이여, 선남자, 선여인이 여래인 내가 완전한 열반에 든 뒤, 이 법문을 듣는다고 하자. 비구와 비구니, 신남과 신녀, 분별 있는 어른과 소년, 소녀가 이 법문을 듣고 기뻐한다고 하자. 그리고는 이 법회에서 일어나 이 법을 전하기 위해 나서서 정사나 가정, 숲이나 거리, 마을이나 시골의 어딘가로 가서 이 법문이 설해진 원인이나 이유, 또는 가르침을 듣고 이해한 대로 자기 능력에 맞게 다른 사람들에게 전한다고 하자. 그들이 부모 혹은 친구, 인연 있는 이들에게 전한다고 하자. 이 법

제18장 _ 수희공덕품

문을 들은 이가 기뻐하며 다시 다른 이에게 전하고, 그것을 들은 이가 또 다른 이에게 전하는 식으로 오십 명에게 이 법문이 전해지고 그 오십 번째로 들은 이가 기뻐할 때, 그 복덕이 어떤지 설하겠으니 바르게 듣고 마음속으로 깊이 생각하여라.

수희공덕은 다른 게 아닙니다. 도시건 시골이건 언제 어디서건 인연 닿는 대로 이 경을 유통시키고 찬탄하면 됩니다. 오십 번째로 들은 이가 기뻐한다는 것은, 같은 말이 전해지다 보면 말이 건네질수록 뜻이 모호하게 되는데 깊은 신심으로써 법을 전하기 때문에 처음 그대로 뜻이 조금도 변하지 않아 그 뜻이 온전히 전해진다는 뜻입니다. 이 힘은 지극히 평범함에서 나옵니다. 전적으로 신뢰할 때는 '왜' 라고 묻지 않습니다. 이유는 아주 하찮은 자기 굴레일 뿐입니다. 지극한 마음이란 안팎의 경계가 사라진 상태입니다. 축복은 이 순간에 무차별적으로 쏟아집니다.

미륵이여, 또 만일 선남자, 선여인이 '친구여, 바른 가르침의 백련이라는 법문을 들어보라' 고 남에게 권유해서 그가 조금이라도 이 법문을 듣는다고 하자. 권유한 이는 그 선근으로 인해 다라니를 얻은 보살들을 만날 수 있을 것이며, 우둔하지 않고 근기가 뛰어나며 지혜 있는 이가 될 것이다. 또한 수백 수천으로 생존할 때도 결코 구취나 악취가 없고, 혀나 입에 병이 없으며, 이가 검게 변하거나 고르지 못하거나 누렇게 되거나 구부러지거나 빠지거나 하는 일이 없다. 또 입술이 축 처지거나 안으로 굽거나 밖으로 불거지거나 갈라지거나 비틀리거나 검어지거나 추해지는 일이 없으며, 코가 납작해지거나 굽어지는 일이 없다. 뿐만 아니라 얼굴이 길어지거나 굽거나 검어지거나 보기 흉해지는 일이 없다.
미륵이여, 오히려 그의 혀나 이, 입술은 섬세하고 아름다우며, 코는 높고 얼굴은 훌륭하며, 눈썹은 보기 좋으며, 이마도 넓다. 사람으로서 완전한 모습〔相〕을 갖추었다. 또 그에게는 훈계와 충고를 해 주시는 여래가 계실 것이며, 빨리 부처님들을 뵐 수가 있다. 미륵이여, 보아라. 단 한 사람에게 권유해도 이 같은 복덕을 쌓게 되는데, 이 법문을 공경해서 듣고 독송하며 설하는 이에 대해서는 더 말할 필요도 없을 것이다.

다른 사람에게 경전 듣기를 권하고 그들에게 법문을 설한 공덕이 이만큼 크고 놀랍습니다. 부처님이 32상 80종호의 상호를 갖추셨다는 것은 복덕이 구족함을 의미합니다. 선행공덕을 많이 지으면 용모가 반듯해진다 합니다. 이렇게 법을 전하는 것도 그러하거늘, 하물며 그대로 수행한 것을 말로 다 할 수 있겠느냐는 말씀입니다.

🪷 좋으면 따르게 된다

고대 인도에 야자발키아라는 성자가 살았습니다. 그는 세속에 살면서도 많은 사람들의 사랑과 존경을 받았습니다. 이 성자에게는 두 명의 부인이 있었습니다. 마이트레야는 신에 대한 헌신적인 자세가 있었고, 카트야야니는 세속적인 물질에 더 마음을 두고 살았습니다. 어느 날 이 성자가 아내 둘을 불러놓고 자신은 이제 만행의 길을 떠날 것이라고 말하며, 힌두교인이 지켜야 할 인생의 네 번째 단계를 실천하기 위함이라 했습니다.

힌두교인에게는 인생의 간 단계마다 실천해야 할 의무가 있습니다. 첫 번째 단계는 1세부터 25세까지로, 학생기(범행기)라 합니다. 금욕과 학습의 시기로 힌두 경전에 따라 훈육 받는 시기입니다. 두 번째 단계는 26세부터 50세까지로, 가주기라 합니다. 이 시기는 결혼하고 가정을 가져 부양에 전념합니다. 세 번째 단계는 51세부터 75세까지로, 임서기라 하며 앞의 두 단계를 원만히 성취한 후 가업을 물려주고 숲에 들어가 명상을 하는 시기입니다. 네 번째 단계는 76세부터 100세까지로, 유행기라 하며 숲에서 나와 세상에 떠돌며 인생을 행복하게 마치는 시기입니다.

성자는 자신이 이제 마지막 유행기에 접어들었으니 재산도 물려주고 빈 몸으로 자유로이 떠돌 것이라고 했습니다. 욕심 많은 둘째 부인은 말없이 수긍하는 눈치였는데, 첫째 부인이 의문에 찬 표정으로 물었습니다.

"만일 제가 당신이 나눠주는 재물을 얻는다면, 그것으로 영생을 얻을 수 있습니까?"

성자가 말했습니다.

"그렇지는 않소. 그대는 재물을 가진 많은 사람들과 다르지 않을 것이오. 재산과 영생은 다르다오."

남편인 성자의 말을 듣고 난 마이트레야가 분명한 어조로 말했습니다.

"저는 재산을 받지 않겠어요. 제 몫까지 카트야야니에게 주세요. 재산

第十八章 _ 隨喜功德品

으로 영생을 얻을 수 없다면 소용없는 일입니다. 저는 차라리 당신처럼 헌신하며 살겠습니다."
야자발키아가 몹시 흡족해하며 말했습니다.
"그대는 항상 사랑스럽더니 오늘도 내 마음을 기쁘게 하는구려."

《우파니샤드》에는 이 이야기가 두 번씩이나 기록되어 있다고 합니다. 헌신적이면서, 힌두 가르침대로 살아가는 전형이어서 그럴 것입니다. 그들은 인생의 네 단계를 실천하는 삶을 무한한 축복으로 여깁니다. 삶의 긍정입니다. 기쁘게 따릅니다. 금욕을 실천하고, 침묵으로 말을 아낌으로써 진리의 세계인 브라흐만에 나아갈 수 있다는 믿음이 그들에게는 있습니다. 속된 욕망을 물리치지 못하면 영원히 굶주린 삶입니다. 긴 인생에 단 한 번도 만족을 모르는 비극적인 삶입니다.

'하수관으로 흘러가는 물을 정원으로 끌어가라'

이 말은 아우구스티누스가 한 말입니다. 버려지는 물이 맑을 리 없습니다. 세상의 온갖 때에 더럽혀지고서야 버려집니다. 흘러가버릴 물을 정원에 주면 화초는 꽃을 피웁니다. 더 이상 더러운 물은 존재하지 않습니다. 금속으로 차원의 변화를 끌어내는 중세의 연금술사가 따로 없습니다.
절망에도 자살과 수행의 두 가지 길이 있습니다. 삶으로부터의 도피는 자살로 이어집니다. 수행은 삶의 해결을 목적으로 합니다. 삶과 일상

자체가 진리 아님이 없음을 터득하기 위해 세상을 통째로 응시하는 것입니다. 단지 삶을 관찰하고 이해해야 합니다. 삶을 고달프게 하는 제일의 방해꾼은 자기 자신입니다. 중생은 항상 스스로 올가미를 채우고서 남을 원망하며 변명하려 듭니다. 진실로 살아 있으면 단 한순간으로도 충분하지만, 진실 되지 못하면 천년의 삶이라 해도 부족합니다. 진실로 살아 있는 단 한순간의 경험일지라도 그 자체로 영원입니다. 삶에 대한 집착은 아직도 완전하지 못하다는 반증입니다. 구하는 사람은 부족하기 때문입니다. 죽음의 두려움과 생의 애착은 삶을 통해 흐르는 강물입니다. 이 강물을 마냥 거부할 수는 없습니다.

기쁜 마음이면 없던 길이 생깁니다.
이 기쁨이 우리를 바다로 이끕니다.

19 법사공덕품

19

법사공덕품 法師功德品

그때 세존께서는 '상정진(常精進)보살'을 향해 말씀하셨다.

"어떤 선남자, 선여인이 이 법문을 수지 독송하거나 가르치거나 옮겨 적거나 한다고 하자. 그들은 8백의 눈의 덕성, 천 2백의 귀의 덕성, 8백의 코의 덕성, 천 2백의 혀의 덕성, 8백의 몸의 덕성, 천 2백의 뜻의 덕성을 얻을 것이다. 이 수많은 덕성으로 말미암아 그의 여섯 기관은 청정해질 것이다. 이와 같은 청정한 안근(眼根)은 부모로부터 받은 육안으로 그는 삼천대천세계의 안팎을, 말하자면 산과 숲은 물론 아래로 아비지옥에서 위로는 최고의 존재계인 유정천(有頂天)에 이르기까지 두루 볼 것이다. 또 거기에 태어난 모든 중생들을 본래 타고난 육안으로 볼 것이며, 중생들의 행위의 과보도 알 것이다."

그때 세존께서는 이와 같은 게송을 설하셨다.

법회에서 두려움 없이 또 기가 꺾이지 않고
이 경전을 설하는 이의 덕성에 대해 설하겠다.

그의 눈은 8백의 덕성으로 빛나고 있어
더러움 없이 청정하고 탁하지 않다.

그는 부모로부터 받은 육안으로
산이나 숲이 있는 세계를 본다.
수미산, 세상을 둘러싼 차크라바다 산(鐵圍山)은 물론
다른 산들을 보며 대해도 본다.

아래로는 아비지옥에서
위로는 최고의 존재계에 이르기까지
용자는 모든 것을 본다.
그의 육안은 이와 같은 것이다.

그에게 천안(天眼)은 없으며
아직 생기지도 않았지만
그의 육안이 미치는 영역은 이와 같다.

"상정진이여, 또 선남자, 선여인이 이 법문을 다른 이에게 들려 준다면, 천 2백의 귀의 덕성을 갖추어 삼천대천세계의 아래로는 아비지옥에서부터 위로는 유정천(有頂天)에 이르기까지 안팎의 모든 소리를 듣게 될 것이다. 말하자면 코끼리·말·낙타·소·산양의 우는 소리, 사람들이 말하는 소리, 수레 소리, 우는 소리, 흐느끼는 소리, 두려워하는 소리이다. 또 소라고동·방울·큰북·작은 북의 소리, 놀이 소리, 노래 소리, 춤추는 소리, 악기 소리, 음악의 가락, 또 남녀·소년·소녀의 소리, 바르거나 그른 소리, 즐겁고 괴로운 소리, 범부나 성인의 소리, 기분 좋거나 나쁜 소리, 천신들·용·야차·나찰·건달바·아수라·가루다·긴나라·마후라가·인간이나 인간 이외 것들의 소리이며 불·바람·물의 소리, 마을의 소음, 비구·성문·독각·보살·여래의 소리이다. 그는 어떤 소리라도 삼천대천세계 안팎에서 생기는 소리를 청정해진 타고난 이근(耳根)으로 들을 것이다. 또 천이를 얻지는 않았지만, 각 중생들의 음성을 알고 이해해서 식별한다. 그리고 중생들의 음성을 들을 때, 그 소리 때문에 그의 이근이 압도당하는 일은 없다. 상정진이여, 이 보살은 이와 같은 이근을 얻겠지만 아직 천이를 얻은 것은 아니다."

   세존께서는 이렇게 말씀하셨다. 그리고 다시 다음과 같은 게송을 설하셨다.

   그의 이근은 청정해서 더러움이 없지만
   아직 타고난 것에 지나지 않는다.
   그런 이근으로 그는
   이 세계의 온갖 음성을 남김없이 듣는다.

   그는 코끼리, 말, 수레, 소,

산양, 양의 음성을 들으며
북이나 허리북, 바라, 비파, 대나무 피리,
밧라키의 음색을 듣는다.

그는 기분 좋고 감미로운 노랫소리를 듣지만
거기에 집착하지 않는 뜻이 굳은 이이다.
수많은 사람들이 어디에서 어떤 이야기를 하든
그는 그 소리를 들을 수 있다.

언제나 신들의 소리, 남녀의 소리,
소년 소녀의 소리를 듣는다.
산속 동굴에 사는 칼라빈카, 뻐꾸기, 공작, 꿩 등의
아름다운 새소리도 듣는다.

지옥에서 괴로워하는 이들이 내는 무서운 외침
먹을 것을 구할 수 없어 괴로워하는 아귀들의 소리
대해 한가운데 사는 아수라들이 내는
온갖 소리도 듣는다.

그 설법자는 이 세상에 있으면서
모든 소리를 듣지만
거기에 압도되는 일은 없다.

축생도에서 축생들이 서로 이야기하는 소리
그런 온갖 소리를 그는 이 세상에서 듣는다.

범천의 세계에 사는 천신들이나
색구경천(色究竟天)이나 광음천(光音天)의
천신들이 서로 나누는 소리
그는 이 모두를 남김없이 듣는다.

이 세상에서 선서들의 가르침 아래 출가해서
경전을 독송하거나 법회에서 가르침을 설하는
비구들의 음성도 그는 언제나 듣는다.
이 세상에서 서로 독송하며 가르침을 널리 펴는
보살들의 온갖 소리도 듣는다.

이 경전을 수지하는 보살은
가르침을 받아야 할 사람들을 잘 이끄시는 분으로
부처님께서 법회에서 설하신
최고의 가르침도 듣는다.

아래로는 아비지옥에서 위로는
최고의 존재계에 이르는 삼천국토의 안팎에서
중생들이 많은 소리를 내지만

그 모든 소리를 들어도 그의 귀는 끄덕도 없다.

그는 명료한 이근으로
그 소리들의 출처를 밝혀내지만
그의 이근은 아직 타고난 것에 지나지 않는다.

아직 그는 천이(天耳)를 얻기 위해
노력하지 않고 있으며
그의 귀는 타고난 그대로이다.
두려움 없이 이 경전을 수지하는 이에게는
이와 같은 덕성이 있을 것이다.

"또 상정진이여, 이 법문을 수지 독송하고 설명하며 옮겨 적은 보살의 비근(鼻根)은 8백의 덕성을 갖추며 청정하다. 그는 그 청정한 비근으로 삼천대천세계의 안팎에 있는 온갖 냄새, 말하자면 악취나 기분 좋은 향기, 여러 가지 꽃향기, 자티카, 맛리카, 참파카, 파타라와 같은 온갖 종류의 꽃향기를 맡는다. 또 청련, 홍련, 수련, 백련과 같은 수생 식물의 꽃향기와 전단, 타말라나무의 잎, 타가라, 침향과 같은 온갖 나무의 꽃과 열매의 향기도 맡는다. 그는 한 곳에 있지만 수백 수천 종류의 혼합된 냄새를 맡는다. 그는 중생들의 여러 가지 냄새, 즉 코끼리, 말, 소, 양과 같은 중생들의 냄새도 맡는다. 또 축생도에 속하는 것들의 냄새도 맡는다. 남녀, 소년,

第十九章 _ 法師功德品

소녀의 체취는 물론 멀리 있는 풀, 관목, 약초, 수목의 냄새도 맡는다. 있는 그대로의 냄새를 맡지만 그 냄새 때문에 코의 감각을 잃거나 마비되는 일이 없다.

그는 이 지상에 있으면서도 신들의 냄새, 그러니까 파리자타카, 코비다라, 만다라바, 대만다라바, 만주샤카, 대만주샤카라는 하늘의 꽃 냄새와 침향과 전단 가루의 냄새를 맡는다. 더욱이 그는 그 꽃들의 이름도 알고 있다. 그는 천자들, 즉 천신들의 왕인 제석천의 몸 향기도 맡는다. 제석천이 바이자얀타 궁전에서 놀이의 즐거움에 빠져 있든, 수다르마 신전(妙法堂)에서 33천의 신들에게 가르침을 설하고 있든, 유원에 놀러 가 있든 향기로 그것을 안다. 또 그는 다른 천자들의 향기는 물론 신들의 딸이나 아내들, 천신들의 소년이나 소녀들의 향기도 맡는다. 그러나 그 향기 때문에 그가 코의 감각을 잃는 일은 없다.

이렇게 해서 이윽고 최고의 존재계에 태어난 중생들에 이르기까지 몸의 향기를 맡는다. 범천에 속하는 천자들이나 대범천들의 향기는 물론 성문, 독각, 보살, 여래들의 향기도 맡는다. 그래서 바른 깨달음을 얻어 존경받는 여래들이 어디 계시는지 알고 있다. 그러나 그의 비근은 이런 여러 향기로 인해 방해받거나 상하거나 고민하는 일이 없다. 그는 다른 이들에게 각각의 향기에 대해 설명하므로 기억력을 잃는 일은 없다."

그때 세존께서는 이와 같은 게송을 설하셨다.

그의 비근은 청정하며
그는 이 세상에 있는 온갖 냄새를 맡는다.
그 냄새가 좋은 향이든 악취든

자티카나 맛리카의 꽃향기,
타말라나무의 잎, 전단, 타가라, 침향의 향기,
또 온갖 꽃과 열매의 향기를 맡는다.

그는 멀리 있지만,
남녀, 소년, 소녀들의 냄새를 알며
그로 인해 그들이 어디 있는지를 안다.

또 그는 사주(四洲)를 지배하는 전륜왕
군대를 통솔하는 전륜왕
지방 왕후들의 냄새도 알며
왕자나 대신, 후궁들도 냄새로 안다.

그들이 애용하는 많은 보석과
땅속에 묻혀 있는 금속류
또 전륜왕의 칠보 중의 하나인 여성들도
그 보살은 냄새로 안다.

또 그 보살은 그들이 몸에 단 여러 장식품,
옷과 화만, 도향을 냄새로 안다.
가장 훌륭한 경전을 수지하는 뜻이 굳은 이 보살은
그들이 서 있는지 앉아 있는지
누워 있는지 혹은 놀고 있는지
신통력을 가지고 있는지를 코의 힘으로 안다.

또 좋은 향이 나는 기름 냄새와
온갖 꽃과 열매의 냄새를
그는 한 번 맡고 가려낸다.

산골짜기에서 꽃피는 많은
전단과 거기 사는 중생들,
그 모두를 그는 냄새로 식별한다.
세계를 둘러싼 차크라바다 산록
대해의 한가운데와 대지의 한가운데에 사는 중생들 모두를
그 현자는 냄새로 식별한다.

천신들과 아수라는 물론
아수라의 딸들도 식별하며
아수라들이 놀고 있는 것도 안다.
그의 코의 힘은 이와 같다.

사자, 호랑이, 코끼리, 물소, 소, 들소 등
숲에 사는 네발 짐승이라도
그는 서식처를 냄새로 안다.

또 그는 냄새로
임신한 여성의 태내에
남자아이가 들었는지
여자아이가 들었는지를 안다.

그는 사람들의 의도를 식별하며
의도의 냄새를 맡는다.
탐욕한 이, 악한 이, 위선적인 이,
마음이 적정한 이의 냄새를 맡는다.

땅속의 보물, 재보, 황금, 금, 은,
또는 꽉 찬 동그릇을 그 보살은 냄새로 가려낸다.
목걸이, 구슬, 진주, 눈부신 값비싼 보석구슬을
이 모두를 그는 냄새로 가려낸다.

또 하늘에서 신들 곁에 있는
만다라바, 만주샤카, 파리자타카 꽃들을
뜻이 굳은 그는 지상에 있으면서 냄새로 가려낸다.

第十九章 _ 法師功德品

하늘의 탈것이 어떤 것이며 누구 것인지
큰지 작은지 중간 정도인지
아름답게 장식되었는지 어떤지
그는 지상에서 코의 힘으로 가려낸다.

또 그는 신들의 동산을 알며
수다르마 신전이나 훌륭한 바이자얀타 궁전에서
신들이 즐겁게 지내고 있는 것을 안다.

이 지상에 있으면서 그는 냄새로
천자들 중 누가 어디서 활동하며
서거나 눕거나 어디로 가는가를 안다.

많은 꽃으로 장식되었으며
화만이나 장식품을 단
천신들의 딸들이 어디서 놀며 어디로 가는지
그는 냄새로 안다.

하늘의 탈것을 타는 천신들, 범천, 대범천들이
선정에 들어 있는지 깨어 있는지를
위로는 최고의 존재계에 이르기까지
그는 지상에 있으면서 냄새로 안다.

천자들이 처음으로 광음천에 와서
거기서 죽거나 태어나는 것을 안다.
이 경전을 수지하는 보살의 비근은 이와 같다.

선서의 가르침 아래에서 정진노력하고
강설(講說)하며 독송을 즐기는 비구들에 대해서
그가 어떤 비구인지 그 보살은 모든 것을 안다.

승리자의 아들인 성문들이
수목의 밑동에서 거처한다면
그 현자는 '어디어디에는 이런이런 비구가 있다'고
모든 것을 냄새로 안다.

사려 깊고 선정을 하며
언제나 강실이나 독송을 즐기는 보살들이
법회에서 가르침을 설하는 것을
그는 냄새로 안다.

세간의 행복을 바라며
자비 깊은 위대한 현자인 선서가
어떤 방향에서 성문들의 존경을 받으며
가르침을 설하고 계신가를 그는 냄새로 안다.

第十九章 _ 法師功德品

또 그 세간의 지도자의 가르침을 듣고
기뻐하는 모든 청중들을
그 보살은 여기 있으면서 안다.

그의 코의 힘은 이와 같다.
아직 그의 코는 천계의 것은 아니지만
더러움 없는 천계의 코에 선행하는 것이다.

"또 상정진이여, 선남자, 선여인이 이 법문을 수지해서 가르치며 설명하고 옮겨 적는다면, 천 2백의 덕성을 갖춘 혀를 얻게 될 것이다. 그 혀[舌根]때문에 그가 어떤 맛을 보더라도 모두 천계의 뛰어난 풍미를 느낄 것이며 불쾌한 맛은 아닐 것이다. 그리고 그는 법회에서 가르침을 설해 중생들의 여러 감관(感官)을 기쁘게 하고 만족시킬 것이다. 그의 달콤하고 아름답고 깊으며 상쾌한 소리는 중생들의 마음에 즐겁게 울릴 것이다. 중생들은 그 소리에 만족하며 기뻐할 것이다.

그가 가르침을 설하면 달콤하고 아름답고 상쾌하여 그 소리를 듣고 신들조차도 그를 만나 경례하고 섬기며 가르침을 듣기 위해 가까이 가야겠다고 생각할 것이다. 또 천자들이나 천신들의 딸들, 제석천과 범천들, 범천에 속하는 천자들, 용과 용의 딸들, 아수라와 아수라의 딸들, 가루다와 가루다의 딸들, 긴나라와 긴나라의 딸들, 마후라가와 마후라가의 딸들, 야차와 야차의 딸들, 악귀와 악귀의 딸들도 그를 만나 경례하고 섬기며 가르침을 듣기 위해 가까이 가야겠다고 생각할 것이다. 그리고 그들은 그를 공경해서 공양할 것이며 찬양하고 존숭할 것이다. 비구, 비구니, 신남, 신녀들도 그를 만나기를 원할 것이다. 왕들도 왕자들도 왕의 대신들도 왕의 고관들도 그를 만나기를 원할 것이며, 군대를 통솔하는 전륜왕들도 칠보를 갖춘 전륜왕들과 왕자, 대신, 후궁과 시녀들을 거느리고 그를 공경하기 위해 만나기를 원할 것이다.

그 설법자는 그 정도로 훌륭하게 여래께서 설하신 가르침을 그대로 설할 것이다. 다른 바라문이나 가장들, 도시나 시골 사람들도 수명이 다할 때까지 언제나 그 설법자를 따를 것이다. 여래의 성문들이나 독각들, 세존들도 그를 만나기를 원할 것이다. 선남자와 선여인은 어느 방향에 있든 거기서 여래를 뵙고 여래의 면전에서 가르침을 설하는 이가 될 것이며, 부처님의 가르침을 담는 그릇이 될 것이다. 이와 같이 그의 깊고도 상쾌한 가르침의 소리가 울릴 것이다."

그때 세존께서는 이와 같은 게송을 설하셨다.

그의 혀는 훌륭해서
결코 형편없는 맛을 보는 일은 없을 것이다.
어떤 맛이라도 그의 혀에 닿자마자 천계의 것이 되어
천계의 풍미를 갖춘 것이 될 것이다.

그는 아름다운 소리로 달콤하고 듣기 쉬우며

원하던 기쁜 말을 한다.
법회에서 언제나 좋고 깊은 소리로 말한다.

또 수많은 비유로 설하는
그의 가르침을 들은 이는
누구라도 최고의 환희가 생겨
그에게 헤아릴 수 없는 공양을 올린다.

천신, 용, 아수라, 야차들도
언제나 그를 만나기를 원하며 경의로써 가르침을 듣는다.
그에게는 이 모든 덕성이 있다.

원한다면 그는 이 세계 모든 곳에 그의 소리가 울리게 할 것이다.
그의 소리는 부드럽고 달콤하며 깊고 아름다우며 아주 좋다.

대지의 주인인 전륜왕들은 자식이나 부인과 함께
공양하기 위해 그에게 가까이 가 합장하며
언제나 그의 가르침을 듣는다.
그는 야차로부터 언제나 존경받으며
용이나 건달바의 무리, 악귀의 남녀로부터도
존경과 공양을 받는다.

범천들조차도 그의 지배 아래에 있으며
마헤슈바라, 이슈바라라는 천자들도,
제석천과 다른 천자들도
많은 신들의 딸들도 그에게 가까이 가며

세간의 행복을 바라는 자애 깊은 부처님들도
성문들과 함께 그의 소리를 듣고 모습을 드러내어
그를 보호하며 그의 가르침에 만족한다.

"상정진이여, 이 법문을 수지 독송하거나 설하거나 옮겨 적는 보살은 8백의 몸[身根]의 덕성을 얻을 것이다. 그의 몸은 완전히 청정하며, 피부는 유리처럼 청정해서 중생들의 눈을 즐겁게 할 것이다. 그는 완전히 청정한 몸 위에서 삼천대천세계의 모든 것을 볼 것이다.

삼천대천세계에서 죽거나 태어나며, 뛰어니거나 그렇지 못하며, 좋은 색을 하거나 추한 색을 하며, 선한 경계에 있거나 악한 경계에 있는 중생들, 철위산(鐵圍山)과 대철위산(大鐵圍山), 산들의 왕인 수미산에 사는 중생들, 또 아래로는 아비지옥으로부터 위로는 최고의 존재계에 이르기까지 그곳에 사는 중생들, 이 모두를 자신의 몸 위에서 볼 것이다.

또 삼천대천세계에 사는 성문이나 보살, 독각, 여래의 누구든지 볼 것이며, 그 여래들이 설한 가르침을 모두 볼 것이다. 또 여래들을 섬기는 중생들이 몸을 얻는 것을 그는 자신의 몸 위에서 볼 것이다. 왜냐하면 그의 몸이 완전히 청정하기 때문이다."

그때 세존께서는 이와 같은 게송을 설하셨다.

이 위대한 경전을 수지하는 이는
몸이 완전히 청정하며
마치 유리로 된 것처럼 청정할 것이며
언제나 중생들의 눈을 즐겁게 할 것이다.

거울에 모습이 비치는 것처럼 그의 몸에 이 세계가 보일 것이다.
그는 스스로 이것을 보지만 다른 중생들이 보는 일은 없다.
그의 몸의 완전한 청정성은 이와 같다.

이 세계에 있는 모든 중생들, 인간, 천신, 아수라, 야차,
지옥이나 아귀, 축생에 있는 것들의 모습이
그의 몸에 보인다.

최고의 존재계에 이르기까지 천신들의 탈것,
바위산, 차크라바다 산, 히말라야 산, 수미산들은
온갖 모습으로 그의 몸에 보인다.

또 그는 몸 위에 성문들을 거느린 부처님들과

홀로 살거나 무리에게 가르침을 설하는 보살인
다른 부처님의 아들들을 본다.

그의 몸의 청정성은 이와 같으며
거기에는 모든 세계가 보인다.
그러나 그는 아직 천계의 몸을 얻지 못했다.
그의 타고난 몸은 이와 같다.

"또 상정진이여, 여래인 내가 완전한 열반에 든 뒤, 이 법문을 수지 독송하고 가르치며 옮겨 적는 보살의 뜻〔意根〕은 천 2백의 마음작용의 덕성을 갖추어 완전히 청정해질 것이다. 그가 그 청정한 뜻으로 비록 한 게송이라도 듣는다면, 그 게송의 많은 의미를 알게 될 것이다. 그 게송을 이해한 뒤, 그는 1개월은 물론 4개월, 1년도 가르침을 설할 수 있을 것이다. 또 어떤 가르침을 설하더라도 그것을 잊어버리는 일이 없을 것이다. 통속적인 세간의 일이든 주문이든 어떤 것을 설하더라도 모두 법의 도리와 일치시킬 것이다. 삼천대천세계에서 육도에 윤회하는 어떤 중생이든 있는 그대로 그들의 마음의 움직임을 알 것이다. 흔들림, 잘못된 믿음, 망상을 알고 분별할 것이며, 아직 성자의 지혜를 얻지는 못했으나 그의 뜻은 이처럼 완전히 청정할 것이다. 이런저런 가르침과 그 해석을 깊이 생각한 뒤 바른 것을 설할 것이며, 모든 여래께서 설하시고 모두 예전에 승리자의 경전에 설해진 것을 그는 말할 것이다."

第十九章 _ 法師功德品

그때 세존께서는 이와 같은 게송을 설하셨다.

그의 뜻은 맑고 빛나며 청정해서 탁하지 않다.
그 뜻으로 그는 훌륭하거나 중간 정도거나
낮은 여러 가지 가르침을 이해한다.

비록 한 게송을 듣더라도 뜻이 견고한 이는
거기서 많은 의미를 안다.
사 개월이든 일 년이든
언제나 이치에 맞게 바른 가르침을 설한다.

또 이 세계의 안팎에 사는 중생들
천신, 인간, 아수라, 야차, 용, 축생도에 있는 것들
육도에 사는 중생들 그들이 무슨 생각을 하든
현자는 한순간에 전부 이해한다.

이 경전을 수지하는 이에게는 이러한 이익이 있다.
백 가지 복덕의 상서로운 상을 갖추신 부처님께서
모든 세간사람들에게 가르침을 설하실 때
그 맑은 소리를 듣고 그는 그 뜻을 이해한다.

그는 최고의 가르침을 깊이 생각하며

언제나 많은 가르침을 설하나
결코 혼미하는 일이 없다.
이 경전을 수지하는 이에게는 이러한 이익이 있다.

그는 모든 존재의 관계와 인연을 이해하며
그 개개의 특징과 의미, 해석을 알고 있다.
그리고 아는 대로 말한다.

예전에 세간의 스승들에 의해
오랫동안 여기서 설해진 경전
그 가르침을 그는 법회에서 언제나 두려움 없이 설한다.

이 경전을 수지 독송하는 이는
이와 같은 뜻을 얻을 것이다.
아직 그는 집착이 없는 지혜를 얻지 못했지만
그의 뜻은 거기에 선행하는 것이다.

선서의 이 경전을 수지하는 이는
스승의 경지에서
모든 중생들에게 가르침을 설하며
수만 억의 해석에 숙달한 이이다.

법사공덕품의 구성

1. 여섯 기관의 공덕을 밝히다
2. 눈의 공덕을 밝히다
3. 귀의 공덕을 밝히다
4. 코의 공덕을 밝히다
5. 혀의 공덕을 밝히다
6. 몸의 공덕을 밝히다
7. 뜻의 공덕을 밝히다

법사공덕품입니다.

병 많은 사람이 약의 성질을 잘 알도다〔病多諳藥性〕(야보)

세상 사람에게 병이 없으면 의사는 팔짱을 끼고 있을 것이며〔世人無病醫王拱手〕
중생에게 허물이 없다면 부처님이 할 일이 없어라〔衆生無垢佛自無爲〕(설의)

《금강경오가해》에 나오는 야보스님과 설의스님의 게송입니다. 많이 아파본 사람만이 약의 효능을 잘 알게 마련입니다. 낫고 싶은 마음이 간절하기 때문입니다. 병이 얕을 때는 이약 저약 가려보지만 병이 깊으면 지푸라기라도 잡는 심정으로 무엇이건 의지하고 싶어집니다. 이것이 병을 더욱 깊게도 하고, 또 어떤 인연을 만나면 홀연히 병마에서 벗어날 수도 있습니다.

환자가 없다면 병원은 문을 닫습니다. 손님이 없으면 가게도 계속 운영할 수 없습니다. 마찬가지로 중생에게 병이 없다면 부처님이 세상에 나실 필요가 없습니다. 중생의 허물이 사라진다는 것은 괴로움을 모른다는 말입니다. 당연히 부처님이 하실 일도 사라집니다. 그러나 우리는 의사도 필요하고 부처님도 필요하고, 진짜가 아니라면 비슷한 가짜라도 필요로 합니다. 진짜를 만날 인연이 없는 사람은 그냥 흉내 내듯 비슷하기만 해도 개의치 않습니다. 이것이 큰 병이기도 하지만, 어쩔 수 없는 우리의 한계이기도 합니다. 살아가야 하니까 말입니다.

第十九章 _ 法師功德品

〈수희공덕품〉에 이어 본 품에서도 연달아 공덕에 대해 설합니다. 법사라면 '5종 법사'가 있습니다. 이는 〈법사품〉에도 나왔습니다. 그 다섯은 경전을 수지하는 사람, 경전을 읽는 사람, 경전을 외우는 사람, 경전을 해설하는 사람, 경전을 베껴 쓰는 사람 등입니다. 이 다섯 가지 수행을 하는 사람은 세속의 탐욕에 물들지 않는 이라서 '법사'라고 칭합니다. 법사는 다른 말로 진리를 실천하는 사람입니다. 다섯 가지 중 한 가지를 이행해도 좋고, 몇 개, 심지어 모두 실천하는 사람이라면 육신이 청정해지는 공덕을 얻게 됩니다.

본 품에서는 구체적으로 각 감각이 갖는 공덕의 숫자를 분명하게 설합니다. 이 경을 진정으로 소중하게 받들면 자신도 모르는 사이에 스스로 변화를 느낄 수 있습니다. 생각지도 않게 어려운 일이 술술 풀리기도 하고, 난데없이 도움을 받기도 합니다. 어려운 일은 피해가고 항상 즐거운 일 뿐입니다. 이런 변화는 공부해본 사람은 누구나 공감할 수 있습니다. 법사는 《법화경》의 진리를 여러 사람과 나누는 사람입니다. 법사는 궁극의 진리를 아는 사람입니다. 《법화경》의 많은 부분에 수기설법이 나오는 이유도 누구나 이 경전과 인연을 맺으면 그가 곧 진리의 사람이요, 궁극의 한 사람이기 때문입니다. 그는 기쁘고 환희하며 어떤 것이라도 개인의 소유로 하지 않고 이웃과 나누는 삶을 살게 됩니다.

아무리 인색하게 아끼고 감추려 해도, 가지는 즐거움이 베푸는 즐거움을 넘지 못하기 때문에 그는 자신의 것이 없습니다. 이런 기쁨의 공덕이란 것도 출발은 깊은 통찰과 깨달음에서 나옵니다. 깨닫지 못하면 차원의 변화가 생기지 않습니다. 이 공덕이란 것은 실현하는 데 묘미가 있습니다. 가르침의 실현은 대표적 감각인 육근(六根: 눈·귀·코·혀·몸·의식)에 큰 변화를 일으킵니다. 《법화경》의 진리를 받아들이면 이 감각이 전혀 새로워집니다. 예전에 없던 경험을 하게 됩니다.

눈을 예로 든다면, 단순히 육안만이 모든 게 아닙니다. 모든 현상의 본질을 꿰뚫어보는 안목이 열립니다. 사물 하나하나에 깃든 공덕의 의미도 헤아릴 수 있고, 일의 인과관계도 압니다. 사람을 볼 때도 생로병사의 모든 고리를 단숨에 파악합니다. 아무리 멀리 떨어져 있어도 보고 싶으면 눈을 감은채로 정신을 집중하여 텔레비전을 보듯이 알아냅니다. 옳고 그름을 판단하는 눈도 마찬가지입니다.

법사공덕품의 주요 내용

세존께서는 '상정진(常精進)보살'을 향해 말씀하셨다.

"어떤 선남자, 선여인이 이 법문을 수지 독송하거나 가르치거나 옮겨 적거나 한다고 하자. 그들은 8백의 눈의 덕성, 천 2백의 귀의 덕성, 8백의 코의 덕성, 천 2백의 혀의 덕성, 8백의 몸의 덕성, 천 2백의 뜻의 덕성을 얻을 것이다. 이 수많은 덕성으로 말미암아 그의 여섯 기관은 청정해질 것이다."

여기서 특이한 것은 눈·코·몸의 덕성은 8백의 공덕, 귀·혀·뜻의 덕성은 천 2백의 공덕이라 한 이유입니다. 이는 한 몸의 기관이지만 쓰임의 크기에 따라 공덕이 일정하지 않다는 것을 말하기 위함입니다.

《능엄경》에는 여섯 기관인 육근의 우열에 대해 이렇게 설합니다.

"세계가 서로 교섭하고 과거·현재·미래의 삼세와 동서남북의 사방이 상호 관계하여 12가 되고 변화가 세 번 거듭하고 …(중략)… 육근 각각의 공덕이 천 2백이 된다."

육근 각각은 그 작용이 한결같지 않은데 눈의 공덕이 8백인 것은 몸의 뒷면을 보지 못하기 때문이고, 코는 숨을 들이마시고 내쉬면서 냄새를 맡지만, 내쉬거나 잠깐 쉬는 순간에는 후각이 작동하지 않음을 알 수 있고, 몸은 접촉할 때만 감각을 갖습니다. 이처럼 천 2백의 공덕을 3으로 나눌 때 한 가지 부분의 공덕을 결여한 셈입니다. 그래서 8백 공덕 밖에 되지 않는다고 설한 것입니다.

이와 같은 청정한 안근(眼根)은 부모로부터 받은 육안으로 그는 삼천대천세계의 안팎을, 말하자면 산과 숲은 물론 아래로 아비지옥에서 위로는 최고의 존재계인 유정천(有頂天)에 이르기까지 두루 볼 것이다. 또 거기에 태어난 모든 중생들을 본래 타고난 육안으로 볼 것이며, 중생들의 행위의 과보도 알 것이다.

눈의 공덕으로 보고 알게 되는 세계입니다. 이는 단순히 우리 신체에 있는 육신의 눈이지만 삼천대천세계를 보고 인과관계까지 다 알 수 있다는 것입니다. 우리의 상식으로는 불가사의하지만 분명히 경전에 이

제19장_ 법사공덕품

렇게 설하신 부처님의 진실이 있을 것입니다. 이럴 때는 '아, 그럴 수도 있구나!' 하면서 경을 읽고 이해해나가면 됩니다.

상정진이여, 또 선남자, 선여인이 이 법문을 다른 이에게 들려준다면, 천 2백의 귀의 덕성을 갖추어 삼천대천세계의 아래로는 아비지옥에서부터 위로는 유정천(有頂天)에 이르기까지 안팎의 모든 소리를 듣게 될 것이다. …(중략)… 그는 어떤 소리라도 삼천대천세계 안팎에서 생기는 소리를 청정해진 타고난 이근(耳根)으로 들을 것이다. 또 천이를 얻지는 않았지만, 각 중생들의 음성을 알고 이해해서 식별한다. 그리고 중생들의 음성을 들을 때, 그 소리 때문에 그의 이근이 압도당하는 일은 없다. 상정진이여, 이 보살은 이와 같은 이근을 얻겠지만 아직 천이를 얻은 것은 아니다.

귀의 공덕이 천 2백임이 나옵니다. 잘 듣는 것은 큰 공부입니다. 《성경》에도 많이 나오는 말이 '귀 있는 자는 들으라' 입니다. 귀를 열어야 법문이 들리고, 법문을 잘 들으면 귀가 열립니다. 너무 남의 말에 쉽게 휩싸이면 '귀가 얇다' 고 하지만, 남의 말에 순응하고 마음이 열린 사람은 들리는 모든 것으로부터 마음을 잘 다스리는 사람입니다. 공자가 인생 오십을 지천명(知天命)이라 하여 자신의 운명을 알 수 있는 나이라고 하면서 육십은 이순(耳順)이라 했습니다. 귀가 순조롭다는 게 무슨 뜻일까요? 어떤 말을 들어도 귀가 순조로울 수 있으면 그 사람은 성인입니다. 참 아름다운 말입니다. 부처님도 누군가의 비방이 있으

第十九章 _ 法師功德品

면 침묵하라고 하십니다. 이것도 일종의 귀의 순함입니다.

상정진이여, 이 법문을 수지 독송하고 설명하며 옮겨 적은 보살의 비근(鼻根)은 8백의 덕성을 갖추며 청정하다. 그는 그 청정한 비근으로 삼천대천세계의 안팎에 있는 온갖 냄새, 말하자면 악취나 기분 좋은 향기, 여러 가지 꽃향기, 자티카, 맛리카, 참파카, 파타라와 같은 온갖 종류의 꽃향기를 맡는다. …(중략)… 이렇게 해서 이윽고 최고의 존재계에 태어난 중생들에 이르기까지 몸의 향기를 맡는다. 범천에 속하는 천자들이나 대범천들의 향기는 물론 성문, 독각, 보살, 여래들의 향기도 맡는다. 그래서 바른 깨달음을 얻어 존경받는 여래들이 어디 계시는지 알고 있다. 그러나 그의 비근은 이런 여러 향기로 인해 방해받거나 상하거나 고민하는 일이 없다. 그는 다른 이들에게 각각의 향기에 대해 설명하므로 기억력을 잃는 일은 없다.

생명체 중에는 자기장의 원리를 이용해 살아가는 것들이 있습니다. 철새나 물고기 등이 장거리를 이동할 때는 이 원리를 이용합니다. 또 어떤 생명체는 후각에 많이 의지합니다. 특히 땅에 살아가는 동물들은 제한적인 시야를 보완하기 위해 후각을 발달시켰습니다. 그렇지만 보살은 어떤 종류의 향기일지라도 거기에 잘못되거나 따라가지 않는다는 뜻입니다.

상정진이여, 선남자, 선여인이 이 법문을 수지해서 가르치며 설명하고 옮겨 적는다면, 천 2백의 덕성을 갖춘 혀를 얻게 될 것이다. 그 혀(舌根)때문에 그가 어떤 맛을 보더라도 모두 천계의 뛰어난 풍미를 느낄 것이며 불쾌한 맛은 아닐 것이다. 그리고 그는 법회에서 가르침을 설해 중생들의 여러 감관(感官)을 기쁘게 하고 만족시킬 것이다. 그의 달콤하고 아름답고 깊으며 상쾌한 소리는 중생들의 마음에 즐겁게 울릴 것이다. 중생들은 그 소리에 만족하며 기뻐할 것이다.

부드러운 말 한마디는 미묘한 향이라 했습니다. 우린 입이 없으면 살아가지 못합니다. 음식을 통해서 에너지를 얻기 때문에 입으로 얻는 모든 것은 생명이고 사랑입니다. 이 입은 공덕을 만들기도 하고 공덕을 불살라버리기도 합니다. 말 한마디가 인생을 바꾸고 변화시킵니다. 여기서는 입보다는 혀에 중심을 둡니다. 왜냐하면 혀는 음식의 맛을 구분하면서 분별심을 갖게 하기도 하고, 언어에 중추적인 역할을 합니다. 혀가 움직이지 않으면 말을 못합니다. 혀가 구강과 입의 크기를 조절함으로써 높낮이와 장단의 소리를 만들어냅니다. 그리고 경전을 읽는다거나 남에게 경전을 설하는 등의 종교에서 가장 중요시하는 일들도 혀가 없으면 할 수 없습니다. 맛도 부처님께 올려진 공양은 이미 맛이 달라집니다.

부처님께서 흉년이 든 어느 해에 가뭄이 심한 지방에서 제자들과 머물게 되었습니다. 아난존자가 가까스로 음식을 얻어 왔는데, 마맥(馬麥)이라고 해서 말이 먹는 사료였습니다. 축생이 먹는 사료를 가지고 밥을 지을 정도로 어려웠습니다. 아난존자가 자신이 그렇게 험한 음식을

第十九章 _ 法師功德品

먹는 것은 그렇다손 치더라도, 부처님께서 그런 험한 음식을 드시는 것을 보고는, 하루도 아니고 한 철을 그렇게 드시게 되니까 참 마음이 아파서 눈물을 흘렸습니다. 이를 본 부처님은 아난존자의 그러한 마음을 아시고는 "아난존자여, 내가 먹는 음식이 그렇게 험한 음식이라 해서 죄송하게 생각하는데 어디 한번 맛을 보겠느냐" 하고는 부처님 발우에 있는 보리 한 알을 꺼내어 아난존자에게 줬습니다. 아난존자가 먹어보니까 이미 자신들의 것과는 달랐습니다. 지극한 마음으로 부처님께 공양을 올리는 노력을 하되, 이런 법문을 항상 돌이키기 바랍니다.

상정진이여, 이 법문을 수지 독송하거나 설하거나 옮겨 적는 보살은 8백의 몸(身根)의 덕성을 얻을 것이다. 그의 몸은 완전히 청정하며, 피부는 유리처럼 청정해서 중생들의 눈을 즐겁게 할 것이다. 그는 완전히 청정한 몸 위에서 삼천대천세계의 모든 것을 볼 것이다. …(중략)… 또 삼천대천세계에 사는 성문이나 보살, 독각, 여래의 누구든지 볼 것이며, 그 여래들이 설한 가르침을 모두 볼 것이다. 또 여래들을 섬기는 중생들이 몸을 얻는 것을 그는 자신의 몸 위에서 볼 것이다. 왜냐하면 그의 몸이 완전히 청정하기 때문이다."

수행이 깊어져 많은 공덕이 쌓이면 우선 몸이 달라집니다. 음식도 일부러 애쓰지 않아도 가려먹게 됩니다. 몸에서는 향기가 납니다. 제가 1980년 후반 지리산 칠불암 선방에서 살 때의 일인데, 대중이 단체로 어딘가 다녀오기 위해 사중 차를 타고 가다 아랫마을의 상점에 들어가

음료수를 사러갔습니다. 그때 가게 주인 보살이 "스님이 들어오시니까 가게에 향기가 돕니다"라고 했던 기억이 떠오릅니다. 아마 그때가 공부를 열심히 했던 때인가 봅니다.

> 상정진이여, 여래인 내가 완전한 열반에 든 뒤, 이 법문을 수지 독송하고 가르치며 옮겨 적는 보살의 뜻〔意根〕은 천 2백의 마음작용의 덕성을 갖추어 완전히 청정해질 것이다. 그가 그 청정한 뜻으로 비록 한 게송이라도 듣는다면, 그 게송의 많은 의미를 알게 될 것이다. 그 게송을 이해한 뒤, 그는 1개월은 물론 4개월, 1년도 가르침을 설할 수 있을 것이다. 또 어떤 가르침을 설하더라도 그것을 잊어버리는 일이 없을 것이다. …(중략)… 이런저런 가르침과 그 해석을 깊이 생각한 뒤 바른 것을 설할 것이며, 모든 여래께서 설하시고 모두 예전에 승리자의 경전에 설해진 것을 그는 말할 것이다.

생각의 힘은 불가사의합니다. 진리의 세계는 생각대로 이루어집니다. 진리의 사람은 자신의 일을 고민하지 않습니다. 일의 시작과 끝을 알고, 생각의 힘을 압니다. 이치에 통달하여 미치지 않는 바가 없기 때문에 게송 한 줄로도 한량없는 시간 동안 법을 설할 수 있습니다. 모두 알고, 알기 때문에 중생의 뜻에 순응할 수 있다는 뜻입니다.

❀ 나는 신이다

이슬람 신비주의자이자 성자인 알 하지 만수르는 '나는 신이다' 라고

第十九章 _ 法師功德品

선언했다가 신성모독죄로 군중이 던진 돌에 맞아 죽었으나, 죽는 순간까지도 웃음을 잃지 않았다 합니다.
"그대들은 나의 육체를 죽일 수는 있지만, 나는 그 육체가 아니다."

죽음에 직면해서도 웃으며 행복한 사람들이 있습니다. 이들에게는 삶과 죽음의 경계마저도 허술할 따름입니다. 그러나 사람들은 매 순간 삶에 직면하면서도 목을 길게 뺀 채 슬픔에 젖어 비참해합니다. 반짝이는 오후의 햇살을 느끼기도 전에 한밤의 어둠을 두려워합니다. 기쁨과 슬픔도 하나의 습관입니다. 자신이 만들어낸 습관으로 고통 받는 것은 어리석은 일입니다. 이왕이면 기쁜 습관을 들여야 합니다. 세상을 아름답게 보고 긍정적으로 보고, 내가 세상에서 할 수 있는 일을 찾아야 합니다. 삶의 한 면만이 아니라 여러 면을 이해해야 합니다. 행복해지기를 원하는 사람은 틀림없이 밝은 쪽을 봅니다. 행복해지기를 원하는 사람은 두 번의 낮 사이에 있는 한 번의 밤을 보고, 비참함을 느끼고자 하는 사람은 두 번의 밤 사이에 있는 한 번의 낮만을 봅니다. 세상은 과거에도 그랬고, 지금도 그렇고, 앞으로도 그럴 것입니다. 변한 것은 우리의 마음뿐입니다.
무엇을 보던, 무엇을 느끼던, 그것은 우리의 선택과 자유의지에 달린 문제입니다.

좋은 생각, 좋은 기분, 이것도 큰 공덕입니다.

20 상불경보살품

20

상불경보살품 常不輕菩薩品

그때 세존께서는 득대세(得大勢)보살에게 말씀하셨다.

"득대세여, 이와 같이 알아야 한다. 장래 이 법문을 비방하거나, 이 경전을 수지하는 비구, 비구니, 신남, 신녀들을 비난하거나 모욕하며, 거짓되고 조잡한 말로 말을 거는 이들은 좋지 않은 과보를 받게 될 것이다. 그것은 말로 나타낼 수 없을 정도이다. 그러나 장래 이 경전을 수지 독송하며 가르치며 이해해서 남에게 상세히 설하는 이들에게는 앞에서 설한 것과 같은 좋은 결과가 생길 것이며, 눈, 귀, 코, 혀, 몸, 뜻의 육근이 완전히 청정하게 될 것이다.

득대세여, 예전에 그러니까 이루 다 헤아릴 수 없이 광대하며 생각도 미치지 않는 과거세에, 아니 그보다 훨씬 먼 이전에 바른 깨달음을 얻어 존경받는 위음왕(威音王)이라는 여래께서 세간에 출현하셨다. 그것은 이쇠(離衰)라고 하는 겁이며, 대성(大成)이라고 하는 세계였다. 그 여래께서는 지혜와 덕행을 갖춘 선서였으며, 세간을 잘 아는 위없는 분이셨으며, 사람들을 잘 이끄시는 분이었으며, 천신들과 인간의 스승이었으며 부처님이셨다.

득대세여, 이 위음왕여래께서는 대성세계에서 천신들과 인간, 아수라를 포함한 세간사람들을 앞에 놓고 가르침을 설하셨다. 성문들을 위해서는 생로병사와 근심, 비탄, 고뇌, 미혹을 넘어서는 열반을 목표로 하는 사성제와 관련된 연기의 과정을 설하셨다. 또한 보살들을 위해서는 위없는 깨달음에 관해 여섯 가지의 완성과 관계된 여래의 지견(知見)에 이르는 가르침을 설하셨다.

그런데 득대세여, 위음왕여래의 수명은 사십 갠지스 강의 모래 알 수와 같은 수천만 억 겁이었다. 그 여래께서 완전한 열반에 드신 뒤, 염부제 미진수 티끌 수와도 같은 수천만 억 겁 동안 바른 가르침(正法)이 존속했으며, 사대주(四大洲)의 티끌 수와 같은 수천만 억 겁 동안 바른 가르침과 비슷한 가르침(像法)이 존속했다.

또 득대세여, 대성세계에서 위음왕여래께서 완전한 열반에 드신 뒤, 바른 가르침과 비슷한 가르침이 소멸했을 때 또 다른 위음왕여래께서 세간에 출현하셨다. 그 여래께서는 지혜와 덕행을 갖춘 선서였으며 세간을 잘 아는 위없는 분이셨으며 사람을 잘 이끄는 분이시며 천신과 인간 스승이며 부처님이셨다. 이렇게 차례로 2백만 억 나유타의 위음왕여래들이 이 대성세계에 출현하셨는데, 거기에는 이 모든 여래들 앞에 출현하신 최초의 위음왕여래께서 계셨다. 이 여래께서 완전한 열반에 드신 뒤, 바른 가르침은 물론 바른 가르침과 비슷한 가르침도 소멸하고 있었다. 그 가르침은 교만한 비구들에게 공격받고 있었다. 그때 상불경(常不輕)이라는 비구 보살이 있었다. 득대세여, 왜 이 보살이 상불경이라고 불리는가 하면,

그 이유는 이러하다. 이 보살은 비구, 비구니, 신남, 신녀 누구를 만나도 다가가 이렇게 말한다.

'존자시여, 저는 당신을 깔보지 않사옵니다. 당신이 보살의 수행을 하면 장래 바른 깨달음을 얻어 존경받는 여래가 될 것이기 때문입니다'

득대세여, 이처럼 보살은 비구이면서 설법도 독송도 하지 않고, 멀리 있는 이건 가까이 있는 이건 누구를 보더라도 이렇게 말한다. 비구, 비구니, 신남, 신녀 누구에게나 다가가 이렇게 말한다.

'부인이시여, 저는 당신을 깔보지 않사옵니다. 당신이 보살의 수행을 하면 장래 바른 깨달음을 얻어 존경받는 여래가 될 것이기 때문이옵니다'

이 소리를 들은 이는 거의 대부분 그에게 화를 내며, 악의와 불신에 찬 말로 비난하고 모욕한다.

'이 비구는 묻지도 않았는데 왜 깔보지 않는다는 말을 하는 걸까. 또 위없는 바른 깨달음을 얻을 것이라고 바라지도 않는 예언을 하는 것은 우리 스스로 자신을 깔보도록 하는 것이다'

득대세여, 이 보살이 이렇게 비난과 모욕을 받는 동안 많은 세월이 흘렀다. 그는 누구에게도 화를 내지 않고 악의를 품지 않는다. 그리고 그가 그렇게 말했을 때 흙덩이나 몽둥이를 휘두르는 이에 대해서도, 그는 멀리서 큰 소리로 '저는 당신을 깔보지 않습니다'라고 한다. 상불경이라는 이름은 그가 언제나 이렇게 말하던 교만한 비구, 비구니, 신남, 신녀들이 그에게 붙인 것이다.

그런데 득대세여, 그 상불경보살은 죽음이 가까워왔을 때, '바른 가르침의 백련'이라는 법문을 들었다. 이 법문은 위음왕여래께서 2백만 억의 이십 배나 되는 게송으로 설하신 것이다. 상불경보살은 죽음이 가까워왔을 때, 아무도 설하지 않았는데도 공중에서 들려오는 이 법문을 듣고 알았다. 그래서 그는 눈의 청정, 귀의 청정, 코의 청정, 혀의 청정, 몸의 청정, 뜻의 청정을 얻었다. 그는 육근의 청정을 얻자마자 다시 2백만 억 년 동안 자신의 생명을 신통력으로 지속시켜 이 '바른 가르침의 백련'이라는 법문을 설했다. 그래서 상불경이라는 이름을 붙인 교만한 비구, 비구니, 신남, 신녀들 모두가 그의 광대한 신통의 위력, 설득하는 웅변력, 지혜의 위력을 보고 가르침을 듣기 위해 따르게 되었다. 그는 다시 다른 백천만 억 나유타의 생명 있는 것들 모두를 위없는 바른 깨달음으로 이끌었다.

득대세여, 이 보살은 대성세계에서 죽은 뒤, 월음왕(月音王)이라는 같은 이름을 가진 이천 억의 많은 여래들을 기쁘게 했으며 항상 이 법문을 설했다. 그는 이어서 마찬가지로 과거의 선근에 의해 태고음왕(太鼓音王)이라는 같은 이름을 가진 이백만 억의 많은 여래들을 기쁘게 했으며, 항상 이 '바른 가르침의 백련'의 법문을 사중에게 설했다. 운음왕(雲音王)도 마찬가지였다. 이 모든 경우에 그는 눈, 귀, 코, 혀, 몸, 뜻의 완전한 청정성을 갖추고 있었다.

득대세여, 이 상불경보살은 이렇게 많은 수백 수천만 억 나유타의 여래들을 공경 공양하고, 찬양 존숭한 뒤, 다시 다른 수백 수천만 억 나유타의 많은 부처님들을 공경 공양하고 찬양 존숭했는데, 그때마다 '바른 가르침의 백련'이라는 법문을 얻었다. 그 뒤 그는 과거의 선근이 완전히 성숙했기 때문에 위없는 바른 깨달음을 얻었다.

득대세여, 그때 그곳의 상불경이라고 불리는 보살은 내가 모르는 이라고 생각해서는 안 된다. 득대세여, 내가 바로 그 상불경보살이었기 때문이다. 만일 내가 이전에 이 법문을 이해하고 수지하지 않았더라면, 이처럼 빨리 위없는 깨달음을 얻을 수는 없었을 것이다. 득대세여, 나는 과거의 여래들로부터 직접 배운 이 법문을 수지 독송하며 설했기 때문에 이렇게 빨리 위없는 바른 깨달음을 얻은 것이다.

또 득대세여, 저 상불경보살에게 악의를 품은 이들은 2백만 억 겁 동안 결코 여래를 보지 못했으며, 가르침이나 승단이라는 말도 들어보지 못했다. 그리고 1만 억 겁 동안 아비대지옥에서 심한 고통을 받았으나, 상불경보살은 그들 모두를 위없는 바른 깨달음으로 이끌었다.

득대세여, 그때 그곳에 상불경보살을 매도하고 조롱한 중생들을 나는 알고 있다. 이 모임에 온 이들은 발타바라(跋陀婆羅)를 비롯한 5백 명의 보살들과 사자월(師子月)을 비롯한 5백 명의 비구니들, 사불(思佛)을 비롯한 5백 명의 신녀들이었기 때문이다. 그러나 모두 위없는 바른 깨달음을 얻어 불퇴전의 자리에 있다. 득대세여, 이처럼 커다란 이익이 있는 법문을 수지 독송하며 가르치면 보살들에게 위없는 바른 깨달음을 가져다줄 수 있다. 그러니 득대세여, 여래인

내가 완전한 열반에 든 뒤, 보살들은 이 법문을 언제나 수지 독송
하고 가르치며 설해야 할 것이다."
  이어 세존께서는 이와 같은 게송을 설하셨다.

과거세의 생각이 난다.
그때 위음왕이라는 승리자가 계셨는데
인간, 천신, 야차의 지도자시며
대위신력을 지니셨고
인간과 신들의 공양을 받으셨다.

그 승리자께서 완전한 열반을 드신 뒤
바른 가르침이 혼란에 빠졌을 때
비구로서 상불경이라고 불리는 보살이 있었다.

그때 그는 나는 진리를 체득했다고 생각하는
다른 비구나 비구니들에게 가서
'나는 당신들을 깔보지 않습니다.
최고의 깨달음을 위해 수행하십시오' 라고
언제나 말했다.

그들의 비난과 모욕을 참는 사이
죽음이 가까워졌으며

第二十章 _ 常不輕菩薩品

그는 이 경전을 들었다.

그래서 그는 죽지 않고
신통력으로 아주 긴 수명을 얻어
지도자의 가르침 아래에서 이 경전을 설했다.

그리고 스스로 진리를 체득했다고 생각하는
이들을 모두 깨달음에 이르도록 성숙시켰다.
그래서 죽은 뒤에는 수많은 부처님들을 기쁘게 했다.

계속해서 쌓은 복덕으로
언제나 이 경전을 설한 뒤
그 승리자의 아들은 깨달음을 얻었다.
그가 바로 석가모니인 나이다.

그때 스스로 진리를 체득했다고 생각한
비구, 비구니, 신남, 신녀들은
그로부터 깨달음을 얻을 것이라는 말을 듣고
많은 부처님들을 뵌 뒤 깨달음을 얻었다.

그들은 내 앞에 있는
5백 명의 보살들과 비구, 비구니, 신녀들이다.

나는 모두에게 최고의 가르침을 들려주었으며
그들 모두를 성숙시켰다.
내가 열반에 든 뒤는 의지가 굳은 그들이
이 최고의 경전을 수지할 것이다.

생각도 미치지 않는 수천만 억 겁 동안
이 같은 가르침은 단 한 번도 들을 수 없었으며
수백만 억의 부처님이 계셨지만
이 경전을 설하신 적은 없다.

그러니 부처님께서 스스로 설하신
이 같은 가르침을 들어서
계속해서 부처님들을 기쁘게 해드리며
내가 열반에 든 뒤는 이 경전을
이 세상에서 내 대신 설해야 할 것이다.

상불경보살품의 구성

1. 법화경을 비방한 죄와 법화경을 수지 독송한 공덕
2. 위음왕여래의 이야기
3. 상불경보살의 인간 존중
4. 경전을 바로 믿는 사람의 공덕
5. 상불경보살은 곧 석가모니불
6. 수기를 부정하는 사람들의 과보
7. 부처님이 게송을 설하다

상불경보살품입니다.

이제 두 사람은 하나의 불을 피울 것이다
이 불은 꺼지지 않을 것이다
두 사람은 사랑과 이해, 지혜를 상징하는 하나의 불꽃을 갖게 될 것이다
이 불이 두 사람에게 따뜻한 음식과 행복을 가져다주리라
이 불은 새로운 시작을 의미한다
새로운 삶과 새로운 가정을
이 불은 언제까지나 타올라야 한다
두 사람은 언제까지나 함께 있으리라
이제 두 사람은 새로운 삶을 위한 불을 밝혔다
이 불은 꺼지지 않으리라
늙음이 그대들을 갈라놓을 때까지

나바호족 인디언은 결혼식 때 신랑 신부에게 위와 같은 축복의 말을 한다고 합니다. 인디언 사회에서는 식구들에게 음식을 나눠주는 것이 여자의 큰 권한에 속합니다. 이 음식이 사랑이고 행복의 씨앗입니다. 이런 축복의 말처럼 일체 모든 것을 내 가족이고 내 분신으로 보는 힘을 길러야 합니다. 조금만 지혜가 열리면 나와 남의 구별이란 것이 얼마나 보잘 것 없는지 알게 됩니다. 행복은 세상을 보고 이해하는 생각의 힘에서 나온다는 것을 잊어서는 곤란합니다. 평등하게 보고 평등하게 생각하고 평등하게 행동하면 삶이 행복해진다는 사실을 기억하시기 바랍니다.

《법화경》이 왜 연꽃 같은 보석의 경전이고 아름답다고 하는지, 본 품에서 알게 됩니다. 모든 것을 부처님으로 볼 수 있는 마음 때문입니다. 모든 것이 부처님으로 보이기 때문에 공경의 마음을 갖지 않을 수 없습니다. 그래서 보살님의 명호도 '상불경'입니다. 항상 공경의 마음을 지닌 분이라는 뜻입니다.

🏵 상불경보살품의 주요 내용

득대세여, 이와 같이 알아야 한다. 장래 이 법문을 비방하거나, 이 경전을 수지하는 비구, 비구니, 신남, 신녀들을 비난하거나 모욕하며, 거짓되고 조잡한 말로 말을 거는 이들은 좋지 않은 과보를 받게 될 것이다. 그것은 말로 나타낼 수 없을 정도이다. 그러나 장래 이 경전을 수지 독송하며 가르치며 이해해서 남에게 상세히 설하는 이들에게는 앞에서 설한 것과 같은 좋은 결과가 생길 것이며, 눈, 귀, 코, 혀, 몸, 뜻의 육근이 완전히 청정하게 될 것이다.

이 경을 비방한 사람은 큰 죄를 짓는 것과 같습니다. 그리고 이런 행동은 불법의 인연을 멀게 하는 결과를 가져옵니다. 바른 믿음을 저버리는 것이야말로 참으로 구제 받기 어려운 것이라서 불법 만난 것을 감사하고 행복하게 생각하는 습관을 들여야 이런 인연이 오래가고 끊이지 않습니다. 그리고 이런 바른 믿음으로 얻게 되는 공덕은 몸과 마음이 경쾌하고 청정하게 됩니다. 우리는 항상 번민에 쌓여 있기 때문에, 이런 우울한 기운을 물리치려면 맑고 향기로운 공덕이 쌓여야 합니다.

제20장_상불경보살품

그때 상불경(常不輕)이라는 비구 보살이 있었다. 득대세여, 왜 이 보살이 상불경이라고 불리는가 하면, 그 이유는 이러하다. 이 보살은 비구, 비구니, 신남, 신녀 누구를 만나도 다가가 이렇게 말한다.
'존자시여, 저는 당신을 깔보지 않사옵니다. 당신이 보살의 수행을 하면 장래 바른 깨달음을 얻어 존경받는 여래가 될 것이기 때문입니다'
득대세여, 이처럼 보살은 비구이면서 설법도 독송도 하지 않고, 멀리 있는 이건 가까이 있는 이건 누구를 보더라도 이렇게 말한다. 비구, 비구니, 신남, 신녀 누구에게나 다가가 이렇게 말한다.
'부인이시여, 저는 당신을 깔보지 않사옵니다. 당신이 보살의 수행을 하면 장래 바른 깨달음을 얻어 존경받는 여래가 될 것이기 때문이옵니다'
이 소리를 들은 이는 거의 대부분 그에게 화를 내며, 악의와 불신에 찬 말로 비난하고 모욕한다.
'이 비구는 묻지도 않았는데 왜 깔보지 않는다는 말을 하는 걸까. 또 위없는 바른 깨달음을 얻을 것이라고 바라지도 않는 예언을 하는 것은 우리 스스로 자신을 깔보도록 하는 것이다'
득대세여, 이 보살이 이렇게 비난과 모욕을 받는 동안 많은 세월이 흘렀다. 그는 누구에게도 화를 내지 않고 악의를 품지 않는다. 그리고 그가 그렇게 말했을 때 흙덩이나 몽둥이를 휘두르는 이에 대해서도, 그는 멀리서 큰 소리로 '저는 당신을 깔보지 않습니다' 라고 한다. 상불경이라는 이름은 그가 언제나 이렇게 말하던 교만한 비구, 비구니, 신남, 신녀들이 그에게 붙인 것이다.

第二十章 _ 常不輕菩薩品

본 품까지 《법화경》에 대해 공부했다면 달리 설명을 더 들을 필요도 없습니다. 읽고, 생각해보고, 그 의미를 반복해보면 자연스레 알아집니다. '상불경'은 남을 가볍게 여기지 않는 마음입니다. 소중하게 생각하면 가볍게 여길 수가 없습니다. 매사에 가볍게 처신하는 사람은 삶의 진정한 가치를 모르기 때문입니다. 누가 나를 음해하고 해치고 욕할지라도 공경하는 마음을 그치지 않아야 합니다. 그렇게 하면 누구나 상불경보살입니다. 상불경보살에 대한 내용은 너무나 유명하고 법문에 많이 쓰입니다. 그만큼 아름답고 정신이 위대하기 때문입니다.

세상은 묘해서 좋은 일을 하고, 좋은 마음으로 대해도 흠을 잡습니다. 시비가 걸리지 않는 데가 없습니다. 그래도 참아내야 합니다. 참으니까 좋아지는 게 아닙니다. 참고 싶어서 참을 수 있는 게 아닙니다. 인욕은 마음이 고요해야만 가능합니다. 그것이 인욕의 본래 의미입니다. 매사에 마음을 고요히 하시기 바랍니다. 염불하고 경전을 읽고 보시를 하고 남을 이롭게 하면 마음이 편안해집니다. 본 품에 나오듯 이런 행위가 나를 청정케 하는 공덕의 샘입니다.
이어서 상불경보살이 드디어 모든 비방을 이겨내고 귀의를 받는 내용이 나옵니다. 그래서 이름도 해와 달 같고, 구름처럼 자유롭고 등불 중의 등불이 됩니다.

득대세여, 저 상불경보살에게 악의를 품은 이들은 2백만 억 겁 동안 결코 여래를 보지 못했으며, 가르침이나 승단이라는 말도 들어보지 못했다. 그리고 1만 억 겁 동안 아비대지옥에서 심한 고통을 받았으나, 상불경보살은 그들 모두를 위없는 바른 깨달음으로 이끌었다. …(중략)… 득대세여, 이처럼 커다란 이익이 있는 법문을 수지 독송하며 가르치면 보살들에게 위없는 바른 깨달음을 가져다줄 수 있다. 그러니 득대세여, 여래인 내가 완전한 열반에 든 뒤, 보살들은 이 법문을 언제나 수지 독송하고 가르치며 설해야 할 것이다.

불법을 비방한 죄업이 몹시 크다는 것을 알 수 있습니다. 그런데 여기서 중요한 내용이 나옵니다. 비방을 한 사람일지라도 그 과보가 끝나면 다시 불법의 인연을 맺어 구경에는 성불한다는 것입니다. 누군가 나를 비방하는 사람은 나와 친해지고 싶고 관심이 있기 때문입니다. 이런 사람은 조금만 잘해주면 모두 내 사람이 됩니다. 무관심이 오히려 큰 문제입니다. 비방을 두려워하면 안 됩니다. 그리고 이 경을 널리 알리는 것을 권합니다.

무엇이든 하라

한 선비가 과거시험을 보러 마을을 떠났습니다. 여행은 긴장되고 또 힘들었습니다. 하루는 숲을 지나게 되었는데 근처 덤불에서 갑자기 재채기 소리가 들렸습니다. 선비는 걸음을 멈추고 덤불을 들춰보았지만 아무것도 발견할 수 없었습니다. 그런데 가까운 곳에서 다시 재채기 소리가 들렸습니다. 선비는 동행하고 있던 하인에게 주변의 땅을 파보라고 했습니다. 흙은 부드러웠고, 얼마 파자 해골을 발견했습니다. 사

第二十章 _ 常不輕菩薩品

람의 두개골인데, 칡넝쿨이 해골의 코와 입, 눈 할 것 없이 뿌리가 박혀있었습니다. 재채기가 이 뿌리와 관계가 있다 생각한 선비는 뿌리를 잘라내고 개울에 뼈를 깨끗이 씻어 원래자리를 정리한 다음 잘 묻어주었습니다. 그리고는 보따리에 든 음식을 풀어 정성껏 제사를 올려 극락왕생하라는 덕담도 곁들였습니다.

그날 밤 꿈에 한 사람이 나타났습니다. 자신이 그 재채기의 주인공이라면서 감사의 은혜로 시험에 나올 문제와 문장을 일러주는 것이었습니다. 당연히 선비는 과거에 급제할 수 있었다는 이야기입니다.

작은 선행이라도 자주 행동에 옮겨야 합니다. 만물은 하나같이 도움을 기다리는 약한 존재입니다.

소중하게 보는 마음, 〈상불경보살품〉의 가르침입니다.

21 여래신력품

21

여래신력품 如來神力品

그때 대지의 틈새에서 나온 소천세계의 티끌 수와도 같은 수천만 억 나유타의 보살들은 모두 세존을 향해 합장하며 이와 같이 세존께 말씀드렸다.

"세존이시여, 세존께서 열반에 드신 뒤 어떤 불국토든 모든 국토에서 저희들은 이 법문을 널리 펴겠사옵니다. 세존이시여, 저희들은 이처럼 위대한 법문을 수지하거나 독송하거나 가르치거나 옮겨 적기 위해 찾았던 것이옵니다."

그때 문수사리를 비롯한 사바세계에 사는 수천만 억 나유타의 많은 보살들, 그리고 비구, 비구니, 신남, 신녀, 천신들, 용, 야차, 건달바, 아수라, 가루다, 긴나라, 마후라가, 인간과 인간 이외의 것들, 또 갠지스 강의 모래알 수와도 같은 많은 보살들이 다음과 같이 세존께 말씀드렸다.

"세존이시여, 저희들 또한 여래께서 완전한 열반에 드신 뒤, 이 법문을 널리 펴겠사옵니다. 눈에 보이지 않는 모습으로 공중에 서서, 소리를 낼 것이며 아직 선근을 심지 않은 중생들에게 선근을

제21장 _ 여래신력품

심게 하겠사옵니다."

그때 세존께서는 위대한 지도자이고 스승이며, 대지의 틈새에서 나온 보살들의 우두머리의 한 사람인 상행(上行)이라는 보살에게 이와 같이 말씀하셨다.

"상행이여, 좋은 일이다. 그렇게 하도록 하여라. 이 법문을 위해서 여래께서는 그대들을 이끄신 것이다."

그때 석가여래와 다보여래께서는 탑 중앙에 있는 사자좌에 앉아 계셨다. 두 분 다 미소를 띠시며, 입을 열고 혀를 내셨는데, 그 혀는 범천의 세계에까지 이르렀으며, 수천만 억 나유타의 빛을 발했다. 그 빛 한줄기 한줄기마다 수천만 억 나유타의 많은 보살들이 나타났다. 몸은 금색이며, 위대한 인물의 32상을 갖춘 그들은 연꽃 속에 있는 사자좌에 앉았다. 그리고는 사방팔방에 있는 수천의 세계로 가서, 공중에 선 채 가르침을 설했다. 석가여래와 다보여래께서 혀로 신통력의 기적을 보이신 것처럼 수천만 억 나유타의 다른 세계로부터 와서 보석나무 아래 사자좌에 앉은 여래들은 모두 혀로 신통력의 기적을 보였다.

그때 석가여래와 그 여래들은 꼭 백천년 동안 신통력을 발휘했다. 백천년이 지나자 그 여래들은 혀를 원래대로 넣고, 모두 한순간에 그리고 동시에 사자처럼 큰소리를 냈으며, 또 한순간에 손가락 퉁기는 소리를 냈다. 그 소리 때문에 시방의 모든 불국토는 진동했다. 그 모든 불국토에 있는 중생들, 천신들, 용, 야차, 건달바, 아수라, 가루다, 긴나라, 마후라가, 인간과 인간 이외의 것들도 부

第二十一章 _ 如來神力品

처님의 위신력 덕분에 거기에 있으면서 사바세계를 이와 같이 보았다. 말하자면 수백 수천만 억 나유타의 여래들께서 보석나무 아래에 있는 사자좌에 앉아 계시는 것을 보았으며, 다보여래께서 보석으로 된 거대한 탑 속에 있는 사자좌에 석가여래와 함께 앉아 계시는 것과 사중이 모여 있는 것을 보았다. 그것을 보고 그들은 경이롭고 드문 일이라고 생각해 큰 기쁨을 느꼈는데, 공중에서 이와 같은 소리가 들렸다.

"벗이여, 헤아릴 수 없고 셀 수 없는 수백 수천만 억의 세계를 지난 저편에 '사바' 라고 불리는 세계가 있는데, 그곳에 석가여래가 계신다. 그분은 지금 모든 부처님께서 가지신 광대한 경전이며 보살을 위한 가르침인 '바른 가르침의 백련' 이라는 법문을 보살들을 위해 설하고 계신다. 그대들은 그 법문을 깊이 바라므로 기뻐할 것이며, 석가여래와 다보여래께 경례하여라."

그때 모든 중생들은 공중으로부터 이와 같은 소리를 듣고 그곳에서 "석가여래께 경례하옵나이다" 라고 하며 합장했다. 또 석가여래와 다보여래께 공양했으며, '바른 가르침의 백련' 이라는 법문을 공양하기 위해 온갖 꽃, 훈향, 향수, 화만, 도향, 분향, 옷, 우산, 기, 깃발, 승리의 깃발과 여러 장식품, 목걸이, 마니구슬을 사바세계를 향해 던졌다. 그것들은 사바세계와 융통무애(融通無碍) 하여 일체가 된 다른 수천만억 세계에 앉아 계신 여래들의 머리 위 공중에서 하나의 커다란 꽃 휘장이 되었다.

그때 세존께서는 상행보살을 비롯한 보살들에게 말씀하셨다.

"선남자들이여, 바른 깨달음을 얻어 존경받는 여래들께서는 생각할 수도 없는 위력을 지니고 계신다. 이 법문을 위촉하기 위해서 수백 수천만 억 겁 동안, 나는 여러 가르침으로 이 법문의 많은 공덕을 설했다. 그 공덕은 이루 다 헤아릴 수 없다. 선남자들이여, 나는 이 법문 속에서 부처님의 모든 가르침, 모든 존엄, 모든 비밀, 모든 심원한 입장을 간결히 설했다. 그러니 그대들은 내가 완전한 열반에 든 뒤, 이 법문을 공경 수지해서 가르치고 옮겨 적거나 독송하며 수습해서 공양해야 할 것이다.

선남자들이여, 지상의 어떤 곳에서 이 법문이 독송되거나 설해지거나 옮겨 적거나 책이 된다고 하자. 숲이든 정사든 집이든 마을이든 나무 아래든 높은 건물이든 방이든 동굴이든, 지상의 그곳에는 여래를 위한 탑이 세워져야 할 것이다. 왜냐하면 그곳은 모든 여래들의 보리좌이며 위없는 바른 깨달음을 얻은 곳임을 알아야 하기 때문이다. 또 그곳에서 모든 여래들께서 가르침의 법륜을 굴리셨고 열반에 드셨음을 알아야 하기 때문이다."

이어 세존께서는 이와 같은 게송을 설하셨다.

신통의 지혜를 지니시고
세간의 행복을 원하시는
부처님들께서 설하신 법의 본성은
생각으로도 미치지 않는다.

第二十一章 _ 如來神力品

무한을 꿰뚫어보는 눈을 지니신
부처님들께서는
이 세상의 중생들 모두를 기쁘게 하려고
신통력을 보이신다.

수천의 광명을 놓으시며
범천의 세계에까지 혀를 뻗치신다.
최고의 깨달음을 향해 뜻을 세운 이들을 위해
놀랄 만한 신통력을 보이신다.

부처님들께서는 기침을 하시며
동시에 손가락 퉁기는 소리를 내신다.
시방에 있는 모든 세계에 그 소리가 들린다.

세간의 행복을 원하시는
자애 깊으신 부처님들께서는
선서가 열반에 드신 뒤
'어떻게 하면 중생들이
그때 기쁘게 이 경전을 수지할까' 하고 생각하시어
다른 기적과 공덕을 보이신다.

세간의 지도자께서 완전한 열반에 드신 뒤

이 최고의 경전을 수지하는
선서의 아들들에 대해
수천 겁 동안 내가 칭찬한다고 하자.

그들의 공덕은
마치 시방의 허공계처럼 한이 없을 것이다.
이 빛나는 경전을
언제나 수지하는 이들의 공덕은
생각도 미치지 않을 정도이다.

석가여래인 나와
모든 세간의 지도자들과
이미 열반에 든 다보여래를
이 경전의 수지자들은 본다.
또 많은 보살들과 사중들을 본다.

그는 지금 여기서 나를 기쁘게 하며
모든 지도자들과
열반에 드신 다보여래와
시방에 계신 다른 부처님들도 기쁘게 한다.

이 경전을 수지하는 이는

第二十一章 _ 如來神力品

미래나 과거의 부처님들과
지금 시방에 계신 부처님을 보며
그분들께 잘 공양할 것이다.

진실의 가르침인 이 경전을 수지하는 이는
보리좌에서 깨달으신 인간의 최고자이신
부처님의 비밀스런 지혜를
빨리 생각해 낼 것이다.

이 훌륭한 경전을 수지하는 이는
어디서든 걸림없는 바람처럼
무한한 웅변력을 지닌 이가 되어
가르침과 의미와 해석을 알 것이다.

그는 지도자들께서 깊은 뜻을 담아 설하신
여러 경전들의 관계를 이해할 것이며
내가 열반에 든 뒤에도
여러 경전의 진실된 의미를 알 것이다.

그는 달에 비유되며
태양처럼 빛날 것이며
그는 대지를 활보하면서 여기저기서

많은 보살들을 격려할 것이다.

따라서 현명한 보살들은
이 세상에서 이런 이익을 듣고
내가 열반에 든 뒤 이 경전을 수지할 것이다.
그들이 깨달음을 얻는 것은
의심의 여지가 없을 것이다.

여래신력품의 구성

1. 땅에서 솟아난 보살들의 서원
2. 여래의 신력
3. 경전을 찬탄하고 유통을 부촉하다
4. 부처님이 게송으로 설하다

여래신력품입니다.

일은 무심에서 이루어진다〔事向無心得〕

본 품은 여래의 큰 힘에 대해 말하기 때문에 야보스님의 게송을 생각해봤습니다. 무심은 유심보다 큽니다. 자연스럽게 하는 힘은 억지로 하는 것보다 강합니다. 불교에서 말하는 공(空)이란 것이 텅 비어 아무것도 없다는 뜻이 아닙니다. 눈에 형상으로 보이지 않지만, 형상을 만들고 천지만물을 움직이게 합니다. 사계절이 바뀌고 땅이 바다가 되고 바다가 산이 되는 어마어마한 변화도 다 무심으로 이루어집니다. 인간이 억지로 한다 하지만 기껏 댐을 지어 물을 막고 산을 허무는 정도입니다. 또 꽃의 종자를 개량해 변화시키기는 하지만, 알고 보면 꽃은 스스로의 힘으로 피어나고 인간은 옆에서 조력할 뿐입니다.

무심의 힘을 이해해야 합니다. 일을 억지로 하지 않고 무심으로 하려면 어떻게 해야겠습니까? 삼매(三昧)입니다. 염불삼매도 있고 참선삼매도 있고 독경삼매도 있습니다. 우리가 일상에서 하는 모든 것에 집중하여 그 일을 하는 동안 다른 생각으로 혼란을 느끼지 않으면 그게 일상삼매입니다. 일을 잘하는 사람, 공부를 잘하는 사람은 다 이런 힘이 있습니다. 그러기 위해서는 집중하는 힘을 길러야 합니다. 집중은 일에 재미를 느끼는 데서 생깁니다.

어떻게 하면 일에 재미를 느낄 수 있을까요? 그런데 일은 재미와는 상관이 없습니다. 일 자체에 뜻이 있는 것이 아닙니다. 다만 그 일을 하는 사람이 그 일을 행복한 마음으로 하느냐, 나아가 그 일에 집중하는 습관을 가지고 있느냐는 겁니다. 집중이 없으면 그 사람은 매사 끌려

다니는 송아지처럼 손해 보는 기분으로 삽니다. 손해를 본다고 생각하면 누구나 분하고 싸우고 싶어집니다. 그런데 이익이 된다 생각하면 한없이 즐겁습니다. 재미가 있으면 지구 끝까지라도 걸어갈 수 있는 게 사람입니다. 행복하니까요.

여래의 초자연적인 힘은 삼매에서 나옵니다. 삼매를 유지할 수 있는 것이 여래의 능력입니다. 그리고 이 모든 것은 여래의 무한한 수명에서 비롯됩니다. 왜 무한하냐면 여래는 우리가 생각하는 시간과 공간의 범주을 벗어난 초월적인 존재이기 때문입니다. 모든 시작은 무심을 이해하는 것을 전제로 합니다. 무엇을 하건 즐거운 마음으로 집중하여, 지루함을 느낄 사이가 없이 일과 생각에 거침없이 빠져들기 바랍니다.

🪷 부처님의 길고 넓은 혀

본 품의 핵심 주제는 여래의 무한한 수명과 영적인 힘을 나누는 것이 곧 수행이라는 것입니다. 나뭇잎 한 장, 물 한 방울도 유심히 보면 영원한 생명을 갖고 있습니다. 잠시 사라지는 것 같지만 세상천지 어느 곳에건 나뭇잎은 존재합니다. 인간의 나고 죽음도 마찬가지입니다. 세상 이치의 궁극을 볼 수 있으면 무한한 수명과 영적인 힘을 얻게 됩니다. 그런데도 사람들은 스스로를 보잘것없는 인생으로 생각합니다. 참으로 불행한 일입니다.

여기서 부처님은 아주 중요한 기적을 보여줍니다. '길고 넓은 혀'를 내밀어 삼천대천세계를 뒤덮는다는 내용입니다. 그런 다음 온 몸 미세한 피부의 구멍 하나하나마다 온갖 광명을 내뿜습니다. 그 광명 속에는 무수한 부처님들이 보리수 아래 정좌하고 계시는 모습이 비춰집니다.
부처님의 길고 넓은 혀는 불교에서 생겨난 개념만은 아닙니다. 인도의 다른 전통에서도 나오는 개념입니다. 이 혀가 의미하는 것은 진리를 말하는 사람은 혀가 크고 길다는 것입니다. 부처님은 오직 궁극의 진리만을 설하기 때문에 혀가 삼천대천세계를 덮을 만큼 크고 넓게 표현됩니다.
다음에 등장하는 것은 몸에서 발산되는 빛입니다. 모든 경전에서 빛은 깨달음의 지혜광명입니다. 특히 《화엄경》은 '빛의 경전' 입니다. 삼매의 힘이 아주 강해서 몸의 구멍 하나하나마다 엄청난 광명이 쏟아지는 것입니다. 주의집중을 뜻하는 삼매의 힘은 놀라워서 주위 사람들도 그 사람이 하는 것을 따라하고 싶어 합니다. 심지어 그 사람이 머무는 곳이면 풀과 나무도 활력을 얻습니다. 주의를 집중하는 생각의 씨앗을 키워야 합니다.

베드님의 힌 고승이 팔각형의 탑을 세우고 실내 벽면을 거울로 장식하도록 했습니다. 그리고 왕비를 초청하여 탑 안으로 안내하면서 손에는 촛불을 들도록 했습니다. 스님과 왕비가 탑 안에 발을 들여놓는 순간 단지 여덟 면의 촛불만 보이는 게 아니었습니다. 각 거울마다 다른 일곱 면이 비치고, 그 면마다 다시 상이 중첩되고, 상은 상을 또 비추는 식으로 기하급수적으로 늘어난 모습을 보고 황홀하기가 이루 말할 수 없었습니다.

第二十一章 _ 如來神力品

화엄의 세계라는 것은 순차적으로 세어 들어가는 것이 아니라 이렇게 단번에 중중무진한 삼천대천세계를 보고 이해하는 것입니다. 이를 화엄법계라 합니다. 나와 남이 구별되어 떨어져 있는 듯하지만, 서로가 서로에게 거울이고 작용이며 영향을 미칩니다. 나도 소중하고 남도 소중합니다. 그런데도 인간 세상은 서로를 못 잡아먹어 안달입니다. 하는 말마다 내가 남보다 낫다 하고, 남이 나보다 잘하면 시기심이 불타오릅니다. 가련하기 짝이 없습니다.

여래신력품의 주요 내용

대지의 틈새에서 나온 소천세계의 티끌 수와도 같은 수천만 억 나유타의 보살들은 모두 세존을 향해 합장하며 이와 같이 세존께 말씀드렸다. "세존이시여, 세존께서 열반에 드신 뒤 어떤 불국토든 모든 국토에서 저희들은 이 법문을 널리 펴겠사옵니다. 세존이시여, 저희들은 이처럼 위대한 법문을 수지하거나 독송하거나 가르치거나 옮겨 적기 위해 찾았던 것이옵니다."

《법화경》 중반부터 계속하여 보살들이 경전을 널리 펴서 알리겠다는 서원을 합니다.

석가여래와 다보여래께서는 탑 중앙에 있는 사자좌에 앉아 계셨다. 두 분 다 미소를 띠시며, 입을 열고 혀를 내셨는데, 그 혀는 범천의 세계에까지 이르렀으며, 수천만 억 나유타의 빛을 발했다. 그 빛 한줄기 한줄기마다 수천만 억 나유타의 많은 보살들이 나타났다. …(중략)… 그때 석가여래와 그 여래들은 꼭 백천년 동안 신통력을 발휘했다. 백천년이 지나자 그 여래들은 혀를 원래대로 넣고, 모두 한순간에 그리고 동시에 사자처럼 큰소리를 냈으며, 또 한순간에 손가락 퉁기는 소리를 냈다.

부처님께서 법을 설할 때의 놀라운 모습이 여러 가지 나옵니다. 흔히 경전에서는 열 가지로 말합니다. 긴 혀가 아주 높은 하늘에 닿는다(진리를 설하심), 광명을 내는 일, 큰 기침, 손가락을 튕기는 일, 대지가 여섯 가지로 진동하는 일, 미증유(세상에 둘도 없는 소중한 법회라는 기쁨을 얻는 것), 허공중에 소리가 들리는 것, 부처님께 귀의함(나무석가모니불 염창), 공양꺼리를 사바세계에 흩는다(꽃·향·영락·번개·장신구·온갖 보물), 이 세계가 시방세계가 탁 트여 한 불국토, 하나의 세계로 통일이 되는 모습을 보여주는 일, 이상의 열 가지를 신력(神力)이라 합니다.

모든 중생들은 공중으로부터 이와 같은 소리를 듣고 그곳에서 "석가여래께 경례하옵나이다"라고 하며 합장했다. 또 석가여래와 다보여래께 공양했으며, '바른 가르침의 백련'이라는 법문을 공양하기 위해 온갖 꽃, 훈향, 향수, 화만, 도향, 분향, 옷, 우산, 기, 깃발, 승리의 깃발과 여러 장식품, 목걸이, 마니구슬을 사바세계를 향해 던졌다. 그것들은 사바세계와 융통무애(融通無碍)하여 일체가 된 다른 수천만억 세계에 앉아 계신 여래들의 머리 위 공중에서 하나의 커다란 꽃 휘장이 되었다.

第二十一章 _ 如來神力品

기쁘고 좋으면 이름을 부릅니다. 이름은 하나의 주문입니다. 자꾸 부르면 그 이름에 의미가 담기게 됩니다. 그래서 절에서는 법명을 지어 부릅니다. 누구든지 법명을 받아야 하고, 받은 법명은 자꾸 불러줘야 합니다. 법명은 부처님의 원과 뜻을 담아서 짓기 때문에 모두 부처님이 되시라는 염원을 담아 불러야 합니다. 부처님의 명호는 더욱 위신력이 있습니다.

선남자들이여, 지상의 어떤 곳에서 이 법문이 독송되거나 설해지거나 옮겨 적거나 책이 된다고 하자. 숲이든 정사든 집이든 마을이든 나무 아래든 높은 건물이든 방이든 동굴이든, 지상의 그곳에는 여래를 위한 탑이 세워져야 할 것이다. 왜냐하면 그곳은 모든 여래들의 보리좌이며 위없는 바른 깨달음을 얻은 곳임을 알아야 하기 때문이다. 또 그곳에서 모든 여래들께서 가르침의 법륜을 굴리셨고 열반에 드셨음을 알아야 하기 때문이다.

분명히 설하십니다. 이 경을 수행하는 것은 물론이고, 이런 이가 머무는 곳을 아름답게 장엄하는 일이 중요하다는 것입니다. 도량을 장엄하는 가장 특별한 상징이 바로 탑을 세우는 일입니다. 도량에 탑을 세우고 참배하는 문화가 있습니다. 과거에는 사리를 봉안한 것이 진정한 탑이었지만, 《법화경》이 나옴으로 해서 사리 대신 경전을 탑 안에 모시는 것으로도 탑을 모실 요건이 됩니다. 육신의 사리는 부처님의 몸이지만 경전은 부처님의 정신적인 사리요, 영혼의 결정체이기 때문입니다. 이것은 외부로 불법을 알리는 상징이기 때문에 불자들에게는 아주 중요한 신앙의 한 요소가 됩니다. 탑에 예배를 드릴 때는 꼭 시계 방향으로 세 바퀴를 부처님의 명호를 외우면서 돌고, 그 후에 정중앙으로 와서 삼배를 하고 발원하는 것입니다.

세상을 어떻게 볼 것인가

불교에는 출가의 전통이 있습니다. 이는 세속의 삶이 온전하지 못하다는 복선을 깔고 있습니다. 그렇다고 모두 부정하는 것은 아니어서 자신이 떠나온 세상으로 다시 탁발을 나섭니다. 긍정도 부정도 아닌 미묘한 지점에서 세상과 적당한 거리를 유지하는 셈입니다. 예수는 유대교에 대해 매우 비판적이었습니다. 마호메트도 상당히 격렬한 편이었습니다. 아랍 세계는 본래 주술적인 세계로 다신교가 발달한 곳입니다. 그곳에서 자신의 일신교를 실현하기 위해 탈레반이 불상을 파괴하듯, 신상이 있는 사당들을 파괴했습니다. 다신교를 부정한 것은 인생을 근본부터 바꾸어서 '세상을 온전히 다시 만들라'는 셈이므로 역시 박해가 일어납니다. 부처님은 지상에 다른 왕국을 세운다는 관념이 없었습니다. 그것은 본래 불가능하고, 아무 의미도 없다고 본 것입니다. 다만 바르게 생각하고 바른 지혜로 자비를 실천하며 서로 사랑을 나누는 세상이 최선이라고 봤던 것입니다.

부처님은 스스로가 부처가 되는 것이며 자신의 언어로 이야기합니다. 예수나 마호메트는 전달하는 입장입니다. 이 점이 근본적으로 다릅니다. 제자들 누구나 노력하면 부처와 동등해집니다. 예수는 14세부터

29세까지 베일에 싸인 기간이 있습니다. 예수가 자신의 사명을 이해하고 이야기를 하기까지 되돌아볼 시간이 필요했던 것입니다. 이 기간 동안 인도를 갔다는 설도 있고, 이집트를 갔다는 설도 있습니다.

부처님은 '진리는 말해도 되고 말하지 않아도 된다. 그렇기 때문에 진리다'라고 생각했기에 설법을 망설였습니다. 그런데 범천이 '그렇게 중요한 것이라면 사람들에게 말해주세요' 하는 말을 듣고 설법에 나설 결심을 하게 됩니다.

22 촉루품

22

촉루품 囑累品

바른 깨달음을 얻어 존경받는 세존이신 석가여래께서는 법좌에서 일어나 모든 보살들을 모이게 한 다음 신통력으로 얻은 무수한 오른손으로 보살들의 오른손을 잡고 이렇게 말씀하셨다.

"선남자들이여, 나는 헤아릴 수 없는 수백 수천만 억 나유타 겁이 걸려 성취한 이 위없는 바른 깨달음을 그대들의 손에 맡기겠다. 선남자들이여, 그대들은 이 깨달음이 널리 퍼지고 끊임없이 전해지도록 하여라."

석가여래께서는 세 번이나 되풀이해서 보살들의 오른손을 잡은 채 이렇게 말씀하셨다.

"선남자들이여, 나는 헤아릴 수 없는 수백 수천만 억 나유타 겁이 걸려 성취한 이 위없는 바른 깨달음을 그대들에게 맡기겠다. 선남자들이여, 그대들은 그것을 파악하고 수지하며 독송하고 이해하고 가르치고 모든 중생들에게 설해 주어라. 나는 아무것도 아까워하지 않으며 집착하지 않고 두려움 없는 자신을 가지고 부처님의 지혜를 건네주는 이다. 선남자들이여, 나는 위대한 시주이다. 그대들도 나를 보고 배워 아무것도 아끼지 않고, 여래의 지견과 위대하고 절묘한 방편을 구해 찾아온 선남자, 선여인들에게 이 법문을 설해 주어라. 또 청정한 믿음이 없는 중생들을 이 법문으로 인도하여라. 이것이 그대들이 여래의 은혜를 갚는 길이다."

바른 깨달음을 얻어 존경받는 세존이신 석가여래께서 이렇게 말씀하시자, 보살들은 큰 기쁨과 깊은 존경심으로 석가여래를 향해 머리 숙여 합장하며 일제히 이렇게 말씀드렸다.

"세존이시여, 여래의 말씀대로 하겠사옵니다. 또 저희들은 모든 여래의 말씀을 실행해서 완수하겠사옵니다. 부디 세존이시여, 걱정 마시고 편히 지내십시오."

보살들은 세 번이나 되풀이해서 말씀드렸다.

"세존이시여, 걱정 마시고 편히 지내십시오. 저희들은 세존의 말씀대로 하겠사옵니다. 또 저희들은 모든 여래들의 말씀을 완수하겠사옵니다."

그러자 석가여래께서는 다른 세계에서 모인 분신인 여래들에게 돌아가서 편안히 지내라고 말씀하셨다. 그리고 다보여래의 보석탑을 지하의 본래의 장소에 안치시키고, 다보여래께도 편안히 지내시라고 하셨다.

세존께서 이렇게 말씀하시자, 다른 세계로부터 온 보석나무 아래의 사자좌에 앉아 있던 무수한 여래들과 다보여래, 보살들 그리고 대지의 틈새에서 나타난 상행보살을 비롯한 무수한 보살들, 위대한 성문들, 사중, 천신들, 인간, 아수라, 건달바를 비롯한 온 세간이 기뻐했으며 여래의 설법을 찬탄했다.

촉루품의 구성

1. 부처님이 경전의 유통을 부촉하다
2. 유통을 부촉하는 이유
3. 보살들이 받들어 행할 것을 다짐하다
4. 모든 대중이 환희하다

촉루품입니다.

평지든 산꼭대기든 가리지 않고〔不論平地與山尖〕
무한한 풍광 차지하고서 남김없이 섭렵했지만〔無限風光盡被占〕
온갖 꽃을 돌아다녀 꿀을 만든 후에는〔採得百花成蜜後〕
누굴 위한 고생이요 누굴 위한 달콤함이냐〔爲誰辛苦爲誰話〕

당나라 말엽 나은(羅隱)이 지은 시입니다. 꿀벌은 하루 종일 꿀을 모으려고 꽃을 찾아 날아다닙니다. 그런데 정작 자신은 왜 그 일을 하는지 잘 모릅니다. 그리고 그 꿀을 모았다 해도 인간들이 다 거둬가고 자신은 원인도 모르고 다시 집을 지어 꿀을 모읍니다. 일생이 이렇게 반복됩니다. 문제는 이 일을 계속해야 하는지 꿀벌의 입장에서 보면 억울하고 기분 나쁠 수 있습니다. 도무지 소득이 없는 일입니다. 이 소득 없는 일을 어떻게 하면 좋겠습니까? 그렇다고 꿀벌이 이 일을 그만둔다면 무슨 일을 해야 합니까. 새처럼 노래를 부를까요? 물고기처럼 물속을 헤엄치며 살 수도 없습니다. 염소처럼 풀을 먹고 살 수도 없습니다. 결국 꿀벌은 꿀벌로 살아야 하는 운명임을 잘 알 수 있습니다. 이 숙명을 잘 이해해야 합니다.

공자는 인생 오십을 '지천명(知天命)'이라 했습니다. 천명을 안다는 것은 인생의 변화를 겸손하게 받아들일 자세가 되어 있을 때 가능합니다. 아직도 혈기가 넘치고, 하고 싶고 이루고 싶은 것이 많을 때는 이런 욕구들이 마음을 가리기 때문에 진정으로 인생을 이해하지는 못합니다. 아주 낮은 자세로 세상을 바라볼 때만이 삶을 아주 조금 이해할 수 있을런지 모릅니다. 결국 꿀벌은 꿀벌로 살아야 합니다. 양은 양으로 살

다가 털과 고기를 아낌없이 놓고 갑니다. 아무리 많은 것을 이뤄도 세상의 몫으로 돌리고 빈손으로 떠나야 합니다. 이것이 숙명입니다.

〈촉루품〉을 말하기 앞서 나은의 시를 말한 것은, 인간의 숙명도 이와 연관지어 생각할 여지가 있다고 여겼기 때문입니다. 세상을 살아가면서 꼭 자신이 하고 싶은 것만 할 수는 없습니다. 하고 싶지 않아도 해야 할 당연한 일이 있고, 자신도 모르는 힘에 이끌려 흡사 맡겨진 것처럼 하기도 합니다. 〈촉루품〉의 의미가 그와 같습니다. '촉(囑)'은 부탁하다는 뜻이고, '루(累)'는 무리의 의미로, 곧 여러 사람들이라는 뜻입니다. 이 말은 불법을 믿는 모든 제자들에게 모든 중생을 제도할 것을 부탁하는 부처님의 말씀입니다.

지금까지 가르침을 개시하여 이치가 원융해졌고 법회에 참석한 대중의 마음이 투철해져서 그 믿음과 이해가 이제 참되게 되었으니 성불의 참된 인(因)을 갖추게 되었습니다. 여래께서 세상에 출현한 본뜻이 충족되어 마치 부유한 장자가 부자지간의 사사로운 정이 다하고 그 자리에서 가업을 부촉하는 것과 흡사합니다. 이제 정말 잘해낼 것이라는 믿음 아래 촉루를 말함으로써 종결하려고 하는 것입니다.

촉루품의 주요 내용

선남자들이여, 나는 헤아릴 수 없는 수백 수천만 억 나유타 겁이 걸려 성취한 이 위없는 바른 깨달음을 그대들의 손에 맡기겠다. 선남자들이여, 그대들은 이 깨달음이 널리 퍼지고 끊임없이 전해지도록 하여라.

제22장_촉루품

부처님께서 불법을 얻기까지 얼마나 많은 어려움이 있었는지 밝힙니다. 이제 그 가르침을 모든 보살들에게 부촉하니, 이 법을 수지 독송하고 널리 유통시켜 중생을 이익케 하라는 당부입니다.

> 선남자들이여, 나는 헤아릴 수 없는 수백 수천만 억 나유타 겁이 걸려 성취한 이 위없는 바른 깨달음을 그대들에게 맡기겠다. 선남자들이여, 그대들은 그것을 파악하고 수지하며 독송하고 이해하고 가르치고 모든 중생들에게 설해 주어라. 나는 아무것도 아까워하지 않으며 집착하지 않고 두려움 없는 자신을 가지고 부처님의 지혜를 건네주는 이다. 선남자들이여, 나는 위대한 시주이다. 그대들도 나를 보고 배워 아무것도 아끼지 않고, 여래의 지견과 위대하고 절묘한 방편을 구해 찾아온 선남자, 선여인들에게 이 법문을 설해 주어라. 또 청정한 믿음이 없는 중생들을 이 법문으로 인도하여라. 이것이 그대들이 여래의 은혜를 갚는 길이다.

부처님의 마음이 어떤 상태인지 잘 말해줍니다. 그러면서 위대한 시주라고 표현합니다. 시주는 모든 것을 아낌없이 보시 공양하는 사람입니다. 가르침에 아까워하지 않는다는 뜻입니다. 이 모든 것은 부처님과 같은 지혜를 얻기 위함입니다.

이후 보살들이 부처님 말씀대로 살아갈 것을 세 번 서원하는 장면이 나옵니다. 모든 서원이나 말씀은 꼭 세 번 거듭하는 인도의 전통입니다.

第二十二章_囑累品

석가여래께서는 다른 세계에서 모인 분신인 여래들에게 돌아가서 편안히 지내라고 말씀하셨다. 그리고 다보여래의 보석탑을 지하의 본래의 장소에 안치시키고, 다보여래께도 편안히 지내시라고 하셨다.

세존께서 이렇게 말씀하시자, 다른 세계로부터 온 보석나무 아래의 사자좌에 앉아 있던 무수한 여래들과 다보여래, 보살들 그리고 대지의 틈새에서 나타난 상행보살을 비롯한 무수한 보살들, 위대한 성문들, 사중, 천신들, 인간, 아수라, 건달바를 비롯한 온 세간이 기뻐했으며 여래의 설법을 찬탄했다.

마지막에는 모든 대중이 환희하는 장면이 나오는데 무척 이채롭습니다. 누구 하나 부처님의 말씀을 들으면 환희하지 않는 이가 없습니다. 분신은 부처님의 몸이 나눠진 것만 이르는 것이 아닙니다. 부처님 말씀대로 살아가려는 모든 사람이 부처님의 몸 하나하나입니다.

부처님 가르침을 만난 일이 무엇보다 행복한 일임을 잊지 마시기 바랍니다.

23 약왕보살본사품

23

약왕보살본사품 藥王菩薩本事品

그때 수왕화(宿王華)보살이 다음과 같이 세존께 말씀드렸다.

"세존이시여, 약왕보살은 왜 이 사바세계를 편력하는 것이옵니까? 더욱이 그에게는 수백 수천만 억의 많은 어려운 일이 있사옵니다. 부디 여래께서는 약왕보살의 수행 중 한 부분이라도 설해 주시옵소서. 그것을 들으면 천신, 용, 야차, 건달바, 아수라, 가루다, 긴나라, 마후라가, 인간과 인간 이외의 것들, 다른 세계에서 온 보살대사들, 또 위대한 성문들 모두가 듣고 기뻐 만족할 것이옵니다."

세존께서는 수왕화보살의 간청을 들으시고 이렇게 말씀하셨다.

"선남자여, 옛날 갠지스 강의 모래알 수와도 같은 겁의 과거세에 일월정명덕(日月淨明德)여래께서 세간에 출현하셨다. 이 여래께서는 지혜와 덕행을 갖춘 선서시고, 세간을 잘 아시는 위없는 분이셨으며, 사람들을 잘 이끄시는 분이며 천신들과 인간의 스승이며 세존이셨다. 이 일월정명덕여래에게는 80억의 많은 보살들과 72 갠지스 강의 모래알 수와도 같은 성문들이 속해 있었다. 그가 설법하는 자리에는 여성은 없었으며, 지옥, 축생도, 아귀, 아수라와 같은 악한 환경에 있는 무리도 없었다. 그 불국토는 손바닥처럼 평탄하고 시원했으며, 땅은 하늘의 유리로 되었고 보석나무와 전단나무로 장식되어 있었으며, 보석구슬로 된 그물이 흔들거렸으며, 나무에는 장식용 끈이 걸려 있었고, 보석으로 된 향로가 향기로 가득 차 있었다. 또 모든 보석나무 밑둥에는 하늘에도 닿을 듯한 보석으로 된 높은 건물이 세워져 있었으며, 그 꼭대기에서는 수백 억 천자들이 일월정명덕여래를 공양하기 위해, 현악기와 타악기, 합창으로 소리를 내고 있었다. 그리고 그 세존께서는 특히 일체중생희견(一切衆生喜見)보살과 위대한 성문들, 보살들을 위해 이 '바른 가르침의 백련'이라는 법문을 상세히 설하셨다.

수왕화여, 그 일월정명덕여래의 수명은 4만2천 겁이며, 그 보살과 위대한 성문들의 수명도 그와 같았다. 일체중생희견보살은 그 세존의 설법을 들으며 어려운 수행에 전념했다. 그는 1만2천 년 동안 경행(經行)의 장소에서 대단한 정진노력을 하며 명상에 전념했다. 1만2천 년 뒤, 그는 현일체색신(現一切色身)삼매를 얻었다. 그 삼매를 얻자마자 일체중생희견보살은 만족해서 기뻐하며 이렇게 생각했다. 이 '바른 가르침의 백련이라는 법문 덕분에, 나는 현일체색신삼매를 얻었다. 그러니 일월정명덕여래와 바른 가르침의 백련이라는 법문에 공양을 올리도록 하자'

그때 그는 그 삼매에 들었는데 들자마자 머리 위 공중에서 만다라바와 대만다라바의 많은 꽃비가 내렸다. 또 칼라 아누사린 전단

(栴壇)의 구름이 형성되고, 우라가 사라(海此岸)* 전단의 비가 내렸다. 수왕화여, 그런 향의 종류는 1카르샤**가 이 사바세계와 맞먹을 정도로 비싸다.

　수왕화여, 그때 일체중생희견보살은 새로운 마음으로 삼매에서 깨어나 이렇게 생각했다.

　'신통력의 기적을 보여 세존께 공양한다 하더라도 자기 몸을 바치는 것보다는 못하다'

　수왕화여, 일체중생희견보살은 그때부터 침향이나 투루슈카***, 쿤두루카****의 향을 먹고, 참파카 기름을 먹었다. 항상 이렇게 하는 사이에 12년이 지났다.

　수왕화여, 일체중생희견보살은 12년이 지난 뒤, 자기 몸에 천을 두르고 향유에 적신 뒤, 여래와 '바른 가르침의 백련' 이라는 법문을 공양하기 위해 굳은 결심으로 자신의 몸에 불을 붙였다.

　그때 일체중생희견보살의 몸에서 나오는 빛과 불꽃은 80 갠지스 강의 모래알 수와도 같은 여러 세계를 비추었으며, 그 세계에서는 80 갠지스 강의 모래알 수와도 같은 부처님들께서 그에게 찬사를 보내셨다.

*주) '칼라 아누사린(kālānusārin)'과 '우라가 사라(uragasāra)'는 전단(栴檀)의 종류일 것이다.
**주) 카르샤(karṣa)는 무게의 단위로 약 18그램에 상당한다.
***주) '투루슈카(turuṣka)'는 여러 향초를 섞은 것이다.
****주) '쿤두루카(kunduruka)'는 송진과 비슷한 수지의 유향(乳香)으로 모두 태워서 향을 낸다고 한다.

제23장 _ 약왕보살본사품

'훌륭하구나, 선남자여. 이것이야말로 보살대사들의 참된 정진 노력의 행위이며, 이것이야말로 여래에 대한 참된 공양이며, 가르침에 대한 참된 공양이다. 꽃, 훈향, 향수, 화만, 도향, 분향, 옷, 우산, 기, 깃발에 의한 공양도 생활품에 의한 공양도, 또 우라가 사라 전단에 의한 공양도 여기에는 미치지 못한다. 선남자여, 이것이야말로 최고의 보시로, 왕위를 버리고 하는 보시도, 사랑스런 자식이나 아내를 버리고 하는 보시도 여기에는 미치지 못한다. 선남자여, 자신의 몸을 희사하는 일은 가르침에 대한 최고이며 최선의 공양이다'

수왕화여, 그때 부처님들께서는 이렇게 말씀하신 뒤 침묵하셨다. 그런데 일체중생희견보살의 몸에서 나오는 빛은 천 2백 년 동안이나 계속되다가 꺼졌다. 일체중생희견보살은 이렇게 여래와 가르침에 공양한 뒤, 죽어서 일월정명덕여래께서 계시는 나라인 정덕(淨德)왕의 집에 태어나 양친의 무릎 위에 결가부좌하여 나타났다. 다시 태어나자마자 일체중생희견보살은 자신의 양친에게 다음과 같이 게송을 읊었다.

가장 훌륭하신 왕이시여
여기는 나의 경행의 장소입니다.
여기 서서 나는 삼매를 얻었습니다.
사랑스런 내 몸을 희사해서
확고한 정진노력을 했고 계율을 지켰습니다.

第二十三章 _ 藥王菩薩本事品

수왕화여, 그때 일체중생희견보살은 이 게송을 읊고는, 자신의 양친에게 이와 같이 말했다.

'어머님, 아버님, 일월정명덕여래께서는 지금도 이 세상에서 가르침을 설하고 계십니다. 그 여래께 공양을 올린 뒤, 저는 모든 음성에 정통한다고 하는 다라니를 얻었으며, '바른 가르침의 백련'이라는 법문을 팔백천만 억 나유타의 칸카라 비바라 아크쇼비야*배(倍)의 게송을 그 세존으로부터 직접 들었습니다. 그러나 어머님, 아버님, 부디 제가 그 세존께 갈 수 있도록 해 주십시오. 그래서 다시 공양을 올릴 수 있게 해 주십시오'

수왕화여, 일체중생희견보살은 그때 공중으로 탈라나무**의 일곱 배 높이만큼 올라가, 칠보로 된 누각 위에 결가부좌해서 세존께로 다가갔다. 그리고는 세존의 두 발에 머리를 대고 경례하고 세존 주위를 오른쪽으로 일곱 번 돈 다음, 세존을 향해 합장 예배하며 이와 같은 게송으로 찬탄했다.

얼굴은 아름다우며, 의지는 굳으신
사람 중의 왕이시여
당신의 광명은 사방에 빛나고 있사옵니다.

---

*주) '칸카라(kaṇkara)' '비바라(vivara)' '아크쇼비야(akṣobhya)'는 아주 큰 수의 단위이다.
**주) 탈라(tāla)나무는 야자나무로, 높이는 25미터에 이른다. 불전에서는 자주 높이의 단위로 쓰인다.

제23장 _ 약왕보살본사품

당신께 최고의 공양을 올리기 위해
당신을 뵙기 위해
저는 여기로 왔사옵니다.

수왕화여, 일체중생희견보살은 이 게송을 읊은 뒤, 일월정명덕여래께 이와 같이 말씀드렸다.

'세존이시여, 당신께서는 아직도 이 세상에 계시군요'

그때 일월정명덕여래께서 일체중생희견보살에게 이렇게 말씀하셨다.

'선남자여, 내가 완전한 열반에 들 때가 되었다. 선남자여, 내 생명이 다할 때가 되었다. 그러니 그대는 가서 내가 완전한 열반에 들 수 있도록 침구를 갖추어라. 그리고 그대에게 이 가르침을 위촉하겠다. 또 이 보살들과 위대한 성문들, 부처님의 깨달음, 보석으로 된 높은 전각, 보배 나무, 나를 섬기는 천자들도 그대에게 위촉하겠으며, 내가 완전한 열반에 든 뒤 나의 유골(사리)도 위촉하겠다. 선남자여, 그대는 내 사리에 성대한 공양을 올려야 하고 그 사리를 유포시키고 수천의 탑을 세워야 한다'

수왕화여, 일월정명덕여래께서는 이렇게 말씀하신 뒤 그날 밤 가장 늦은 시간에 무여의열반(無餘依涅槃)에 드셨다.

수왕화여, 그때 일체중생희견보살은 우라가 사라 전단을 장작으로 쌓아서 여래의 몸에 불을 지폈다. 여래의 몸이 다 타서 재가 되자 그는 사리를 수습하고는 울부짖으며 슬픔에 빠졌다.

수왕화여, 그 뒤 일체중생희견보살은 8만4천 개의 칠보로 된 항아리를 만들게 해서, 그 속에 여래의 사리를 모셨다. 그리고는 위로는 범천의 세계에 이르기까지 우산이 죽 늘어선, 실과 방울로 장식된 8만4천의 칠보로 된 탑을 세웠다. 그 탑을 세운 뒤 그는 이렇게 생각했다.

'나는 일월정명덕여래의 사리공양을 했다. 그러니 이제부터는 더 훌륭하게 여래의 사리에 공양을 해야겠다'

수왕화여, 그때 일체중생희견보살은 모든 보살들과 위대한 성문들, 천신들, 용, 야차, 건달바, 아수라, 가루다, 긴나라, 마후라가, 인간과 인간 이외의 것들에게 말했다.

'선남자들이여, 모두 세존의 사리에 공양을 올리겠다는 결의를 하시오'

수왕화여, 일체중생희견보살은 그때 8만4천의 여래의 사리를 모신 탑 앞에서, 백 가지 복덕에 찬 자신의 팔을 태웠다. 7만2천 년 동안 태우면서, 여래의 사리를 모신 탑에 공양했다. 공양을 하면서 그는 모임의 수백 수천만 억 나유타의 헤아릴 수 없는 성문들을 교화했다. 그로써 보살들과 위대한 성문들은 모두 현일체색신(現一切色身)삼매를 얻었다.

그때 보살들과 위대한 성문들은 일체중생희견보살이 불구가 된 것을 보고, 눈물을 흘리며 울부짖으며, 슬픔에 젖어 서로 이렇게 말했다. '우리들의 스승이며 교화자인 일체중생희견보살이 팔을 잃어 이젠 불구가 되어버렸다'

제23장 _ 약왕보살본사품

그때 일체중생희견보살이 보살들과 성문들과 천자들에게 말했다.

'선남자들이여, 내가 불구가 된 것을 보고 울부짖거나 슬퍼해서는 안 된다. 나는 시방의 무량한 세계에 계시는 여러 부처님들의 증명 아래 그 앞에서 이런 진실의 서언(誓言)을 했다. 내가 여래를 공양하기 위해 내 팔을 희사한다면, 진실과 진실로 된 말로 해서 내 몸은 금색이 될 것이다. 마찬가지로 진실과 진실된 말로 인해 내 팔은 원래대로 될 것이다. 이 대지도 6종으로 진동할 것이며 하늘에 있는 천자들도 많은 꽃비를 내릴 것이다' 고.

수왕화여, 일체중생희견보살이 이 서언을 하자마자 삼천대천세계는 6종으로 진동하고 머리 위 공중에서는 많은 꽃비가 내렸으며 일체중생희견보살의 팔은 원래대로 되었다. 그것은 일체중생희견보살이 지혜의 힘과 복덕의 힘을 가지고 있었기 때문이다.

수왕화여, 그때 그곳의 일체중생희견보살은 다른 사람이라고 생각해서는 안 된다. 왜냐하면 이 약왕보살이 바로 그 일체중생희견보살이기 때문이다. 약왕보살은 이렇게 수백천만 억 나유타의 어려운 일을 했으며 나아가서는 자신의 몸을 희사했던 것이다.

수왕화여, 보살의 탈것을 타고 나온 선남자, 선여인들이 위없는 바른 깨달음을 구해 여래의 탑에서 손가락이나 발가락 하나 혹은 발이나 팔을 태운다고 하자. 그런 선남자, 선여인들에게는 보다 많은 복덕이 있을 것이다. 이에 비하면 왕국이나 사랑스런 처자를 희사하는 일, 숲 · 바다 · 산 · 샘 · 연못 · 강 · 우물을 포함한 삼천대천세계를 희사하더라도 거기에 미치지 못한다. 수왕화여, 또 보살의 탈것을 타고 나온 선남자, 선여인들이 이 삼천대천세계를 칠보로 채워 모든 부처님과 보살, 성문, 독각에게 보시한다고 하자. 그렇지만 그 복덕은 이 '바른 가르침의 백련'이라는 법문 중 사구(四句)로 된 게송의 한 구절을 수지하는 것만 못할 것이다.

수왕화여, 예를 들면 대해가 모든 샘, 강, 연못 중 으뜸인 것처럼, 이 '바른 가르침의 백련'이라는 법문은 여래께서 설하신 모든 경전 중 으뜸이다.

수왕화여, 예를 들면 산의 왕인 수미산(須彌山)이 모든 흑산(黑山), 차크라바다 산(小鐵圍山), 대차크라바다 산(大鐵圍山) 중 으뜸인 것처럼, 이 '바른 가르침의 백련'이라는 법문은 여래께서 설하신 모든 경전의 왕이며 으뜸이다.

수왕화여, 예를 들면 빛나는 달이 모든 별들 중 최고인 것처럼, 이 '바른 가르침의 백련'이라는 법문은 수백천만 억 나유타의 달빛보다도 더 훌륭해, 여래께서 설하신 모든 경전 중 최고이다.

수왕화여, 예를 들면 태양이 모든 어둠을 부수는 것처럼, 이 '바른 가르침의 백련'이라는 법문은 선하지 못한 모든 암흑을 부순다.

수왕화여, 예를 들면 33천의 신들 중, 제석천이 신들의 왕인 것처럼 이 바른 가르침의 백련이라는 법문은 여래께서 설하신 모든 경전의 왕이다.

수왕화여, 예를 들면 사바세계의 주인인 범천이 그에 속하는 모든 천신들의 왕이며, 그의 세계에서 부친의 역할을 하는 것처럼,

이 '바른 가르침의 백련'이라는 법문은, 배울 것이 있거나 더 배울 것이 없는 모든 중생들과 성문들, 독각들, 보살의 탈것을 타고 나온 이들의 부친 역할을 한다.

수왕화여, 예를 들면 수다원, 사다함, 아나함, 아라한, 독각이 모든 어리석은 이나 범부들을 넘어서 있는 것처럼, 이 '바른 가르침의 백련'이라는 법문은, 여래께서 설하신 모든 경전을 넘어서 숭고하며, 그중 으뜸임을 알아야 한다. 실로 이 경전의 왕을 수지하는 중생들도 으뜸임을 알아야 한다.

수왕화여, 예를 들면 보살이 모든 성문이나 독각들의 최고자라고 불리는 것처럼, 이 '바른 가르침의 백련'이라는 법문은 여래께서 설하신 모든 경전 중 최고라고 불린다.

수왕화여, 예를 들면 여래께서 모든 성문, 독각, 보살들의 법왕이신 것처럼, 이 '바른 가르침의 백련'이라는 법문은 보살의 탈것을 타고 나온 이들에게 있어 여래와 같은 것이다.

또 수왕화여, 이 '바른 가르침의 백련'이라는 법문은 모든 중생들을 온갖 공포로부터 구하며, 온갖 괴로움으로부터 해방시킨다. 목마른 이에게는 연못처럼, 추위에 떠는 이에게는 불처럼, 벌거숭이에게는 옷처럼, 상인들에게는 무역상의 우두머리처럼, 아이에게는 어머니처럼, 강을 건너려는 이에게는 배처럼, 환자에게는 의사처럼, 어둠에 묻힌 이에게는 등불처럼, 재산을 구하는 이에게는 보석처럼, 모든 성주들에게는 전륜왕처럼, 하천에게는 바다처럼, 모든 어둠을 밝히는 횃불처럼, 수왕화여, 이 '바른 가르침의 백련'이라는 법문은 모든 괴로움에서 해방되게 하며, 모든 병을 낫게 하며, 모든 윤회의 공포나 속박의 좁고 가파른 길로부터 벗어나게 한다.

그리고 수왕화여, 이 '바른 가르침의 백련'이라는 법문을 듣는 이, 옮겨 적는 이, 옮겨 적게 하는 이, 그들의 복덕은 부처님의 지혜로도 헤아릴 수가 없다. 선남자, 선여인이 이 법문을 듣거나 수지하거나 독송하거나 듣거나 옮겨 적거나 가르치거나 책으로 만들어서 공경하고 공양하며, 또는 꽃, 훈향, 향수, 화만, 도향, 옷, 우산, 기, 깃발, 음악, 입을 것, 합장, 또는 동물성 기름의 등, 향유의 등, 참파카 기름의 등, 수마나 기름의 등, 파타라 기름의 등, 바루시카 기름의 등, 나바 말리카 기름의 등으로 공양한다고 하자. 그는 부처님의 지혜로도 헤아릴 수 없는 복덕을 쌓을 것이다.

수왕화여, 보살의 탈것을 타고 나온 선남자, 선여인들이 이 '약왕보살의 과거인연'의 장(章)을 수지 독송하고 듣는다면, 많은 복덕을 쌓을 것이다. 또 만일 여성이 이 법문을 듣고 파악해서 수지한다면, 그 삶은 여성의 몸으로서 최후가 되어 다시는 여자의 몸을 받지 않는 삶이 될 것이다. 또 5백 년 뒤에 어떤 여성이 약왕보살에 대한 이 장을 듣고 그 가르침대로 수행한다면, 그녀는 죽은 뒤 안락(安樂)세계에 태어날 것이다. 그 세계에서는 아미타여래께서 보살들에게 둘러싸여 계실 것이며 그녀는 연꽃 속의 사자좌에 앉은 채 태어날 것이다. 그녀에게는 탐욕이나 증오, 어리석음, 교만함이나 아까워하는 마음, 성냄, 적의가 없을 것이다. 또 거기에 태어나자마자 다섯 가지 신통력을 얻을 것이며, 무생법인(無生法忍)을 얻을 것이다. 수왕화여, 무생법인을 얻은 보살은 청정한 눈을 가질 것이며, 그 눈으로 72 갠지스 강의 모래알 수와도 같은 여래들을 볼 것이다. 그 세존들은 그녀에게 찬사를 보낼 것이다.

'장하구나 선남자여, 그대가 바른 가르침의 백련이라는 법문을 듣고 석가여래 밑에서 강설하고 독송하며 수습하며 마음을 집중해서 남을 위해 설법하는 것은 장한 일이다. 그 복덕은 불로 태울 수도 물을 흘려버릴 수도 없으며, 천 분의 부처님들도 다 말할 수가 없다. 그대는 악마를 물리쳤으며, 생사라는 적군과 싸워 이겼고, 가시나무와 같은 적을 쳐부수었다. 그대는 수백 수천의 부처님들의 가호를 받고 있으므로, 천신들과 범천과 악마를 포함한 세간에서, 그리고 사문이나 바라문을 포함한 생명 있는 것들 중에서 그대와 필적할 만한 이는 없다. 여래를 제외하고는 성문이든 독각이든 보살이든 복덕이나 지혜에서 또는 삼매에서 그대를 능가할 이는 없다'

수왕화여, 그 보살은 이렇게 해서 지혜의 힘을 얻게 된다.

수왕화여, 어떤 이가 이 '약왕보살의 과거인연' 의 장을 설하는 것을 듣고 찬사를 보낸다고 하자. 그러면 그의 입에서는 연꽃의 향기가 날 것이며, 그의 손발에서는 전단의 향기가 날 것이다. 이 법문에 찬사를 보내는 이에게는 방금 이야기한 대로 이 세상의 공덕과 이익이 생길 것이다. 그러니 수왕화여, 후세 5백 년 뒤에 이 염부제에서 이 장이 소실되지 않고 널리 퍼지도록, 그리고 마왕이나 마왕의 부하들, 천신들, 용, 야차, 건달바, 쿰반다들에게 틈을 주지 않도록, 이 '일체중생희견보살, 즉 약왕보살의 과거인연'의 장을 그대에게 위촉한다. 수왕화여, 그러니 나는 이 염부제에서 이 법문이 오래 수지되도록 신통력을 넣겠다. 그 신통력에 의해 이 법문은 병에 걸려 괴로워하는 중생들에게 약이 될 것이다. 또 이 법문을 듣는다면, 병이나 늙음, 뜻하지 않은 죽음이 닥치는 일이 없을 것이다. 수왕화여, 만일 보살의 탈것을 타고 나온 어떤 이가, 이 경전을 수지하는 비구를 본다고 하자. 그러면 그는 그 비구에게 전단 가루나 연꽃을 뿌려야 할 것이다. 그리고는 이렇게 생각해야 할 것이다.

'이 선남자는 깨달음의 자리에 올라 풀을 베어 깔개를 만들 것이다. 그리고는 악마와 야차를 정복하고, 가르침의 법나팔을 불 것이며 가르침의 북을 울릴 것이다. 이분은 생사의 바다를 건널 것이다'

수왕화여, 이처럼 보살의 탈것을 타고 나온 선남자, 선여인은 이 경전을 수지하는 비구를 보고, 이런 생각을 해야 할 것이다. 이렇게 해서 내가 설한 것과 같은 공덕이나 이익이 그에게 생기는 것이다."

그런데 세존께서 '약왕보살의 과거인연'의 장을 설하고 계시는 동안, 8만4천의 보살들이 모두 음성에 정통하게 되는 다라니를 얻었다. 또 다보여래께서 찬사를 보내셨다.

"훌륭하구나 수왕화여, 그대가 이렇게 생각도 미치지 않는 미덕과 공덕을 갖추신 여래께 질문을 하는 것은 훌륭한 일이다."

약왕보살본사품의 구성

1. 약왕보살에 대해 묻다
2. 여래가 해설하다
일월정명덕여래/일체중생희견보살의 현일체색신삼매/보살의 소신공양/보살의 화생/부처님의 처소에 나아가다/여래가 부촉하고 열반에 들다/보살이 부촉을 받들어 행하다
3. 그 옛날 그 보살은 오늘의 약왕보살
4. 법화경의 공덕을 찬탄하다
5. 비유로써 모든 경 중에 제일임을 밝히다
6. 법화경은 이러한 능력이 있다
7. 경을 수지하는 공덕
약왕보살본사품을 들은 공덕/약왕보살본사품을 부촉하다/약왕보살본사품을 설한 공덕

약왕보살본사품입니다.

가시밭길에서는 발을 옮기기는 쉬우나〔荊棘叢中下脚易〕
달빛 휘장 아래서는 몸을 돌리기도 힘들다〔月明簾下轉身難〕

중국 명나라 사대 고승 중 한 분인 감산대사의 게송입니다. 세상을 사는 것도, 불법을 닦는 것도 모든 것이 고난의 연속입니다. 그런데 그 고난이란 게 마음만 먹으면 별 거 아닙니다. 가시밭길이 아프고 힘들겠지만 고통을 참겠다는 결의만 있으면 걸어갈 수 있습니다. 그것이 생명이 가진 힘입니다. 그런데 정말 어려운 것은 몸을 잊는 것입니다. 참는 것보다 잊는 게 더 어렵습니다. 달빛이 밝게 비추는 곳에 서 있는데, 몸을 돌리기가 어렵다는 것은 몸을 잊는 것을 말합니다. 몸을 잊어야 몸으로부터 자유로워집니다. 마음의 공함을 깨닫는 어려움이기도 합니다. 빈 몸 하나 돌아서면 되는 것인데 말입니다.

본 품에서는 소신공양(燒身供養)에 대해 나옵니다. 소신공양은 자신의 몸을 태우는 것으로, 몸으로 공양을 올리는 것입니다. 가장 최후의 공양이기도 하고 할 수 있는 최상의 공양이기도 합니다. 이는 자살과는 다릅니다. 자살은 스스로 한계를 이겨내지 못해 목숨을 끊는 것이지만, 소신공양은 나보다는 남을 위한 마음이 앞서 있고, 그 한 몸을 불태움으로써 더 이상의 혼란과 고통을 그치게 하려는 자기희생의 정신입니다. 한국에서 손가락을 태워 연비한 분들이 간혹 있습니다. 돌아가신 일타큰스님이 대표적입니다. 그만큼 보살정신이 투철하다고 하겠습니다.

스님들은 모두 연비를 합니다. 계를 받을 때 살을 잠깐 태움으로써 불전에 대한 자신의 희생과 수행의 결의를 다지는 것입니다. 중국불교권의 연비는 본 품에서 기원했다고 합니다. 한국에서는 팔에 심지를 놓아 태우지만, 중국에서는 머리에 연비를 합니다. 세 개에서 아홉 개까지 합니다. 수행승의 용기와 다짐, 중생을 위해 봉사하겠다는 결의이자 삼보에 자신을 공양한다는 의미이기도 합니다. 재가자들은 수계식 때 향을 피워 살짝 닿게 해 아주 순간 뜨겁게 하는 선에서 그칩니다. 그러나 이 뜨거움이 숙세에 지은 모든 업장을 다 소멸시키는 공덕이 있습니다. 이미 수계식을 하여 법명을 받았을지라도 어떤 계기가 되면 자주 연비를 하면 좋습니다.

1963년 베트남에서 틱광둑〔釋廣德〕스님이 온 몸을 태워 소신공양한 모습을 본 기억이 있습니다. 사회가 혼란스러울 때 자신의 몸을 횃불 삼아 베트남 사람들의 고통을 세상에 알렸던 것입니다. 이것은 자유의지에서 비롯되었습니다.

베트남전쟁이 진행 중이던 1963년에 틱광둑스님이 처음으로 소신공양을 했습니다. 가톨릭신자였던 당시의 딘디엠 대통령은 인구의 9할이 넘는 불교신자들이 있는 나라임에도, 크리스마스는 국경일로 채택하면서 석탄일 봉축을 금지시키는 탄압을 했습니다. 아무리 탄원을 해도 통하지 않았습니다. 스님은 사이공의 출론 구역에 있는 사거리로 가 석유를 몸에 끼얹고 결과부좌를 하고서는 앉은 채로 성냥을 그어 불을 붙였습니다. 몇 시간 지나지 않아 이 사진이 전 세계에 타전되어 베트남의 실상을 알리는 계기가 되었습니다. 그로부터 한 달 후 딘디엠정권은 물러나고 불교 탄압도 종지부를 찍었습니다.

베트남에 대한 사랑, 중생에 대한 연민이 있었기에 가능한 일입니다. 그리고 모든 중생을 열반의 세계로 이끌겠다는 염원이기도 합니다.

이 경전에서 일체중생희견보살은 삼매를 얻은 기쁨으로 부처님께 여러 가지로 공양을 올립니다. 그런 가르침을 만나게 해서 감사하다는 마음과 사랑을 보여주기 위해서였습니다. 그러나 공양을 한 후 삼매에서 깨어나 생각합니다. '신통력으로 부처님께 많은 공양을 했지만, 나의 몸을 공양하는 것만은 못하다' 더 중요하고 더 소중한 무엇을 공양할까 하다가 자신의 몸을 공양하고 싶었던 것입니다. 아무 두려움과 집착이 없는 경지에 이르렀기에 가능합니다. 경전에서는 이 불타는 몸에서 나온 불빛이 무수한 세계를 비추고, 그의 몸이 타 없어지기까지 천 2백 년이나 걸렸다 합니다. 이 빛은 각성의 빛, 법을 공양하는 빛입니다.

🪷 약왕보살본사품의 주요 내용

수왕화(宿王華)보살이 다음과 같이 세존께 말씀드렸다.

"세존이시여, 약왕보살은 왜 이 사바세계를 편력하는 것이옵니까? 더욱이 그에게는 수백 수천만 억의 많은 어려운 일이 있사옵니다. 부디 여래께서는 약왕보살의 수행 중 한 부분이라도 설해 주시옵소서. 그것을 들으면 천신, 용, 야차, 건달바, 아수라, 가루다, 긴나라, 마후라가, 인간과 인간 이외의 것들, 다른 세계에서 온 보살대사들, 또 위대한 성문들 모두가 듣고 기뻐 만족할 것이옵니다."

'사바세계를 편력하다'를 다르게 번역하면 '사바세계에 다니다'라고

第二十三章_藥王菩薩本事品

도 합니다. 이를 베트남 같은 곳에서는 '여행을 즐긴다' 라고 하거나, '머무르기를 좋아한다' 고 표현한다고 합니다. 보살이 중생을 위해 사바세계를 다니는 것은 생각하기에 따라 즐겁고 행복한 여행일 수 있습니다. 우리는 사바세계를 살아가는 동안 여행하는 나그네처럼 가볍고 즐겁게 살아야 합니다. 이를 터득하면 마음도 더욱 편해지고, 삶을 꼭 성취해야 할 대상으로만 보지 않습니다. 여유가 생깁니다. 결과를 바라는 삶은 정신을 황폐하게 합니다.

> 일체중생희견보살은 새로운 마음으로 삼매에서 깨어나 이렇게 생각했다.
> '신통력의 기적을 보여 세존께 공양한다 하더라도 자기 몸을 바치는 것보다는 못하다'
> 수왕화여, 일체중생희견보살은 그때부터 침향이나 투루슈카, 쿤두루카의 향을 먹고, 참파카 기름을 먹었다. 항상 이렇게 하는 사이에 12년이 지났다.
> 수왕화여, 일체중생희견보살은 12년이 지난 뒤, 자기 몸에 천을 두르고 향유에 적신 뒤, 여래와 '바른 가르침의 백련' 이라는 법문을 공양하기 위해 굳은 결심으로 자신의 몸에 불을 붙였다.
> 그때 일체중생희견보살의 몸에서 나오는 빛과 불꽃은 80 갠지스 강의 모래알 수와도 같은 여러 세계를 비추었으며, 그 세계에서는 80 갠지스 강의 모래알 수와도 같은 부처님들께서 그에게 찬사를 보내셨다.

갖은 공양을 올렸는데 그 정도로는 성이 차지 않아서 몸을 공양 올리

제23장 _ 약왕보살본사품

기로 마음먹습니다. 공양 올리기 전에 향을 먹고 향유를 바르는 이유는 몸 자체가 공양물이기 때문에 향기롭게 변화시킨다는 뜻입니다. 그렇다고 이를 무섭게 생각하면 안 됩니다. 경전의 뜻을 완전히 헤아리기는 어렵지만 이런 상징에는 의도하는 바가 내포되어 있기 때문입니다. 이와 같이 다소 의아한 내용을 볼 때는 '아! 그럴 수도 있겠구나' 하면 됩니다.

보살들과 위대한 성문들은 일체중생희견보살이 불구가 된 것을 보고, 눈물을 흘리며 울부짖으며, 슬픔에 젖어 서로 이렇게 말했다. '우리들의 스승이며 교화자인 일체중생희견보살이 팔을 잃어 이젠 불구가 되어버렸다'
그때 일체중생희견보살이 보살들과 성문들과 천자들에게 말했다.
'선남자들이여, 내가 불구가 된 것을 보고 울부짖거나 슬퍼해서는 안 된다. 나는 시방의 무량한 세계에 계시는 여러 부처님들의 증명 아래 그 앞에서 이런 진실의 시언(誓言)을 했다. 내가 여래를 공양하기 위해 내 팔을 희사한다면, 진실과 진실로 된 말로 해서 내 몸은 금색이 될 것이다. 마찬가지로 진실과 진실된 말로 인해 내 팔은 원래대로 될 것이다. 이 대지도 6종으로 진동할 것이며 하늘에 있는 천자들도 많은 꽃비를 내릴 것이다' 고.
수왕화여, 일체중생희견보살이 이 서언을 하자마자 삼천대천세계는 6종으로 진동하고 머리 위 공중에서는 많은 꽃비가 내렸으며 일체중생희견보살의 팔은 원래대로 되었다. 그것은 일체중생희견보살이 지혜의 힘과 복덕의 힘을 가지고 있었기 때문이다.

이 부분을 유심히 봐야 합니다. 천신들과 중생들이 보고는 정말로 팔이 없어졌으니 불구가 되었다는 분별심을 냅니다. 부처님은 모든 상호를 거룩하게 갖춘 분인데 팔이 없는 것을 보고 경외감을 갖지 않습니다. 그래서 '내 팔은 원래대로 될 것이다' 했더니, 어느 틈에 다시 팔이 제자리에 있었습니다. 이 말은 부처님의 몸은 법으로 된 진리의 몸이라서 육신의 몸이란 것은 생각에 따라 있기도 하고 자취를 감추기도 합니다. 색신을 자재하는 경지가 있다는 정도로 이해하면 됩니다.

수왕화여, 이 '바른 가르침의 백련'이라는 법문은 모든 중생들을 온갖 공포로부터 구하며, 온갖 괴로움으로부터 해방시킨다. 목마른 이에게는 연못처럼, 추위에 떠는 이에게는 불처럼, 벌거숭이에게는 옷처럼, 상인들에게는 무역상의 우두머리처럼, 아이에게는 어머니처럼, 강을 건너려는 이에게는 배처럼, 환자에게는 의사처럼, 어둠에 묻힌 이에게는 등불처럼, 재산을 구하는 이에게는 보석처럼, 모든 성주들에게는 전륜왕처럼, 하천에게는 바다처럼, 모든 어둠을 밝히는 횃불처럼, 수왕화여, 이 '바른 가르침의 백련'이라는 법문은 모든 괴로움에서 해방되게 하며, 모든 병을 낫게 하며, 모든 윤회의 공포나 속박의 좁고 가파른 길로부터 벗어나게 한다.

참 아름다운 내용입니다. 부처님이 중생을 구제하는 여러 모습을 나열

합니다. 하나같이 간절히 구하는 것들이고 꼭 필요한 존재임을 비유와 대입으로 설합니다. 목마를 때는 물이 필요하고, 추울 때는 따뜻하면 그만입니다. 병이 나면 의사가 제일이요, 어두울 때는 등불이 제일입니다. 이처럼 모든 것이 적재적소요, 가장 절실하게 구하는 것을 이루어주고 구해주는 것이 바로 불보살님들과 경전의 위신력으로 가능하다는 것을 밝힙니다.

🪷 누가 오래 사는가

고해는 끝이 없으나 고개를 돌리면 곧 피안이다〔苦海無邊 回頭是岸〕

삶은 끝이 없습니다. 고해인데, 고개를 돌리면 바로 피안이요, 열반의 세계입니다. 그런데 사실 고개를 돌릴 것도 없이 눈뜨고 바라보는 당장의 순간이 피안입니다.

용호보문선사는 원래 당나라의 희종태자였는데 출가했습니다. 그가 석상경제선사를 찾아가 불법을 물었습니다. 그러면서 빨리 깨닫게 해달라고 애원을 했습니다. 이에 선사가 절의 앞산을 가리키며 말했습니다.

"저 앞산이 고개를 끄덕이면 그때 말해주겠노라."

이에 보문선사는 그 자리에서 바로 깨달았습니다. 산이 움직일까봐 정말로 지켜보는 사람은 어리석은 사람입니다. 산이 고개를 끄덕일 리 없음을 바로 알아차렸던 것입니다.

앞을 보고 있습니까?

24 묘음보살품

24

묘음보살품 妙音菩薩品

그때 석가세존께서는 위대한 사람 모습의 하나인 미간 백호에서 빛을 발하셨다. 그 빛은 동방에 있는 18 갠지스 강의 모래알 수와도 같은 수백천만 억 나유타의 불국토를 밝게 비추었다. 그 불국토를 지나면 정광장엄(淨光莊嚴)세계가 있는데, 거기에는 정화수왕지(淨華宿王智)라고 하는 바른 깨달음을 얻어 존경받는 여래께서 광대한 보살들에 둘러싸여 존경받으며 가르침을 설하고 계셨다.

석가여래의 미간 백호에서 나온 빛은 이 정광장엄세계를 아주 밝게 비추었다. 그 정광장엄세계에는 묘음(妙音)이라고 하는 보살이 살고 있었다. 그는 이미 선근을 심었으며, 일찍이 많은 여래들의 빛나는 광명을 본 적이 있었으며, 많은 삼매를 얻고 있었다.

말하자면 묘당상(妙幢相)삼매, 법화(法華)삼매, 정덕(淨德)삼매, 수왕희(宿王戱)삼매, 무연(無緣)삼매, 지인(智印)삼매, 월등(月燈)삼매, 해일체중생어언(解一切衆生語言)삼매, 집일체공덕(集一切功德)삼매, 맑은 마음을 지닌 여인이라는 삼매, 신통유희(神通遊戱)삼매, 혜거(慧炬)삼매, 장엄왕(莊嚴王)삼매, 정광명(淨光明)삼매, 정장(淨

藏)삼매, 물의 편만이라는 삼매, 일선(日旋)삼매였다. 묘음보살은 이렇게 갠지스 강의 모래알 수와도 같은 수백천 만 억 나유타의 삼매를 얻고 있었다.

그 빛이 자신의 몸을 비추자, 묘음보살은 자리에서 일어나 한쪽 어깨를 벗고 오른 무릎을 땅에 대고 세존을 향해 합장하고, 정화수왕지여래께 이와 같이 말씀드렸다.

"세존이시여, 저는 석가여래를 뵙고 경례하고 섬기기 위해, 그리고 문수사리보살과 약왕보살, 용시보살, 수왕화보살, 상행보살, 장엄왕보살, 약상보살을 만나기 위해 사바세계로 가겠사옵니다."

그때 정화수왕지여래께서는 묘음보살에게 이와 같이 말씀하셨다.

"선남자여, 사바세계로 가서 그 세계가 형편없는 곳이라고 생각해서는 안 된다. 그 세계는 평탄하지 못하여 높고 낮음이 있으며, 흙으로 되어 있고, 칼라 산(黑山)으로 둘러싸여 있으며, 분뇨 덩어리로 가득 차 있다. 또 석가여래와 그 보살들은 키가 작다. 선남자여, 그대의 키는 420만 요자나이고, 내 키는 680만 요자나이다. 또 그대는 청정하고 아름다우며 단정할 뿐만 아니라, 최고로 훌륭한 색을 띠었으며, 수백 수천의 복덕이 있다. 그렇다고 해도 선남자여, 사바세계로 가서 여래나 보살들이나 그 국토에 대해 형편없다고 생각해서는 안 된다."

이 말을 들은 묘음보살은 정화수왕지여래께 이렇게 말씀드렸다.

"세존이시여, 말씀대로 하겠사옵니다. 세존이시여, 저는 여래의 가호와 여래의 힘을 빌려, 또 여래의 자유로운 활동과 여래의 장엄과 여래의 훌륭한 지혜에 의해 저 사바세계로 가는 것이옵니다."

그때 묘음보살은 그 불국토를 떠나지도 않고 그 자리에서 일어나지도 않은 채 그대로 삼매에 들었다. 삼매에 들자마자 이 사바세계의 그리드라쿠타 산(기사굴산)에 있는 여래의 법좌 앞에 840만 억 나유타의 연꽃이 출현했다. 그것들은 줄기는 금이고 잎은 은이었으며, 파드마나 킹슈카의 받침*을 하고 있었다.

그때 문수사리보살은 연꽃의 장엄이 나타난 것을 보고, 석가여래께 이렇게 말씀드렸다.

"세존이시여, 줄기는 금이며 잎은 은이고 받침은 파드마나 킹슈카의 모습을 한 이 840만 억 나유타의 연꽃이 나타난 것은 무슨 징조이옵니까?"

이렇게 여쭙자 세존께서는 문수사리보살에게 이렇게 말씀하셨다.

"문수사리여, 이것은 정화수왕지여래의 불국토인 동방의 정광장엄세계로부터 묘음보살이 840만 억 나유타의 보살들에 둘러싸여 존경받으며, 나를 경례하고 섬기기 위해, 또 '바른 가르침의 백련'이라는 법문을 듣기 위해 이 사바세계로 오기 때문이다."

문수사리보살은 다시 세존께 이렇게 말씀드렸다.

"세존이시여, 그 선남자는 선근을 거듭 쌓았기 때문에 이처럼 훌륭한 능력을 얻은 것이옵니까? 도대체 그는 어떤 선근을 쌓았으며, 어떤 삼매에서 수행한 것이옵니까? 세존이시여, 저희들은 그

---

*주) 파드마나 킹슈카의 받침(padma-kiṃśuka-garbha)'은 보석의 일종으로 여겨지고 있다.

삼매에 대해 듣고 싶으며, 또 그 삼매에서 수행해 보고 싶사옵니다. 또 저희들은 그 보살이 어떤 색이고 어떤 형태이며, 어떤 특징을 지니고 어떤 모습이며 어떤 행동을 하고 있는지 그 보살을 보고 싶사옵니다. 그러니 세존이시여, 그 보살이 당장이라도 이 사바세계로 올 수 있도록 말씀해 주시옵소서."

석가여래께서는 곧 완전한 열반에 드신 다보여래께 이렇게 말씀하셨다.

"묘음보살이 이 사바세계로 올 수 있도록, 세존께서 말씀해 주십시오."

그러자 다보여래께서는 묘음보살에게 이런 말씀으로 신호를 보내셨다.

"선남자여, 이 사바세계로 오너라. 문수사리보살이 그대를 만나고 싶어한다."

그때 묘음보살은 정화수왕지여래의 두 발에 머리를 대고 예배하고, 오른쪽으로 세 번 돈 뒤, 840만 억 나유타의 보살들에 둘러싸여 존경받으며, 여러 국토를 진동시키고, 연꽃의 비를 뿌리고, 수백 수천 억 악기를 연주시키며, 정광장엄세계로부터 이 사바세계에 왔다. 묘음보살은 푸른 연꽃 같은 눈과 수백 수천 억의 달과 비길 만한 얼굴을 하고 있었으며, 몸은 금색에다 수백 수천 복덕의 상서로운 상으로 장식된 육체를 가졌는데, 영광으로 타오르며 위엄의 빛으로 빛나 있었다. 또 사지는 여러 가지 뛰어난 상으로 장식되었으며, 몸은 나라야나처럼 견고했다. 칠보로 된 누각에 올라,

第二十四章 _ 妙音菩薩品

공중의 탈라나무의 일곱 배나 되는 높은 곳에서 보살들에 둘러싸여 존경받으면서 왔다.

그는 이 사바세계의 산중의 왕인 기사굴산(耆闍崛山)에 가까워지자, 누각에서 내려와 수백 수천금의 값있는 진주목걸이를 손에 들고, 세존이 계시는 곳으로 다가갔다. 그리고는 세존의 두 발에 머리를 대고 예배하고 오른쪽으로 일곱 번 돈 다음 진주목걸이를 세존께 드렸다. 그리고는 세존께 이렇게 말씀드렸다.

"정화수왕지여래께서는 석가세존께서 무병무재하시며 생활이나 몸은 어떠신지 또 평안히 지내시는지 안부를 물으셨사옵니다. 그리고 이런 말씀을 하셨사옵니다.

'석가세존이시여, 만사가 순조로우며 몸의 상태는 좋으시며 지내시기에 불편하시지는 않으신지요? 당신의 중생들은 마음씨 고우며, 쉽게 교화해서 바로 잡을 수 있는지요? 그들의 몸은 청정한지요? 그리고 애착이나 증오나 미혹에 움직이지는 않는지요? 세존이시여, 중생들이 너무 질투심이 많거나 반항적이거나 부모를 존경하지 않거나 사문이나 바라문을 존경하지 않거나 잘못된 견해를 믿거나 마음을 다스리지 못하거나 감관이 다스려지지 않았는지요? 또 악마라는 적을 무찌르고 있는지요? 세존이시여, 다보여래께서는 완전한 열반에 드셨지만 가르침을 듣기 위해 사바세계에 오셔서 칠보로 된 탑 중앙에 앉아 계시는지요?' 라고 말입니다.

또 정화수왕지여래께서는 다보여래에 대해 묻고 계시옵니다.

'세존이시여, 다보여래께서는 평안히 잘 지내고 계신지요? 이 사바세계에 오래 머물고 계시는지요?'라고 말입니다.

세존이시여, 저희들도 다보여래의 유체(遺體)를 모두 보고 싶사옵니다. 그러하오니 다보여래의 유체 모두를 저희들에게 보여 주시옵소서."

석가여래께서는 완전한 열반에 드신 다보여래께 이렇게 말씀하셨다.

"세존이시여, 이 묘음보살대사는 완전한 열반에 드신 다보여래를 뵙고 싶어합니다."

다보여래께서는 묘음보살에게 이렇게 말씀하셨다.

"훌륭하구나, 선남자여. 그대가 나와 석가여래를 만나려고 이곳에 온 것은 훌륭한 일이다. 또 '바른 가르침의 백련'이라는 법문을 듣기 위해 그리고 문수사리보살을 만나기 위해 이곳에 온 것은 훌륭한 일이다."

그러자 화덕(華德)보살이 세존께 이렇게 여쭈었다.

"세존이시여, 묘음보살은 이전에 어떤 선근을 심었사옵니까? 또 어느 여래 밑에서 그런 선근을 심었사옵니까?"

석가여래께서 화덕보살에게 말씀하셨다.

"선남자여, 옛날 그러니까 헤아릴 수 없이 광대하고 무량한 겁의 과거세에 운뢰왕(雲雷王)이라고 하는 바른 깨달음을 얻어 존경받는 여래께서 세간에 출현하셨다. 그것은 현일체세간(現一切世間)이라는 세계이며, 희견(喜見)이라는 겁 때였다. 그 여래께서는 지혜와 덕행을 갖추신 선서시며, 세간을 잘 아는 위없는 분이며, 사

第二十四章_妙音菩薩品

람들을 잘 이끄시는 분이며 천신들과 인간의 스승이며 세존이셨다.

선남자여, 묘음보살은 이 운뢰왕여래께 수백 수천의 악기를 연주하며 120만 년 동안 공양을 올렸으며, 8만4천 개의 칠보로 된 그릇을 헌상했다. 그 여래의 설법을 듣고 묘음보살은 이런 영광에 도달한 것이다.

선남자여, 운뢰왕여래께 공양을 올리고 8만4천의 그릇을 헌상한 그때 그곳의 묘음보살을 다른 사람이라고 생각해서는 안 된다. 왜냐하면 여기에 있는 묘음보살이야말로 그때에 운뢰왕여래에게 공양을 올린 묘음보살이기 때문이다. 이처럼 묘음보살은 많은 부처님을 섬기고 수백 수천의 부처님 밑에서 선근을 심어, 부처님이 될 준비를 했다. 또 묘음보살은 이미 갠지스 강의 모래알 수와 같은 부처님을 뵈었다. 화덕이여, 그대는 묘음보살을 보고 있는가?"

화덕보살이 대답했다.

"세존이시여, 보고 있사옵니다."

세존께서 말씀하셨다.

"그런데 화덕이여, 묘음보살은 여러 가지 모습으로 '바른 가르침의 백련' 이라는 법문을 설했다. 말하자면 어떤 때는 범천의 모습으로, 어떤 때는 루드라의 모습으로, 또 어떤 때는 제석(帝釋)의 모습으로, 때로는 자재천(自在天), 천대장군(天大將軍), 비사문천왕(毘沙門天王), 전륜왕, 성주, 무역상의 우두머리, 가장, 마을사람, 바라문의 모습으로 '바른 가르침의 백련' 이라는 법문을 설했다. 또 때로는 비구나 비구니, 신남이나 신녀, 무역상의 우두머리의 아내,

가장의 아내, 마을사람의 아내, 남자, 여자의 모습으로 묘음보살은 이 '바른 가르침의 백련'이라는 법문을 중생들에게 설했다.

선남자여, 묘음보살은 이렇게 많은 모습으로 중생들에게 '바른 가르침의 백련'이라는 법문을 설했다. 또 어떤 이에게는 야차의 모습으로, 어떤 이에게는 아수라, 가루다, 긴나라, 마후라가의 모습으로 이 법문을 설했다. 그뿐 아니라 지옥, 축생도, 야마의 세계나 불행한 세계에 태어난 중생들에게도 이 법문을 설해 그들을 구제했다. 나아가서는 후궁 속에 있는 중생들을 위해 여성의 모습으로 나타나 이 법문을 설했다.

이렇게 해서 이 사바세계에 있는 모든 중생들에게 그는 가르침을 설하였으므로, 그는 사바세계에 태어난 중생들의 구제자이다. 묘음보살은 이 사바세계에서 그렇게 많은 모습으로 '바른 가르침의 백련'이라는 법문을 중생들에게 설하지만, 선한 이의 신통력이나 지혜를 손상시키는 일은 없다.

선남자여, 묘음보살은 이렇게 많은 지혜의 빛에 의해 이 사바세계에 알려져 있다. 또 갠지스 강의 모래알 수와 같은 다른 세계에서도, 보살이 교화해야 할 중생들에게는 보살의 모습으로 가르침을 설한다. 마찬가지로 성문이 교화해야 할 중생들에게는 성문의 모습으로, 독각이 교화해야 할 중생들에게는 독각의 모습으로, 여래가 교화해야 할 중생들에게는 여래의 모습으로 가르침을 설하며, 여래의 사리로 교화해야 할 중생들에게는 여래의 사리를 보인다. 완전한 열반으로 교화해야 할 중생들에게는 완전한 열반에 든 자신을 보인다. 화덕이여, 이렇게 해서 묘음보살은 지혜의 힘을 얻은 것이다."

화덕보살이 세존께 여쭈었다.

"세존이시여, 묘음보살은 선근을 심은 이이옵니다. 세존이시여, 묘음보살은 삼매에 들어 이렇게 많은 중생들을 교화했는데, 그 삼매는 어떤 것이옵니까?"

이런 질문을 받자 석가여래께서는 화덕보살에게 이렇게 말씀하셨다.

"선남자여, 그것은 현일체색신이라는 삼매이다. 묘음보살은 그 삼매에 들어 헤아릴 수 없이 많은 중생들을 이롭게 했다."

그런데 이 '묘음보살'의 장이 설해지고 있는 동안, 묘음보살과 함께 이 사바세계에 온 840만 억 나유타의 보살들이 모두 현일체색신삼매를 얻었으며, 이 사바세계에 있는 헤아릴 수 없는 수많은 보살들도 현일체색신삼매를 얻었다.

묘음보살은 석가여래와 다보여래의 사리를 모신 탑에 성대한 공양을 올린 뒤, 다시 칠보로 된 누각에 올라 모든 국토를 진동시키고, 연꽃의 비를 내리게 하고, 수백 수천만 억 나유타의 악기를 연주시키고, 840만 억 나유타의 보살들에 둘러싸여 존경받으며 자신의 불국토로 돌아갔다. 묘음보살은 자신의 불국토에 도착하여 정화수왕지여래께 이렇게 말씀드렸다.

"세존이시여, 저는 사바세계에 있는 중생들을 이롭게 하였사옵니다. 그리고 다보여래의 사리를 모신 탑에 예배하였으며, 석가여래도 뵙고 예배하였사옵니다. 또 문수사리보살과 힘차게 정진노력하는 약왕보살과 용시보살도 만났사옵니다. 그리고 840만 억 나유타의 보살들은 현일체색신삼매를 얻었사옵니다."

이 '묘음보살'의 장이 설해지고 있는 동안, 4만2천의 보살들이 무생법인을 얻었으며, '바른 가르침의 백련'이라는 삼매를 얻었다.

묘음보살품의 구성

1. 부처님이 광명을 놓다
2. 묘음보살이 얻은 삼매
3. 묘음보살이 사바세계에 가기를 원하다
4. 정화수왕지불이 주의를 주다
5. 묘음보살의 수행력
6. 묘음보살이 오는 모습
7. 묘음보살의 선근과 공덕
8. 묘음보살의 신력과 삼매에 대한 문답
9. 묘음보살품을 설하고 삼매를 얻다
10. 묘음보살이 본토로 돌아가다

묘음보살품입니다.

사물은 기울어지면 운다(不平則鳴)

만물의 소리란 모두 부조화에서 나옵니다. 사람들이 소리를 낼 때는 뭔가 문제가 있기 때문입니다. 즐거워도 소리가 나고 슬퍼도 소리가 납니다. 화가 나도 소리가 나고 기뻐도 참지 못해 소리를 냅니다. 그렇기 때문에 소리를 잘 들어보면 세상의 모든 것이 다 드러납니다. 그 소리란 것이 참으로 묘하고 묘합니다. 그래서 보살의 이름도 묘음입니다.
본 품부터 '소리'에 대한 의미를 잘 생각해봐야 합니다. 본 품이 '묘음(妙音)'이고 다음 품이 '관음(觀音)'입니다. 모두 소리에 대한 설법입니다. 소리를 잘 들을 수 있는 이는 성인입니다. 말하는 것보다 잘 듣는 게 어렵습니다. 대부분의 사람은 소리를 잘 넘기지 못합니다. 들으면 듣는 대로 마음에 걸립니다. 세상의 모든 시비란 게 결국 들음의 묘를 모르기 때문입니다. 다음은 양명학의 창시자인 왕양명에 얽힌 이야기입니다.

어느 날 제자들을 데리고 밖에 나갔다가 아주머니 두 명이 길에서 싸우는 것을 보게 되었습니다. 한 아주머니가 상대에게 "경우가 없다"며 욕을 하고, 다른 아주머니는 "내가 경우가 없다면 넌 양심이 없다"고 되받아치는 것이었습니다. 왕양명이 이 소리를 듣고는 잠시 생각에 잠기더니 제자들에게 말했습니다.
"너희들은 잘 들어라. 이 두 아주머니가 도에 대해 강의하고 있구나."
제자들이 의아해하며 물었습니다.

第二十四章 _ 妙音菩薩品

"선생님, 무슨 도를 강의한다는 것입니까? 서로 욕하고 싸우고 있는데요."
다시 왕양명이 말했습니다.
"저들이 지금 말하는 경우는 자연의 이치와 양심의 도가 아니겠느냐. 도는 자신에게 요구하는 것이고 욕은 남에게 요구하는 것이다. 남이 경우와 양심이 없다고 한다면 욕하는 것이고, 자신에게 경우와 양심이 있어야 한다고 요구하면 도이니라."

똑같은 것도 자신을 보느냐 남을 보느냐에 따라 전혀 달라집니다. 모든 것을 자신에 맞춰 생각할 수 있는 사람은 도인입니다. 그러나 남에게 요구하고 따지는 사람은 아직 덜 성숙된 사람입니다. 자유로운 사람은 형식에서 자유로워야 합니다. 오직 자신의 마음에 비춰 헤아려야만 도를 성취할 수 있습니다.

묘음은 아름다운 소리이자 진리의 소리입니다. 소리는 너무 작아도 듣지 못하고 너무 커도 듣지 못합니다. 귀에 들어올 만큼의 범위에 있어야 소리를 들을 수 있습니다. 소리 중에서도 음악은 언어가 아니지만 정서를 순화시키는 힘이 있습니다. 고대 중국에서 군자는 음악을 모르면 안 된다고도 했습니다. 이는 꼭 음악에 대한 소양보다도 모든 사람이 함께 정서의 교감을 일으켜 동질성을 회복하기 위해서는 음악의 힘이 필요하기 때문입니다.
묘음보살은 다른 보살과 달리 사바세계 뿐 아니라 온 우주를 상대로 활동하는 보살입니다. 《법화경》을 보면 보살들도 단순히 우리가 속한 사바세계 뿐 아니라 사바세계 밖의 영역이 또 있음을 알게 됩니다. 참으로 무궁무진하고 어마어마한 세계입니다. 이렇게 드넓고 무한한 세계가 하나가 될 수 있는 것은 오로지 하모니를 이루느냐의 여부에 달려있습니다. 본 품은 모든 것을 하나의 조화로운 음악처럼 보라는 겁니다. 수행도 아름다운 음악이고 보시행도 인욕도 모든 것이 조화로워야 합니다.

이 균형을 이루는 힘 또한 삼매에서 나옵니다. 삼매는 집중하는 힘으로 관찰을 깊게 하는 것입니다. 이 관찰과 통찰이 세간의 모든 괴로움을 소멸시키는 지혜이자 자비의 마음을 우러나게 합니다. 그러니 아무리 많은 생을 보시하고 제도하며 지낼지라도 힘들거나 피로하지 않으며 오직 즐거움 속에 살아갈 뿐입니다. 이것의 상징이 음악입니다. 존재하는 모든 것은 소리를 내기 때문입니다.

묘음보살품의 주요 내용

묘음보살이 사바세계에 가게 되니까 그 세계의 부처님인 정화수왕지불께서 당부합니다. 사바세계는 땅도 사람의 마음도 평탄치 않으니 업신여기는 마음을 내지 말라는 겁니다. 또 묘음의 몸도 뛰어나게 희고 아름답기 때문에 사바세계의 사람들을 보더라도 우월하거나 무시하는 생각을 갖지 말도록 당부하는 말씀입니다.

이어 묘음보살이 모습을 나투려고 하자 상서로운 광경이 나타난 것을 보고 문수보살이 부처님께 까닭을 묻습니다. 이에 부처님은 묘음보살이 사바세계에 공양하고 《법화경》을 듣기 위함이라고 이유를 말합니다.

선남자여, 묘음보살은 이렇게 많은 모습으로 중생들에게 '바른 가르침의 백련'이라는 법문을 설했다. 또 어떤 이에게는 야차의 모습으로, 어떤 이에게는 아수라, 가루다, 긴나라, 마후라가의 모습으로 이 법문을 설했다. 그뿐 아니라 지옥, 축생도, 야마의 세계나 불행한 세계에 태어난 중생들에게도 이 법문을 설해 그들을 구제했다. 나아가서는 후궁 속에 있는 중생들을 위해 여성의 모습으로 나타나 이 법문을 설했다. 이렇게 해서 이 사바세계에 있는 모든 중생들에게 그는 가르침을 설하였으므로, 그는 사바세계에 태어난 중생들의 구제자이다. 묘음보살은 이 사바세계에서 그렇게 많은 모습으로 '바른 가르침의 백련'이라는 법문을 중생들에게 설하지만, 선한 이의 신통력이나 지혜를 손상시키는 일은 없다.

이어지는 〈관세음보살보문품〉의 서른두 가지 부름에 응하여 몸을 변하여 나투는 내용이 열거 되는데, 본 품에서도 갖가지 변화하는 몸이 설명됩니다. 그리고 아무리 많은 몸을 나툴지라도 하나도 늘거나 줄어듦도 없다는 말씀입니다.

행복한 삶은 남을 위한 보살행이 안겨주는 축복입니다. 이것이 〈묘음보살품〉의 메시지입니다.

25 관세음보살보문품

25

관세음보살보문품
觀世音菩薩普門品

　그때 무진의(無盡意)보살이 자리에서 일어나, 한쪽 어깨를 벗고, 오른 무릎을 땅에 대고, 세존을 향해 합장하며 말씀드렸다.
　"세존이시여, 무슨 이유로 관세음보살은 관세음이라고 불리옵니까?"
　이 질문을 받고, 세존께서는 무진의보살에게 이렇게 말씀하셨다.
　"선남자여, 이 세상에서 수백천만 억 중생들이 저마다 괴로움에 싸여 있는데, 만일 그들이 관세음보살의 이름을 듣는다면, 그들은 모두 괴로움에서 해방될 것이다. 또 선남자여, 관세음보살의 이름을 마음속에 지니는 중생들은 비록 큰 불덩이 속에 떨어지더라도 관세음보살의 위광(威光)의 힘으로 구출될 것이다.
　선남자여, 만일 중생들이 강물에 떠내려가고 있을 때도 관세음보살의 이름을 부르면, 그 강은 얕은 여울이 될 것이다. 또 수백천만 억 나유타의 중생들이 배를 타고 금, 금괴, 보석, 진주, 금강석, 유리, 나패, 수정, 산호, 마노, 호박, 붉은 진주 등을 찾아 바다로 나간다고 하자. 그들이 탄 배가 폭풍으로 나찰이 사는 섬으로 올라

갔다 하더라도, 그들 중 한 사람이라도 관세음보살의 이름을 부르는 이가 있다면 그들은 모두 그 섬으로부터 구출될 것이다. 선남자여, 이런 까닭에 '자재롭게 관찰한다' 는 뜻의 관세음보살이라고 불리는 것이다.

선남자여, 만일 어떤 이가 처형되려고 할 때, 관세음보살의 이름을 부른다면, 사형집행인들의 칼은 부러질 것이며, 삼천대천세계가 야차나 나찰로 가득하다 하더라도 어떤 이가 관세음보살의 이름을 부른다면, 모든 사악한 무리들은 그를 볼 수가 없을 것이다. 또 선남자여, 죄가 있든 없든 어떤 이가 나무칼을 씌우고 쇠고랑, 사슬 등에 묶여 있더라도, 관세음보살의 이름을 부른다면 저절로 풀릴 것이다. 선남자여, 관세음보살의 위력은 이와 같다.

선남자여, 이 삼천대천세계에 칼을 든 폭도나 도적으로 가득 차 있는데, 한 상인의 우두머리가 무리를 이끌고 값비싼 보석을 많이 지니고 지나간다고 하자. 그들이 도중에 칼을 든 도적들을 만나, 어찌할 줄을 모르고 있을 때, 우두머리가 '두려워하지 말고 모두 일제히 안전을 지켜주시는 관세음보살의 이름을 불러라. 그리하면 도적들로부터 구출될 것이다' 라고 말한다고 하자. 이 말을 듣고 상인들이 일제히 '안전을 지켜주시는 관세음보살께 경례하옵나이다. 경례하옵나이다' 라고 관세음보살의 이름을 부른다면 그 상인들은 바로 위험에서 벗어날 것이다. 선남자여, 관세음보살의 위력은 이와 같다.

선남자여, 탐욕에 빠진 중생들이 관세음보살에게 경례하면 탐욕

없는 이가 되며, 증오에 빠진 중생들이 관세음보살에게 경례하면 증오 없는 이가 되며, 무지에 헤매는 중생들이 관세음보살에게 경례하면 무지하지 않은 이가 된다. 선남자여, 관세음보살은 이렇게 위대한 신통을 지닌 분이다.

또 선남자여, 사내아이를 원하는 여인이 관세음보살에게 경례하면 사내아이가 생길 것이다. 더욱이 그 사내아이는 용모 단정하고 품위가 있으며, 귀엽고 남자의 특징을 갖추고 많은 이들의 사랑을 받고 사람들의 마음을 사로잡으며 선근을 심을 것이다. 딸을 원하는 여인에게는 용모가 단정한 딸을 얻게 될 것이다. 선남자여, 관세음보살의 위력은 이와 같다.

또 선남자여, 관세음보살에게 경례하고 그 이름을 마음에 지니는 이들에게는 좋은 결과가 생길 것이다. 선남자여, 어떤 이가 관세음보살에게 경례하고 그 이름을 마음에 지닌다고 하자. 또 어떤 이는 62 갠지스 강의 모래알 수와 같은 세존께 경례하고, 그 이름을 마음에 지닌다고 하자. 또 어떤 이는 지금 계시는 많은 세존께 법의, 탁발의 음식물, 침대, 좌구, 의약품 등 생활필수품을 공양한다고 하자. 선남자여, 그대는 어떻게 생각하는가? 그 선남자, 선여인은 얼마나 많은 복덕을 쌓겠는가?"

무진의보살이 대답하였다.

"세존이시여, 참으로 많을 것이옵니다. 그 선남자, 선여인은 많은 복덕을 쌓을 것이옵니다."

세존께서는 말씀하셨다.

"선남자여, 그렇게 많은 세존들을 공경해서 쌓은 복덕과 한 번이라도 관세음보살을 공경하고 이름을 마음에 지녀 쌓은 복덕은 같을 것이며, 그 어느 것이 더 나은 것이 아니다. 또 62 갠지스 강의 모래알 수와도 같은 세존들을 공경하고 이름을 마음에 지니는 일과 관세음보살을 공경하고 이름을 마음에 지니는 일, 이 두 경우의 복덕은 수백천만 억 나유타 겁이 걸려도 쉽게 헤아릴 수가 없다. 선남자여, 관세음보살의 이름을 마음에 지니는 데서 얻어지는 복덕은 이렇듯 이루 헤아릴 수가 없는 것이다."

무진의보살은 다시 세존께 여쭈었다.

"세존이시여, 관세음보살은 이 사바세계를 어떻게 편력했으며, 또 어떻게 중생들에게 가르침을 설했사옵니까? 관세음보살의 절묘한 방편은 어떠한 것이옵니까?"

세존께서 무진의보살에게 말씀하셨다.

"선남자여, 관세음보살이 부처님의 모습으로 중생들에게 가르침을 설하는 세계도 있으며, 보살의 모습으로 가르침을 설하는 세계도 있다. 어떤 중생들에게는 독각의 모습으로 가르침을 설하며, 어떤 중생들에게는 성문의 모습으로, 어떤 중생들에게는 범천의 모습으로, 어떤 중생들에게는 제석천의 모습으로, 또 어떤 중생들에게는 건달바의 모습으로 관세음보살은 가르침을 설한다. 야차의 모습으로 교화해야 할 중생들에게는 야차의 모습으로, 자재천(自在天)의 모습으로 교화해야 할 중생들에게는 자재천의 모습으로, 대자재천의 모습으로 교화해야 할 중생들에게는 대자재천의 모습으로, 전륜왕의 모습으로 교화해야 할 중생들에게는 전륜왕의 모습으로, 악귀의 모습으로 교화해야 할 중생들에게는 악귀의 모습으로, 비사문(毘沙門)의 모습으로 교화해야 할 중생들에게는 비사문의 모습으로, 장군의 모습으로 교화해야 할 중생들에게는 장군의 모습으로, 바라문의 모습으로 교화해야 할 중생들에게는 바라문의 모습으로, 집금강신(執金剛神)의 모습으로 교화해야 할 중생들에게는 집금강신의 모습으로 가르침을 설한다. 선남자여, 관세음보살은 이처럼 사고를 초월한 공덕을 갖추고 있다. 그러므로 선남자여, 그대들은 마땅히 관세음보살에게 공양을 올려라. 선남자여, 관세음보살은 공포를 느끼고 있는 중생들에게 안전을 가져다 준다. 그러므로 사바세계에서 관세음보살은 안전을 가져다 주는 보살, 즉 시무외자(施無畏者)라고 불린다."

그때 무진의보살은 세존께 이렇게 말씀드렸다.

"세존이시여, 저는 관세음보살에게 선물과 공양을 하겠사옵니다."

세존께서 말씀하셨다.

"선남자여, 지금 그대가 선물하고픈 것을 선물하도록 하여라."

그러자 무진의보살은 자신의 목에서 수백 수천 금의 가치가 있는 진주목걸이를 떼어내서 관세음보살에게 공양하면서 "벗이여, 이 물건을 받아주십시오"라고 말했다.

그러나 관세음보살은 받으려고 하지 않았으므로 무진의보살은 이렇게 말했다.

"선남자여, 그대는 이 진주목걸이를 우리들에 대한 자비로서 받아주십시오."

그러자 관세음보살은 무진의보살에게 자비를 보이면서 또 사중과 천신들, 용, 야차, 건달바, 아수라, 가루다, 긴나라, 마후라가, 인간과 인간 이외의 것들에게 자비를 보이면서 그 진주목걸이를 받았다.

그리고는 그 목걸이를 둘로 나누어 하나는 석가세존께 또 하나는 다보여래를 모신 보석으로 된 탑에 바쳤다.

"선남자여, 관세음보살은 이런 신변(神變)에 의해 이 사바세계를 편력한다."

그때 세존께서는 이런 게송을 설하셨다.

무진의보살이 나에게
'눈부시게 아름다운 기(旗)를 가지신 이〔妙相具〕,
세존이시여
무슨 이유로 이 승리자들의 아들은
관세음이라고 불리옵니까?' 라고
그 이름의 의미를 물었다.

그래서 눈부시게 아름다운 기(旗)를 가진〔具足妙相尊〕
나는 서원의 바다인 관세음보살에 대해
무진의보살에게 이렇게 말했다.

관세음의 수행에 대해 들어보라.

관세음이 어떻게 사고를 초월한
수백 겁 동안 수천만 억의 부처님 아래서
서원을 청정하게 했는지 내가 설하겠다.

관세음의 이름을 듣고
그를 마음속으로 생각한다면
생명 있는 것들은
현세에 좋은 결과를 얻을 것이다.
그는 모든 생존에서
괴로움과 근심을 없애는 이이다.

어떤 사악한 이가 착한 이를 살해하려고
불구덩이 속으로 떨어뜨렸다 하더라도
관세음을 생각하면 물을 부은 것처럼 불이 꺼진다.

어떤 이가 용, 마카라, 아수라,
귀령(鬼靈)이 사는 바다에 들어갔다 하더라도
관세음을 생각하면 바닷속으로 가라앉지 않는다.

사악한 이가 어떤 이를 살해하려고

험한 산꼭대기로부터 떨어뜨렸다 하더라도
관세음을 생각하면 태양처럼 공중에 정지한다.

또 살해하려고 금강석으로 된 산을
그 사람의 머리에 던졌다 하더라도
관세음을 생각하면 털끝만큼도 상처 입지 않는다.

살의를 품고 칼을 든 적들에 둘러싸였더라도
관세음을 생각하면
적들은 즉시 불쌍한 마음을 갖게 된다.

어떤 이가 처형장에서 관세음을 생각하면
사형집행인의 칼은 산산조각이 난다.
나무나 쇠로 된 수갑, 족쇄, 사슬로 묶여 있더라도
관세음보살을 생각하면 사슬은 즉시 풀린다.

주문, 주법(呪法), 독초, 귀령, 베타다(愧物) 등
사람의 몸을 파괴하는 것도
관세음을 생각하면
그것을 사용한 이에게 되돌아간다.

사람들의 정력을 빼앗는

第二十五章 _ 觀世音菩薩普門品

야차, 용, 아수라, 귀령, 나찰 등에
에워싸여 있더라도 관세음을 생각하면
털끝만큼도 상처 입지 않는다.

날카로운 이빨이나 손톱을 지닌
아주 무서운 맹수에게 에워싸이더라도
관세음을 생각하면
그것들은 즉시 사방팔방으로 물러간다.

타오르는 불꽃과 같은 빛을 내며
노려보기만 해도 목숨이 위태로운
무서운 뱀에게 에워싸이더라도
관세음을 생각하면 그것들의 독이 즉시 없어진다.

천둥소리를 내는 먹구름이 나타나
번개와 함께 비를 뿌리더라도
관세음을 생각하면 즉시 먹구름이 사라진다.

수백 가지 괴로움에 시달리고 고민하는
중생들을 보고 지혜의 힘이 청정한 관세음은
환히 관찰해서 신들을 포함한 세간의 구제자가 된다.

관세음은 신통력을 완전히 갖추었고
광대한 지혜와 절묘한 방편을 다 익혔으므로
시방의 모든 세계, 모든 국토에 남김없이 나타난다.

또 가르침을 들을 수 없는 불우한 처지나
나쁜 처지에 대해 두려움을 품거나
지옥, 축생도(畜生道), 야마의 지배 아래 있거나
삶과 늙음과 병으로 고통받고 있는
생명 있는 것들의 그런 괴로움은 마침내는 소멸한다.

그때 무진의보살은 기쁨과 만족을 느끼며 이러한 게송을 읊었다.

맑고 자비롭고 지혜로운 눈을 지닌 이여
불쌍하게 보는 청정한 눈을 지니고
아름다운 얼굴과 눈을 지닌 매력이 넘치는 이여

청정무구하며 더러움 없는 빛
햇빛처럼 어두움이 없는 지혜의 빛
바람에 흔들리지 않는 불꽃같은 빛을 갖춘 이여
당신은 스스로 빛나며 세계를 비춘다.

자애로 된 계율이라는 천둥소리를 내며

바른 덕과 자비의 마음을 지닌 큰 구름이여
당신은 가르침의 감로의 비를 내려
생명 있는 것의 번뇌의 불을 끈다.

싸움, 논쟁, 전투를 할 때나
전쟁에 대해 심한 공포에 빠져 있을 때에도
관세음을 생각하면
사악한 적의 무리는 물러간다.

천둥소리와 같은 음성, 큰북과 같은 소리
대해와 같은 소리를 갖추었으며
범천처럼 아름다운 음성과
음성 세계의 완전성을 얻고 있는
관세음을 생각해야 한다.

그대들은 항상 생각하여라.
청정한 분인 관세음을 생각할 것이며
절대 관세음보살을 의심해서는 안 된다.

죽음이나 괴로움, 재난을 만났을 때
그는 보호자가 될 것이며
피난처가 될 것이며

최후의 의지처가 될 것이다.

모든 공덕의 완성에 달했으며
모든 중생을 자비로운 눈으로 보며
공덕의 대해인 관세음을 예배해야 할 것이다.

이 세간사람들에게 자애가 깊은 관세음은
미래세에 부처님이 될 것이다.
모든 괴로움과 공포,
근심도 없애 주는
관세음에게 나는 경례한다.

세자재왕(世自在王)을 지도자로 하는 법장비구는
세간의 공양을 받고 수백 겁 동안 수행해서
더러움을 벗어난 위없는 깨달음을 얻어
무량광여래가 되었는데

관세음보살은 그 무량광여래를
좌우에서 부채질하면서 모셨고
일체는 환상과 같다는 삼매에 의해
모든 국토로 가서 승리자께 공양을 올렸다.

서쪽 세계에 행복의 원천이며
더러움 없는 극락세계가 있는데
거기에는 중생을 잘 이끄시는
무량광이라는 지도자께서 지금 계신다.

거기서는 여성이 태어나는 일도 없으며
양성(兩性)이 합하는 관습도 없다.
그곳의 승리자의 자식들은 무구하며
자연히 생긴 화생(化生)으로 연화대 위에 앉아 있다.

지도자이신 무량광여래께서도 더러움 없는
아름다운 연화대 속에 있는 사자좌에 앉아
살라왕처럼 빛나고 계신다.

관세음도 이 세계의 지도자였으며
삼계에서 그와 같은 이는 없다.
그를 찬탄해서
'나도 복덕을 쌓아 빨리 당신과 같은
인간의 최고자가 되겠습니다' 라고 한다.

그때 지지(持地)보살이 자리에서 일어나 한쪽 어깨를 벗고 오른
무릎을 땅에 대고, 세존을 향해 합장하고 경례하면서 이렇게 말씀

드렸다.

"세존이시여, 이 법문 중 '관세음보살'의 장을 듣는 중생들은 선근을 충분히 쌓지 못한 중생은 아닐 것이옵니다."

이 '모든 방향으로 문이 열린〔普門〕' 장을 세존께서 설하자 그 자리에서 8만4천의 생명 있는 것들이 위없는 지고한 바른 깨달음을 향해 발심했다.

관세음보살보문품의 구성

1. 무진의보살이 관세음보살에 대해 묻다
2. 관세음보살의 이름을 지니는 공덕
자녀를 얻다
3. 관세음보살의 삼업을 묻다
4. 관세음보살의 삼십이응신
5. 관세음보살에게 공양하다
6. 부처님이 게송을 설하다
7. 관세음보살보문품을 듣고 이익을 얻다

관세음보살보문품입니다.

묘한 신통력을 두루 갖추시고〔具足神通力〕
지혜 방편을 널리 닦으심에〔廣修智方便〕
시방의 모든 국토에〔十方諸國土〕
몸을 나타내지 않은 곳이 없어라〔無刹不現身〕

관음정근 끝에 외는 것으로 불자라면 모르는 이가 없을 게송입니다. 특히 전국 사찰의 관음전 주련으로 많이 쓰이는 게송입니다. 송광사 관음전에도 이 게송이 걸려 있습니다. 다음의 게송도 본 품에서 인용한 것입니다.

관세음보살의 묘한 지혜와 신통의 힘은〔觀音妙智力〕
능히 세간의 모든 괴로움을 구제하신다네〔能救世間苦〕

'묘(妙)'는 모든 불가사의한 법들이 분명히 있지만 그 이치를 설명하기 어렵기 때문에 붙은 말입니다. 지혜와 신통의 힘입니다. 힘이 있어야 능력을 발휘할 수 있고, 그것은 분간하는 지혜가 있어야 가능합니다. 세간의 고통과 괴로움을 구제하는데, '능할 능(能)'이 좋은 글자입니다. 어떤 것도 막히거나 어려움 없이 해결하기 때문에 능하다는 말을 할 수 있습니다. 이런 게송은 외우고 다녀야 합니다. 관세음보살 정근을 하면서 이런 게송을 한 번씩 떠올려 관세음보살의 위신력을 생각해야 더욱 신심이 나고 기도의 가피가 붙습니다.

본 품은 《법화경》의 꽃이라고 불립니다. 예로부터 《법화경》에서 가장 중요한 네 품을 들라고 하면 〈방편품〉, 〈안락행품〉, 〈여래수량품〉, 〈관세음보살보문품〉을 듭니다. 그중에서도 본 품은 구마라집이 번역해 《관음경》으로 따로 떼어 불릴 만큼 대단히 중요하고 아름다우며 보살이 중생을 구원하는 범위를 알기 쉽게 설명합니다.

🪷 기도하는 비결

기도에도 중요한 비결이 있습니다. 불보살님의 명호를 부르는 것은 2차적인 기도입니다. 불보살님이 내 기도를 듣고 응답한다고 생각하면 한발 늦습니다. 신을 찾는 종교에서는 기도가 이 범주에 있습니다. 종교는 자력신앙과 타력신앙으로 구분할 수 있습니다. 스스로의 힘에 의지해 닦아가는 종교가 불교라면 신에게 의존하는 유일신의 종교가 전형적인 타력신앙입니다. 타력신앙은 존재의 원인을 신의 작품으로 보기 때문에 의지하는 게 큰 종교입니다. 그러나 불교는 낮은 차원에서는 불보살님의 위신력에 의지하지만 점점 높아질수록 스스로가 가진 힘으로 불도를 성취하는 종교입니다.

그래서 칭명염불로 관세음보살의 가피를 기다리는 것이 아니라 관세음보살을 마음속에 생각하는 것입니다. 위기에 처할 때마다 관세음보살을 생각하는 것이 일차적인 기도입니다. 먼저 생각하고 항상 생각하는 것이 기도이자 가피입니다. 그리고 항상 생각하려면 자주 불러야겠지요. 계속 반복되어야 합니다.

본 품에서는 관세음보살의 이름을 부르는 것으로 불, 물, 바람, 칼, 귀신, 형벌, 도둑에 의한 곤경을 피할 수 있다고 합니다. 흔히 칠난으로 불리는데 화난, 수난, 풍난, 검난, 귀난, 옥난, 도난입니다. 또 생로병사와 탐진치 삼독으로부터 자유로워집니다. 즉 자연재해는 물론이고 인생의 모든 고뇌가 해결된다는 것입니다. 이러한 믿음이 관음신앙을 형성하여 영험담이 쏟아져나오기도 했습니다. 관음신앙은 불교 전통에서도 중요한 위치를 차지합니다.

'관세음보살' 명호를 부르는 것으로도 일체의 장애를 물리칠 수 있기 때문에 '관세음'은 우리의 생명과 둘이 아닙니다. 나를 살리고 나를 이루게 합니다.

관세음의 원력과 생명이 스스로에게 항상 구족되고 구현되고 있다는 믿음이 중요합니다. 결국 관세음보살을 부르는 것은 자신의 근원적인 생명력을 발현하는 것이고 자신이 현현한 관세음보살로 이 세상에 빛이고 생명이 되어야 하는 이치입니다.

※ 관세음보살보문품의 주요 내용

"세존이시여, 무슨 이유로 관세음보살은 관세음이라고 불리옵니까?"
이 질문을 받고, 세존께서는 무진의보살에게 이렇게 말씀하셨다.
"선남자여, 이 세상에서 수백천만 억 중생들이 저마다 괴로움에 싸여 있는데, 만일 그들이 관세음보살의 이름을 듣는다면, 그들은 모두 괴로움에서 해방될 것이다. 또 선남자여, 관세음보살의 이름을 마음속에 지니는 중생들은 비록 큰 불덩이 속에 떨어지더라도 관세음보살의 위광(威光)의 힘으로 구출될 것이다.

무진의보살이 부처님께 관세음보살에 대해 물음으로써 관세음보살을 우회적으로 드러냅니다. 우선 이름부터 묻습니다. 사람도 이름이 그 사람의 모든 것을 함축적으로 보여줍니다. 이름이 가장 큰 의미의 주문입니다. '관음(觀音)'은 세상의 소리를 보고 듣습니다. 보고 들으면서 모든 것을 판단할 지혜를 갖추고 있어서 그에 맞는 몸을 나타내어 구제하는 것입니다. 관세음의 영험담은 워낙 많아서 여기서는 구구절절이 소개하지 않겠습니다. 보고 듣고 아는 모든 것이 '관(觀)'이라는 글자 하나에 다 포괄된다는 것을 알면 됩니다.

이후에 관세음보살의 삼십이응신(三十二應身)에 대한 내용이 나옵니다. 서른두 가지 모습은 단지 그 정도의 사람들 양상을 표현한 것이고, 세상 모든 이들이 구하는 바에 따라 그 모습을 나툰다는 겁니다. 이것이 관음신앙의 위대함입니다.

"선남자여, 관세음보살은 이처럼 사고를 초월한 공덕을 갖추고 있다. 그러므로 선남자여, 그대들은 마땅히 관세음보살에게 공양을 올려라. 선남자여, 관세음보살은 공포를 느끼고 있는 중생들에게 안전을 가져다 준다. 그러므로 사바세계에서 관세음보살은 안전을 가져다 주는 보살, 즉 시무외자(施無畏者)라고 불린다."

그때 무진의보살은 세존께 이렇게 말씀드렸다.

"세존이시여, 저는 관세음보살에게 선물과 공양을 하겠사옵니다."

세존께서 말씀하셨다.

"선남자여, 지금 그대가 선물하고픈 것을 선물하도록 하여라."

제25장_관세음보살보문품

그러자 무진의보살은 자신의 목에서 수백 수천 금의 가치가 있는 진주목걸이를 떼어내서 관세음보살에게 공양하면서 "벗이여, 이 물건을 받아주십시오"라고 말했다.

그러나 관세음보살은 받으려고 하지 않았으므로 무진의보살은 이렇게 말했다.

"선남자여, 그대는 이 진주목걸이를 우리들에 대한 자비로서 받아주십시오."

그러자 관세음보살은 무진의보살에게 자비를 보이면서 또 사중과 천신들, 용, 야차, 건달바, 아수라, 가루다, 긴나라, 마후라가, 인간과 인간 이외의 것들에게 자비를 보이면서 그 진주목걸이를 받았다. 그리고는 그 목걸이를 둘로 나누어 하나는 석가세존께 또 하나는 다보여래를 모신 보석으로 된 탑에 바쳤다.

"선남자여, 관세음보살은 이런 신변(神變)에 의해 이 사바세계를 편력한다."

무진의보살이 관세음보살의 거룩함을 비로소 알아듣고 공경의 마음으로 진주목걸이를 바치려합니다. 중생도 그렇지만 보살들도 거룩한 마음이 나면 공양하고 싶은가 봅니다. 그런데 관세음보살이 받지 않으려 합니다. 그래서 두 번째 거듭 올릴 때 또 거절할 것을 알고는 미리 공양을 받으라고 합니다. 그러자 관세음보살은 자신이 갖지 않고 석가모니부처님과 다보탑 전에 나눠서 올립니다. 개인적으로 이 부분이 참으로 아름답고 인간적으로 느껴집니다. 어쩌면 이런 마음을 모든 사람이

第二十五章_觀世音菩薩普門品

갖도록 하기 위해서 이런 말씀을 했는지도 모르겠습니다.

🪷 관세음보살보문품의 가피

200년 전, 중국의 백수동 마을에서 있었던 일입니다. 언제부턴지 백수동에 은광이 발견되어 가난한 사람들이 모여들기 시작했습니다. 시간이 지날수록 큰 마을이 되었고, 이들은 은을 캐서 가까운 시장으로 나가 돈과 바꿔 생계를 이어갔습니다. 그렇지만 생활이 풍족한 것은 아니어서 항상 끼니를 걱정해야 하는 처지였고, 더욱더 깊은 굴에 들어가 심한 먼지를 뒤집어쓰며 일하지 않으면 안 되었습니다. 굴 밖의 아래쪽에는 일을 마치고 몸을 씻을 물을 계곡에서 끌어들여 웅덩이를 여럿 만들어 놓았기 때문에 이곳에는 항상 맑은 물이 고여 있었습니다.

그러던 어느 날, 이상한 일이 벌어졌습니다. 웅덩이에, 그것도 한낮에 선녀처럼 아리따운 젊은 여인이 하얀 옷을 입은 채로 들어가 몸을 담그고 있었던 것입니다. 이 일은 곧 마을에 알려져 전부 웅덩이 근처로 몰려들었고, 갱에서 일하던 사람들까지 소문을 듣고 모두 밖으로 나왔습니다. 부끄러운 줄도 모르고 태연하게 목욕을 하는 여인을 구경하던 찰나였습니다. 갑자기 뒷산에서 우레와 같은 소리가 나더니 탄광이 무너졌습니다. 사람들이 놀라 무너진 갱을 보다가 다시 고개를 돌려보니 여인은 온데간데없었습니다. 마을 사람들이 모여 생사를 확인해보니 나이든 노인 한 분만 보이지 않고 모두 무사했습니다. 수백 명의 목숨을 관세음보살이 구했던 것입니다.

그 후 8년이라는 세월이 지난 어느 날이었습니다. 산나물을 캐던 사람

제25장 _ 관세음보살보문품

들이 땅속에서 무슨 소리가 들려 땅을 파보았습니다. 그랬더니 8년 전에 실종됐던 노인이 앉아 있지 않겠습니까? 은광이 폐광되면서 찾을 길 없던 노인이 8년을 그 땅속에 살아 있었던 것입니다.

그 노인의 자초지종은 신기했습니다. 광이 무너지면서 이 노인은 작은 구덩이 속으로 떨어졌는데, 한참이 지나자 좀 밝아졌다 합니다. 좀 있으니 흰쥐 한 마리가 나타났고, 주위를 돌아보니 평소 집에서 사경하며 만든 관세음보살보문품족자가 있었습니다. 그런데 그 흰쥐가 가끔 글자를 혀로 핥는 것이 보였습니다. 자기도 한 번 따라해보자는 생각이 들어 글자를 핥아보니 신기하게도 배가 고프지 않았습니다. 그리고 지루하다는 느낌도 없었습니다. 그래서 쥐와 노인이 번갈아가며 글자를 하나하나 핥아왔던 것인데, 8년이라는 세월이 지났던 것입니다.

집으로 돌아온 노인은 하도 신기한 일이어서, 집에 있던 보문품 족자를 살펴보았더니 글자가 단 한 줄 남아 있을 뿐이었습니다. 평소 보문품 사경을 했던 노인이 죽음의 위기에 처하자 관세음보살님의 가피로 글자가 식량이 되어 8년을 땅속에서도 살아나올 수 있었던 것입니다.

우리가 갖은 기도를 하고, 모든 예불과 기도문에 관세음보살이 빠지지 않는 것은 그만큼 보살정신이 잘 드러나기 때문입니다. 행복한 마음으로 염불하고 불보살님을 생각하는 끈을 놓지 않으면 세간의 모든 것이 순조로워집니다. 본 품을 잘 배웠으니 더 이상 의혹의 마음을 갖지 마시기 바랍니다.

26 다라니품

26

다라니품 陀羅尼品

그때 약왕보살이 자리에서 일어나 한쪽 어깨를 벗고 오른 무릎을 땅에 대고 세존을 향해 합장하며 다음과 같이 말씀드렸다.

"세존이시여, 선남자, 선여인이 '바른 가르침의 백련'이라는 법문을 마음에 간직하거나 경전을 수지한다면 어느 정도의 복덕이 생기겠사옵니까?"

이 질문에 세존께서는 다음과 같이 말씀하셨다.

"약왕이여, 어떤 선남자, 선여인이 갠지스 강의 모래알 수와 같은 수백천만 억 여래들을 공경·공양한다고 하자. 약왕이여, 그대는 어찌 생각하는가? 선남자, 선여인이 그로 인해 어느 정도의 복덕을 쌓겠는가?"

약왕보살이 대답했다.

"세존이시여, 많을 것이옵니다."

세존께서 말씀하셨다.

"약왕이여, 그대에게 알려주겠다. 어떤 선남자, 선여인이 '바른 가르침의 백련'이라는 법문 중 사구(四句)로 된 게송을 단 하나라도 수지 독송해서 이해하며 수행하여 완성한다고 하자. 약왕이여, 그러면 그들은 더 많은 복덕을 쌓을 것이다."

그때 약왕보살이 세존께 이와 같이 말씀드렸다.

"세존이시여, 저희들은 이 '바른 가르침의 백련'이라는 법문을 마음에 간직하거나 책으로 만드는 선남자, 선여인들에게 그들을 수호하는 다라니의 주문(呪句)을 주겠나이다.

아니예, 마니예, 마네, 마마네, 칫테, 차리테, 사메, 사미타, 비샨테, 무크테, 무크타타메, 사메, 아비샤메, 사마사메, 자예, 크샤예, 아크샤예, 아크시네, 샨테, 사미테, 다라니, 아로카 바셰, 프라티아베크샤니, 니디르, 아비안타라 니비슈테, 아비안타라 파리슛디, 무트크레, 무트크레, 아라데, 파라데, 스칸크시, 아사마 사메, 붓다 비로키테, 다르마 파리크시테, 상가 니르고샤니, 니르고니, 바야바야 비쇼다니, 만트레, 만트라, 크샤야테, 루테, 루타 카우샤리예, 아크샤예, 아크샤야 바나타예, 밧크레, 바로다, 아마니야나타예, 스바하

세존이시여, 이 주문의 각 구절은 62의 갠지스 강의 모래알 수와 같은 부처님들께서 말씀하신 것이옵니다. 그러므로 이 경전의 설법자나 수지자와 싸우는 이는 부처님들을 거역하는 것이 되옵니다."

세존께서는 약왕보살에게 찬사를 보내셨다.

"장하구나, 약왕이여. 그대는 중생들에게 이로움을 주었다. 중

생들에게 자애를 보이고 다라니를 설해 그들을 보호했다."

그때 용시(勇施)보살이 세존께 말씀드렸다.

"세존이시여, 저도 설법자들에게 이익이 되도록 다라니를 주겠사옵니다. 그러면 야차든 나찰이든 푸타나든 크리티야든 쿰반다든 아귀든 그 누구도 설법자들의 허점을 잡을 수 없을 것이옵니다.

주바레, 마하 주바레, 웃케, 툿케, 뭇케, 아데, 아다바티, 누리티에, 누리티야바티, 잇티니, 빗티니, 칫티니, 누리티야니, 누리티야바티, 스바하

세존이시여, 이 다라니는 갠지스 강의 모래알 수와도 같은 여래들께서 설하시고 기뻐하신 것이옵니다. 그러므로 이 경전의 설법자들과 싸우는 이는 부처님들을 거역하는 것이 됩니다."

그때 비사문천왕이 세존께 이와 같이 말씀드렸다.

"세존이시여, 저도 설법자들의 행복과 안락을 위해 그리고 자비를 베풀기 위해 그들을 수호하는 다라니를 설하겠사옵니다.

앗테, 탓테, 낫테, 바낫테, 아나데, 나디, 크나디, 스바하

세존이시여, 저는 이 다라니로 백 요자나 동안 설법자를 수호하겠나이다. 이 다라니에 의해 이 경전의 수지자, 선남자, 선여인들은 수호받을 것이며 더 행복하게 될 것이옵니다."

그때 증장천왕이 그 자리에 있었는데 수백천만 억의 쿰반다들에게 둘러싸여 시중을 받고 있었다. 그는 자리에서 일어나 한쪽 어깨를 벗고 세존을 향해 합장하며 이와 같이 말씀드렸다.

"세존이시여, 저도 많은 이들의 행복을 위하여 이 경전의 설법자와 수지자를 수호하는 다라니를 설하겠사옵니다.

아가네, 가네, 가우리, 간다리, 찬다리, 마탕기, 풋카시, 상크레, 불사리, 시시, 스바하

세존이시여, 이 다라니는 42억 부처님들께서 설하신 것이옵니다. 그러므로 이 설법자들과 싸우는 이는 그 부처님들을 거역하는 것이 될 것입니다."

그때 란바라고 불리는 나찰녀(羅刹女)와 비란바, 쿠타 단티, 프슈파 단티, 마쿠타 단티, 케시니, 아차라, 마라 다리, 쿤티, 살바 사트보조하리라고 불리는 나찰녀들과 아들, 시종들을 거느린 귀자모(鬼子母)라고 불리는 나찰녀가 있었는데, 모두 세존께로 다가가서 일제히 이와 같이 말씀드렸다.

"세존이시여, 저희들도 이 경전을 수지하는 설법자들을 수호하고 더 행복하게 하기 위하여 주문을 설하겠사옵니다.

이티 메, 이티 메, 이티 메, 이티 메, 이티 메, 니메, 니메, 니메, 니메, 니메, 루헤, 루헤, 루헤, 루헤, 루헤, 스투헤, 스투헤, 스투

헤, 스투헤, 스투헤, 스바하

　어느 누구도 내 머리 위에 올라가더라도 설법자들을 거역해서는 안 된다. 야차든 아귀든 악귀든 푸타나든 크리티야든 베타다든 쿰반다든 스타브다든 오마라카든 오스타라카든 아파스마라카든 야차의 크리티야든 인간 이외의 것의 크리티야든 인간의 크리티야든 매일 혹은 이틀, 사흘, 나흘에 한 번씩인 열병이든 계속되는 열병이든 언제 발작할지 모르는 열병이든, 마지막으로는 꿈을 꾸고 있는 이에게 나타나는 여자의 모습이든 남자의 모습이든 소년의 모습이든 소녀의 모습이든 설법자들을 괴롭혀서는 안 된다."
　그때 나찰녀들은 일제히 세존께 이와 같은 게송을 읊었다.

　이 주문을 듣고도 설법자와 싸우는 이는
　머리가 아르자카의 씨앗처럼
　일곱 조각으로 갈라질 것이다.

　설법자와 싸우는 이는
　부모를 죽인 자가 가는 길을 걷게 될 것이다.

　설법자와 싸우는 이는
　참기름을 짜는 이들, 깨를 짓이기는 이들이
　가는 길을 걷게 될 것이다.

설법자와 싸우는 이는
무게나 부피를 속이는 이들이
가는 길을 걷게 될 것이다.

이렇게 말한 뒤, 쿤티를 비롯한 나찰녀들은 세존께 다음과 같이 말씀드렸다.

"세존이시여, 저희들도 설법자들을 수호하겠사옵니다. 더 행복하게 하고 벌을 받지 않게 하며 독을 없애겠사옵니다."

이 말을 듣고 세존께서는 나찰녀들에게 이와 같이 말씀하셨다.

"좋은 일이다. 나찰녀들이여, 이 법문의 이름만이라도 수지하는 설법자들을 그대들이 수호하는 것은 좋은 일이다. 그러니 이 법문을 완전히 수지하거나 책으로 해서 공경하고, 또 꽃, 훈향, 향수, 화만, 도향, 분향, 옷, 우산, 기, 깃발, 승리의 깃발로 공경하며, 식물성 기름의 등(燈)이든 동물성 기름의 등이든 향유의 등이든 참파카 기름의 등이든 바르시카 기름의 등이든 연꽃 기름의 등이든 수마나 기름의 등이든 이런 수백 수천의 다양한 공양물로써 공경하는 설법자들에 대해서는 더 말할 필요도 없을 것이다."

이 '다라니'의 장이 설해지는 동안, 6만8천의 생명 있는 것들이 사물은 본래 생하는 것이 아님을 아는 지혜[無生法忍]를 얻었다.

다라니품의 구성

1. 법화경을 독송한 공덕
2. 약왕보살이 주문으로 수호하다
3. 용시보살의 주문
4. 비사문천왕의 주문
5. 지국천왕의 주문
6. 나찰녀의 주문

다라니품입니다.

다라니는 '단단히 붙잡다'는 말입니다. 큰 통찰력과 변화의 힘을 지닌 낱말이나 구절이 다라니입니다. 다라니를 집중하여 외우면 굉장한 집중력이 생깁니다. 그리고 모든 것을 조화롭게 보는 안목이 길러집니다. 다라니를 암송하면 부처님이나 보살 같은 위대한 존재들을 이해하고 우주적인 존재들과 소통함으로써 영적인 힘을 얻게 됩니다. 가장 큰 힘은 생각과 말대로 이루어지는 능력입니다. 이 힘은 육체의 완력으로 하는 것이 아니라 삼매의 고요한 집중력으로 하는 것입니다. 일상에서 집중이 되지 않으면 무엇을 해도 대충합니다. 불보살님은 모두 엄청난 집중력이 있습니다. 그래서 이 삼매에서의 말과 소리는 그 자체로 다라니가 됩니다. 우리가 아는 다라니는 암송을 통해서 철저하게 터득이 되어야 합니다.

이를 주문이라고도 합니다. 우리의 의식은 주문을 빌려야 변화가 일어납니다. 모든 경전에는 대표적인 다라니가 있습니다. 이런 다라니는 외워서 자꾸 반복해야 합니다. 그래야 경전을 읽는 위신력이 훨씬 커집니다. 다시 말하면 다라니는 변화의 도구입니다. 우리는 무슨 일을 할 때 도구가 있어야 일을 쉽고 완전하게 할 수 있습니다. 마찬가지로 영혼의 변화를 위해서는 다라니가 필수적입니다. 나 뿐만 아니라 모든 생명들도 다라니를 기다립니다. 그들은 말을 모르기 때문에 영적인 능력을 가진 사람 이상의 존재에 의해서만 차원의 변화를 가져올 수 있습니다.

〈예불문〉이나 재를 지낼 때의 시식문들에는 다라니가 많습니다. 이런 다라니를 거쳐야 영가들이 먹을 수 있는 영계의 음식으로 변화합니다.

부처님께 올리는 공양도 다라니를 해야 합니다. 이 다라니는 진리의 말입니다. 자기가 하고자 하는 일을 떠올리며 다라니에 집중하면 알지 못하는 사이에 일이 쉽게 해결되기도 합니다. 특히 《천수경》에 나오는 〈신묘장구대다라니〉는 가장 사랑받는 다라니입니다. 흔히 '천수다라니' 라 합니다. 〈능엄신주〉도 있습니다. 티베트에서는 누구나 '옴마니반메훔' 육자진언을 합니다. 이런 다라니는 관음신앙의 정수이자 《법화경》 정신의 활용이라 보면 됩니다.

다라니품의 주요 내용

"세존이시여, 이 주문의 각 구절은 62의 갠지스 강의 모래알 수와 같은 부처님들께서 말씀하신 것이옵니다. 그러므로 이 경전의 설법자나 수지자와 싸우는 이는 부처님들을 거역하는 것이 되옵니다."
세존께서는 약왕보살에게 찬사를 보내셨다.
"장하구나, 약왕이여. 그대는 중생들에게 이로움을 주었다. 중생들에게 자애를 보이고 다라니를 설해 그들을 보호했다."

약왕보살이 다라니를 수지 독송하고 베껴 쓰는 공덕을 묻고, 이에 부처님은 이것도 공덕이 작지 않지만 진정으로 큰 공덕은 사구(四句)로 된 게송을 단 하나라도 외는 것이라고 설합니다. 그래서 약왕보살이 다라니를 외움으로써 《법화경》을 수행하는 자를 수호하겠다는 서원을 세웁니다. 만약 다라니 외우는 사람을 비방하고 침해하면 그것은 부처님을 거역하는 것과 같은 과보를 얻는다고 합니다. 그리고 이렇게 다라니 법사를 수호하기 때문에 공덕이 한량없음을 설합니다. 나머지는 용시보살과 비사문천왕과 지국천왕과 나찰녀의 주문이 이어집니다.

🪷 진정한 수호
계산을 잘하는 것은 주책을 쓰지 않는다〔善計不用籌策〕

노자의《도덕경》에 나오는 말입니다. '주책(籌策)'은 대나무 산가지입니다. 이것은 계산할 때나 점을 칠 때 사용하는 도구입니다. 점을 치는 데 필수 도구라 하겠습니다. 그런데 정말로 잘 헤아리고 계산을 잘하는 사람이라면 계산기나 주판 같은 도구가 필요 없습니다. 도구를 찾으면 오히려 늦습니다.

마음을 잘 다스리는 것이 진정한 주문이자 다라니이며 수호신입니다.

27 묘장엄왕본사품

27

묘장엄왕본사품 妙莊嚴王本事品

세존께서는 모든 보살들에게 말씀하셨다.

"선남자들이여, 헤아릴 수 없는 과거 무량 겁에 운뢰음수왕화지 (雲雷音宿王華智)라고 하는 바른 깨달음을 얻어 존경받는 여래께서 세간에 출현하셨다. 그 부처님이 출현한 세계는 광명장엄(光明莊嚴) 세계였으며, 희견(喜見)이라는 겁이었는데, 그 여래께서는 지혜와 덕행을 갖추신 선서였으며, 세간을 잘 아시는 위없는 분이었고, 사람들을 잘 이끄시는 분이었으며, 천신들과 인간의 스승인 세존이셨다.

또, 선남자들이여, 묘장엄(妙莊嚴)이라는 왕이 있어, 운뢰음수왕화지여래의 가르침을 받들고 있었다. 이 묘장엄왕의 왕비는 정덕 (淨德)이라고 했으며, 두 왕자가 있었는데 이름은 각각 정장(淨藏) 과 정안(淨眼)이었다. 이 두 왕자는 신통과 지혜를 갖추었고, 복덕과 지식이 풍부했으며 보살의 수행에 힘쓰고 있었다. 말하자면 보시, 지계, 인내, 정진, 선정, 지혜, 방편의 바라밀과 자비희사를 비롯한 깨달음을 얻는 데 필요한 37법(三十七助道品)에 이르기까지 수

제27장_묘장엄왕본사품

행에 힘썼으며, 그 모두에 통달했었다. 또 무구(無垢)삼매, 일성숙(日星宿)삼매, 정광(淨光)삼매, 정조명(淨照明)삼매, 장장엄(長莊嚴)삼매, 대위덕장(大威德藏)삼매에도 통달해 있었다.

그때 여래께서는 그 시대의 중생들과 묘장엄왕을 불쌍히 여기시어 이 '바른 가르침의 백련'이라는 법문을 설하고 계셨다.

그래서 정장과 정안 두 왕자는 어머니에게로 가서, 두 손 모아 합장하며 이렇게 말했다.

'어머니, 바른 깨달음을 얻어 존경받는 운뢰음수왕화지여래를 뵙고 예배드리러 그분께로 가십시다. 그 여래께서는 신들을 포함한 세간사람들 앞에서 '바른 가르침의 백련'이라는 법문을 상세히 설하고 계십니다. 자, 그 법문을 들으러 가십시다'

선남자들이여, 정덕왕비는 이 말을 듣고 두 왕자에게 이렇게 말했다.

'아들들이여, 아버지이신 묘장엄왕께서는 바라문들에게 호의를 가지고 계신다. 그러니 그 여래를 뵈러 가는 것은 허락할 수가 없구나'

그러자 정장과 정안은 두 손 모아 합장하며 어머니께 이렇게 말했다.

'저희들은 비록 삿된 가르침〔邪敎〕을 믿는 집안에 태어났지만 법의 왕이신 부처님의 자식입니다'

그러자 정덕왕비는 두 아들에게 이렇게 말했다.

'잘 알았다. 그러면 너희들을 염려하는 아버님이신 묘장엄왕 앞

第二十七章 _ 妙莊嚴王本事品

에서 어떤 기적을 보여라. 그러면 분명히 너희들의 말을 믿으실 것이며 우리들이 그 여래를 뵈러 가는 것을 허락하실 것이다'

그래서 정장과 정안은 칠다라수(七多羅樹) 높이의 공중으로 높이 올라가 묘장엄왕을 생각하며 부처님께서 허락하신 기적을 보였다. 말하자면 허공에서 잠자거나 걸어다니거나 먼지를 뿌리거나, 하반신으로는 물을 뿌리고 상반신으로는 불덩이를 태우거나, 혹은 그 반대의 모습을 보였다. 또 허공에서 커졌다가는 작아지고, 작아졌다가는 커졌으며, 허공에서 모습을 감추었는가 하면 지상에 나타나고, 지상에 나타났는가 하면 다시 허공에 나타났다. 이렇게 두 왕자는 자신들의 신통력으로 기적을 보여 아버지인 묘장엄왕을 교화했다.

선남자들이여, 묘장엄왕은 두 아들이 행하는 기적을 보고 만족하고 기뻐하면서 두 손 모아 합장하며 이렇게 물었다.

'선남자들이여, 너희들의 스승은 누구시냐? 도대체 너희들은 누구의 제자냐?'

두 왕자가 묘장엄왕에게 이렇게 말했다.

'대왕이시여, 운뢰음수왕화지여래께서 지금 보석으로 된 보리수 아래의 법좌에서 천신들을 비롯한 세간사람들 앞에서 바른 가르침의 백련이라는 법문을 상세히 설하고 계시는데 그 세존이 저희들의 스승이옵니다. 대왕이시여, 저희들은 그분의 제자이옵니다'

그때 묘장엄왕은 두 왕자에게 이렇게 말했다.

'너희들의 스승이신 그 분을 뵈러 가자. 우리들도 그 세존께로

가자'

그러자 두 왕자는 하늘에서 내려와 어머니에게 다가가 두 손 모아 합장하며 이렇게 말했다.

'어머님이시여, 저희들은 아버님을 위없이 바른 깨달음을 향해 교화했사옵니다. 이제 교화가 끝났으니 빨리 세존에게 나아가서 출가하도록 허락하여 주시옵소서'

선남자들이여, 정장과 정안은 어머니에게 두 게송을 읊었다.

어머님이시여, 저희들이 출가해서 수행하는
생활을 시작하는 것을 허락해 주시옵소서.
저희들은 출가하겠사옵니다.
여래는 참으로 뵙기 어려운 분이기 때문이옵니다.

승리자는 우담바라꽃처럼
아니 그보다 더 만나기 어렵사옵니다.
가는 것을 허락해 주십시오.
저희들은 출가하겠사옵니다.
그분을 뵙는 행운은 좀처럼 얻기 힘드옵니다.

정덕왕비가 말했다.

아들들이여, 허락할 테니 가거라.

第二十七章 _ 妙莊嚴王本事品

우리들도 출가할 것이다.
여래는 뵙기 힘든 분이니까.

선남자들이여, 그때 두 아들은 게송을 읊은 뒤, 양친에게 이렇게 말했다.

'아버님, 어머님이시여, 모두 함께 가십시다. 운뢰음수왕화지여래를 뵙고 경례하고 가르침을 들으러 그 여래께로 가십시다. 왜냐하면 여래의 출현은 우담바라꽃처럼 드물며, 대해를 표류하는 나무 구멍에 가끔 떠오르는 거북의 머리가 쏙 들어가는 경우처럼 드문 일이기 때문이옵니다. 아버님, 어머님이시여, 세존들께서 출현하시는 것은 드문 일이옵니다. 그러니 우리들이 그 가르침 아래 태어나 만났다는 것은 최고의 복덕을 얻은 결과이옵니다. 아버님, 어머님이시여, 저희들의 출가를 허락해 주시옵소서. 왜냐하면 여래를 뵙기는 어려운 일인데, 지금 법왕을 뵐 수 있는 때를 만나는 것은 매우 어려운 일이기 때문이옵니다'

선남자들이여, 그때 묘장엄왕의 후궁으로 8만4천 명의 비(妃)들이 있었는데 그들은 '바른 가르침의 백련'이라는 법문을 수지할 수가 있게 되었다. 또 정안은 법화삼매로 수행했으며, 정장은 '어떻게 하면 모든 중생들이 온갖 악을 제거할 수 있을까?' 하고 생각해서, 수백천만 억 나유타 겁 동안 이제악취(離諸惡趣)삼매를 수행했다. 두 왕자의 어머니인 정덕왕비는 모든 부처님께서 설하신 가르침과 그 가르침의 깊은 뜻을 알았다.

선남자들이여, 그때 두 왕자에 의해 여래의 가르침으로 들어와 발심하고 성숙된 묘장엄왕은 그들의 권속을 이끌고 갔으며, 정덕왕비도 권속을 이끌고 갔고, 두 왕자도 후궁과 시종들 그리고 4만2천의 생명 있는 것들을 데리고 운뢰음수왕화지여래께로 갔다. 그 모두가 여래께로 다가가서 두 발에 머리를 대고 예배하고, 세존의 주위를 오른쪽으로 세 번 돈 뒤 한쪽에 섰다.

선남자들이여, 바른 깨달음을 얻어 존경받는 운뢰음수왕화지여래께서는 묘장엄왕이 시종을 거느리고 온 것을 아시고, 법화(法話)로써 가르치시고 격려하셨다. 묘장엄왕은 세존의 말씀을 듣고 만족하고 기뻐한 나머지 동생에게 왕위를 넘겨주고 자신은 왕비, 아들, 일족, 시종, 두 왕자와 4만2천의 생명 있는 것들과 함께 출가했다. 그리고는 시종들과 함께 이 '바른 가르침의 백련'이라는 법문을 사색하고 수습하며 완전히 이해하기 위해 8만4천 년 동안 애쓰면서 지냈다.

선남자들이여, 그 8만4천 년이 지나 묘장엄왕은 일체정공덕장엄(一切淨功德莊嚴)삼매를 얻었다. 이 삼매를 얻자마자 그는 탈라나무의 일곱 배의 높이까지 공중으로 올라갔다. 묘장엄왕은 공중에 정지한 채로 운뢰음수왕화지여래께 이렇게 말씀드렸다.

'세존이시여, 저의 두 아들은 저의 스승이옵니다. 신통력으로 기적을 보여서 저의 크고 잘못된 생각을 깨우쳐주었으며, 여래의 가르침에 안주시켰으며 깨달음을 향해 성숙하게 했고, 깨달음으로 들어가게 했으며 여래를 뵙도록 해 주었사옵니다. 세존이시여, 그들은 저의 좋은 벗이었는데 저에게 과거의 선근을 생각나게 하기 위해 아들의 모습으로 저희 집에 태어난 것이옵니다'

이렇게 말씀드렸을 때, 운뢰음수왕화지여래께서는 묘장엄왕에게 이렇게 말씀하셨다.

'대왕이여, 그대의 말 그대로요. 선근을 심은 선남자, 선여인이라면 윤회하는 생존의 어떤 곳에 태어나더라도 그들을 위없는 바른 깨달음으로 이끌고 부처님을 도와드리는 좋은 친구를 만나기는 어려운 일이 아니오. 대왕이여, 여래를 만날 수 있도록 격려하는 이가 바로 좋은 친구로 여겨지는 것은 광대한 도리인 것이오. 대왕이여, 이 두 젊은이를 보고 있소?'

묘장엄왕이 대답했다.

'세존이시여, 보고 있사옵니다'

세존께서 말씀하셨다.

'대왕이여, 이 두 선남자는 65의 갠지스 강의 모래알 수와 같은 여래들 밑에서 공양을 올릴 것이며, 중생들을 자비로이 여겨 잘못된 견해를 믿는 중생들이 바른 견해를 향해 정진노력할 수 있도록, 이 바른 가르침의 백련이라는 법문을 수지할 것이오'

선남자들이여, 묘장엄왕은 하늘에서 내려와 두 손 모아 합장하며 운뢰음수왕화지여래께 이렇게 말씀드렸다.

'세존이시여, 부디 가르쳐 주시옵소서. 여래께서는 어떤 지혜를 가지고 계시옵니까? 머리에는 육계(肉髻)가 빛나고 눈은 맑으며 미간의 한가운데에는 달이나 나패와 같은 번쩍거리는 백호가 빛나며

제27장_묘장엄왕본사품

입 속은 평평하고 치아는 골고루 갖추어져 빛나고, 빔바의 열매처럼 붉은 입술에 아름다운 눈을 가지고 계시옵니다'
 선남자들이여, 묘장엄왕은 이렇게 맑은 공덕과 수백천만 억 나유타의 다른 공덕을 말하며, 운뢰음수왕화지여래를 찬탄한 뒤 이와 같이 말씀드렸다.
 '세존이시여, 드문 일이옵니다. 이 여래의 가르침이 이렇게까지 큰 의미를 지녔으며, 여래께서 보여 주신 가르침에 의한 인도가 생각도 미치지 않는 공덕을 갖추었고, 여래의 계율이 이렇게까지 잘 만들어졌다는 것은 참으로 드문 일이옵니다. 세존이시여, 저희들은 오늘부터 두 번 다시 마음대로 행동하지는 않을 것이며, 두 번 다시 삿된 가르침에 맹종하지 않을 것이며, 두 번 다시 화내지 않을 것이며, 두 번 다시 나쁜 마음을 먹지 않을 것이옵니다. 세존이시여, 저는 그런 나쁜 성질을 가진 채 세존께 가려고는 생각지 않사옵니다'
 그는 운뢰음수왕화지여래의 두 발에 머리를 대고 예배한 뒤 하늘로 올라가 머물렀다. 그리고 나서 묘장엄왕과 정덕왕비는 수백 수천 금의 가치가 있는 진주목걸이를 세존의 머리 위 높이 하늘로 던졌다. 그러자마자 그 진주목걸이는 세존의 머리 위에서 사각형에 네 개의 기둥이 있고 각 부분이 조화를 이룬 화려한 누각이 되었다. 그 누각 속에 수백 수천의 아름다운 천이 겹쳐진 대좌가 나타나고 그 대좌 위에 결가부좌를 한 여래의 모습이 보였다. 그때 묘장엄왕에게 이런 생각이 떠올랐다.

第二十七章 _ 妙莊嚴王本事品

'이렇게 마음이 깊고 아름다우며 더없이 훌륭하고 청정한 색을 갖추신 여래의 모습이 누각 속에 보이는 것은 이 부처님의 지혜가 위대한 위력을 갖추었으며 생각도 미치지 않는 공덕을 갖추셨기 때문이다'

그때 운뢰음수왕화지여래께서는 사중을 향해 말씀하셨다.

'비구들이여, 그대들은 묘장엄왕이 공중에 머물면서 사자후를 하고 있는 것을 보고 있는가?'

'세존이시여, 보고 있사옵니다'

세존께서는 다시 말씀하셨다.

'비구들이여, 이 묘장엄왕은 내 가르침 밑에서 비구가 된 뒤 대광(大光)이라는 세계에서 사라수왕(娑羅樹王)이라고 불리는 바른 깨달음을 얻어 존경받는 여래가 되어 이 세상에 나타날 것이다. 그는 지혜와 덕행을 갖춘 선서이며, 세간을 잘 아는 위없는 이이며, 사람들을 잘 이끄시는 분이며 천신들과 인간의 스승이며, 세존이시며, 그 겁의 이름은 대고왕(大高王)이다. 또 비구들이여, 사라수왕여래에게는 헤아릴 수 없는 보살들과 성문들이 있을 것이며, 대광세계는 손바닥처럼 평평하며 유리로 되어 있을 것이다. 이처럼 여래는 사고를 초월한 공덕을 가진 분일 것이다'

선남자들이여, 그때 그곳의 묘장엄왕이라고 불리던 이를 내가 모르는 이라고 생각해서는 안 된다. 왜냐하면 지금 여기 있는 화덕(華德)보살이 바로 그때 그 묘장엄왕이었기 때문이다. 또 선남자들이여, 그때 그곳의 정덕왕비라고 불리던 이를 내가 모르는 이라고 생각해서는 안 된다. 왜냐하면 광조장엄상(光照莊嚴相)보살이 바로 그 정덕왕비였기 때문이다. 그는 묘장엄왕과 중생들을 자비로이 여겨 묘장엄왕의 왕비가 된 것이다.

또 선남자들이여, 그때 그곳의 두 왕자를 내가 모르는 이라고 생각해서는 안 된다. 왜냐하면 약왕(藥王)과 약상(藥上)보살이 바로 묘장엄왕의 두 아들이었기 때문이다. 선남자들이여, 이처럼 약왕과 약상보살은 사고를 초월한 공덕을 갖추었으며 수백천만 억 나유타의 많은 부처님들 밑에서 선근을 심어왔으며 사고를 초월한 복덕을 갖추고 있다. 이 두 보살의 이름을 마음에 간직하는 이들은 모두 신들을 비롯한 세간사람들로부터 경례를 받을 것이다."

'묘장엄왕'의 장이 설해지는 동안 8만4천 명의 생명 있는 것들이 모든 것에 대한 더러움을 씻어버리고 무구하고 청정한 법안을 얻었다.

묘장엄왕본사품의 구성

1. 운뢰음수왕화지여래

2. 정장(淨藏)과 정안(正眼), 두 아들의 수행

3. 두 아들의 교화 방편

부처님께서 법화경을 설하다/두 아들이 어머니 정덕왕비에게 법회 참석을 권하다/정덕왕비가 두 아들에게 아버지 묘장엄왕의 교화를 권하다/두 아들이 신통을 보이다/아버지가 크게 환희하다/두 아들이 출가를 원하다/불법 만나기가 맹구우목(盲龜遇木)과 같다

4. 부처님께 나아가 설법을 듣다

왕과 왕비가 출가하여 수행하다/두 아들은 아버지의 선지식/부처님을 찬탄하고 서원을 세우다/묘장엄왕은 사라수왕불이 되리라/부모와 아들의 현재

묘장엄왕본사품입니다.

후추를 팔백 섬이나 쌓아두다니〔貯椒八百斛〕
그 어리석음 천년을 두고 비웃는구나〔千載笑其愚〕
어이하여 푸른 옥으로 됫박을 삼아〔如何碧玉斗〕
종일토록 명주 구슬 되고 또 되나〔竟日量明珠〕

고려 때의 문신으로, 중국 원나라 과거에도 급제했던 최애의 시입니다. '후추 팔백 섬'은 당나라 원재라는 사람의 고사에서 나온 이야기입니다. 나라의 재상을 지냈던 원재라는 사람은 부정 축재를 많이 했습니다. 그가 죽은 뒤 창고를 열어보니 후추 팔백 섬과 기름 오백 량이 쏟아져 나왔습니다. 살아서 베풀었으면 좋았을 텐데, 그 많은 재물이란 것이 과연 누굴 위해 쌓았는지 어리석음을 풍자한 것입니다. '푸른 옥으로 된 됫박'이란 것은 연잎을 말합니다. 연잎에 빗방울이 떨어지면 조금씩 모이다가 금새 흘러내리고 맙니다. 고일 틈이 없기도 하고, 부질없는 인간사를 비유로 들었습니다.

정말 소중한 인간의 가치는 남을 위해 무언가를 할 수 있다는 것입니다. 사랑의 힘이 세상을 존재하게 하고 아름답게 장엄하는 힘입니다. 불보살님들은 이 사랑의 힘으로 존재하며 세상에 머물고 있다는 것을 항상 생각하시기 바랍니다.

본 품에서는 묘장엄왕에 대해 이야기합니다. 묘장엄왕이 이생에서 화덕보살이 되었는데, 《법화경》을 듣기 위해 모인 사람들 중 이 보살도 있었습니다. 그 대중 속의 약왕보살과 약상보살은 전생에 묘장엄왕의 아들들이었습니다. 그리고 대중 속의 광조장엄상보살도 있었는데, 이 보살은 전생에 묘장엄왕의 아내인 정덕왕비입니다.

부처님께서 이 보살들을 소개한 뒤 이들의 전생이야기를 들려줍니다. 《법화경》의 가르침에 따라 수행하면, 그 공덕이 무한하다는 것입니다. 묘장엄왕의 두 아들인 정장과 정안은 보살의 길을 잘 닦아 육바라밀을 완성해서 여러 가지 삼매를 얻었습니다. 당시의 부처님은 운뢰음수왕화지여래입니다. 이 부처님께 《법화경》의 가르침을 듣고 싶어 하던 두 아들이 어머니를 찾아가 법회에 참석하게 해달라고 청합니다. 정덕왕비는 아버지인 왕을 설득하여 《법화경》을 듣게 하고 궁극에는 두 아들이 부모를 모두 해탈로 인도하는 것이 본 품의 주 내용입니다.

또 하나 알아야 할 것은 불교가 중국에 뿌리를 내리기 위해서는 효에 대한 이해가 중요했습니다. 엄청난 인구를 다스리기 위해 중국에서는 강압적으로 사람들을 움직일 수 있어야 했습니다. 그래서 공자 이후로 중국에서는 효가 중요한 덕목이 됩니다. 넓게는 예를 강요하는 문화가 자리 잡은 것입니다. 그런데 불교는 출가수행을 하기 때문에, 결혼하여 자손을 잇는 것을 효의 근간으로 여기는 문화에서는 이질감이 클 수밖에 없었습니다. 심지어 부모가 준 육체를 보존하는 것도 중요한데, 불교에서는 삭발을 하고 독신으로 살기 때문에 유학자들의 많은 공격을 받기도 했습니다.

이런 문화적 차이를 이겨내기 위해 인간애와 효심이 많이 강조되어 설해졌습니다. 그리고 가장 큰 효도는 중생을 고해에서 해탈시키는 것이라는 논리를 편 것입니다.

묘장엄왕본사품의 주요 내용

그때 여래께서는 그 시대의 중생들과 묘장엄왕을 불쌍히 여기시어 이 '바른 가르침의 백련'이라는 법문을 설하고 계셨다. 그래서 정장과 정안 두 왕자는 어머니에게로 가서, 두 손 모아 합장하며 이렇게 말했다. '어머니, 바른 깨달음을 얻어 존경받는 운뢰음수왕화지여래를 뵙고 예배드리러 그분께로 가십시다. 그 여래께서는 신들을 포함한 세간사람들 앞에서 '바른 가르침의 백련'이라는 법문을 상세히 설하고 계십니다. 자, 그 법문을 들으러 가십시다'

어느 나라의 왕과 그의 가족이 불법을 만나게 되는 인연을 밝힙니다. 부처님께서 《법화경》을 설하는데, 그 법회에 참석하기를 청합니다. 이런 것을 보면 사찰에서 항상 법회에 참석하고 경전 공부를 해야 합니다. 또 그런 기회가 생기면 열심히 배우고 익히는 것이 중요합니다. 과거의 부처님도 그랬고 현재의 부처님도 그렇고 미래의 부처님 세상도 변함없이 이뤄지는 공식입니다. 경전을 공부하지 않으면 불법을 알 길이 없기 때문입니다.

묘장엄왕은 두 아들이 행하는 기적을 보고 만족하고 기뻐하면서 두 손 모아 합장하며 이렇게 물었다.
'선남자들이여, 너희들의 스승은 누구시냐? 도대체 너희들은 누구의 제자냐?'
두 왕자가 묘장엄왕에게 이렇게 말했다.

'대왕이시여, 운뢰음수왕화지여래께서 지금 보석으로 된 보리수 아래의 법좌에서 천신들을 비롯한 세간사람들 앞에서 바른 가르침의 백련이라는 법문을 상세히 설하고 계시는데 그 세존이 저희들의 스승이옵니다. 대왕이시여, 저희들은 그분의 제자이옵니다'
그때 묘장엄왕은 두 왕자에게 이렇게 말했다.
'너희들의 스승이신 그 분을 뵈러 가자. 우리들도 그 세존께로 가자'

두 아들의 신통력을 보고 아버지가 믿음을 갖게 됩니다. 묘장엄왕은 두 아들의 스승이 누구인지를 물어보고, 함께 부처님을 뵈러 가자고 합니다. 교화가 되었다는 뜻입니다.

아버님, 어머님이시여, 모두 함께 가십시다. 운뢰음수왕화지여래를 뵙고 경례하고 가르침을 들으러 그 여래께로 가십시다. 왜냐하면 여래의 출현은 우담바라꽃처럼 드물며, 대해를 표류하는 나무 구멍에 가끔 떠오르는 거북의 머리가 쏙 들어가는 경우처럼 드문 일이기 때문이옵니다.

맹구우목(盲龜遇木)의 비유는 정말로 많이 쓰입니다. 망망대해에 거북이 한 마리가 살고 있습니다. 이 거북이는 백 년마다 한 번씩 숨을 쉬기 위해 바다 위로 머리를 내미는데, 바다에는 거북이의 머리가 들어갈 만큼의 구멍 하나만 있는 널빤지 하나가 떠다닙니다. 이 거북이의 머리가 망망대해에 떠다니는 구멍난 널빤지에 머리를 끼워 넣을 만큼의 희박한 인연이, 바로 사람 몸을 받고 불법을 만나기 어렵다는 비유입니다. 이 어려운 인연을 만났으니 출가하여 불법을 배우겠다고 서원을 세웁니다.

묘장엄왕은 세존의 말씀을 듣고 만족하고 기뻐한 나머지 동생에게 왕위를 넘겨주고 자신은 왕비, 아들, 일족, 시종, 두 왕자와 4만2천의 생명 있는 것들과 함께 출가했다. 그리고는 시종들과 함께 이 '바른 가르침의 백련'이라는 법문을 사색하고 수습하며 완전히 이해하기 위해 8만4천 년 동안 애쓰면서 지냈다.
선남자들이여, 그 8만4천 년이 지나 묘장엄왕은 일체정공덕장엄(一切淨功德莊嚴)삼매를 얻었다.

드디어 왕이 교화되었습니다. 그래서 왕 또한 두 아들과 부인을 따라 출가를 결심하고 왕위를 동생에게 물려주고 출가를 단행하여 큰 삼매의 공덕을 성취하였다는 내용입니다.

⚘ 보고 보아라
거울이 거울대에 놓이자마자〔明鏡忽臨臺〕
그 즉시 미추가 분명해지네〔當下分姸醜〕

손거울도 그렇고 벽에 걸어놓는 거울도 틀이 있습니다. 거울이 거울대에 얹히는 순간, 모든 것이 가감 없이 비춰집니다. 사람은 누구나 거울 앞에 섭니다. 하루에 몇 번이고 자신을 비춰봅니다. 거울 앞에 서

第二十七章 _ 妙莊嚴王本事品

면 분명하게 드러납니다. 사람의 예쁘고 못난 것을 감출 수 없습니다. 중생이 살아가는 모든 순간순간 마주치는 것인데, 이 분명함을 두고 숨을 수도 없습니다.

이 순간, 우리는 어린아이의 영혼입니다.
지금 내가 가진 사랑의 힘과 자비를 비춰보시기 바랍니다.

28 보현보살권발품

28

보현보살권발품 普賢菩薩勸發品

그때 보현(普賢)보살은 동방세계에서 헤아릴 수 없는 보살들과 함께 사람들에 에워싸여 존경을 받고 있었다. 말하자면 그는 온갖 국토를 진동시키고 연꽃의 비를 내리며 수백만 억의 악기를 연주시키면서 보살의 위대한 위력, 위대한 신변(神變), 위대한 신통력, 위대한 존엄, 위대한 삼매의 힘을 보이고, 위대한 위광이 타오르게 하면서, 보살의 위대한 탈것을 타고 위대한 기적을 보이면서 많은 천신들, 용, 야차, 건달바, 아수라, 가루다, 긴나라, 마후라가, 인간과 인간 이외의 것들에 둘러싸여 존경받고 있었다. 이처럼 사고를 초월한 신통력에 의한 기적을 보이면서 보현보살은 이 사바세계에 도착했다.

그는 산의 왕인 기사굴산(耆闍崛山)으로 가서 세존이 계시는 곳에 가까이 가자, 세존의 두 발에 머리를 대고 예배한 뒤 세존의 주위를 오른쪽으로 일곱 번 돈 다음 세존께 이렇게 말씀드렸다.

"세존이시여, 저는 보위덕상왕(寶威德上王)여래의 불국토로부터 왔사옵니다. 이 사바세계에서 '바른 가르침의 백련'이라는 법문을

제28장_보현보살권발품

설한다는 말을 듣고 그 법문을 듣기 위해 석가여래께로 왔사옵니다.

세존이시여, 수백 수천의 이 모든 보살들도 그 법문을 듣기 위해 왔사오니, 세존께서는 부디 이 보살들을 위해 '바른 가르침의 백련'이라는 법문을 상세하게 설해 주시옵소서."

이 말을 듣고 세존께서는 보현보살에게 이렇게 말씀하셨다.

"선남자여, 이 보살들은 간단히 설명하면 금방 진리를 이해할 수 있는 이들인데, '바른 가르침의 백련'이라는 법문은 순수한 진실이니 더할 나위가 없을 것이다."

그 보살들이 세존께 말씀드렸다.

"세존이시여, 말씀하신 대로이옵니다."

그 자리에 모인 비구, 비구니, 신남, 신녀들을 '바른 가르침의 백련'이라는 법문에 안주시키기 위해 세존께서는 보현보살에게 이렇게 말씀하셨다.

"선남지어, 네 가지의 특성을 갖춘 선여인은 이 '바른 가르침의 백련'이라는 법문을 손에 넣을 것이다. 네 가지란 세존의 기호를 받게 되는 것, 선근을 심은 이가 되는 것, 바른 방향으로 결정된 사람들 속에 들어가는 것, 모든 중생들을 수호하기 위해 위없는 바른 깨달음을 향해 발심하는 것, 이 네 가지이다. 선남자여, 네 가지 특성을 갖춘 여성은 '바른 가르침의 백련'이라는 법문을 손에 넣을 것이다."

그때 보현보살은 세존께 이렇게 말씀드렸다.

"세존이시여, 저는 후세에 5백 년 동안 이 경전을 수지하는 비구들을 수호하고 행복하게 해주며 벌을 받지 않게 하고 독이 퍼지지 않도록 하겠사옵니다.

어떤 이도 그 설법자들의 허점을 노려 덤벼들지 않도록 하고 마왕과 마왕의 아들, 마계에 속하는 천자들, 마왕의 딸, 마왕의 권속이 허점을 노려 덤벼들지 않도록 할 뿐만 아니라, 두 번 다시 마왕의 무리로부터 괴롭힘을 당하지 않도록 언제나 그 설법자를 수호하겠사옵니다. 또 천자들, 야차, 아귀, 푸타나, 크리티야, 베타다가 설법자의 허점을 노려 덤벼들지 않도록 언제나 끊임없이 설법자를 수호하겠사옵니다.

그리고 설법자가 이 법문에 대해 사색의 수행에 전념해서 경행(經行) 장소로 갈 때, 저는 상아가 여섯 개인 왕후 같은 흰 코끼리를 타고 보살들에 둘러싸여 이 법문을 지키기 위해 설법자에게로 다가가겠사옵니다.

설법자가 이 법문에 대한 사색의 수행에 전념하고 있을 때, 이 법문 중 한 구절이나 한 자라도 빠졌다면, 저는 상아가 여섯 개인 왕후 같은 흰 코끼리를 타고 설법자 앞에 나타나 이 법문을 빠짐없이 복창하겠사옵니다. 그러면 그 설법자는 제 모습을 보고 이 법문을 빠짐없이 들었기 때문에, 만족해서 기뻐하며 이 법문에 더욱 정진노력할 것이옵니다. 저를 보자마자 삼매를 얻을 것이며, 선(旋)이라는 다라니, 백천만억선(百千萬億旋)이라는 다라니, 법음방편(法音方便)이라는 다라니를 얻을 것이옵니다.

또 세존이시여, 후세 5백 년 동안, 비구, 비구니, 신남, 신녀의

제28장 _ 보현보살권발품

　누구라도 이 경전을 수지 독송해서 옮겨 적고 이 법문을 위해 21일 동안 경행 장소에서 노력한다면 저는 모든 중생들이 보고 기뻐하는 저의 몸을 나타내겠사옵니다. 상아가 여섯 개인 흰 코끼리를 타고 보살들에 둘러싸여 꼭 21일째에 그 설법자들의 경행 장소에 가서 그들을 가르치고 인도해서 기쁘게 하겠사옵니다.
　그리고 그들에게 다라니를 주고, 누구로부터도 폭력을 당하지 않게 하고, 인간과 인간 이외의 것에게 허점이 잡히지 않게 하며, 부인들이 그들의 마음을 어지럽히지 않도록 그들을 수호하고 행복하게 해 주며, 벌을 받지 않도록 하고, 독이 퍼지지 않도록 하겠사옵니다.
　세존이시여, 저는 그 설법자들에게 이런 다라니의 주문을 주겠사옵니다.
　세존이시여, 그 다라니의 주문은 이와 같사옵니다.

　아단테, 단다 파티, 단다 아발타니, 단다 크샤레, 딘다 수다리, 수다리, 수다라 파티, 붓다 파슈야네, 살바 다라니, 아발타니, 산발타니, 상가 파리크시테, 상가 닐가타니, 다르마 파리크시테, 살바 삿트바 루타 카우샬야 아누가테, 싱하 비크리디테, 아누발테, 발타니, 발타리, 스바하

　세존이시여, 이 다라니의 주문이 그 보살의 귀에 들리는 것은 보현보살인 저의 가호력 때문이옵니다.

第二十八章 _ 普賢菩薩勸發品

　또 세존이시여, 이 '바른 가르침의 백련'이라는 법문이 사바세계에서 퍼져 어떤 보살들의 손에 있다면, 그 설법자들은 보현보살의 위력과 위광에 의해 이 법문이 우리들 손에 있음을 알아야 할 것이옵니다.

　세존이시여, 그 중생들은 보현행을 닦은 이가 될 것이며, 많은 부처님들 아래에서 선근을 심은 이가 될 것이며, 여래께서 머리를 쓰다듬어 주실 것이옵니다.

　세존이시여, 이 경전을 옮겨 적어 수지하는 이는 저에게 기쁨을 안겨줄 것이며, 옮겨 적는 이도 그 의미를 깨달은 이도 모두 죽어서 33천의 신들의 일원으로 태어날 것이옵니다. 태어나자마자 8만4천의 천녀들이 다가올 것이며, 천자가 된 그들은 보석으로 된 관을 쓰고 천녀들 속에서 지낼 것이옵니다.

　선남자들이여, 이 법문을 옮겨 적기만 해도 이런 복덕이 있을 정도이니, 이 법문을 가르치고 독송하고 사색하며 심혈을 기울이는 이의 경우는 말할 것도 없을 것입니다.

　그러니 선남자들이여, 이 '바른 가르침의 백련'이라는 법문은 전심을 기울여 주의 깊게 옮겨 적어야 할 것입니다. 마음을 흩뜨리지 않고 옮겨 적는 이에게는 천 분이나 되는 부처님들께서 손을 뻗치실 것이며, 임종 때에는 천 분의 부처님들께서 그의 눈앞에 나타나실 것입니다. 그는 악도에서 괴로움을 겪지 않고, 도솔천에 태어날 것입니다. 거기서는 32상(相)을 갖춘 미륵보살이 보살들에 둘러싸여 수백천만 억의 천녀들의 존경을 받으며, 가르침을 설하고 있을 것입니다.

그러니 선남자나 선여인은 누구나 이 '바른 가르침의 백련' 이라는 법문을 경건한 태도로 옮겨 적고 가르치며 독송하고 마음을 기울여야 할 것입니다. 이 법문을 옮겨 적고 가르치고 독송하고 수습하며 마음을 기울이면 헤아릴 수 없는 공덕이 있을 것입니다.

세존이시여, 이런 까닭에 선남자, 선여인도 현명한 이는 이 '바른 가르침의 백련' 이라는 법문을 수지해야 할 것이옵니다. 그러면 그들은 많은 공덕을 쌓을 것이옵니다. 세존이시여, 저의 가호력으로 이 법문이 사바세계에서 유포되도록 해 주시옵소서. 저는 먼저 이 법문을 수호하겠사옵니다."

석가여래께서는 보현보살을 칭찬하셨다.

"훌륭하구나, 보현이여, 그대가 세상을 자비로이 여겨 그렇게 많은 이들의 행복과 안락을 위해, 수행하고 사고를 초월한 덕성을 갖추며, 그대가 깊은 서원과 발심으로 이 설법자들을 수호하겠다는 것은 참으로 훌륭한 일이다.

누구든 보현보살의 이름을 소중히 지니는 이들은 석가여래를 뵙는 것이 되며, 석가세존으로부터 친히 '바른 가르침의 백련' 이라는 법문을 들은 것이 되며, 석가여래를 공양하는 것이 되며, 석가여래께서 설하실 때 칭찬을 받은 것이 되며, 이 법문을 듣고 기뻐한 것이 되며, 석가여래께서 머리를 쓰다듬으신 것이 되며, 석가여래께서 그들에 의해 법의를 입힌 것이 됨을 알아야 할 것이다.

보현이여, 선남자, 선여인들은 여래의 가르침을 완전히 이해했

第二十八章 _ 普賢菩薩勸發品

으며, 순세외도(順世外道)를 좋아하지 않고, 시서(詩書)에 몰두하는 이를 좋게 생각하지 않고, 연예인, 격투하는 이, 권투하는 이, 술장사, 양고기 장사, 새고기 장사, 돼지고기 장사, 매춘숙의 주인들을 좋게 생각하지 않을 것이다.

또 이런 경전을 듣거나 옮겨 적거나 수지하거나 독송하는 외에는 다른 즐거움이 없을 것이다. 이런 이들은 본성적으로 덕성을 갖추고 있음을 알아야 할 것이다. 이런 이들은 각자 독특한 근원적인 뜻을 가지고 있으며, 각자 복덕의 힘을 얻고, 중생들이 보고 기뻐하는 사람들일 것이다. 또 이 경전을 수지하는 비구들은 탐욕, 증오, 무지, 질투, 인색함, 모욕, 교만심, 잘못된 자책으로 고통받는 일이 없을 것이다.

보현이여, 그 설법자들은 자신이 얻은 것에 만족(少欲知足)할 것이다. 보현이여, 후세 5백 년 동안 '바른 가르침의 백련'이라는 법문을 수지하는 비구들을 보면 사람들은 이런 생각을 해야 할 것이다.

'이 선남자들은 보리좌에 나아가 악마의 사악한 무리들을 물리치고 법륜을 굴릴 것이다. 이분은 가르침의 큰북을 두드리고 가르침의 법나패를 울리고 가르침의 비를 뿌리며 가르침의 사자좌에 오를 것이다'

후세 5백 년 동안 이 법문을 수지하는 비구들은 욕심이 없을 것이다. 법의나 탁발에 욕심부리지도 않고, 마음이 곧으며 세 가지의 해탈을 얻은 분일 것이다. 그들에게는 당장 생기는 현세의 과보와 점차 생기는 내세의 과보가 있을 것이다.

제28장 _ 보현보살권발품

이 경전을 수지하는 설법자인 비구들을 미혹하는 이들은 내세에는 장님으로 태어날 것이며, 이 경전을 수지하는 비구들을 비난한 사람들의 몸에는 금생에 나병이 생길 것이다. 또 이 경전을 옮겨 적는 이들을 놀리고 업신여기는 이들은 이가 부러지고 빠지며, 입술은 엉망이고, 코는 비뚤어지고〔平鼻〕, 손발과 눈은 거꾸로 될 것이며, 몸에서는 악취가 나고, 종기나 부스럼, 습진이 온몸에 퍼질 것이다.

이 경전을 옮겨 적는 이, 독송하는 이, 수지하는 이, 해설하는 이에게 진심에서건 그렇지 않건간에 말을 함부로 하는 이들은 아주 무거운 죄업을 짓는 것임을 알아야 한다.

보현이여, 그러니 사람들은 여래께 경의를 표하는 것과 마찬가지로 이 법문을 수지하는 비구들을 보면 멀리서 일어나 경의를 표해야 할 것이다."

이 '보현보살'의 장이 설해졌을 때, 갠지스 강의 모래알 수와 같은 보살들이 백천만 억 선이라는 다라니를 읳었다.

무릇 사물은 원인이 있어 생기지만
그 원인을 여래는 설하셨다.
그리고 그 소멸까지도……
위대한 사문은 이렇게 말씀하셨다.

불이 활활 타오르는 저 불구덩이라도

칼의 산〔劍山〕을 밟게 되더라도
구도자는 이 경전이 있는 곳으로 가야 한다.

이 '바른 가르침의 백련'의 법보(法寶)를
옮겨 적으면 그 복덕으로
세상사람들은 이 가르침의 보물을 담는 그릇이 될 것이다.

'바른 가르침의 백련'은 최상의 법문이고 가장 훌륭한 경전이며 광대하며 보살을 위한 가르침이며 모든 부처님들께서 지지하시는 것이며, 모든 부처님들의 가장 깊은 가르침이며, 모든 부처님께서 비장(秘藏)하시는 것이며, 모든 부처님께서 설하신 것이며, 모든 부처님의 비밀의 도리이며, 모든 부처님의 보리좌이며, 모든 부처님의 가르침의 바퀴가 도는 것〔轉法輪〕이며, 모든 부처님의 완전무결한 유신(遺身)이며, 모든 절묘한 방편이며, 일승(一乘)을 설하는 가르침이며, 최고의 진실을 실현하는 가르침이다. 이 '바른 가르침의 백련〔妙法蓮華經〕'이 끝났다.

보현보살권발품의 구성

1. 보현보살이 기사굴산에 오르다
보현보살이 법화경을 청하다/부처님께서 법화경을 얻을 수 있는 네 가지 특성을 설하다

2. 보현보살이 법화행자를 수호할 것을 서원하다

3. 보현보살의 위신력

4. 법화행자의 공덕

5. 보현보살권발품을 설한 공덕

보현보살권발품입니다.

서리꽃은 하늘 끝에 해맑고〔霜華淨天末〕
안개 빛은 강가에 자욱하다〔霧色籠江際〕
나그네는 항상 사람을 두려워하면서도〔客子常畏人〕
어찌 그리 오랫동안 머무는가〔胡爲久留滯〕

당나라 초기 왕발의 시입니다. 늦가을에서 초겨울에 서리가 내려 앙상한 가지마다 하얀 꽃이 핀 것을 보면 더없이 해맑고 눈이 시릴 정도로 머릿골이 서늘해집니다. 이는 물가에 안개가 피어올라 해가 중천에 다다르는 정오가 되어서야 서서히 걷힙니다. 나그네는 길이 집입니다. 길 위에 있는 사람은 사람이 두려울 수 있겠다는 생각을 이 시를 읽으며 해봤습니다. 부평초 같은 사람이라고 놀릴 수도 있고 무시를 당할 수도 있습니다. 그런데도 그가 머물고 싶은 곳은 어디일까요?

《법화경》의 마지막 품입니다. 본 품을 대하면서 보살이 자유롭고 걸림이 없음에도 사바세계에 머물러 중생을 교화할 수밖에 없는 사명은 어떤 이유일까 생각해봤습니다. 가장 큰 힘을 알면 그 힘에 머물게 됩니다. 마치 집에 도둑 여럿이 동시에 들었을 때, 가장 소중한 물건을 들고 가는 도둑을 쫓는 것과 같습니다. 작은 것은 큰 것 앞에 가려집니다. 그러기에 큰 사명을 알면 작은 즐거움을 돌아보지 않습니다. 보살은 자비와 사랑의 힘으로 존재합니다. 누구나 사랑이 무한정 커지면 보살이 되고 부처가 됩니다. 《법화경》을 공부한 공덕이 바로 이것을 깨치는 데 있습니다.

第二十八章 _ 普賢菩薩勸發品

본 품에서 보현보살은 한 사람이라도《법화경》의 가르침을 따르는 자가 있으면 언제 어디든 나타나 도움을 주겠다는 보살의 서원을 말합니다. 또한《법화경》을 널리 알려서 결코 이 경전이 사라지지 않게 하겠다는 다짐이기도 합니다. 《법화경》에서는 보현보살의 행원이 자세히 나타나지 않습니다. 보현보살의 행원을 알려면《화엄경》에 나오는 보현보살의 열 가지 행원을 알아야 합니다. 그중 첫째가 모든 부처님께 예경하는 것으로 시작합니다.

불보살뿐만 아니라, 모든 생명을 공경하고 모실 수 있는 사람은 자신이 그런 능력을 가졌다는 말이기도 합니다. 남을 도울 수 있는 사람이 진정한 부자인 것과 같습니다. 부처님께서 가장 하기 어려운 것 중 첫째가 가난한 사람이 보시하는 것이라 했습니다. 아무리 많이 가져도 남에게 베풀지 못하는 사람은 가난합니다. 남을 공경하는 사람은 가장 존귀한 사람입니다. 부처님은 모든 존재를 부처로 봅니다. 이 정도 눈을 가진 이는 부처님이 유일합니다. 보살들도 부처님의 경지를 다 헤아리지 못합니다.

부처님께 절을 올리는 것은 자신이 그런 깊은 깨달음을 얻을 수 있는 능력이 있다는 표현입니다. 모두가 부처와 다르지 않다는 것을 보는 것입니다. 주의를 집중하여 명상이나 참선이나 기도를 함으로써 이런 능력이 점차 커지고 넓어집니다. 절을 할 때 깊은 존경과 사랑을 느껴야 합니다. 모든 존재는 절을 받고 존경 받을 가치가 있습니다. 이런 경배를 통해 자비와 사랑이 얼마나 고귀한 것인지 깨달아야 합니다.

제28장_보현보살권발품

🏵 보현보살권발품의 주요 내용

"세존이시여, 저는 보위덕상왕(寶威德上王)여래의 불국토로부터 왔사옵니다. 이 사바세계에서 '바른 가르침의 백련'이라는 법문을 설한다는 말을 듣고 그 법문을 듣기 위해 석가여래께 왔사옵니다.

세존이시여, 수백 수천의 이 모든 보살들도 그 법문을 듣기 위해 왔사오니, 세존께서는 부디 이 보살들을 위해 '바른 가르침의 백련'이라는 법문을 상세하게 설해 주시옵소서."

이 말을 듣고 세존께서는 보현보살에게 이렇게 말씀하셨다.

…(중략)…

"선남자여, 네 가지의 특성을 갖춘 선여인은 이 '바른 가르침의 백련' 이라는 법문을 손에 넣을 것이다. 네 가지란 세존의 가호를 받게 되는 것, 선근을 심은 이가 되는 것, 바른 방향으로 결정된 사람들 속에 들어가는 것, 모든 중생들을 수호하기 위해 위없는 바른 깨달음을 향해 발심하는 것, 이 네 가지이다. 선남자여, 네 가지 특성을 갖춘 여성은 '바른 가르침의 백련'이라는 법문을 손에 넣을 것이다."

경전을 만날 수 있는 인연이 참으로 소중하고 희유하다는 것을 밝힙니다. 이 책을 읽는 분들은 어찌 되었건 《법화경》을 만날 인연이 있었습니다. 소중하고 감사한 일입니다. 모든 일에 감사한 마음을 가져야 인연이 튼튼해집니다. 가볍고 쉽게 생각하면 인연이 날아가 버립니다. 이 인연을 심고 기르는 법이 바로 이어서 설해집니다.

세존이시여, 저는 후세에 5백 년 동안 이 경전을 수지하는 비구들을 수호하고 행복하게 해주며 벌을 받지 않게 하고 독이 퍼지지 않도록 하겠사옵니다.

어떤 이도 그 설법자들의 허점을 노려 덤벼들지 않도록 하고 마왕과 마왕의 아들, 마계에 속하는 천자들, 마왕의 딸, 마왕의 권속이 허점을 노려 덤벼들지 않도록 할 뿐만 아니라, 두 번 다시 마왕의 무리로부터 괴롭힘을 당하지 않도록 언제나 그 설법자를 수호하겠사옵니다.

…(중략)…

설법자가 이 법문에 대한 사색의 수행에 전념하고 있을 때, 이 법문 중한 구절이나 한 자라도 빠졌다면, 저는 상아가 여섯 개인 왕후 같은 흰 코끼리를 타고 설법자 앞에 나타나 이 법문을 빠짐없이 복창하겠사옵니다. 그러면 그 설법자는 제 모습을 보고 이 법문을 빠짐없이 들었기 때문에, 만족해서 기뻐하며 이 법문에 더욱 정진노력할 것이옵니다.

불법이 점차 달라져가고 중생의 근기가 하열해지는 단위를 경전에서는 5백 년으로 말합니다. 그렇지만 어떤 말법의 세상일지라도 이 경전을 호지하는 사람은 반드시 보호를 받으며 누구로부터도 침해당하지 않게 하는데, 방법은 경을 외우기만 하면 보현보살이 흰 코끼리를 타고 강림하겠다는 말씀입니다. 그러니까 경전은 나와 불법의 세계를 하나로 잇는 통로입니다. 가피를 받으려면 반드시 경전에 의지해야 합니다.

훌륭하구나, 보현이여, 그대가 세상을 자비로이 여겨 그렇게 많은 이들의 행복과 안락을 위해, 수행하고 사고를 초월한 덕성을 갖추며, 그대가 깊은 서원과 발심으로 이 설법자들을 수호하겠다는 것은 참으로 훌륭한 일이다.

누구든 보현보살의 이름을 소중히 지니는 이들은 석가여래를 뵙는 것이 되며, 석가세존으로부터 친히 '바른 가르침의 백련'이라는 법문을 들은 것이 되며, 석가여래를 공양하는 것이 되며, 석가여래께서 설하실 때 칭찬을 받은 것이 되며, 이 법문을 듣고 기뻐한 것이 되며, 석가여래께서 머리를 쓰다듬으신 것이 되며, 석가여래께서 그들에 의해 법의를 입힌 것이 됨을 알아야 할 것이다.

여기서도 분명하게 설합니다. 참선이 부처님의 마음이라면 경전은 부처님의 말씀입니다. 경전을 배우지 않는 사람은 진정한 불자가 아닙니다. 경전의 설법을 모르고서 어떻게 불교를 안다고 할 수 있습니까? 불교의 시작과 끝은 경전과 함께하는 것입니다. 흔히 마음을 닦아서 깨달음을 얻으면 부처가 된다고 합니다. 그런데 구체적인 과정이나 노력 없이 덮어놓고 눈을 감고서 알고 싶다 해서 알아질 수 있습니까? 오만이고 어리석음입니다. 우리의 영혼이 그렇게 간단히 해결될 성질이 아닙니다. 경전을 공부하지 않는 사람의 말은 절대 믿지도 말고 듣지도 말아야 합니다.

경전을 공부하고 불법의 소중함을 아는 사람은 법의를 입은 것과 같다니까 얼마나 포근하고 따뜻하겠습니까? 무슨 걱정이 있으며 무슨 두려움이 있겠습니까? 그는 편안하고 안락하며 느긋합니다.

第二十八章 _ 普賢菩薩勸發品

무릇 사물은 원인이 있어 생기지만
그 원인을 여래는 설하셨다.
그리고 그 소멸까지도……
위대한 사문은 이렇게 말씀하셨다.

불이 활활 타오르는 저 불구덩이라도
칼의 산(劍山)을 밟게 되더라도
구도자는 이 경전이 있는 곳으로 가야 한다.

이 '바른 가르침의 백련' 의 법보(法寶)를
옮겨 적으면 그 복덕으로
세상사람들은 이 가르침의 보물을 담는 그릇이 될 것이다.

대단원입니다. 경전의 마지막 부분, 바로 위의 구절입니다. 모두 환희심을 내고, 믿음을 굳게 지닌 채 부처님께 감사의 절을 올리고서 물러가는 것으로 경전이 끝납니다. 배웠으니 회향하는 것이 배움의 가치를 높이는 일입니다. 모든 불법의 종자를 지닌 사람은 법문을 듣고 나서는 본래 자신의 자리로 물러나 자신의 일을 해야 한다는 의미입니다.

결과에 대해 생각하지 말라

힌두 경전에 '결과에 대해 생각하지 말라' 라는 말이 있습니다. 개인적으로 이 말이 참 좋습니다. 이 지극하고 아름다운 메시지에 눈을 떠야 합니다. 지금 할 일을 하면 됩니다. 지금 할 일을 알아야 합니다. 삶에 결과는 없습니다. 삶에 끝 또한 없습니다. 결과가 없기 때문에 얻어야 할 궁극도 무의미합니다. 지금 가장 잘할 수 있는 일에 눈감는 사람은 겁쟁이입니다. 그 사람은 눈은 떴지만 암흑 속에서 사는 사람입니다. 집중하고 몰입하는 자세만이 우리를 자유롭게 합니다. 자유로운 사람은 번뇌가 없습니다.

진정한 기도와 수행은 입술과 혀가 아닙니다. 고요한 마음, 축복하는 마음, 어진 생각, 무엇보다 한 치의 의심도 망설임도 없는 결연한 의지입니다. 마음이 열리고 의식이 깨어 있다면 혀를 잠그고도 세상을 움직입니다. 고요한 마음이 도리어 삶의 열정이고 중생에 대한 자비심이고 정화된 마음의 향기입니다.

다음은 수피교의 성자 아타르에 대한 이야기입니다.

어느 날 한 남자가 아타르를 찾아와 어떻게 하면 신에게 이를 수 있는지 물었습니다. 아타르는 그 남자의 눈에서 어떤 갈망을 보았습니다. 아타르는 마침 강으로 목욕을 가는 중이어서 그를 데리고 물가로 갔습니다. 그리고 신에 이르는 길을 가르쳐주겠다고 약속까지 했습니다. 강에 도착한 그들은 물에 들어갔습니다. 그런데 갑자기 아타르가 그 남자를 물속에 처박고 놓아주지 않았습니다. 남자는 죽을힘을 다해 몸부림쳤습니다. 아타르는 진이 빠져 거의 죽을 정도가 되어서야 남자를 놓아주었습니다.

뭍으로 나온 남자는 충격을 받은 듯했습니다. 그런데 갑자기 아타르가

큰 소리로 웃지 않겠습니까? 남자가 마음을 가라앉혔을 때 이 성자가
물었습니다.
"그대가 물속에 있을 때 마음에 품었던 욕망은 무엇입니까?"
남자가 답했습니다.
"욕망이라니요. 그런 것은 하나도 없었습니다. 단 하나, 숨을 쉬어야
겠다는 생각 밖에는요!"
아타르가 말했습니다.
"그것이 신에 이르는 비결입니다. 그것이 바로 결의라는 것입니다. 그
대의 결의가 그대 안에 잠재된 힘을 깨운 것입니다."

결의는 진리에 이르는 힘입니다. 13세기 이란의 신비주의자인 루미는
말합니다.

오라, 오라, 그대가 누구든 간에
방랑자든, 숭배자든, 지식의 예찬자든 … 상관없다.
우리는 절망의 행렬이 아니다.
오라, 그대가 그대의 맹세를 천 번 어겼다 해도
오라, 오라, 다시 오라.

《법화경》은 바다의 마음입니다. 부처님은 우주의 마음입니다.

해제

해제 1

동아시아와 불교

《법화경》은 대승의 중요한 경전입니다. 경의 해제에 해당하는 경의 성립과 전래과정, 중국불교에서 불경의 번역이 어떻게 이뤄졌으며 다른 경전의 사상과 어떤 차이점을 가지는지, 나아가 일본에서 꽃을 피우게 된 여러 배경을 설명할까 합니다. 이런 여러 역사와 문화적인 배경을 이해할 때만이 보다 더 친근하게 이 경을 수지할 수 있기 때문입니다.

종교는 구원을 본질로 합니다. 다시 말해 구원이 없다면 종교의 의미가 사라집니다. 그렇다면 먼저 '구원'은 무엇인지부터 알아야 합니다. 구원은 '건져낸다'는 뜻입니다. 무엇으로부터 건져내느냐면 고통과 괴로움인데, 이 괴로움은 가깝게는 마음먹은 대로 되지 않는 것부터 나고 죽는 것까지, 쉽게 풀리지 않는 모든 것으로부터의 구원입니다. 이 문제에 접근하기 위해서는 두 가지 측면이 있습니다. 하나는 문제를 안고 있는 주체에 대한 것이고, 하나는 구원이 어디에서 오느냐는 것입니다. 즉 나에게서 구할 것인지, 아니면 밖에서 구할 것인지에 대한 문제입니다.

첫째, 문제의 주체입니다. 인도인은 존재를 시간적인 무한대에 초점을 둡니다. 윤회라는 발상이 그렇습니다. 갠지스 강가에서 시체를 태우고 그 재를 흘려보냄으로써 이생의 죄업을 씻고 보다 나은 다음 생을 기원합니다. 현세는 과거의 결과요, 미래는 이생의 결과로 얻는다고 봅니다. 그래서 항상 공덕을 쌓으라고 합니다. 이처럼 무한대의 시간 속에서 인생의 바른 자세를 찾으려 합니다. 그리고 그 주체는 '아트만(atman)', 즉 '나' 라는 궁극의 실체가 우주적 진리인 '브라흐만' 과의 일체감 속에서 세상이 이루어진다고 봅니다. 그러나 불교는 이 '나' 라는 실체를 부정하는 것에서 출발합니다. 일체는 무상하여 고정된 실체가 없이 다만 인연의 모임과 흩어짐에 의해 존재의 생멸상이 있을 뿐이라는 교설을 근간으로 합니다.

반면 중국인은 약간 다릅니다. 그들은 현실의 삶, 그것만이 구체적 실제이고, 죽음 너머의 것에는 의미를 두지 않습니다. 따라서 살아 있는 동안 배움을 통해 인간성을 향상시키는 것을 중요한 덕목으로 봅니다.

서양의 기독교를 포함한 유일신을 믿는 종교 전통에서는 인간을 신의 피조물이라고 합니다. 불교가 일체를 '연기(緣起)' 라 하여 인연의 모임과 흩어짐에 의해 결정된다는 입장과 달리 모든 것은 신의 의지대로 이루어진다는 것입니다. 그렇다면 창조자인 신은 어떻게 생겨났는지에 대한 의문이 남습니다. 그들은 이에 대해 신은 제일의 원인이기 때문에 모든 인과관계를 떠나서 존재한다는 논리입니다. 만약 이 이치를 의심하면 믿음이 설 수 없습니다.

둘째는 어떻게 구원을 얻을 것인가 하는 문제입니다. 유일신을 믿는 종교에서는 나를 존재하게 만든 원인이 창조주이기 때문에 신에 절대적으로 매달리면 그 보살핌 속에서 행복할 수 있다고 합니다. 자기가 아닌 타자로부터의 구원입니다. 이와 달리 불교는 철저히 자기 내면을 향한 사유와 이해를 통해 진리를 터득하고, 이 진리의 깨달음이 바로 구원이라는 입장입니다.

그런데 하나의 문제가 있습니다. 모든 종교가 안이냐 밖이냐의 문제처럼 일방적으로 한 면에만 국한되지 않는다는 점입니다. 다시 말해 깨달음을 중요시하는 자각의 종교인 불교라 해서 밖으로의 구원이 없지 않습니다. 관음신앙이나 정토신앙이 그것입니다. 《법화경》만 해도 모든 방편을 베풀어 중생을 구제하는 불보살님의 위신력에 의지하여 궁극의 성취를 이루는 교의입니다.

기독교 신앙의 경우 철저한 구원을 지향하지 인간 내면에 대한 깨달음을 중요시하지는 않는다고 생각해왔습니다. 그런데 여기 성서학사의 중요한 전기가 있게 됩니다. 1945년 12월 어느 날, 무함마드 알리라는 이집트 농부가 카이로에서 남쪽으로 약 500km 떨어진 나일강 상류 나그함마디라는 곳 부근 산기슭에서 밭에 뿌릴 퇴비를 파다가 땅에 묻혀있던 토기 항아리 속에서 파피루스 뭉치를 발견하게 되었습니다.

이것은 4세기 초 로마제국을 통일한 콘스탄티누스 황제가 제국을 통치할 하나의 종교적 이데올로기로 기독교를 공인하고, 종교지도자들에게 '하나의 하나님, 하나의 종교, 하나의 신조, 하나의 성서'로 통일할 것을 요청합니다. 그에 따라 325년 니케아공의회가 열렸습니다. 이때 이집트 알렉산드리아의 젊은 추기경 아타나시우스가 아리우

해제 1

스파를 물리치는 공을 세우고, 당시 개별적으로 떠돌던 그리스도교 문헌들 27권을 선별하여 그리스도교 경전으로 정형화하는 데 결정적인 역할을 합니다. 367년에는 자신의 신학적 판단 기준에 따라 '이단적'이라고 여겨지는 책들을 모두 파기하라는 명을 내렸습니다.

나그함마디 문서는 이때 이집트에 있던 그리스도교 최초의 수도원 파코미우스의 수도승들이 이 수도원 도서관에서 몰래 빼내 항아리에 밀봉한 다음 산기슭의 바위 밑에 숨겼으리라 추정합니다.

나그함마디 문서의 발견을 어떤 학자는 히로시마에 투하된 원자폭탄과 같다고 비유하기도 했고, 1947년에 발견된 '사해 두루마리'의 발견과 함께 성서 고고학상 최대의 성과로 여깁니다. 〈도마복음〉이 중요한 가치를 지니는 것은 여타의 공인된 복음서에 자주 언급되는 기적, 예언의 성취, 재림, 종말, 부활, 최후의 심판, 대속 등에 대한 언급이 거의 없고, 그 대신 내 속에 빛으로 있는 하나님을 아는 것, 이것을 깨닫는 '깨달음'을 통해 내가 새사람이 되고 죽음을 극복할 수 있다는 것을 강조한다는 점입니다. 〈도마복음〉은 다른 복음서와 달리 '깨달음'에 대해 일관되게 이야기합니다. '나와 나의 하나님이 다르지 않다'는 것, 그리고 '귀 있는 자는 들으라'는 말처럼 진정한 구원은 나의 성찰과 관조를 통해 얻어지는 것임을 말합니다.

이처럼 우리가 알고 있는 단편적인 이해와 달리 각 종교마다 당시의 필요에 따라 교리가 재해석되고 인간 사회의 고난을 헤쳐나가기 위해 교리를 적극적으로 차용하고 활용해왔다는 역사를 주의 깊게 보아야 합니다. 이는 사막과 해양 내지는 평원, 유목과 농경 같은 문화적 차이에 따라 종교적 요구와 적응도 달라진다는 의미입니다.

여기서 중요한 과제를 안게 됩니다. 인간은 더 많이 더 깊게 알기 위해 몸부림쳤습니다. 과학문명의 발달과 이에 따른 사회현상에 대한 해석을 시도했고, 생멸하는 우주적 질서와 신비를 어떻게 받아들이고 이해해야 하는지 종교와 사상을 통해 안심을 얻기 위한 모색이 이루어졌습니다. 삶은 여전히 부족하고 충족되지 않습니다. 고개를 하나 넘으면 또 하나의 고개가 나타납니다. 영원히 미궁 속을 걸어야 하는 존재의 한계와 고민이 있습니다. 종교는 인간의 절망 위에 삶과 화해하며 이해하고 깨달으라고 문을 열어놓습니다.

끝없는 자기 향상과 자기 초월의 노력이 동력을 얻으면 우리가 존재하는 이 세계는 고해를 건너는 배가 되어 중생의 고통과 번민에서 자유로워질 수 있습니다. 이것이 종교적 합일이고 해탈이고 열반이고 자유입니다. 이런 측면에서 《법화경》은 자력신앙이라는 불교의 범주와 달리 성서적인 타력신앙이자 철저히 의지함으로써 불보살님들이 가진 큰 지혜와 자비의 힘을 동시에 누리게 됨을 강조합니다. 그래서 《법화경》은 문장이 아름다워 문학적인 미려함이 있으며 일반 논서와 달리 비유로 설해집니다.

🪷 문화로서의 번역의 의의

언어는 의사 표현을 가능케 하는 말과 글자입니다. 이 글자는 문장으로 발전하여 의미를 부여합니다. 언어는 특정 지역의 문화적 산물이면서 그곳의 사상적 총체를 담아냅니다. 이를 다른 문화권에서 이해하

해제 1

려면 자신들의 언어로 옮기는 단순한 작업에 그치지 않고, 생소한 개념어들을 재해석해야 하는 난제가 있습니다. 아기를 낳기도 어렵지만 키우기도 어려운 것과 같습니다.

이런 작업은 전적으로 천재적인 역경사들의 능력이 있었습니다. 정보가 제한적이었던 고대에 폭넓게 다른 언어를 익힌다는 것이 쉬운 일이 아님을 우리는 잘 알고 있습니다. 즉 번역 작업은 서로 다른 문화를 용해해주는 '용광로' 입니다. 문화의 심층에서 서로 다른 문화의 충돌이 일어나고, 이 충돌은 언어의 상호 대입이라는 번역 과정을 거쳐 기존 문화에 새로운 역동성과 방향성을 제기하는 촉매 역할을 해왔습니다. 중국의 산스크리트어 불전 번역이 그랬고, 계몽기 서양의 자국어 성서 번역이 그랬고, 개화기 일본의 국가적 번역 사업이 그랬습니다.

역사적으로 볼 때, 정치와 경제적인 자신감이 충만한 시대에 국가적 문화사업이 활기를 띠었습니다. 이때는 당연히 미래를 준비하는 사상적 대비도 함께 모색되었습니다. 기원전 2, 3세기에 알렉산드리아에서 이뤄진 그리스어 번역, 기원후 9세기에 바그다드에서 행해진 아랍어 번역, 12세기 톨레도에서 대규모로 이뤄진 라틴어 번역의 예가 그렇습니다. 언제 어디서나 번역의 중심지는 문화의 중심지였음을 주지해야 합니다.

동아시아 사회에서 5세기에서 9세기에 걸치는 5백여 년간 장안(지금의 중국 서안)은 질적인 면에서나 양적인 면에서나 최고의 번역이 이루어졌던 문화 중심지였습니다. 8세기 밀교의 도입을 끝으로 한역불전의 시대는 끝나고, 중국화 된 불교의 극치라고 할 수 있는 '선불교(禪

839

佛敎)'의 황금시대가 도래합니다. 당(唐) 말에서 송(宋) 초에 걸쳐 '오가칠종(五家七宗)'으로 대표되는, 혜능을 종조로 하는 선종이 중국불교의 주류를 형성했던 것입니다.

중국 역경사의 전개

중국에 인도불교가 본격적으로 전래된 시기는 역경의 관점에 의거하자면 인도불전의 한역이 시작되는 시점인 기원후 2세기 중반으로 보는 것이 일반적입니다. 후한의 환제와 영제 때에 안세고(安世高, 147년 전후 활약)는 주로 아함경류의 초기불교나 아비달마 불교 전적을 번역하였고, 지루가참(支婁迦讖, 167년 전후 활약)은 대승불교경전을 주로 번역했습니다.

중국의 역경 시기를 구분한 승우(僧祐, 445~518)가 《출삼장기집(出三藏記集)》에서 구마라집(鳩摩羅什, Kumrajva, 334~413, 중국 체재 401~413)의 한역을 '신경(新經)'이라 하여 그 이전의 번역을 '구역(舊譯)' 혹은 '구경(舊經)'으로 명명하였고, 역경의 시기는 일반적으로 구마라집과 현장(玄裝, 602~664, 인도 체재 629~645)을 분기점으로 하여 구마라집 이전을 '고역(古譯)', 구마라집 이후 현장까지를 '구역', 현장 이후를 '신역'으로 구분하여 부릅니다. 고역에서는 산스크리트어와 중국어에 모두 밝은 경우가 드물어 직역에 머물렀지만 구마라집에 이르러서는 양 언어에 밝아 보다 심도 있는 번역이 이루어질 수 있었습니다.

여기서 간략히 역경사의 중요 인물을 소개하면, 우선 후한 때의 안세고와 지루가참이 있습니다. 안세고는 안식국의 왕자신분이었습니다. 안세고가 번역한《안반수의경》은 중국불교사에서 불교사상과 수식관(數息觀)수행의 첫 장을 연 중대한 공헌을 했습니다. 이 경은 이후 200여 년간 당시 지식인층의 애독서가 되었습니다. 또한 중국불교사에서 대승경전을 처음 번역한 지루가참은 대월지국 출신입니다. 당시의 수도인 낙양에 들어와《도행반야경》(10권, 179년),《반주삼매경》(3권, 179년),《수능엄삼매경》(185년, 현존하지 않음) 등을 번역했습니다.

삼국시대(220~256)의 인물로는 오나라의 지혜주머니로 일컬어지는 지겸과 강남불교의 홍성을 가져온 강승희가 있습니다. 지겸은《법구경》·《유마힐경》·《대명도무극경》·《대아미타경》·《서응본기경》 등을 번역했습니다. 중원지방 최초의 절이 백마사라면, 강남지방 최초의 절은 건초사입니다. 건초사는 삼국지에 나오는 손권이 부처님의 진신사리를 모셔오라 시험을 했는데, 강승희는 21일간의 기도력으로 통과하여 손권이 강승희를 위해 지은 사찰입니다. 이곳에서 역경에 전념할 수 있었습니다. 그는《육도집경》을 지어 유가의 용어로 불교의 업사상을 설명하는 교화 방식을 폈습니다. 그리고 당시까지의 경전에 주석을 달기도 했습니다.

서진(265~316)과 동진(317~420), 이 둘을 묶은 양진(兩晋)시대, 또는 오호십육국으로 부르는 이 시기에는 한역대장경에 수록된 중요한 경전의 역경 작업이 대부분 완료되었습니다. 출가자가 늘어 승단의 출현이 있었고 중국 고유의 위진현학(노자, 장자, 주역을 지식의 원천으로 삼아 형성된 위진사상계의 지배적인 철학사조)과 대승불교의 공(空)사상이 공생관계를 이루며 지식인층에 파급되었습니다. 삼국시대와 비교하면 강북의 불교 중심지는 낙양에서 장안으로, 강남은 남경에서 여산으로 교체되는 시점이기도 했습니다.

참고로 위진현학의 발전 단계는 다음과 같이 구분됩니다.

- 제1단계: 하안 및 왕필이 귀무론(貴無論: 無를 有의 본체로 삼는 사상)을 제시해 명교를 배척하고 자연만을 높이 세운 시기
- 제2단계: 귀무론에 대한 반작용으로 배위의 숭유론(崇有論: 有는 스스로 생겨난 것이므로 본체가 따로 없다)이 제기된 시기
- 제3단계: 곽상의 독화론(獨化論: 有의 생성의 본체로서 자기원인적인 無가 有 안에 내재한다는 사상)이 제기된 시기

특히 곽상은 '명교가 곧 자연이다'라는 명제로 유가와 도가의 회통을 꾀했으며, 사상적으로는 '현상 안에 본체가 깃든다'는 내재론적 입장을 취함으로써 유(有)·무(無)에 대한 변증법적 입장을 취했습니다. 명교는 봉건사회의 정치제도와 윤리 도덕 등 봉건문화의 총칭입니다. 유교를 근간으로 하는 명분과 그에 따른 교화로서 이것은 인위적으로 다스려지는 철학이므로 자연의 순리에 맡기며 순응하는 도가적인 입장과는 좀 구분되는 면이 있습니다.

'현학(玄學)'에서 '현(玄)'은 색으로 표현되는 검정색이 아닙니다. 흰 실을 양쪽에 걸쳐 달아놓으면 시간이 흐르면서 흰색이 탈색됩니다. 그러니까 글자의 뜻은 검정색이 아니라 '하얗지 않다'라고 읽어야 합니다. 우리 눈에 보이는 세계가 있다면 보이지 않는 세계가 있습니다.

거대한 나무도 작은 씨앗에서 시작합니다. 그런데 씨앗 속 어디에도 나무를 찾을 수 없습니다. 씨앗이라는 물질의 핵심은 어디에 있습니까? 그 궁극은 기운으로 존재합니다.

이처럼 눈에는 보이지 않지만 물질로 드러난 현상계를 이해하려는 사상주의를 현학이라 합니다. 마찬가지로 삶의 즐거움과 비밀도 꼭 물질로 채울 수 없고, 오히려 삶을 달관한 초월과 관조에서 인생의 의미를 느끼자는 철학입니다. 현학의 중심은 노자와 장자입니다. 현학의 중심 철학이 '무(無)의 체득'인데, 불교의 '공(空)'이라는 철학과 일맥상통하면서 사유의 접점을 찾기까지 200년에 가까운 시간이 걸렸습니다.

중국철학을 이해하기 위해서는 이런 사상의 흐름에 관심을 가져야 합니다. 이와 달리 유교는 보다 현실의 질서와 다스림 속에서 공동체의 조화를 지향하기 때문에 각각의 사상이 차이가 있습니다. 현학을 이해하는 것이 중국사상 전반의 흐름 속에서 어떻게 불교의 논리를 받아들였는지에 대한 설명이자 《법화경》의 이해에도 도움이 되기 때문에 길게 설명했습니다.

위진시대사상 전문가인 탕일개(湯一介)는 그의 《곽상과 위진현학》에서 사상의 발전 단계를 세밀하게 구분했습니다.

- 정시(正始)시기: 하안 · 왕필
- 죽림(竹林)시기: 혜강 · 완적 · 상수
- 원강(元康)시기: 배위 · 곽상
- 동진(東晋)시기: 장담

위진현학을 등에 업고 사상계에 발판을 마련한 불교는 오호십육국, 동진 시대에 이르러 전면에 나설 수 있었습니다. 지도림(支道林, 334~366), 도안, 혜원, 구마라집, 축도생(竺道生, 355~434), 승조(僧肇, 374~414)와 같은 천재적인 인물들이 이 시기의 사상계를 이끌어갑니다. 가루지참과 구마라집에 이르기까지 '무(無)'라는 중국적인 사유에서 '공(空)'이라는 개념을 만들어내기까지 거의 200년의 세월이 걸렸습니다. 이것만 봐도 종교의 언어적 개념이 다른 문화권에 뿌리내리기까지, 그리고 그들의 사유방식에 녹아들기 얼마나 어려운지 잘 보여줍니다.

또 서진시대를 대표하는 역경가로는 '돈황보살'로 일컬어지는 축법호(竺法護)가 이름 높습니다. 그는 약 40여 년간 150부 이상을 번역했습니다. 《법화경》의 첫 번역도 축법호에 의해 이루어졌습니다. 2세기 말의 지참, 5세기 초의 구마라집, 7세기의 현장과 함께 '중국 4대 역경가'로 꼽습니다. 승우는 '불교경전의 가르침이 중국에 널리 퍼진 데는 축법호의 힘이 크다'고 평했습니다. 그리고 오호십육국시대의 대화상 불도징, 중국역경사의 길잡이 역할을 했던 도안, 그리고 '신역'의 분수령인 현장과 더불어 '구역'의 태두인 구마라집이 역경사의 꽃이라면 꽃입니다.

구마라집은 본래 인도인입니다. 현장이 논서류의 철학적 이해를 바탕으로 한 역경에 뛰어났다면, 그는 경전류의 문학적 상상력이 동원되어야 하는 미려한 문장의 역경에 어울리는 감수성이 있었습니다. 그래서 구마라집의 번역을 거친 경전은 지금까지도 수지 독송 됩니다. 구마라집은 문하에 뛰어난 네 인물인 축도생 · 승조 · 승예 · 도융의 조력이 있었습니다. 현장도 집단으로 역경이 이루어졌고 역경장의 출입이 엄격했지만, 구마라집의 역경장은 자유로운 분위기였다고 합니다.

대승경전과 중관 논서들이 번역되었는데,《대품반야경》·《소품반야경》·《묘법연화경》·《아미타경》·《유마힐경》·《금강반야바라밀경》·《미륵하생경》·《미륵성불경》 등이 있고, 논서로는《중론》·《백론》·《십이문론》·《대지도론》·《좌선삼매경》·《지세견》 같은 선학 계통 경전,《십송률》·《십송비구계본》등 계율 관련 경전,《성실론》 같은 아비달마 계통의 논서 등 역경사에서 중요한 시기입니다.

오호십육국 말기인 북량(401~439)의 역경가 담무참(曇無讖, 385~433), 이어진 남북조시대의 남조에는《잡아함경》·《능가경》 등을 번역한 구나발타라(394~468), 북조에는 보리류지(535~?)가 있고, 남조의 대표적 인물로 진제(眞諦, 499~569)가 있습니다.

이 시기에 천태지의가《법화경》을 중심으로 한 천태법화사상을 확립함으로써 불교사에 획기적인 장면이 이루어집니다. 이때 교상판석(敎相判釋)이라 하여 경전의 성격을 구분함으로써 종파불교로 나아가는 가지치기를 했던 중요한 시기입니다. 우리가 보는《법화경》은 천태지의의 분석법에 의해서 재해석 된 것입니다.

수·당대에 이르면 불교에 새로운 변화의 기운이 일기 시작합니다. 사찰의 사유재산권을 인정하는 추세가 강해지면서 불교계에도 유교의 종법질서와 비슷한 사찰운영방식이 출현합니다. 남북조시대까지만 해도 종파적인 성격을 띠지는 않았지만 이 시대에 이르러서는 각 문파별로 사상적인 전문화의 길을 걷게 되면서 종파가 형성되고, 경직되고 폐쇄적으로 변모하게 됩니다. 또한 경제적, 정신적 자신감을 갖게 되면서 인도 불전의 의미 파악에 몰두하기 보다는 이미 번역된 불전에 중국어 주석을 달기도 하고, 중국 사회 자체의 사상적 검증을 거치면서 중국식 사유의 모색에 열을 올렸던 것이 수·당 불교계의 지배적인 흐름입니다.

이 시기 역경의 최고봉은 현장입니다. 17년에 걸친 인도유학을 거쳐 '오종불번'이라는 번역의 원칙과 역경장의 체계적 운영을 통한 안정적 번역은 양이나 질에서 탁월했습니다. 그의 《대당서역기》는 당시의 인도불교 상황을 알려주어 불교사나 인도사의 면모를 엿볼 수 있는 천금의 가치를 지닌 사료입니다. 그리고 《화엄경》의 마지막 역경가인 실차난타(652~710)와 중국역경사의 대미를 장식하는 의정(義淨, 635~713) 등이 이 번역이라는 지난한 작업의 대열을 이룹니다.

현장법사의 번역 원칙인 '다섯 가지 경우에는 번역하지 않는다'를 소개하면 다음과 같습니다.

첫째, 비밀고불번(秘密故不飜)으로, 다라니, 진언 등은 비밀스런 의미가 함축되어 있는 경우입니다.

둘째, 다함고불번(含多故不飜)으로, 한 단어가 여러 뜻을 가지고 있는 경우입니다. 예를 들면 마하(摩訶), 박가범(薄伽梵) 등입니다.

셋째, 차방무고불번(此方無故不飜)으로, 중국에는 없는 인도 고유의 개념어 같은 경우입니다. 예를 들면 차안 또는 남염부주, 인도 지칭어 등입니다.

넷째, 순고고불번(順故故不飜)으로, 오랜 옛날부터 써오던 경우입니다. 예를 들어 아뇩다라삼먁삼보리, 보살 등입니다.

다섯째, 존중고불번(尊重故不飜)으로, 반야를 '지혜'로 번역해도 되지만 함축적 의미가 크기에 존중되어 반야로 쓰는 경우입니다.

역경보살 구마라집

불경이 중국어로 번역되면서 불법이 동아시아 중심 사상으로 자리 잡게 되는데, 불경한역의 역사에 전기를 마련한 분이 구마라집(鳩摩羅什, Kumrajva, 344~413)입니다. 중국말로 '장구한 수명'을 뜻하는 '동수(童壽)'라 하며 인도인입니다. 집안 대대로 나라의 재상을 지냈습니다.

구마라집의 조부 구마달다(鳩摩達多)는 뜻이 크고 기개가 있어 남에게 구속받는 것을 싫어했으며, 무리 가운데 매우 뛰어나 나라 안에서도 명성이 높았다고 합니다. 아버지 구마염(鳩摩炎) 또한 총명하고도 지조가 있어서 재상의 지위를 이으려고 할 즈음에 사양하고 출가하여 동쪽 파미르고원을 넘었습니다. 구자국(龜玆國)의 왕은 그가 영화로움을 버렸다는 소문을 듣고, 그를 매우 존경하고 사모하여 몸소 영접하고 청하여 그를 국사로 삼았습니다. 왕에게는 누이동생이 있었는데, 그녀의 나이는 갓 스무 살, 사려 깊고 이치를 잘 알며 총명하고 민첩했습니다. 눈을 거쳐 간 것은 능숙하게 알고, 한 번 들은 것은 곧 외웠으며 몸에 붉은 사마귀가 있었습니다. 슬기로운 자식을 낳을 것이라고 알려졌기에 여러 나라에서 그녀에게 장가를 들려 했습니다. 하지만 그녀는 결혼에 뜻이 없었는데, 구마염을 보자마자 마음에 들었고, 결국 둘은 결혼하여 구마라집을 잉태합니다. 놀라운 것은 아이를 뱃속에 가진 상태임에도 구마라집의 어머니는 갑자기 저절로 경전의 언어에 능통하게 되어 답하기 어려운 질문에도 반드시 깊은 이치를 끝까지 다 궁구하여 대중이 모두 감탄했다고 합니다. 달마구사(達摩瞿沙)라는 아라한은 "이는 필시 슬기로운 자식을 잉태했기 때문이다"고 말하기도 했습니다.

그 후 구마라집이 태어난 뒤에 어머니는 곧 말을 다시 잊어버렸습니다. 구마라집의 총명은 남달라서 7살 때는 하루에 천 개의 게송을 외울 정도였습니다. 대월씨국을 떠나 사륵국에 머물 때의 일입니다. 하루는 구마라집이 절에 모셔놓은 커다란 부처님 발우를 머리에 이었는데 이상하게도 가벼웠습니다. '이 큰 게 왜 이렇게 가벼울까?' 이 생각을 한 순간 갑자기 발우가 무거워 도저히 머리에 이고 있을 수가 없었습니다. 급기야 비명을 지르며 내려놓았는데, "왠 소란이냐?"고 어머니가 물었습니다. 이에 구마라집은 "제 마음에 분별이 있어서 부처님 발우가 가벼웠다 무거웠다 합니다"라고 답했다고 합니다. 이때 그의 나이가 12살 무렵이었습니다.

구마라집은 스무 살이 되자 왕궁에서 구족계(具足戒)를 받았습니다. 얼마 후 구마라집의 어머니는 구자국을 하직하고 천축국으로 가게 되어 이별에 임하여 그에게 말했습니다.

"대승경전의 심오한 가르침을 중국에 널리 떨치도록 하여라. 그것을 동쪽 땅에 전하는 것은 오직 너의 힘에 달려 있다. 다만 너 자신에게만은 아무 이익이 없을 것이니, 어찌할까?"

해제 1

이에 구마라집이 답했습니다.

"부처님의 도리는 중생의 이익(利益)을 위해 자신의 몸은 잊어버리는 것입니다. 만약 반드시 불법의 큰 교화(大化)를 널리 퍼뜨려 몽매한 세속을 깨닫게 할 수만 있다면, 아무리 끓는 가마솥에 들어가는 고통을 당한다 하더라도, 한이 없을 것입니다."

그 후 중국 장안에 머물며 역경에 매진하던 구마라집은 임종 때가 되어 다음과 같은 말을 남겼습니다.

"불법을 인연으로 서로 만났거늘 아직 내 뜻을 다 펴지 못하였다. 이제 세상을 뒤로 하려니, 이 비통함을 무슨 말로 다하겠는가. 나는 어둡고 둔한 사람인데도 어쩌다 잘못 역경을 맡았다. 모두 3백여 권의 경과 논을 역출하였다. … 아무쪼록 번역한 모든 경전들이 후세까지 흘러가서 다 같이 널리 퍼지기를 발원한다. 지금 대중 앞에서 성실하게 맹서한다. 만약 내가 번역하여 옮긴 것에 잘못이 없다면, 화장한 후에도 내 혀만은 불에 타지 않을 것이다."

위진(僞秦: 前秦) 홍시(弘始) 11년(409) 8월 20일 장안에서 파란만장한 천재의 삶이 마무리되고 곧바로 소요원(逍遙園)에서 화장되었습니다. 장작이 다 타고 시신도 다 타 없어졌건만 오직 그의 혀만은 생전 그대로였다고 합니다.

구마라집과 같은 뛰어난 능력을 보인 분이 없었다면 오늘날 여러 경전과 논서들, 특히 이 《법화경》의 미려한 문체를 전해 받지 못했을 것입니다. 참으로 감사하고 다행한 일입니다.

해제 2

법화경과 화엄경

　인도철학의 본론은 해탈입니다. 부파불교시대 초기(BC 350년)부터 초기대승불교 흥기 시(BC 1세기)의 정통파나 비정통파인 불교의 사조는 일체중생의 해탈이 아니라 개인의 해탈이었습니다. 이런 경향에 반발하여 일체중생을 제도할 보살행을 근간으로 하는 출가 중심에서 벗어나 보다 대중적인 대승불교운동이 제창됩니다. 이는 대승의 중심 사상인 '공(空)'의 적극적 활용이라 하겠습니다. 괴로움을 벗어나기 위해 해탈에 매진하는 초기불교의 자기중심적인 수행관은 일체가 무상하고 공하기 때문에 스스로가 본래 부처임을 깨닫는 데 집중하지만 남을 우선하는 보살행은 자기의 굴레를 벗어난 대승적인 마음이 아니면 행하기 어려운 가치를 갖는다 하겠습니다. 즉 어떤 깨달음을 얻었는가보다 어떤 행을 하느냐가 중요한 덕목일 수 있고, 깨달았기 때문에 거룩한 행이 나오기보다 거룩한 행위 때문에 거룩해지는 실천의 변증법이라 할 수 있습니다.

　법화신앙은 보살행을 통해 부처로 귀합하는 상부적인 것과, 일체 모든 생명이 부처의 현현 아님이 없기 때문에 방편을 베풀어 부처님의 세계에 들게 하는 하부적인 면모를 동시에 갖습니다. 이 사상은 단번에 부처가 되고 순일한 것이 아니면 부정되는 화엄의 순혈주의적인 사상이 아니라 아무리 늦더라도 포기하지 않고 회심하도록 기다리고 또 기다려서 함께 데리고 가는 점진적이면서 무한한 끈기를 요구하는 법화사상입니다. 또한 불보살님을 멀리서 구할 것이 아니라 염불 한 번, '법화경', '나무묘법연화경'이라는 제목 한 번만 외워도 공덕이 성취되고 칭념하는 순간 불보살님이 현전하며 온몸으로 진리를 구현한다는 믿음을 말합니다.

만약 한 무리가 있다고 했을 때 누군가 물에 빠져 허둥거리는 사람이 있다면 그를 먼저 구할 것입니다. 이처럼 불보살님은 오히려 부족하고 못난 사람, 성인보다는 악인을 먼저 구한다고 합니다. 이처럼 단순하고 간명하게 믿고 의지하며, 순간순간 명호를 외우는 것으로 일체의 행을 대신하기 때문에 누구나 시간과 장소를 불문하고 실천하기 쉽습니다. 정토신앙이 《무량수경》이나 《아미타경》의 교설에 따라 극락정토에 왕생하는 사후 중심 사상이라면 《법화경》의 관음신앙이 추구하는 것은 내세보다는 현세의 이익과 행복입니다. 칭명염불의 이런 간명함이 앞으로 불교신앙과 수행의 좋은 활용이 되리라 생각합니다.

법화경의 제의

《법화경》의 원형은 서기 50년 경에 성립하여, 서기 150년 무렵까지의 사이에 증보·첨가되어 현재와 같은 형태가 되었다고 추정됩니다. 대승경전의 하나로 산스크리트어(범어)로 '사타르마 푼다리카 수트라

(Saddharmapundarika-sutra)'라고 합니다. '백련화(白蓮華) 같은 올바른 가르침'이라는 뜻으로 예부터 제경(諸經)의 왕으로 초기대승경전 중에서 가장 중요한 위치에 놓입니다. 《화엄경》이 부처〔佛〕에 비중을 두고, 부처를 설하는 경전이라면, 《법화경》은 법(法)을 설하고 법에 비중을 두는 경전입니다.

산스크리트어 원본은 영국인 호지슨이 네팔에서 발견한 것을 비롯하여 여러 가지의 단편(斷片)이 존재하며, 이의 불역(佛譯) · 영역(英譯)이 있고, 한역 · 티베트어역 · 위구르어역 · 서하어역 · 몽고어역 · 만주어역 등이 있습니다. 《법화경》이 매우 넓은 범위에 걸쳐 여러 민족에게 사랑받았음을 알 수 있습니다. 성립 시기는 기원 전후에 신앙심이 강한 진보적인 일단의 사람들에 의해 서북 인도에서 소부(小部)의 것이 만들어졌고 후일에 증광(增廣)되었다고 봅니다.

《법화경》의 한역은 서진의 축법호가 서기 276년에 번역한 《정법화경》 10권과 요진의 구마라집이 406년 번역한 《묘법연화경》 7권, 그리고 수나라 때 사나굴다가 601년 번역한 《첨품묘법연화경》 7권이 있습니다. 이 3역본 가운데 구마라집이 번역한 《묘법연화경》이 아름다운 문체와 평이한 번역으로 가장 널리 수지 독송되고 있습니다.

《법화경》은 부처님이 헤아릴 수 없는 아득한 옛날부터 미래영겁(未來永劫)에 걸쳐 존재하는 초월적 존재로, 이 세상에 출현한 것은 모든 인간들이 부처의 깨달음을 열 수 있는 가르침(이 경에서는 一乘으로 표현)을 보이기 위함이며, 이를 실천하는 사람은 누구라도 부처가 될 수 있다는 것이 그 중심 사상입니다. 《법화경》은 모두 28품으로 이루어져 있습니다. 보통《묘법연화경》만 얘기하는 경우도 있으나,《무량의경》·《불설관보현보살행법경》과 함께 '법화삼부경' 이라고도 합니다.

다시 정리하자면,《법화경》의 원제목은《묘법연화경》입니다. 이는 구마라집에 의해 붙여진 이름입니다. 구마라집 전에는 축법호가 번역하면서 붙인《정법화경》이었습니다. 측법호가 '정법(正法)' 으로, 구마라집은 '묘법(妙法)' 으로 달리 해석했습니다. 길장(吉藏, 549~623)은《법화현론》에서 "구마라집〔什公〕이 정(正)을 묘(妙)라고 고친 데는 반드시 깊은 의도가 있을 것이다"라고 말하기도 했습니다. 구마라집의 문하생으로 번역을 함께했던 도생은 주석서인《묘법연화경소》에서 "묘법이란 형태도 없고 소리도 없으며, 모든 사고영역을 초월한 것"이라 했습니다. 또 법운은《법화경의기》에 "묘란 상대적인 것을 초월한 경우를 가리키는 것이다"라고 기술했습니다.

천태지의는《법화현의》에서 "묘(妙)는 절(絶)이며 절(絶)은 묘(妙)의 다른 말이다"라고 했습니다. '묘(妙)' 는 이처럼 최고, 절대의 진리, 이원적이고 분별적인 차원을 초월한 절대적 의미로 쓰입니다. 일본의 니치렌(日蓮, 1222~1282)은《법화제목소》에서 '묘(妙)'를 총괄하여 절(絶)·구(具)·개(開)·소생(蘇生)이라는 네 가지 의미를 부여했습니다. 최고 절대의 진리로 모든 것을 평등하게 수용하고 통합함과 동시에 진리에 눈을 떠 참답게 살아가게 한다는 것입니다.

'연화(蓮華)' 는 불교의 상징으로 알려져 있는데, 그 이유는 다른 꽃과 달리 꽃과 열매를 동시에 갖기 때문입니다. 이는 원인과 결과를 뜻합니다. 원인은 수행과 보살행으로 닦아가는 단계이자 처음 발심한 상태이기도 합니다. 열매는 꽃의 결과입니다. 수행의 결과는 부처입니다. 우리가 도달할 최후의 목적지입니다. 시작 단계에, 닦아가는 순간 순간이 바로 깨달음을 성취한 것과 같다는 것입니다. 보살행을 항상 실천하여 물러서지 않는다면 궁극에는 성불하여 불과(佛果)를 이루는 것은 자명합니다. '묘인묘과(妙因妙果)'며 '인과동시(因果同時)'입니다. 이 인과동시를 연꽃에 비유합니다.

"법화의 법문은 청정하고 인과가 미묘하다"라고 천태지의가 말하기도 했습니다. 《법화경》은 구원 받지 못한 중생이 대상입니다. 그런 생명에게 빛을 주기 위해 《법화경》이 설해지는 것입니다. 시공을 초월하여 설해지는 《화엄경》과 이 점이 다릅니다. 《법화경》을 모든 경전의 왕이라고도 하는 이유는 이 정신이 크고 아름답기 때문입니다. 나와 생각이 다르고 못하다고 해서 무시하거나 차별하지 않고 모두가 똑같은 부처님 세계에 나아갈 친구요 벗으로 봅니다. 이것이 진정한 구원의 정신입니다. 모든 사람이 구원 받을 수 있는 가능성은 항상 열려 있으므로 눈만 뜨면 부처님 세계요, 모든 생명이 일시에 부처라는 결실을 보게 됩니다. 흰 연꽃 세상이 펼쳐지는 것입니다.

법화경의 교상판석적 위치

동진시대(317~420)에 중국문화가 채택한 불교 이해의 해석학적 방법을 학계에서는 일반적으로 "격의(格義)"라고 합니다. 격의란 '의(義)를 격(格, 量)한다'는 것으로 처음 접하는 어떤 말의 의미를 거기에 상응하는 비유와 배치에 의해 이해시키는 방법입니다. 즉 상대편이 이해 못하는 불교의 전문술어를 익히 알고 있는 유가나 도가의 유사한 개념으로 차용해 이해를 돕는 방법입니다. 격의는 불교 전문술어 전반에 걸쳐 행해졌습니다.

공(空)은 노장사상의 무(無), 열반(涅槃)은 노장의 무위(無爲), 무아(無我)에 노장의 비신(非身), 계(戒)에 유가의 예(禮)를 대비시켜 해석하는 방식이 '격의'의 한 예입니다. 그렇지만 격의는 유사개념의 대치였기 때문에 전문술어에 부적합할 위험이 있습니다. 이렇듯 정확한 개념의 언어로 자리 잡기까지는 역경의 멀고 험한 길을 가야 했습니다.

격의의 과정을 거쳐 다시 중국적인 경전 해석의 시도가 이뤄진 것이 유명한 천태지의대사가 했던 교상판석입니다. 다른 종교의 소의경전(所衣經典)은 간단하지만 불교의 소의경전은 팔만대장경이라고 하는 방대한 전적입니다. 그 속에서도 어떤 때는 이런 방편을, 어떤 때는 저런 방편을 말씀하셔서 얼핏 보면 서로 모순도 있는 것 같고 갈피를 잡기 어렵습니다. 또 여러 경전이 중앙아시아의 나라들을 거쳐 들어와 한역되면서 그 순서를 알기 어려웠습니다. 부처님께서 설하신 경전의 시기를 파악하기가 어려웠던 것입니다. 그래서 부처님께서 45년간 설법하신 말씀 전체를 체계화하고 가치적으로 배열할 필요가 있었습니다. 물론 이것은 나중에 수·당대에 종파 분열이 시작되었기 때문에 자기 종파의 입장을 분명히 밝히는 것과 동시에 여타 교파에 대한 우월성을 피력할 필요도 있었습니다. 이와 같은 여러 동기에 의해 '교판(敎判)'이 이루어졌습니다.

교판은 '교상판석(敎相判釋)'의 줄인 말로 판석(判釋)이라고도 합니다. '판(判)'은 '부판(剖判)', '쪼개어 판단하다'는 뜻이며 '석(釋)'은 '해석하다'는 뜻입니다. 방대한 교설의 이론체계를 교학적으로 정리하여 교판(教判)을 가장 잘 세운 이가 바로 천태종(天台宗)의 지자대사와 화엄종(華嚴宗)의 현수대사입니다.

지자대사(智者大師)는 부처님의 가르침을 오시팔교(五時八教)로 분류해 해석했습니다. 오시(五時)란 부처님 일생 동안의 설법을 다섯 시기로 나눈 것으로, 물론 이는 중국적인 시각입니다.

첫째는 화엄시(華嚴時)로 부처님이 보리수 아래서 성도(成道)해 불교 최고의 진리를 말씀하셨다고 하는 21일간의 설법기간을 말합니다. 진리를 가장 순일하게 설한 것으로 해가 떠서 먼저 먼 산의 봉우리부터 빛이 드는 것과 같고, 우유로는 갓 짜낸 젖(乳味)에 비유됩니다.

둘째는 아함시(阿含時)로 21일간 《화엄경》을 설하시고는 다시 교진여 등 다섯 비구들을 위해 소승교(小乘教)를 설합니다. 이후 12년간 주로 소승교만을 설하셨으며, 이때의 설법을 결집한 것이 《아함경》입니다. 최초 설법 장소가 녹야원이기 때문에 '녹원시(鹿苑時)'라고도 합니다. 《아함경》은 점차 깨달음으로 이끌어가는 가르침입니다. 햇빛이 심산유곡을 비추는 것에, 막 짜낸 우유를 조금 발효시켜 쉽게 마실 수 있도록 한 것(酪味)에 비유되는 단계입니다.

셋째는 방등시(方等時)로 대소승의 법을 함께 설하여 통합해 영리한 근기(根機)나 둔한 근기나 간에 고르게 이익을 주는 시기를 말합니다. 《유마경》·《사익경》·《능가경》·《능엄삼매경》·《금강명경》·《승만경》 등을 설한 시기입니다. 햇빛으로는 오전 8시, 우유는 발효가 좀 더 진행된 것(生蘇味)에 비유합니다.

넷째는 반야시(般若時)로 방등시 후 22년간 모든 반야경을 설법한 시기입니다. 점교의 마지막 단계에 해당합니다. 햇빛으로는 10시경, 우유로는 발효가 많이 된 것(熟蘇味)입니다.

다섯째는 법화(法華)·열반시(涅槃時)로《법화경》과《열반경》을 설한 시기입니다.《법화경》은 8년간의 설법이며,《열반경》은 부처님이 열반에 드시는 최후 하루 낮 하루 밤 동안 설법한 것입니다. 오시(五時)를 가르친 시기를 합산하면 50년이 되는데 지자대사는 부처님께서 29세에 성도하시고 79세에 열반하셨다고 보기 때문입니다. 설법의 방법과 형식 모두를 총괄하여 마지막 최고의 궁극적인 가르침을 부여한 것으로, 햇빛은 정오에 이르러 심산유곡과 온 대지를 불문하고 구석구석 비추며, 우유로는 원숙한 맛(醍醐味)에 비유합니다.

앞에서 우유의 맛으로 비유를 들었습니다.《화엄경》을 이른 아침에 바로 짠 우유에 비유한 것은 그만큼 부처님께서 깨달은 바를 조금의 꾸밈없이 진리 그 자체로 설하셨기 때문입니다. 그러니까 순일하고 강열합니다. 우유가 맞지 않는 사람은 잘 소화시키지 못하고 배탈이 나기도 합니다. 받아들이기가 쉽지 않다는 뜻입니다. 그래서 교설이 쉽게 이뤄질 필요가 있었습니다. 우유를 발효시키고 이것저것 가미하면 누구나 소화시킬 수 있는 것과 같습니다. 그래서 최후의 맛은 우유로 치즈 같은 갖가지 유제품을 만들어 기호에 따라 요리의 활용이 가능하듯《법화경》은 일체중생, 심지어 산천초목과 미물에 이르기까지 방편을 베풀어 성불에 이르도록 하기 때문에 정신이 크다는 것이고, 경전의 왕이라고 합니다. 한낮의 태양이 정중앙에 위치했을 때 가장 잘 비추듯이 《법화경》도 그와 같다는 말씀입니다. 이런 논리에 의거해 《법화경》을 경전의 맨 위에 배치시켜 법화사상의 뛰어남을 강조합니다.

그렇다고 꼭 경전의 우월을 논하자는 게 아닙니다. 무엇에 그 가치를 두느냐는 것입니다. 천태대사가 활동한 시기는 남북조시대와 수나라 초기에 걸친 극도의 혼란을 넘어 통일로 나가는 시점입니다. 수나라 양제가 백만대군을 이끌고 고구려의 요동성 공격에 실패하고 다시 우회하여 평양성을 공격했다가 을지문덕에게 청청강에서 살수대첩을 벌였으나 참패를 당합니다. 세 차례나 시도한 고구려 정벌은 모두 실패로 끝나고, 천하를 통일했던 수나라의 종말과 함께 중국은 당나라 역사가 펼쳐집니다.

이러한 난세에 천태지의대사의 고국인 양나라가 진나라로 교체되고, 진나라가 다시 수나라로 통일되는 과정, 그러면서 불경이 급속도로 완역되어 불교사상이 많이 알려지고, 혼란하지만 통일된 거대 중국의 정치체제의 구축과 정신적인 일체감을 불교의 원용하고 화합지향적인 온건한 사상에서 찾으려 했습니다. 이것이 수당의 불교와 중국문화라는 중국 역사상 최대의 꽃을 피운 시기로 자리 잡을 수 있었던 배경입니다.

무엇보다 국가와 민중, 사회와 개인이라는 양 축의 일체감을, 개인이 행복하기 위해서는 나라의 안녕이 필요하고 국가의 번영은 개개인의 유기적인 동참이 필요하다는 전체와 부분의 상호보완적인 통일감에서 찾고, 여기에서 인간 사회의 궁극의 즐거움과 행복의 꽃을 피울 수 있음을 《법화경》에서 찾으려 했던 것입니다. 바로 이 점이 천태대사의 종교적 천재성이라 하겠습니다.

팔교(八敎)란 부처님이 중생의 근기에 따라 설법의 방식을 달리한 것인데 그 교화 방법에 따라 네 종류로 나누니 화의사교(化儀四敎), 즉 돈교(頓敎)·점교(漸敎)·비밀교(秘密敎)·부정교(不定敎)이고, 또 설법의 내용에 따라 네 종류로 나누니 화법사교(化法四敎), 즉 장교(藏敎)·통교(通敎)·별교(別敎)·원교(圓敎)를 말합니다.

화의사교(化儀四敎)
- 돈교(頓敎) : 아무런 방편을 사용하지 않고 곧바로 인식한 것을 부처님이 설한 것으로 오시(五時) 중의 화엄시
- 점교(漸敎) : 부처님의 교설 중 많은 사람을 깊은 생각으로 점진적으로 이끌어가는 것으로 오시(五時) 중의 녹원시와 방등시
- 비밀교(秘密敎) : 이는 신비적 교의를 가리키는데, 사실상 신비적 부정교(不定敎)라 할 수 있으며, 이런 불확정성은 화엄시로부터 방등시까지 내재됨
- 부정교(不定敎) : 앞의 비밀교와 비교하여 비신비적 부정교라 할 수 있으며, 듣는 사람들 모두는 자기들이 함께 듣고 있음을 알지만, 그럼에도 그들은 다르게 듣고 다양하게 이해함

화법사교(化法四敎)
- 장교(藏敎) : 《아함경》을 비롯한 소승의 모든 교의를 가리킴
- 통교(通敎) : 모두에게 공통되는 가르침이라는 뜻이며 삼승에 통하는 것으로 대승의 기본교의
- 별교(別敎) : 순전한 대승의 가르침이며, 특히 보살에 대한 가르침으로 앞의 장교와 통교에서는 공(空)의 한 측면만을 단순히 가르치지만, 여기서는 중도의 교의를 가르침
- 원교(圓敎) : 앞의 별교는 독립적이고 개별적인 중도를 설하는 반면, 여기서는 완전히 융통되고 상호 동일화된 중도를 설함. 즉, 원교란 이론적으로나 실천적으로나 완전히 조화를 이루는 중도의 가르침을 말함

법화경의 구성

《법화경》은 전체 28품으로 구성되어 있습니다. 이는 처음부터 그렇게 된 것은 아니고 시간이 흐르면서 후반부의 품들이 덧붙여지면서 28품으로 완성되었습니다. 현재는 천태대사의 분류 방법을 따릅니다. 이 방식에 의하면《법화경》은 크게 '2문(門)' 으로 구분합니다. 전반부를 적문(迹門, 첫 품부터 14품까지), 후반부를 본문(本門, 15품부터 28품까지)이라 하고, 전 후반부마다 각각 서분, 정종분, 유통분으로 구분지어서 '6단(段)' 이 됩니다. 여섯 단락이라는 뜻입니다.

방송국에서 방송을 보내면 각 가정에서 수신기를 이용하여 시청하는 것과 같습니다. 또 태양이 있으면 태양이라는 본체는 움직임이 없

지만 온 대지에 햇살이 비칩니다. 이 햇살이 태양의 자취이면서 실제로는 태양과 햇빛은 잠시도 분리되지 않고 연결되어 있습니다. 부처님과 모든 보살과 성현들이 중생 교화를 위해 세상에 모습을 나투지만 육신을 초월한 생명의 본체는 늘거나 줄어듦 없이 영원하다는 것입니다. 따라서 적문과 본문을 합하면 석가모니부처님의 영원성은 일승묘법(一乘妙法)이라는 원리와 상응해 성립된다고 가르치는 것이 《법화경》입니다. 이 점에서 《법화경》은 진리(법)신앙과 인격(부처) 숭배라는 양면에서 불교의 통일이 이뤄집니다.

적문은 타인과 자신이 어떻게 관계하고 있는가 하는 그 근본을 명확히 드러내고 무한하게 횡으로 확대한 것이며, 본문은 우주적 생명이 우리의 생명과 어떻게 관계하고 있으며 어떻게 내재하고 있는가 하는 비밀을 종으로 무한하게 확장한 것입니다. 이 양자의 확대가 무한하게 진행되어 나갈 때, 《법화경》의 우주적 장대한 생명감을 체득하게 됩니다.

다시 정리하면 적문은 자신의 문제를 스스로 해결하려는 자력실현의 입장이며, 본문은 부처님의 위신력에 의지하여 문제를 해결하는 타력실현의 입장입니다.

🪷 법화경의 중심 사상, 삼승

모든 경전은 각각 설하는 중심 주제가 있습니다. 먼저 《법화경》의 핵심 개념이기도 한 '삼승(三乘)'에서 '승(乘)'이란 수레를 말합니다. 수레의 용도는 타는 데 있습니다. 올라타서 이동을 하게 됩니다. 즉

이 공간에서 저 공간으로 이동하기 위해서는 교통수단이 필요한데, 옛날에는 수레가 최상의 도구였으니 수레를 비유로 든 것입니다. 삼승은 세 가지 종류의 수레입니다. 세 가지 탈것입니다. 부처님 세계로 가기 위해서는 이 수레라는 방편이 필요하고, 그래서 삼승(三乘)이란 '세 가지의 탈것' 을 뜻합니다. 또한 불교의 궁극적 경지인 깨달음의 세계로 가기 위해서 의지해야 하는 가르침을 수레에 대한 비유로써 말했습니다.

깨달음이란 곧 차안(此岸)의 세계에서 피안(彼岸)의 세계로 가는 것이기 때문에 깨달음의 세계로 인도하는 가르침을 경전에서는 탈것이라는 의미를 가진 수레나 지혜의 배로 자주 비유하여 표현합니다. 깨달음을 이루기 위해 추구하는 수행의 방식이 각자의 기질에 따라 다를 수밖에 없습니다. 수레의 종류가 다릅니다. 마치 환승열차를 이용해 어느 목적지에 집결하는 것처럼, 다른 수레를 탔을지라도 궁극에는 불법의 바다에서 만날 수 있습니다. 단계와 종류에 맞는 방편을 잘 이해하고 굳게 믿고 실천해야 합니다.

삼승은 성문승(聲聞乘)·연각승(緣覺乘)·보살승(菩薩乘)을 말합니다. 첫째, 성문승(聲聞乘)이란 '법문의 소리를 들음으로써 깨달음으로 나아가는 단계' 입니다. 무슨 법문을 듣고 닦느냐면 사성제(四聖諦)입니다. 존재는 본질적으로 괴로움(苦)에 쌓여있고, 괴로움은 가만있지 않고 모여 일어나는(集) 작용을 하고, 그렇지만 괴로움을 잘 분석하고 이해하면 소멸(滅)할 수 있고, 소멸에 이르는 진리로 팔정도(八正道)

수행이 있다는 고(苦)·집(集)·멸(滅)·도(道)의 네 가지 진리입니다. 초기불교의 근간이 되는 수행 논리가 사성제입니다. 부처님께서 설하신 사성제의 법문을 듣고 이를 관(觀)하여 해탈에 이르는 것을 말합니다. 그래서 성문승(聲聞乘)은 초기불교의 이상으로 부처님의 제자가 타는 수레라는 의미를 담고 있습니다.

둘째, 연각승(緣覺乘)이란 '인연(因緣)법을 깨닫는 수행의 방편으로 일승에 나아가는 단계' 입니다. 여기서 인연법은 12인연법에 의지하는 것을 말합니다. 부파불교시대의 이상이었던 연각승은 스승을 찾지 않고 스스로 12인연법을 관(觀)하여 깨달음의 세계로 갑니다. 연각승을 달리 독각승(獨覺乘)이라고도 부르는데 말 그대로 혼자서 깨닫는 수행을 하는 것입니다. 수행에 있어 어떤 사람은 스승의 가르침을 따르는 사람도 있지만 굳이 자신이 믿는 방법을 고집하는 경우가 분명히 있습니다. 신도들의 경우를 봐도 꼭 자기식대로만 하려드는 사람이 있습니다.

셋째, 보살승(菩薩乘)이란 '보살의 수행 방편으로 일승에 올라가는 단계' 입니다. 큰 수레(大乘)에 올라타기 위해 구도자가 의지해야 할 법은 육바라밀입니다. 보살은 초기대승불교의 이상인데 보살은 육바라밀에 의지해 자신과 남을 해탈케 하고 마침내 성불하는 것을 이상으로 삼습니다. 초기불교에서 부파불교시기를 지나면서 출가자 중심에서 재가자가 함께 불교를 전파하고 이끌어야 한다는 불교대중화운동이 일었습니다. 온갖 고통과 곤경이라는 병에 시달리는 민중에게 절실한 것은 병의 치유입니다. 그리고 삶이 보다 만족스럽기를 바라는 것들입니다. 누구나 다양한 병을 한가지로 치유할 수 있는 만병통치약을 꿈꿉니다. 이 기원이 기복입니다. 복을 비는 것입니다. 종교의 시작과 끝은 기복에 있습니다. 만약 종교에서 기복이라는 장치와 소원 성취라는 기대에 대한 부응이 없다면 종교의 생명은 사라집니다. 기복은 아름다운 행위입니다. 절대로 저급한 종교 행위로 치부할 수 없는 가치가 있습니다. 기도와 가피의 영험에 대한 기록과 이야기는 이런 신앙에 용기와 희망을 주고 절대 포기하지 말기를 독려하는 중요한 종교적 요소입니다.

　각 종교마다 고유의 영험록이 있지만, 불교에서는 관음신앙이 가장 많은 사례를 보입니다. 관음신앙의 모태가 《법화경》이고, 불보살님의 명호를 한 번이라도 간절히 부르기만 하면 구원을 받는다는 신앙입니다. 동북아시아의 종교 전통에서 특히나 이런 영험담이 성행했는데, 그만큼 관음신앙과 법화신앙의 저변이 넓다는 반증입니다. 따라서 이 보살사상은 부처님 세계라는 높은 곳으로만 추구하지 않고 끊임없이 아래로 뒤돌아보며 함께 부처님 수레에 오르자는 격려와 사랑의 메시지이며, 그 결정체라 하겠습니다. 이 중간자적 역할, 위와 아래의 가교 역할을 하며 아래로는 중생을 끌어올리고, 위로는 부처님의 지혜와 자비의 광명을 하계로 실어 나르며 불종자의 인연을 심는 역할이기 때문에 중생이 존재하는 한 보살행은 끝나지 않습니다.

　불교사의 발전에 따라 등장하는 이상과 그들이 의지하는 가르침에 따라 성문, 연각, 보살이라는 삼승이 생겨났습니다. 이 삼승 가운데 성문승과 연각승만을 따로 이승(二乘)이라고 합니다. 이에 비해 일승(一乘)이란 삼승이 모두 방편이고 일체가 부처님이 되는 것을 궁극 목적이요, 참된 진실이라는 의미를 내포합니다. 이를 달리 일불승(一佛乘)이라 부르기도 합니다. '일(一)'은 '하나'인데, 숫자적인 의미가 아니라 '모든 것', '완전함', '나뉠 수 없는 것' 등의 의미입니다. 일승(一乘)은 부처와 중생, 범부와 성인의 차별이 녹아진 완전한 일체입니다. 강물이 바다에 모이면 한맛으로 통일됩니다. 도착한 순간 차원의 변화가 일어납니다. 이제 더 이상 강물이 아니라 바다의 짠맛으로 변합니다. 쇠붙이를 자석 옆에 두면 쇠에도 자석의 성질이 생기는 것과 같습니다.

걱정할 것 없습니다. 단지 불법의 수레에 오르면 바다에 나아가고, 닮지 않을까 염려하지 않아도 그곳에서는 한맛이 됩니다. 전혀 힘들이지 않고 오로지 불보살님을 생각하고 염불하고 떠올리며 구원을 바라는 것으로 성취되는 '타력신앙'의 극치입니다. 살아서는 관세음보살의 가피를 받고, 죽어서는 아미타부처님을 따라 시방정토 극락세계에 왕생하여 열반락을 누리는 것입니다. 그렇지만 바다에 도착했다 해서 끝이 아닙니다. 물은 다시 증발하여 구름이 되었다가 세상의 중생이 사는 세계에 다시 비가 되어 돌아갑니다. 본래 있던 곳으로의 귀환이 보살사상의 핵심이며 종교적 이타행으로의 귀결입니다.

《법화경》에는 삼승(三乘)을 설명하기 위해 네 종류의 수레를 등장시킵니다. 첫 번째가 바로 '양이 끄는 수레〔羊車〕'입니다. 양이 끄는 수레다 보니 힘이 약합니다. 이것은 바로 초기불교의 이상이었던 성문(聲聞)들을 상징합니다. 그 다음으로 '사슴이 끄는 수레〔鹿車〕'가 등장합니다. 여전히 많은 짐을 실을 수는 없지만 그래도 양보다는 힘이 뛰어납니다. 이는 부파불교시대의 이상이었던 연각(緣覺)을 상징합니다. 세 번째로 '소가 끄는 수레〔牛車〕'가 등장합니다. 비로소 튼튼하고 많은 짐을 실어 나를 수 있는 수레가 등장합니다. 이는 초기대승불교시대의 이상이었던 보살(菩薩)을 상징합니다.

이것이 삼승(三乘)입니다. 풍부하고 아름다운 비유의 세계를 펼쳐 보이는 《법화경》에서는 삼승을 이처럼 수레에 비유합니다. 여기에 그치지 않고 또 하나의 수레가 등장합니다. 바로 '크고 흰 소가 끄는 수레〔大白牛〕'입니다. 이는 《법화경》의 핵심 사상인 불승(佛乘) 또는 일승(一乘), 일불승(一佛乘)을 상징합니다.

🪷 법화경의 중심 사상, 회삼귀일

《법화경》에서는 비유를 통해 성문·연각·보살이라고 하는 차별적 삼승(三乘)을 보여준 뒤 이들 삼승은 결국 일승(一乘)의 세계로 인도하기 위한 하나의 방편이라고 설합니다. 일승의 드높은 세계를 드러내기 위해 중생의 근기(根機)에 따라 삼승이라는 도구를 차용한 것입니다. 《법화경》에서는 그 같은 삼승의 차별상을 버리고 일승의 세계로 돌아오라고 합니다. 왜냐하면 그것이 참된 진실의 세계이기 때문입니다.

초기불교의 성문과 부파불교의 연각, 초기대승불교의 보살로 대변되는 삼승은 모두 하나의 방편설입니다. 궁극의 일승(一乘)이며 부처님이 타는 수레인 불승(佛乘)에 오르는 것, 차별적 방편을 버리고 진실의 세계로 돌아와 하나가 되는 것을 회삼귀일(會三歸一), 즉 셋이 모여 하나 됨이 《법화경》의 핵심이라 하겠습니다.

🪷 법화사상을 정립한 천태지자대사

동북아시아에 법화신앙의 체계를 세운 분이 천태지자대사(天台智者大師, 538~597)입니다. 《법화경》을 공부하려면 반드시 알아야 합니다. 스님은 중국 진과 수나라 때의 국사입니다. 천태지의(天台智顗)라고도 하며, 이름은 덕안(德安), 성씨는 진(陳), 형주화현 출생입니다. 18세에 상주 과원사로 출가하고 혜광스님에게 율학을 배우다 광주 대소산에서 남악혜사존자에게 공부를 배웠습니다. 38세에 천태산에 들어가 수선사(修禪寺)를 창건하고 《법화경》 중심으로 불교를 통일하여 천태종을 완성했습니다. 597년 11월 24일, 천태산 석성사(石城寺)에서 열반에 들 때의 세수는 60, 법랍은 40이었습니다.

스님을 잉태했을 때 스님의 어머니 꿈에 향연(香煙)이 오색(五色)으로 아롱지어 그의 몸을 감도는 것을 보았고, 출산 때는 신기로운 광명이 방 안을 황홀하게 빛냈다고 하며 아이의 눈동자가 겹이고 눈썹은 팔색 무늬로 나뉘어 있었다고 합니다. 스님은 아주 어렸을 때에도 부처님 상호(相好)를 보면 시키지 않아도 절을 올렸고 스님들을 만나도 마찬가지였습니다. 일곱 살 때 부모님을 따라 절에 갔는데 그 절 스님이 보통 아이가 아님을 알아보고 《법화경》 〈관세음보살보문품〉을 읽어주었더니 한 번 듣고는 전부 다 외울 정도로 비범했다고 합니다.

그 후 진(晉)나라 문제(文帝) 원하 원년(元年)에 광주 땅 대소산에 혜사선사(慧思禪師)에게 찾아가니 선사가 보고 말하시기를, "옛적에 영산회상(靈山會上)에서 법화경 설하심을 같이 들은 인연으로 오늘날에 다시 만나게 되었구나"하고는 법화삼매(法華三昧) 얻는 법을 전수하여 삼칠일(21일) 동안 독송하던 중 〈약왕보살본사품〉에 "이 이름이 진정진(眞精進)이며 이 이름이 진공양여래(眞供養如來)"라는 부분에 이르러 신심이 활연히 열렸고 법화삼매를 얻어 큰 깨달음을 이룹니다. 그 후 스님은 천하에 제일가는 법사가 되어, 설법은 청산유수처럼 막힘이 없었고, 스님의 법문을 듣고 감탄하면서 발심하지 않는 이가 없었다고 합니다. 그리하여 명성이 높아지고 석가여래의 화현이라는 칭송을 듣게 됩니다.

대사가 임종 시 말하시길,

"사십팔원(四十八願)으로 훌륭하게 장엄해 놓은 그 좋은 극락정토에 왕생을 원하는 자 극히 적음이로다. 지옥 경계가 나타나더라도 한 생각 돌이켜서 아미타불을 염하여 왕생하길 발원하면 왕생함을 얻게 되거늘, 하물며 계정혜(戒定慧)를 닦은 수행인일까 보냐. 그대들은 왕생극락함을 굳게 믿어 의심하지 말지어다."

하고는 결가부좌하여 단정히 앉아 서쪽을 향해 염불을 한 후 열반에 들었습니다. 대사를 지극히 신망하던 스님 한 분이 항상 스님을 그리워하며 '스님께서는 지금 어디에 계시는가' 하고 몹시 궁금해 했는데,

꿈에 관세음보살이 금색의 몸에 광명을 놓으며 나타났습니다. 그 뒤를 보니 천태대사께서 함께 계시면서 "너는 아직도 내가 왕생극락 한 것을 믿지 않고 있느냐" 하고는 사라졌다 합니다.

법화와 화엄의 사상적 차이

《법화경》과 《화엄경》, 이 두 경전은 대승불교의 중심 경전이자 수행과 신행의 정신적 근간입니다. 《법화경》은 묘법을 설한 경입니다. 절대로 부서지지 않는 영원한 진리를 법이라는 모습으로 드러냅니다. 어떤 것과도 견줄 수 없는 뛰어난 진리를 설하는 경입니다. 하얀 연꽃입니다. 꽃과 열매가 동시에 있으면서 진흙 속에서도 아름다운 꽃을 피워내는 상징성이 불교 정신을 잘 보여줍니다. 누구나 구원 받을 수 있고, 누구나 성불할 수 있는 가능성을 열어놓고 모든 사람이 함께 성불하는 것을 가르칩니다. 그것도 쉬운 비유로 부드럽게 말합니다.

인도철학에서 비유적 개념이나 비유는 거의 필수적인 서술 요소로 중시되어 왔습니다. 이는 불교를 포함한 인도철학이 해탈이나 삼매처럼 언어로는 명료하게 묘사할 수 없는 경지를 수행의 목표로 추구한 데서 기인합니다. 서양의 논리와 달리, 인도의 논리학은 추리의 타당성을 예증하는 실례를 논증의 요소로 중시합니다. 쉬운 예로써 본래의 논지를 드러내고자 함입니다.

비유는 추상적 의미를 유사한 구체적 사실로 전환하여 전달하기 위한 방편입니다. 특히 말로 직접 설명할 수 없는 진실에 접근하는 데는 비유가 큰 효력을 발휘합니다. 부처님은 대부분 이처럼 비유를 들어

쉽게 교설을 펼치셨습니다. 인간은 약하여 홀로서기에는 부족하기 짝이 없습니다. 더불어 함께 부처님 세계로 나아가는 게 바로《법화경》의 폭넓은 가르침이자 특색입니다.

이에 비해《화엄경》은 시공을 넘어선 세계를 설하며 부처가 중심이 됩니다.《화엄경》에서〈성기품〉은 화엄교학을 형성하는 중요한 품입니다. '성기(性起)'는 '불성현기(佛性現起)'의 줄임말입니다. 성기(性起)의 사유 방식이《화엄경》의 핵심입니다. 모두가 불성의 진실이요, 흠도 없고 부족함도 없고 손댈 곳도 없는 참 그대로의 완성인 것입니다. 불성은 부처가 될 가능성을 가진 성품을 말합니다.

모든 경전은 중생이 본래 불성을 가지고 있다고 공통적으로 말합니다. 불성을 어떻게 알아 가느냐가 달리 설해질 뿐입니다. 불성은 수행을 통해 드러납니다.《화엄경》은 본래 불성을 갖추고 있다는 측면을 말하고 이것을 믿으라는 교설입니다. 그래서《화엄경》은 믿음이 최우선시 됩니다.《법화경》이나《열반경》은 현실성에 주목하면서, 당장은 중생이 불성을 알지 못해 어둡기 때문에 수행과 닦음을 통해 드러내라고 강조합니다.

《화엄경》은 본래 완전함을 구족하고 있는 본래성을 믿기 때문에 삶을 긍정적으로 보는 낙관적인 입장입니다. 일체의 불성이 드러나 빛을 발하고 있고, 거기엔 악이나 미혹이 있을 수 없다는 것입니다. 보통의 사고방식을 한 차례 넘어서, 철학적으로는 선험적인 입장입니다. 무엇이나 부처의 현현으로 보고 부처의 광명천지에 사는데 중생은 알지 못하고 어둡다고만 합니다. 그러나 그것은 단지 중생의 미망이고 거짓

형상에 불과함을 깨달으라고 합니다. 산도 물도 부처 아님이 없기 때문에 인간의 고뇌를 본래 존재하는 것이 아니라고 하는, 일종의 낙천주의가 근저에 있습니다.

천태교학의 경우에는 사정이 다릅니다. 불성 가운데 악이 있다는 것입니다. 화엄에서는 불성이 절대적인 존재이지만 천태는 불성을 그대로 용인하지 않습니다. 그래서 불보살님과의 감응이 중요합니다. 중생의 구원에 대한 열망을 이루어주기 위해서는 중생의 아픔을 구체적으로 함께 느껴야 가능하다고 보기 때문에 부처 가운데도 악이 존재한다는 논법입니다. 이처럼 부처라는 것이 본래 악을 갖추고 있으면서 그것을 극복해나가기 때문에 수행과 닦음이 중요한 덕목입니다. 화엄이 종교로서 생명력을 가지기 어려웠던 것은 철학으로는 이해 가능한 교리지만 실제 구원하는 힘으로 발전하기에는 동력이 부족합니다. 이는 화엄철학이 일반 민중의 요구를 수용하기에는 너무나 고차원적이어서 현실적으로 피부에 와 닿기 어려웠던 배경입니다.

《법화경》에 이어 나타난《화엄경》은 공(空)·불이일체(不二一體)의 진리를 순일이라는 형태로 표현합니다. 일승은《법화경》에서는 총합·통일성을 의미한 데 대하여,《화엄경》에서는 순일무잡성을 의미합니다. 이것이 중국에 있어서 화엄철학이《법화경》을 동교일승(同敎一乘)으로,《화엄경》을 별교일승(別敎一乘)으로 삼은 까닭입니다. 동교란 전체를 합하여 같은 것이 된다는 의미이고, 별교란 특별히 뛰어난 것이라는 의미입니다. 이와 관련하여 천태지의도《화엄경》을 별교로 간주했지만 이 경우의 별(別)이란 격별(隔別)의 의미로 비판적으로 사용된 말입니다. 즉 천태지의는 진리의 총합·원만성에 중점을 두고 거기서 총합·통일의 원리를 설하는 《법화경》을 원교(圓敎)라고 하여 최고의 위치에 놓는 논리를 세웠던 것입니다.

《법화경》에 근거한 천태사상과 화엄사상 간의 차이는 좀 더 드러낼 수 있습니다. 절대관에 있어서는 화엄과 천태가 '부정즉긍정(不正卽肯定)'의 제3절대에 입각하지만, 그 위에서 화엄은 제1의 부정적·대립적 절대로 기울고, 법화와 천태는 제2의 긍정적·상즉적 절대로 기우는 경향을 나타냅니다. 즉 화엄적 입장에서 볼 때, 절대 진리는 순일(純一)·순선(純善)한 것으로 현실상에서 찬란히 빛나는 이상의 빛이었다면, 법화나 천태의 입장에서 볼 때 절대 진리는 일체에 즉하고, 악(惡)에 즉하며, 현실에 즉하여 세워진 것이라는 입장입니다.

화엄과 천태 모두가 '일즉다 다즉일(一卽多 多卽一)'을 말했으나, 화엄은 '일즉다(一卽多)'에 역점을 두었고, 천태는 '다즉일(多卽一)'에 역점을 두었다고 할 수 있습니다. 결국 화엄은 '일(一)'에 중점을 두며 '일(一)'로부터 '다(多)'를 보려고 했고, 천태는 '다(多)'에 중점을 두고 '다(多)'로부터 '일(一)'을 보려고 했습니다. 즉, 화엄은 '일체로부터 부분'이고, 천태는 '부분으로부터 일체'인데, 이 미묘한 차이가 천태와 화엄을 논쟁으로 몰고 간 도화선이 되었습니다.

동아시아 중국·한국·일본의 불교사에 있어 경전마다 다른 이념의 차용이 이뤄졌습니다. 10세기 이후 중국불교는 《원각경》과 《수능엄경》 중심으로 흘러갔습니다. 주자학이나 양명학은 《원각경》과 《수능엄경》에 공공연한 적대감을 표명하면서도 그 영향을 섭취하여 새로

이 창조된 사상체계입니다. 《원각경》은 마음의 근본을 밝히자는 경전으로, 원각은 일체의 근원이자 깨달음의 당체입니다. 거울처럼 맑은 마음의 본체가 깨달음 자체임을 설하는 《원각경》은 특히 송대 이후의 중심 경전으로 자리를 차지합니다. 선종에서 일찍이 《유마경》·《수능엄경》과 함께 주목된 경전입니다. 《원각경》의 철학을 확립하고 이 경을 그런 위치에 놓은 분은 규봉종밀선사입니다. 이분은 선(禪)과 교(敎)의 비중을 동시적인 것으로 파악하여 선교일치(禪敎一致)의 선사상을 주창합니다.

《원각경》의 출처는 불분명하여 후대에 중국에서 만들어졌으리라 추측하거나, 어떤 학자는 규봉종밀에 의해 만들어졌으리라는 설을 내놓기도 합니다. 아무튼 천태나 종밀 같은 분은 정말로 천재적인 인물이었으리라는 경외감이 듭니다. 중국사상가들은 불교인 가운데 가장 위대한 사람, 가장 큰 사상사적 의미를 지닌 인물로 종밀을 듭니다. 송대의 주자학과 양명학에 끼친 영향이기도 하지만, 유·불·선을 불교의 바탕에서 통합한 종밀의 탁월함에 주목하는 까닭이기도 합니다.

《화엄경》이 불교사상의 근저에 흐르면서 오랜 역사를 지배하는 지위를 누렸던 곳은 한반도였습니다. 한국불교는 사실 《화엄경》의 영향이 절대적입니다. 일본은 이와 달리 법화일승의 나라입니다. 일본을 '축소지향적'인 나라라고 하기도 합니다. 화엄적인 바탕의 중국이 절대적 진리인 하나에서 다양한 삶의 양태를 규명하는, 일(一)에서 다(多)적인 관점이라면, 일본의 법화적인 방식은 다양한 모습에 절대를 찾아가는, 다(多)에서 일(一)로 나아가는 방식입니다.

다시 말해 절대적 진리라는 결론을 전제로 하여 부분으로 나아가는 중국적 방식과 부분에서 통일성을 추구하는 일본적 차이입니다. 그래서 중국은 큰 범주에서 파악하려 들고 일본은 사소한 것까지도 놓치지 않고 분석하려 드는 성향이 있습니다. 《법화경》의 낱낱을 거둬들이는 철학이 일본의 세밀하고 깊게 파고드는 성향과 맞아 떨어진 측면을 이해하는 데 있어 《법화경》 공부는 많은 도움이 될 것입니다.

대각국사 의천의 천태종 개창

고려의 태조 왕건은 건국 당시부터 불교로 시작하여 중엽에는 경전 연구가 성행하였고 이어서 말기에는 국민 전체가 불교신앙을 견지했습니다. 신라 말 도선국사(道詵國師)는 고려의 건국과 국민의 사상에 지대한 영향을 주었고, 특히 왕실과는 깊은 관계를 가지게 되어 고려 건국 과정의 인심을 수습하고 일체감을 갖는 데 공헌했습니다.

왕건은 먼저 10개의 사원을 개경에 건립하고 신라황룡사의 9층탑을 모방하여 평양에 구층탑을 재건해 불법에 의한 국가 발전을 기원하였고, 후대의 왕들을 위하여 십훈요(十訓要)를 제정하여 국가 경영의 기본 정신을 명시했습니다. 십조 중 제1조는 국가의 대업은 반드시 제불(諸佛)의 가호(加護)에 의하여 되는 것이니 불교를 근본으로 삼으라는 것, 그리고 제6조는 팔관회와 연등회를 매년 봉행할 것을 당부합니다.

이러한 고려왕조의 친불교적인 분위기에서 왕족의 출가가 이뤄지기도 했는데, 특히 고려의 천태종을 확립한 고려 중기의 대각국사 의천이 있습니다. 속성은 왕씨, 이름은 후(煦), 호는 우세(祐世)입니다.

고려 제11대 왕인 문종의 넷째 아들로, 어머니는 인주이씨(仁州李氏) 가문 출신의 인예태후(仁睿太后)입니다. 1065년(문종 19) 난원(爛圓)에게 출가했으며, 그해에 구족계(具足戒)를 받고 오관산(五冠山) 영통사(靈通寺)에 들어가 화엄학을 중심으로 불교경전을 공부했습니다. 1067년에 최고 승직인 승통(僧統)에 올랐으며, 불경에 대한 승려 및 학자들의 저술을 집대성할 것을 맹세하고, 1077년에 처음으로 《화엄경》과 그에 대한 연구서를 강의했습니다.

의천은 불교 전적을 수집하고 화엄학과 천태학의 교리상의 차이점을 알아보고자 중국 송나라에 유학할 것을 결심하고는 1084년(선종 1년) 5월에 중국으로 들어가 7월에 송나라 서울 변경에서 철종(哲宗)을 만나고 계성사(啓聖寺)에 머물렀습니다. 철종의 추천으로 화엄종 승려 유성(有誠)을 만나 법장(法藏)의 5교판과 지자(智者)의 4교판의 차이점에 대해 문답을 나누기도 했습니다.

그 후 항지우(杭州) 대중상부사(對中祥符寺) 정원(淨源)에게 능엄·원각·기신(起信)과 법장·지자의 불교에 대해 토론히고, 다시 혜인원(慧因院)에 가서 정원을 만납니다. 해인원에 머물 때 불교 전적 7,500여 권을 기증하고 많은 재정적인 지원을 아끼지 않았습니다. 그 결과 원래 선종에 속했던 혜인원이 화엄종으로 바뀌었으며, 이름도 고려사(高麗寺)가 되었습니다. 곧이어 천태산 지의의 탑을 참배하고 본국에 돌아가 천태교학을 선양할 것을 맹세했습니다.

이와 같이 의천은 송에 머물면서 당시 활동하고 있던 거의 모든 종파의 고승들을 만나 불교에 대해 토론하기도 했는데, 의천의 불교사상은 화엄학을 중심축으로 형성되었습니다. 먼저 교학면을 보면, 그는 중국 징관(澄觀) 단계의 화엄학을 토대로 법상종의 유식학을 견제하려는 성상겸학(性相兼學)을 주장했고, 같은 화엄학 내에서도 고려 초 균여(均如)의 주술성을 배격하며 불교적 합리주의를 강조함과 아울러 실천면에서는 선(禪)의 수행을 중시했습니다.

의천은 선을 습선(習禪)과 설선(說禪)으로 나눈 다음, 중국 선종사에 문자를 의지하지 않고도 깨달을 수 있다는 '불립문자(不立文字)'를 주창하여 선의 혁명성을 극대화한 조계혜능(曹溪慧能) 이래의 선종을 말로만 하는 선이라고 격렬하게 비난하는 대신, 습선으로 돌아갈 것을 주장하고 그 대상을 천태선에서 규명하고자 했습니다. 그리고 최종적으로 화엄학과 천태학의 일치를 증명했는데, 그것이 화엄종 승려이면서 별도로 천태종을 개창하게 된 사상적 이유였습니다. 천태종 개창은 현실적으로 중국 현장 이래의 유식학을 바탕으로 한 법상종을 견제하는 의미를 갖기도 합니다.

고려불교와 천태종

고려 초기에 출세(出世)한 체관법사(諦觀法師)는 삼국통일의 이념과 회삼귀일(會三歸一)의 원리가 합치된다고 하는 천태종을 위하여 국내, 국외에서 활약했습니다. 그리고 균여대사(均如大師)는 분파에 허덕이던 화엄교학(華嚴教學) 통합에 진력하였고, 특히 화엄에 관한 많은 주석서를 저작하는데 재래의 형식을 버리고 난해한 교리를 평범하게 주석함으로써 불교의 보편화와 대중화에 힘을 쏟았습니다. 이처럼 신라

해제 2

불교를 계승한 고려의 불교는 대각국사(大覺國師)의 출세에 의하여 비로소 획기적 신불교를 창설하게 되고 면모를 일신(一新)하였습니다. 대각국사가 통일 이념의 견지에서 천태종을 새롭게 열게 됨으로써 선교합일(禪敎合一)사상이 전 불교계를 풍미하여 종래의 대립적 항쟁은 해소되고 화합의 이념과 그의 실천이 나타나게 되었습니다.

천태의 교학은 신라시대에서도 낭지(朗智)·원효(元曉) 등에 의하여 연구되어 있었고 고려 초에도 천태교법이 전래되었으나, 항상 화엄종과 선종 등에 눌려 고려 초까지는 완전한 종파로의 국가의 공인을 받지 못하던 실정이었는데, 고려 태조가 개국할 때 행군복전사대법사 능긍(行軍福田四大法師 能兢) 등이 상소하여 "회삼귀일 일심삼관(會三歸一 一心三觀)으로 교의를 삼는 천태종을 이 땅에 개창(開倉)하면 그의 공덕에 의하여 신라, 후백제, 고려의 삼한(三韓)을 회합하여 삼국통일을 성취하게 될 것이다"라고 주장했습니다. 그러므로 현광(玄光)·의통(義通)·지종(智宗) 등도 천태교학을 연구한 종장(宗匠)이었으나, 결국은 대각국사가 그의 국가적 요청에 응하여 개종의 결실을 보게 되었던 것입니다.

또한 고려의 천태종은 고려 초에 법안종(法眼宗) 계통의 승려가 대거 합류함으로써 중국과는 달리 선종에 속하게 됩니다. 당시 천태종에 합류하는 것을 거부하고 조계혜능 이래의 전통적 선종을 고수한 승려들이 자신들을 조계종(曹溪宗)이라고 부르기 시작한 것도 이 시기의 일입니다. 따라서 12세기에 접어들어 불교계는 교종의 화엄종과 법상종, 선종의 천태종과 조계종으로 재편되었습니다. 의천의 출생 신분이 왕족이듯 천태종은 아무래도 귀족적이어서 지방민과 일반인에 대한 종교적 관심이 보이지 않는다는 것도 한 특색입니다.

결론적으로, 의천은《법화경》과 원효가 추구한 통합과 조화를 천태종으로 실현하고자 했고, 화엄종과 선종을 포함하는 새로운 종파로 내세운 것이 의천의 천태종이었습니다. 따라서 천태종에서는 교와 선의 일치, 화엄과 천태의 일치, 화엄과 선의 일치를 주장합니다. 교종과 선종이 대립하고 서로를 배척하던 시기에 천태종은 통일을 모색했던 것입니다. 이는 수나라의 통일 시기에 사회 통합의 기치를 든 천태지의의 사상처럼, 지방호족들의 난립과 몽고군의 잦은 침입을 불교의 힘으로 극복하기 위해《초조대장경》과《속장경》·《팔만대장경》의 간행이라는 국가적 사업을 줄기차게 모색했던 고려왕실의 염원이 어우러진 역사에서 그 사상의 일면을 엿볼 수 있습니다.

의천이 입적한 지 70여 년이 지나 고려는 90년간의 무인집권시대를 맞게 되고, 고려를 파멸로 이끈 몽고군의 침입이 현실로 나타납니다. 무신정권 하에서 불교계는 정혜쌍수를 주장하는 보조지눌의 정혜결사와 천태종의 사상에 기반을 둔 법화신앙의 실천 운동인 원묘요세의 백련결사가 이루어졌습니다.

일본과 천태교

누구나 한 번은 '남묘호랑게교'를 들어봤을 겁니다. '나무묘법연화경'의 일본식 발음입니다.《묘법연화경》을 믿고 따른다는 뜻입니다.《법화경》은《법화경》자체를 신앙의 대상으로 삼으라고 합니다. 제목

자체가 하나의 주문 역할을 합니다. 경전에 대해 이런 신앙의 특색을 보이는 것은 극히 드문 일입니다. 경의 내용을 몰라도 제목을 외우는 것만으로도 그 경이 가진 모든 공덕을 성취한다는 간명한 원리입니다.

일본의 풍토에 맞게 개량된 법화신앙인 셈입니다. 이 신앙을 개창한 장본인이 니치렌(日蓮, 1222~1282)입니다. 가난한 어부의 아들로 태어나 일본불교사에 한 획을 그은 인물입니다. 그가 개량한 법화신앙을 일련종이라 합니다. 이것이 지금까지 이어져 창가학회라는 법화신앙의 틀을 전승하고 있습니다. 일련종을 배양하는 데 토양이 되었던 것이 법화신앙의 천태종입니다.

9세기 초엽에 중국에서 유학하고 돌아온 최징(最澄, 766~822)은 천태법화교학을 연구하기에 앞서, 화엄의 논서와 《대승기신론》을 연구했습니다. 이처럼 중국적으로 연구된 일본의 천태교학은 화엄종과 교섭하기에 이릅니다. 최징은 대표적인 불교사상을 법화 일승 아래 결집, 동원하여 불교의 종합적인 체계의 확립을 도모했습니다. 우연히 같은 시대에 출현했던 해공(空海, 774~835)도 불교의 총합 체계를 시도합니다. 최징은 《법화경》의 일승묘법을 근간으로 삼았고, 해공은 진언밀교의 비법을 핵심으로 삼아, 각각 사상·철학의 총합 체계화를 꾀했던 것입니다.

일련은 그의 《입정안국론》에서 진실로 민중을 구제하려면 국가와 사회와 위정자를 규제해야 하고, 강한 규제력을 발휘하기 위해서는 각 경전과 종파를 하나로 통합하여 통일시켜야 한다는 것이었습니다. 나아가 신앙은 개인이 아니라 국가 전체를 개혁하고 위정자의 마음을 돌리는 방향으로 나아가야 하는데, 여기에 적합한 것이 바로《법화경》이라는 생각이었습니다. 그가 천태법화사상을 공부하면서 얻은 결론은 모든 것을 포용하는 진리는《법화경》에 있지만, 말법의 사람들에게는 천태의 교의와 경전의 독송이 어렵다는 것이었습니다. 그래서 그는 '묘법연화경'이라는 제목이 모든 경전의 본질이므로 '나무묘법연화경(불가사의한 묘법인 법화경에 귀의합니다)'을 소리 내어 읊는 것으로 충분하다고 여겼고, 이것을 전 국가적으로 실행하여 국난을 극복하자고 주장했습니다.

일본 또한 외부적으로는 몽고의 침략에 당면했지만 그들은 때마침 불어닥친 태풍 덕에 침략을 면하였기에 이 신앙은 더욱 탄력을 받을 수 있었습니다. 이처럼 일련은《법화경》을 국가와 사회에 결부시키고 토착신앙인 신도(神道) 또한《법화경》에 끌어들였는데, 그는 장차 법화신앙이 말법의 구원사상이 되리라는 확신을 가졌으리라 생각됩니다. '부처의 영원한 생명'에 착안한 이 사상을 이어받은 창가학회가 현재 130여 개 국에 지부를 둔 것을 보면 나름대로 세계적인 종파로 퍼져나가고 있음을 잘 보여줍니다.

지금까지 크게 두 가지로 나눠 이야기를 전개했습니다. 하나는 종교의 본질과 교리의 전파라는 종교적 특성에 부응하기 위한 다양한 문화권에 합당한 역경의 필수적인 과정을 어떻게 수행해가며 인도에서 발생한 불교가 고유의 문화 전통과 노장사상으로 무장된 중국과 동아시아에 어떻게 중심 사상으로 자리 잡았는지 살펴보았습니다. 아울러 구마라집을 정점으로 한 역경사들을 조명하면서 위진현학이라는 중국 고유의 사상과의 접점을 찾는 '격의'의 과정을 알아보았습니다.

다른 하나는《법화경》에 대한 제반 설명, 중국적 불경의 체계적 분류라는 교상판석에 의거한《법화경》의 위치와 그 의의, 구성과 중심사상, 법화사상을 창조적으로 정립한 천태지의의 사상을 살펴보았습니다. 화엄사상과 법화사상을 비교 서술했던 것은 동북아시아 불교사의 교학과 선학의 전개 과정에 있어 중요한 논점이기에 이해를 돕기 위해서였습니다. 천태의 법화사상이 한반도와 일본에 어떻게 계승되었는지에 대해 설명한 이유는 그만큼《법화경》이 가지는 친민중적인 사상의 면모가 여실히 드러나기 때문입니다.

천태의 사상은 천태대사를 기점으로 펼쳐졌고, 인도불교의 전통을 중국의 전통에 따라 새롭게 형성시켰습니다. 천태의 사상은 '일즉다 다즉일(一卽多 多卽一)'을 수용하고 있으나, 화엄이 '일즉다(一卽多)'를 강조하는데 반해 '다즉일(多卽一)'을 강조함으로써 많은 교법들을 하나로 귀일시키는 일원론적 성향을 보입니다. 이처럼 지의를 중심으로 전개되는 천태교의 사상은 자신들의 교상판석에서 원교라고 했던 것처럼 밀교·선불교·율·정토교 등의 모든 대승불교 교리들을 포괄하고 있습니다. 특히 교리뿐만 아니라 선수행에 대해서도 상세히 다루고 있어서 이론과 실천(敎·觀)을 모두 중시하고 있음을 알 수 있습니다.

또한 천태의 교리는 중국 뿐 아니라 고려의 대각국사 의천에 의해서 한국의 천태종으로 발전하게 되었는데, 한국의 천태종은 조계종과 함께 선종을 형성하는 특색이 있습니다. 또한 천태종의 사상은 일본으로 건너가서 천태본각사상을 형성하는 등 일본불교의 교학 형성에 큰 바탕을 이룹니다. 이처럼 천태의 사상은 화엄사상과 더불어 동북아시아의 대승불교 교학 형성에 큰 부분을 차지하고 많은 기여를 했습니다.

구마라집의 스승인 수리야소마는 어린 구마라집에게 《법화경》을 전수하면서 그의 머리를 쓰다듬으며 이렇게 말했다 합니다.

"부처님의 해가 서쪽에 지고 그 남은 빛이 바야흐로 동쪽으로 퍼지려 한다. 이 경전은 동북에 인연이 있으니 너는 이것을 삼가 전파하도록 하라."

스승의 말에 따라 구마라집은 동북쪽의 중국으로 건너가 경전을 알리리라 마음먹습니다. 그가 당시 수도인 장안에 갔던 나이가 62세, 그 후 생을 마감할 때까지 8년간 국사의 대우를 받으며 다량의 역경에 진력했던 것입니다.

불교사의 이른 시기인 577년에 《법화경》은 일찍이 일본에까지 전래되어 6, 7세기의 쇼우토구태자는 법화사상에 의거하여 '17조 헌법'을 만들어 국법과 인간의 행위에 대한 법을 제정하였으니 일본문명의 시작이 법화사상이었다 해도 지나치지 않을 것입니다. 중국과 한반도의 법화사상의 영향도 적지 않지만, 무엇보다 지구 극동의 일본에서 중심 사상으로 자리 잡았다는 사실이 자못 흥미롭습니다. 가마쿠라 막부(1185~1333)는 쿠빌라이 칸이 이끄는 몽고군의 두 차례에 걸친 침략을 받았습니다.

특히 '한센'이라는 풍토병이 나돌았을 때 에이존(1201~1290)스님이나 닌쇼(1217~1303)스님 등이 펼친 구제 사업이 있었습니다. 상시원(常施院)이라는 병원을 세워 환자를 치료하고, 비전원(悲田院)을 설치하여 걸식자를 구제한 역사가 있습니다. 에이존스님은 55년간 2,379회의 보살계를 행하여 출가와 재가를 합하여 97,710명에게 보살계를 주었다고 합니다. 당시 고려 중기의 한국불교가 부와 권력으로 혼미했던 상황에서 일본불교의 선지식들은 민중의 삶 속으로 뛰어들었던 것입니다. 그리고 이들은 '법화경'이라는 제목만 외워도 구원 받을 수 있다는 믿음을 전했습니다.

습한 기후로 인한 풍토병과 잦은 지진이 주는 불안에도 불구하고 일본을 아름답게 가꿔나가는 힘이 일체를 부처님의 화현으로 보고 일승으로 나아가는 과정 하나하나를 소중히 여기는 정신이 《법화경》에서 체득한 그들의 공덕이라는 생각이 듭니다. 그래서 중국이 살아서는 단박에 깨우치는 선(禪)과 죽어서는 아미타의 정토에 왕생하기를 바라는 거시적인 관점이라면 일본은 오로지 현세의 안녕과 질서를 추구하는, 부분에 충실함으로써 전체의 완성을 추구하는 방향으로 흘러간 어떤 맥락이 있었던 것이라 사료됩니다.

일본 일련종의 '나무묘법연화경'은 같은 법화신앙에서 우리에게 익숙한 '관세음보살' 칭명염불을 포괄합니다. 관세음보살에 대한 신앙은 《법화경》의 한 부분인 〈관세음보살보문품〉의 주제인 것에서 알 수 있듯이 이 경에 포함됩니다. 또 하나의 친숙한 '나무아미타불'을 염하는 수행은 정토신앙으로서 관음신앙과는 줄기를 달리합니다. 정토신앙은 《무량수경》이나 《아미타경》의 교설에 따라 극락정토에 왕생하기를 염원하는 죽음 이후의 안락처 입니다. 《법화경》의 관음신앙이 추구하는 이념은 융합과 통일, 뭇 존재의 화해이자 아픔의 나눔으로 인한 불성의 동질성 회복입니다. 그래서 관음신앙은 정토신앙의 내세지향적인 사상과 달리 현세지향적입니다.

일련의 법화사상이 독창적이면서 강력한 흡인력을 보이는 것은 '관세음보살'이나 '나무묘법연화경'을 간절히 외우는 간명함이 기존의 토착신앙까지 끌어들여 독자적인 신앙의 한 형태를 만들어낼 수 있는 비결이었습니다.

무엇을 깨달았느냐는 것보다 무엇을 실천하였는지에서 종교정신은 빛을 발하고, 그 가치가 평가됩니다. 종교는 상(上)과 하(下)의 균형을 보일 때 가장 풍부한 종교정신을 제공하며 세속의 삶을 정화하는 역할을 합니다. 지나친 상향은 현실과 동떨어지고, 지나친 하향은 탐욕 어린 세속으로의 침몰입니다.

《법화경》의 풍부한 비유와 이야기 속에서 순간순간 현현하는 모든 부처님을 감응하시기 바랍니다.

《법화경》의 구조

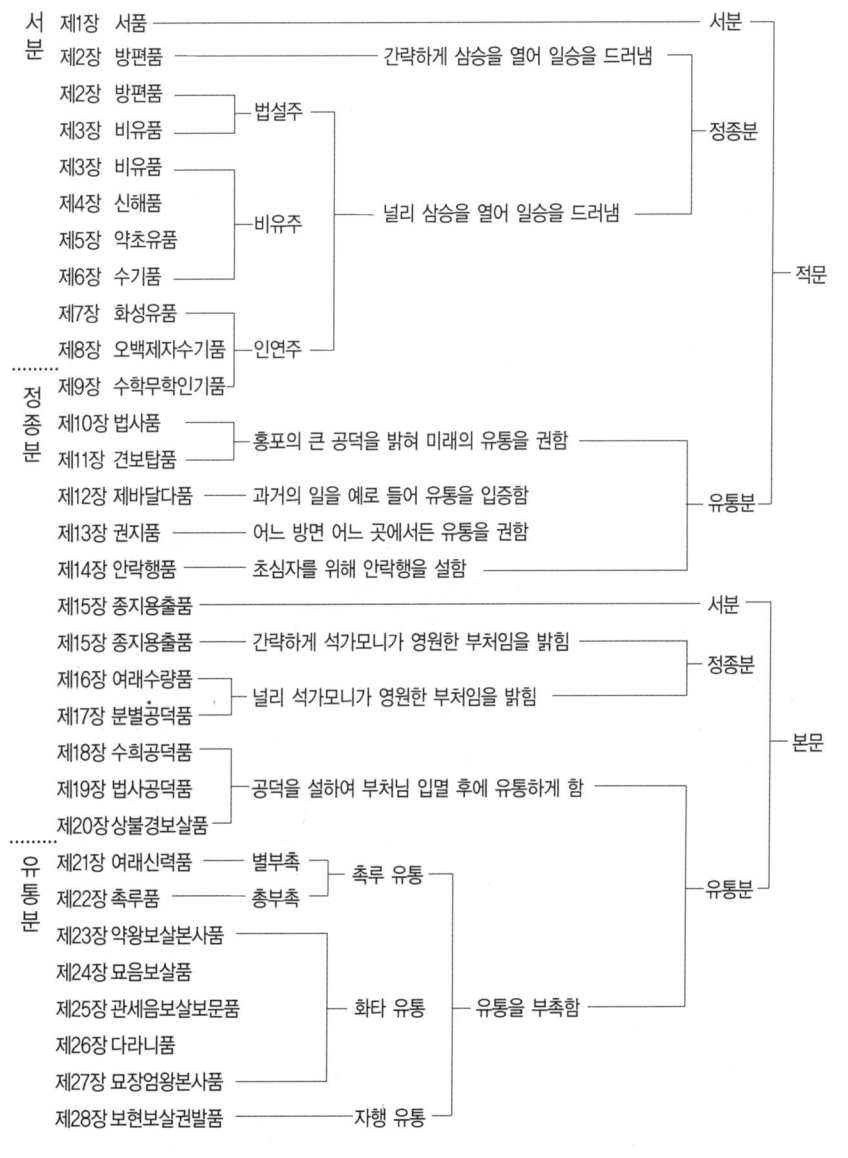

| 참고문헌 |

- 김호성, 《일본불교의 빛과 그림자》, 서울, 정우서적, 2007.
- 나카무라 하지메 外, 석원욱 역, 《화엄사상론》, 서울, 운주사, 1990.
- 니와노 닛쿄, 박현철, 이사호 역, 《법화경의 새로운 해석》, 서울, 가야원, 1996.
- 다무라 시로 外, 이영자 역, 《천태법화의 사상》, 서울, 민족사, 1994.
- 스에키 후미히코, 이시준 역, 《일본불교사》, 서울, 뿌리와이파리, 2005.
- 이종철, 《중국불경의 탄생》, 서울, 창비, 2008.
- 일본불교학회, 《일본불교사 공부방 Ⅰ》, 2007.
- 정승석, 《법화경》, 서울, 사계절, 2004.
- 지창규, 《천태사상론》, 서울, 법화학림, 2008.
- 카마타 시게오, 한형조 역, 《화엄의 사상》, 서울, 고려원, 1993.
- 히라카와 아키라, 차차석 역, 《법화사상》, 서울, 여래, 1996.

보경(寶鏡)스님 강설

송광사에서 현호스님을 은사로 출가했다.
10년간 선방에서 정진했으며, 동국대 대학원에서 「수선사연구」로 철학박사학위를 받았다.
조계종 교육원 연수·교육국장, 중앙종회의원, 조계종사회복지재단 상임이사, 법련사 주지,
동국대 겸임교수를 역임하였고, 현재는 보조사상연구원 이사장을 맡고 있다.
일생 만 권 독서의 꿈, 그리고 불교의 인문학적 해석을 평생의 일로 삼고 있다.
지은 책으로, 『사는 즐거움』, 『이야기 숲을 거닐다』, 『행복한 기원』, 『인생을 바꾸는 하루명 상』 등의 에세이와 『기도하는 즐거움』, 『슬픔에 더 깊숙이 젖어라-42장경 강설』, 『원하고 행하니 이루어지더라』, 『숫타니파타를 읽는 즐거움』, 『수선사연구』, 『선문염송 강설』, 『아함 경에서 배우는 삶의 지혜』 등의 경전 강설집이 있다.

한 권으로 읽는 법화경

초판 1쇄 발행 | 2011년 4월 11일
초판 3쇄 발행 | 2017년 3월 30일

강설 | 보경

펴낸이 | 윤재승
펴낸곳 | 민족사

주간 | 사기순
기획편집팀 | 사기순, 최윤영
영업관리팀 | 김세정

출판등록 | 1980년 5월 9일 제1-149호
주소 | 서울 종로구 삼봉로 81 두산위브파빌리온 1131호
전화 | 02)732-2403, 2404 팩스 | 02)739-7565
홈페이지 | www.minjoksa.org
페이스북 | www.facebook.com/minjoksa
이메일 | minjoksabook@naver.com

ⓒ보경, 2011

ISBN 978-89-7009-531-8 03220

※ 책값은 뒤표지에 있습니다. 잘못된 책은 바꿔 드립니다.
※ 저작권법에 의하여 보호를 받는 저작물이므로 무단으로 복사,
  전재하거나 변형하여 사용할 수 없습니다.